HISTOIRE
DE FRANCE

II

Cet ouvrage a obtenu
de l'Académie des Inscriptions et Belles-Lettre
LE GRAND PRIX GOBERT;
et il a été ensuite couronné quatre fois
par l'Académie Française.

PARIS. — IMPRIMERIE DUVERGER, RUE DES GRÈS, 11.

HISTOIRE DE FRANCE

DEPUIS LES TEMPS LES PLUS RECULÉS JUSQU'EN 1789

PAR

HENRI MARTIN

TOME II

—

QUATRIÈME ÉDITION

PARIS

FURNE LIBRAIRE-ÉDITEUR

Se réserve le droit de traduction et de reproduction
à l'Étranger

M DCCC LV

HISTOIRE DE FRANCE

PREMIÈRE PARTIE.
ORIGINES.

LIVRE IX.
GAULE FRANKE.

Rois mérovingiens. — Les fils de *Clovis*. — Partages de la Gaule sans cesse renouvelés. — Toute la Germanie vassale des Franks. — Conquête de la Burgondie par les Franks. — Acquisition de la Provence. — Guerres d'Italie. — Les fils de Chlother. — Hilperik et Frédégonde. — Sighebert et Brunehilde (*Brunehaut*). — Tentatives des rois pour restaurer la fiscalité romaine. — Meurtre de Sighebert. Commencements des *maires du palais*.

511 — 575.

L'unité de pouvoir créée par Chlodowig chez les Franks ne lui survécut pas; en exterminant toutes les branches collatérales de la race mérovingienne, en concentrant tous les Franks sous son épée, il n'avait pas élevé l'intelligence de ce peuple à la conception d'une puissance politique, abstraite et indivisible, telle que la royauté gothique, qui s'était formée sous l'influence de la civilisation et sur le modèle de la monarchie romaine. Après la mort du conquérant, son immense héritage fut divisé entre ses quatre fils, conformément à la loi qui régissait toutes les propriétés saliennes, et chacun fut roi, c'est-à-dire chef indépendant et souverain dans son lot. Ce fut là le premier de ces fameux *partages* contre lesquels les historiens ont tant déclamé, faute de se rendre compte des mœurs et des idées de la bande germanique, qui avait absorbé l'antique société de la tribu. Le fils de roi qui eût violé la Loi Salique, en cherchant à usurper toute la succession paternelle au détriment de ses frères, eût soulevé la réprobation universelle, et aucun Frank n'eût compris que cette tentative fût dans l'intérêt général. Les fils du chef mort se partagèrent à l'amiable ses trésors et ses biens-fonds, et le commandement politique sur les populations romaines ne fut considéré que comme l'appendice et la conséquence de la possession des esclaves, des colons, des terres, des palais, des métairies, des forêts, qui composaient le domaine royal dans chaque district. Ce partage entraîna, par le fait, celui de la population franke et de la truste de Chlodowig : les Franks conservèrent leur ancien droit de choisir entre les membres de la race royale ; mais on conçoit que chacun dut généralement choisir le patronage du *roi* le plus voisin.

L'œuvre de Chlodowig ne s'écroula pourtant pas tout entière. A défaut de l'unité monarchique, l'unité nationale des Franks était fondée ; la nation franke ne retourna plus à l'état de tribus, et resta une sous des chefs divers, ou du moins ne fut plus fractionnée qu'en deux grandes sections : les Saliens et les Ripuaires, ou les Franks de l'Ouest et les Franks de l'Est. La Meuse était à peu près la ligne de démarcation.

Les quatre lots des fils de Chlodowig ne furent point égaux entre eux. L'aîné, Théoderik, qui ne devait pas le jour à Chlothilde, et qui avait été le compagnon des exploits de son père, s'attribua la plus forte part, mais aussi la plus difficile à régir et à défendre : il fut reconnu roi par les Ripuaires, par les Franks d'outre-Rhin, par les peuples germains, vassaux des Franks, à savoir les Allemans et les Boïowares, et conserva un pied chez les Saliens, en s'adjugeant, à l'ouest de la Meuse, les territoires de Reims, Châlons et Troies. Les trois fils de Chlothilde tirèrent probablement leurs royaumes au sort. Le plus âgé, Chlodomir, eut les pays de l'Yonne, de la Moyenne-Loire et de la Sarthe, Sens, Auxerre, Chartres, l'Orléanais, l'Anjou, le Maine ; au second, Hildebert (*Childebertus*), échurent Paris, Meaux, Senlis, le pays bellovake ou Beauvaisis, toute la région armoricaine, depuis

Rouen jusqu'à Rennes, Nantes et Vannes. Quant aux Bretons, qui furent renforcés sur ces entrefaites par un nouveau flot d'émigrés arrivés d'outre-mer sous la conduite de Riowal-Mùr-mac-Con[1], ils étaient certes beaucoup moins soumis à la suzeraineté de Hildebert que les Allemans ou les Boïowares à celle de Théoderik[2]. Le dernier des princes franks, Chlother (*Chlotacharius*, *Chlotharius*, Clotaire), à peine âgé de quatorze ou quinze ans, régna sur le vieux pays salien et sur les premières conquêtes de Chlodowig; il eut Soissons, Tournai, Cambrai, les terres de l'Escaut et de la Sambre, la région maritime entre la Somme et l'embouchure de la Meuse. Les quatre rois résidaient le plus ordinairement : Théoderik, à Metz ou à Reims; Chlother, dans le Soissonnais; Hildebert, dans le Parisis, et Chlodomir, dans l'Orléanais.

La Gaule septentrionale se trouvait ainsi fractionnée en quatre territoires assez compacts et qui pouvaient passer pour des espèces de royaumes; mais le morcellement des conquêtes de Chlodowig au sud de la Loire fut plus bizarre, et l'on y discerne bien plus sensiblement le véritable esprit de ces partages, esprit patrimo-

---

1. Ce nom signifie le « roi Houël, le grand fils de Conan ».
2. Le druidisme était encore très fort parmi les Bretons d'Armorique. Vers cette époque, le parti de la vieille tradition celtique était animé à la résistance tout à la fois contre le christianisme et contre les Franks par un barde appelé Kian Gwenc'hlan (Kian de la *race pure* ou de la *race blanche*), dont quelques vers, empreints d'une sauvage grandeur et animés d'un souffle puissant, sont arrivés jusqu'à nous.

« L'avenir entendra parler de Gwenc'hlan : un jour, les Bretons élèveront leurs voix sur le Ménez-Bré, et ils diront en regardant cette montagne : « Ici habita Gwenc'hlan, et ils admireront les générations qui ne sont plus, et les temps dont je sus sonder la profondeur. »

L'espoir du barde n'a pas été trompé, et son nom a survécu; mais le recueil de ses chants prophétiques (*Diougannou*), conservé jusqu'au dix-huitième siècle à l'abbaye de Landevenec, a disparu lors de la destruction de cette abbaye pendant la Révolution, perte irréparable pour les études celtiques; car c'était le seul grand monument du bardisme purement druidique qui eût subsisté, les poésies des bardes gallois appartenant au néo-druidisme, mêlé d'infiltrations chrétiennes (à la vérité, des fragments tout à fait primitifs y sont intercalés). La tradition veut que Gwenc'hlan ait prédit qu'un jour, « le peuple de Jésus-Christ serait traqué comme bêtes fauves; que les chrétiens mourraient exterminés par grandes bandes sur le Ménez-Bré; que le sang des moines ferait tourner la roue des moulins.... Ces choses arriveront bien avant la fin du monde; alors la plus mauvaise terre rapportera le meilleur blé. » Les Bretons appliquèrent cette prédiction à la Révolution. *v.* La Villemarqué, *Barzaz-Breiz*, t. I, p. xiii-xiv, 29-38.

nial, et non politique. On découpa les provinces méridionales en lambeaux, qu'on ne songea pas le moins du monde à coudre aux royaumes dont ils dépendirent. Théoderik, le roi de l'est, prit l'Arvernie, le Limousin, le Querci et quelques autres cantons aquitains qu'il avait conquis au nom de son père; Chlother, le roi du nord, reçut d'autres lointaines possessions près de la Haute-Garonne et des Cévennes; le Berri appartint à Hildebert avec Saintes et Bordeaux; Chlodomir obtint Tours et diverses cités que l'on ne saurait désigner avec certitude. Chacun, pour visiter ses domaines du midi, était forcé de traverser les terres d'un ou de plusieurs de ses frères; c'était un enchevêtrement inextricable!

La puissance franke souffrit peu de la mort prématurée de Chlodowig; les Goths profitèrent d'abord de cette mort pour ressaisir quelques cantons aquitains du sud-est (Rouergue, Velai, Gévaudan, Albigeois); mais leurs progrès furent promptement arrêtés. Les héritiers de Chlodowig, malgré leur turbulence et leur cupidité, avaient compris la nécessité d'être unis contre le dehors, et les Goths durent renoncer à l'espoir de recouvrer leurs anciennes provinces. La paix fut renouvelée et scellée par le mariage d'Amalarik, petit-fils de Théoderik l'Ostrogoth, avec la jeune Chlothilde, fille de Chlodowig.

La mort du grand roi des Franks ne valut aux peuples voisins qu'un répit de quelques années, et les fils de Chlodowig ne tardèrent pas à reprendre l'œuvre de la conquête des Gaules où leur père l'avait laissée. Le vieux roi de Burgondie, Gondebald, avait achevé (517) dans le repos et la prospérité son règne agité de tant d'orages : son fils aîné, Sighismond, fut après lui roi de Lyon et de la meilleure partie du royaume : Godomar, le second fils, semble avoir obtenu Vienne et le midi de la Burgondie. Sighismond avait épousé une fille du roi des Ostrogoths, et cette illustre alliance protégeait la Burgondie contre les Franks; mais la reine mourut, et Sighismond s'unit à une autre femme, qui prit en haine le fils de la première épouse. Un certain jour, la nouvelle reine alla trouver Sighismond, et lui dit que son fils Sigherik projetait de le tuer, afin de joindre son royaume à celui de Théoderik l'Ostrogoth dont Sigherik était le petit-fils, et de se faire roi des Goths et des Burgondes. Sighismond, esprit faible et crédule, fut saisi d'un de ces accès d'aveugle fureur qui s'emparaient quelquefois des plus doux entre les barbares, et il ordonna qu'on étranglât le jeune garçon pendant son sommeil. A peine le meurtre était-il consommé, que le malheureux père rentra en lui-même, et se vint jeter sur le cadavre « avec des larmes très amères ». Puis il se retira au monastère d'Agaune (Saint-Maurice en Valais), qu'il avait somptueusement réédifié, et, là, jeûna, pleura et implora le pardon du ciel pendant bien des jours. Il retourna enfin à Lyon ; « mais la vengeance divine, dit Grégoire de Tours, le suivit à la trace » (522).

(523) La reine Chlothilde, après avoir perdu son mari, s'était retirée dans la basilique de Saint-Martin de Tours, « vivant là en toute bénignité et chasteté, et visitant quelquefois Paris, » où l'attirait son affection pour la basilique de Saint-Pierre et Saint-Paul, et pour la mémoire de sainte Geneviève, qu'elle avait connue et grandement aimée. Paris était demeuré une sorte de centre et de lieu de réunion pour les rois franks. Au commencement de l'année 523, les trois fils de Chlothilde étant ensemble à Paris, leur mère vint vers eux et leur dit : « Que je n'aie point à me repentir, mes chers enfants, de vous avoir nourris avec tendresse ! Prenez part, je vous prie, à mon injure, et mettez vos soins à venger la mort de mon père et de ma mère. »

Chlothilde trouva les trois princes tout disposés à servir cette vengeance héréditaire, qui poursuivait sur les fils le forfait du père : quant à leur aîné, Théoderik, il n'était pas du sang de Chlothilde et n'avait rien à venger sur les Burgondes, auxquels il s'était au contraire allié en épousant la fille de Sighismond ; il demeura neutre. Chlodomir, Hildebert et Chlother marchèrent donc contre les Burgondes, et gagnèrent une grande bataille sur Sighismond et Godomar. Ce dernier se replia vers le midi avec les restes de ses troupes ; mais l'armée de Sighismond se dispersa complétement, et un grand nombre de Burgondes, gagnés par les intrigues des Franks, ou irrités du meurtre de Sigherik, se donnèrent aux vainqueurs. Sighismond fut arrêté par ses propres sujets à la porte de son bien-aimé monastère d'Agaune, où il avait voulu se réfugier après s'être fait tonsurer en signe de renonciation au siècle, et les Burgondes le livrèrent aux leudes de Chlodomir, qui l'emmenèrent prisonnier dans l'Orléanais, avec sa femme, cause de ses malheurs, et deux petits enfants qu'il avait eus d'elle.

On ne sait jusqu'où les fils de Chlothilde avaient pénétré en Burgondie, ni de quelle manière ils avaient entamé le partage du royaume de Sighismond; on croit entrevoir qu'ils se brouillèrent à cette occasion, que Hildebert et Chlother abandonnèrent Chlodomir, qui était le principal instigateur et le chef de la guerre; ce qui est certain, c'est que tous trois retournèrent hiverner au pays frank, et qu'aussitôt qu'ils furent éloignés, Godomar « reprit des forces », rallia tous les Burgondes autour de lui, et chassa les Franks de la Burgondie entière. A cette nouvelle, Chlodomir pressa les préparatifs d'une seconde campagne, et résolut la mort de Sighismond : le *bienheureux* Avitus, abbé de Mici en Orléanais, s'efforça de prévenir ce crime, en annonçant au roi, pour lui et les siens, un sort semblable à celui qu'il destinait à son captif. Chlodomir n'écouta rien : « C'est un *sot conseil*, répliqua-t-il, que de dire à l'homme qui marche contre un ennemi, d'en laisser un autre derrière lui! » Et il fit tuer Sighismond, sa femme et ses enfants, et les fit jeter au fond d'un puits, dans la bourgade de *Columna* (Columelle), dépendance de la cité d'Orléans. Le parricide Sighismond a été mis plus tard au nombre des saints, à cause de son repentir, de sa fin malheureuse et surtout de ses riches dons aux églises.

(524) Chlodomir se dirigea ensuite vers la Burgondie, appelant à son aide son frère Théoderik : celui-ci « promit d'y aller ; mais il ne pensait qu'à venger son beau-père » (Sighismond). Les deux rois s'avancèrent ensemble jusqu'au delà de Lyon, et joignirent Godomar à Véseronce sur le Rhône, bourg du territoire de Vienne. Après un rude combat, les Burgondes plièrent : Chlodomir, s'acharnant à la poursuite des fuyards, s'aperçut tout à coup qu'il était séparé des siens « par un grand espace » ; il entendit à quelque distance retentir son cri de guerre. « Tourne, tourne par ici, lui criait-on, nous sommes des tiens! » Il y alla, et tomba au milieu des ennemis qui l'avaient attiré dans le piège. Il fut renversé de cheval, percé de mille coups, massacré sur la place; les Burgondes lui coupèrent la tête, qu'ils plantèrent au bout d'une

pique; et revinrent à la charge avec une farouche allégresse. A
l'aspect de cette royale tête aux longues tresses sanglantes qui
apparaissait au-dessus des rangs ennemis, une terreur panique
s'empara des compagnons de Chlodomir ; les armes leur tombèrent des mains, et ils s'enfuirent devant ces Burgondes qu'ils
étaient accoutumés à vaincre. Les Ripuaires de Théoderik se retirèrent en bon ordre et vraisemblablement sans avoir participé
au combat; et Théoderik conclut un traité de paix avec Godemar.
La Burgondie se releva encore une fois de cette furieuse attaque,
mais bien mutilée et bien affaiblie. Godomar ne recouvra pas les
cités d'Apt, de Vaison, de Cavaillon et de Saint-Paul-Trois-Châ-
teaux, ni Genève et la vallée du haut Rhône (Valais), que les Ostrogoths avaient occupées à la faveur de l'invasion franke, et que le
roi des Burgondes fut obligé de céder au roi d'Italie [1].

Chlodomir avait trois fils en bas âge, appelés Théodowald, Gonther et Chlodowald : Chlother ayant épousé « sans délai » Gontheuke,
veuve de son frère, la reine Chlothilde, aïeule des jeunes orphelins, ne les laissa point à leur mère, et les prit avec elle, pour
les élever jusqu'à ce qu'ils fussent en âge de se partager les domaines de leur père et de se présenter aux choix des guerriers
qui avaient été dans la *foi* de Chlodomir. En attendant, les oncles
des enfants jouirent probablement de leurs revenus, et s'efforcèrent d'attirer à eux en détail les leudes du royaume de Chlodomir. Quelques années se passèrent; les enfants grandissaient :
l'aîné avait dix ans, et Chlothilde attendait avec impatience le moment où l'on pourrait « l'élever sur le bouclier ». Un jour, la
vieille reine était venue à Paris avec ses petits-fils pour séjourner
dans l'enclos sacré de la basilique Saint-Pierre et Saint-Paul :
Hildebert, jaloux de voir « l'amour unique » que sa mère portait
aux enfants de Chlodomir, et craignant qu'elle ne parvînt à les
faire « admettre à la royauté », envoya secrètement vers son frère
Chlother : « Notre mère, lui manda-t-il, garde auprès d'elle les enfants de notre frère, et veut leur donner le royaume : accours
au plus vite à Paris, afin que nous prenions ensemble conseil sur
ce qu'il faut faire d'eux ; à savoir, s'ils auront les cheveux coupés

---

[1]. Greg. l. III, c. 1-6. — *Gesta Reg. Franc.* — *Vita sancti Sigismundi*, dans
les *Hist. des Gaules et de la France*, t. III. — Agath. l. I.

et seront comme le reste du peuple, ou si nous les tuerons avant que de partager par moitié entre nous le royaume de notre frère. »

Chlother arriva en toute hâte de Soissons au palais des Thermes, où résidait Hildebert. Les deux rois dépêchèrent vers leur mère : « Envoie-nous les enfants, disaient-ils, afin que nous les élevions à la royauté. » Elle, pleine de joie, fit manger et boire les enfants, et les fit partir en disant : « Je croirai n'avoir pas perdu mon fils, si je vous vois régner à sa place. »

Les enfants, à peine arrivés au palais, furent séparés de leurs serviteurs et de leurs *nourriciers,* et renfermés sous bonne garde; puis les deux rois expédièrent vers Chlothilde l'Arverne Arcadius. C'était un homme de haute naissance, petit-fils de l'illustre Sidonius Apollinaris, mais qui déshonorait sa race et son intelligence par sa lâcheté et sa corruption. D'Aurélianus et d'Arédius, tempérant adroitement la fougue des rois barbares, à Arcadius, servant et excitant leur férocité, l'on peut suivre la dégradation progressive de l'aristocratie gallo-romaine. Arcadius, quoique sujet de Théoderik, s'était attaché spécialement à la personne de Hildebert. Le sénateur arverne se rendit donc auprès de Chlothilde, et, lui montrant une paire de ciseaux et un glaive nu : « Très glorieuse reine, dit-il, tes fils, nos seigneurs, te demandent conseil sur ce qu'on doit faire des enfants. Veux-tu qu'ils vivent la chevelure coupée, ou veux-tu qu'ils soient égorgés ? »

A ces paroles, à l'aspect de cette épée et de ces ciseaux, la reine, saisie d'horreur et d'indignation, s'écria, « sans savoir ce qu'elle disait dans sa douleur : Si on ne les élève point au royaume, j'aime mieux les voir morts que tondus! » Arcadius, « se souciant peu de sa douleur, » n'attendit pas qu'elle revînt de son premier transport, et retourna sur-le-champ vers ceux qui l'avaient envoyé : « Achevez l'œuvre commencée, leur dit-il, la reine y consent. » Aussitôt Chlother saisit par le bras l'aîné des enfants, le jeta par terre, et lui plongea un couteau dans l'aisselle. Aux cris de l'aîné, Gonther, le second, se prosterna aux pieds de Hildebert, et, lui embrassant les genoux avec larmes : « Secours-moi, mon bon père, lui criait-il, pour que je ne meure pas comme mon frère! » Hildebert s'émut, et, tout en pleurs, dit à Chlother : « Je t'en prie, mon très cher frère, accorde-moi généreusement sa vie : si tu consens à ne pas le tuer, je te donnerai, pour le racheter, tout ce que tu voudras. »

Mais Chlother, écumant de rage : « Repousse-le loin de toi, ou tu mourras à sa place : c'est toi qui m'as poussé à cette action, et voici que déjà tu manques à ta foi. » Hildebert, à ces mots, repoussa l'enfant et le jeta à Chlother, qui le reçut sur la pointe de son couteau et l'égorgea comme le premier.

Le troisième enfant, le petit Chlodowald, allait subir le même sort, quand des guerriers franks, des antrustions de Chlodomir, pénétrant de vive force dans le lieu où se passait cette horrible scène, s'emparèrent du dernier fils de leur roi, et l'emmenèrent avant que les meurtriers eussent pu s'opposer à leur retraite. Hildebert et Chlother se vengèrent en massacrant les serviteurs et les nourriciers des enfants; puis Chlother remonta à cheval et s'en alla, « sans montrer aucun trouble du meurtre de ses neveux. »

Chlothilde, ayant fait poser les petits corps des enfants sur un brancard, les ramena, au chant des psaumes, « avec un immense deuil », à l'église de Saint-Pierre et Saint-Paul (Sainte-Geneviève), où ils furent inhumés. L'aîné avait dix ans, et le second, sept ans. Le dernier des trois frères, qui avait été caché et mis en sûreté par ses libérateurs, ne fit point d'efforts dans la suite pour reprendre son royaume, partagé entre Hildebert et Chlother : il se coupa les cheveux de sa propre main, se consacra au Seigneur, et mourut prêtre. L'Église catholique en a fait un saint, et la tradition l'honore sous le nom défiguré de saint Cloud ; il a légué ce nom à un célèbre village des environs de Paris, qui se nommait auparavant *Novientum* ou Nogent-sur-Seine.

Après cette affreuse catastrophe, Chlothilde retourna dans sa retraite et passa le reste de ses jours dans l'aumône et la prière, « se comportant moins en reine qu'en servante de Dieu[1]. » Elle mourut à Tours vers 545, et fut inhumée à Saint-Pierre et Saint-Paul de Paris, près de son mari et de sainte Geneviève.

---

1. Greg. l. III, c. 6-18. La date précise du meurtre des enfants de Chlodomir est incertaine ; elle ne peut être postérieure à 529 ou 530, puisque Chlodomir mourut en 524, et que son troisième fils n'avait que six ans lors du massacre des deux aînés. L'époque la plus probable est de 526 à 528. Hildebert prit Orléans, Chlother prit Tours ; c'est tout ce qu'on sait du partage.

(528-531) Le roi des Ripuaires n'intervint point pour venger ses neveux, et ne demanda pas, du moins immédiatement, sa part de leur héritage : sans doute le besoin qu'il eut de l'assistance de Chlother arrêta ses réclamations. Tandis que ses frères assaillaient le royaume de Burgondie, lui tournait ses ambitions vers la Germanie ; il visait à continuer de ce côté l'œuvre de Chlodowig, et à étendre au loin la suprématie franke sur les sauvages régions d'outre-Rhin. Les divisions des Thuringiens avaient favorisé ses plans : ce peuple était régi par les trois fils de ce roi Basin qui avait été le premier mari de la mère de Chlodowig ; l'un des trois, Herménefrid, ayant épousé une nièce du grand roi des Ostrogoths, la fière princesse gothe voulut être seule reine de tous les Thuringiens, et excita son mari contre ses beaux-frères. Herménefrid tua son frère Berther, et, ne se trouvant pas ensuite assez fort pour accabler l'autre frère, Baderik, il invoqua le secours du roi des Ripuaires, et lui promit la moitié des dépouilles de Baderik. Théodorik accourut et aida Hermenefrid à écraser Baderik ; mais le Thuringien, une fois victorieux et chef de tout son peuple, « oublia la foi promise », et ne voulut donner au Frank ni terres ni trésors.

Théodorik différa quelque temps sa vengeance, pour la mieux assurer, et ne reprit la route de la Thuringe qu'après avoir obtenu l'alliance de Chlother : les Ripuaires de la Meuse, les Saliens de l'Escaut, de la Somme et de l'Aisne, les Franks d'outre-Rhin, et sans doute les Allemans et les Boïowares, fondirent tous ensemble sur les Thuringiens, qui avaient pour alliés accoutumés les Érules et les Warnes. Les Thuringiens perdirent, aux bords de l'Unstrudt, une bataille décisive qui abattit complétement la Thuringe sous la puissance des Franks. Cette région comprenait une grande partie de la Germanie centrale. Herménefrid se soumit à la suprématie de Théodorik, et obéit à l'ordre de venir trouver ce prince à Tolbiac. Théodorik, qui lui avait garanti toute sûreté, l'accueillit d'abord avec honneur et magnificence ; mais, un jour que le Thuringien se promenait avec son hôte sur les remparts de Tolbiac, « poussé par on ne sait qui », il tomba du haut des murailles, et se tua dans sa chute.

La suzeraineté de la terre thuringienne demeura au roi des

Ripuaires, mais le butin et les prisonniers furent partagés entre Chlother et Théoderik, et une multitude de Thuringiens furent traînés en captivité loin de leur pays. Parmi les captifs se trouvaient le fils et la fille du malheureux Berther, mis à mort naguère par Herménefrid : la beauté de la jeune Radegonde avait frappé les deux rois victorieux, et peu s'en était fallu qu'ils ne se battissent pour sa possession ; on finit par la tirer au sort avec le reste du butin, et Radegonde tomba, avec son frère, dans le lot de Chlother, qui l'épousa à Soissons, quoiqu'il eût déjà trois femmes épousées par le sou et denier, sans compter les nombreuses concubines qu'il recrutait parmi les filles serves des *gynécées* royaux : ces ateliers de « servantes du fisc » (*fiscalinæ*) étaient de « véritables harems. » Entre les trois premières femmes de Chlother figurait Gontheuke, la veuve de Chlodomir ; les deux autres étaient sœurs et se nommaient Ingonde et Aregonde : Chlother s'était marié d'abord à Ingonde. « Comme il l'aimait d'unique amour, il reçut d'elle une prière en ces termes : « Mon seigneur a fait de sa servante ce qu'il lui a plu, et il m'a appelée à son lit. Maintenant, pour compléter le bienfait, que mon seigneur roi écoute ce que lui demande sa servante ! Je vous prie de daigner procurer un mari puissant et riche à ma sœur, votre servante comme moi, afin que rien ne m'humilie, et qu'au contraire, élevée par une nouvelle faveur, je puisse vous servir encore plus fidèlement. » A ces paroles, le roi, qui était trop adonné à la luxure, s'enflamma d'amour pour Aregonde, alla dans la *villa* qu'elle habitait, et se l'unit par mariage. L'ayant ainsi prise, il retourna vers Ingonde, et lui dit : « J'ai songé à t'accorder la grâce que ta douceur m'a demandée, et, cherchant un homme riche et sage que je pusse unir à ta sœur, je n'ai rien trouvé de mieux que moi-même. Ainsi sache que je l'ai prise pour femme, ce qui, je l'espère, ne te déplaira pas. » Alors elle répondit : « Que ce qui paraît bon à mon seigneur soit ainsi fait : seulement que votre servante vive toujours avec la faveur de son roi [1]. »

Les princes franks, comme on le voit, s'inquiétaient peu des préceptes moraux et sociaux de leur nouvelle religion ; et tout leur

---

1. Gregor. l. IV, c. 3.

christianisme consistait à recevoir le baptême, à construire quelques nouvelles églises, et à doter les anciennes. Ils n'avaient plus le droit de dire, comme leurs devanciers du temps de Tacite, que, s'ils prenaient plusieurs femmes, c'était par politique et non par volupté. Leurs mœurs, depuis la conquête des Gaules, étaient bien dégénérées de celles de leurs ancêtres païens. Jetés par la conquête au milieu d'une civilisation corrompue, ils ne faisaient guère avec elle qu'un échange de vices, prenant ses raffinements sensuels et lui communiquant leur brutalité.

Radegonde ne demeura pas longtemps auprès de son féroce et luxurieux époux : lorsqu'elle eut été « instruite aux lettres » et à la religion chrétienne, une exaltation ascétique et un ardent désir de la vie contemplative s'emparèrent de son esprit, et fortifièrent la répugnance qu'elle éprouvait à vivre avec le prince frank, ennemi de sa race et destructeur de son pays. Son jeune frère, sur d'injustes soupçons, ayant été égorgé par ordre de Chlother, elle ne put supporter davantage la vue de son mari : elle s'enfuit de Soissons, courut se réfugier dans la basilique de Noyon[1], où le fameux saint Médard venait de transférer le siége épiscopal de Vermandois, se fit consacrer *diaconesse*, et se retira de Noyon en Aquitaine : elle fonda un monastère à Poitiers, et y passa le reste de ses jours, sans que Chlother osât braver le « courroux des saints » en disputant sa femme à l'Église. La jeune païenne devint une sainte[2].

La conquête de la Thuringe eût été moins facile aux Franks, si le grand monarque des Goths eût pu secourir le mari de sa nièce; mais le seul homme qui eût jadis balancé la fortune de Chlodowig, et qui pût arrêter encore les progrès de ses fils, Théoderik l'Ostrogoth, n'était plus ; il était mort en 526, à Ravenne ; l'Empire des Goths s'était de nouveau fractionné en deux royaumes, mal unis au dehors, déchirés au dedans par les factions, et les deux petits-fils de Théoderik, Amalarik, roi des Wisigoths, et Athalarik, roi des Ostrogoths, ne paraissaient pas devoir continuer leur aïeul. La grandeur des Franks n'avait pas même été ébranlée par la mort de Chlodowig; la grandeur des Goths disparut tout

---

1. *Noviomagus*, ancienne ville suessonne réunie à la cité de Vermandois.
2. Greg. l. III, c. 7; IV, c. 3. — Ven. Fortunat. *Vita sanctæ Radegundis.*

entière avec Théoderik, et il n'y eut plus, dans le monde chrétien, que deux puissances capables d'activité extérieure, à savoir : aux deux extrémités de l'Europe, la nation franke et l'Empire d'Orient.

Les Franks sentaient leur force, et recommencèrent à menacer les provinces gothiques, sans renoncer à leurs projets sur la Burgondie : les prétextes ne manquèrent pas à la rupture des fils de Chlodowig avec Amalarik ; ce prince, faible et violent à la fois, se rendait odieux aux Gallo-Romains de la Narbonnaise par son fanatisme arien ; il accablait de brutalités sa femme, la Franke Chlothilde, pour l'obliger à embrasser l'arianisme, faisant jeter sur elle « du fumier et des ordures », quand elle allait à l'église des catholiques, et s'emporta jusqu'à la frapper cruellement ; la fille de Chlodowig envoya à son frère Hildebert, qui était le moins éloigné d'elle, un mouchoir teint de son sang.

La guerre dès lors fut résolue, mais Hildebert se laissa détourner un moment de son dessein par une diversion qui eut des suites bien fatales pour la plus illustre des régions aquitaniques. L'Arvernie, encore riche, courageuse et mal domptée par les Goths et les Franks, ne subissait qu'avec impatience le joug de Théoderik : elle avait tenté récemment, contre ce maître lointain, un mouvement bientôt étouffé. Sur ces entrefaites eut lieu l'expédition de Thuringe. Pendant que Théoderik et Chlother guerroyaient au fond des forêts germaniques, le bruit se répandit, au sud de la Loire, que le roi des Ripuaires avait péri dans un combat. Aussitôt le sénateur Arverne Arcadius, qui avait déjà donné à Hildebert de si exécrables preuves de dévouement, s'efforça de décider ses compatriotes à choisir son patron pour seigneur, de préférence au fils de Théoderik, et manda au roi Hildebert de venir en toute hâte prendre possession du pays. Hildebert accourut, avide de « contempler de ses yeux cette Limagne d'Auvergne (*Arvernam Limanem*) qu'on lui avait dite si belle et si riante à voir ». Il trouva les portes de la cité (Clermont) fermées, malgré les promesses d'Arcadius ; la plupart des citoyens hésitaient à se déclarer ; Arcadius parvint enfin à briser la serrure d'une porte, et à introduire son patron dans la ville. Mais à peine Hildebert était-il maître de la cité des Arvernes, qu'il apprit que Théoderik vivait et revenait victorieux de la Thuringe. Hildebert évacua l'Arvernie sans qu'elle retournât à l'obéissance de Théoderik, et le pays demeura sous le commandement d'Arcadius et de sa faction [1].

Hildebert, après cette course en Arvernie, revint sur-le-champ à ses projets contre Amalarik, et, croyant apparemment ses domaines garantis contre les ressentiments de Théoderik, soit par les embarras de la Thuringe encore mal soumise, soit par l'intervention de Chlother, il dirigea son armée vers l'*Espagne*, dénomination qu'on étendait alors à la province que les Wisigoths conservaient au nord des Pyrénées. Lors du récent partage de la monarchie gothique, les Ostrogoths avaient gardé la Province Marseillaise avec Arles; et les Wisigoths, la Narbonnaise et les cantons de la Première Aquitaine reconquis sur les Franks. Hildebert fondit sur la Narbonnaise : les événements de cette guerre, où le roi frank fut secondé par la malveillance des catholiques gallo-romains contre Amalarik et par l'indiscipline des seigneurs goths, sont fort obscurs. Amalarik perdit une bataille sanglante aux environs de Narbonne, qui était devenue la capitale des Wisigoths depuis la conquête de Toulouse par les Franks, et périt à la suite de sa défaite; les historiens ne sont pas d'accord sur les circonstances de sa fin. Ce qui est sûr, c'est que les Franks prirent et pillèrent Narbonne. Il paraît que, malgré cette catastrophe, la nombreuse population gothique de la Narbonnaise continua de résister énergiquement aux Franks : Théod, successeur d'Amalarik, brave guerrier et habile politique, calma l'irritation des sujets romains par sa tolérance religieuse, et recouvra la Narbonnaise. Hildebert n'était pas assez fort pour écraser les Wisigoths sans l'assistance de ses frères, mais il se consola de n'avoir point agrandi ses domaines en emportant les splendides dépouilles de Narbonne. Les basiliques de la Gaule franke eurent part au butin, et se parèrent des vases d'or enrichis de pierreries que Hildebert avait enlevés aux autels de la Narbonnaise.

(532-532) La confiance et l'ardeur des Franks allaient croissant, et leurs expéditions se succédaient sans interruption comme au temps de Chlodowig. Hildebert ne réitéra pas ses attaques contre

---

1. Greg. l. III, c. 9-10.

les Goths l'année d'après la mort d'Amalarik; son frère Chlother l'entraîna contre d'autres ennemis. Ces deux princes réunirent toutes leurs forces pour tenter de nouveau la conquête de la Burgondie, et invitèrent leur aîné Théoderik à se joindre à eux; mais Théoderik, qui n'avait point pardonné à Hildebert, dénia son secours à ses frères. Son refus ne les arrêta point, et ils se précipitèrent sur la Burgondie, résolus cette fois à ne déposer les armes qu'après avoir détruit le royaume de Godomar.

Cependant les leudes de Théoderik avaient vu avec un grand courroux leur roi refuser de les mener à une guerre nationale ; ils se soulevèrent en tumulte et lui dirent : « Si tu ne veux point aller avec tes frères en Burgondie, nous te quitterons, et nous les suivrons de préférence à toi. » Mais lui, songeant que les Arvernes lui avaient été infidèles : « Suivez-moi, répondit-il à ses guerriers, et je vous mènerai dans un pays où vous prendrez de l'or et de l'argent autant que vous en pourrez désirer, où vous enlèverez du bétail, des esclaves, des vêtements en abondance; seulement ne suivez pas *ceux-là!* » Eux, *alléchés (inlecti)* par ses promesses, consentent à faire sa volonté[1]...

A l'approche des bandes germaniques, Arcadius, qui avait attiré sur l'Arvernie ce terrible orage, abandonna honteusement son pays et sa famille, et se sauva en Berri, dans le royaume de Hildebert. Les Barbares passèrent sur la Limagne comme une nuée de sauterelles; arbres, moissons, chaumières, tout disparaissait sous leurs pas ; les monastères et les églises mêmes étaient rasés au niveau du sol. Tout ce qui parvint à éviter la mort et l'esclavage se réfugia dans la cité d'Arvernie ou dans les châteaux-forts des montagnes. Mais les Franks parurent bientôt devant la cité, qui se défendit avec l'énergie du désespoir; l'évêque Quintianus, autrefois chassé de Rhodez par les Goths à cause de son attachement aux Franks, et élevé à la chaire épiscopale d'Arvernie par Théoderik lui-même[2], était le premier à encourager la résistance

---

1. Greg. l. III, c. 11.
2. La puissance et la richesse des évêques faisant de l'épiscopat l'objet de l'ambition universelle, les droits électoraux du clergé et du peuple des cités étaient en butte à de fréquentes usurpations de la part des rois barbares et de leurs créatures. « En ce temps-là, dit la légende de saint Gall, on commençait à voir les fruits de cette semence inique, à savoir, que le sacerdoce (l'épiscopat) fût vendu

de ses diocésains contre leurs farouches ennemis. La ville dut enfin céder, et l'on n'est pas bien assuré si elle fut prise et pillée, ou si elle obtint une capitulation. Théoderik, qui voulait d'abord tout détruire, maisons et remparts, recula devant la crainte d'irriter les saints par la destruction des basiliques révérées qui attenaient aux murailles. Les terreurs religieuses étaient le seul frein que respectassent parfois les passions des barbares. La clémence de Théoderik ne s'étendit pas au delà des murs de la cité, et il lui eût été impossible d'arrêter les hordes furieuses qu'il avait déchaînées sur l'Arvernie. De la plaine, le flot de l'invasion remonta dans les hauteurs : les solitudes du Mont-Dore et du Cantal, les roches volcaniques et les forêts de sapins qui dominent les vallées de l'Allier et de la Dordogne, retraites sauvages où les armes romaines elles-mêmes n'avaient point pénétré, furent fouillées en tous sens par les hommes du Nord; ils emportèrent de vieilles forteresses gaëliques que nul ennemi n'avait jamais prises de vive force. Ainsi succombèrent Tighern (*le chef de canton, la maison du chef*, aujourd'hui Thiers), château situé au pied des monts qui séparent l'Auvergne du Forez, et Lovolâtre (Volorre), dans les montagnes du haut Allier; Méroliac, fort inaccessible du Cantal (Châtel-Mériac, près de Mauriac), se racheta par une rançon. Le grand monastère d'Iciodore (Issoire) fut « réduit en solitude »; la basilique de Saint-Julien-de-Brivas (Brioude) fut pillée de fond en comble; les églises n'étaient pas un asile plus sûr qu'au temps des Wandales ou des Huns; la plus grande partie des guerriers de Théoderik n'avaient point encore d'ailleurs abjuré le paganisme. « On ne laissa rien en propre aux petits ni aux grands, hormis la terre que les barbares ne pouvaient emporter avec eux... On voyait des troupeaux d'enfants, de beaux jeunes gens et de jeunes filles aux gracieux visages, traînés, les mains liées derrière le dos, à la suite de l'armée, et vendus à l'enchère çà et là dans les lieux que traversaient leurs maîtres... » Les clercs arvernes, arrachés à leur patrie, allèrent peupler les églises des Ripuaires

par les rois et acheté par les clercs. » Les conciles de Gaule luttèrent avec plus de constance que de succès contre ces envahissements. Cette « inique semence », comme dit le légendaire, fit germer promptement la corruption dans le corps imposant et respectable de l'épiscopat gaulois.

et prêcher les païens des bords du Rhin et de la Moselle. La désolation de l'Arvernie fut complète, et cette noble région fut longtemps à se relever de ce terrible coup[1].

Théoderik, après avoir satisfait sa vengeance contre les Arvernes, consentit enfin à se réconcilier avec son frère Hildebert, et à lancer ses Ripuaires et ses Allemans sur la Burgondie. Godomar disputait pied à pied son royaume aux fils de Chlodowig avec plus de courage que de bonheur : Autun avait été pris, après un long siége, en 532; en 533, comme l'atteste la présence de l'évêque de Vienne au second concile d'Orléans, la cité de Vienne était occupée par les Franks; Godomar invoqua l'assistance des Ostrogoths, qui s'apprêtaient à prendre de nouveau leur part de sa dépouille; il se reconnut vassal du roi Athalarik, et, renforcé à ce prix par les Ostrogoths, il obtint quelques avantages sur les Franks et les Allemans, pendant qu'une partie des forces frankes étaient occupées de l'autre côté du Rhône. Théoderik et Chlother, voulant recouvrer les anciennes conquêtes de Chlodowig retombées au pouvoir des Wisigoths, avaient envoyé leurs fils Théodebert et Gonther, avec deux corps d'armée, dans la Première Aquitaine, pour ressaisir le Rouergue, le Gévaudan et le Velai : Gonther s'arrêta à Rhodez, qui était apparemment du lot de Chlother; mais Théodebert franchit les Cévennes, descendit dans la Narbonnaise, emporta plusieurs forteresses aux environs de Béziers, et poussa jusqu'à Arles, qui, attaquée à l'improviste, ouvrit ses portes et livra des otages au prince frank. Les Goths y rentrèrent presque aussitôt, et Théodebert n'eut pas le temps de leur disputer de nouveau Arles; on lui manda tout à coup que son père était gravement malade, et que, « s'il ne se hâtait afin de trouver Théoderik encore vivant, il serait exclu de son héritage par ses oncles. » Théodebert quitta tout, revola au pays ripuaire, trouva son père mourant ou peut-être déjà mort, et ses oncles en armes pour lui enlever son royaume; mais Théodebert, fameux depuis bien des années par ses exploits, n'était pas un enfant qu'on pût traiter comme les héritiers de Chlodomir. La

---

1. Greg. l. III, c. 11-12. — *Vita sancti Fidoli.* — *Vita sancti Quintiani.* — Id. *sancti Galli.* — Id. *sancti Austremonii,* ap. *Hist. des Gaules et de la France,* t. III. — *Chronique de Verdun.*

plupart des leudes de son père le défendirent fidèlement, et ses oncles furent obligés de faire la paix avec lui moyennant quelque part dans les trésors de Théoderik. « Théodebert s'établit solidement dans la royauté[1] ».

(534) Avec la mobilité ordinaire aux barbares, les trois princes franks se réconcilièrent, et retournèrent ensemble, à la tête de toutes leurs forces, contre Godomar : la campagne de 534 vit la conquête définitive et le partage des provinces burgondiennes entre les rois mérovingiens ; et le dernier roi des Burgondes, vaincu et pris par les Franks, fut jeté au fond d'un château fort, où il mourut de chagrin et d'ennui, sinon de mort violente. « Les rois franks réduisirent les Burgondes en leur obéissance, les obligèrent à leur rendre désormais le service militaire, et soumirent au tribut tous les lieux qu'ils habitaient[2]. » Il n'existait point entre les Burgondes et les Franks cette haine mortelle, cette implacable rivalité qui animait ces derniers contre les Goths, et la conquête de la Burgondie n'eut pas le même caractère que celle des provinces gothiques après la victoire de Chlodowig sur Alarik ;

---

1. Sous Théoderik avait été rédigée la Loi des Ripuaires. « Théoderik, dit le préambule de la Loi Salique, étant à Châlons, choisit des hommes sages et instruits dans les antiques coutumes de son royaume, et leur prescrivit d'écrire les lois des Franks (Ripuaires), des Allemans et des *Boioares* (Boiowares, Bavarois)... et les choses qui étaient selon la coutume des païens, il les changea selon la loi des chrétiens ; mais il ne put tout amender, parce que la coutume des païens était trop ancienne et trop enracinée... » La Loi des Ripuaires diffère peu de la Loi Salique ; elle marque plus fortement encore la supériorité des antrustions du roi sur les simples hommes libres ; on se justifie de l'accusation d'avoir tué un homme libre en déniant le fait avec douze *jureurs* ; il en faut soixante-douze s'il s'agit du meurtre d'un antrustion royal. L'amende pour le meurtre d'un Frank, Ripuaire ou Salien, est de 200 sous d'or, comme dans la Loi Salique ; le meurtrier d'un barbare étranger, Burgonde, Alleman, Frison, Bavarois ou Saxon, est taxé à 160 sous ; le meurtrier d'un Romain, à 100. Le clergé inférieur n'a point de priviléges ; mais les clercs des *ordres majeurs* sont estimés au plus haut prix : le meurtrier d'un sous-diacre paye 400 sous ; celui d'un diacre, 500 ; celui d'un prêtre, 600, taux du meurtre d'un antrustion royal ; le taux d'un évêque s'élève à 900 sous. Tous les gens d'église vivent sous la loi romaine. La trahison d'un antrustion envers le roi est punie par la confiscation de ses biens. Le wehreghild se paye soit en or, soit en bétail, en armes, etc. Un bœuf est évalué à 2 sous d'or (30 francs) ; une vache, à 1 sou ; un cheval, 6 sous ; une grande épée (*spatha*) avec son fourreau, 7 sous ; une bonne cuirasse, 12 sous ; un heaume (*helm*) ou casque, « avec son cimier pointu », 6 sous ; une paire de jambières en métal, 6 sous ; une lance et un bouclier, 2 sous. La cherté des armes défensives atteste que les principaux guerriers en pouvaient seuls faire usage.

2. Greg. l. III, c. 11. — Procop. — Cassiodor. l. II, ep. 1. — Marius, *Chronic.*

les vaincus, loin de sortir en masse du territoire envahi, conservèrent leurs biens et leur loi nationale, qui subsistait encore en Gaule trois siècles plus tard. Les rois franks ne confisquèrent que les biens des rois burgondes et des *farons* qui s'étaient opiniâtrés les derniers dans la résistance.

Il se tint à Orléans, peu après la conquête de la Burgondie, un concile remarquable par les canons qui y furent rendus : les évêques proclamèrent l'unité ecclésiastique de la Gaule, en prescrivant à leurs confrères de se rendre au concile annuel, quel que fût le royaume frank auquel appartenait leur diocèse. L'exécution de ce décret n'était pas chose aisée en temps de guerre civile. Deux des *canons* reçus dans l'assemblée d'Orléans anathématisent certains chrétiens qui prêtaient leurs serments la main sur la tête de quelque bête, en prononçant des noms de divinités païennes, et d'autres qui mangeaient de la chair des animaux « immolés aux idoles ».

De grands événements cependant se passaient au delà des Alpes, et la puissance franke allait encore étendre ses limites : depuis cinquante ans, il ne s'accomplissait pas une révolution en Europe qui ne tournât au profit des Franks. Justinien était monté sur le trône de Constantinople peu de mois après que le grand Théoderik eut expiré sur celui de Ravenne, et un redoutable effort s'apprêtait en Orient contre les barbares qui s'étaient partagé l'Empire d'Occident; la cour de Byzance croyait le temps venu de réaliser des plans de restauration et de vengeance, que chaque empereur avait légués en mourant à son héritier, depuis les catastrophes du cinquième siècle. En 534, le patrice Bélisaire descendit sur la côte d'Afrique avec une belle armée, renversa en une seule campagne le royaume des Wandales, puis se disposa à reconquérir l'Italie. Le jeune roi Athalarik n'existait plus, et sa mère Amalasonthe, fille du grand Théoderik, venait de périr victime de l'ingratitude de son cousin Théodat, qu'elle avait fait roi en l'épousant après la mort d'Athalarik. La cour de Constantinople prit pour prétexte le crime de Théodat, et donna le signal d'une guerre funeste qui détruisit l'avenir de l'Italie et y étouffa les germes d'unité politique semés par Théoderik. Les rois franks, surtout Théodebert, commencèrent à tourner les yeux vers la péninsule : les deux partis sentirent que les Franks pouvaient faire pencher la balance à leur gré, et s'adressèrent à eux en même temps; les rois franks agréèrent les propositions de Justinien, qui leur avait envoyé en présent une grande somme d'argent et leur promettait un subside annuel s'ils le secondaient contre les Ostrogoths; Bélisaire, maître de la Sicile, débarqua dans le midi de la péninsule, avec l'espoir d'une diversion franke dans le Nord (536); mais les Franks ne traversèrent pas les Alpes. Théodat ayant été massacré par ses propres soldats, Witighez, « élevé sur le bouclier » à sa place, voyant Rome déjà au pouvoir des Impériaux, fit consentir les Ostrogoths à sacrifier une partie de leur territoire pour tâcher de sauver le reste, et offrit 120,000 sous d'or et l'abandon de toutes les possessions transalpines des Ostrogoths aux rois franks, pourvu que ceux-ci se tournassent contre les Impériaux. Les Franks acceptèrent, et les troupes gothiques évacuèrent Arles, Marseille, Aix, Avignon, tout le pays conquis par Théoderik, au sud et au nord de la Durance : les Franks touchèrent ainsi à la frontière des Alpes. La province d'Arles semble n'avoir été partagée qu'entre Hildebert et Chlother : le premier eut Arles; le second, Marseille; Théodebert eut pour sa part les hautes vallées du Rhône, du Rhin et de l'Inn (Valais, Grisons, Tyrol allemand), habitées en partie par des populations allemanniques auparavant vassales des Goths. Il ne restait plus en Gaule que la Narbonnaise wisigothe et la Bretagne kimrique, qui ne reconnussent pas la souveraineté des Franks. La conquête mérovingienne était à son apogée : elle avait atteint des limites qu'elle ne devait plus franchir.

Les rois franks ne violèrent pas d'abord ouvertement leur traité avec l'empereur, et n'expédièrent point d'armée franke en Italie; mais dix mille Burgondes allèrent joindre les guerriers de Witighez, sans l'aveu apparent de leurs nouveaux maîtres, et aidèrent les Goths à reprendre la grande cité de Milan, qui fut noyée dans le sang de ses citoyens, punis par un affreux massacre de leur attachement à la cause impériale (538). Bélisaire n'en poursuivit pas les hostilités avec moins de vigueur, et la capitale des Ostrogoths, Ravenne, était sérieusement menacée, lorsqu'on apprit, au printemps de 539, que Théodebert avait franchi les Alpes et descendait en Ligurie à la tête de cent mille combattants; les Ripuaires avaient entraîné avec eux Burgondes, Allemans, Thurigiens, Boïowares, toutes les hordes des forêts germaniques. Les Goths reçurent en libérateurs cette multitude de barbares, « qui ne firent point de mal » depuis les Alpes jusqu'au Pô, et leur livrèrent le passage du Pô non loin de Pavie ; les païens de l'armée franke reconnurent cet accueil en égorgeant les femmes et les enfants des Goths et en les jetant dans le fleuve, pour se rendre propices, par ce premier sang versé, Hella et les Walkyries[1]. Deux corps d'armée goth et impérial étaient en présence aux bords du Pô : Théodebert alla fondre avec toutes ses forces sur les Goths, qui voyaient approcher sans défiance ceux qu'ils regardaient comme des alliés. Les Goths furent taillés en pièces ; puis les Impériaux, qui, à l'aspect des Goths fugitifs, s'imaginaient que c'était Bélisaire qui avait pris les ennemis en queue, furent assaillis à leur tour et traités comme les Goths.

Théodebert ne visait à rien moins qu'à s'emparer de l'Italie en écrasant les deux partis qui se la disputaient ; mais sa double trahison ne porta pas les fruits qu'il espérait : le climat de la Haute Italie fut fatal aux hommes du Nord ; la dyssenterie, la disette, conséquence de leurs effroyables ravages, décimèrent les bandes germaniques ; le découragement se mit dans l'armée de Théodebert, et ce prince fut obligé de ramener ses gens en Gaule et en Germanie, sans rien garder des contrées envahies. Les Impériaux conservèrent quelque temps leur supériorité dans la péninsule : Ravenne ouvrit ses portes à Bélisaire, qui envoya le roi Witighez captif à Constantinople ; mais la fortune devint plus favorable aux Ostrogoths sous Totila, successeur du malheureux Witighez : ce fut sans doute alors (vers 541), que Justinien, craignant quelque nouvelle irruption des Franks, s'efforça de les enchaîner par un second traité plus solennel que le premier, et conclut avec leurs princes un pacte fameux dans notre histoire. Anastase avait autrefois ratifié les conquêtes de Chlodowig ; Justinien ratifia les progrès des successeurs de ce prince, et confirma la cession de la province d'Arles faite aux Franks par les Ostrogoths : l'héritier des Césars renonça solennellement aux droits de l'Empire sur

---

1. La déesse de la mort et les vierges des combats, les trois Parques scandinaves.

la Gaule, et, « depuis ce temps, dit l'historien grec Procope, les *chefs des Germains* président aux *jeux équestres* (aux jeux du cirque) dans Arles, et battent monnaie avec l'or des Gaules, non plus à l'effigie de l'empereur, comme c'est la coutume, mais à leur propre image... Les autres rois des barbares ne marquent point leur monnaie de leur image; car cette monnaie n'aurait point cours même chez les barbares. » Chlodowig s'était peut-être engagé à ne pas changer les coins impériaux, et la monnaie d'or des empereurs avait seule jusqu'alors servi aux échanges des peuples d'Occident; la monnaie des rois franks eut dès lors le même avantage, et leurs tiers-de-sou d'or (*triens*) se répandirent partout. Théodebert est le premier roi frank dont on possède une pièce d'or : elle n'offre encore que le calque exact de la monnaie impériale; le nom seul est changé; Chlother et Hildebert changèrent ensuite le type.

(542) Pendant que Théodebert fixait incessamment ses regards sur les Alpes, ses deux oncles avaient fait une grande expédition contre les Wisigoths : au lieu d'envahir la Narbonnaise, comme à l'ordinaire, ils avaient marché droit en Espagne par la Novempopulanie, passé les Pyrénées occidentales, pris Pampelune et saccagé au loin la Tarragonaise; mais ils furent moins heureux encore en Espagne que Théodebert en Italie. Forcés de lever le siége de Saragosse (*Cæsar-Augusta*), avec de grandes pertes, et de se replier de l'Èbre vers les Pyrénées, ils trouvèrent les *ports* des montagnes gardés par les Wisigoths, faillirent périr, eux et toute leur armée, et furent contraints d'acheter le passage du général ennemi au prix « d'une très grande somme d'argent »; ils ne s'arrêtèrent qu'au nord des Cévennes. Hildebert, apparemment, crut devoir son salut à la protection de saint Vincent, patron de Saragosse; car il lui érigea, près de Paris, une somptueuse basilique sous le titre de Saint-Vincent et Sainte-Croix. Cette église est devenue Saint-Germain-des-Prés [1].

Les Franks avaient recommencé de déborder en Italie, et Théodebert ne fut pas plus lié par le dernier traité que par les autres : la lutte des Ostrogoths et des Impériaux continuait toujours plus

---

1. Greg. l. III, c. 29. — Isidor. *Chronic.*

acharnée, et jonchait Rome et la péninsule de ruines à jamais déplorables. Les bandes de Théodebert, à la faveur de cette guerre, occupèrent sans résistance les Alpes Cottiennes (Piémont), la Ligurie et une grande partie de la Vénétie. Le roi des Ripuaires portait bien plus loin ses vues ambitieuses : irrité que Justinien, dans ses édits impériaux, s'attribuât le titre de *Francique* et d'*Allemannique,* comme si les Franks et les Allemans eussent été subjugués par les armes byzantines, il voulait entrer de la Bavière et de la Vénétie dans la Pannonie, entraîner avec lui les Gépides et les Langobards, qui habitaient alors la Pannonie et la Dalmatie, et aller porter la guerre jusqu'aux remparts de Constantinople. Une mort prématurée l'empêcha d'exécuter cet audacieux projet : un jour qu'il chassait dans une forêt de la Germanie, il vit fondre sur lui du fond d'un taillis un énorme taureau sauvage (*aurochs*) ; il s'apprêta à le recevoir la lance au poing ; mais le formidable animal, lancé avec une impétuosité aveugle et irrésistible, brisa sur son passage, d'un seul coup de tête, un arbre qui s'abattit violemment sur le prince et le renversa contre terre. Théodebert ne fit que languir depuis cet accident, et mourut au bout de quelques mois (547).

Il fut regretté par ses sujets romains. Malgré sa perfidie dans les affaires d'Italie, il fait exception parmi les Mérovingiens. On cite de lui des traits d'humanité tout nouveaux dans les fastes de sa race ; il allégea la misère des Arvernes ainsi que des habitants de Verdun, qui avaient toujours été l'objet de la défiance et de la haine de son père, à cause de leur ancienne révolte contre Chlodowig, et « il se montra bon et clément envers tous, dit Grégoire de Tours, régissant le royaume avec justice, honorant les évêques, dotant les églises, soulageant les pauvres. » Quelques-uns des Barbares s'élevaient à des idées d'ordre et de moralité supérieure, tandis que, par une triste compensation, la plupart des Gallo-Romains descendaient aux mœurs des Barbares. Théodebert avait pour conseillers deux « Romains fort sages et versés dans les belles-lettres » ; ces deux « sages hommes », Astériolus et Sécundinus, se prirent d'une telle jalousie l'un contre l'autre, qu'ils se battirent avec fureur en public ; Sécundinus finit par tuer Astériolus ; puis le fils de celui-ci, étant devenu grand, rassembla ses amis, poursuivit Sécundinus de *villa* en *villa*[1], et le réduisit à se donner la mort pour ne pas la recevoir d'une main ennemie.

Théodebert, par le conseil d'un autre Romain, nommé Parthénius, avait tenté une entreprise singulièrement téméraire : c'était de soumettre toutes les terres à l'impôt; tout système régulier d'impôt avait disparu avec l'Empire, et la chute de la fiscalité romaine était, pour les peuples, la seule compensation des misères de la domination barbare. La masse des Gallo-Romains ne pouvait donc voir reparaître qu'avec effroi les exigences gouvernementales de l'ancienne société, aggravées par l'anéantissement de l'ordre matériel; mais les Franks, qui ne reconnaissaient de pouvoir royal qu'à l'armée ou dans le mâl judiciaire, et qui étaient incapables de comprendre l'idée abstraite des besoins de l'État, se montrèrent bien autrement irrités, et se crurent outragés dans leur indépendance et leur dignité de propriétaires libres. A peine Théodebert eut-il rendu le dernier soupir, qu'un soulèvement général éclata, et que Parthénius fut lapidé par les Franks dans la cathédrale de Trèves, où il avait cherché un refuge[2].

Cependant les Franks orientaux reconnurent pour roi Théodebald, fils de Théodebert et d'une belle *matrone* romaine, ap-

---

1. Ce mot de *villa*, qui, par une singulière révolution de langage, est devenu notre mot de *ville*, avait primitivement un sens tout opposé : il désignait toute habitation isolée, toute maison de campagne un peu considérable, susceptible d'être habitée par le propriétaire, et autour de laquelle se groupaient quelques cabanes de colons et de serfs. La *villa* est le principe du château féodal; beaucoup de *villas* devinrent aussi, avec le temps, des bourgades, puis des *villes*, et la transformation du mot n'indique que celle de la chose.

2. Les rois franks commençaient à n'être plus satisfaits du produit de leurs immenses domaines, qu'ils morcelaient sans cesse eux-mêmes par politique et par dévotion, au profit de leurs antrustions et des églises; et il ne manquait pas autour d'eux de conseillers *romains* pour les exciter à relever le despotisme fiscal des empereurs. Chlother, lui, s'était récemment attaqué, non point à ses Franks, mais au clergé; il avait essayé de contraindre toutes les églises de son royaume à lui payer annuellement le tiers de leurs revenus : l'énergique résistance d'Injuriosus, évêque de Tours, fit avorter ce projet, et le « bien des pauvres » fut sauvé (ce tiers était la part consacrée aux aumônes); Chlother eut peur d'attirer sur sa tête la colère de saint Martin. Les rois franks, toujours combattus entre la cupidité et la superstition, enrichissaient tour à tour et s'efforçaient de dépouiller les églises. « Martin et Martial, disait Léon de Poitiers à Chramn, fils de Chlother, ne laissent rien aux droits du fisc. » Martial était le grand saint de Limoges. Toutes ces tentatives n'aboutirent qu'à des exactions partielles, et la fiscalité régulière ne se releva point.

pelée Deutérie : Théodebert s'était épris de cette femme, lors de son expédition dans la Narbonnaise, et l'avait épousée, quoiqu'elle eût déjà un mari et que lui-même fût fiancé à la fille du roi des Langobards. Quelques années après, Deutérie, voyant grandir et embellir une fille qu'elle avait eue de son premier mari, craignit qu'elle ne lui enlevât l'amour du roi; elle fit atteler à la *basterne* de sa fille des bœufs indomptés, qui la précipitèrent du pont de Verdun dans la Meuse. Théodebert, indigné, abandonna Deutérie pour épouser son ancienne fiancée; mais le fils de Deutérie n'en fut pas moins roi. Le jeune Théodebald était un enfant d'environ treize ans, faible et valétudinaire; cependant ses grands-oncles ne paraissent point avoir tenté de le dépouiller; sans doute ils furent découragés par l'opposition des leudes ripuaires, qui préféraient un roi incapable d'attenter à leur indépendance.

Tant que vécut Théodebald, il n'y eut point en effet de royauté chez les Franks orientaux; le roi végétait dans ses métairies de la Meuse et de la Moselle : les leudes, groupés autour de *hérezoghes*, de chefs électifs, s'en allaient à des expéditions lointaines, sans se soucier de l'aveu du roi, et portaient leurs armes jusqu'au golfe de Tarente et au détroit de Messine.

Après la disgrâce de l'illustre Bélisaire, l'eunuque Narsès, qui portait une âme de héros dans un corps de vieille femme, avait ramené la victoire sous les aigles impériales : les deux rois ostrogoths Totila et Teïa avaient péri l'un après l'autre dans deux batailles désastreuses (552-553). Les Ostrogoths, touchant à leur ruine après dix-huit ans de combats, imploraient de nouveau l'assistance des Franks, et Narsès commençait à menacer les positions de ceux-ci dans la Vénétie et la Ligurie. Soixante-quinze mille guerriers franks, allemans, burgondes, boïowares, etc., descendirent du haut des Alpes Rhétiques, sous les ordres de deux frères appelés Bukhelin et Leuther (*Leutharis*), qui étaient de sang alleman, et avaient été placés à la tête de leur nation par Théodebert. Ils détruisirent près de Parme une armée d'Impériaux et d'auxiliaires barbares; puis ils s'avancèrent jusque dans l'ancien Samnium, bien au delà de Rome, et, se divisant en deux corps, longèrent les côtes des mers Tyrrhénienne et Adriatique, jusqu'à ce qu'ils rencontrassent la barrière de la mer Ionienne. Les plus belles provinces de l'Italie furent plus cruellement dévastées qu'elles ne l'avaient jamais été par les Wisigoths d'Alarik ou les Wandales de Ghenserik ; les Allemans païens exercèrent surtout d'horribles ravages. La barbarie franke s'arrêtait parfois devant le seuil des basiliques; mais les idolâtres germains y portaient le fer et le feu.

Après ce gigantesque pillage, Leuther regagna le Pô; mais il traînait la peste après lui, et son armée succomba presque entière sous le fléau vengeur, qui ne l'épargna pas lui-même. Quant à Bukhelin, portant ses vues plus haut que son frère, il n'évacua point l'Italie méridionale, et jura aux Ostrogoths de les délivrer de Narsès, dans l'espoir de devenir leur souverain et le maître de la péninsule.

Narsès, qui avait prudemment évité le premier effort des Barbares, prit enfin l'offensive, et les Franks et les Impériaux se trouvèrent en présence aux bords de la petite rivière du Casilin, à quelques lieues de Capoue, avec un égal désir de décider à qui resterait la possession de l'Italie. Bukhelin comptait encore trente mille hommes sous ses drapeaux ; Narsès n'en avait que dix-huit mille, mais il était bien pourvu de cavalerie et de gens de trait, qui manquaient totalement à son adversaire. Les Franks, qui s'étaient formés en *coin*, suivant leur coutume, essuyèrent, sans y répondre, les décharges des archers et des frondeurs ennemis ; puis, quand ils furent à portée, les premiers rangs lancèrent leurs courtes haches à deux tranchants contre les boucliers des Impériaux, et tous, tirant leurs sabres, se précipitèrent à l'attaque.

Les trois lignes de l'infanterie romaine furent enfoncées du choc, et l'avantage de la journée fût demeuré aux Franks, s'ils n'eussent couru piller le camp ennemi, au lieu d'achever la victoire. Narsès rallia promptement ses légions; sa cavalerie, qu'il avait embusquée derrière des bois, tourna les Franks, les prit en flanc et en queue, tandis qu'un corps de réserve, composé d'Érules et de Huns, fondait sur les pillards. La victoire commencée se changea en une sanglante défaite; Les Franks perdirent tout ce qu'ils avaient envahi au delà des Alpes : l'Italie retourna tout entière sous le sceptre impérial, et Justinien put se dire à juste titre « empereur des Romains ; » triomphe éphémère, qui n'affranchit pas pour longtemps l'Italie des Barbares[1].

---

1. Les vastes travaux de législation exécutés par les jurisconsultes de Justinien ont

Vers ce temps-là Théodebald termina la vie languissante et chétive qu'il avait traînée jusqu'à vingt ans. Hildebert était gravement malade et privé d'enfants mâles qui pussent défendre ses intérêts et les leurs; Chlother, entouré de cinq fils belliqueux, se présenta aux suffrages des leudes ripuaires, qui le reconnurent pour chef sans difficulté, et s'empara de tout ce qui avait appartenu à Théodebald, y compris sa femme, Wuldetrade, fille du roi des Langobards; cependant il recula devant la réprobation de l'Église contre ce mariage *incestueux,* et céda Wuldetrade au *duc* des Boïowares [1]. Il envoya son fils aîné Chramn en Arvernie pour réduire sous son obéissance les provinces d'outre-Loire et se dirigea en personne vers la Germanie.

Il rencontra de ce côté de grands embarras et de grands périls : les Germains méridionaux, qui s'étaient habitués à la suprématie franke, acceptèrent sans résistance le nouveau roi; mais il n'en fut pas de même dans le Nord. La nombreuse et belliqueuse confédération saxonne, dont les colonies avaient conquis la meilleure partie de la Grande Bretagne, confinait aux Franks le long du Weser, vers la Hesse et la Thuringe. Par suite de la conquête de ce dernier pays, conquête qui avait porté la terreur du nom frank jusque chez les peuples norses (Northmans, Danois, Scandinaves), les Saxons avaient subi la suzeraineté des rois ripuaires et consenti à leur payer tribut. L'expédition de Bukhelin et Leuther, qui privait les Franks de tant de braves guerriers, parut aux Saxons

valu à ce prince une renommée plus durable que les conquêtes de ses généraux. En 533, avant le commencement de la guerre d'Italie, il avait publié l'immense corps de droit qualifié à juste titre de *Pandectes* ($\pi\tilde{\alpha}\nu$-$\delta\acute{\epsilon}\chi o\mu\alpha\iota$, je contiens tout), car il résume véritablement tout l'esprit des treize siècles du droit romain. Après le *Digeste* ou *Pandectes,* livre formé des extraits de tous les jurisconsultes, Justinien publia un *Code* fort supérieur au Théodosien, et contenant les édits du préteur et les rescrits impériaux; les Institutes sont une sorte d'ouvrage élémentaire servant de péristyle aux deux grands monuments. Les livres de Justinien, quoi qu'on en ait dit, pénétrèrent dans les royaumes barbares, y furent connus et étudiés par les hommes qui vivaient sous la loi romaine, et n'apparurent pas au treizième siècle comme une merveille ignorée. L'Italie surtout ne cessa jamais de les étudier et de les mettre en pratique; M. de Savigny en cite des preuves irrécusables dans son *Hist. du Droit romain au moyen âge.*

1. Les rois franks ne souffraient pas que les chefs des peuples tributaires se qualifiassent de *konings,* titre qui emportait l'idée d'une indépendance absolue, et les obligeaient à se contenter du titre plus vague de *hérezogue* (héretoghe, herzog), que les Romains traduisaient par *dux.*

une occasion favorable pour ressaisir leur indépendance : ils prirent les armes et soulevèrent les Thuringiens, toujours fidèles à leurs vieilles haines. Chlother accourut, gagna une sanglante bataille sur les Saxons aux bords du Weser, les soumit de nouveau au tribut, et livra la Thuringe à de cruels ravages, en punition de sa révolte.

(555) Les Saxons ne tardèrent pas à refuser de payer le tribut, peut-être à l'instigation de Hildebert, qui n'avait point pardonné à Chlother de s'être arrogé toute la succession de Théodebald. Chlother reprit aussitôt le chemin de la Saxe à la tête d'une armée formidable. Quand il fut à la frontière, les Saxons, effrayés, envoyèrent offrir leur soumission ; les Franks forcèrent Chlother de continuer sa route sans les écouter. Les Saxons demandèrent de nouveau la paix, au prix de la moitié de leurs biens mobiliers ; Chlother voulait accepter, « de peur d'exciter la colère de Dieu » ; mais les Franks s'écrièrent : « Non ! non ! ce sont des menteurs ; ils ne tiendront pas leur parole ; allons sur eux. » Les Saxons alors offrirent jusqu'à leurs vêtements, leurs troupeaux et la moitié de leurs terres. « Prenez tout cela, dirent-ils, pourvu seulement que nos femmes et nos petits enfants demeurent libres, et qu'il n'y ait pas de guerre entre nous. » Chlother pria ses leudes de renoncer à la guerre, et leur déclara qu'il ne les suivrait pas s'ils persistaient à combattre malgré lui. Les Franks orientaux, altérés de sang et de pillage, se jetèrent sur le roi, déchirèrent sa tente, l'en arrachèrent par force en l'accablant d'injures, et le menacèrent de l'égorger s'il ne marchait à l'ennemi. Chlother livra donc bataille malgré lui aux environs de l'Elbe : « il mourut dans l'une et l'autre armée une telle multitude d'hommes qu'on ne saurait la compter » ; mais la plus grande perte tomba sur les Franks. Les Franks furent mis en déroute, et Chlother, consterné, demanda la paix, « disant aux Saxons qu'il avait été sur eux contre sa volonté. Il obtint la paix, et retourna sur ses terres [1]. »

Ce revers des Franks est un fait très remarquable : c'est le début d'une lutte de deux siècles et demi, durant laquelle les deux

---

1. Greg. l. IV, c. 10-14. — *Append. ad Chronic. comitis Marcellini.*

partis ne combattirent pas seulement, l'un pour la domination militaire, l'autre pour la défense d'une liberté sauvage : la Saxe devint le centre de résistance du paganisme odinique contre les envahissements du christianisme. Les Saxons ne voyaient pas seulement des oppresseurs, mais des apostats, dans les Franks, qui avaient trahi les dieux de la Walhalla pour embrasser le culte des Romains; la haine religieuse alla s'envenimant à mesure que les Franks se montrèrent plus zélés en faveur de leur nouvelle foi.

(556-557) Malgré la paix obtenue par Chlother, l'attitude menaçante de la Germanie septentrionale retint le chef frank dans le *Frankene-land* ou *France* d'outre-Rhin (Westphalie, Hesse, Palatinat, Franconie). Cependant, sa défaite avait eu en Gaule un contre-coup fatal à sa puissance : une partie des populations d'outre-Loire, sans s'effrayer de la catastrophe des Arvernes, s'efforçaient de secouer le joug du roi du Nord, et, voulant avoir du moins un roi pour elles seules, si elles ne pouvaient entièrement chasser les Franks, opposaient à Chlother son propre fils, ce Chramn qu'il aimait le mieux entre tous ses enfants. Chramn n'avait d'abord montré en Arvernie qu'une turbulence brutale. « Il agissait en beaucoup de choses contre la raison, et il était fort maudit par le peuple; il n'aimait personne dont il pût recevoir un bon conseil, et ne s'entourait que de jeunes gens de vile condition, et, par leur avis, ne craignait pas de faire enlever les filles des sénateurs sous les yeux de leurs pères. » Des Aquitains de haut rang, l'Arverne Ascovind, le Poitevin Léon, parvinrent enfin à s'emparer de son esprit et à l'arracher à ses débauches, mais pour le jeter dans de périlleuses menées politiques : il alla s'installer royalement à Poitiers, entra en correspondance avec son oncle Hildebert, et conspira contre son père de concert avec son oncle. Poitiers, Limoges, la meilleure partie des deux Aquitaines (ou plutôt de l'Aquitaine, car la division de cette région en deux provinces avait disparu) se déclarèrent en faveur de Chramn, et lui fournirent une armée, à laquelle se joignirent les Franks du pays; mais la cité des Arvernes, où Chramn avait commis tant d'excès, lui ferma ses portes et l'arrêta par un long siége. Chlother apprit en Germanie ce qui se passait, et dépêcha deux autres de ses fils, Haribert et Gonthram, contre leur aîné. Chramn, à l'approche des troupes saliennes et burgondiennes qu'amenaient ses frères, se replia vers les montagnes du Limousin, et l'on fut quelque temps en présence sans combattre; les Franks manifestaient toujours une vive répugnance pour la guerre civile. Le bruit de la mort de Chlother, semé avec adresse par Chramn, effraya ses frères et les décida à reprendre au plus vite le chemin de la Burgondie; Chramn traversa l'Allier et la Loire à leur suite, envahit la Burgondie et prit Chalon-sur-Saône, puis tourna au nord-ouest et joignit à Paris le roi Hildebert. A la nouvelle de la mort de Chlother, qui s'était répandue rapidement dans toute la Gaule, Hildebert s'était jeté sur le royaume de son frère, et avait commencé par piller et brûler toute la *Champagne Rémoise (Campania Remensis)*, étrange manière de prendre possession d'une province. Sur ces entrefaites, la Saxe et la Thuringe avaient relevé l'étendard : les Saxons, rompant leur traité de paix avec Chlother, à l'instigation de Hildebert, s'étaient précipités en masse sur la *France*[1]; leurs bandes dévastatrices s'avancèrent jusqu'à *Divitia* (Deutz) sur le Rhin, près de Cologne.

(558-561) La situation de Chlother semblait presque désespérée. Cependant l'orage qui éclatait sur lui se dissipa sans l'accabler : un mouvement national s'opéra en sa faveur; les Saxons furent refoulés dans leurs limites; Hildebert, repris d'une incurable maladie qui décomposait lentement son sang et ses organes, cessa les hostilités, languit plusieurs mois, et mourut à Paris. « Son royaume et ses trésors passèrent aux mains de Chlother, » et Chramn fut réduit à implorer la clémence paternelle. Pour la première fois depuis la mort du conquérant Chlodowig, la monarchie des Franks se trouva réunie sur une seule tête, et Chlother, tout à l'heure si près de sa ruine, se vit à la tête d'un empire qui embrassait presque toute la Gaule et la moitié de la Germanie.

Hildebert avait dominé pendant quarante-sept ans la Gaule occidentale. Il fut inhumé dans la basilique de Saint-Vincent et Sainte-Croix, qu'il avait fait bâtir en « forme de croix ». Ce fut un grand fondateur d'églises, d'hôpitaux et de couvents, bien qu'il ne fût ni moins cruel ni moins débauché que la plupart des princes

---

1. *Francia*, dans Grégoire de Tours, désigne toujours la « vieille France », le pays frank d'outre-Rhin.

mérovingiens : grâce à sa munificence, la cathédrale de Paris se décora de colonnes de marbre et de « fenêtres de verre », innovation célébrée par le poëte contemporain Vénantius Fortunatus. Persécuteur zélé des débris du paganisme, il avait publié une constitution qui réputait sacrilèges ceux qui conservaient encore dans leurs champs des idoles, des simulacres « consacrés au démon », et qui empêchaient les évêques de les détruire.

Grégoire de Tours n'expose point en détail comment fut étouffée la rébellion de l'Aquitaine ; mais il fait entendre que Chramn essaya de la rallumer, après avoir reçu son pardon de Chlother. Cette tentative eut peu de succès ; Chramn, poursuivi par les troupes de son père, s'enfuit, avec sa femme, ses enfants et ses principaux partisans chez les Bretons indépendants de l'Armorique. Le duc Willeher, complice et beau-père de Chramn, se sauva dans la basilique de Saint-Martin de Tours, et la basilique et la ville même furent incendiées au milieu de ces troubles. Le roi Chlother, « frémissant de colère contre Chramn, » entra après lui en Bretagne ; mais, loin de livrer le coupable à son père, les Bretons marchèrent hardiment au-devant de l'armé franke.

La population de langue bretonne avait crû en nombre et en audace depuis la venue de Riowal, ou le « roi Houël », qui avait réuni sous son commandement toute la péninsule, tout le pays maritime, le Llydaw (*Letavia*, le rivage), comme on disait en breton, du raz de Douarnenez jusqu'aux bords de la Vilaine et du Couësnon ; les cités de Nantes et de Rennes étaient seules restées soumises au roi Hildebert, et leurs évêques étaient les seuls prélats de la contrée qui se rendissent aux conciles provinciaux convoqués par le métropolitain de Tours[1]. Après la mort de Houël, ses fils et d'autres tierns se partagèrent la Bretagne ; l'un d'eux, Canao ou Conobre, extermina trois de ses frères, mit en fuite

---

1. Saint Samson avait récemment fondé l'évêché de Dol, saint Mâlo ou Maclou (Mac-Liaw), l'évêché d'Aleth, depuis appelé, de son nom, saint Mâlo. Saint Brieuc, saint Tugdwal, fondateur de Tréguier (*Lan-Treguer*), saint Pol, évêque de Léon, saint Gildas, fondateur du monastère de Rhuys, et frère du fameux barde Aneurin, étaient tous, comme saint Samson, des Bretons de la Grande Bretagne, émigrés en Armorique dans le courant du sixième siècle. Ce furent ces saints d'outre-mer qui assurèrent enfin la suprématie du christianisme parmi les Bretons d'Armorique. Ces rapports continuels des deux Bretagnes expliquent la communauté des légendes religieuses comme des légendes romanesques.

le quatrième, appelé Mac-Liaw (Maclou, Mâlo), et devint ainsi le principal chef des Bretons : c'était chez lui que Chramn avait cherché un refuge. Conobre et Chramn offrirent la bataille à Chlother aux environs de Dol, suivant la tradition. Le farouche Breton, malgré ses propres crimes, éprouvait une sorte d'horreur pour cette lutte parricide. La nuit étant venue à tomber comme les armées étaient en présence, on différa de combattre : « Guerroyer, comme tu fais, contre ton père, dit alors Conobre à Chramn, n'est pas, à mon avis, chose permise. Abstiens-toi du combat, et laisse-moi cette nuit tomber seul sur lui, et le défaire avec toute son armée. »

Chramn ne voulut pas y consentir, et obligea son allié d'attendre le jour. La bataille fut sanglante : Conobre enfin tourna le dos, tomba et mourut. Ce que voyant Chramn, il s'enfuit vers des vaisseaux qu'il avait fait préparer à tout événement; mais, retardé par sa femme et ses filles, qu'il voulait emmener avec lui, il n'eut pas le temps de gagner le bord de la mer, et fut pris par les guerriers de son père. Lorsque Chlother en fut instruit, il fit renfermer les prisonniers dans la chambre d'un pauvre paysan, puis il commanda qu'on étranglât son fils et qu'on mît le feu à la chaumière, dont les ruines fumantes ensevelirent Chramn et sa famille.

Les Bretons se soumirent probablement au tribut, et les Franks ne les poursuivirent pas dans leurs rochers et leurs bruyères.

Chlother, rassasié de vengeance, reprit le chemin de Soissons, sa résidence accoutumée, et passa par Tours. Arrivé près du tombeau de saint Martin, dont il faisait réparer la basilique incendiée et à qui il apportait de riches offrandes, il se mit à repasser dans son esprit toutes les *négligences* qu'il pouvait avoir commises, et à prier avec de grands gémissements le bienheureux confesseur d'obtenir pour lui l'absolution de « tout ce qu'il avait fait de contraire à la raison ». Peu de temps après, faisant dans la forêt de Cuise[1] une de ces grandes chasses d'hiver que les rois franks aimaient tant, il fut saisi de la fièvre, et on le transporta dans la *villa* de Compiègne (*Compendium*). Là, cruellement tourmenté par

---

1. *Cotia Sylva*, vaste forêt qui s'étendait tout le long de la rive gauche de l'Oise, et dont celles de Compiègne, de Couci, etc. ne sont que des débris.

la maladie, il s'écriait souvent : « *Wa!* que pensez-vous que soit ce roi du ciel qui fait mourir de si grands rois? »

(562) Il rendit l'âme « en grande tristesse, » le jour anniversaire du meurtre de Chramn. Les quatre fils qui lui restaient le portèrent à Soissons, et l'ensevelirent dans la crypte de la basilique qu'il avait commencée près de cette ville, sous l'invocation du bienheureux Médard, évêque de Noyon. Cette crypte existe encore [1].

Le règne de Chlother avait offert au monde l'effrayant spectacle du Barbare, abandonné, sans frein moral, à tous les instincts de l'animalité, et armé de tous les moyens de satisfaire ses passions; mais le monde ne s'étonnait et ne s'indignait plus de rien : les lumières, concentrées dans un cercle bien étroit, baissaient rapidement; la douceur et l'élégance des mœurs avaient disparu, et, si la civilisation imposait aux Barbares quelques-uns de ses arts, de ses besoins et de ses idées, les Barbares ne lui rendaient que trop influence pour influence. L'attrait d'une vie désordonnée et turbulente, les penchants brutaux qui semblent la réminiscence d'une existence inférieure, et que le progrès social comprime sans les anéantir, se réveillaient avec fougue chez les Gallo-Romains: la classe dominante parmi eux, le clergé, se démoralisait, non-seulement par l'exemple, mais par l'action directe des conquérants; les rois franks attentaient de plus en plus fréquemment à la liberté des élections épiscopales, respectée jadis par les plus orgueilleux des empereurs chrétiens, et imposaient aux cités pour évêques leurs *domestiques* et leurs favoris: des intrigants débauchés et cupides, des clercs *simoniaques* qui achetaient les *préceptions* royales à prix d'or, d'immondes ivrognes, qui avaient gagné l'affection du prince en lui tenant tête dans les longues orgies des banquets germaniques, s'asseyaient sur les siéges les plus illustres de la Gaule, dilapidaient les revenus et même les biens-fonds de leurs églises enrichies par les dons incessants que la superstition arrachait aux seigneurs franks, et exerçaient sur leurs clercs de telles exactions, que ceux-ci étaient obligés de se coaliser pour se défendre, et de rechercher le patronage des sei-

---

1. V. *Hist. de Soissons*, par H. Martin et P.-L. Jacob, bibliophile, t. II, appendice, p. 34.

gneurs laïques contre les évêques. Un certain nombre de prélats graves et pieux défendaient encore les traditions d'un temps meilleur; mais leur tâche était de jour en jour plus pénible, et leurs efforts moins efficaces : les habitudes de violence et de brutalité envahissaient tout. Un chroniqueur raconte que les moines d'Agaune (Saint-Maurice-en-Valais), qui étaient fort nombreux, livrèrent une véritable bataille à l'évêque de la cité, soutenu par ses clercs et par le peuple.

Ce fut néanmoins dans le sein du monachisme que se réfugia l'esprit d'ordre et de paix, et, on peut le dire, l'esprit de l'Évangile : l'introduction de la fameuse *Règle de Saint-Benoît* en Gaule coïncide avec les plus mauvais jours du sixième siècle. L'établissement définitif des conquérants germains ne faisait pas disparaître les causes qui avaient aidé au développement du monachisme; il les rendait permanentes, au contraire, et les hommes qui avaient souffert de violentes atteintes dans leurs intérêts ou leurs affections, les hommes dont l'intelligence et le cœur se soulevaient à l'aspect du chaos social, continuaient à se jeter en foule dans la vie de retraite et de prière que menaient les cénobites, ou même dans l'isolement absolu des ermites. Mais, jusqu'alors, les moines occidentaux, considérés comme de simples laïques et étrangers au clergé, ne prononçaient aucuns vœux, et les monastères n'étaient soumis à aucune règle commune et générale. L'Italien Bénédictus, si célèbre sous le nom de saint Benoît, fut le législateur de cette petite société formée entre les débris de la grande; rassemblant une troupe de moines sur le Mont-Cassin, dans l'ancien Samnium (528), il les astreignit à des vœux perpétuels après un an de noviciat, à l'obéissance passive envers l'abbé une fois élu par leurs suffrages, et au « travail des mains ». Saint Maur, disciple de saint Benoît, porta les institutions de son maître au delà des Alpes vers 543, et vint fonder sur la Loire le couvent (*cœnobium*) de Glanfeuil en Anjou, d'où la *règle* se propagea peu à peu en Gaule. La nécessité du travail manuel, imposée aux religieux, eut des fruits incalculables : elle fit surgir, à côté des colons, des lites et des esclaves, une nouvelle population d'agriculteurs libres et protégés par leur caractère sacré[1]; les couvents, semés

---

1. « Des hommes ... qui n'ont point de serviteurs », mais qui se contentent

au fond des bois solitaires et des landes incultes, devinrent autant de centres agricoles; les moissons reparurent dans des sillons restés en friche depuis les premières invasions des Germains, et la charrue pénétra dans des forêts druidiques que la hache romaine n'avait jamais touchées. « Les moines bénédictins, a dit un historien célèbre [1], ont été les défricheurs de l'Europe. » Ils devaient servir aussi bien la culture des esprits que celle du sol, en conservant fidèlement dans leurs monastères les monuments littéraires de l'antiquité. Le principe d'obéissance passive, établi au sein du monachisme dans des intentions très pures, fut plus tard une triste compensation des immenses services que rendirent les moines : il devint la source d'une odieuse tyrannie dans l'intérieur des monastères, lorsque la liberté des élections abbatiales eut été faussée comme celle des élections épiscopales; et, s'unissant aux traditions du despotisme romain, il répandit au dehors des germes empoisonnés, des principes mortels à la dignité humaine, à la raison et à la vérité.

La règle de saint Benoît n'eut pas toutefois une expansion aussi rapide qu'on le croit communément. Les écrivains de cet ordre illustre ont exagéré la grandeur, sinon de ses destinées, au moins de ses commencements. Nous verrons plus loin que ce furent une autre règle et des religieux d'une autre origine qui eurent d'abord la suprématie en Occident.

Le royaume des Franks, cependant, était partagé de nouveau entre plusieurs princes. Chlother avait laissé quatre fils, Haribert, Gonthramn, Hilperik (*Chilpericus*) et Sighebert. Aussitôt les funérailles de Chlother achevées, Hilperik, le troisième de ses fils, courut de Soissons à Braine, résidence favorite du feu roi. « Braine sur la Vesle, entre Soissons et Reims, était une de ces immenses fermes dont les chefs des Franks préféraient le séjour à celui des plus belles villes de la Gaule, et dans lesquelles ils convoquaient les mâls nationaux et les synodes des évêques. Ces habitations des rois barbares ne ressemblaient en rien aux châteaux

du travail de leurs mains... » (S. Bonifac. *Epist.* 75). On a vu plus haut (t. I, p. 349) que le principe du travail manuel avait été importé d'Orient à Lérins. Les bénédictins ne le créèrent donc pas, mais ils lui donnèrent une extension immense.

[1]. M. Guizot. — Cette gloire ne leur appartient pas exclusivement; ils doivent la partager, comme nous le montrerons bientôt, avec d'autres religieux.

féodaux dont les ruines imposantes étonnent encore nos yeux : c'étaient de grands bâtiments non fortifiés, construits en bois plus ou moins élégamment travaillé, et entourés de portiques d'un style emprunté à l'architecture romaine. Autour de la demeure du prince étaient disposés les logements des officiers de son palais, des leudes qui vivaient à la table royale et ne s'étaient pas fixés sur leurs propres terres, et, enfin, des « moindres personnes », des lites germains, des *fiscalini* ou serviteurs du fisc, qui exerçaient, au profit du roi, toute espèce de métier, depuis l'orfèvrerie et la fabrique des armes jusqu'à la tisseranderie et la mégisserie, depuis la fabrication des étoffes grossières destinées aux petites gens (*minores personæ*) jusqu'à la broderie en soie et en or. Ces *fiscalins* avaient été en grande partie arrachés aux corporations industrielles des cités pour peupler les *villas* royales, et on les assimilait aux lites d'origine germanique. « Des bâtiments d'exploitation agricole, des haras, des étables, des bergeries et des granges, les masures des cultivateurs (*coloni*) et les cabanes des serfs du domaine, complétaient le village royal, qui ressemblait parfaitement, quoique sur une plus grande échelle, aux villages de l'ancienne Germanie. Dans le site même de ces résidences, il y avait quelque chose qui rappelait le souvenir des paysages d'outre-Rhin ; la plupart d'entre elles se trouvaient sur la lisière, et quelques-unes au centre des grandes forêts mutilées par la civilisation, et dont nous admirons encore les restes[1]. »

Hilperik savait qu'au fond des appartements de Chlother, à Braine, étaient gardés les trésors du vieux roi, magnifique entassement d'or monnayé, de lingots, de joyaux, de vases précieux, de riches étoffes, fruit des expéditions de Chlodowig et de ses fils depuis quatre-vingts ans, dépouille de la Gaule et de l'Italie, des Romains, des Goths et des Burgondes. Hilperik s'empara de toutes ces richesses et en distribua une partie aux principaux leudes de Braine et des environs : tous lui jurèrent fidélité, en plaçant leurs mains entre les siennes, suivant la formule franke, le saluèrent roi, et marchèrent avec lui sur Paris. Hilperik se saisit sans opposition de la ville, encore renfermée dans l'île de « la Cité », ainsi que de la « demeure du roi Hildebert » (le palais des Thermes). On

---

1. Aug. Thierry, *Dix ans d'études historiques*, édit. de 1836, p. 369.

ne sait s'il aspirait à être seul roi des Franks, ou seulement à se faire un meilleur lot que ses frères; dans tous les cas, son usurpation fut de courte durée. Il existait chez les Franks deux tendances contraires, aussi fortement prononcées l'une que l'autre: les princes, par ambition personnelle et par instinct monarchique, visaient à l'unité de la royauté, au droit exceptionnel; le peuple, avec une sorte d'équité barbare, les retenait forcément dans la Loi Salique, dans le droit commun. La majorité des Franks s'armèrent contre Hilperik, et ses trois frères réunis s'avancèrent contre lui et le chassèrent de Paris. Hilperik ne prolongea point une lutte inégale, abandonna ce qu'il avait pris par fraude et se contenta du lot que lui assigna le sort dans la succession paternelle.

« Ils firent entre eux quatre un partage légitime, dit Grégoire de Tours : le sort donna à Haribert le royaume de Hildebert, avec Paris pour résidence; à Gonthramn, le royaume de Chlodomir, dont Orléans était la capitale; à Hilperik, le royaume de son père Chlother, et Soissons pour cité royale; à Sighebert, le royaume de Théoderik, et Reims pour résidence. » Les quatre capitales du vaste empire frank se trouvèrent encore une fois resserrées sur un rayon de cinquante ou soixante lieues, dans la région de la Gaule où la conquête salienne et mérovingienne avait poussé les plus fortes racines. Les termes de Grégoire de Tours sont inexacts par leur trop grande précision : le partage de 511 servit de modèle à celui de 562, mais sans y être exactement reproduit; le nouveau partage fut plus irrégulier encore que l'ancien, et n'annonça point de progrès dans la politique franke; ainsi la lointaine cité de Nantes, qui avait dépendu autrefois du royaume de Hildebert ou de Paris, fut donnée à Hilperik, roi de Soissons, qui eut aussi le Maine, pendant que sa capitale était comme bloquée entre Reims et Laon, possessions de Sighebert, et Senlis et Meaux, domaines de Haribert; l'Aisne, qui baigne les murs de Soissons, séparait seule cette ville des terres de Sighebert, et le monastère de Saint-Médard, situé sur la rive opposée, n'appartenait pas même au roi de Soissons. Le « royaume de l'Est », en langue franke *Oster-rike* (d'où Austrie et Austrasie), gagna sur celui de Soissons le pays entre la Meuse et l'Escaut, le vieux pays salien de Tongrie et de Toxandrie, et engloba la forêt Charbonnière; Hilperik eut en dédommagement Rouen et les cantons entre la basse Somme et la Seine inférieure. La Germanie paraissait l'appendice naturel de la France orientale; les régions aquitaniques furent divisées entre les rois de Reims, de Paris et de Soissons; le roi de Paris eut la meilleure part, tout l'Ouest, de la Loire à l'Adour. La Burgondie tout entière fut annexée aux possessions du roi d'Orléans, et le dédommagea largement d'être le moins bien partagé en terre franke : il eut même presque toute la province d'Arles, sauf Marseille, assignée à Haribert, le roi de Paris, et Avignon, qui appartint à Sighebert.

Les quatre frères, avant d'aller s'établir chacun dans son royaume, jurèrent sur les reliques des saints de ne point empiéter sur leurs frontières respectives et de vivre en bonne intelligence.

Il ne tint point à Haribert et à Gonthramn que ce serment ne fût rigoureusement observé. Depuis que les sauvages guerriers de la Germanie avaient conquis l'or et les jouissances physiques du monde civilisé, leur turbulente activité, privée de ce puissant mobile, commençait à s'amortir; le goût du repos et des plaisirs faciles l'emportait déjà, chez plusieurs de leurs chefs, sur l'amour des aventures : moins emportés par leur effervescence guerrière, ils s'essayaient à copier gauchement les manières de leurs sujets romains, et témoignaient un certain respect aux restes encore debout de la civilisation. « Au lieu de l'air rude et guerrier de ses ancêtres, le roi Haribert affectait de prendre la contenance calme et un peu lourde des magistrats qui, dans les villes gauloises, rendaient la justice selon les lois romaines. Il avait même la prétention d'être savant en jurisprudence, et aucun genre de flatterie ne lui était plus agréable que l'éloge de son habileté comme juge dans les causes embrouillées, et de sa facilité à discourir en latin [1]. » Il rendait la justice à Paris selon le droit romain, comme eût pu faire un président impérial. Gonthramn n'était guère moins pacifique, et montrait généralement assez de douceur et de bonhomie : son respect pour les choses de la reli-

---

1. Aug. Thierry, *Dix ans d'études historiques*, p. 377; d'après Ven. Fortunatus, l. VI, *carmen* 4.

gion le faisait regarder comme un saint homme ; cependant le naturel tudesque reprenait parfois le dessus, et il se livrait alors à des emportements incroyables. Il fit mettre à mort un de ses leudes, sur le simple soupçon d'avoir tué un taureau sauvage sur le domaine royal, et il accéda sans scrupule au désir d'une de ses femmes, qui l'avait prié, en mourant, de tuer les médecins coupables de n'avoir pu la sauver. La légitimité de cette dernière action parut pourtant douteuse aux casuistes de l'époque.

Hilperik et Sighebert avaient au contraire l'humeur très batailleuse. Sighebert, brave, éloquent, habile, réunissait toutes les qualités convenables au chef d'un peuple guerrier, sans les inclinations féroces trop ordinaires aux Mérovingiens ; c'était une de ces natures héroïques qui deviennent l'idéal de l'épopée chez les races guerrières. Quant à Hilperik, c'était le plus étrange caractère de ce temps étrange ; féroce, cupide, luxurieux, vorace, « ne se plaisant qu'au milieu des pillages et des incendies », il joignait, aux vices brutaux de son père Chlother, des prétentions d'homme civilisé, analogues à celles de son frère Haribert, si ce n'est qu'il les faisait porter sur la théologie et les belles-lettres plutôt que sur la jurisprudence. Aussi remuant d'esprit que de corps, il voulait toucher à tout et tout bouleverser : effarouché par les obscurités de la métaphysique chrétienne, et trouvant mauvais qu'on « partageât » Dieu « en trois personnes », il tenta un beau jour d'abolir, sans plus de façon, le dogme de la Trinité par une simple préception royale, disant que nulle différence n'existait entre le Père, le Fils et le Saint-Esprit, et défendant de donner dorénavant à Dieu cette triple qualification. L'excès d'indignation que témoignèrent les deux premiers évêques auxquels il montra son ordonnance lui fit peur et l'obligea de renoncer à cette fantaisie. Il se rejeta sur la poésie, et se mit à composer deux livres de prétendus vers latins, boiteux et informes, où les syllabes brèves usurpaient la place des longues, et réciproquement ; il écrivit encore d'autres opuscules, des hymnes et des offices divers, « entièrement dépourvus de raison », dit Grégoire de Tours ; puis il tenta de réformer l'alphabet latin et d'y introduire quatre caractères nouveaux, destinés à exprimer quelques intonations particulières à la langue tudesque, langue qui ne s'écrivait point encore. Cette dernière invention du moins n'était pas si « dénuée de raison ». Après ou avant l'inquiétude d'esprit, la qualité la plus saillante de Hilperik était l'avidité, mais une avidité accompagnée d'un certain instinct politique : il visait à relever la fiscalité romaine, s'efforçait d'arrêter l'accroissement de la richesse ecclésiastique, et se plaisait à casser les testaments faits au profit des églises et des monastères, ou même à reprendre les dons que leur avait octroyés son père. « Voilà que notre fisc est apauvri! s'écriait-il souvent; voilà que nos biens s'en vont aux églises! Nul ne règne, en vérité, si ce n'est les évêques des villes! » Incrédule et superstitieux tour à tour, tantôt il injuriait et maltraitait les évêques, tantôt il tremblait devant eux; incapable, au reste, d'ordre et de suite, turbulent sans énergie, fourbe sans habileté, il était destiné à devenir l'instrument d'un être plus puissamment organisé que lui pour le mal, de la terrible Frédegonde[1] !

Les trois fils aînés de Chlother, Haribert, Gonthramn et Hilperik, si dissemblables à tant d'égards, avaient un penchant commun qu'ils portaient tous trois au plus haut degré, celui de l'incontinence. Bien qu'ils répudiassent leurs femmes, en épousassent d'autres, reprissent les premières au gré de leurs caprices, ils ne se contentaient presque jamais d'une seule épouse à la fois, sans compter leurs nombreuses concubines. Ingoberghe, première femme de Haribert, avait deux suivantes, nommées Markowèfe et Méroflède, filles d'un lite du domaine royal, ouvrier en laine de son métier. Haribert, charmé de leur beauté, les prit l'une et l'autre pour concubines. Ingoberghe, jalouse de l'amour du roi pour les deux sœurs, fit venir un jour leur père sous les fenêtres du palais, et lui donna de la laine à carder; puis elle appela le roi, et lui montra cet artisan, dans l'espoir qu'à cette vue il allait prendre les filles du lite en dédain. Mais le roi au contraire s'irrita contre elle, et, la quittant, épousa Méroflède. Il fit bientôt une seconde reine de Théodehilde, fille d'un pasteur de troupeaux; puis, Méroflède étant morte, il épousa sa sœur Markowèfe, quoiqu'elle eût reçu le voile de religieuse. On pense bien que l'Église ne consacrait pas de telles unions : elles ne se

---

1. Greg. l. V, c. 45; l. VI, c. 46.

solennisaient que suivant la vieille coutume franke, par le sou et le denier; c'était là tout ce qui distinguait les femmes légitimes des concubines. Saint Germain, évêque de Paris, prélat qui rappelait, par l'élévation de son caractère, les grands évêques du siècle précédent, osa enfin employer les armes de l'Église contre les scandaleux exemples que donnaient les rois franks; il excommunia le roi Haribert, pour faits de bigamie et de cohabitation avec la religieuse Markowèfe; Haribert ne s'en vengea pas, mais il n'en tint compte.

Le pieux Gonthramn n'était pas plus réservé dans ses mœurs que Haribert; mais Hilperik les surpassait tous deux en licence. La première femme légitime qu'on lui connaisse se nommait Audowère : parmi les servantes de cette reine se trouvait une lite franke d'une rare beauté, appelée Frédegonde, qui produisit sur le roi une vive impression aussitôt qu'il l'eut vue. Audowère, qui avait déjà eu trois fils, étant accouchée d'une fille pendant un voyage de son mari, Frédegonde « donna par astuce un avis à la reine » : « Ma dame et maîtresse, lui dit-elle, voici que le seigneur roi s'en revient : comment pourra-t-il faire bon accueil à sa fille, si elle n'est baptisée? » La reine ordonna qu'on préparât le baptistère, et envoya chercher l'évêque; mais, l'évêque arrivé, il ne se trouva point là de *matrone* (femme libre) qui pût tenir l'enfant. Frédegonde dit à la reine : « Qui peut mieux que toi la tenir? Que ne la présentes-tu toi-même aux fonts? »

Audowère suivit ce conseil, et fut la marraine de sa fille, sans objection de la part de l'évêque, Barbare abruti par l'ivrognerie, et peut-être d'ailleurs gagné par Frédegonde. Quand revint Hilperik, toutes les jeunes filles du domaine allèrent au-devant de lui, portant des fleurs et chantant des vers à sa louange. Frédegonde l'aborda et lui dit : « Loué soit Dieu de ce qu'une fille est née à mon seigneur! Mais avec qui mon seigneur couchera-t-il cette nuit? car la reine, ma maîtresse, est aujourd'hui marraine de sa fille Hildeswinde. « Eh bien! répondit joyeusement le roi, si je ne puis coucher avec elle, je coucherai avec toi. » Et, s'approchant d'Audowère, qui l'attendait sous le portique, son enfant entre ses bras : « Femme, lui dit-il, tu as fait dans ta simplicité une chose défendue : désormais tu ne peux plus être mon épouse. »

L'acte religieux de tenir un enfant sur les fonts constituait entre les père et mère du néophyte et les parrain et marraine une parenté spirituelle incompatible avec le mariage, suivant les canons de l'Église. Hilperik engagea donc Audowère à prendre le voile sacré avec sa fille, et lui donna quelques terres aux environs du Mans, l'une de ses cités; puis « il s'adjoignit Frédegonde pour reine[1] ».

Avant de subir la fatale influence de cette femme, Hilperik avait déjà violé le traité de partage conclu avec ses frères.

A peine Sighebert avait-il été « élevé sur le bouclier » par les Franks orientaux que les possessions frankes d'outre-Rhin furent menacées par des ennemis étrangers à la race teutonique, et que le bruit du retour des Huns porta l'alarme dans la Germanie franke. Une puissante horde d'Abares ou Awares (Ouïghours), peuple tatar qui s'était vraisemblablement grossi des débris des tribus hunniques, était entrée en Europe par le grand chemin des invasions, par le Tanaïs et la rive septentrionale de la mer Noire. La cour de Constantinople les détourna de l'Empire d'Orient en les poussant sur la Germanie, et « ils s'apprêtèrent à venir en Gaule ». Sighebert n'attendit pas le secours de ses frères, alla au-devant des Huns, et, sans s'épouvanter de leur sinistre aspect ni de leurs cheveux cordonnés et tressés comme des serpents, il leur livra bataille dans l'intérieur de la Germanie (vers la Thuringe?). Les Tatars eurent le dessous : leur khacan (*khan des khans*, chef des chefs) demanda la paix à Sighebert et s'éloigna des frontières frankes.

Sighebert ne poursuivit pas les Huns, et rentra en Gaule, animé d'une juste colère. Tandis qu'il combattait pour la cause de toute la race franke, Hilperik avait profité de son absence pour envahir Reims et une grande partie des domaines austrasiens, vides de défenseurs. Sighebert alla droit à Soissons, s'en empara sans coup férir, y fit prisonnier Théodebert, fils de Hilperik, et, marchant contre ce dernier, qui était encore dans le « royaume de l'Est », le battit, le mit en fuite, et recouvra les cités envahies. Il ne poussa pas plus loin sa vengeance : la médiation de Haribert

---

1. *Gesta Reg. Franc.* c. 31.

et de Gonthramn désarma le vainqueur, et Soissons fut rendu à Hilperik. Sighebert remit en liberté, avec de riches présents, son neveu Théodebert. Théodebert jura « de ne jamais agir contre son oncle, serment qui fut violé plus tard à grand péché », dit Grégoire de Tours.

(566) Cependant Sighebert, « voyant que ses frères s'alliaient à des épouses indignes d'eux et prenaient en mariage jusqu'à leurs servantes », eut honte d'un tel exemple ; il résolut de n'avoir qu'une seule femme, et de la choisir fille de roi. Il envoya donc un de ses officiers porter en Espagne de riches dons au roi des Wisigoths, Athanaghild, et lui demander en mariage sa fille Brunehilde (la fameuse *Brunehault*). « Elle était, dit Grégoire de Tours, élégante dans ses manières, belle de visage, pleine de décence et de dignité dans sa conduite, de bon conseil et d'agréable conversation. » Aussi fut-elle tendrement aimée du roi d'Austrasie, qui « la reçut avec une joie et une allégresse infinies », et l'épousa en grande pompe dans sa ville de Metz. Tous les *seigneurs* (*seniores*) du royaume de l'Est avaient été invités à la fête. On vit s'asseoir pêle-mêle au festin de noce les comtes des cités de la Gaule orientale, les *anciens* des tribus d'outre-Rhin, les nobles gallo-romains qui avaient conservé leur rang et leur fortune, et les principaux guerriers de l'Allemannie, de la Bavière, de la Thuringe : les représentants de la civilisation vaincue et de la barbarie victorieuse burent dans les mêmes coupes de jaspe, dans les mêmes cornes d'aurochs. Pour que rien ne manquât à ce curieux et bizarre spectacle, un poëte italien, qui fut évêque de Poitiers, Vénantius Fortunatus, réjouit les oreilles des convives d'un épithalame en vers latins, tout reluisants de clinquant mythologique, où il faisait de Brunehilde une nouvelle Vénus, et de Sighebert un nouvel Achille. Brunehilde, « convertie par les prédications des évêques et par les instances de son époux », abjura bientôt après l'arianisme où elle avait été élevée. Les filles gothes mariées à des Franks changeaient de religion avec une singulière facilité, tandis que les filles frankes mariées en *Gothie* restaient attachées à l'orthodoxie trinitaire avec une obstination invincible.

(567) Sur ces entrefaites mourut le roi Haribert. « Une de ses reines », Théodehilde, se saisit aussitôt du trésor royal et envoya

offrir sa main à Gonthramn : celui-ci l'invita à venir avec ses richesses, afin qu'il l'épousât et « la fît grande aux yeux des peuples »; mais, quand la reine fut arrivée, le bon roi Gonthramn garda les bagages et renvoya la femme en disant : « Ne vaut-il pas mieux que ces trésors m'appartiennent, plutôt qu'à cette femme, qui ne méritait pas l'honneur que lui a fait mon frère? » Il ne lui rendit pas même la liberté, et la fit enfermer au monastère d'Arles, en lui laissant une petite portion de ses richesses. Théodehilde, supportant impatiemment les jeûnes et les veilles monastiques, essaya de s'enfuir avec un certain Goth qui avait promis de l'épouser et de l'emmener en Espagne; mais elle fut surprise au moment de s'échapper du couvent : l'abbesse la fit battre cruellement et la retint en prison, « où elle souffrit de grandes angoisses pendant le reste de ses jours ». La puissance abbatiale tournait déjà, en mainte occasion, à la plus brutale tyrannie.

Gonthramn conserva les trésors qu'il s'était appropriés par sa ruse déloyale, et ses frères obtinrent quelque dédommagement dans le partage du royaume de Haribert, qui n'avait point laissé d'enfants mâles. Les villes furent tirées au sort, à peu près sans égard à leur position géographique. Gonthramn n'eut guère que Melun au nord de la Loire; Sighebert reçut Meaux, une portion du pays Chartrain, Avranches; Hilperik paraît avoir obtenu la plupart des cantons occidentaux, et put dès lors être considéré comme le roi de la Gaule occidentale, que les Franks nommaient le Ni-Oster-Rike, le pays ou royaume de l'Ouest (littéralement : « le royaume qui n'est pas à l'est »), par opposition au royaume de l'Est ou l'Ostrie, en latin *Austrasia*. De *Ni-Oster-Rike*, on a fait *Neustrasia, Neustria, Neustrie*. Le vague de cette dénomination de « pays qui n'est pas à l'est » tenait sans doute au peu de fixité qu'avait eu jusqu'alors la situation politique de cette région, tandis que la Gaule orientale avait au contraire formé un seul et même royaume depuis la mort de Chlodowig. Les noms de Neustriens et d'Austrasiens succédèrent à ceux de Saliens et de Ripuaires, sans y correspondre exactement, car plusieurs cantons saliens étaient englobés dans l'Austrasie.

Le sort de Paris, dans cette circonstance, fut très singulier :

aucun des trois princes franks ne voulant renoncer à ses prétentions sur cette cité, ils divisèrent en trois parts les domaines royaux du territoire parisien, et chacun jura de ne jamais entrer dans la ville sans le consentement de ses deux frères, à peine de perdre sa part du royaume de Haribert : ce serment fut prêté sur les reliques des deux grands patrons de la Gaule, Martin de Tours et Hilaire de Poitiers, et sur les os de saint Polyeucte, martyr qui passait pour chargé spécialement de la punition des parjures. Les princes franks semblaient pressentir confusément l'importance politique et géographique de la cité où Chlodowig avait jadis placé « le siége de son empire ».

Paris fut la seule ville divisée entre les trois frères; mais Hilperik et Sighebert partagèrent Senlis; et Sighebert et Gonthramn, Marseille. Sighebert eut, dans les régions d'outre-Loire, Tours, Poitiers, Albi, Aire, *Lapurdum* (Bayonne), *Conserans* (Saint-Lizier) ; à Hilperik échurent Limoges, Cahors, Bordeaux, Toulouse, *Bigorre* (*Turba,* Tarbes), *Béarn* (Lescar), et le reste des Hautes-Pyrénées[1]; Gonthramn eut Bourges, Agen, Saintes, Angoulême et Périgueux.

A l'époque où mourut Haribert, le roi de Soissons était engagé dans une négociation matrimoniale avec le roi des Wisigoths : l'exemple de Sighebert avait fait impression sur lui, et il avait rougi de partager son trône avec des servantes, pendant que son jeune frère régnait avec la fille d'un grand roi. Les premiers feux de sa passion pour Frédegonde étaient un peu amortis, et l'astucieuse Frédegonde ne put parer le coup. « Le roi Hilperik, comme il avait déjà plusieurs épouses, demanda en mariage Galeswinthe, sœur aînée de Brunehilde, promettant par ses ambassadeurs qu'il quitterait ses autres femmes, pourvu qu'il obtînt une épouse digne de lui. » Cette demande ne fut pas accueillie sans difficulté; les Goths, qui, malgré leur arianisme, vivaient plus chrétiennement que les Franks, regardaient les mœurs de Hilperik comme celles d'un païen; la jeune princesse ne voyait cette alliance qu'avec effroi. Le roi Athanaghild cependant fut ébloui par les promesses de Hilperik, qui, résolu à tous les sacrifices afin d'éviter la honte

---

1. Greg. l. IV, c. 26; l. VII, c. 6; l. IX, c. 20.

d'un refus, offrait à la princesse wisigothe, pour « présent du lendemain », les villes de Limoges, Cahors, Bordeaux, Béarn et Bigorre, c'est-à-dire la propriété des domaines royaux dans ces cités [1].

Galeswinthe quitta Tolède [2], l'esprit attristé de noirs pressentiments, et partit pour le palais d'un roi comme elle eût fait pour le cloître. C'était à Rouen, et non à Soissons, que Hilperik attendait la nouvelle reine, et Galeswinthe fit son entrée dans cette ville sur un char de parade élevé en forme de tour et enrichi de plaques d'argent. Les cérémonies de sa noce furent encore plus solennelles que celles du mariage de Brunehilde : tous les leudes de la Neustrie lui prêtèrent serment de fidélité comme à un chef de guerre, brandissant leurs épées et dévouant le parjure au tranchant du glaive. Sans doute le roi des Goths avait exigé cette cérémonie inusitée comme une garantie pour sa fille. Galeswinthe se montra bonne et bienveillante à tous, et « mérita d'être aimée d'un grand amour par le peuple ».

Le lendemain matin, Hilperik, en présence de témoins, prit la main de sa nouvelle épouse et jeta sur elle un brin de paille, en prononçant à haute voix le nom des cinq villes dont il lui faisait don : c'était la formule du *morgane-ghiba*. Galeswinthe renia bientôt après l'arianisme, à l'exemple de sa sœur Brunehilde. Hilperik parut quelque temps satisfait de son mariage, et témoigna d'abord « un grand amour » à Galeswinthe, « parce qu'elle avait apporté avec elle de grands trésors »; mais il se lassa promptement d'une femme qui n'avait d'autres charmes que ses vertus et sa douceur. Frédégonde, avec une apparente résignation, était retournée à sa première condition, et s'était confondue dans la foule des servantes du palais : quand elle crut le moment favorable, elle se remontra, et n'eut pas de peine à ramener dans ses bras ce prince capricieux et débauché. Il la reprit pour concubine, en dépit de tous ses serments, et elle osa braver publiquement la reine. Galeswinthe, dont la patience était à bout, se plai-

---

1. *V.* t. I, p. 168, sur le *Morgane-Ghiba*.
2. Les rois wisigoths avaient transféré leur résidence de Narbonne à Tolède, au cœur de l'Espagne, pour n'être plus exposés aux brusques irruptions des Franks.

gnit enfin des outrages qu'elle recevait du roi, et déclara qu'elle ne pouvait plus vivre dans sa maison avec honneur. Elle proposa donc d'abandonner tous les trésors qui composaient sa dot, pourvu qu'elle fût libre de retourner près de sa mère. Hilperik était trop rapace pour croire personne capable d'un tel désintéressement : ne jugeant pas cette offre sincère, il dissimula, et apaisa Galeswinthe par des protestations de repentir et une conduite plus réservée.

Peu de temps après, la reine fut trouvée morte dans son lit. Hilperik affecta beaucoup de surprise et de douleur : puis, au bout de quelques jours, il éleva de nouveau Frédegonde du rang de concubine à celui d'épouse, que nulle rivale ne lui disputa plus.

Cette mort mystérieuse, ce sort si triste et si peu mérité émut fortement les esprits : on prétendit qu'un miracle avait eu lieu le jour des funérailles de Galeswinthe. On raconta qu'une lampe qui brûlait devant le sépulcre de la reine, s'étant détachée subitement, était tombée sur les dalles sans se briser et sans s'éteindre; le marbre s'était même amolli sous ce choc, et l'on avait vu la lampe s'enfoncer à demi dans le pavé.

La sœur de la victime ne s'abusa pas un moment sur le crime et sur son auteur. La fière Brunehilde fit passer sa soif de vengeance dans le cœur de son époux, et entraîna jusqu'au pacifique Gonthramn ; si violentes et si sanguinaires que fussent les mœurs du temps, l'indignation fut universelle. La plupart des leudes *neustriens*, qui avaient juré fidélité à Galeswinthe, abandonnèrent son lâche assassin. Hilperik, dépouillé de son royaume, fut traduit devant le *mâl* général de la nation franke, et jugé selon la Loi Salique : sa mort seule eût satisfait Brunehilde ; mais Gonthramn et les leudes obligèrent la reine d'Austrasie à accepter le rachat du sang, comme héritière de la personne assassinée. Jamais la Loi Salique n'avait été appliquée sur une si large échelle : le *wehreghild* consista dans les cinq cités qu'avait reçues Galeswinthe en *morgane-ghiba;* Bordeaux, Limoges, Cahors, Béarn et Bigorre passèrent des mains de Hilperik dans celles de Brunehilde. Hilperik, à ce prix, recouvra son royaume[1].

---

1. Greg. l. IV, c. 17; l. IX, c. 20. Ven. Fortunat.

(568) Sans les événements d'outre-Rhin, Hilperik n'en eût peut-être pas été quitte pour perdre une partie de ses États ; mais le retour des Awares en Germanie obligea Sighebert de courir au secours de la vieille France. « Les Huns, dit Grégoire de Tours, tâchaient de nouveau de venir en Gaule : Sighebert s'avança contre eux avec une grande multitude de vaillants hommes ; mais, au moment de combattre, les Huns, habiles dans les arts magiques, firent paraître aux yeux des Franks divers fantômes qui jetèrent parmi eux le désordre et l'effroi. » Sighebert, poursuivi et cerné par l'ennemi, eût infailliblement péri, s'il ne se fût tiré, par son adresse, d'un péril que sa valeur ne pouvait surmonter. Il entra en pourparlers avec le khacan des Awares, sut déguiser habilement sa situation désespérée, et gagna le chef ennemi par les dons magnifiques qu'il lui offrit et par la grâce et la finesse de ses manières ; les deux princes se séparèrent, en jurant de ne jamais porter les armes l'un contre l'autre. Le khacan rendit à son nouvel allié présents pour présents, et les Awares allèrent s'établir sur les bords du Danube (Autriche, Hongrie), où les Franks devaient, deux siècles après, les retrouver et les détruire[1].

Ce fut vraisemblablement après cette paix que Sighebert attaqua tout à coup son frère Gonthramn, sans autre motif que le désir de posséder toute la Provence au lieu d'en avoir seulement la moitié. La lutte, chose toute nouvelle, ne se passa presque qu'entre Gallo-Romains ; l'esprit militaire renaissait parmi les populations gauloises au contact des barbares, mais sans autre résultat immédiat que de les faire entr'égorger au profit de leurs maîtres germains. Un corps de milices arvernes, commandé par le *Romain* Firminus, comte d'Arvernie, marcha par les montagnes vers le bas Rhône, et, renforcé par des troupes austrasiennes, s'empara d'Arles sans coup férir. Le *Romain* Celsus, patrice de Burgondie[2], arriva en toute hâte avec l'armée du roi Gonthramn,

---

1. L'étrange explication que donne Grégoire de la déroute des Franks est digne de remarque. Les peuples teutoniques attribuaient une puissance surhumaine et infernale aux peuples finois et tatars, et les regardaient comme une race de sorciers. *V.* Jornandès et les Sagas.

2. Les rois burgondes avaient porté héréditairement le titre de *patrices*. Après leur chute, et probablement à l'époque où la Burgondie fut réunie tout entière sous

enleva, chemin faisant, Avignon aux Austrasiens, et resserra dans Arles les agresseurs. Ceux-ci tentèrent une sortie, furent battus et refoulés vers la ville; mais, quand ils voulurent se réfugier dans les murs d'Arles, les habitants, bien qu'ils eussent prêté serment au roi Sighebert, reçurent les Arvernes et les Austrasiens à grands coups de pierres et de dards, et les vaincus furent réduits à traverser le Rhône à la nage : la plupart succombèrent « à la violence du fleuve ». Cette catastrophe n'eut pas d'autres suites, et Gonthramn, « selon sa bonté accoutumée », rendit Avignon à son frère.

Des guerres étrangères interrompaient de temps à autre les querelles des rois franks; mais ces guerres étaient de défense et non plus d'agression : le mouvement ascendant de la puissance mérovingienne était désormais arrêté. De même que la Germanie franke avait été assaillie par les Huns, la Burgondie fut en butte aux attaques des Langobards (Lombards)[1], peuple suève qui, après avoir séjourné assez longtemps en Pannonie dans l'alliance impériale et guerroyé heureusement contre les Gépides et les Awares, venait de se précipiter comme un torrent sur l'Italie, pour y remplir le vide qu'avait fait la chute des Ostrogoths (568). Aux Langobards s'était jointe une grande horde de Saxons, qui avaient émigré d'une patrie où leur indépendance était sans cesse menacée par les Franks. Narsès n'était plus là pour défendre l'Italie : disgracié et outragé par les ineptes héritiers de Justinien, il avait, dit-on, égaré par la soif de la vengeance, appelé lui-même les Barbares dans la péninsule. Tandis qu'une partie des envahisseurs se répandait jusqu'à l'extrémité méridionale de l'Italie, un autre corps de Langobards, las de saccager les rives du Pô, passa les Alpes et pénétra en Burgondie : le patrice Amatus, successeur de Celsus, les attaqua, fut vaincu, et périt avec une multitude de Burgondes. Les Langobards retournèrent en Italie chargés de butin (570 ou 571), laissant derrière eux la désolation et l'effroi dans le royaume

le sceptre de Chlother (555), le monarque frank confia le commandement civil et militaire de toute la contrée à un Gallo-Romain, sous ce titre qu'il pouvait mettre quelque orgueil à conférer à un de ses sujets.

1. Fredeg. Ép. c. 65, prétend que ce nom venait de *longues barbes* (*longæ barbæ*). Si *bard* a signifié barbe dans le vieux teuton, ce radical a disparu.

de Gonthramn. Cette sanglante irruption semblait aux peuples le début d'une nouvelle conquête.

Gonthramn eut le bonheur de rencontrer parmi ses sujets romains un homme de la plus haute capacité militaire, et le bon sens de l'employer : c'était le comte d'Auxerre, Eonius Mummolus, personnage, du reste, aussi dénué de moralité qu'éminent par l'intelligence : il avait commencé par supplanter son propre père dans le comté de sa ville natale[1]. Mummolus, élevé au patriciat, ranima le courage des Burgondes et des Gallo-Romains, et s'apprêta à recevoir les Langobards, qui, encouragés par leurs premiers succès, reparurent dès l'année suivante, et descendirent par le mont Genèvre dans la vallée de la Durance : parvenus aux environs d'Embrun, les ennemis se virent arrêtés par de grands abattis d'arbres et de rochers, et cernés et assaillis de tous côtés par des troupes gallo-burgondiennes. Presque tous les envahisseurs furent exterminés (572). On vit, dit Grégoire de Tours, figurer dans cette bataille deux évêques, Saloninus d'Embrun et Sagittarius de Gap, lesquels « armés, non de la croix céleste, mais du casque et de la cuirasse du siècle, donnèrent la mort à beaucoup d'hommes de leurs propres mains ». Ce fut là un grand scandale pour tous les clercs qui conservaient quelque chose des antiques traditions : ces évêques, comme l'indiquent leurs noms, n'étaient pas même des hommes de sang barbare ; c'étaient deux frères de race gallo-romaine, gens d'ailleurs de fort méchante vie.

(573) Les émigrés saxons, qui succédèrent aux Langobards, leurs alliés, ne furent guère plus heureux : Mummolus en tua plusieurs milliers auprès de Riez, sur les bords de la rivière d'Asse, où ils exerçaient d'affreux ravages. Ce combat fut suivi d'un traité fort bizarre, par lequel Mummolus trahit vraisemblablement les intérêts de la Gaule dans un but de cupidité personnelle. On convint que les Saxons, qui avaient laissé en Italie une partie

---

1. Lorsqu'une cité était ainsi régie par un comte *romain,* on ne peut guère croire que ce comte présidât le *mâl* judiciaire des Franks qui habitaient le comté, et ceux-ci avaient sans doute leur juge particulier. La distinction que les monuments font souvent entre les grafs (*grafiones*) et les comtes vient à l'appui de cette conjecture.

de leurs compagnons avec leurs femmes, leurs enfants et leurs bagages, iraient les chercher, et obtiendraient le libre passage par la Gaule, pour retourner dans leur patrie comme vassaux des Franks. Cette multitude de barbares, au printemps de 574, entrèrent en Gaule, moitié par Nice, moitié par Embrun, et les deux masses se rejoignirent à Avignon ; mais, au moment où la horde voulut traverser le Rhône, Mummolus arriva sur eux avec une nombreuse armée, et, leur reprochant les dégâts inévitables qu'ils avaient commis sur les terres de Gonthramn, les força de racheter leurs méfaits par « bien des milliers de pièces d'or »; tel avait été probablement le but secret du traité, qui coûta cher à toutes les provinces que traversèrent les barbares. Les Saxons, après le passage du Rhône, entrèrent en Arvernie, franchirent la Loire, et se trouvèrent dans la Gaule septentrionale, tout à point pour prendre part aux bouleversements et aux furieuses luttes dont elle était alors le théâtre [1].

L'implacable haine de deux femmes, bien différentes d'inclinations et de mœurs, mais semblables par l'adresse, l'ambition et le courage, mettait en feu tout l'Empire des Franks, et précipitait l'une sur l'autre la Neustrie et l'Austrasie : Brunehilde, qui régnait sur la région la plus barbare de la Gaule, avait, avec d'ardentes passions, tous les goûts et toutes les opinions de la civilisation romaine, et ce fut là ce qui fit sa gloire, ses malheurs et même ses crimes ; Frédégonde, au contraire, reine d'un pays plus civilisé que l'Austrasie, puisait sa force dans la profondeur de sa barbarie; c'était une de ces natures sauvages chez lesquelles nulle conscience, nul idéal, ne se sont encore éveillés; mais elle joignait à l'absence de tout sentiment moral des instincts malfaisants d'une effroyable énergie : elle apparaît, dans les récits de Grégoire de Tours, comme une espèce de sorcière du Nord, une Médée franke, belle et atroce, entourée de maléfices, de poisons, de superstitions sanglantes et de jeunes sicaires fanatisés par ses philtres et par sa funeste beauté. Il était impossible que ces deux femmes ne fussent point ennemies, quand même le sang

---

1. Greg. l. IV, c. 42-43. Les Langobards, pendant ce temps, avaient essuyé un nouvel échec : après avoir envahi le Valais et s'être emparés d'Agaune ou Saint-Maurice, ils avaient été battus à Bex par les Franks et les Burgondes.

de Galeswinthe ne se fût pas élevé entre elles. Les deux reines usèrent de leur ascendant sans bornes sur leurs maris pour aigrir l'aversion mutuelle que se portaient ces deux princes, et Hilperik, toujours l'offenseur, prit encore les armes le premier. Pour se dédommager d'avoir perdu les cinq cités abandonnées à Brunehilde, il envoya tout à coup le jeune Chlodowig, un des fils qu'il avait eus d'Audowère, envahir la Touraine et le Poitou, domaines de Sighebert (573). C'était dans l'intervalle de la victoire de Mummolus sur les Saxons et du retour pacifique de ceux-ci en Gaule. Gonthramn, dès qu'il sut la paix de l'Empire frank troublée par Hilperik, se déclara contre l'agresseur, et envoya dans l'Ouest le redoutable Mummolus, qui se mit à la tête des forces austro-burgondiennes, marcha le long de la Loire vers Tours, en chassa Chlodowig, puis se dirigea sur Poitiers. La population poitevine, on ne sait par quelle malheureuse inspiration, soutint le parti du roi de Neustrie, et eut la témérité de livrer bataille en rase campagne à Mummolus. Les gens de Poitiers furent écrasés, et leur ville retourna sous la domination austrasienne.

Gonthramn, après avoir prêté à Sighebert cette assistance efficace, tenta de rétablir la paix par l'intervention d'un grand nombre d'évêques, réunis à son instigation dans la cité neutre de Paris ; mais « les péchés des hommes, dit Grégoire de Tours, firent qu'on n'écouta point la voix des évêques ». Au printemps de 574, Hilperik dépêcha vers la Loire une armée conduite par son fils aîné Théodebert, celui qui naguère avait « juré d'être fidèle à Sighebert » ; Tours et Poitiers retombèrent au pouvoir des Neustriens, qui saccagèrent horriblement la Touraine, puis le Limousin, le Querci et tous les cantons voisins qui appartenaient à l'Aquitaine austrasienne ; ils brûlèrent les églises, pillèrent les vases sacrés, égorgèrent les clercs, ruinèrent les monastères d'hommes, profanèrent ceux de filles ; on peut juger par le sort des clercs du sort qu'essuyèrent les laïques. « Il y eut en ce temps-là dans les églises, dit Grégoire de Tours, un plus grand gémissement qu'au temps de la persécution de Dioclétien. »

Sighebert, exaspéré, vengea ses sujets du Midi en déchaînant un fléau terrible sur les populations gauloises de la Neustrie, bien innocentes des fureurs de Hilperik : il prit un parti aussi

impopulaire parmi les Franks qu'effrayant pour la Gaule, et invita
les hordes des Germains païens à franchir le Rhin et à suivre les
étendards austrasiens en Neustrie. C'était fouler aux pieds la politique nationale des Franks, et grandement compromettre l'œuvre
de Chlodowig. L'alarme fut telle dans toute la Gaule, que Gonthramn quitta le parti de Sighebert pour s'allier à Hilperik, et lui
jura de l'aider à repousser les étrangers. Sighebert parut bientôt
à la tête d'une formidable armée d'Austrasiens, d'Allemans, de
Suèves ou Souabes, de Boïowares, de Thuringiens, auxquels
s'étaient joints les Saxons revenus d'Italie; et, descendant la
Marne, il voulut franchir la Seine probablement auprès du confluent de ce fleuve avec la Marne. Mais Hilperik se tenait sur l'autre
rive avec ses Neustriens, et défendait le passage. Alors le roi Sighebert fit dire à son frère Gonthramn, qui n'avait pas encore rejoint
Hilperik : « Si tu ne permets pas que je passe le fleuve sur ton
territoire (*per tuam sortem*, sur ton lot), je marcherai sur toi avec
toute mon armée ». Gonthramn eut peur, et livra le passage. Les
Austrasiens et les Germains, remontant la Seine de quelques lieues,
la traversèrent dans le pays de Melun, qui appartenait à Gonthramn, et se précipitèrent dans l'intérieur de la Neustrie. Hilperik, à la nouvelle de la défection de Gonthramn, avait reculé du
Parisis vers le pays Chartrain, et avait assis son camp au bourg
d'Alluie (*Avallocium*) sur le Loir. Sighebert le suivit de près, et lui
envoya offrir le choix d'un champ de bataille; mais Hilperik,
« craignant que les deux armées, en s'entre-détruisant, ne fissent
crouler le royaume des Franks, demanda la paix, et proposa de
rendre les cités que Théodebert avait injustement envahies. »
Gonthramn appuya de tout son pouvoir la prière de Hilperik,
et Germanus (saint Germain)[1], évêque de Paris, écrivit à Brunehilde une lettre grave et touchante, où il la conjurait de ne point
exciter son époux à la ruine d'un pays déjà trop comblé de misères, pour satisfaire ses passions personnelles. Le noble et ferme
langage du prélat émut la reine d'Austrasie : Sighebert, de son
côté, se repentait déjà d'avoir appelé les gens d'outre-Rhin, en
voyant les affreuses dévastations qu'ils commettaient autour de

---

1. C'est de lui que l'église de Saint-Vincent et Sainte-Croix prit le nom de
Saint-Germain-des-Prés.

Paris : rien ne pouvait arrêter les Germains, et le roi d'Austrasie était obligé de tout souffrir de leur part. Sighebert accepta donc les propositions de Hilperik : les Germains, qui avaient compté s'enrichir des dépouilles de toute la Neustrie, et probablement s'y établir en maîtres, parurent fort courroucés de ce qu'on ne donnait point de bataille, et commençaient à se soulever ; Sighebert, « intrépide qu'il était », courut vers eux, « et les apaisa par de bonnes paroles ». Ils se décidèrent, non sans peine, à retourner en Germanie ; mais, quand ils se furent dispersés dans leurs habitations d'outre-Rhin, la vengeance de Sighebert sut bien retrouver les plus arrogants et les plus rebelles, et beaucoup d'entre eux furent pris et « assommés à coups de pierres ».

(575) La Gaule espéra en vain quelque trêve à ses maux. Frédegonde soufflait incessamment sa rage dans le cœur de Hilperik. Le roi de Neustrie invita Gonthramn à une entrevue, et le pressa de s'unir à lui « contre leur ennemi Sighebert ». Le facile et faible Gonthramn, séduit par les artifices de Frédegonde, promit tout ce qu'on voulut : Hilperik ralluma aussitôt les hostilités, s'avança jusqu'à Reims, brûlant et dévastant tout, et dépêcha une seconde fois son fils Théodebert contre les cantons austrasiens des bords de la Loire. La fureur de Sighebert à cette nouvelle ne connut plus de bornes : il publia derechef son *ban* de guerre parmi ses tributaires germains, leur promit des terres en Neustrie, et, accourant des bords du Rhin à leur tête, arriva droit à Paris, et s'en empara, oubliant le terrible serment qui garantissait la neutralité de cette ville ; puis il se mit à la poursuite de Hilperik, tandis que le duc austrasien Gonthramn-Bose armait les populations de la Touraine et du pays de Dunois contre Théodebert. Le fils de Hilperik, abandonné de presque tous ses guerriers, fut vaincu et tué par Gonthramn-Bose.

La catastrophe de Théodebert semblait le présage du sort qui attendait le traître Hilperik : son frère Gonthramn ne le secourut pas, et fit une paix particulière comme l'année précédente ; la plupart de ses leudes, irrités des calamités qu'il attirait sur leurs domaines, ne se rendirent point à son appel, et Hilperik n'eut d'autre ressource que de s'enfuir jusqu'à Tournai, et de s'enfermer, avec Frédegonde et les fils qui lui restaient, dans la cité qui avait été le berceau de l'Empire frank. Les villes des deux rives de la Seine, depuis Paris jusqu'à Rouen, étaient déjà au pouvoir de Sighebert, qui s'apprêtait à tenir sa parole aux auxiliaires germains, et à leur céder toute cette province. Cette fatale résolution fut prévenue par la vive opposition des chefs austrasiens et par l'offre que tous les leudes de l'ancien royaume de Hildebert ou de Paris firent à Sighebert de le reconnaître pour roi. Sighebert, à ce prix, ramena son armée de Rouen à Paris, où Brunehilde et ses enfants l'étaient venus joindre ; il avait dépêché un corps d'armée vers l'Escaut, avec ordre de bloquer Tournai, et s'apprêtait à suivre cette avant-garde : il convoqua un grand mâl national à la *villa* de Victoriacum (Vitri sur la Scarpe, entre Douai et Arras), puis se dirigea vers le Nord, pour aller, d'une même course, prendre la couronne de Neustrie et la tête de Hilperik, promises toutes deux à l'ambition et à la vengeance de Brunehilde. L'évêque de Paris s'efforça en vain d'adoucir l'implacable ressentiment des deux époux, et eut beau prédire à Sighebert la victoire s'il renonçait au projet de tuer son frère, ou la mort s'il gardait ce projet dans son âme : Sighebert n'aspirait plus qu'à en finir avec un ennemi dont nul traité ne pouvait enchaîner l'incurable perfidie. Il partit donc avec ses Austrasiens et ses Germains, et trouva à Victoriacum non-seulement les leudes du royaume de Paris, mais presque tous ceux du royaume de Soissons. Jusqu'aux hommes du vieux pays frank de Tournaisis et de Morinie avaient abandonné Hilperik ; un seul de ses leudes était resté avec lui dans Tournai.

Hilperik, plongé dans une morne stupeur, attendait la mort dans les murs de Tournai, sans rien faire pour éviter son destin : Frédegonde, elle, « se souvint de ses sciences » (*memor artium suarum*) ; elle fit venir deux jeunes hommes de Térouenne qui lui étaient dévoués, les enivra de boissons inconnues qui exaltèrent leur cerveau et troublèrent leur raison, et leur dit : « Allez à l'armée de Sighebert, feignez de le vouloir saluer comme votre roi, et tuez-le. Si vous échappez, j'honorerai merveilleusement vous et votre race ; si vous mourez, je répandrai pour vos âmes beaucoup d'aumônes dans les lieux consacrés aux saints. » Les deux serviteurs marchèrent sans hésiter au camp de Sighebert, et arrivèrent au moment où les Neustriens le proclamaient roi et le promenaient parmi leurs rangs, debout sur un bouclier. Ils s'approchèrent, feignirent de vouloir parler au roi, et, comme Sighebert se baissait vers eux, ils lui plongèrent deux couteaux[1] empoisonnés dans les deux flancs. Sighebert poussa un grand cri, tomba du bouclier, et mourut, pendant qu'on s'égorgeait autour de son corps sanglant. Ses officiers, ses ministres, massacrèrent les deux assassins, et furent assaillis à leur tour par des leudes austrasiens qu'avaient irrités profondément les tendances romaines et monarchiques du gouvernement de Sighebert. Le mal ne fut bientôt plus qu'une effroyable cohue : Austrasiens, Neustriens, Germains d'outre-Rhin, s'effrayant les uns des autres, et se croyant réciproquement menacés et trahis, se dispersèrent dans une panique universelle; les Austrasiens et les Germains s'en retournèrent par bandes vers le pays de l'Est, et les Neustriens allèrent en foule reporter leur hommage au roi qu'ils venaient d'abandonner, et qui tremblait encore derrière les remparts de Tournai[2].

Hilperik, sortant comme d'un rêve affreux, quitta son asile avec ses fils et Frédegonde, se mit à la tête de l'armée qui lui était rendue, et prit la route de Paris. Il trouva à *Victoriacum* le cadavre de son frère, le fit inhumer au bourg de Lambres, d'où les restes de Sighebert furent plus tard transférés et ensevelis royalement à Saint-Médard de Soissons, puis gagna rapidement Paris. Déjà la veuve et les enfants de Sighebert étaient ses prisonniers : Brunehilde et sa famille, qui étaient demeurées au palais des Thermes, avaient été arrêtées, à la nouvelle du meurtre de Sighebert, par les partisans qu'un crime heureux rendait au roi de Neustrie. Hilperik, du fond de l'abîme où il s'était vu précipité, était près de s'élever à une fortune aussi haute que celle de son père Chlother : Sighebert, tué à quarante ans, n'avait laissé d'héritier mâle qu'un enfant de cinq ans, et cet enfant était captif avec sa mère : une fois le petit Hildebert mort, personne n'était en mesure de disputer à Hilperik la couronne d'Austrasie. Déjà le référendaire ou garde du sceau royal de Sighebert, et d'autres

---

[1]. *Skrama-sax*, arme de sûreté; large couteau que les Franks portaient toujours à leur ceinture.

[2]. Greg. l. IV, c. 46 à 52. — Fredegar. *Epit.* c. 69-71. — *Gesta Reg. Franc.*

leudes austrasiens, qui habitaient Meaux, Senlis, et les cantons de la Champagne voisins de Soissons, s'étaient donnés à Hilperik.

L'héritier de Sighebert n'éprouva pourtant pas le sort des fils de Chlodomir : Hilperik, en arrivant à Paris, n'y trouva plus que Brunehilde et ses deux petites filles. Un chef austrasien dévoué à Sighebert et à Brunehilde, le duc Gondebald, était parvenu à correspondre avec la reine captive : une nuit, on cacha le petit Hildebert dans un panier, et, par une fenêtre du palais des Thermes, on le remit à un serviteur de Gondebald, qui l'emmena à grandes journées sur la croupe de son cheval, et ne révéla qu'à Metz son précieux fardeau. La plupart des leudes austrasiens s'étaient réunis dans cette ville sur l'appel de Gondebald, et l'enfant fut proclamé roi d'une voix unanime le jour de Noël 575.

Le duc Gondebald et quelques autres leudes du malheureux Sighebert avaient pu être entraînés par une impulsion généreuse et désintéressée à investir ainsi l'orphelin de l'héritage paternel ; mais ce ne fut certes pas là le mobile qui fit agir la plupart des chefs austrasiens : « en élevant sur le bouclier », contrairement à l'esprit de la royauté germanique, un enfant pour longtemps incapable de porter les armes, ils ne travaillèrent que pour eux-mêmes. Dans tous les royaumes barbares fondés par la conquête s'étaient manifestés deux grands faits également inévitables, l'affaiblissement de la classe des hommes libres au profit de la royauté et de l'aristocratie, et la lutte de ces deux derniers éléments politiques. L'aristocratie mobile des chefs de bandes, la suprématie de la force et du courage se changeait en une aristocratie territoriale et héréditaire, de même que le commandement militaire des rois tendait à se changer en une royauté absolue à la romaine. Les rois et les chefs subalternes ne purent s'entendre sur le partage des profits de la conquête : les rois, encouragés par leurs conseillers *romains*, qui les initiaient aux traditions de l'Empire, voulaient traiter leurs antrustions en sujets et non plus en compagnons d'armes, et se croyaient le droit de donner, de retirer, de faire passer de main en main, à leur fantaisie, les *honneurs* et les *bénéfices*[1], c'est-à-dire les fonctions politiques de

---

1. Ils donnaient parfois les plus hauts emplois à des serfs de leur domaine. *V.* la curieuse histoire du comte Leudaste, dans Greg. l. V, c. 49.

ducs, de comtes, etc.[1], et les terres du domaine royal; les seigneurs ne voyaient dans cette prétention qu'usurpation et tyrannie, et s'efforçaient d'assimiler aux alleux (*all-od*, toute propriété), qu'ils tenaient de leur épée ou de leurs pères, les *bénéfices* (*feh-od*, solde-propriété, d'où *feudum*, fief), qu'ils recevaient du roi en récompense de leurs services guerriers; ils n'admettaient qu'une seule différence entre l'alleu et le bénéfice, c'est que le bénéficiaire ou ses héritiers pouvaient perdre leur bénéfice s'ils faussaient leur foi envers le donateur; hors ce cas, tout retrait arbitraire du bénéfice concédé ne leur semblait qu'iniquité, et ils comprenaient, parmi les bénéfices, les fonctions politiques, les gouvernements de villes et de provinces. Le duc, le comte, le bénéficiaire de tout rang, devait posséder son bénéfice, comme le roi possédait la royauté et le domaine royal. Quant à l'impôt, grands et petits le repoussaient comme une exaction et comme un outrage; le tribut n'était fait que pour les vaincus, et non pour la victorieuse race des Franks! Ils consentaient seulement à gratifier le roi de quelques « dons volontaires », dans certaines grandes occasions de réjouissance nationale, à l'avènement d'un roi, au mariage de sa fille, à l'époque où son fils était admis au rang des guerriers, etc.[2].

Le lien du serment qui liait les leudes au roi était bien faible pour résister au choc d'idées et d'intérêts si opposés. Chez les Wisigoths, une crise analogue avait amené récemment le meurtre de plusieurs rois, puis l'extermination des grands par un roi plus heureux que ses devanciers (Léowighild, en 567-568). Les Franks n'en étaient pas arrivés à de telles extrémités; mais la lutte des rois contre les principaux leudes se dessinait de plus en plus nettement, surtout en Austrasie, où l'attachement pour la postérité du grand Chlodowig n'était point une sorte de religion nationale, comme chez les Saliens de Neustrie, et où la royauté

---

[1]. Les ducs s'étaient multipliés sous les rois franks, à tel point que beaucoup d'entre eux ne commandaient qu'à une seule cité, de même que beaucoup de comtes n'avaient sous leur juridiction qu'un seul canton, qu'un *pagus* démembré de quelque cité. Les anciennes provinces ne subsistaient plus que comme divisions ecclésiastiques; les divisions territoriales s'étaient rétrécies avec les empires.

[2]. Ces dons *gratuits*, devenus *obligatoires*, passèrent du régime barbare dans le régime féodal, et y tinrent une place importante.

avait affaire à une masse de population germanique bien autrement nombreuse, et groupée par habitude autour des chefs de bandes. Théoderik et Chlother avaient eu de rudes épreuves à surmonter en Austrasie, et les leudes, à leur tour, avaient été menés rudement par Théodebert et Sighebert.

La minorité de Hildebert était donc pour les leudes austrasiens une excellente occasion de relever leur puissance aux dépens de la royauté : ils se hâtèrent de la saisir ; seulement, pour ne pas dissoudre complétement, en créant un roi de cinq ans, cette association de la truste royale qui avait englobé en quelque sorte la nation et l'État, ils élurent un chef du palais, un grand juge des antrustions, chargé d'élever le petit roi et de maintenir la paix du pays. Cette dernière condition parut tellement inexécutable au chef élu, qu'il refusa l'honneur qu'on lui déférait. « Tous les grands et leurs fils sont mes parents, dit-il ; je ne puis ni mettre à mort ceux d'entre eux qui troubleront la paix, ni souffrir leurs déportements; choisissez un autre que moi. » Ils en nommèrent un autre plus hardi, qui accepta.

Ce n'était pas une institution nouvelle que les grands d'Austrasie venaient de créer : lorsque la maison du petit chef de Tournai était devenue le palais du roi de la Gaule, et sa truste une pépinière de grands officiers et de dignitaires royaux, les antrustions, en partie dispersés sur les terres conquises, en partie réunis, comme par le passé, autour du prince, avaient conservé leurs rapports avec lui et entre eux; chef et compagnons ayant grandi ensemble, des hommes devenus riches et puissants continuèrent de remplir, dans la maison commune, les fonctions de *séneskalk* (sénéchal), de *mariskalk* (maréchal), de *skanke* (échanson); et celui des antrustions qui exerçait une surveillance générale sur la maison et sur la truste, qui veillait à la subsistance publique et présidait au jugement des querelles survenues entre leudes, comme leur graff particulier, fut tout naturellement le premier officier du palais, l'intendant général des domaines de la couronne, le premier ministre, et le plus haut personnage de l'État après le roi. On ne sait pas bien le titre germanique de cet officier[1] : il semblerait qu'on l'appelait communément, en langue tu-

1. M. de Sismondi croit que le vrai titre du maire du palais était *mord-dom*

desque, le hérezoghe, le duc ou chef par excellence[1]; les Gallo-Romains le nommaient *major-domûs*, « le plus grand, le premier de la maison », qualification que jadis, chez les riches Romains, on donnait parfois à l'affranchi ou même à l'esclave qui avait autorité sur les autres esclaves et qui gouvernait l'intérieur du logis. C'est de ce mot que nous avons fait le titre si fameux de MAIRE DU PALAIS.

Jusqu'alors le maire du palais avait été la créature du roi et son représentant près des leudes ; l'aristocratie austrasienne venait d'en faire au contraire le représentant des leudes près du roi et le surveillant de la royauté : il y avait là toute une révolution.

(juge du meurtre), et que ce fut à cause de la ressemblance purement fortuite des mots que les Gallo-Romains appelèrent cet officier *major-domûs*. Nous ne pensons pas qu'on puisse admettre la distinction qu'il fait entre le juge des leudes et l'officier royal « chargé de percevoir les revenus du domaine ». Il n'a pas tenu assez de compte du caractère tout particulier qu'avait le régime de la truste. V. *Hist. des Français*, t. I, p. 340.

1. Marius d'Avenches appelle « duc des Franks » l'officier qui exerçait sur les cantons franks du roi Gonthramn la même autorité que le *patrice* avait sur la Burgondie.

LIVRE X.

GAULE FRANKE

(SUITE).

Lutte de Frédégonde et de Brunehilde. — Luttes entre la royauté et les leudes. — Établissement des Wascons en Gascogne. — Meurtre de Hilperik. — Frédégonde et le *bon roi* Gonthramn. — Guerres civiles entre les Franks. — Progrès des Bretons en Armorique. — Mort de Frédégonde. — Vieillesse de Brunehilde. — Saint Colomban et les moines celtiques. — Désastre et mort de Brunehilde. — Victoire de l'aristocratie barbare sur la royauté. — Chlother II. — Le roi Dagobert.

575—638.

La révolution qui faisait de la mairie du palais le contrôle de la royauté ne s'opéra pas sans une résistance longue, opiniâtre, souvent heureuse; et la royauté austrasienne devait rencontrer un défenseur aussi courageux qu'habile dans la veuve de Sighebert. Le rôle de Brunchilde n'était pas fini; on peut dire qu'il commençait à peine. Brunchilde n'avait pas été, ainsi qu'on l'eût pu craindre, la victime de Hilperik et de Frédégonde; le roi de Neustrie ne s'était pas vengé sur elle de l'évasion du petit roi d'Austrasie, et s'était contenté de l'exiler à Rouen, après l'avoir dépouillée de ses trésors et séparée de ses deux filles.

Hilperik, obligé de renoncer à la couronne d'Austrasie, voulut du moins enlever les domaines d'outre-Loire à l'héritier de Sighebert, et dépêcha vers Tours Rokholen, un de ses leudes, à la tête des milices du Maine, pour occuper la cité et prendre le duc Gonthramn-Bose, qui avait tué récemment le prince Théodebert et reçu de Sighebert le gouvernement de la Touraine. Hilperik portait au meurtrier de son fils aîné une haine que Frédégonde était loin de partager; car elle avait, dit-on, excité secrètement le général ennemi à ne point épargner le jeune prince, s'il le rencontrait les armes à la main. La mort des trois fils d'Audowère était le principal but de la politique de Frédégonde : le seul sentiment humain que Frédegonde eût au cœur était l'amour maternel; mais ce sentiment même tournait au crime dans cette âme perverse, et elle ne savait témoigner d'affection à ses enfants qu'en tramant la mort de leurs frères du premier lit. Théodebert disparu, restaient deux autres jeunes gens, Mérowig et Chlodowig; Frédegonde n'épargna rien pour les perdre.

Le duc Gonthramn, surnommé *Bose* (fourberie), à cause de sa duplicité, au bruit de la catastrophe de *Victoriacum*, s'était réfugié dans la basilique de Saint-Martin de Tours : Rokholen « vint avec grande jactance », assit son camp sur la rive septentrionale de la Loire, et somma l'évêque de chasser de la basilique le chef austrasien. L'évêque de Tours était alors un Arverne de race sénatoriale, Georgius-Florentius-Gregorius (Grégoire de Tours), fameux entre ses contemporains par sa sainteté et ses écrits à la louange des confesseurs et des martyrs, mais beaucoup plus célèbre aux yeux de la postérité par le grand monument historique qu'il nous a laissé sur la Gaule franke[1]. Grégoire, malgré la perturbation du sens moral qui apparaît dans certains passages de ses écrits, était un homme ferme et inviolablement attaché à ce qu'il regardait comme ses droits et ses devoirs; il ne répondit aux menaces du général neustrien qu'en le menaçant lui-même du terrible courroux de saint Martin, s'il tentait de « violer la sainte basilique ». Rokholen n'en tint compte; il ravagea les domaines de l'église de Tours au nord du fleuve, et réitéra sa sommation. Grégoire persista dans une résistance que soutenait toute la population. Rokholen donc passa la Loire le jour de l'Épiphanie (576), et entra dans Tours au moment où la procession épiscopale se dirigeait de la cathédrale vers le faubourg où s'élevait la fameuse basilique des moines de Saint-Martin. Le chef frank suivit à cheval le crucifix et les bannières, en proférant des imprécations furieuses; mais, à l'entrée de la basilique, sa colère tomba tout à coup : une terreur subite le saisit; il s'en retourna vers la cathédrale, « ne put prendre de nourriture ce jour-

---

[1]. L'*Hist. ecclésiastique des Franks*, c'est-à-dire (car ce titre bizarre a besoin d'explication) l'*Histoire de l'Église gauloise et de la nation franke*. Ce livre précieux est un triste monument de la décadence des lettres et de la civilisation : pour la pensée comme pour le style, il y a loin de Grégoire à son devancier Sidoine-Apollinaire, qui écrivait un siècle auparavant; néanmoins, l'œuvre de Grégoire a un caractère qui rachète tout, même la barbarie : elle a *la vie!*

là », et, n'osant rester dans la ville de Saint-Martin, partit « tout hors d'haleine » pour Poitiers, où il mourut au bout de quelques semaines. Grégoire raconte naïvement que c'était alors le saint temps de carême, et que Rokholen avait mangé quantité de lapereaux. L'aventure du nouvel Héliodore fit grand bruit dans toute la Gaule, et redoubla la frayeur salutaire que saint Martin inspirait aux Barbares.

Un second corps d'armée neustrien était arrivé à Tours après le départ de Rokholen. Hilperik avait chargé son fils Mérowig de poursuivre les conquêtes neustriennes outre-Loire; mais le jeune prince ne remplit pas les intentions paternelles. Il s'arrêta à Tours, puis repassa la Loire, et l'on apprit en même temps à la cour de Hilperik l'arrivée de Mérowig à Rouen, et son mariage avec Brunehilde. La veuve de Sighebert, encore dans tout l'éclat de sa beauté, avait produit une profonde impression sur le fils de Hilperik pendant qu'elle était captive dans Paris, et dès lors cet amour fut l'unique pensée de ce malheureux jeune homme durant tout le reste de sa courte et tragique carrière. L'évêque de Rouen Prætextatus, cédant imprudemment à son affection pour Mérowig, qu'il avait baptisé et qu'il aimait d'enfance, dérogea aux canons de l'Église en mariant le neveu à la femme de son oncle.

Hilperik arriva, « plus prompt que la parole », avant que Mérowig se fût déclaré en rébellion ouverte. Les deux amants cherchèrent un asile dans une église de Saint-Martin, « construite en bois », contre les murs de Rouen. Le roi essaya, par beaucoup d'artifices, de les faire sortir; et, comme ils se défiaient de lui, il jura de leur pardonner, disant : « Puisque c'est la volonté de Dieu, je ne les forcerai point à se quitter ». Mérowig et Brunehilde, sur la foi de son serment, sortirent de la basilique; il les embrassa, « et prit son repas avec eux ». Mais, peu de jours après, il s'en retourna vers Soissons et emmena avec lui Mérowig.

Hilperik retrouva la guerre sur les bords de l'Aisne et de la Marne. Les chefs austrasiens qui avaient passé de l'Austrasie à la Neustrie après la mort de Sighebert profitèrent du voyage de Hilperik à Rouen pour se révolter brusquement, appeler à eux les Franks de la Champagne, et marcher droit à Soissons. Frédegonde et le jeune prince Chlodowig furent obligés d'évacuer à la hâte la cité royale de Hilperik ; mais celui-ci, convoquant autour de lui tous ses leudes, revint vers Soissons, battit et chassa les agresseurs, et confisqua les bénéfices qu'il avait donnés récemments aux chefs rebelles pour les récompenser de leur défection : la basilique de Saint-Médard reçut une bonne partie des terres confisquées. Hilperik, vainqueur, reprit ses desseins sur les provinces du Midi, et confia à son fils Chlodowig la mission que Mérowig n'avait pas voulu remplir : il aspirait à la conquête de toute la région entre la Loire et les Pyrénées, et les cités du lot de Gonthramn furent assaillies comme celles qui dépendaient de l'Austrasie. Chlodowig envahit la Saintonge et probablement le Bordelais, pendant que Désidérius, duc de Toulouse, saccageait l'Abigeois et le Limousin, à la tête d'une multitude de Gallo-Romains méridionaux, sujets de Hilperik. Les haines invétérées des cités gauloises, les vieilles rivalités de voisinage se réveillaient à la faveur de l'anarchie universelle, et les Gallo-Romains s'entr'égorgeaient et s'entre-pillaient pour satisfaire leurs passions autant que celles de leurs maîtres ; les *Romains* se faisaient autant de mal les uns aux autres qu'ils en recevaient des Barbares.

Hilperik avait attaqué le pacifique Gonthramn à la faveur des embarras où se trouvait la Burgondie. Les Langobards, plus irrités que découragés par leurs revers, étaient revenus à la charge contre le royaume de Gonthramn, et, au printemps de 576, trois grands corps, conduits par trois chefs appelés Amo, Zaban et Rhodan, étaient entrés en Gaule par les Alpes Cottiennes. Amo descendit la vallée de la Durance jusqu'aux portes d'Avignon ; Zaban se porta sur Valence par Die, et Rhodan mit le siège devant Grenoble. Tout le pays fut envahi depuis les environs d'Arles et d'Aix jusqu'à l'Isère ; mais le patrice Mummolus arriva comme la foudre, tomba sur le corps de Rhodan, qui assiégeait Grenoble, et le tailla en pièces. Zaban leva aussitôt le blocus de Valence, et se replia vers les montagnes ; mais il fut atteint et écrasé aux environs d'Embrun, théâtre de la première victoire de Mummolus. L'armée d'Amo eût éprouvé le même sort, si, à l'approche du formidable Mummolus, elle ne se fût jetée dans les gorges les plus impraticables des Alpes, en abandonnant tout son butin, tous ses bagages, et les immenses troupeaux qu'elle avait pris dans les champs de la Crau : les neiges et les précipices des Alpes enlevèrent presque autant de monde à Amo que le fer des Gallo-Burgondes avait fait aux deux autres chefs. Ce fut la dernière tentative des Langobards pour envahir la Gaule, et ils abandonnèrent pour toujours l'offensive contre les Franks.

Mummolus couronna cette brillante campagne en courant reprendre les villes de l'Aquitaine burgondienne, et en détruisant dans le Limousin l'armée de Désidérius. Les Gallo-Burgondes et les Gallo-Aquitains se battirent avec tant d'acharnement, que les vainqueurs perdirent 5,000 hommes, et les vaincus plus de 20,000, s'il en faut croire Grégoire de Tours.

Les hostilités, si sanglantes dans le Midi, avaient cessé au nord de la Loire entre le roi de Neustrie et les seigneurs austrasiens, et Hilperik acquiesça même à la demande que le maire du palais d'Austrasie lui adressa, au nom du petit roi Hildebert, touchant la liberté de Brunehilde : le maire d'Austrasie n'agit point, en cette occasion, dans l'intérêt de ceux qui l'avaient élu. Brunehilde redevint donc libre et reine ; mais le malheureux jeune homme qui s'était perdu pour elle ne put la suivre : Hilperik avait rendu Mérowig responsable de la révolte des leudes défectionnaires et de leur attaque contre Soissons; excité par Frédégonde, il garda quelque temps Mérowig prisonnier, puis commanda qu'on le tondît et qu'on l'ordonnât prêtre, et l'envoya au monastère d'*Aninsula* (Saint-Calais), près le Mans. Mérowig n'arriva pas à sa destination : la faible escorte qui le conduisait fut attaquée en route par Gaïlen, fidèle serviteur du jeune prince, à la tête de quelques gens de guerre. Mérowig s'échappa, couvrit sa tête rasée, jeta son habit de prêtre, et courut se réfugier sous la protection du grand saint Martin de Tours, auprès de Gonthramn-Bosç, qui lui avait secrètement fait parvenir l'avis de gagner cet asile [1].

---

1. Il entra dans la basilique au moment où l'évêque Grégoire célébrait la messe, et commença par menacer de tuer quelqu'un des assistants, si l'évêque ne le recevait pas dans la communion des fidèles, et ne lui donnait pas le pain consacré comme aux autres. L'évêque céda, « pour éviter un plus grand mal ». Cette violence de Mérowig donne une idée de la conduite des réfugiés barbares, qui remplissaient leurs asiles de bruit, de querelles et de scandales, se battaient entre eux et avec les fidèles du dehors, maltraitaient parfois les clercs, et devenaient les tyrans de leurs hôtes.

Hilperik, averti de l'évasion de son fils, manda à l'évêque de Tours : « Chassez cet apostat hors de votre basilique, autrement je livrerai tout le pays aux flammes. » « Nous lui répondîmes, rapporte l'évêque Grégoire, que nous ne ferions pas dans un temps chrétien ce qui ne s'était pas fait du temps des hérétiques (des Wisigoths). » Hilperik alors dépêcha des troupes vers la Touraine. Mérowig, à cette nouvelle, roula dans sa tête le dessein d'aller retrouver Brunehilde à travers tous les périls d'une longue route. « Ne plaise à Dieu, disait-il, que la basilique de monseigneur Martin soit violée, ou le pays réduit en captivité à cause de moi. » Hilperik hésita cependant devant ce sacrilége. Il fit écrire à saint Martin une lettre dans laquelle il lui demandait la permission de pénétrer dans son église pour en tirer Gonthramn-Bose ; car il en voulait plus encore à Gonthramn qu'à Mérowig, à cause de la mort de son fils aîné Théodebert. La lettre fut déposée avec une feuille de papier blanc sur la tombe du saint. Saint Martin ne répondant pas, Hilperik renonça à prendre Gonthramn, et exigea seulement de lui le serment de ne pas quitter la basilique à son insu.

Frédegonde, qui « protégeait secrètement Gonthramn, à cause de la mort de Théodebert », s'était mise en correspondance secrète avec lui, et l'avait engagé à trahir Mérowig ; mais Gonthramn, voyant qu'on ne profitait point, pour tuer le prince, d'une partie de chasse où il l'avait perfidement entraîné, se rejeta dans les intérêts de Mérowig. Le prince et son douteux ami s'efforcèrent, par tous les moyens, de découvrir l'avenir. Gonthramn consulta une « femme possédée d'un esprit de Python (une extatique, une visionnaire païenne), qui lui prédit le trône pour Mérowig, et pour lui le *duché* (la mairie du palais) de tout le royaume. Mérowig, ne croyant pas à ces sortiléges illicites, mit sur le tombeau de saint Martin le Psautier, le livre des Rois et les Évangiles ; puis, revenant après trois jours de jeûnes, de veilles et d'oraisons, il ouvrit les trois volumes, et rencontra des versets d'un sens menaçant et funeste. L'évêque Grégoire avait eu de son côté une vision : tandis qu'il sommeillait après vigiles, il avait vu un ange voler dans les airs et passer au-dessus de la basilique, en disant d'une grande voix : « Hélas ! hélas ! Dieu a frappé Hilperik et ses fils, et il n'en survivra aucun de ceux qui sont sortis de ses reins pour gouverner son royaume ! »

Mérowig n'en persista pas moins dans son projet de départ, et décida Gonthramn-Bose à l'accompagner, malgré la promesse que celui-ci avait faite à Hilperik. « Le duc Gonthramn, dit Grégoire, avait certainement de bonnes qualités; mais, toujours prêt au parjure, il ne faisait jamais un serment à l'un de ses amis qu'il ne le violât aussitôt. » Ils se mirent donc en devoir de gagner l'Austrasie, à travers le nord de la Burgondie, et Mérowig parvint enfin à rejoindre l'amante pour laquelle il avait bravé tant de misères. Brunehilde le reçut avec tendresse, mais elle eut la douleur de le voir bientôt arraché de ses bras. La veuve de Sighebert était déjà en fort mauvaise intelligence avec la plupart des leudes austrasiens, et ceux-ci, voyant dans Mérowig un nouvel ennemi et un dangereux auxiliaire du parti royal, le chassèrent de la cour de Hildebert. Mérowig se cacha près de Reims, pendant que les troupes de son père saccageaient la Touraine et les terres de saint Martin, pour punir l'évêque d'avoir donné asile au rebelle, et fouillaient la Champagne pour découvrir la retraite de Mérowig.

Des persécutions acharnées étaient dirigées en même temps contre les amis du prince : l'évêque de Rouen, Prætextatus, fut arrêté et amené à Paris, et les évêques du royaume de Hilperik furent convoqués à Saint-Pierre-et-Saint-Paul dans le faubourg de Paris, pour juger leur collègue, accusé non-seulement d'avoir transgressé les canons en consacrant un mariage *incestueux*, mais d'avoir voulu soulever les Rouennais en leur distribuant des présents et de l'argent au nom de Brunehilde. La résistance énergique de Grégoire de Tours eût fait avorter cette procédure, très inique dans le second chef d'accusation ; mais Prætextatus, homme simple et crédule, se laissa persuader par les agents de Frédegonde d'avouer son prétendu crime, moyennant promesse de pardon. Dès qu'il eut fait cet aveu devant le concile, le roi demanda que le coupable fût déposé et qu'on déchirât sa robe, ou qu'on récitât sur sa tête le cent-huitième psaume, commençant par ces mots : « Lorsqu'il est en jugement, qu'il sorte condamné », etc.....; ou que du moins on le retranchât à jamais de la communion des fidèles. Grégoire de Tours empêcha les évêques de consentir à ces rigueurs excessives, mais ne put empêcher le roi de maltraiter cruellement Prætextatus et de l'envoyer en exil dans l'île de Jersey (*Cæsarea*).

Cependant les Franks du pays de Térouenne, ayant appris que Mérowig était caché dans la Champagne Rémoise, lui envoyèrent dire de venir vers eux : ils promettaient d'abandonner Hilperik et de prendre son fils pour chef. Mérowig, se croyant déjà roi de ces gens de Térouenne, qui avaient formé jadis une peuplade indépendante, rassembla quelques vaillants hommes et se dirigea en toute hâte vers la Morinie; mais ceux qui l'avaient appelé, « montrant alors à découvert leur fraude », tirèrent le glaive contre lui, le refoulèrent, lui et sa petite troupe, dans une métairie qu'ils cernèrent les armes à la main, et firent avertir Hilperik. Mérowig, se voyant perdu, « et craignant de satisfaire par beaucoup de tourments à la vengeance de ses ennemis », dit à son fidèle Gaïlen : « Nous n'avons eu jusqu'ici qu'une âme et qu'une volonté; ne souffre pas, je te prie, que je leur sois livré vivant; mais prends une arme et donne-moi la mort. » Gaïlen, sans hésiter, le perça de son *skrama-sax*, et le roi en arrivant trouva son fils sans vie.

Voilà ce qu'on raconta publiquement sur la catastrophe de Mérowig; mais bien des gens crurent ce récit supposé par Frédegonde, et l'on pensa généralement que le prince avait été égorgé par les affidés de sa marâtre. On soupçonna fortement Gonthramn-Bose et l'évêque austrasien de Reims, Ægidius, partisan et complice de Frédegonde, d'avoir machiné toute cette trahison de concert avec les Franks de Térouenne, pays barbare où Frédegonde recrutait ses dévoués. Gaïlen et les autres compagnons de Mérowig, parmi lesquels figuraient plusieurs chefs austrasiens, furent pris et moururent au milieu des tortures[1].

Mérowig semblait devoir être bientôt vengé; le parti de Brunehilde, soutenu par les Gallo-Romains qui conservaient quelques idées d'ordre, et peut-être par les petits possesseurs d'alleux, par les Franks libres qui ne voulaient pas se soumettre au joug des

---

1. Greg. l. V, c. 1 à 19. — Fredegar.

grands, reprenait le dessus en Austrasie, et le royaume de l'Est se ligua contre Hilperik avec le roi Gonthramn. Ce prince se voyait sans héritier, après avoir eu quatre fils de trois femmes différentes : l'aîné avait été empoisonné par une marâtre ; les trois autres étaient morts de maladie. Gonthramn résolut d'adopter son neveu Hildebert, et donna rendez-vous au petit roi et à ses leudes en un lieu dit le Pont-de-Pierre, dans la forêt des Vosges, sur les confins de l'Austrasie et de la Burgondie ; là, plaçant Hildebert sur son trône (*sa chaire*, *cathedra*), il l'institua héritier de tout son royaume, en disant : « Qu'un même bouclier nous protége, qu'une même lance nous défende ! Que s'il me survient des fils, je te considérerai comme l'un d'eux, afin que la tendresse que je te promets devant Dieu subsiste entre eux et toi. » Et les grands de Hildebert jurèrent le même serment pour leur roi, et l'on envoya d'un commun accord des ambassadeurs à Hilperik pour le sommer de rendre « ce qu'il avait enlevé aux deux royaumes » ; mais Hilperik « méprisa leurs paroles », et se mit tranquillement à bâtir des cirques à Soissons et à Paris, et à y donner aux peuples des spectacles dans le goût romain.

Sans doute sa sécurité se fondait sur la connaissance qu'il avait de la situation de l'Austrasie ; les vicissitudes continuelles de la lutte des grands contre la royauté annulaient complétement au dehors l'influence du plus belliqueux des royaumes franks, et le traité du Pont-de-Pierre ne fut pas mis à exécution. La tyrannique domination de Hilperik s'affermit sur presque toute la Gaule occidentale et une grande partie du midi. (579) Ce fut la période la plus désastreuse qu'eussent subie ces contrées depuis l'invasion franke : Hilperik fit faire, par le *Romain* Marcus, son référendaire, de nouveaux rôles d'impôts (*descriptiones*) dans tout son royaume. Chaque possesseur libre devait payer une grande cruche de vin par demi-arpent de vigne. D'autres charges accablaient les autres terres, et les esclaves étaient mis en réquisition pour des corvées continuelles. Comme aux jours des Bagaudies, on voyait les citoyens fuir leurs cités, les propriétaires abandonner leurs biens et s'enfuir dans les royaumes voisins pour échapper à l'insupportable fardeau des impôts et à la brutalité sauvage des percepteurs. Hilperik avait coutume de terminer ses *préceptions* par cette formule : « Si quelqu'un désobéit à nos commandements, qu'on lui arrache les yeux ! » Beaucoup de Franks possesseurs d'alleux étaient assujettis au tribut public comme les *Romains*. Il y eut de violentes séditions parmi le menu peuple ; les Limousins, qui étaient retombés sous le joug de Hilperik malgré la victoire de Mummolus, voulurent tuer Marcus et brûlèrent les registres du fisc ; mais ces mouvements n'aboutirent qu'à une répression atroce et à l'aggravation des tributs.

Des calamités de tout genre, que la crédulité populaire mélangeait de prodiges, fondirent sur la Gaule. Des débordements de fleuves, tels qu'on n'en avait pas vu de mémoire d'hommes, ensevelirent sous les eaux la Limagne, le Lyonnais, le Limousin. Un tremblement de terre ébranla les murs de Bordeaux, et détacha des Pyrénées d'énormes rochers qui écrasèrent des vallées entières. Des incendies, des grêles terribles, désolèrent le Bordelais, le pays Chartrain et le Berri ; à Chartres, on prétendit que le sang avait coulé du pain rompu à l'autel. (580) Ces malheurs furent comblés par une épidémie dont les symptômes étaient une éruption de pustules par tout le corps et une fièvre ardente accompagnée de vomissements, de violentes douleurs de reins et d'une grande pesanteur de tête. Le roi Hilperik en fut atteint, et réchappa : il avait perdu récemment un des trois fils que lui avait donnés Frédegonde ; les deux autres furent attaqués de la maladie immédiatement après lui-même. Frédegonde, voyant son fils aîné en danger de mort, fut saisie d'un tardif repentir, et dit au roi : « Voilà longtemps que la miséricorde divine supporte nos mauvaises actions ; elle nous a souvent frappés de fièvres et autres maux, et nous ne nous sommes pas amendés ; voilà que les larmes des pauvres, les gémissements des veuves, les soupirs des orphelins, vont causer la mort de nos fils ; voilà que nos trésors vont demeurer sans possesseur, pleins de rapines et de malédictions ! Si tu y consens, brûlons tous ces iniques registres ; qu'il nous suffise, pour notre fisc, de ce qui suffisait à ton père le roi Chlother. »

Et, se frappant la poitrine de ses poings, elle se fit apporter les rôles d'impôts des cités que Hilperik lui avait assignées en douaire, les jeta au feu, et invita le roi à l'imiter. « Qui t'arrête ? lui criat-elle. Fais ce que tu me vois faire, afin que, si nous perdons nos

chers enfants, nous échappions du moins aux peines éternelles ! »
Hilperik obéit, brûla tous ses registres, et défendit qu'on perçût les tributs à l'avenir ; mais les petits princes n'en succombèrent pas moins à l'épidémie.

Le repentir de Frédegonde fut de courte durée : elle avait repris toute sa méchanceté en voyant que sa bonne œuvre ne lui avait pas été payée sur-le-champ par le ciel, et la douleur que lui causait la perte de ses fils n'était pas d'une femme, mais d'une bête féroce privée de ses petits : il lui fallait du sang et non des larmes !

Des six enfants mâles qu'avait eus Hilperik, il ne restait plus que Chlodowig, le dernier des fils d'Audowère, et son aspect redoublait la rage de Frédegonde : en traînant la mort des deux aînés, ce n'était pas à ses propres enfants, mais au troisième fils de sa rivale, qu'elle avait préparé la voie ; elle avait fait de Chlodowig l'unique héritier de Hilperik ! Elle essaya de livrer son beau-fils à la contagion qui avait enlevé ses propres enfants ; elle l'envoya à la *villa* de Braine, où le mal sévissait avec fureur ; mais Chlodowig échappa à ce péril, et revint, plein de santé, d'énergie et de projets de vengeance, trouver son père à la métairie royale de Chelles (*Cala*) sur Marne, en Parisis. Frédegonde frémissait de colère et de terreur aux menaces du jeune homme, qui se croyait déjà roi « de toute la Gaule ».

Sur ces entrefaites, quelqu'un dénonça Chlodowig à la reine comme l'auteur de la mort de ses trois jeunes frères : les enfants, au dire du dénonciateur, avaient péri par les maléfices de la mère d'une maîtresse que Chlodowig avait parmi les filles du palais. Frédegonde fit planter un tronc d'arbre devant le logis de Chlodowig ; on entr'ouvrit le poteau, et l'on enferma la jeune fille entre les deux moitiés, qui se refermèrent violemment sur son corps et l'écrasèrent ; puis on mit la mère à la torture : de longs tourments arrachèrent à cette malheureuse l'aveu du forfait qu'on lui imputait, et elle fut brûlée vive. Le prince, du consentement de son père, fut arrêté et conduit enchaîné de Chelles à Noisi (*Nocetum*), sur l'autre rive de la Marne, où le *skrama-sax* d'un sicaire de Frédegonde termina ses jours. Des messagers vinrent dire au roi que Chlodowig s'était percé lui-même ; l'imbécile Hilperik les crut, et ne pleura pas plus Chlodowig qu'il n'avait pleuré Mérowig. Frédegonde, non contente de ces meurtres, impliqua dans les prétendus maléfices de Chlodowig sa mère Audowère, qui vivait dans un couvent aux environs du Mans, et fit périr d'une cruelle mort celle qui avait été sa reine et sa maîtresse. La jeune sœur de Chlodowig, « après avoir servi de jouet aux serviteurs de la reine », fut confinée dans un couvent. C'était cette enfant dont la naissance avait amené le divorce de sa mère avec le roi.

Pendant que cette horrible tragédie ensanglantait les rustiques palais du roi de Neustrie, la région armoricaine était le théâtre d'une assez rude guerre entre les Bretons et les Gallo-Franks de l'Ouest. Deux chefs, appelés Waroch et Théoderik, partageaient alors la Bretagne. Waroch, fils de Mac-Liaw et neveu de Conobre, ayant profité des discordes des Franks pour refuser le tribut et prendre la ville de Vannes, Hilperik fit marcher contre lui les milices de la Touraine, du Poitou, du Maine, de l'Anjou, de Rennes, de Nantes, de Bayeux, etc.; mais Waroch assaillit de nuit l'armée ennemie près de la Vilaine (*Vicinonia*), et surprit et tailla en pièces les Saxons de Bayeux. Ce combat fut suivi d'un traité par lequel Waroch se reconnut le *fidèle* du roi Hilperik, donna son fils en otage, et garda Vannes, en promettant de payer tribut pour cette cité. Ce pacte fut fort mal observé : les Bretons reprirent bientôt les armes, et dévastèrent cruellement tout le pays de Nantes et de Rennes. Chaque année, les bandes rapides des Kimris s'élançaient, comme des nuées d'oiseaux de proie, du fond de la forêt de Brocéliande (Brécilien, près Ploermel), des rochers du Trégorrois, des landes druidiques du Morbihan, et allaient moissonner aux bords fertiles de la Vilaine et de la basse Loire les blés et surtout les vignes des colons *romains*, en chantant le vieux chant du dieu Heol[1] : les Franks et même les *Romains* des cités voisines venaient

---

1. Mieux vaut vin brillant
Oh! que bière!
Mieux vaut vin brillant!

Sang, vin et danse,
A toi, Heol!
Sang, vin et danse!

Danse du glaive,
En cercle;
Danse du glaive!

Bataille où le glaive sauvage
Est roi,
Bataille du glaive sauvage.

Glaive, grand roi
Du champ de bataille!
Glaive, grand roi!

Que l'arc-en-ciel brille
A ton front!
Que l'arc-en-ciel brille!

ensuite, et glanaient sur les traces des Bretons, en les refoulant dans l'intérieur de la Péninsule.

(581) Les Franks étaient trop occupés de leurs dissensions pour se soucier beaucoup des courses des Bretons, et Frédegonde remportait en ce moment un véritable triomphe sur Brunehilde. N'ayant plus d'enfants, elle engagea Hilperik à offrir aux leudes austrasiens d'instituer Hildebert son héritier, pourvu que l'Austrasie rompît son alliance avec le roi Gonthramn. Le parti aristocratique, dont le principal meneur était un Gallo-Romain, l'évêque de Reims, Ægidius, intrigant vendu à Frédegonde, accepta les propositions de Hilperik. Brunehilde s'efforça en vain de s'opposer au pacte impie qui allait unir le fils de Sighebert aux assassins de son père. Le parti royal fut le plus faible dans les troubles violents qui éclatèrent à cette occasion ; Brunehilde fut elle-même sérieusement menacée, et les principaux leudes assemblèrent une armée pour écraser le seul des ducs austrasiens qui restât dévoué à sa reine : c'était le *Romain* Lupus, duc de Champagne. Brunehilde, « compatissant aux iniques persécutions qu'endurait son fidèle, se ceignit virilement d'un habit de guerre », et se précipita entre les bataillons armés, en disant : « Gardez-vous de cette injuste action ; cessez de poursuivre un innocent : gardez-vous de livrer, en haine d'un seul homme, un combat où périra tout le bien du pays ! — Éloigne-toi de nous, femme, répondit le duc Ursion (Wurse?), un des ennemis de Lupus. Qu'il te suffise d'avoir régné du temps de ton mari : c'est maintenant ton fils qui règne ; le royaume est maintenant sous notre tutelle et non sous la tienne. Éloigne-toi donc de nous, de peur que les pieds de nos chevaux ne t'écrasent contre terre ! »

La reine ne s'effraya ni ne se rebuta de cette réplique brutale, et parvint à force d'adresse et d'éloquence à empêcher le combat. Cependant Lupus, pensant bien que sa perte n'était que retardée, mit sa femme en sûreté dans les murs inaccessibles de Laon, une

> Feu! feu! fer! oh! fer! fer! feu! fer et feu!
> Chêne! chêne! terre et flots! flots! chêne! terre et chêne!
> (La Villemarqué, *Barzaz-Breiz*, t. I, p. 25.)

Les *saints* de Bretagne étaient loin d'avoir extirpé les traditions druidiques qui se combinaient dans de singuliers mélanges avec le christianisme chez les Bretons.

des villes de son gouvernement, et se réfugia près du roi Gonthramn, en attendant que Hildebert fût en âge de régner et de connaître ses vrais amis.

Hilperik, renforcé par l'alliance austrasienne, revint à ses projets de conquête; Gonthramn n'avait plus à lui opposer l'invincible Mummolus, qui s'était brouillé avec le roi de Burgondie, et retiré avec sa famille, ses amis et ses trésors, dans la ville austrasienne d'Avignon. Les Neustriens eurent beau jeu au sud de la Loire, et le Périgord et l'Agénais furent conquis sur Gonthramn par le duc de Toulouse, Désidérius, avec tout le reste de l'Aquitaine burgondienne, sauf le Berri, qui résista vigoureusement. Les Bituriges, ou Berruyers, prirent même l'offensive contre leurs voisins de Touraine et les maltraitèrent fort. Le duc qui commandait pour Hilperik à Bordeaux et dans la Novempopulanie essuya un échec plus grave de la part d'un ennemi que les chroniqueurs montrent pour la première fois aux prises avec les Franks : « Le duc Bladast, dit Grégoire de Tours, alla en Wasconie, et perdit la plus grande partie de son armée. » L'antique Ibérie n'avait pas péri tout entière non plus que la vieille Gaule; une langue et des mœurs antérieures à la conquête romaine s'étaient conservées dans les hautes vallées des Pyrénées comme dans les landes de l'Armorique, et les conquérants wisigoths, sur le versant méridional des montagnes qui séparent l'Espagne de la Gaule, s'étaient trouvés en contact, au cinquième siècle, avec une population de Barbares primitifs, encore païens, qui défendirent avec une héroïque opiniâtreté l'indépendance que leur avait rendue la chute de l'Empire. Les rois goths, maîtres de Saragosse, de Pampelune, de toutes les cités, ne réussirent jamais à soumettre les peuplades de la montagne; et, quand les Franks régnèrent sur la Novempopulanie, les tribus qui habitaient les vallons du versant septentrional résistèrent aux Franks ainsi que leurs frères du sud avaient résisté aux Goths; les montagnards du midi des Pyrénées, beaucoup plus nombreux et plus puissants, secoururent incessamment ceux du nord, et les Franks et les Goths s'habituèrent à donner à toutes les tribus pyrénéennes, comme nom collectif, la qualification de Waskes ou Guaskes (*Wascones*, Basques, Gascons), qui était le nom particulier d'une grande peuplade de la Haute Navarre, fameuse par ses exploits contre les Goths[1]. Les cités de la Novempopulanie obéissaient encore aux rois franks, mais les montagnards se maintenaient libres dans les hautes vallées de l'Adour, des Gaves et de la Nive, qu'on appelait dès lors *Wasconie* ou Gascogne. Le nom de *Wasconie* allait bientôt effacer celui de Novempopulanie, et les *Wascons* ne devaient pas tarder à s'élancer de leurs montagnes, comme les Bretons de leurs landes; les vieilles races reprenaient force et courage en voyant les conquérants se déchirer de leurs propres mains, et les royautés germaniques pencher vers une précoce décadence.

La guerre civile grandissait entre les trois royaumes franks, et la campagne de 583 semblait devoir être décisive contre Gonthramn : une nombreuse armée austrasienne s'était enfin levée pour seconder Hilperik, qui rassembla ses Franks neustriens à Paris, et qui envahit les domaines de Gonthramn par le territoire de Melun, pendant que deux grands corps de Gallo-Romains, commandés par les ducs de Tours, de Toulouse et de Bordeaux, assaillaient et enveloppaient le Berri, seule possession qu'eût conservée Gonthramn au sud de la Loire et à l'ouest du Rhône. Les hommes du Berri, au nombre de quinze mille, allèrent bravement au-devant des agresseurs; mais ils furent rejetés dans Bourges avec un affreux carnage : les ennemis coupèrent, brûlèrent, détruisirent tout. On ne voyait plus une maison, plus une vigne, plus un arbre, et le pays semblait vide d'hommes et de troupeaux. La guerre eut partout ce caractère atroce : on eût dit qu'une rage insensée de destruction animait Gaulois et Franks.

L'issue de la lutte ne fut pas telle que l'espérait Hilperik : les Austrasiens n'opérèrent pas leur jonction avec lui, et Gonthramn, un soir, fondant sur lui avec toutes les forces franco-burgondiennes, « détruisit une très grande partie de son armée. » On fit la paix dès le lendemain matin : les nouvelles du camp austrasien ne laissaient point d'autre ressource à Hilperik. Le « menu peuple » (*minor populus*) de l'armée d'Austrasie s'était soulevé ino-

---

1. Ces Waskes d'Espagne étaient probablement le noyau primitif de la race euske delà les monts, comme nos Auskes (d'Auch) en Gaule. Waskes, Auskes, Euskes, même radical.

pinément durant la nuit contre les ducs et l'évêque Ægidius, en accablant d'imprécations « ceux qui vendaient le royaume et livraient les cités de Hildebert à la domination d'un autre roi » (de Hilperik). Au point du jour, une foule furieuse envahit la tente du jeune roi pour en arracher l'évêque de Reims et les seigneurs qui s'y étaient réfugiés ; l'évêque et les grands n'eurent que le temps de monter à cheval et de s'enfuir.

C'était à l'instigation de Brunehilde et au profit de la royauté austrasienne qu'avait eu lieu ce réveil bruyant et passager de la démocratie guerrière et de la classe des hommes libres. Le mouvement, à ce qu'il semble, avait entraîné jusqu'aux vassaux des grands, et il amena la remise du pouvoir aux mains de Brunehilde, et la rupture de l'alliance neustrienne. Hilperik fut menacé à son tour par les deux autres rois ligués : ses prospérités touchaient à leur terme : une malédiction d'en haut semblait peser sur la maison de Hilperik, comme Frédegonde elle-même l'avait avoué naguère avec effroi ; le quatrième fils de cette femme et du roi de Neustrie mourut comme les trois premiers. Sa fin fut aussi attribuée au maléfice, c'est-à-dire au poison ; car on attribuait une certaine vertu diabolique aux herbes vénéneuses : plusieurs malheureux furent victimes des soupçons de Frédegonde [1].

(584) Cependant les Austrasiens et les Burgondes paraissaient s'apprêter à reconquérir leurs cités du midi, et à envahir la Neustrie. Hilperik n'osa soutenir le choc : il se retira dans la ville de Cambrai avec tous ses trésors, commanda aux ducs et aux comtes de ses provinces de s'enfermer dans les murs des cités, et cacha dans la métairie de *Victoriacum* un dernier fils que la reine de Neustrie venait de mettre au monde, de peur que, « si on l'élevait en public, il ne lui arrivât malheur ». Les craintes de Hilperik se dissipèrent bientôt : l'ascendant conquis par Brunehilde en Austrasie n'eut rien d'assez décisif pour pousser l'Austrasie sur la Neustrie, et ce ne fut pas contre Hilperik que Hildebert, alors âgé de quatorze ans, fit ses premières

---

1. Hilperik avait présenté cet enfant au baptême dans la cathédrale de Paris, malgré le fameux serment qui interdisait aux fils de Chlother d'entrer dans l'île de la Cité. Pour conjurer le courroux des saints Martin, Hilaire et Polyeucte, garants du serment, il était entré dans la Cité, précédé des reliques de bon nombre de saints, qu'il présuma capables de le protéger contre leurs trois confrères.

armes. En vertu d'un traité conclu avec la cour de Constantinople, qui avait payé aux Austrasiens un subside de 50,000 sous d'or, le jeune roi d'Austrasie descendit en Italie par les Alpes Rhétiques, et attaqua les Langobards, qui étaient alors complétement maîtres de la Haute-Italie, et qui disputaient aux Impériaux le reste de la péninsule. Les Langobards offrirent un tribut annuel au roi frank, pour n'être point pris entre deux ennemis, et éviter le sort des Ostrogoths; Hildebert, manquant de parole à l'empereur d'Orient, accepta cette proposition, et repassa les Alpes et le Rhin assez promptement pour tenter de profiter d'une catastrophe qui allait encore une fois bouleverser la Gaule.

Hilperik, rassuré sur l'invasion austro-burgondienne, était retourné de Cambrai à Paris au mois de septembre, et y avait trouvé une grande ambassade du roi des Wisigoths, Léowighild, qui envoyait chercher Rigonthe, fille de Hilperik, promise à son fils Rekkared. Rigonthe était l'enfant bien-aimée de Frédegonde, qui lui donna en présents de noces cinquante chariots chargés d'or, d'argent, et d'objets précieux de tout genre, et la fit escorter par plusieurs grands de Neustrie, à la tête d'une armée entière, de peur que les hommes de Hildebert ou de Gonthramn ne lui tendissent quelque embûche durant la route. Une foule de serviteurs du fisc furent arrachés des *villas* royales qu'ils habitaient pour grossir l'escorte et former la maison de la future princesse des Goths : on sépara le fils du père, la mère de la fille, et « l'on entendit tant de pleurs dans la cité, qu'on les a comparés aux pleurs de l'Égypte la nuit où périrent tous ses premiers-nés. Beaucoup de gens s'étranglaient et se pendaient de leurs propres mains, plutôt que de quitter ainsi leurs familles . » Et ce n'étaient pas seulement des hommes de condition servile qu'on enlevait ainsi de vive force : bien des personnes de condition libre et de naissance distinguée se voyaient contraintes d'accompagner la fille du roi et s'apprêtaient au voyage d'Espagne comme s'il se fût agi de marcher à la mort[1]. Rigonthe partit enfin, après que

---

1. L'état et les droits civils des *Romains* libres, quoique reconnus en principe, n'étaient pas plus respectés en fait que leurs propriétés. Dans les guerres continuelles des rois franks, les cités, prises et reprises, changeaient sans cesse de maîtres, et les citoyens se voyaient sans cesse exposés à perdre biens et liberté. Quand on faisait la paix, c'était encore à leurs dépens. Les rois franks se livraient

tous les seigneurs et les *fidèles* de son père lui eurent présenté de riches dons. Mais, dès la première nuit du voyage, cinquante des hommes qu'on emmenait malgré eux s'enfuirent, en dérobant cent chevaux de prix avec « leurs freins dorés », et les *Romains*, soit libres, soit *fiscalins*, continuèrent à déserter ainsi tout le long de la route, pendant que les guerriers de l'escorte, quoique largement défrayés par les cités, pillaient impitoyablement tous les pays qu'ils traversaient.

Mais, avant que le cortége de Rigonthe eût atteint la terre des Goths, le roi Hilperik « trouva la fin qu'il avait si longtemps cherchée ». Un soir qu'il revenait de la chasse et qu'il rentrait dans sa métairie de Chelles, à cinq lieues de Paris, comme il mettait la main sur l'épaule d'un de ses serviteurs pour descendre de cheval, un homme s'approcha et le frappa de deux coups de *skrama-sax* sous l'aisselle et au ventre. Aussitôt, perdant le sang en abondance, tant par la bouche que par sa double blessure, « le Néron, l'Hérode du siècle, comme l'appelle Grégoire de Tours, exhala sa méchante âme ». « Il était adonné à la goinfrerie (*gulæ*), et se faisait un dieu de son ventre; en fait de débauche et de luxure, ses actions surpassent tout ce que peut rêver l'imagination. Il passait sa vie à chercher les moyens de nuire à son peuple: il n'aima jamais personne, et personne ne l'aima; et, dès qu'il eut rendu l'esprit, tous les siens l'abandonnèrent. » Son corps fût resté privé de sépulture sans la charité de l'évêque de Senlis, qui l'emmena sur un bateau, par la Marne et la Seine, jusqu'à la basilique de Saint-Vincent (Saint-Germain-des-Prés), où il l'ensevelit.

L'abréviateur de Grégoire de Tours, Frédegher, impute le meurtre de Hilperik à Brunehilde; l'auteur des *Gesta Francorum* en charge Frédegonde elle-même, et raconte que Hilperik, étant entré, avant de partir pour la chasse, dans l'appartement de Frédegonde, donna par derrière à la reine un léger coup avec une baguette qu'il tenait à la main. « Eh bien! s'écria Frédegonde sans se retourner, que fais-tu donc, Landerik? » Le roi ne dit mot, sortit brusquement, et partit pour la chasse. Frédegonde

réciproquement des otages choisis parmi leurs sujets *romains*; à la première brouille on commençait par assimiler les otages à des captifs pris à la guerre, et par les réduire en servitude. *V.* l'histoire d'Attalus, dans Greg. l. III, c. 15.

comprit qu'elle était perdue si elle ne prévenait son mari; elle manda en toute hâte son amant Landerik, et le résultat de leur conférence fut l'assassinat de l'époux, si mal payé de tous les crimes qu'il avait commis ou laissé commettre pour plaire à Frédegonde.

Frédegonde, aussitôt après le meurtre de Hilperik, avait quitté Chelles en toute hâte pour courir se réfugier dans la cathédrale de Paris, avec ses *dévoués,* quelques leudes attachés à ses intérêts, et le trésor royal qui était gardé à l'abri des murs de la cité ; elle n'avait pas même pris le temps d'enlever les richesses qui se trouvaient à Chelles, et qui furent portées à Meaux et livrées au roi Hildebert par les trésoriers de Hilperik. Du fond de son inviolable asile, Frédegonde put aviser aux moyens de conjurer l'orage qui éclatait de toutes parts sur elle et sur la Neustrie. Au premier bruit de la mort de Hilperik, la Neustrie parut près d'être déchirée en lambeaux par ses voisins et par ses propres habitants; les cités se battirent entre elles; les grands aspirèrent à l'indépendance; les Austrasiens et les Franco-Burgondes se mirent en mouvement pour envahir les provinces neustriennes, et Soissons, l'ancienne capitale de Hilperik, fut occupée, au nom de Hildebert, par un puissant seigneur du pays appelé Raukhing. Les Austrasiens et les Burgondes s'avançaient déjà sur Paris, les premiers par Meaux, les autres par Melun. La veuve de Hilperik se décida promptement; elle députa vers le roi de Burgondie, et lui fit dire : « Que mon seigneur vienne et prenne possession du royaume de son frère. J'ai un petit enfant que je désire mettre dans ses bras, et je me soumets moi-même à son pouvoir. »

Le « bon roi » Gonthramn, facile à émouvoir, pleura la mort de son frère, si peu regrettable qu'il fût, et se rendit sans délai à Paris : les Parisiens lui ouvrirent leurs portes et les fermèrent à Hildebert. Une députation austrasienne vint alors réclamer « la part du royaume de Haribert » qui avait été usurpée par Hilperik sur le roi d'Austrasie; mais Gonthramn déclara que Sighebert et Hilperik avaient tous deux perdu leurs droits au « royaume de Haribert » en entrant dans Paris sans son aveu, et que ce royaume lui était intégralement dévolu. Une seconde ambassade se présenta bientôt après pour réclamer la reine Frédegonde : « Remets-moi, mandait Hildebert, remets-moi cette meurtrière qui a étranglé ma tante, égorgé mon père et mon oncle, et frappé du couteau jusqu'à mes cousins. » Gonthramn répondit qu'on viderait ce différend dans une assemblée[1] dont il fixa l'époque, et ne déguisa plus l'appui qu'il accordait à Frédegonde : sa simplicité l'avait livré sans défense aux artifices de l'astucieuse veuve de Hilperik, qui se raillait effrontément de sa crédule bonhomie.

Frédegonde, au reste, déploya une intelligence et des talents qu'on ne peut s'empêcher d'admirer : cette femme, souillée de tant de crimes, avait inspiré un attachement fanatique à beaucoup d'hommes de courage. Secondée par Landerik et par d'autres leudes fidèles, elle détermina la plupart des antrustions de Hilperik à « s'assembler autour » de l'enfant qu'on élevait à *Victoriacum*, et qui fut nommé Chlother, et l'on exigea les serments des cités du royaume de Soissons au nom du roi Gonthramn et de son neveu Chlother. L'irritation populaire contre Hilperik et sa race fut calmée par la conduite de Gonthramn, qui rendit aux légitimes possesseurs les biens que les *fidèles* de Hilperik avaient usurpés sur toutes sortes de gens. Il enrichit les églises par l'exécution des testaments faits en leur faveur, et que Hilperik avait supprimés de force. Il se montrait aumônier pour les pauvres, et bienveillant pour tous. Néanmoins, après tant de meurtres dont une femme artificieuse lui dérobait le véritable auteur, il ne se croyait pas en sûreté au milieu de la Neustrie, et ne sortait jamais sans une garde nombreuse. Un dimanche, avant la messe, il se tourna vers la foule, et s'écria : « Je vous en conjure, hommes et femmes ici présents, gardez-moi fidélité, et ne me tuez pas comme vous avez tué mes frères! Que je puisse, au moins pendant quelques années, élever mes deux neveux de Neustrie et d'Austrasie, de peur qu'il n'arrive qu'après ma mort vous ne périssiez avec ces deux enfants, puisqu'il ne resterait de notre race aucun homme fort pour vous défendre. » « A ces mots, dit Grégoire de Tours, tout le peuple adressa pour le roi des prières au Seigneur. »

La prétention de Gonthramn était de gouverner les États de ses

---

1. *Placitum*, une conférence, de *placitare*, plaider, discuter; de *placitum*, on a fait *plaid*, en vieux français. Le *plaid* convoqué ici par Gonthramn n'est point un *mal* national, mais une conférence entre les principaux seigneurs franks.

deux neveux, comme étant leur père adoptif, et de « tenir ainsi tout l'empire des Franks, ainsi qu'avait fait son père Chlother. » Cette prétention, que ni Brunehilde, ni les grands d'Austrasie n'avaient jamais admise, et que Frédegonde ne devait pas tarder à repousser, attira de nouvelles misères sur la Touraine et les régions aquitaniques, disputées entre les officiers de Gonthramn et ceux de Hildebert. Gonthramn l'emporta, bien que les gens de Touraine et de Poitou eussent souhaité retourner à Hildebert. C'était d'ordinaire le maître le plus éloigné que préféraient les Aquitains.

Le temps fixé pour le *plaid* étant arrivé, Hildebert envoya vers Gonthramn l'évêque Ægidius, Gonthramn-Bose et d'autres grands, pour lui redemander Tours, les cités de l'Aquitaine et l'extradition de Frédegonde; mais le roi Gonthramn réitéra son refus de rendre les villes. « Quant à la reine, ajouta-t-il, elle ne pourra être remise au pouvoir de mon neveu, parce qu'elle a un fils qui est roi : d'ailleurs, je n'ajoute pas foi à tous les crimes que vous lui imputez. » Puis il maltraita extrêmement de paroles Ægidius et Gonthramn-Bose, les traitant, avec assez juste raison, de fourbes, de menteurs et de vrais traîtres. « Adieu, roi! dit un des envoyés, puisque tu ne veux pas rendre le bien de ton neveu! Nous savons où est la hache qui a tranché la tête à tes frères; elle te fera bientôt sauter la cervelle! »

C'était moins une menace directe qu'un avertissement de ce que Gonthramn devait attendre de sa protégée Frédegonde. Le roi ne le prit point ainsi : outré de colère, il fit jeter à la tête des députés, pendant qu'ils se retiraient, du fumier de cheval, du foin pourri et de la boue. Cependant la clameur publique finit par faire impression sur Gonthramn, et il relégua Frédegonde à Rueil, domaine des environs de Rouen. Furieuse de voir son pouvoir abattu et celui de Brunehilde relevé, la veuve de Hilperik s'efforça de faire assassiner celle de Sighebert; elle échoua dans ce nouveau crime, et Brunehilde lui renvoya dédaigneusement l'émissaire à qui l'on avait arraché l'aveu de sa mission. Frédegonde punit la maladresse de son envoyé en lui faisant couper les pieds et les mains, malgré sa qualité de clerc.

La rancune du roi Gonthramn contre Gonthramn-Bose n'était

pas sans motif : celui-ci avait tramé, avec le patrice Mummolus et d'autres seigneurs austrasiens, burgondes et neustriens, un complot qui menaçait vaguement tous les trônes franks. Gonthramn-Bose, durant une ambassade à Constantinople, s'était lié dans cette ville avec un certain Gondowald, qui passait pour fils naturel de Chlother Ier, mais qui, méconnu et repoussé par son père et par ses frères, avait couru l'Europe avec des aventures assez curieuses[1]. Gonthramn-Bose avait donc offert à Gondowald de l'aider à devenir roi, et l'exilé, encouragé par la politique byzantine, était débarqué à Marseille dès l'année 582. Volé et trahi par Gonthramn-Bose, qui n'avait eu probablement d'autre but que de lui dérober les riches dons de la cour de Byzance, il se cacha pendant deux ans au fond d'« une île de la mer » ; mais Mummolus renoua l'affaire avec Désidérius, duc de Toulouse, l'évêque Sagittarius, qui avait été dégradé de l'épiscopat pour ses déportements, et beaucoup de grands personnages de la Gaule méridionale. Au premier bruit du meurtre de Hilperik, Désidérius prit les armes, fit main basse sur les trésors de la princesse Rigonthe, qui arrivait en ce moment même à Toulouse[2], et alla joindre à Avignon Mummolus et Gondowald, sorti de l'île où il s'était caché sur la côte de Provence. Quelques semaines après la mort du roi de Neustrie, Gondowald fut « élevé sur le bouclier, » à Brives en Limousin (Brives-la-Gaillarde) (décembre 584) : les Aquitains accoururent en foule sous ses drapeaux, et presque toutes les villes entre la Charente et les Pyrénées lui ouvrirent leurs portes. Les partisans de Gondowald, n'osant attaquer à la fois les trois couronnes frankes, affectaient de ménager les possessions de Hildebert, et n'exigeaient de serment à leur roi

1. Traité en prince par son oncle Hildebert *l'Ancien*, puis réduit à la misère après la mort de ce roi, il avait gagné sa vie en peignant à fresque les murs des églises et les appartements des palais, art qui subsistait encore, quoique bien déchu. Il avait fait ensuite une grande fortune en Italie sous les auspices de Narsès, et s'était établi à Constantinople, où la cour impériale l'avait accueilli comme un instrument utile.

2. Rigonthe n'épousa pas le prince des Wisigoths ; elle se réfugia dans la cathédrale de Toulouse, puis elle parvint à rejoindre sa mère Frédegonde. Mais l'affection que s'étaient portée la mère et la fille se changea en une haine mortelle ; elles en vinrent à se battre à coups de pieds et à coups de poings, et, un jour, Frédegonde, exaspérée des insolences de Rigonthe, l'eût étranglée si on ne l'eût arrachée de ses mains.

que dans les villes neustriennes ou burgondiennes. Gondowald députa vers le roi de Burgondie, pour réclamer sa part de l'héritage paternel, deux ambassadeurs avec des « baguettes consacrées selon la coutume des Franks[1] » : c'était un sauf-conduit qui garantissait de toute injure; mais, ces messagers ayant eu l'imprudence de se laisser surprendre sans leurs baguettes, Gonthramn les fit arrêter et mettre à la question. Ils avouèrent alors que leur prince avait des intelligences avec beaucoup de seigneurs austrasiens pour détrôner aussi Hildebert, dont le caractère énergique inquiétait déjà ses leudes.

Cette découverte rapprocha l'oncle et le neveu : Gonthramn appela Hildebert près de lui à Chalon-sur-Saône, et lui mit sa lance dans la main en présence de tous ses leudes, le déclarant ainsi son unique héritier et l'investissant par avance de ses domaines; car la lance était le sceptre belliqueux des chefs de la race franke : il lui rendit les cités qu'avait possédées Sighebert, exhorta les guerriers d'Austrasie à ne plus considérer leur roi comme un enfant, et à lui obéir dorenavant comme à un homme fait, en renonçant à leurs méchancetés et à leur arrogance (585). Une grande armée austro-burgondienne se mit en marche sous les ordres du patrice de Burgondie et du *connétable* (*comes stabuli*), c'est-à-dire comte des écuries royales et commandant de la cavalerie de Gonthramn. Gondowald et Mummolus ne s'étaient point attendus à la coalition des Austrasiens avec les Franco-Burgondes. Très affaiblis par la défection subite du duc Désidérius, ils reculèrent de la Charente sur la Dordogne, de la Dordogne sur la Garonne, et finirent par s'enfermer dans la cité des *Convènes* ou de Comminges. L'armée de Gondowald commença par expulser traitreusement de la ville presque tous les habitants, en récompense de leur bon accueil, et par s'emparer de leurs biens : la cité des Convènes, située sur une montagne isolée, près des sources de la Garonne, était si forte d'assiette et si bien garnie de vivres et de munitions de tout genre, « qu'on eût pu s'y maintenir durant plusieurs années sans souffrir aucunement de la faim. »

La cité des Convènes fut attaquée et défendue avec une égale

---

1. C'étaient probablement des bâtons *runiques*.

vigueur; mais les assiégés repoussèrent les premiers assauts, écrasèrent ou incendièrent les machines de siége en roulant du haut de leurs murailles des quartiers de rochers et des tonneaux remplis de poix bouillante. Les généraux de Gonthramn, « voyant qu'ils n'avançaient à rien par la force, » envoyèrent alors secrètement des messagers vers Mummolus, afin de lui offrir son pardon et celui de ses adhérents, pourvu qu'il abandonnât Gondowald. La femme et les enfants de Mummolus étaient tombés au pouvoir du roi Gonthramn, et peut-être la crainte de causer la perte de ces précieux otages décida-t-elle seule ce chef à trahir une cause qui n'était pas encore désespérée : quoi qu'il en soit, Mummolus s'entendit avec les principaux de la garnison, et ils livrèrent le malheureux Gondowald entre les mains des assiégeants, qui le massacrèrent sur la place. Gonthramn-Bose, qui s'était raccommodé avec le roi Gonthramn et qui était venu au siége parmi les Austrasiens, brisa la tête de Gondowald avec une pierre. La nuit d'après, les principaux des assiégés s'échappèrent de la ville « avec tous les trésors qu'ils purent emporter » : le lendemain matin, l'armée austro-burgondienne entra dans la ville, et, bien que nul ne se défendît, peuple, prêtres, soldats, tout fut exterminé, et la cité fut détruite par les flammes : il n'y resta plus que le sol « nu et vide [1] ».

Mummolus, qui avait rejoint l'armée burgondienne, ne porta pas loin la peine de sa perfidie : il fut égorgé peu de temps après, sur l'ordre du roi Gonthramn. Telle fut la misérable fin d'un homme qui avait sauvé la Burgondie, et qui, dans un siècle moins ténébreux, eût compté peut-être entre les grands noms de l'histoire. Mais il est des temps où les dons du génie avortent obscurément dans le chaos universel. Les prodigieuses richesses que Mummolus avait entassées dans les murs d'Avignon furent partagées entre les rois Gonthramn et Hildebert. Gonthramn donna presque tout son lot aux pauvres et aux églises. On avait trouvé dans Avignon 250 talents d'argent et plus de 30 talents

---

1. La cité des Convènes ne fut relevée qu'au commencement du douzième siècle par un évêque nommé Bertrand; on la nomma Saint-Bertrand-de-Comminges, du nom de ce second fondateur.

d'or. On racontait que Mummolus avait découvert un trésor enfoui dans des temps inconnus.

Les principaux chefs des Gondowaldiens obtinrent leur pardon par l'intervention de Grégoire de Tours et de quelques autres prélats ; cependant une grande partie des évêques avaient vivement excité la colère de Gonthramn en soutenant plus ou moins ouvertement Gondowald, et le roi de Burgondie déféra les prélats rebelles au jugement de leurs confrères, dans un concile qu'il réunit à Mâcon, tandis qu'il se vengeait de quelques factieux laïques avec moins de formalités. Les comtes de Gonthramn voulurent punir non-seulement les ennemis déclarés, mais les indifférents, et condamnèrent à l'amende tous les hommes, Barbares et *Romains,* qui n'avaient pas pris les armes contre *le faux roi,* dans les cantons où la levée en masse avait été ordonnée, dans le Berri par exemple. Mais les avoués (*agentes*) des églises et des monastères privilégiés par le grand roi Chlodowig résistèrent vigoureusement, et prétendirent que les hommes de leurs églises n'étaient pas plus assujettis au service militaire qu'à tout autre service en argent ou en nature. Soixante-un évêques ou délégués d'évêques des royaumes de Burgondie et de Neustrie s'assemblèrent à Mâcon, le 23 octobre 585. On remarque parmi eux six ou sept noms franks. Le courroux du roi Gonthramn, qui menaçait d'abord presque tous les évêques d'Aquitaine et de Novempopulanie, s'était un peu apaisé : un seul prélat paya pour tous, à savoir Ursicinus, évêque de Cahors, qui fut excommunié, suspendu de ses fonctions pour trois ans, et condamné, durant ce temps, à ne pas couper sa barbe ni ses cheveux, et à s'abstenir de chair et de vin. Le concile de Mâcon est un des plus notables qui se soient tenus en Gaule sous les Mérôvingiens : il prescrivit l'observation rigoureuse. du dimanche, défendant de plaider ce jour-là, à peine pour le demandeur de perdre sa cause, et décrétant des châtiments corporels contre les colons et les esclaves qui se livreraient aux travaux de la campagne ; il décida qu'on ne devait baptiser les enfants et les adultes que pendant la semaine de Pâques, et ordonna de payer la dîme de tous les fruits aux ministres de l'Église, à peine d'excommunication : « c'est la première loi pénale pour la dîme que j'ai remarquée », dit l'historien de l'Église (l'abbé Fleuri). La dîme du moyen âge est sortie moins encore de l'ancienne dîme mosaïque ressuscitée par le clergé, que des contributions volontaires par lesquelles les premiers chrétiens soutenaient l'Église avant qu'elle fût montée sur le trône avec Constantin. La dîme ecclésiastique ne put trouver place dans le système d'impôts de l'Empire ; les peuples ne suffisaient point à satisfaire les besoins dévorants du pouvoir civil ; mais, une fois l'Empire dissous et la monarchie catholique des Franks établie en Gaule, le clergé se mit à l'œuvre et travailla sans relâche à changer les antiques oblations volontaires en un impôt garanti, non pas seulement par les terreurs religieuses, mais par le glaive des puissances temporelles, but qu'il n'atteignit qu'au huitième siècle, car les difficultés étaient immenses : les laïques *romains* résistèrent longtemps à l'exigence des clercs, et l'on peut juger comment les propriétaires barbares reçurent les premiers collecteurs des dîmes.

Les évêques conservaient toujours les fonctions de *défenseurs* : le concile interdit à tout juge séculier de poursuivre les veuves et les orphelins, avant de s'être adressés à l'évêque ou à l'archidiacre, leurs patrons légaux ; il interdit aux clercs d'assister aux jugements de mort et aux exécutions ; il voulut contraindre les veuves des clercs à garder la continence, et leur défendit de se remarier. Le roi Gonthramn confirma, de son autorité royale, les décrets du concile. Après la séparation de l'assemblée, chaque évêque réunit les abbés et les prêtres de son diocèse, afin de promulguer et de commenter les décrets de Mâcon : l'on a conservé les canons du synode diocésain d'Auxerre ; plusieurs sont dignes de remarque : ainsi, par exemple, la défense de fêter le premier janvier par des mascarades et des étrennes, à la manière des païens, qui se déguisaient ce jour-là en vaches ou en cerfs[1] ; l'interdiction d'acquitter des vœux aux buissons, aux arbres, aux fontaines[2], ainsi que de danser dans les églises, d'y faire chanter des filles, d'y préparer des festins : c'était l'abolition des derniers vestiges des agapes[3].

1. C'était un mélange des usages celtiques et romains ; la *Mastruca* et l'*Eguinané* gaulois se célébraient au solstice d'hiver et non au 1er janvier. V. notre t. I, p. 72. Une coutume analogue à la *Mastruca* se retrouve chez les Scandinaves.
2. Ceci était tout celtique.
3. Labb. *Concil.* t. I, p. 979-986. — Coint. *Annal. Eccles.* an. 585-586.

La réconciliation du roi Gonthramn et des évêques méridionaux n'apaisa point l'agitation qui continuait dans toute la Gaule depuis la catastrophe de Gondowald : la lutte des rois contre les leudes, sourde en Burgondie, patente en Austrasie, s'aggravait chaque jour, et par le cours naturel des choses, et par les intrigues de Frédegonde, qui semblait la discorde incarnée, qui complotait avec les grands d'Austrasie et de Burgondie, avec le roi des Wisigoths, avec les chefs des Bretons, et qu'on entrevoit, comme un démon tentateur, derrière tous les désordres et tous les crimes de l'époque. Elle ne faisait pourtant pas le mal au hasard : son but était d'arracher la Neustrie à la tutelle du roi Gonthramn et de relever la Neustrie aux dépens de l'Austrasie ; elle travaillait donc, par tous les moyens, à développer l'esprit national parmi les Franks neustriens et à exciter leur antipathie contre la domination du roi de Burgondie : elle y réussit, et fut protégée par la nationalité neustrienne dans une occasion où la cause de Gonthramn était celle de la justice et de l'humanité mêmes. Gonthramn avait rétabli, en dépit de Frédegonde, l'évêque Prætextatus sur le siége de Rouen ; à la suite d'une querelle avec ce prélat, Frédegonde le fit poignarder par un de ses *dévoués* pendant l'office divin, le jour de Pâques 586, sans que personne, parmi les assistants, eût le courage de secourir le malheureux évêque ; puis Frédegonde eut encore l'impudence d'aller lui rendre visite pendant son agonie. « Il est fâcheux pour nous et pour le reste de ton peuple, lui dit-elle, ô saint évêque, que ceci te soit arrivé ; mais plaise au Ciel qu'on découvre celui qui a osé commettre une telle chose, afin qu'il subisse des supplices dignes de son crime ! — Va, répondit-il, nul n'a fait ceci que celui qui a fait périr deux rois, et qui a si souvent versé le sang innocent. Tu seras maudite dans les siècles, et Dieu prendra vengeance de mon sang sur ta tête ! » Il expira un instant après.

Frédegonde empoisonna ensuite un seigneur frank qui l'avait menacée de punir cet attentat, et tenta de faire assassiner l'évêque de Bayeux, qui avait mis en interdit les églises de Rouen jusqu'à ce qu'on eût découvert l'auteur du meurtre, et qui poussait vigoureusement une enquête à ce sujet. Plusieurs des gens de Frédegonde furent arrêtés, mis à la torture, et avouèrent la vérité, qu'on manda aussitôt au roi Gonthramn. Le roi de Burgondie était déjà tout à fait brouillé avec Frédegonde, qui l'avait appelé jusqu'à trois fois en Neustrie pour tenir son fils sur les fonts de baptême, et qui n'avait jamais pu se décider à lui amener l'enfant, de peur apparemment qu'il ne s'en rendît maître[1]. Gonthramn témoigna une indignation extrême, et dépêcha à Rouen trois évêques pour aller chercher « l'auteur du crime » et le lui amener ; mais les grands de Neustrie repoussèrent sa demande, comme lui-même avait repoussé naguère, en semblable occasion, la demande du roi d'Austrasie. « Si quelqu'un est reconnu coupable parmi nous, répondirent « ceux qui nourrissaient le petit Chlother, il ne doit point être conduit devant le roi Gonthramn, parce que nous avons pouvoir de réprimer les forfaits des nôtres par l'autorité royale qui nous est confiée. — Sachez donc, reprirent les envoyés, que, si celle qui a fait ces choses n'est pas mise en jugement, notre roi viendra avec son armée et dévastera tout ce pays par le fer et le feu. »

Frédegonde ne tint compte de ces menaces, et installa évêque à Rouen un des instigateurs de l'assassinat de Prætextatus : Gonthramn ne vint pas en personne, et ne dirigea point de grandes armées vers le Nord ; ses principales forces étaient engagées dans une guerre assez malheureuse contre les Wisigoths. Il y eut toutefois dès lors une lutte presque continuelle en Neustrie entre les partisans du roi de Burgondie et ceux de Frédegonde ; les territoires de Rennes, de Nantes, d'Angers, furent surtout le théâtre de ces troubles. Les deux factions rivalisaient de violences. Néanmoins le parti de Gonthramn, qui prenait presque toujours les armes à propos de quelque nouvelle scélératesse de Frédegonde et de ses adhérents, se présentait habituellement comme le vengeur du droit outragé. Tout ce qu'il y avait d'hommes effrénés et sanguinaires dans la Neustrie se ralliait à la veuve de Hilperik, beaucoup moins par nationalité que par aversion contre un prince qui cherchait à faire prévaloir quelques idées d'ordre ; mais, tout

---

1. Le bon roi Gonthramn s'étant fâché à la fin de tous ces délais et ayant dit que Chlother n'était sans doute pas son neveu puisqu'on ne le lui montrait pas, Frédegonde lui fit jurer par trois évêques et trois cents hommes notables (*optimi viri*) que Chlother était bien le fils de Hilperik.

grossi que fût le parti de Frédegonde, la reine de Neustrie comptait bien plus sur les couteaux de ses sicaires que sur les framées de ses guerriers : elle avait envoyé récemment deux clercs, avec des *skrama-sax* empoisonnés, pour tuer Hildebert et Brunehilde ; comme ils tremblaient en recevant ses ordres, elle leur fit boire une « potion qui fortifia leurs courages », et leur donna un vase plein de la même liqueur, afin qu'ils la bussent le « matin du jour où ils accompliraient l'œuvre ». Les clercs partirent, déguisés en mendiants ; mais ils furent découverts et mis à mort. Frédegonde ne se découragea point ; chose étrange ! elle trouvait toujours de nouveaux séides ; ces martyrs du crime se multipliaient sous ses pas, et le fanatisme personnel qu'elle inspirait avait des effets que le fanatisme religieux ou politique semble seul capable de produire. L'année d'après sa dernière tentative contre la vie du roi d'Austrasie et de sa mère, elle dépêcha contre Gonthramn un assassin, qui fut trouvé caché, de nuit, avec une épée et une pique, dans l'oratoire où le vieux roi avait coutume d'aller ouïr matines.

Tout cela ne fit que resserrer l'alliance des rois d'Austrasie et de Burgondie ; mais Frédegonde espérait être bientôt débarrassée du premier, que menaçait une conjuration formidable. Le jeune Hildebert, docile aux conseils de sa mère, s'efforçait de briser la farouche indépendance de ses leudes : le maire du palais étant mort en 585, Brunehilde avait empêché qu'on le remplaçât, et l'autorité royale avait fait de sensibles progrès depuis deux ans : les principaux leudes d'Austrasie et de Neustrie s'abouchèrent sous prétexte de traiter de la paix entre les deux États, s'entendirent secrètement entre eux et avec Frédegonde, et organisèrent une conspiration dirigée par les ducs Raukhing, Ursion et Berthefred. Hildebert, à peine âgé de dix-sept ans, avait déjà deux fils appelés Théodebert et Théoderik : on convint de tuer Hildebert et de diviser l'Austrasie en deux royaumes : Raukhing, duc de Soissons, « homme rempli de toute vanité » et qui se disait fils de *Chlother l'Ancien,* devait commander dans la Champagne et les cantons voisins au nom du petit Théodebert ; le reste de l'Austrasie devait être régi, sous le nom du second fils de Hildebert, par Ursion et Berthefred, et, sans doute, les leudes se seraient partagé les domaines royaux. Un autre complot, qui se rattachait à celui-là, fut ourdi par beaucoup de seigneurs burgondiens contre les jours du roi Gonthramn. Le meurtre des deux rois allait être le signal d'une épouvantable anarchie : la Gaule eût été démembrée entre des bêtes féroces qui s'en fussent arraché les lambeaux sanglants ; les principaux meneurs de la conspiration étaient les plus brutaux et les plus dépravés des chefs barbares ; Raukhing, surtout, dépassait en perversité Frédegonde elle-même, et « n'avait rien qui fût de l'homme », dit Grégoire de Tours. Frédegonde tuait avec indifférence ; Raukhing torturait avec volupté. Souvent, pour égayer ses repas, il forçait ses esclaves à éteindre entre leurs jambes nues des flambeaux allumés, et répétait son horrible jeu tant que les chairs de ces malheureux n'étaient pas brûlées jusqu'à l'os : un jour, il fit enfouir tout vifs deux de ses serviteurs, un jeune homme et une jeune fille, qui s'étaient mariés sans son consentement[1].

La trame fut découverte : un émissaire des conjurés burgondiens fut saisi dans l'église Saint-Marcel de Chalon, au moment où il levait déjà le couteau pour frapper le roi Gonthramn ; appliqué à la torture, il avoua tout ; « un grand nombre d'hommes furent tués », par ordre du roi, sans avoir le temps de se mettre en défense, et Gonthramn manda en toute hâte ce qui se passait à son neveu Hildebert. Raukhing, « se vantant de parvenir bientôt à la gloire du sceptre royal », était déjà en chemin pour se rendre à la cour d'Austrasie, qui se tenait tantôt à Coblentz (*Castrum-Confluentis*), tantôt à Metz, tantôt à Reims ; il s'était chargé d'assassiner Hildebert de sa propre main. Arrivé à la cour d'Austrasie, il fut introduit dans la chambre à coucher du roi, qui « l'entretint de choses et d'autres », puis le congédia sans témoigner le moindre soupçon, mais sans que Raukhing trouvât l'occasion propice pour frapper. A l'instant où le duc sortait, deux gardes de la porte (*ostiarii*, huissiers) le saisirent par les pieds et le renversèrent sur l'escalier, les jambes étant encore dans la chambre et la tête pendant sur les marches. Avant qu'il pût se reconnaître, des gens apostés se ruèrent sur lui et lui hachèrent le crâne à

---

1. Greg. l. VIII, c. 9-10-21-22, 28, 29, 31, 32, 41, 42, 44. — Grégoire de Tours cite d'un prélat frank, Berthramn, évêque du Mans, des traits aussi atroces que ceux de Raukhing, l. VIII, c. 39.

coups d'épée; puis on dépouilla son cadavre et on le jeta par la fenêtre. Des serviteurs du roi étaient partis d'avance[1] pour aller mettre la main sur les trésors de Raukhing. Ursion et Berthefred avaient pris les armes et combiné leurs mouvements de manière à arriver à la cour immédiatement après que Raukhing aurait fait son coup : à la nouvelle de la mort de leur complice, ils rétrogradèrent et allèrent s'enfermer, avec leurs antrustions, leurs familles et leurs trésors, dans une basilique construite sous l'invocation de saint Martin, au haut d'une montagne du pays de Vaivre (*Vabrensis pagus,* près d'Ivoi, dans le Luxembourg). Le reste des conjurés n'osèrent éclater.

Les rebelles eurent quelque répit, et Hildebert ne marcha pas sur-le-champ contre eux : son père adoptif Gonthramn lui avait assigné un rendez-vous à Andelot (*Andelaus*), dans le diocèse de Langres, afin d'aviser aux intérêts communs et de résoudre les différends qui n'avaient été que suspendus et non terminés entre l'Austrasie et la Burgondie, entre Brunehilde et Gonthramn. Les deux rois, les reines Brunehilde et Faileube, mère et femme de Hildebert, et beaucoup de grands et d'évêques, s'abouchèrent donc à Andelot le 29 novembre 587, et l'on rédigea un pacte solennel qui décidait toutes les questions relatives aux cités du *morgane-ghiba* de Galeswinthe et de la succession de Haribert, que Gonthramn s'était appropriées : il fut convenu que Gonthramn garderait le tiers de Paris qui avait appartenu à Sighebert, ainsi que la portion des pays d'Étampes et de Chartres provenant de ce prince, et les cantons de Château-Dun et de Vendôme; Meaux, Senlis, Tours, Poitiers, Avranches, Aire-sur-l'Adour ou Vico-Julius, Conserans, Lapurdum (Bayonne) et Albi demeurèrent ou furent restitués à Hildebert; Gonthramn garda viagèrement quatre des cinq cités du *morgane-ghiba,* et restitua la cinquième, Cahors, à Brunehilde, qui devait recouvrer les quatre autres après la mort de Gonthramn. Le survivant des

---

1. *Evectione publicâ,* « par le transport public », dit Grégoire de Tours, ce qui semblerait signifier qu'ils avaient pris la poste; les postes romaines étaient complètement désorganisées depuis longtemps, et l'*evectio publica* n'était plus qu'un droit de réquisition de chevaux, de chariots et de vivres. Peut-être cependant Brunehilde avait-elle tenté de rétablir les relais réguliers. *V.* les formules de Markulf, l. I, form. II.

deux rois était déclaré héritier de l'autre en cas de mort sans enfants. La libre circulation était établie entre les hommes des deux royaumes. Toutes choses devaient être remises sur le même pied qu'à la mort de Chlother l'Ancien : les leudes, qui, depuis la mort de ce prince, avaient passé d'un royaume dans l'autre, au gré de leurs caprices, devaient être contraints de retourner en l'obéissance du roi auquel ils avaient primitivement engagé leur foi lors du partage des domaines de Chlother. C'était là une innovation grave; car, jusqu'alors, le serment d'un antrustion à son chef n'avait été qu'un engagement individuel d'homme à homme, et l'on voulait ici rendre cet engagement héréditaire à l'égard des successeurs du chef. Par compensation de cette exigence, les leudes obtinrent des garanties; les rois s'obligèrent à maintenir leurs *fidèles* en possession des dons qu'ils leur avaient accordés ou leur accorderaient dorenavant, et à leur rendre tous les bénéfices qui leur auraient été enlevés injustement depuis la mort de Chlother. Les *parties* jurèrent d'observer inviolablement ce traité, « par le nom de Dieu tout-puissant, par l'indivisible Trinité, et par le redoutable jour du jugement. »

Le plaid d'Andelot fut témoin d'un acte de justice : le châtiment de Gonthramn-Bose, qui avait si odieusement trahi le jeune prince Mérowig et le malheureux Gondowald; Gonthramn-Bose fut condamné à mort pour ses innombrables perfidies et pour un sacrilége qu'il avait récemment commis. Dans ce temps de barbarie, la justice même ressemblait au crime, et l'exécution de Gonthramn-Bose eut l'air d'un assassinat. Le condamné s'était réfugié, avec quelques-uns de ses gens, dans une maison occupée par l'évêque de Verdun; on mit le feu à la maison, au risque de brûler l'évêque avec l'hôte qu'il avait reçu bien malgré lui. Gonthramn alors sortit l'épée à la main, et fut salué d'une telle volée de pierres et de dards qu'il eut le corps cloué à la muraille, et resta debout, tout mort qu'il fût.

Le sort de Gonthramn-Bose présageait celui qui attendait les rebelles Ursion et Berthefred. Ursion, voyant qu'on allait incendier la basilique où il s'était retranché, s'élança dehors comme un tigre forcé dans son repaire, et massacra tout ce qui se trouva devant lui, jusqu'à ce que, frappé à la cuisse, il tomba et fut achevé de mille coups. Berthefred s'était retiré dans un oratoire dépendant du palais épiscopal de Verdun ; un des ducs de Hildebert entra dans Verdun, cerna l'oratoire, et, sur le refus que fit l'évêque de livrer le réfugié, commanda à ses compagnons de monter sur le toit, d'arracher les tuiles qui le couvraient, et d'en accabler Berthefred, sans respect pour le droit d'asile. L'évêque en mourut de chagrin. Les vengeances royales ne s'arrêtèrent pas là : plusieurs autres ducs furent dégradés de la dignité ducale, et remplacés par des créatures du roi et de Brunehilde ; « beaucoup de gens, de peur du roi, s'en allèrent dans les régions étrangères. » Le fourbe évêque Ægidius, qui avait été un des affidés de Frédegonde et des pires ennemis de Brunehilde, fut cependant reçu à merci, moyennant les riches présents qu'il porta au roi. On ignorait qu'il eût trempé dans les projets de Raukhing et d'Ursion ; mais, deux ans plus tard (en 590), ses crimes furent complétement dévoilés à l'occasion d'un nouveau complot. Brunehilde et Hildebert avaient d'abord usé de clémence ; mais Frédegonde, qu'exaspéraient la grandeur et la puissance de sa rivale, ayant, sur ces entrefaites, envoyé douze assassins à la fois contre le roi d'Austrasie et sa mère, la rigueur reprit le dessus. Les priviléges ecclésiastiques ne furent cependant pas violés dans la personne d'Ægidius, et les évêques austrasiens furent convoqués à Verdun au mois d'octobre 590, pour juger leur confrère, qu'ils dégradèrent canoniquement. Les grandes sommes d'or et d'argent qui avaient été le prix de ses perfidies furent portées dans les coffres royaux, et Hildebert, accordant sa vie aux prières des évêques, le relégua « dans la ville d'Argentoratum, qu'on appelle maintenant Strasbourg » (*Strateburgum*), dit Grégoire de Tours [1].

Brunehilde faillit, peu de temps après, tirer une juste vengeance de Frédegonde, et « l'ennemie de Dieu et des hommes » fut sur le point de se prendre dans ses propres piéges. Une haine à mort s'était élevée entre deux des principales familles frankes du Tournaisis : un Frank ayant abandonné sa femme pour une concu-

---

1. Greg. l. IX, c. 3, 9, 10-12, 14, 20, 38 ; l. X, c. 18-19. — C'est la première fois qu'apparaît le nom de Strasbourg, composé d'un mot latin et d'un mot germanique : *Strata-burg*, la ville du chemin. On l'appela ainsi, parce que c'était un des grands passages de la Gaule en Germanie.

bine, le jeune frère de l'épouse délaissée, après d'inutiles reproches, vint attaquer son beau-frère à la tête de quelques serviteurs armés; ils se livrèrent un si furieux combat que tous les combattants s'entre-tuèrent, à l'exception d'un seul homme « demeuré vivant faute de quelqu'un qui le pût frapper ». La mort des parties intéressées ne mit pas fin à la querelle, et la guerre continua entre les deux familles et tous leurs clients et serviteurs. Frédegonde voulut les réconcilier : sa médiation fut méprisée par une des deux factions. La veuve de Hilperik s'avisa, pour rétablir la paix, d'un expédient bien digne d'elle : elle invita à un banquet les trois plus récalcitrants des guerroyeurs, les enivra, puis leur fit fendre la tête à coups de hache. Les parents des morts coururent aux armes, bloquèrent le logis de Frédegonde, et dépêchèrent des messagers vers le roi Hildebert afin qu'il les aidât à la prendre et à la tuer; mais, avant que les milices de la Champagne eussent pu entrer dans le Tournaisis, les amis de Frédegonde la délivrèrent et l'emmenèrent hors de Tournai (591)[1].

C'était une étrange situation que ces tentatives violentes et ces hostilités continuelles sans guerre ouverte. Cet état de choses tenait aux craintes, aux scrupules, à l'humeur pacifique du vieux Gonthramn, qui redoutait, par-dessus tout, une grande guerre civile entre les royaumes franks, et qui protégeait la Neustrie tout en la disputant à Frédegonde. Malgré ses terribles griefs contre cette meurtrière, et malgré les plaintes de la cour d'Austrasie, il consentit à tenir sur les fonts de baptême son neveu, le petit roi Chlother, qui lui fut envoyé à Paris par Frédegonde, après six ans de délai. La cérémonie eut lieu dans l'église du bourg de Nanterre, célèbre par la vocation de sainte Geneviève; puis le vieux roi s'en retourna paisiblement à Chalon-sur-Saône, et l'enfant, dans l'intérieur de la Neustrie. Frédegonde avait pourtant, l'année précédente, fait périr par une trahison sanglante le chef du parti de Gonthramn en Neustrie, avec tout un corps d'armée frank. Les *tierns* des Bretons ayant recommencé, durant les vendanges de 587, 588 et 590, leurs incursions dévastatrices sur les territoires de Nantes et de Rennes, Gonthramn, comme tuteur du roi de

---

1. Greg. l. X, c. 27.

Neustrie, donna ordre à Beppolen, duc de la Marche de Bretagne, et à Ébraher, duc de Paris, de conduire une armée contre les Bretons. Beppolen était dévoué à Gonthramn et hostile à Frédegonde, avec laquelle Ébraher avait au contraire des intelligences. Les deux ducs franchirent sans obstacle la Vilaine, puis la rivière d'Oust, et pénétrèrent jusqu'au fond du pays de Vannes, où ils rencontrèrent toutes les forces des Bretons réunies sous le commandement de Gwaroch, *tiern* de Vannes, et grossies par un renfort inattendu. Les Saxons de Bayeux, à l'instigation secrète de Frédegonde, étaient venus joindre Gwaroch, « après s'être *tondus* et habillés à la manière des Bretons [1] ». Beppolen se précipita impétueusement sur l'ennemi, à travers les défilés et les fondrières; mais il ne fut pas suivi par Ébraher, et, après trois jours d'une lutte acharnée, il tomba sous les lances des Bretons, et tous ses compagnons furent pris, égorgés ou noyés dans la vase des marais. Ébraher, au lieu de lui porter secours, s'était dirigé sur la ville de Vannes, où il fut reçu avec de grands honneurs par l'évêque et par la population gallo-romaine, qui ne portait qu'à regret le joug des Bretons Kimris. Gwaroch, affaibli par sa coûteuse victoire, demanda la paix et livra des otages; mais à peine Ébraher se fut-il mis en devoir de rentrer dans le pays Nantais, que Canao, fils de Gwaroch, fondit sur les Franks occupés à repasser la Vilaine à gué près de son embouchure, et prit ou détruisit toute leur arrière-garde. L'armée franke n'était pas au bout de ses malheurs, et les populations angevines qu'elle avait cruellement pillées à son premier passage lui tendirent des embûches au retour; la traversée de la Mayenne ne fut guère moins fatale aux gens d'Ébraher que celle de la Vilaine (590). Le traître Ébraher fut dépouillé de tous ses biens par le roi Gonthramn [2].

Les Bretons n'étaient pas les seuls adversaires qui fissent alors essuyer de graves échecs aux Franks : les rois franks avaient tenté de détourner au dehors la turbulence de leurs peuples et de recommencer les guerres de conquêtes, mais avec fort peu de

---

1. Greg. l. X, c. 9. Il paraîtrait, d'après ce passage, que les Bretons de mœurs et de langue celtiques portaient, au sixième siècle, les cheveux courts à la romaine, ce qui est fort difficile à comprendre. Les longs cheveux sont, aujourd'hui encore, le signe distinctif des Bretons comme des anciens Gaulois.

2. Greg. l. IX, c. 18; l. X, c. 9.

succès. Depuis quelques années, l'Espagne était agitée de grands troubles religieux : la foi catholique avait fait des progrès parmi les Wisigoths ; l'arianisme était attaqué au cœur de son empire, et une guerre civile avait éclaté entre le roi Léowighild, arien zélé, et son fils Herméneghild, converti au catholicisme par sa femme, Ingonde, fille de Sighebert et de Brunchilde. Herméneghild, quoique soutenu par les gouverneurs impériaux de l'Afrique et par les Suèves de la Galice, dont une grande partie étaient catholiques, avait été pris et mis à mort, et Ingonde était morte exilée en Afrique. Brunehilde, en 585, sollicita inutilement les leudes austrasiens de tirer l'épée en faveur de sa fille : les Austrasiens ne bougèrent pas ; mais les Burgondes et les populations d'entre Seine-et-Loire et d'Aquitaine s'armèrent, sur l'ordre de Gonthramn, quelques mois après la catastrophe de Gondowald. Gonthramn sembla vouloir parodier le grand Chlodowig, son aïeul. « Allez, dit-il à ses généraux, et commencez par soumettre à notre pouvoir la province de Septimanie, qui touche aux Gaules. C'est une chose intolérable que de voir les limites de ces horribles Goths s'étendre jusque dans les Gaules. » Deux armées de Franks, de Gallo-Romains et de Burgondes se dirigèrent donc vers la Septimanie ou Gothie gauloise par les vallées du Rhône et de la Garonne, en dévastant tout sur leur passage, sans connaître amis ni ennemis. Les deux armées s'avancèrent, l'une sur Nîmes, l'autre sur Carcassonne ; les catholiques de Carcassonne ouvrirent aussitôt leurs portes ; mais, quand ils virent le désordre et le pillage entrer avec les Franks dans leur cité, ils reprirent courageusement les armes, fondirent à l'improviste sur cette horde effrénée, et la chassèrent de la ville. Les Franco-Aquitains se débandèrent dans toutes les directions, et beaucoup furent exterminés en détail, soit par les Goths, soit par les habitants du pays Toulousain, que leurs violences avaient exaspérés. L'autre armée n'eut point un meilleur sort : elle se retira sans avoir pu prendre une seule ville importante. Sa retraite fut désastreuse ; l'hiver était arrivé ; les routes étaient interceptées par les torrents ; toutes les moissons des bords du Rhône ayant été gaspillées ou incendiées par les soldats, ils ne trouvaient plus aucun moyen de subsistance : les uns se noyaient au passage des rivières, les autres s'entr'égorgeaient pour s'arracher un morceau de pain :

il en périt plusieurs milliers par les mains de leurs camarades; la misère ne les rendait que plus furieux, et ils ne cessèrent leurs déprédations, leurs meurtres, leurs sacriléges, qu'en atteignant chacun leurs foyers. Le roi Gonthramn montra tant de courroux, que les ducs qui avaient commandé cette armée cherchèrent un asile dans la basilique de Saint-Symphorien d'Autun, et ne se présentèrent à lui que dans l'enceinte de ce lieu sacré. Gonthramn les accabla de reproches. « Nos pères, s'écria-t-il, mettaient tout leur espoir en Dieu; ils bâtissaient des églises, honoraient les martyrs, vénéraient les évêques; aussi ont-ils obtenu la victoire sur leurs ennemis; mais nous, bien loin de craindre Dieu, nous dévastons ses sanctuaires, nous tuons ses ministres, nous jouons avec les reliques des saints : voilà pourquoi nos mains sont impuissantes, notre épée *tiédit*, et notre bouclier ne nous protége plus. S'il y a de ma faute en ceci, que Dieu le fasse retomber sur ma tête; mais, si c'est vous qui avez méprisé mes commandements, vous méritez que la hache vous fende le crâne ! — Très excellent roi, répliquèrent-ils, tout ce que tu dis est juste et vrai; mais que pouvions-nous faire, quand le peuple tout entier se précipitait dans le mal, et faisait ses délices de l'iniquité? Nul ne craignait le roi, nul ne respectait duc ni comte, et, si ces choses déplaisaient à quelqu'un de nous et qu'il les voulût empêcher, aussitôt la sédition d'éclater, et chacun de s'élever avec tant de furie contre son chef, que celui-ci se croyait trop heureux d'éviter la mort en se taisant. »

L'effrayante naïveté de cet entretien dit tout sur la désorganisation de la société.

Pendant la campagne de Septimanie, une escadre franke, partie de la Gironde ou de la Loire pour aller « infester la province de Galice », dit la chronique de Jean de Biclar, avait été entièrement détruite par les Goths; puis le prince Rekkared, second fils de Léowighild, avait pris l'offensive au nord des Pyrénées et emporté plusieurs châteaux-forts des territoires d'Arles et de Toulouse. Malgré tous ces avantages, le roi Léowighild, qui avait assez d'affaires en Espagne, tâcha par deux fois d'obtenir la paix en offrant de riches présents à Gonthramn; mais celui-ci s'entêta dans le dessein de conquérir la Septimanie : la guerre continua, et, en 587, le duc Désidérius, qui commandait encore à Toulouse au nom de Gonthramn et du petit Chlother, fut tué dans un combat de cavalerie sous les murs de Carcassonne. Il se passait en ce moment de grands événements en Espagne : le clergé hispano-romain voyait se réaliser les hautes espérances qu'il nourrissait depuis longtemps, et l'héritier des Alarik et des Éwarik, le roi Rekkared, qui venait de succéder à son père Léowighild, embrassait solennellement la foi catholique et proscrivait la religion que sa nation avait professée durant plus de deux siècles. L'extermination de la plupart des seigneurs goths par Léowighild fut très favorable à cette révolution religieuse, qui eût rencontré, sans cette circonstance, de plus sérieux obstacles. Elle ne s'opéra pourtant pas sans opposition, et la résistance fut vive dans la Gaule gothique : l'évêque arien de Narbonne et deux des comtes de la Septimanie insurgèrent les ariens contre le roi Rekkared, et les rebelles coururent sus, dans toute la province, aux clercs et aux moines catholiques. Les Gallo-Franks des contrées voisines, au lieu de porter aide à leurs coreligionnaires, secoururent les hérétiques. Rekkared avait envoyé une double ambassade aux cours d'Austrasie et de Burgondie, pour demander l'amitié des rois franks et la main de Chlodoswinde, fille de la reine Brunehilde : cette reine et son fils Hildebert accueillirent avec joie les avances du nouveau roi catholique ; mais le *pieux* Gonthramn, bien qu'il n'eût plus aucun prétexte de poursuivre les hostilités, n'écouta rien, et profita sans scrupule des embarras que l'intérêt de la religion occasionnait au roi des Goths. Les ariens néanmoins furent accablés par Rekkared, mais Carcassonne se rendit au duc de Toulouse, Austrowald, successeur de Désidérius, et soixante mille combattants, levés dans la Saintonge, le Périgord, le Bordelais, l'Agenais, le Toulousain, etc., s'apprêtèrent à marcher par la vallée de l'Aude sur Narbonne. Ils avaient assis leur camp près de Carcassonne, et ce n'était parmi eux « que banquets, qu'ivrogneries » et que forfanteries. Ils n'eurent pas la peine d'aller chercher leurs ennemis à Narbonne : l'armée des Goths les assaillit un beau jour pendant qu'ils ne songeaient qu'à boire et à se réjouir ; les Gallo-Franks, tout surpris qu'ils fussent, se rallièrent et soutinrent bravement le choc ; les Goths lâchèrent pied ;

les Gallo-Franks se précipitaient à la poursuite de l'ennemi, lorsqu'un corps nombreux, embusqué à quelque distance, les chargea soudain en flanc et en queue. Les Franks furent mis en pleine déroute, et les Goths rentrèrent dans Carcassonne (589) [1].

Ce fut le dernier effort des Mérovingiens contre les Wisigoths.

(585-590) Tandis que Gonthramn attaquait, avec si peu de succès, la Gaule gothique, les Austrasiens renouvelaient leurs tentatives contre l'Italie lombarde : Hildebert, cédant aux instances des ambassadeurs de l'empereur Maurice, qui lui reprochaient d'avoir fort mal gagné, en 584, les 50,000 sous d'or à lui envoyés pour guerroyer contre les Langobards, s'était décidé, l'an d'après, à rompre son traité avec ce peuple, et à dépêcher une armée au delà des Alpes ; mais, grâce aux discordes des généraux et aux séditions des soldats, les Austrasiens « revinrent sans aucun butin », dit Grégoire de Tours. Ils retournèrent en Italie au bout de trois ans (588) ; mais ils perdirent contre les Langobards une grande bataille, et « il se fit un tel carnage des Franks, que, de mémoire d'homme, on n'avait rien ouï de pareil ». Ce désastre eut beaucoup de retentissement en Germanie, et le duc des Bavarois, espérant en profiter pour s'affranchir de la suzeraineté franke, s'allia à Authar (*Autharis*), roi des Langobards, et lui fiança sa fille. Cependant les Langobards, tout vainqueurs qu'ils fussent, craignirent d'être écrasés à la fin entre les forces des Franks et celles des Impériaux, et tâchèrent d'obtenir la paix en offrant aux rois des Franks un tribut d'argent et de soldats. Hildebert refusa : au printemps de 590, il se dirigea en personne contre la Bavière, et envoya en Italie vingt ducs avec une formidable armée : on vit se renouveler, dans les contrées amies où passèrent les chefs austrasiens, toutes les horreurs qui avaient signalé naguère la marche des légions de Gonthramn ; arrivés dans le Milanais et la Vénétie, ils saccagèrent cruellement le plat pays, mais échouèrent devant toutes les cités : l'art de la guerre se perdait de jour en jour par l'anéantissement de toute discipline, même de celle qu'avaient connue les anciens Barbares. Le roi Authar s'était

1. Greg. l. VIII, c. 30, 35, 38, 46 ; l. IX, c. 1-31. — Paul. diac. Emerit. (de Mérida). — Joan. de Biclar. — Isidor. Hispal. (de Séville).

retiré dans les murs de Pavie pour laisser s'écouler ce torrent. Les Austrasiens, tourmentés par la disette et par les maladies, n'attendirent pas les Impériaux, qui s'avançaient pour se joindre à eux, et ils reprirent par bandes le chemin de leur patrie, vendant partout leurs habits et leurs armes pour acheter des vivres. Le duc des Bavarois, moins heureux que son gendre, avait été mal secondé par son peuple, et avait promptement succombé sous les armes de Hildebert, qui donna aux Bavarois un autre prince [1]. L'Austrasie se rebuta enfin de la guerre d'Italie, et laissa les Langobards en repos, moyennant un tribut annuel de 12,000 sous d'or.

(587) Non-seulement les Mérovingiens ne faisaient plus de nouvelles conquêtes, mais ils voyaient entamer celles de leurs pères : durant les vains efforts de Gonthramn pour s'emparer de la Septimanie, les Franks avaient perdu la Novempopulanie. « Les Wascons, dit Grégoire de Tours, s'élançant du haut des montagnes, descendent dans les plaines, ravagent les vignes et les terres labourées, livrent les maisons aux flammes, et emmènent des captifs et des troupeaux. Le duc Austrowald (duc de Toulouse) marcha contre eux à plusieurs reprises, mais n'en tira guère de vengeance. » Cette descente des Wascons n'était pas une simple irruption de pillards, mais une invasion de conquérants : les montagnards de langue euscare avaient été appelés, à ce qu'il paraîtrait, par un parti gallo-romain; les officiers franks furent chassés des villes novempopulaniennes, Lapurdum (Bayonne), Beneharnum (Lescar), Tarbes (*Turba*) de Bigorre, Conserans, Aire, Dax (*Aquæ Tarbellicæ*), Eause, Auch; les *Romains* de la plaine s'unirent bon gré mal gré, sous les mêmes chefs, aux *Escaldunac* de la montagne, et le nom de Novempopulanie s'effaça devant celui de Wasconie [2].

(593) Le temps approchait où les Franks allaient tourner contre eux-mêmes, avec une fureur jusqu'alors inconnue, ces armes que

---

1. Frédegher cite vers le même temps un duc des Allemans destitué et remplacé de la même manière par le roi d'Austrasie.
2. Greg. l. IX, c. 7. — Sur toute l'Histoire des Wascons aux sixième, septième et huitième siècles, *v.* le savant travail de M. Fauriel, dans son *Hist. de la Gaule méridionale*, t. II, c. 18 et 20, et *appendice*, n° 2; t. III et IV, *passim*, sauf réserve pour ce qui regarde la charte apocryphe d'Alaon.

la victoire ne couronnait plus dans leurs guerres contre l'étranger. Le vieux Gonthramn mourut le 28 mars 593, et fut enseveli dans son église bien-aimée de Saint-Marcel, à Chalon-sur-Saône [1]. Sa mort déchaîna les tempêtes qu'il avait conjurées à si grand'peine. Suivant les conventions solennelles de Chalon et d'Andelot, Hildebert fut reconnu roi dans les royaumes de Paris, d'Orléans et de Burgondie, et envoya sa mère à Chalon prendre possession du gouvernement de la Burgondie. Des deux enfants de Hildebert, le puîné, Théoderik, qu'il avait eu de la reine Faileube, accompagna Brunehilde chez les Burgondes, pour représenter parmi eux la race royale; l'aîné, Théodebert, né d'une concubine, avait été installé roi dans Soissons, par son père, en 589, à la prière des Franks de Soissons, de Meaux et de Senlis, qui voulaient avoir un roi à eux comme autrefois. La mort de Gonthramn doublait les forces de la royauté austrasienne et donnait pour instrument aux desseins de Brunehilde des populations chez lesquelles les habitudes romaines et monarchiques avaient encore une assez grande puissance; mais, par compensation, cet événement avait terminé les divisions de la Neustrie septentrionale et rallié tout ce pays à Frédegonde. Elle en profita avec autant d'habileté que d'énergie : elle prit le moment où Hildebert et sa mère étaient tout occupés à recueillir l'immense héritage de Gonthramn, et envahit brusquement le Soissonnais avec une armée que commandait son amant Landerik, le maire du palais et peut-être le véritable père du jeune Chlother. Le petit Théodebert, trahi sans doute par une bonne partie des Franks soissonnais, fut obligé de s'enfuir, avec ses comtes et ses *fidèles*, devant l'autre enfant-roi,

---

1. Il avait fondé Saint-Marcel de Chalon, Saint-Bénigne de Dijon, et plusieurs autres églises. On a fait un saint de ce « bon roi (saint Gontran), à qui on ne reprochait que deux ou trois meurtres », dit M. Michelet. Grégoire de Tours (l. IX, c. 21) raconte que Gonthramn faisait des miracles, et qu'un jeune homme tourmenté de la fièvre quarte fut guéri pour avoir avalé des franges du manteau de Gonthramn détrempées dans de l'eau. Grégoire termine son livre en 591 : c'est un guide dont on ne se sépare pas sans regret; après lui, on retombe dans les ténèbres; nous n'avons plus d'autorités que l'aride Frédegher, l'incohérente et fabuleuse chronique des *Gesta Regum Francorum*, et les vies des saints, précieuses pour l'expression des opinions et pour les détails de mœurs, mais suspectes ou controuvées, quant aux faits historiques, toutes les fois qu'elles ne sont pas tout à fait contemporaines. Ce sont de pâles flambeaux qui jettent à peine çà et là quelques lueurs dans la nuit profonde.

et l'ancienne capitale de Hilperik rentra sous la domination de sa veuve. Tels sont du moins les faits qu'on est obligé de supposer pour expliquer le récit des *Gesta Francorum*, qui nous montrent tout à coup les Neustriens campés à Braine (*Brinnacum*), sur la route de Soissons à Reims, sans rien dire de la reprise de Soissons par Frédegonde. « Le roi Hildebert, rapportent les *Gesta* (xxxiv), informé des méchancetés de Frédegonde (c'est-à-dire apparemment de son agression), rassembla une armée. Les Austrasiens, les Burgondes et les *Franks Supérieurs* (les Franks de Germanie), s'avançant par la Champagne avec de grandes forces, entrèrent dans le pays de Soissonnais, sous la conduite de leurs *patrices* Wintrio et Gondebald. A cette nouvelle, Frédegonde, avec Landerik et les autres ducs, convoqua son armée, et, venant à la *villa* de Brenne, elle octroya à ses Franks beaucoup de dons et de bénéfices, et les exhorta à combattre valeureusement contre leurs ennemis. » Le défi des Austrasiens fut donc accepté, et l'on convint, par députés, du jour et du lieu de la bataille : le champ fut assigné à *Truccia* ou *Trucciagum* (Droisi, entre Soissons et Château-Thierri).

Quand Frédegonde, rapportent les *Gesta*, eut vu que les Austrasiens étaient trop supérieurs en nombre, elle donna un conseil aux siens : « Marchons de nuit contre eux, dit-elle ; que tous nos compagnons portent en main des rameaux d'arbres, que tous nos chevaux aient des clochettes au cou, afin que les sentinelles des ennemis ne nous reconnaissent pas. Au point du jour nous fondrons sur eux, et peut-être de la sorte les vaincrons-nous ! » « Ce conseil plut aux Franks »; et Frédegonde et ses *fidèles* montèrent à cheval sur-le-champ, la reine tenant le petit roi entre ses bras. Lorsque parut le crépuscule du matin, les sentinelles austrasiennes aperçurent les rameaux d'arbres derrière lesquels se cachaient les guerriers de Neustrie : l'un des Austrasiens dit à son camarade : « Est-ce qu'il n'y avait point là-bas, hier soir, une rase campagne ? Comment s'y trouve-t-il un bois aujourd'hui ? » Mais l'autre, se moquant, lui répondit : « Tu étais ivre hier, tu es fou aujourd'hui. N'entends-tu pas les clochettes de nos chevaux qui paissent autour de ce bois ? »

Les Franks, en campagne, avaient coutume d'attacher des clochettes à leurs chevaux pour les empêcher de s'égarer, et n'ôtaient ces sonnettes que lorsqu'ils voulaient surprendre leurs ennemis. Frédegonde, tout au contraire, surprit les Austrasiens par l'omission même de cette précaution. Tout à coup les trompettes sonnèrent : le prétendu bois taillis s'abattit et laissa voir les cavaliers de Neustrie accourant au galop[1]. Les Austrasiens, assaillis impétueusement avant d'avoir, pour ainsi dire, ouvert les yeux, furent mis en fuite avec une perte très considérable; mais les plus braves d'entre eux se rallièrent et revinrent à la charge. « Le massacre fut bien grand dans l'une et l'autre armée », dit Frédegher; la victoire néanmoins demeura aux Neustriens; les ducs Wintrio et Gondebald n'échappèrent que par la vitesse de leurs coursiers à la poursuite de Landerik et des leudes de Chlother. Frédegonde et son armée poussèrent jusqu'aux portes de Reims, saccageant et incendiant au loin la Champagne, puis regagnèrent Soissons, chargés de butin. C'était la première grande bataille qui se fût livrée entre Franks : jusqu'alors, c'était presque toujours au midi de la Loire, parmi les populations gallo-romaines, que les Mérovingiens avaient établi le théâtre de leurs querelles et que s'étaient portés les grands coups; lorsque les rois avaient voulu précipiter les unes sur les autres les masses du peuple frank, un instinct national, remarquable au milieu d'une si grande barbarie, s'était élevé contre eux à l'instant d'engager le combat, et leur avait imposé la nécessité de transiger : le charme venait de se rompre. Cependant ce vaste carnage produisit d'abord sur les populations frankes une impression profonde et douloureuse, et Frédegonde et Brunehilde furent forcées presque immédiatement par leurs peuples à une paix également odieuse à toutes deux[2].

D'autres embarras, d'ailleurs, auxquels probablement contribuèrent les intrigues de Frédegonde, empêchèrent la cour

---

1. C'est là la source originale du stratagème de Mac-Duff contre Mac-Beth. V. *Macbeth*, acte V.

2. On a conservé un monument curieux de cette paix : c'est un pacte conclu entre les rois Hildebert et Chlother pour la répression des brigandages, qui se multipliaient à un degré inouï. La peine de mort frappait seulement le meurtrier qui ne pouvait payer le *wehreghild* ni par lui-même ni par ses parents; elle fut étendue au voleur dans le même cas. Les leudes eux-mêmes avaient appelé cette mesure, dans l'intérêt de leurs propriétés. *Historiens des Gaules*, t. IV, p. 115.

d'Austrasie de chercher à venger la défaite de Truccia ; la grande supériorité de forces dont paraissaient disposer Hildebert et sa mère était contre-balancée par les mauvaises dispositions des leudes austrasiens, plus dangereuses pendant la guerre que pendant la paix, et le royaume de Hildebert était attaqué à la fois, vers ses deux extrémités, par des ennemis étrangers : les Bretons, d'une part, les Warnes, de l'autre, assaillaient les frontières frankes. La Neustrie étant alors resserrée entre l'Escaut, l'Aisne, la Marne, la Seine et la mer, la Marche de Bretagne appartenait à Hildebert : les Bretons se jetèrent sur cette contrée ; les généraux de Hildebert se portèrent au secours de Nantes et de Rennes, et donnèrent, contre les *tierns* des Bretons, un opiniâtre et sanglant combat. Frédegher, le seul auteur qui en parle, ne dit pas même quel fut le vainqueur ; mais les événements subséquents le disent assez, et, depuis lors, il n'y eut plus de comtes franks à Rennes ni à Nantes : ces cités reconnurent la seigneurie des princes bretons, et la Bretagne kimrique atteignit les limites du moderne duché de Bretagne (594).

Hildebert réussit mieux l'année d'après contre les Warnes, qu'il alla écraser dans le nord de la Germanie (595). Peut-être eût-il ensuite ressaisi l'offensive contre la Neustrie ; mais il mourut à vingt-six ans, empoisonné, dit-on, par la reine sa femme[1]. Les deux fils de Hildebert avaient déjà neuf et

---

1. Hildebert avait promulgué, l'année d'avant sa mort, dans le *mâl* annuel tenu, suivant l'usage, aux kalendes de mars, une constitution législative de la plus haute importance. Il y décrétait la représentation en ligne directe dans les successions ; le petit-fils orphelin était admis à partager avec ses oncles l'héritage de son aïeul. L'inceste était défendu aux *chevelus* (aux Franks), à peine de mort contre quiconque épouserait la femme de son père, et d'expulsion de la truste royale, avec perte de tous biens, contre quiconque épouserait la femme de son frère, la sœur de sa femme, ou la femme de son oncle. La prescription des actions et revendications de propriétés fut établie à peu près selon les lois romaines. Le rapt fut puni de mort, et la peine, étendue à la femme qui s'était laissé ravir de bon gré. Tout le système pénal de la Loi Salique fut bouleversé, et le législateur s'efforça de substituer la peine de mort, dans tous les cas graves, aux compensations en argent. Hildebert tenta d'abolir complètement le *wehreghild* pour les homicides ; puis il l'entoura des plus grandes difficultés, abolissant l'obligation où étaient les parents de payer les uns pour les autres, défendant même aux parents et amis d'intervenir dans le payement, puis prescrivant du moins que celui d'entre eux qui oserait assister le coupable fût condamné à payer le *wehreghild* tout entier. La seule menace d'attaque à main armée, faite dans le mâl public, fut punie par l'obligation de payer le

dix ans : Théodebert eut pour lot l'Austrasie et la Germanie ; Théoderik, la Burgondie, le royaume d'Orléans et l'Alsace (*Elisatia*), détachée de l'Austrasie ; sa capitale fut Orléans. On voit, par ce partage entre le fils d'une reine et celui d'une concubine, que la légitimité ou l'illégitimité de la naissance était encore assez indifférente aux yeux des Franks. Quant au royaume de Paris, on n'eut pas la peine de le partager : Frédegonde l'envahit sans déclaration de guerre (à la manière « des Barbares », dit Frédegher), et, à ce qu'il semble, presque sans résistance ; les leudes de Paris et des cités d'alentour abandonnèrent volontairement l'Austrasie pour se réunir à leurs voisins du royaume de Soissons. Pendant ce temps, la France orientale était menacée par un formidable ennemi : les Awares, après de longs démêlés avec l'Empire d'Orient et les Langobards, se tournaient de nouveau contre la Germanie franke, et s'étaient précipités de la Pannonie sur la Thuringe. Brunehilde, ne pouvant faire face des deux côtés à la fois, acheta la paix des Awares par une forte somme d'or, et dirigea ses deux petits-fils contre les Neustriens avec tout ce qu'elle put assembler de gens de guerre. Les armées se rencontrèrent sur les vastes plateaux de Latofao (Lafaux), entre Soissons et Laon : les trois jeunes rois, dont le plus âgé, Chlother, n'avait que douze ans, assistèrent en personne à la bataille. Brunehilde n'eut pas le même bonheur que naguère Frédegonde en pareille circonstance : les Austro-Burgondes furent défaits avec un grand carnage, malgré la supériorité de leur nombre, et le royaume de Paris, prix de la victoire, demeura au fils de Frédegonde : le royaume de

---

wehreghild. La peine de mort contre les brigands et les malfaiteurs devait être appliquée, sans forme de procès, sur la simple dénonciation de cinq ou sept « hommes de bonne foi ». La mort était décrétée contre le juge (comte ou *graf*) convaincu d'avoir laissé échapper un voleur. La *centaine* (subdivision du *gaw* ou *pagus*, qui avait été primitivement composée de cent feux) sur le territoire de laquelle se commettait un vol, était condamnée à payer pour le voleur, si elle ne le représentait pas en jugement. Ce curieux décret est ce que nous possédons de plus explicite sur le caractère du gouvernement de Brunehilde, qui l'avait certainement dicté à son fils ; cette invasion de la pénalité romaine, ce rigoureux système de répression, fut profondément impopulaire chez les Austrasiens, et fut balayé par la première crise politique. Cette pièce se trouve dans les *Histor. des Gaules et de la France*, t. IV, p. 111, et dans les *Capitulaires* de Baluze, t. I, p. 17. D. Bouquet a attribué, sans aucune vraisemblance, à Hildebert l'Ancien, ce décret rédigé à Andernach, à Maëstricht et à Cologne, lieux que le premier Hildebert ne posséda jamais.

Neustrie fut ainsi reconstitué dans toute son étendue (596).

Frédegonde mourut, « pleine de jours », peu après son second triomphe (à la fin de 597 ou au commencement de 598). Elle termina son immonde carrière[1] dans la puissance et dans la gloire : c'était le génie du mal et de la destruction qui avait triomphé avec elle, et, si elle eût fondé, comme on l'a dit, cette nationalité neustrienne qui s'était manifestée récemment avec tant de vigueur et de succès, c'eût été là une origine bien sinistre et bien honteuse pour un peuple. Mais la nationalité neustrienne datait de plus loin : c'étaient les souvenirs de la gloire salienne qui avaient rallié si promptement les Saliens de Soissons et de Paris à ceux de Tournai contre la domination des Austrasiens, fils des Ripuaires : Frédegonde avait profité de cette réaction nationale, mais elle n'en avait pas créé le principe : seulement, elle s'était attaché les guerriers de la Neustrie en lâchant la bride à toutes leurs furieuses passions ; tout l'avait servie, jusqu'à ses instincts de désordre. Brunehilde, moins heureuse, n'eut pas même le bénéfice de ses belles qualités : elle fut constamment en lutte avec l'esprit de la nationalité austrasienne, esprit d'indépendance aristocratique, qui avait presque entièrement étouffé le vieil esprit d'indépendance égalitaire : les leudes de la France orientale se laissaient battre volontairement pour nuire à la mère de leurs princes ! Brunehilde avait entrepris une œuvre irréalisable, la restauration de la monarchie romaine : les matériaux épars de cet édifice achevaient de tomber en poussière autour d'elle; eût-elle réussi à les rassembler, à les relever, son succès n'eût abouti qu'à substituer un régime de corruption et de servilité à une violente anarchie; dans cette anarchie, du moins, s'agitaient quelques germes d'un lointain avenir. Les résistances insurmontables que rencontrait Brunehilde, les trahisons qui l'assiégeaient sans cesse, peut-être aussi le douloureux sentiment de l'impossibilité de l'œuvre à laquelle elle s'opiniâtrait, aigrirent et faussèrent son noble caractère. Avec ses belles années disparut ce qu'il y avait eu de généreux en elle : son amour actif de l'ordre et de la civilisation dégénéra en besoin de pouvoir à tout prix, en ambition égoïste et cupide; tous les

---

[1]. Elle fut ensevelie à Saint-Vincent de Paris (Saint-Germain-des-Prés); sa pierre tumulaire existe encore et a été transférée dans les caveaux de Saint-Denis.

moyens lui devinrent bons; toute notion du juste et de l'injuste s'éteignit dans son âme : elle finit par descendre au niveau de ses ennemis. Ses éternels débats avec les leudes austrasiens l'empêchèrent de mettre immédiatement à profit la mort de Frédegonde, pour tirer du fils de sa rivale la vengeance qu'elle n'avait pu prendre de Frédegonde elle-même. Elle avait laissé le gouvernement de la Burgondie à un maire du palais et à un patrice, pour s'installer à la cour austrasienne de Metz, et surveiller ainsi de plus près ses plus implacables adversaires. Une grande crise éclata en 599, à la suite du meurtre de Wintrio, duc de Champagne, mis à mort par ordre de Brunehilde : les leudes se soulevèrent contre l'aïeule de Théodebert, roi de treize ans, dont l'intelligence était encore au-dessous de son âge, et qui ne joua qu'un rôle passif dans la lutte. Brunehilde, pour échapper aux coups dirigés, non-seulement contre sa puissance, mais contre sa vie, fut obligée de s'enfuir de Metz en toute hâte. Frédegher raconte qu'un « pauvre homme » de la Champagne la rencontra, seule et égarée, dans la plaine d'Arcis-sur-Aube, se dévoua à elle, et la conduisit saine et sauve jusqu'en Burgondie, où le petit roi Théoderik, enfant « beau, brave et subtil », les seigneurs burgondes et surtout les Gallo-Romains accueillirent avec de grands honneurs la reine exilée. Brunehilde, dit-on, récompensa plus tard son guide en lui faisant donner l'évêché d'Auxerre.

La réception de Brunehilde en Burgondie n'amena pas, comme on l'eût pu croire, des hostilités entre les royaumes de ses deux petits-fils : on négocia. Brunehilde ressaisit l'avantage dans les négociations, et il en sortit le résultat le plus capable de satisfaire la vieille reine, à savoir, un traité d'alliance offensive contre le « royaume de l'Ouest ». Frédegonde parut avoir emporté avec elle la fortune de la Neustrie. La revanche de Truccia et de Latofao fut terrible; les trois rois se mesurèrent de nouveau en personne : les forces combinées de l'Austrasie et de la Burgondie assaillirent et écrasèrent l'armée neustrienne dans le pays de Sens, à *Doromellum* (Dormeille), sur l'Orvanne, petite rivière qui se jette dans le Loing; le cours de l'Orvanne, disent les *Gesta*, fut arrêté par la multitude des cadavres qui encombrèrent son lit. Cette journée fatale frappa vivement l'imagination populaire : Frédegher et les *Gesta* racontent que des météores flamboyants avaient annoncé à l'avance cette grande extermination, et que l'ange du Seigneur apparut avec son glaive de feu au-dessus des deux armées. Le roi Chlother s'enfuit le long de la Seine, vers Melun, puis de Melun à Paris, puis de Paris jusqu'à la forêt d'Arelaune ou de Brotone, pendant que les vainqueurs saccageaient cruellement tout le pays de Seine et Loire pour punir sa défection durant la guerre précédente. Les deux rois ligués eussent pu anéantir le royaume de Neustrie et chasser Chlother jusqu'au fond des marais de l'Escaut et de la Meuse : ils consentirent à pactiser avec lui, malgré leur aïeule ; mais ce fut à de dures conditions. La Neustrie fut de nouveau démembrée : Paris et toute la région entre Seine et Loire, jusqu'à l'Océan et aux frontières bretonnes, furent cédés au royaume orléanais-burgondien ; l'Austrasie eut pour sa part Soissons, Meaux, Senlis, et un territoire entre la Seine, l'Oise et la mer, que Frédegher appelle *le duché de Dentelin*, c'est-à-dire *le duché du fils de Dent (Dentel-ing)*, apparemment du nom d'un chef frank qui avait régi cette contrée. Chlother ne conserva, outre le vieux pays salien au nord de la Somme, que douze cantons entre la Seine, l'Oise et la mer Britannique (la Manche). Ce fut un beau moment pour Brunehilde ; elle dut seulement regretter que la mort eût soustrait Frédegonde à l'humiliation de son fils et de son peuple. La victoire de Doromelle fut suivie d'une expédition destinée à ramener la Novempopulanie sous la domination franke. Selon Frédegher, les deux rois vainquirent les Wascons, leur imposèrent un tribut et établirent sur eux un duc. Les termes mêmes de l'écrivain frank prouvent que les Wascons ne furent pas refoulés dans leurs montagnes, et qu'on ne leur demanda que de reconnaître par un tribut la suzeraineté des rois franks (602).

Brunehilde triomphait ; mais son triomphe n'était pas pur et ne devait pas être durable. Elle avait marié l'aîné de ses petits-fils, Théodebert d'Austrasie, à une jeune esclave « qu'elle avait achetée à des marchands », espérant que la reconnaissance retiendrait celle-ci dans ses intérêts ; mais la jeune Bilihilde était bientôt, au contraire, devenue l'ennemie de sa bienfaitrice, et s'était faite l'instrument de la faction des leudes auprès du *sim-*

ple Théodebert, qu'elle éloignait autant qu'elle pouvait de son aïeule. Brunehilde, afin d'éviter que pareille chose se renouvelât en Burgondie, ne négligea rien pour empêcher son autre petit-fils de prendre une femme légitime, et favorisa les goûts volages et licencieux de Théoderik. On a exagéré l'odieux de cette conduite en prétendant que la reine voulait énerver et hébêter ce jeune prince par un précoce libertinage; elle voulait seulement ne pas avoir de rivale de crédit auprès de lui. Théoderik, celui de ses petits-fils avec lequel elle vécut et qu'elle gouverna jusqu'à la fin, fut précisément le seul des deux qui montra de la force, du courage et de l'intelligence. Le développement physique prématuré, la dangereuse surexcitation des sens qu'on remarque chez les enfants de Brunehilde (Théoderik fut père à quatorze ans), était un fait général dans la race mérovingienne, depuis qu'elle s'était enivrée des jouissances de la civilisation vaincue, et présageait l'épuisement et l'atonie qui ne tardèrent pas à suivre cette fureur de voluptés. S'il en faut croire Frédegher, Brunehilde elle-même oublia dans sa vieillesse la réserve et la dignité qu'elle avait toujours montrées dans l'âge où les faiblesses du cœur et des sens sont le plus excusables; elle avait pour amant le Gallo-Romain Protadius, qu'elle fit nommer patrice du pays de Salins (*Scotingorum*) et de la région d'*outre-Jura*[1], et qu'elle aspirait à investir de la mairie du palais, alors occupée par un seigneur appelé Berthoald. Afin de se débarrasser de Berthoald, on l'envoya, avec une simple escorte de trois cents hommes de guerre, recueillir les revenus du fisc dans les cités et les cantons neustriens cédés à Théoderik, le long de la Seine jusqu'à la mer. Brunehilde apparemment était informée que Chlother s'apprêtait à rompre la paix et à tenter de recouvrer ses provinces. En effet, tandis que Berthoald remplissait sa mission en toute sécurité et s'amusait à chasser au bord du fleuve, dans la forêt d'Arelaune, le maire du palais de Neustrie, le fameux Landerik, passa la Seine avec un corps d'armée, et se jeta sur ce territoire cédé depuis quatre ans. Berthoald ne dut son salut qu'à la célérité avec

---

1. Le patriciat n'était plus, à ce qu'il paraît, la première dignité de Burgondie : on avait créé plusieurs patrices; on les confondait avec les ducs, et on les subordonnait au maire du palais.

laquelle il gagna Orléans. L'armée neustrienne fut bientôt au pied des murs d'Orléans, et, comme Landerik défiait Berthoald et le sommait de sortir pour combattre : « Attends un peu, répondit l'autre du haut des murailles, *nos seigneurs* ne tarderont pas à en venir aux mains, à cause de ce que vous faites présentement; couvrons-nous alors, moi et toi, de vêtements écarlates, et précédons tous les autres au combat; c'est là qu'on reconnaîtra qui vaut le mieux de nous deux (9 octobre 604). »

Théoderik, qui était alors en Burgondie, convoqua de toutes parts ses *fidèles*, invita son frère Théodebert à envahir de son côté les domaines de Chlother, et s'avança rapidement entre l'Yonne et la Loire. Landerik se replia d'Orléans sur Étampes (*Stampœ*), et l'on se rencontra devant Étampes le jour de Noël. Chlother n'y était pas : il faisait face aux Austrasiens sur l'Oise ; mais son fils, le petit Mérowig, représentait la race royale aux yeux des Saliens, qui attachaient encore une sorte de superstition à la présence d'un Mérovingien dans leurs rangs. Les Franco-Burgondes avaient à franchir, pour joindre l'ennemi, une étroite chaussée qui traversait les marais formés par la rivière de Juinne et par ses affluents. Berthoald, tout vêtu de rouge, passa le premier à la tête de l'avant-garde, et se précipita sur les Neustriens, appelant Landerik à grands cris, et n'attendant pas le reste de l'armée. Landerik ne se commit point aux hasards d'un combat singulier, et le vaillant maire de Burgondie périt accablé par le nombre. « Il ne voulut point se tirer de danger, dit Frédegher, parce qu'il savait qu'on avait dessein de le dépouiller de sa dignité en faveur de Protadius. » Berthoald fut vengé par ses compagnons d'armes : Landerik fut mis en fuite; l'armée neustrienne fut complétement défaite, et le petit Mérowig fut pris; on eut la cruauté de mettre à mort cet enfant. Théoderik entra victorieux dans Paris, et s'apprêta à aller charger en flanc Chlother et son dernier corps d'armée, qui devaient être aux prises en ce moment avec les Austrasiens. Le fils de Frédegonde, en violant la paix, avait donné à ses rivaux le droit d'être sans pitié ; le moindre effort des Austrasiens consommait sa perte. Tout à coup Brunehilde et Théoderik reçurent la nouvelle de la conclusion d'un traité de paix arrêté dans la *villa* de Compiègne (*Compen-*

dium), entre Chlother et Théodebert. Le faible et inepte roi d'Austrasie avait été entraîné par sa femme et par ses leudes à trahir la cause de sa maison : la ruine de Chlother eût fait Brunehilde trop grande au gré des seigneurs austrasiens.

Rien ne saurait exprimer l'implacable ressentiment de Brunehilde, qui se voyait arracher par son petit-fils la vengeance de quarante ans d'injures : sa haine changea brusquement d'objet, et se tourna tout entière contre un enfant qui ne méritait que la pitié ; Brunehilde n'eut désormais pour but que la perte de Théodebert et la réunion de toute la monarchie franke entre les mains de Théoderik. On laissa Chlother en repos dans le pays au nord de la Seine ; on congédia l'armée, mais avec la pensée de la rappeler promptement sous les étendards, et l'on éleva Protadius à la mairie du palais : la royauté ressaisissait la disposition de cette haute dignité. La promotion du nouveau maire fut le signal des mesures monarchiques les plus violentes. Au portrait que Frédegher trace de cet homme, il est facile de reconnaître que ce n'était pas une folle passion de vieille femme qui lui avait valu la faveur de Brunehilde : « il était d'un génie très aiguisé, dit le chroniqueur, et habile en toutes choses. » Brunehilde avait vu en lui un ministre intelligent et intrépide, et ne s'était pas trompée ; mais il frappa trop vite et trop fort : « il s'efforçait d'abaisser tous les hommes de noble race, et s'ingéniait à enrichir le fisc à leurs dépens. » Peut-être chercha-t-il à s'appuyer sur « ce menu peuple » qui avait quelquefois défendu Brunehilde contre les grands, et particulièrement sur les Gallo-Romains, mais la classe inférieure des hommes libres se désaffectionnait d'un gouvernement qui tendait à restaurer les impôts et la fiscalité impériale, et des nuages s'élevaient peu à peu entre le clergé et Brunehilde, jadis si chère aux évêques gaulois. Cependant l'administration de Protadius fut couronnée d'un succès apparent, et tout sembla se courber sous le joug monarchique. Brunehilde crut alors le temps venu d'agir ; elle excita l'esprit « fier et acerbe » de Théoderik, et par l'espoir de devenir seul roi des Franks, et par maintes paroles de dédain contre le roi d'Austrasie : « Pourquoi, lui répétait-elle, pourquoi ne retires-tu pas les trésors de ton père et son royaume des mains de Théodebert ? C'est le fils d'une courtisane, d'une concubine de ton père ; il est né dans l'adultère et ne doit point être ton égal. Ce n'est pas même ton frère ; ce n'est pas le fils de Hildebert, mais de cette courtisane et d'un jardinier. »

Théodcrik, après quelque hésitation, publia son ban de guerre et entra hostilement sur les terres d'Austrasie ; Théodebert vint à sa rencontre, « au lieu dit Kiersi » (*Caraciacum*), sur l'Oise, à quelques lieues au nord de Soissons et de Compiègne. Quand les armées furent en présence, les leudes franco-burgondiens commencèrent à exhorter leur roi à la paix ; Protadius seul pressait Théoderik de donner le signal du combat. Tout à coup une révolte générale éclate : « Mieux vaut qu'un seul homme meure, crie-t-on de toutes parts, que de mettre toute une armée en péril ! » Protadius, ignorant tout ce qui se passait, jouait tranquillement « aux échecs » (*ad tabulam*), dans la tente du roi, avec le premier médecin de Théoderik : le roi était sorti ; les leudes le retiennent de force pour l'empêcher de porter secours à son maire. Théoderik dépêche alors Unkilen, un de ses officiers, pour défendre aux soldats de commettre aucune violence contre Protadius : Unkilen crie, tout au contraire, que le roi ordonne de tuer le maire du palais. On se précipite sur la tente royale, on la déchire à grands coups d'épée, on égorge Protadius, et l'on contraint Théoderik à conclure immédiatement la paix avec son frère.

Ainsi, toutes les fois que Brunehilde croyait atteindre la réalisation de ses projets, une catastrophe nouvelle la rejetait violemment loin du but ; c'était rouler, comme le damné de la fable, un rocher qui lui retombait éternellement sur la tête. Elle ne se découragea pas ; elle plia sous la nécessité du moment, et poussa à la mairie du palais, au lieu du superbe Protadius, un autre *Romain* nommé Claudius, personnage d'humeur douce et conciliante, d'esprit cultivé, patient, prudent et fidèle ; mais elle n'abandonna aucun de ses plans, et travailla bientôt à se venger en détail des chefs qui avaient excité l'émeute contre Protadius. Le traître Unkilen eut le pied coupé et fut dépouillé de ses biens ; le patrice Wolf fut tué, et remplacé dans son office par un *Romain* dévoué à la reine. C'est surtout vers l'Austrasie que continuaient à se tourner les regards de Brunehilde ; sa passion contre Théodebert était si vive qu'elle lui fit applaudir à un rapprochement avec le

roi de Neustrie; Chlother tint sur les fonts de baptême un fils de
Théoderik, en gage de réconciliation. Théoderik lui-même, néanmoins, n'était pas toujours aussi gouvernable que le souhaitait
son aïeule : sans doute à l'instigation de quelque évêque ou de
quelque pieux moine, il s'était décidé à prendre une femme légitime, et avait dépêché en Espagne, pour demander au roi Witterik
sa fille Ermenberghe, avec promesse de ne jamais la répudier. On
amena la princesse gothe à Chalon-sur-Saône ; mais, soit qu'elle
manquât d'intelligence ou de beauté, Brunehilde trouva moyen
d'en dégoûter son petit-fils à la première entrevue. Théoderik ne
la « connut » point, et la renvoya, au bout d'un an, sans lui rendre
les trésors qu'elle avait apportés. Le roi des Goths, animé d'une
juste colère, noua une redoutable coalition avec les rois de Neustrie, d'Austrasie et de Lombardie (*Langobardia*), ainsi qu'on nommait l'ancienne Gaule Cisalpine depuis qu'elle était occupée par
les Langobards : tous les ennemis de Brunehilde se donnèrent la
main contre elle ; cependant cet orage se dissipa sans effet, peut-
être à cause de la prompte mort du roi des Goths. Brunehilde paraissait plus puissante que jamais : elle eût dû éviter les guerres
et tous les grands rassemblements d'hommes plutôt que de les
provoquer, car elle n'était vraiment forte que durant la paix, qui
dispersait les leudes dans leurs agrestes habitations et leur
rendait toute action collective difficile ; mais ses passions lui
dérobaient souvent la connaissance de ses vrais intérêts. Elle se
dépopularisait toujours davantage. L'évêque de Vienne Désidérius, fameux par sa sainteté, ayant voulu s'immiscer dans la conduite de Théoderik et l'exhorter à quitter « ses fornications,
parce qu'il vaut mieux se marier que brûler et qu'il convient
que chaque homme ait sa femme, et chaque femme son mari »,
Brunehilde, excitée par Arédius, évêque de Lyon, très jaloux de
la renommée de son collègue, fit assommer le saint homme à
coups de pierres (607) : l'Église l'honore comme martyr sous le
nom de saint Didier. Le sort de Désidérius n'effraya pas un autre
saint bien plus célèbre, et Brunehilde, longtemps liée d'amitié
avec les meilleurs d'entre les prélats gaulois et de correspondance
avec les pontifes romains, se trouva en lutte ouverte avec la plus
grande puissance morale du temps.

Pendant que la guerre de Frédegonde et de Brunehilde aboutissait à n'être plus que la guerre entre la dépravation barbare et la dépravation civilisée ; que le clergé se dégradait comme les laïques ; que les moines, cette réserve de l'Église, étaient submergés à leur tour par le désordre et l'ignorance[1] ; que la règle importée d'Italie par les disciples de saint Benoît semblait, dans la lenteur de ses progrès, impuissante à régénérer l'Église de Gaule, une tentative éclatante de régénération partit d'un autre point de l'horizon. Le monde celtique, si durement foulé, envahi, transformé depuis six ou sept cents ans, avait gardé une réserve inviolée. Son génie se réveille au fond de l'*île d'Occident*, de cette *Érin* où n'ont jamais pénétré les aigles voyageuses de Rome, mais où le christianisme s'est établi au cinquième siècle sans martyrs, sans réaction, sans autres combats que ceux de la parole, où un conquérant pacifique, saint Patrice, Écossais instruit en Gaule, sans autre arme que le principe d'amour et de charité auquel la loi druidique ne donnait pas satisfaction, a fait passer du druidisme à l'Évangile les fougueux héros de la « branche rouge[2] ». Conversion imparfaite, sans doute : le christianisme, pas plus que le druidisme, ne réussit à constituer une société bien ordonnée chez ces tumultueuses et mobiles tribus que l'esprit politique de Rome n'a pas dressées à la discipline. Mais, parmi la barbarie guerrière des clans d'Irlande et d'Écosse, l'Église gaëlique prend toutefois un magnifique essor au sixième siècle, et les grands monastères, ou, pour mieux dire, les villes saintes des *culdées* ou religieux celtiques[3], sont des oasis de lu-

---

1. Les écoles de Lérins, de Saint-Victor, de Marmoutier, etc. étaient en pleine décadence.

2. Les débats de saint Patrice et d'*Oisin* (Ossian), dans les vieilles poésies irlandaises, personnifient d'une manière originale l'époque de transition. — Saint Patrice était sorti de la grande pépinière de Lérins.

3. *Cul-Dee*, solitaire de Dieu. Ceux qui étaient mariés n'étaient pas obligés de quitter leurs femmes et leurs enfants, qui avaient part dans les dons faits à l'autel. — Low, *History of Scotland*, p. 318. Chez les Gaëls d'Irlande et d'Écosse, comme chez les Kimris des deux Bretagnes, les hommes mariés qu'on ordonnait prêtres ne se séparaient pas non plus de leurs femmes. Ce point est reconnu par M. Ozanam, dans ses consciencieuses *Études Germaniques*, t. II, p. 100. Il y avait à la fois moins d'ascétisme que dans les autres Églises, et des mœurs extrêmement pures. — La plus illustre des villes des culdées était dans une petite île des Hébrides, Jona ou Icolm-Kill, autrefois appelée l'île de *Hu* et probablement le siège d'un grand collège druidique.

…mière où s'unissent la charité chrétienne et la science druidique. Les études hébraïques, grecques et latines y sont pleinement épanouies : ces bardes chrétiens sympathisent surtout avec le génie grec, qu'ils embrassent par-dessus le monde latin, et leur sympathie ne distingue pas entre la Grèce homérique et la Grèce des Pères et des conciles. La supériorité morale et scientifique de cette jeune Église sur la Gaule du continent est immense.

Cette Gaule libre vient au secours de la Gaule asservie, contre la corruption romaine et la brutalité teutonique. Dans les dernières années du sixième siècle, un homme jeune encore, beau, éloquent, inspiré, débarque dans la Gaule franke à la tête de douze *culdées* du grand monastère de Bangor en Ultonie [1], et parcourt tout le pays en prêchant et en donnant les exemples comme les préceptes d'une si haute vertu chrétienne, que l'admiration populaire attache bientôt des miracles à chacun de ses pas. Le vieux roi Gonthramn fait des offres splendides à Colomban et à ses moines *hiberniens* pour les retenir auprès de lui. Colomban n'accepte que la permission de se choisir une retraite dans un des cantons les plus sauvages des Vosges, afin d'y vivre, avec ses compagnons, du travail de leurs mains. Bientôt on raconte que les ours s'éloignent à son commandement, que les oiseaux du ciel voltigent sur sa tête, que les écureuils descendent du haut des chênes pour se poser sur sa main. Les légendes celtiques, toujours remplies de la communion mystique de l'homme avec la nature, renaissent de toutes parts autour de ce barde chrétien. Son ascétisme, qui dépasse de beaucoup l'esprit général du christianisme gaëlique, l'idéal de pureté surhumaine qu'il propose, par l'exagération même de sa hauteur, produit une réaction extraordinaire sur les âmes. Les disciples affluent en si grand nombre, qu'il lui faut bâtir successivement trois monastères dans la montagne, Anegrai, Luxeuil (*Luxovium*, Luxeu) et Fontaines.

A partir de 590, durant vingt ans, sa renommée ne cesse de croître. Les peuples le révèrent comme un nouvel apôtre : les grands lui envoient leurs enfants à instruire ; mais les évêques

---

1. Les *culdées* se groupaient douze par douze sous un abbé élu, sans doute en mémoire des douze apôtres.

dégénérés de la Gaule le jalousent et lui cherchent querelle sur les rites particuliers qu'il a apportés de sa patrie[1], et son zèle pour les bonnes mœurs finit par le mettre en guerre ouverte avec la cour de Burgondie. Il avait souvent pressé le jeune roi Théoderik de quitter ses déportements pour « les douceurs d'un mariage légitime, » et Brunehilde voyait son intervention de fort mauvais œil. Un jour, saint Colomban vint trouver la reine à la villa de *Brocariaca* (Bourcheresse), entre Chalon et Autun ; elle appela les enfants que Théoderik avait eus de diverses concubines, et les amena au saint. « Voici les fils du roi, dit-elle, fortifie-les de ta bénédiction ! — Je ne le ferai point, répondit-il, et sache que ces enfants ne posséderont jamais le sceptre royal, parce qu'ils sont sortis des lieux de prostitution ! » Brunehilde, irritée, commanda à tous les hommes du roi de cesser tous rapports avec le triple monastère de Colomban. Le saint se rendit en personne à la cour pour s'en plaindre, et, le roi lui envoyant des mets et des vins de sa table, il les rejeta « avec abomination ». « Le Très-Haut, s'écria-t-il, réprouve les dons des impies » ; puis il écrivit à Théoderik « des lettres pleines de coups » (*plenas verberibus*), suivant l'énergique expression du légendaire, et le menaça d'excommunication. Colomban aspirait au sort de Désidérius ; mais il n'atteignit pas l'objet de ses vœux : le jeune roi déclara « qu'il n'aurait pas la folie de donner à l'abbé la couronne du martyre », et qu'on le renverrait seulement d'où il était venu. On tira donc Colomban de son désert et on le conduisit le long de la Loire jusqu'à Nantes, où on l'embarqua pour l'Irlande ; mais, le vaisseau ayant été repoussé par les vents vers le port, les officiers de Théoderik craignirent de s'opposer à la volonté du ciel, et laissèrent à Colomban la liberté d'aller où il voudrait, pourvu qu'il sortît des terres de leur roi. Colomban se retira dans le royaume de Chlother, qui le reçut avec allégresse. Les rôles étaient changés : le fils de la *sorcière* Frédegonde devenait à son tour le protecteur des saints persécutés par Brunehilde, et Colomban avait prédit partout sur sa route que le royaume des Franks serait sous peu transféré tout entier au roi de Neustrie.

---

1. La différence la plus notable concernait l'époque de la célébration de la Pâque.

Sur ces entrefaites, arrivèrent en même temps à la petite cour de Chlother des ambassadeurs des rois d'Austrasie et de Burgondie, qui réclamaient son alliance l'un contre l'autre. Chlother, s'il en faut croire la légende de saint Colomban, consulta le saint abbé, qui lui prescrivit de demeurer neutre, « parce que les royaumes des deux rois devaient tomber en son pouvoir avant trois ans »; puis Colomban, refusant de se fixer en Neustrie et ambitionnant la conversion des païens après avoir prêché la réforme aux chrétiens, passa en Austrasie, où il fut bien accueilli par le roi Théodebert : il se rendit dans l'Helvétie orientale (Zurich, Zug), etc., habitée par des Allemans qui adoraient encore le dieu Woden et son fils Donar, et séjourna quelque temps à Bregenz, renversant les idoles, évangélisant les Germains païens, tandis que la Gaule était déchirée par les furieuses discordes des Franks.

(610-612) Une question de frontières était le sujet de la nouvelle rupture des rois d'Austrasie et de Burgondie, et, cette fois, Théoderik n'avait point été l'agresseur. La séparation de l'Alsace (*Elisatia, Alesaciones*) d'avec l'Austrasie, lors du partage de 596, avait laissé des germes de mécontentement national parmi les Austrasiens : ils poussèrent leur roi à envahir cette province sans déclaration de guerre. Théoderik, chose assez remarquable, recourut aux négociations plutôt qu'aux armes, et un mâl fut assigné à Saloïssa (Selz) en Alsace, « pour terminer le débat par le jugement des Franks ». Théoderik se rendit pacifiquement au mâl, accompagné de dix mille guerriers; Théodebert vint avec toutes les forces de l'Austrasie, et enveloppa de ses nombreux bataillons le cortége de son frère. Théoderik ne se tira de ce mauvais pas qu'en cédant aux Austrasiens l'Alsace, le Sundgaw (Belfort, Altkirch, Ferette), le Thurgaw (Thurgovie) et la Champagne troyenne. Les Allemans de l'Helvétie septentrionale et orientale ne furent pas encore satisfaits de cette concession : peu après la séparation du mâl, ils se jetèrent sur l'Helvétie gallo-burgondienne, qu'on appelait le pays d'Avenches, taillèrent en pièces les milices de la contrée, et saccagèrent horriblement tout le pays entre les lacs de Neufchâtel et de Genève, jusqu'au Jura. C'était dans toute la monarchie austrasienne comme une explosion d'emportement et de violence sauvage qui enivrait jusqu'au faible Théodebert : il fit mourir sa reine Bilihilde, qui avait eu sur lui tant d'empire, pour épouser une autre femme.

Le roi de Burgondie ne respirait que vengeance, et n'avait plus besoin des exhortations de son aïeule pour conjurer la perte de Théodebert. Il dépêcha une seconde ambassade vers Chlother pour lui promettre le duché de Dentelin comme part dans la dépouille du roi d'Austrasie, à la seule condition qu'il gardât la neutralité. Chlother s'empressa d'accepter. D'immenses préparatifs furent faits dans tous les pays soumis à Théoderik. Des bouches du Rhône à celles de la Loire et de la Seine, de la Gironde aux chaînes du Jura, les Franks neustriens et les Burgondes, entraînant avec eux des bandes innombrables de Gallo-Romains, se dirigèrent vers Langres, où l'armée fut réunie dans le courant de mai 612. Théoderik se porta sur Toul par Andelot. L'armée austrasienne l'attendait dans la plaine de Toul. Les entreprises des Austrasiens et des Allemans avaient excité une grande irritation parmi les masses gallo-neustriennes et gallo-burgondiennes, et les scènes de Kiersi ne se renouvelèrent pas : Théoderik fut secondé avec ardeur par ses guerriers; « une multitude de vaillants hommes tombèrent du côté de Théodebert », et les Austrasiens furent mis en pleine déroute. Théodebert se sauva de Toul à Metz, traversa sans s'arrêter les montagnes du pays de Trèves, et ne fit halte qu'à Cologne, où il rallia les débris de son armée et les grossit des contingents envoyés par les Saxons, les Thuringiens et tous les vassaux germains d'outre-Rhin. Théoderik avait suivi les vaincus l'épée dans les reins; il déboucha bientôt de la forêt des Ardennes dans les fameux champs de Tolbiac. Les Austrasiens, ranimés par les puissants renforts des païens de Germanie, et brûlant de venger leur affront, marchèrent au-devant des Franco-Burgondes, et la bataille s'engagea dans les lieux mêmes où le grand Chlodowig, cent quinze ans auparavant, avait fondé par la victoire la monarchie chrétienne des Franks. On combattit de part et d'autre avec une rage inexprimable : on s'égorgeait, on s'étouffait par milliers sans gagner ni perdre un pouce de terrain; à mesure que les guerriers des premiers rangs étaient abattus, ceux qui étaient derrière bouchaient aussitôt la trouée. Les combattants se pressaient tellement, que « les morts, dit Frédegher, n'avaient pas de place pour tomber, et restaient debout, serrés les uns contre les autres, comme s'ils eussent été encore vivants. » Ainsi que dans l'autre journée de Tolbiac, les Teutons de la Gaule l'emportèrent sur ceux d'outre-Rhin. « Le Seigneur marchait devant Théoderik, qui vainquit derechef Théodebert, et l'armée d'Austrasie, livrée au tranchant du glaive, couvrit de ses morts la face de la terre depuis Tolbiac jusqu'à Cologne. Le soir même, le roi des Burgondes entra dans Cologne, et y prit possession de tous les trésors de Théodebert. Théoderik dépêcha outre-Rhin, sur la trace de Théodebert, son chambellan Berther, qui atteignit Théodebert tandis qu'il fuyait avec un petit nombre de compagnons, le ramena à Cologne, et le présenta, dépouillé des vêtements royaux, au roi Théoderik. » Le malheureux roi d'Austrasie fut envoyé, chargé de fers, à Chalon-sur-Saône : il avait un fils en bas âge ; sur l'ordre de Théoderik, un soldat prit cet enfant par les pieds, et lui brisa la tête contre une pierre. Brunehilde fit tondre, puis mettre à mort le roi détrôné, « le fils de jardinier » qu'elle avait renié pour son petit-fils.

Brunehilde, transportée d'une farouche allégresse, était accourue s'installer triomphalement dans Metz, cette capitale de l'Austrasie, d'où elle s'était vue chassée outrageusement il y avait treize années. Ses ennemis étaient morts, dispersés ou frappés de stupéfaction : la Gaule et la Germanie courbaient la tête devant elle et devant le superbe jeune homme à qui elle avait communiqué ses passions et son génie. Il ne restait plus qu'à faire disparaître le petit royaume de Chlother pour consommer l'unité de l'Empire frank, et Théoderik s'y préparait. A la nouvelle des désastres de l'Austrasie, Chlother, suivant ses conventions avec le roi des Burgondes, avait réuni sans résistance à ses domaines le duché de Dentelin, qui comprenait vraisemblablement, en tout ou en partie, le Vexin, le Beauvaisis et le pays de Caux. Théoderik signifia par ambassadeurs au roi de Neustrie « qu'il eût à se retirer dudit duché ; qu'autrement lui, Théoderik, couvrirait de ses armées tout le royaume de Chlother ». Le roi de Neustrie refusa, et se disposa hardiment à soutenir le choc de forces dix fois supérieures aux siennes : Chlother connaissait les éléments de discorde qui fermentaient dans les masses que Théoderik voulait précipiter sur lui, et comptait plus, pour ainsi dire, sur ses ennemis que sur ses *fidèles*. Frédegher semble donner à entendre que Théoderik était trahi par les ambassadeurs mêmes qu'il avait envoyés à Chlother.

(613) Quoi qu'il en soit, au printemps de 613, les légions austro-burgondiennes s'ébranlaient de toutes parts, et n'attendaient plus que leur roi pour franchir l'Oise et la Seine; mais Théoderik ne vint pas les rejoindre, et Chlother reçut, sur ces entrefaites, une nouvelle bien inespérée : Théoderik avait été attaqué de la dyssenterie à Metz et emporté en peu de jours par la maladie. Cette mort fut suivie d'une révolution inouïe même dans ce siècle de révolutions incessantes. Aussitôt qu'on sut que le roi n'existait plus, l'armée d'invasion se dissipa entièrement, chacun reprenant la route de ses foyers. Théoderik, mort à vingt-six ans comme son père, laissait quatre fils, dont le plus âgé, Sighebert, avait près de onze ans. Brunehilde s'apprêta à faire élever Sighebert sur le bouclier, soit qu'elle le jugeât seul en âge d'être proclamé roi, soit qu'elle eût, ce qui est très probable, l'audacieux projet de briser les coutumes nationales par l'exclusion des puînés et l'établissement de l'unité monarchique. Mais, avant que la cérémonie eût pu avoir lieu, Brunehilde apprit que Chlother, saisissant brusquement l'offensive, avait passé l'Escaut, qu'il était sur la Meuse, qu'il marchait vers le Rhin. Peppin (*Pippinus*), puissant chef austrasien du pays de Hasbain [1] (partie de la Tongrie ou pays liégeois), Arnulf, grand seigneur du pays de Metz, et beaucoup de leudes, s'étaient déclarés pour Chlother. Brunehilde, ne voyant ou ne soupçonnant autour d'elle qu'embûches et trahisons, se retira précipitamment de Metz à Worms avec les petits princes, et envoya sommer Chlother « de sortir du royaume que Théoderik avait laissé à ses fils ». Chlother, qui avait poussé jusqu'à Andernach, non loin de Coblentz, répondit qu'il était prêt à soumettre sa cause au mâl général de la nation franke. Brunehilde savait trop ce que lui réserverait cet arbitrage pour y souscrire;

---

1. *Hist. des Gaules et de la France*, t. III, p. 603. Les historiens le surnomment Peppin de Landen, parce qu'il fut enseveli dans sa *villa* de Landen, sur les confins du Hasbain (*Haspen-gaw*) et du Brabant. L'alliance des deux familles de Peppin et d'Arnulf enfanta la grande race des Carolingiens, improprement appelés *Carlovingiens*.

elle ne pouvait douter qu'une telle assemblée ne fût dominée par les leudes, ses mortels ennemis : elle tâcha donc de s'appuyer sur les peuples de la Germanie intérieure, qu'elle supposait étrangers aux intrigues et aux ressentiments des leudes franks ou des farons de Burgondie.

Les Germains ne répondirent point à son appel. Elle s'était rendue de Worms en Burgondie, et avait expédié des messagers dans toute l'Austrasie et la Burgondie pour inviter les populations à s'armer contre Chlother; c'était emboucher elle-même la trompette qui appelait ses ennemis de tous les points de l'horizon. Le maire Warnaher, successeur de Claudius, les principaux ducs et presque tous les *farons* de Burgondie, « tant les évêques que les autres leudes », dit Frédegher, étaient conjurés contre elle. Quant aux leudes austrasiens, la moitié d'entre eux étaient déjà au camp de Chlother, probablement avec tous les hommes d'entre Seine et Loire; le reste des Austrasiens rejoignit les Gallo-Burgondes, qui, sous le petit roi Sighebert, se dirigeaient vers la Champagne. Quand les deux armées se trouvèrent en présence aux bords de l'Aisne, les chefs burgondiens donnèrent le signal, non point du combat, mais de la retraite, et, tournant le dos, reprirent le chemin de leur pays. Chlother les suivit à peu de distance, à travers toute la Gaule centrale, depuis l'Aisne jusqu'à la Saône. Toutes les villes ouvraient leurs portes aux *hommes* de Chlother; il n'y eut de résistance qu'à Sens, où l'évêque Lupus, fidèle à Brunehilde, « sonna la cloche » pour appeler le peuple aux armes[1]. Les armées continuèrent leur marche. Arrivés au cœur de la Burgondie, les conjurés levèrent le masque, proclamèrent Chlother roi de tous les Franks, et lui livrèrent trois des fils de Théoderik. Chlother en fit égorger deux; il eut compassion du troisième, « parce qu'il l'avait reçu au sortir de la sainte piscine du baptême », et il l'envoya en Neustrie, où cet enfant vécut et mourut dans l'obscurité. Le quatrième s'enfuit et ne reparut jamais.

Le triomphe de Chlother, ou plutôt de l'aristocratie barbare dont il était l'instrument, fut bientôt complété par la prise de

---

1. « C'est la première fois, observe Fleuri, que je trouve les cloches ». *Hist. ecclésiastique*, t. VIII, p. 244, in-12, 1740. L'usage des clochettes était fort ancien ; mais la grosse cloche suspendue dans une tour était une innovation récente.

Brunehilde. La vieille reine, atterrée par cet épouvantable écroulement de sa fortune et de sa race, s'était jetée dans les gorges du Jura, sans savoir à quelle région elle irait demander un asile; les grands de Burgondie envoyèrent à sa poursuite le connétable Herpe, qui l'arrêta dans la *villa* d'Orbe, à une lieue du lac de Neufchâtel. On amena cette grande victime à Chlother, dans le bourg de Rionne (*Rionava,* en Franche-Comté). Le fils de Frédegonde accueillit l'illustre captive par un torrent d'injures, et lui reprocha d'avoir causé la mort de « dix rois des Franks, » à savoir : son mari Sighebert, le jeune Mérowig, fils de Hilperik, et Hilperik lui-même, Théodebert et son fils, Mérowig, fils de lui Chlother, Théoderik et ses trois fils, qui venaient de périr[1]. L'héritier de Frédegonde avait bonne grâce à accuser Brunehilde du meurtre de Sighebert et du fils de Hilperik !

« Après l'avoir tourmentée pendant trois jours par divers supplices », Chlother la fit promener dans tout le camp, assise sur un chameau, à travers les huées et les imprécations des leudes; puis il commanda qu'on l'attachât, par les cheveux, par un pied et par un bras, à la queue d'un cheval indompté : l'animal furieux emporta au galop ce corps mutilé, qui ne fut bientôt plus qu'un cadavre informe et hideux; il le traîna longtemps à travers la campagne, et sema au loin les halliers et les ravins des sanglantes dépouilles de la reine des Franks. C'était l'emblème de l'indomptable barbarie achevant de mettre en pièces la vieille civilisation.

Tel fut le dénoûment de cette tragédie d'un demi-siècle, commencée et terminée par le meurtre des deux sœurs Galeswinthe et Brunehilde. Le nom de Brunehilde demeura maudit parmi les Franks. Les chroniqueurs barbares, renchérissant les uns sur les

---

1. Ces paroles de Chlother, entre beaucoup d'autres témoignages, prouvent que les Franks donnaient le titre de rois à tous les membres de la race royale. Il semblerait, d'après les reproches adressés par Chlother à Brunehilde, que les ennemis de cette reine l'accusaient d'avoir empoisonné son petit-fils Théoderik, à qui étaient attachées sa fortune et sa puissance. L'auteur anonyme des *Gesta Regum Francorum*, qui écrivait cent vingt ans après, a forgé là-dessus une absurde histoire; le récit des dernières années de Brunehilde n'est, dans cette chronique, qu'un tissu de fables ridicules. C'est au contraire, la partie la plus claire et la plus satisfaisante de la chronique de Frédegher. Le Franco-Burgondien Frédegher avait pu être témoin oculaire de ces grands événements dans son enfance : il écrivit son livre de 650 à 660.

autres de génération en génération, chargèrent sa mémoire de mille forfaits imaginaires, et la vouèrent à l'exécration de la postérité; mais les populations gallo-romaines, qui n'avaient pas défendu Brunehilde, qui avaient abandonné en elle la restauratrice de la détestable fiscalité, gardèrent pourtant de la reine des Franks un autre souvenir. Il s'éleva de siècle en siècle comme une protestation confuse en sa faveur : elle obtint l'espèce de réhabilitation qu'eût pu souhaiter son ombre; son souvenir, identifié au souvenir de la grandeur romaine, fut enchaîné aux nobles débris de ces monuments romains qui, de son temps, couvraient encore la Gaule, et qu'elle avait réparés, protégés, entourés d'un culte religieux. Toutes les « voies » romaines devinrent « les chaussées de Brunehaut », comme tous les camps romains étaient « les camps de César »; le peuple de nos provinces du Nord, après douze cents ans, n'a pas encore oublié le nom de la grande reine d'Austrasie.

(613-614) L'unité de l'Empire frank, rêvée en vain par la malheureuse Brunehilde, semblait réalisée au profit du fils de Frédegonde, unique héritier de toute une race royale exterminée par le poignard, par le poison ou par le glaive. Lui seul réunissait le fruit de tant de misères et de forfaits, et Chlother second était roi de tous les Franks, comme l'avait été Chlother l'ancien; mais cette unité monarchique était dans les mots et non pas dans les choses. Les leudes austrasiens et franco-burgondiens n'avaient pas livré leurs rois aux bourreaux neustriens pour subir un simple changement de dynastie; et la destruction de tous les établissements monarchiques formés ou ébauchés par Brunehilde avait été la première condition de leur pacte avec le roi de Neustrie. Chlother renonça à toute intervention dans le choix des maires du palais, chefs électifs de l'aristocratie austrasienne et burgondienne. Le maire de Burgondie, Warnaher, qui avait efficacement coopéré à la perte de Brunehilde, fit jurer au roi qu'il ne le déposséderait jamais de sa charge, et Chlother prit vraisemblablement le même engagement envers le maire d'Austrasie, nommé Rade. La chute du gouvernement de Brunehilde fut suivie d'un débordement incroyable de pillages et de violences en tout genre. Chlother tâcha d'y mettre un frein, « fit mourir par le glaive beaucoup de gens qui agissaient iniquement en Alsace », et envoya un duc frank dans le pays d'outre-Jura pour y rétablir un peu d'ordre. Les gens du pays, à l'instigation des principaux seigneurs, se soulevèrent, massacrèrent l'envoyé de Chlother, et une conjuration redoutable s'organisa contre la vie du roi. Le complot, cependant, fut découvert et étouffé, et l'union des trois royaumes franks fut scellée, l'année suivante, à Paris, dans une assemblée générale des deux aristocraties barbare et ecclésiastique, dont la coalition avait renversé Brunehilde.

Dans ce grand synode, les évêques, au nombre de soixante-dix-neuf, proclamèrent solennellement la liberté des élections ecclésiastiques, et décrétèrent qu'à la mort d'un évêque, celui qui devait être ordonné à sa place par le métropolitain et les comprovinciaux serait élu *gratuitement* par le clergé et par le peuple, conformément aux anciens canons de l'Église. « S'il en arrive autrement, par la puissance de quelqu'un ou par négligence, » l'élection sera nulle. Aucun évêque ne désignera d'avance son successeur. Aucun clerc ne se retirera vers le prince ou vers quelque homme puissant, et ne prendra un patronage laïque au mépris de son évêque : s'il le fait, il ne sera point reçu. Aucun juge n'entreprendra de châtier un clerc sans le consentement de son évêque. Après la mort d'un évêque, d'un prêtre ou d'un autre clerc, personne ne touchera aux biens de leur église ou à leurs biens propres; mais l'archidiacre et le clergé prendront soin de ces biens jusqu'à l'élection du successeur et à l'ouverture du testament du défunt. L'évêque et l'archidiacre ne doivent pas non plus toucher aux biens qu'un abbé, un prêtre ou tout autre clerc laissent en mourant à leurs églises[1]. Les évêques n'usurperont point les uns sur les autres, et encore moins les séculiers sur les clercs, « sous prétexte de la défense ou de la séparation des royaumes ». Les fonctions de percepteurs des revenus du prince sont interdites aux juifs (qui étaient nombreux, riches et influents dans beaucoup de villes). Ce fut une sorte de renouvellement du

---

1. A la mort d'un évêque, ses biens étaient presque toujours mis au pillage par les comtes du roi et par les principaux personnages de la contrée : cela passa en coutume et se perpétua bien avant dans le moyen âge au profit des seigneurs féodaux. Les évêques en faisaient souvent autant à la mort de leurs clercs.

concile d'Orléans et du pacte de l'épiscopat avec la royauté franke.

Les canons, toutefois, ne furent pas promulgués textuellement. Chlother ne put se décider à abdiquer toute influence sur le choix des évêques, et, dans l'édit royal qui sanctionna les décrets du concile, il stipula la nécessité d'un ordre du roi pour consacrer l'évêque élu, et ajouta même que l'évêque pourrait être « choisi dans le palais », pourvu qu'il fût reconnu être de mérite suffisant et de saine doctrine. Il établit que le prince pourrait intervenir à l'amiable entre les évêques et leurs clercs, si ces derniers recouraient à la médiation royale; il excepta les crimes manifestes et flagrants du privilége qu'avaient les clercs inférieurs d'être jugés en cour d'Église, et stipula que les prêtres et diacres convaincus de crime capital, c'est-à-dire pris en flagrant délit, seraient jugés par le juge laïque de concert avec les évêques. De même, s'il s'élevait un procès entre un officier public et des gens d'Église, le débat devait être jugé par les prévôts des églises réunis au « juge public » (au comte)[1]. On ne devait point décider les causes concernant la liberté des affranchis, ni adjuger lesdits affranchis au domaine royal, sans la présence de l'évêque ou du prévôt de l'église diocésaine, leurs défenseurs légaux. Le roi s'interdit le droit d'autoriser ses hommes à tirer « les vierges, les veuves religieuses ou les nonains » de leurs maisons et de leurs monastères pour les épouser; le ravisseur d'une religieuse est condamné à mort, à moins qu'elle n'ait consenti au rapt; dans ce cas, tous deux sont bannis *séparément*, et leurs biens sont dévolus à leurs héritiers. Ainsi la force publique se rend garante des vœux de continence. C'est le commencement d'une grande tyrannie.

Plusieurs articles de l'édit royal exprimaient les conventions du roi avec les leudes, et non plus avec les évêques. Le plus important aux yeux du peuple fut l'abolition générale des impôts directs (*census*), des « nouveautés impies » introduites par Brunehilde, réserve faite du *tonlieu* (*teloneum*), c'est-à-dire de l'impôt indirect ou péage établi sur les routes, sur les ponts, aux portes des villes, tel qu'il existait « sous les rois de bonne mémoire Gonthramn, Hilperik et Sighebert ». Ceci concernait toutes les classes

---

1. Le prévôt (*præpositus*) était le clerc chargé des intérêts temporels du chapitre diocésain.

de la société. Un autre article fut principalement à l'avantage des grands : il y fut décrété que les juges ou comtes seraient toujours pris entre les propriétaires du pays même où s'exerçait la juridiction, «afin que, s'ils commettaient quelque exaction illicite, on pût les obliger à restitution sur leurs biens propres.» Cette mesure avait bien une autre portée que le motif qui lui est assigné ne le ferait supposer; il est surprenant que les historiens ne s'y soient pas arrêtés davantage : le droit qu'avaient les rois de nommer les comtes fut réduit à néant dans tout comté où quelque personnage puissant avait sur ses compatriotes une prépondérance décidée de force et de richesses, et, dans les comtés où la prépondérance était disputée, le droit royal ne put plus s'exercer qu'à travers les troubles et les factions populaires. La dignité de comte se confondit généralement avec la position sociale du plus grand propriétaire du canton, et ceci fut universel; la mesure s'étendit à la Neustrie aussi bien qu'aux deux autres royaumes. C'était un pas immense de l'aristocratie. Au reste, les antrustions et les colons ou lites des leudes royaux, ainsi que les hommes des églises, obtinrent contre les seigneurs et les évêques la même garantie que ceux-ci avaient contre le roi et ses officiers; les seigneurs et les évêques qui possédaient des terres dans des provinces éloignées de leur résidence eurent défense d'y envoyer des juges étrangers. La peine capitale fut décrétée contre les violateurs de la «délibération arrêtée par le roi avec les évêques, les grands, les meilleurs hommes et fidèles du roi, en concile synodal[1]».

Cette assemblée de Paris est un des faits capitaux de l'histoire de la Gaule franke, et jette de vives lumières sur l'état de la société et sur les transformations politiques de ce siècle et des deux siècles suivants (614).

Du double mouvement aristocratique et religieux qui s'était accidentellement combiné, Chlother subissait l'un et coopérait de bonne grâce à l'autre. «Chlother, dit Frédegher, était patient,

---

[1]. Labb. *Concil.* t. V, p. 1649-1655. — *Histor. des Gaules*, t. III, p. 118.— Au concile de Reims, dix ans après (en 625), on décida que l'évêque devait être choisi dans le diocèse, comme le comte dans le comté. Ce n'était, du reste, que revenir aux anciens principes du droit ecclésiastique.

instruit dans les lettres, craignant Dieu, généreux envers les églises et les évêques, aumônier pour les pauvres, bienveillant pour tous et plein de piété; seulement il s'adonnait trop assidument à la chasse des bêtes sauvages, et, sur la fin, se montra trop facile aux suggestions des femmes et des jeunes filles, ce qui lui attira le blâme de ses leudes.» Le portrait, malgré cette restriction, est un peu flatté.

Une des premières pensées de Chlother vainqueur avait été de rappeler le *prophète*, l'apôtre qui lui avait prédit son triomphe. Saint Colomban, au moment de l'éphémère victoire de Théoderik sur Théodebert, avait quitté son asile de Bregentz, laissant dans ces cantons son disciple Gallus, qui y fonda le fameux monastère de Saint-Gall, et s'était retiré au delà des Alpes, dans le royaume des Langobards. Il y fut accueilli avec un profond respect, et y établit le monastère de Bobbio (*Bobium*). C'est de là qu'il eut, avec Boniface IV, une correspondance où il le prend de très haut envers le pontife romain, lui reprochant « l'orgueil qui le pousse à réclamer plus d'autorité que les autres dans les choses divines,» et l'exhortant à se purger du soupçon d'hérésie, lui et son Église, en assemblant un concile [1]. Le *soupçon d'hérésie* portait sur des points assez obscurs, où il paraît qu'il y avait plus de malentendu que de dissidence réelle; mais c'est bien le fils des druides qui reparaît, lorsque Colomban s'écrie, à propos du débat sur la Pâque : « Les Hiberniens sont meilleurs astronomes que vous autres Romains!» On le vit bien, au siècle suivant, lorsque l'Irlandais Virgile causa tant d'étonnement et de scandale en enseignant l'existence des antipodes [2].

1. S. Columban. *Epist. ad Bonifacium papam.* — Fleuri, *Hist. ecclésiast.* t. VIII, p. 227.
2. On a exagéré toutefois l'opposition entre l'Église gaélique et l'Église romaine. Dans cette même *épître*, si indépendante, saint Colomban reconnaît que c'est Rome qui a transmis à sa patrie la doctrine apostolique. « Nous sommes liés, dit-il, à la chaire de saint Pierre... Les successeurs de Pierre et de Paul sont grands et illustres, etc. » Les moines gaëls qui voulaient régénérer la chrétienté, s'ils n'entendaient pas être les sujets de l'évêque de Rome, ne voulaient pas non plus rompre avec ce vigoureux centre d'action et de discipline qui luttait de son mieux contre le désordre général. Les pontifes romains, de leur côté, tout en augmentant leur autorité avec persévérance, protestaient encore alors contre toute prétention au titre d'*évêque universel*. V. la lettre de saint Grégoire le Grand à l'empereur. S. Gregor. l. IV, *epist.* 32. Ce ne fut pas l'Église gaélique d'Irlande, mais

Saint Colomban, qui approchait du terme de ses jours, s'excusa d'accepter l'invitation de Chlother, et mourut à Bobbio vers l'an 615. Le roi des Franks continua de protéger ses disciples, et dota de vastes possessions le monastère de Luxeuil, devenu ce qu'avaient été jadis Lérins et Saint-Victor, la pépinière des évêques et des chefs de communautés, avec cette différence que les prédicateurs, selon le besoin du siècle, y prévalaient sur les docteurs. « Les Irlandais, dit un historien de notre temps, corrigèrent la mollesse des Gallo-Romains et l'ignorance des Germains [1]. » Sous cette salutaire influence, les Franks, les Germains, qui avaient dégradé l'épiscopat gaulois par leur brutale invasion, commencent à le relever en tournant leur fougueuse énergie vers les vertus chrétiennes. Chrétiens jusqu'ici par l'écorce, ils commencent à l'être par le cœur : saint Remi n'avait jadis gagné que leurs bras. Dans la première moitié du septième siècle, les noms teutoniques abondent parmi les prélats réformateurs et les fondateurs de communautés religieuses; mais tous ont reçu directement ou indirectement le souffle inspirateur de Luxeuil. Les monastères éclosent de toutes parts aux bords des torrents du Jura, sur les ballons des Vosges, dans les bois marécageux et les plaines inondées de la Flandre [2] et du Brabant. Ces pieuses colonies défrichent le sol comme les âmes, dessèchent les marais, *essartent* les noires forêts encore fréquentées par les ours et par les aurochs; les enfants de saint Colomban posent les premières digues des côtes

---

l'Église kimrique de Galles qui rompit avec Rome pour défendre la nationalité galloise menacée par l'établissement d'un métropolitain unique sur les Anglo-Saxons et les Gallois. Il y eut plus tard quelque chose d'analogue dans notre Bretagne. — Nous ferons ici une observation qui eût dû être placée dans l'histoire du quatrième ou cinquième siècle; c'est que le premier acte solennel qui ait accordé à l'évêque de Rome une supériorité non de simple préséance, mais de juridiction, est la décision du concile de Sardique, en 344. Ce concile décida que tout évêque condamné par ses comprovinciaux pourrait appeler à l'évêque de Rome, qui aurait droit de renvoyer la sentence en appel aux évêques d'une province voisine. Le concile de Sardique avait été presque exclusivement composé d'occidentaux. Un siècle après, en 451, le concile de Chalcédoine, beaucoup plus nombreux, mais presque exclusivement oriental, revint sur les canons de Sardique, et établit l'égalité entre les évêques de Rome et de Constantinople.

1. Ozanam. *Études germaniques*, t. II, p. 103.
2. La vie de saint Éloi, écrite par son ami saint Ouen (Audoën), est le plus ancien livre où se trouve le nom de Flandre, qui ne désigna d'abord que le pays de Bruges.

nerviennes, et c'est à eux que l'industrie humaine doit ses premières conquêtes sur les basses terres des pays de Gand et de Bruges, ces lagunes impraticables, ces déserts de fange où croupissaient éternellement les eaux de la mer, et qui devaient un jour enfanter les hommes par cent mille. Plusieurs de ces monastères, enrichis par la munificence des rois et des leudes, qui leur octroient toutes les terres environnantes avec les colons et les serfs qui les habitent, groupent autour d'eux une population considérable et donnent naissance à des villes florissantes. L'importante cité de Saint-Omer naquit autour du couvent de Sithieu (dit plus tard de Saint-Bertin), établi par Audomar (saint Omer), évêque de Térouenne et de Boulogne; Saint-Riquier fut formé par le monastère de Centulle, fondation de l'abbé Rikher (*Richarius*, Riquier); Abbeville n'était d'abord qu'une simple métairie de l'abbé de Centulle ou de Saint-Riquier, comme l'indique son nom (*Abbatis-Villa*); Saint-Valeri-sur-Somme provient du monastère de Leuconne, institué par l'abbé Walarik; Nivelles, Marchiennes, Saint-Guilain (*Ghislen*), Saint-Amand, Fécamp, Lure, Corbie, Saint-Tron ont une semblable origine; d'un monastère bâti sur l'emplacement d'un vieux camp romain (*Castri-Locus*) est issue la grande ville de Mons; Remiremont (*Romarici Mons*) n'était que le couvent de Habenden, bâti par saint Romarik.

Une innovation d'un grand caractère a été introduite par les religieux celtiques: « A l'exemple de la ville cénobitique de Kildare, fondée par sainte Brigite, où une abbesse et un évêque gouvernaient de concert deux grandes communautés de moines et de religieuses[1], les monastères doubles s'étaient propagés en Irlande, et plus tard en Austrasie, où l'on connaît ceux de Nivelles, de Maubeuge et de Remiremont. Les hommes et les femmes y vivaient séparés, mais sous une même loi. A Remiremont, l'abbé avait le gouvernement spirituel; l'abbesse semble l'avoir retenu à Nivelles et à Maubeuge[2]. » Il n'est pas besoin d'insister sur l'attention que mérite le fait de cette autorité attribuée aux femmes dans les

---

1. Le couvent de Sainte-Brigite avait hérité d'un collége de druidesses et en gardait plus d'une tradition. Le feu perpétuel continua d'y brûler durant plusieurs siècles, comme au temps du culte de Koridwen ou d'Eire.
2. Ozanam, *Études germaniques*, t. II, p. 119.

choses de religion, et sur l'origine celtique de ce fait. Ces doubles communautés gouvernées par des femmes ne se maintinrent pas sous l'empire des Franks ; mais elles reparurent plus tard dans la France chevaleresque, à Fontevrauld et ailleurs.

Les réformateurs monastiques n'avaient pas à lutter seulement contre la nature sauvage et stérile ou contre les passions des mauvais chrétiens ; ils retrouvaient en face d'eux le paganisme barbare, ravivé par la décadence morale de la Gaule franke. Nonseulement le mouvement de conversion des Germains s'était depuis longtemps arrêté ; mais une grande partie des Franks deçà le Rhin étaient retournés aux croyances de leurs pères : le nordouest de la Gaule, le vieux pays salien, des bouches de l'Escaut jusqu'à celles de la Somme[1], était retombé en pleine barbarie. Germains ou Gaulois d'origine, les habitants n'y avaient plus d'autre religion qu'un amalgame de superstitions populaires, et il n'y avait plus un prêtre ni une église hors des portes de quelques rares cités. Ce ne fut qu'en bravant et parfois en recevant le martyre que les nouveaux apôtres irlandais ou gallo-franks recommencèrent à entamer cette barbarie relapse, au sein de laquelle ils plantèrent leurs monastères comme les postes avancés de la civilisation[2]. En peu d'années, les disciples de saint Colomban modifièrent profondément et les hommes et le sol dans nos provinces du Nord, et c'est à eux qu'en revient l'honneur attribué par l'opinion commune aux bénédictins, qui ont recueilli le fruit de leurs travaux. D'autres de leurs frères conquirent à l'Évangile les Allemans et les Boïowares, et rendirent ainsi à la chrétienté la partie de la Germanie au sud du Danube qu'avaient autrefois possédée les Romains. Tout le septième siècle appartient moralement aux élèves de l'Irlande.

Ce grand flot qui semblait près de tout couvrir devait cependant s'allanguir, sinon tarir au huitième siècle. Les Gaëls n'étaient

---

1. Lupus (le second saint Loup), métropolitain de Sens, exilé par Chlother comme partisan de Brunehilde, convertit un *duc* et d'autres Franks païens dans le canton qui portait encore le nom celtique de *Finemagus* (la plaine du vin? le Vimeux), au midi de la Somme. La vie de saint Ouen nous montre le paganisme dans le diocèse de Rouen.

2. Le plus illustre de ces apôtres fut l'évêque irlandais Livin, grand cœur, âme simple et poétique, qui fut mis à mort par les païens près de Gand.

pas destinés à achever la conquête spirituelle de la Germanie. La difficulté ne fut pas seulement dans le manque d'affinité entre les races. L'esprit mystique de la règle de saint Colomban comportait trop de prières, trop de contemplation et pas assez d'action, bien que, par le fait et sous l'impulsion des circonstances, les disciples du saint gaël eussent d'abord beaucoup agi. Cet élan ascétique était impossible à soutenir longtemps et détruisait le corps : sainte Gertrude, la fondatrice de Nivelles, meurt d'épuisement à trente-trois ans! Saint Colomban avait représenté seulement le côté sentimental, mais non pas le côté rationnel du génie celtique. La supériorité pratique de la règle de saint Benoît, qui prévoit et réglemente davantage, mais exige moins, devait supplanter peu à peu dans le monachisme la loi irlandaise. Le génie romain était nécessaire encore à l'Europe, et les bénédictins, expression de ce génie dans le monde monastique, avaient à obtenir à leur tour une prépondérance concordant avec l'ascendant longtemps civilisateur de la papauté.

L'inspiration émanée des *culdées* s'affaissera donc, tout en lançant encore bien des jets lumineux, durant les huitième et neuvième siècles; mais le rôle du génie celtique dans le moyen âge ne sera pas terminé là, et la poésie chevaleresque des Kimris envahira l'Europe à son tour d'une manière plus durable que n'a fait l'ascétisme des Gaëls.

A l'époque où est parvenu notre récit, l'impulsion donnée par saint Colomban est dans sa plus grande force, et, grâce aux nombreux légendaires du temps, l'histoire religieuse est beaucoup mieux connue que l'histoire politique, qui serait bien plus obscure encore sans le secours indirect des légendes. La royauté franke continue à s'affaiblir. En 616, Chlother est obligé de « faire droit, dit Frédegher, à toutes les justes demandes » des évêques et des farons de Burgondie, qu'il a convoqués en assemblée générale à la *villa* de Bonneuil (en Parisis ou en Brie). En 622, le même Frédegher nous apprend que Chlother « associa son fils Dagobert au royaume, et l'établit roi sur les Austrasiens, retenant pour lui ce qui était en deçà des Ardennes et des Vosges ». L'Austrasie fut ainsi derechef séparée de la Neustrie au bout de neuf ans.

Chlother n'agit certainement pas de son plein gré en cette occasion, et ne fit que céder à un vœu exprimé d'une façon péremptoire par les chefs austrasiens; il ne céda même pas de bonne grâce, s'efforça d'affaiblir la région dont il abandonnait le gouvernement, et démembra l'Austrasie au profit de la Neustrie. Il réunit à la Neustrie non-seulement toutes les cités d'outre-Loire qui avaient dépendu du royaume d'Austrasie, et les diocèses de Soissons, de Meaux, de Senlis, de Reims, de Laon, de Châlons, c'est-à-dire les cantons dont la population franke était d'origine salienne, mais aussi les territoires de Verdun, de Toul (qui comprenait Nanci, etc.), austrasiens et ripuaires de tout temps, et jusqu'à Metz, la capitale du royaume de l'Est. Dagobert, qui était à peine sorti de l'enfance, partit pour aller s'installer royalement à Trèves. Il avait été élevé par le célèbre Arnulf (saint Arnoul), un des grands d'Austrasie qui avaient le plus contribué à la chute de Brunehilde, et qui était devenu évêque de Metz et un des chefs du mouvement religieux; et on lui imposa pour maire du palais le duc Peppin. Ces deux puissants personnages et les autres grands d'Austrasie, qui avaient vu de très mauvais œil le démembrement de leur pays, ne tardèrent pas à brouiller le fils et le père : Dagobert, jeune homme rempli d'ambition et d'audace, avait déjà eu, avant d'être élevé sur le bouclier, de violentes altercations avec le roi. Si l'on en doit croire sa vie (*Gesta Dagoberti*), écrite du huitième au neuvième siècle par un moine de Saint-Denis, il avait, un jour, fait donner des coups de verges et couper la barbe à un duc d'Aquitaine qui ne le traitait pas avec la déférence due à un fils de roi, et Chlother s'était tellement courroucé contre lui, que Dagobert avait été obligé de chercher un asile dans une petite chapelle bâtie jadis par sainte Geneviève sur le tombeau de saint Denis, dans la bourgade de Catuliac (Saint-Denis). Chlother, en couronnant son fils, avait espéré conserver la haute main sur les affaires d'Austrasie du fond de ses résidences des bords de la Seine; mais Dagobert, une fois roi, s'estima tout à fait indépendant de son père, et se livra entièrement aux conseils de ses leudes. Chlother dissimula son mécontentement et s'efforça de se rattacher son fils en le mariant à une sœur de sa femme. Dagobert, escorté de ses leudes, vint, « avec une pompe royale », célébrer ses noces à la *villa* de Clichi (*Clippiacum*), près Paris;

mais, « le troisième jour après les noces, raconte Frédegher (c. LIII), il s'éleva entre Chlother et Dagobert une grave contestation; car Dagobert demandait que tout ce qui avait appartenu au royaume des Austrasiens fût restitué à sa domination, ce dont Chlother se défendait avec véhémence. Les deux rois choisirent douze des principaux d'entre les Franks, auxquels furent adjoints le seigneur Arnulf, évêque de Metz, et les autres évêques (présents à la cour), afin que leur médiation terminât cette querelle... Chlother rendit enfin à Dagobert tout ce qui regardait le royaume des Austrasiens, conservant seulement sous son pouvoir ce qui était situé outre-Loire et du côté de la Provence (625). »

Chlother destinait, à ce qu'il semble, les provinces méridionales à son second fils Haribert. On n'a presque aucune lumière sur l'histoire du Midi durant la première partie du septième siècle : il paraît que Chlother essaya en vain de réduire à une soumission effective la Wasconie, où commandait nominalement un duc frank, établi à Bordeaux.

En l'année 626, « Chlother, dit Frédegher, eut une entrevue à Troies avec les grands et les leudes de Burgondie : il leur demanda s'ils voulaient élever un d'entre eux à la dignité qu'avait eue Warnaher (mort récemment); mais tous, d'une voix unanime, refusèrent d'élire un autre maire, et sollicitèrent la grâce de traiter séparément avec le roi. » C'était le triomphe complet de l'anarchie : après avoir annihilé la royauté, on abattait à son tour la mairie au profit de l'indépendance individuelle des seigneurs; on détruisait tout ce qui ressemblait à un gouvernement, à une centralisation quelconque; la nationalité était nulle en Burgondie, pays habité par des populations si diverses. L'aristocratie austrasienne avait procédé autrement : en s'affranchissant du pouvoir royal, elle n'avait pas dissous le lien national; aussi les destinées de l'Austrasie et de la Burgondie furent-elles bien différentes. Il y avait cependant parfois des assemblées générales où les évêques et les grands de Burgondie venaient siéger près des grands de Neustrie; mais, une fois le mal séparé, chacun rentrait dans son indépendance, et les assemblées mêmes étaient d'ailleurs le théâtre des plus violents désordres.

Chlother mourut au commencement de l'année 628, à l'âge de

quarante-quatre ans, et fut inhumé, près de Frédegonde, « à Saint-Vincent, dans le faubourg de Paris (Saint-Germain-des-Prés). » Il avait rarement quitté les environs de cette cité depuis l'an 613. La puissance des Franks au dehors était restée stationnaire sous son faible règne. Chlother avait consenti à remettre aux Langobards le tribut annuel qu'ils avaient payé à Hildebert et à Gonthramn, moyennant le payement de 36,000 sous d'or, représentant trois années de ce tribut (Frédegher, c. XLV). On doute qu'il ait conduit aucune expédition hors des frontières frankes.

(628-630) A la nouvelle de la mort de son père, Dagobert dépêcha des messagers en Neustrie et en Burgondie, afin de solliciter les leudes de le choisir pour roi préférablement à son frère, et, rassemblant à la hâte toutes les forces de l'Austrasie, il se dirigea par Reims sur Soissons, où tous les évêques et les leudes de Burgondie vinrent « se donner à lui » : la plupart des évêques et des grands de Neustrie se déclarèrent aussi pour Dagobert, « à cause de la simplicité de Haribert ». Les trois royaumes franks et tous les trésors des Mérovingiens furent réunis entre les mains du fils aîné de Chlother. Ainsi fut violée, pour la première fois, la coutume nationale du partage égal entre les fils. Ce n'était point par un progrès d'intelligence politique, mais par indifférence pour les idées de droit et de justice, que les Franks foulaient aux pieds leur vieille loi. Haribert ne fut cependant point entièrement spolié de l'héritage paternel; il se retira au midi de la Loire, et y continua la lutte. Frédegher ne fournit aucuns détails sur ce qui se passa en Aquitaine; mais les événements subséquents indiquent que les populations du Midi se rattachèrent à l'espoir de former, sous Haribert, un royaume indépendant de l'Empire frank ; quant à ce qu'on raconte du mariage de Haribert avec la fille d'un prétendu Amandus, duc indépendant de Wasconie, c'est une pure fable. Dagobert, « écoutant les conseils des sages hommes », tels que le maire d'Austrasie Peppin et l'évêque Arnulf, se décida à transiger avec son jeune frère et à le reconnaître roi des cités qui avaient composé autrefois la Seconde Aquitaine; Toulouse, Arles et les cantons provençaux qui avaient dépendu de la Neustrie furent annexés aux domaines du roi d'Aquitaine; Haribert fixa sa résidence à Toulouse, et jura de ne jamais réclamer autre chose de l'héritage paternel. Ce traité combla les vœux des Gallo-Romains d'Aquitaine et de Provence. Haribert, qui résidait parmi eux et qui n'avait aucune possession en terre franke, devenait un roi national à leurs yeux ; ils n'étaient plus sujets des Franks ; ils étaient délivrés des Barbares et comptaient bien étendre plus tard au reste de l'Aquitaine cette heureuse révolution.

Pendant qu'on se réjouissait unanimement au midi de la Loire, les premiers actes de Dagobert excitaient, dans les autres régions de la Gaule, un mélange de joie et de terreur, de reconnaissance et de haine. Le petit-fils de Frédegonde s'était rejeté tout à coup sur la trace de Brunehilde, avec une audace et une énergie incroyables ; sans être effrayé par le terrible exemple de la reine d'Austrasie, il attaquait de front les grands leudes, mais en s'appuyant habilement sur la classe des hommes libres et sur les masses gallo-romaines. Immédiatement après son traité avec Haribert, il avait commencé une espèce de tournée de grand justicier dans toute la Burgondie, présidant partout les mâls des comtés et les curies des villes, « frappant de crainte les grands, les évêques et les autres leudes, portant l'allégresse dans l'âme des pauvres qui avaient le bon droit pour eux, ne faisant acception de personne, ne recevant point de présents, et ne prenant pas le temps de manger ni de dormir, tant le zèle de la justice le dévorait. » Les farons de Burgondie, ainsi surpris isolément, ne firent point de résistance, et les peuples, auparavant opprimés par mille petits tyrans, applaudirent à ce violent rétablissement de l'ordre. Le roi retourna ensuite de Burgondie à Paris, et, au printemps suivant, « parcourut l'Austrasie avec une pompe royale », y faisant probablement, avec un peu moins de hardiesse et de rudesse, ce qu'il avait fait en Burgondie ; puis il revint s'installer dans les « villas publiques » du Parisis qu'avait habitées son père.

Les commencements du règne de Dagobert sur la monarchie franke furent très brillants : c'étaient les derniers rayons de la splendeur mérovingienne prête à s'éteindre. Les grands étaient étourdis du vigoureux début de ce jeune roi, si beau, si fier, si actif : les clercs l'aimaient pour ses largesses envers les églises ; les masses populaires respiraient sous la protection de sa hache justicière; les leudes, les évêques, les ambassadeurs étrangers, admiraient la magnificence de sa cour, Dagobert égalait en faste les monarques d'Orient : les pierres précieuses étincelaient sur les bandeaux et sur les ceintures d'or des officiers et des femmes du palais; les soies éclatantes de la Chine, que les marchands syriens[1] apportaient d'Asie en Gaule et y vendaient au poids de l'or, couvraient le roi et ses courtisans; Dagobert siégeait, aux jours de fêtes, sur un trône d'or massif forgé par le fameux Éligius (saint Éloi), qui, avant de devenir évêque de Noyon et l'un des saints les plus populaires de la Gaule, fut longtemps directeur de la monnaie royale de Paris et le plus habile orfèvre de son siècle. Si altéré que fût le goût antique, les arts de luxe, qui flattaient l'orgueil des conquérants barbares, étaient moins déchus que les arts essentiels. Cette pompe extérieure, semblable à celle des rois orientaux, ne déguisait pas, comme chez la plupart d'entre eux, la mollesse et l'impuissance. Ce fut pendant cette première période de son règne que Dagobert fit réviser et écrire le corps de la Loi Ripuaire, promulgué jadis oralement sous Théoderik, fils du grand Chlodowig, ainsi que les lois de ses vassaux les Allemans et les Boïowares ou Bavarois. Le peuple frank reprenait son ascendant au dehors; les Langobards, quoique indépendants du roi des Franks, lui témoignaient une déférence aussi obséquieuse que ses vassaux de Thuringe ou d'Allemannie. Dagobert semblait plus puissant que ne l'avait été aucun prince de sa race depuis le grand Chlodowig.

Sa domination s'accrut encore sur ces entrefaites. Son frère Haribert était mort à la fin de 630, après avoir obligé les Wascons à reconnaître sa suzeraineté. Haribert laissait un fils en bas âge appelé Hilperik. Cet enfant fut proclamé roi à Toulouse; mais il ne tarda point à périr de mort violente. « On rapporte, dit le contemporain Frédegher, qu'il fut tué par la faction de Dagobert. Le roi Dagobert réduisit sur-le-champ en son pouvoir tout le royaume de Haribert, avec la Wasconie; et chargea le duc Ba-

---

1. Les négociants des villes maritimes de Syrie étaient alors les grands facteurs du commerce de la Méditerranée : l'appât d'un profit énorme leur faisait braver tous les périls qui menaçaient leurs vies et leurs biens dans les royaumes barbares, et ils affluaient dans toutes les grandes villes des Gaules.

ronte de lui amener les trésors de Haribert; mais Baronte en vola une grande partie chemin faisant[1]. » La monarchie franke s'étendit de nouveau jusqu'aux Pyrénées occidentales, et Dagobert intervint bientôt avec honneur et profit dans les affaires d'Espagne. Deux chefs wisigoths se disputant la couronne, Dagobert fit pencher la balance en faveur du prétendant qui s'était élevé contre le roi établi : les Toulousains et les Aquitains traversèrent les montagnes et poussèrent jusqu'à Saragosse, où ils aidèrent le parti de Sisenand à renverser Sisebod; Sisenand paya 200,000 sous d'or l'assistance du roi des Franks[2] (631).

Dagobert était à l'apogée de sa prospérité; mais des nuages s'élevaient de toutes parts sur l'horizon : une haine sourde et implacable couvait parmi l'aristocratie franke, et le roi s'aliénait rapidement le peuple et une partie du clergé. Dagobert surpassait tous ses devanciers en licence de mœurs, et donnait à ses sujets l'exemple de la polygamie; « livré outre mesure à la luxure, dit Frédegher, il avait, à l'instar de Salomon, trois reines et une multitude de concubines. » Ne pouvant suffire, avec ses revenus et les péages qu'il percevait, aux grands besoins qu'enfantait son faste excessif, et trouvant insuffisants les moyens d'ac-

1. Ici commence tout un vaste roman historique qui, forgé par un érudit espagnol au dix-septième siècle, a envahi l'histoire de France, s'est imposé aux plus éminents écrivains, aux bénédictins auteurs de l'*Histoire de Languedoc*, à M. Fauriel, à M. de Sismondi, à M. Michelet, et que nous avons subi dans nos premières éditions sur la foi de si graves autorités. Ce roman, reposant sur une prétendue charte donnée, en 845, par Charles-le-Chauve au monastère d'Alaon en Catalogne, comble les lacunes, éclaire les obscurités des fastes de la Gaule méridionale, du septième au neuvième siècle, rattache à un lien commun une foule de personnages et de faits, les uns authentiques, les autres imaginaires, invente toute une dynastie de *Mérovingiens d'Aquitaine*, issus de Haribert, qui aurait eu trois fils au lieu d'un seul. Dagobert aurait laissé aux deux fils survivants la possession de l'Aquitaine à titre de duché. L'un de ces deux neveux de Dagobert, appelé Bertrand, aurait été le père du fameux saint Hubert, évêque de Liége; de l'autre, Boggis, serait né le roi Eude d'Aquitaine, qui fit si grande figure dans la première partie du huitième siècle. Les principaux chefs féodaux d'Aquitaine et de Wasconie ou Gascogne, et même les fondateurs des dynasties royales d'Espagne auraient procédé de cette souche. La supposition de la *charte d'Alaon* a été pleinement démontrée par M. Rabanis dans son judicieux *Essai historique et critique sur les Mérovingiens d'Aquitaine*, Bordeaux, 1841. M. Rabanis prépare une deuxième édition augmentée de curieuses recherches.

2. Le sou d'or, si souvent mentionné dans cette histoire, avait baissé de la valeur de 15 fr. 36 c. à celle de 9 fr. 28 c., selon M. Guérard; *Dissertation sur les Monnaies frankes*, dans la *Revue de numismatique* de novembre-décembre 1837.

tion qu'avait la royauté, il privait les leudes de leurs bénéfices et s'emparait des biens d'un grand nombre d'églises, tandis qu'il en enrichissait immodérément quelques-unes qu'il affectionnait: « ses largesses envers les pauvres tarissaient ; il oubliait entièrement la justice qu'il avait aimée », et il recommençait à demander le *cens* aux peuples. Le biographe de saint Sulpice, évêque de Bourges, raconte que le roi Dagobert, « à l'instigation de l'ennemi du genre humain », ayant fait inscrire, « sur les registres maudits du cens », les prêtres et le peuple de Bourges, l'évêque Sulpitius ordonna un jeûne général pour détourner ce fléau, et envoya au roi un ermite qui le menaça d'une prompte mort s'il ne se désistait « d'une telle impiété. » Dagobert, suivant la légende, eut grand'peur, et commanda qu'on déchirât les rôles de l'impôt[1].

Le mécontentement était surtout extrême en Austrasie, depuis que le roi cessait de suivre les avis du duc Peppin et de l'évêque Arnulf, qui avait quitté son évêché pour se retirer dans un ermitage au fond des Vosges. Peppin, homme prudent et modéré, ne rompit point ouvertement avec le roi ; mais Dagobert n'en ressentit pas moins les effets de l'irritation des Austrasiens dans une occasion grave. Les cantons franks de Germanie se trouvaient en contact, vers l'Est, avec une race d'hommes qui avait pris rang, depuis peu, entre les peuples indépendants. Les populations indigènes des régions situées à l'est et au sud-est de la Germanie, si longtemps foulées et asservies par les Romains, par les Goths, par les Huns, commençaient à figurer à leur tour sur la scène du monde, sous leur nom national de Slaves.

Les peuples slaves les plus avancés vers l'ouest étaient les Serbes ou Sorabes (Brandebourg, Mecklenbourg, Poméranie), qui avaient reconnu la suprématie franke, et les Tchékhes ou Wendes (*Winidi*), frères d'origine peut-être de ces Vénètes qui, dans les temps anté-historiques, avaient peuplé l'extrémité nord-est de l'Italie (partie du territoire de Venise). Les Wendes, qui s'étaient

---

1. Il y avait au moins autant de politique que de cupidité dans les exactions que les chroniqueurs reprochent à Dagobert : la plupart des terres du domaine royal avaient passé peu à peu dans les mains des leudes bénéficiaires et des gens d'église. Dagobert essaya de reconstituer le domaine royal en confisquant les biens des leudes les plus remuants, en reprenant aux fils les *bénéfices* donnés aux pères, et en enlevant à un certain nombre d'églises la moitié de leurs revenus.

établis dans la Bohême par suite de l'émigration des Suèves-Marcomans en 405, et qui s'étendaient de la Bohême jusqu'à l'Istrie et à l'Adriatique, avaient été, de même que beaucoup d'autres tribus slaves et que les Bulgares[1], subjugués par les hordes errantes des Huns-Ogors ou Awares. Ces barbares dominaient de la Pannonie au Wolga, ressuscitaient l'empire d'Attila dans l'Europe orientale, et venaient, chaque hiver, enlever les femmes, les filles et les bestiaux des Wendes, qu'ils forçaient en outre à leur servir d'avant-garde dans toutes leurs guerres. Les Wendes secouèrent ce joug honteux. Durant la guerre de l'indépendance slave, vint à passer chez les Wendes un marchand frank, appelé Samo, du pays de Sens ou du pays de Soignies (*Sengaw*) en Hainaut. La vallée du Danube était alors la grande voie du commerce de la Gaule septentrionale avec Constantinople et l'Asie, et le commerce de l'Europe se faisait par caravanes, à cheval et la lance au poing, comme se fait encore aujourd'hui celui de l'Asie et de l'Afrique centrale; les plus braves des Franks embrassaient avec ardeur une profession qui satisfaisait à la fois leur amour de l'or, et leur soif de mouvement et d'aventures. Samo et ses compagnons ne manquèrent pas de prendre parti dans la guerre de Bohême : ils se déclarèrent pour les opprimés, et se comportèrent de telle sorte, qu'après avoir gagné une grande bataille sur les Huns, les tribus wendes proclamèrent roi Samo sur leur champ de victoire. Samo prit les mœurs et la religion de ses nouveaux sujets, « et épousa douze femmes de leur race » (623). Cet événement fut d'abord aussi profitable que glorieux à la nation des Franks, et multiplia les relations entre eux et les Slaves; mais, sept ou huit ans après que Samo fut devenu roi des Wendes, il s'éleva une querelle entre ce peuple et une nombreuse caravane de Franks : beaucoup de négociants furent tués et dépouillés par les Wendes, qu'ils avaient peut-être provoqués. Dagobert dépêcha un ambassadeur au roi Samo pour requérir justice de ces meurtres et de ces pillages. Samo, craignant également de mécontenter ses sujets et de refuser la demande du monarque frank, différa

---

1. Peuple qui, de même que les anciens Sarmates, paraît avoir été formé d'une couche tatare superposée à des Slaves.

le plus possible de recevoir l'envoyé ; mais l'ambassadeur, appelé Sikher, se déguisa en Slave, se plaça sur le passage du roi, et l'aborda à l'improviste. Samo alors proposa de débattre à l'amiable dans un plaid les griefs réciproques. Sikher s'emporta, menaça, et prétendit que Samo et son peuple devaient obéissance à Dagobert. « Oui, répondit Samo un peu intimidé, la terre que nous possédons est à Dagobert, et nous sommes à lui ; mais pourvu qu'il fasse en sorte de conserver amitié avec nous. — Il n'est pas possible, répliqua insolemment Sikher, que des chrétiens serviteurs de Dieu fassent amitié avec des chiens. »

Le roi des Wendes perdit patience. « Si vous êtes les serviteurs de Dieu, s'écria-t-il, nous sommes les chiens de Dieu, et, puisque vous agissez sans cesse contre sa volonté, il nous donne permission de vous déchirer à belles dents. » Et Samo chassa Sikher de sa présence. Aussitôt le retour de l'envoyé, Dagobert publia le ban de guerre dans toute l'Austrasie et la Germanie franke, et réclama même l'assistance des Langobards, ses alliés. Les Langobards assaillirent le pays des Slaves vers le sud ; les Allemans et les Boïowares, vers l'ouest ; les Austrasiens, les Franconiens et les Thuringiens, vers le nord. Les Allemans et les Langobards dispersèrent les faibles corps slaves qui leur furent opposés, ravagèrent le pays, et s'en retournèrent avec beaucoup de captifs et de butin ; Samo s'était retranché avec presque toutes ses forces près d'un château nommé Wogastibourg, afin d'arrêter la véritable armée des Franks, l'armée austrasienne. Après trois jours de combats, les leudes austrasiens lâchèrent pied, entraînèrent toute l'armée dans leur fuite, et abandonnèrent tentes et bagages à l'ennemi ; une grande partie de l'infanterie fut taillée en pièces. La puissance franke fut ébranlée dans toute la Germanie : les Slaves serbes d'entre l'Elbe et l'Oder renoncèrent à l'obéissance de Dagobert pour se donner au roi Samo, et la Thuringe et la France germanique furent incessamment désolées par les incursions des Wendes. Dagobert se vengea honteusement et perfidement sur neuf mille familles de Bulgares, qui, après avoir tenté de suivre l'exemple des Wendes en se révoltant contre les Huns, étaient venus chercher un asile en Bavière. Dagobert répondit à l'offre de leur soumission en les faisant massacrer, hommes, femmes et enfants, par les Bavarois, qui les avaient d'abord reçus en hôtes et en amis (631).

(632-634) Le mauvais vouloir des chefs austrasiens ne se cachait plus : ils restaient sourds aux ordres du roi et aux cris de détresse des Franconiens harcelés par les Slaves. Dagobert appela aux armes les Neustriens et les Burgondes : au moment où il allait passer le Rhin à leur tête, les Saxons, jusqu'alors demeurés neutres malgré leur condition de vassaux des Franks, envoyèrent proposer au roi de défendre les frontières frankes, à condition qu'on leur remit le tribut de cinq cents vaches qu'ils payaient annuellement. Les Neustriens se souciaient peu d'aller guerroyer outre-Rhin, et obligèrent Dagobert d'accepter l'offre ; mais les Saxons, une fois déchargés du tribut, oublièrent de remplir leur promesse. Dagobert céda à la nécessité, et, suivant l'exemple de son père, reconnut l'indépendance de l'ingouvernable Austrasie. Il lui donna pour roi son fils Sighebert, enfant de trois ans, qu'il avait eu d'une concubine austrasienne, « permit que Sighebert eût son siége dans la cité de Metz, et confia le gouvernement du palais et du royaume à Kunibert, évêque de Cologne, et au duc Adalghisel, du consentement de tous les évêques et de tous les grands (633). Il remit à son fils une part suffisante des trésors royaux. Dès lors les Austrasiens défendirent de tout leur pouvoir le royaume des Franks contre les Wendes (Fredegar. c. LXXV). »

Dagobert, toutefois, ne pardonna pas aux leudes austrasiens : il s'efforça de garder une haute influence sur l'Austrasie en y plaçant un homme à lui, Adalghisel, et en exigeant que le maire Peppin et plusieurs autres ducs résidassent à la cour de Neustrie; puis il tâcha d'assurer une prépondérance durable au royaume de Neustrie, où un reste d'idées romaines, se combinant avec l'affection nationale des Saliens pour le sang de Chlodowig, militait encore en faveur de la royauté. Nanthilde, une de ses femmes légitimes, lui ayant donné un second fils, appelé Chlodowig, il manda, « par le conseil des Neustriens, tous les grands, les évêques et les autres leudes d'Austrasie », et les obligea de confirmer par serment, « en étendant la main », le partage qu'il faisait d'avance de la monarchie franke entre ses deux héritiers. Les Austrasiens, « contraints par la terreur de Dagobert », ratifièrent la réunion définitive de la Neustrie et de la Burgondie au profit du petit Chlodowig. Dagobert seulement rendit au royaume d'Austrasie tout ce qui en avait autrefois dépendu au nord et au midi de la Loire, excepté le duché de Dentelin. La dislocation de la monarchie fut ainsi solennellement renouvelée.

(635) Cette dislocation tendait à ne pas s'arrêter là : l'Aquitaine et la Wasconie ne voulaient pas plus que l'Austrasie être gouvernées par la Neustrie; la Neustrie était trop romaine pour les Austrasiens, et trop franke pour les Méridionaux. A peine les Austrasiens avaient-ils souscrit au pacte imposé par le roi, que Dagobert reçut la nouvelle d'une violente insurrection outre Loire. Dagobert mit aussitôt sur pied toutes les forces de la Burgondie, et dépêcha contre les rebelles le référendaire Hadoïnd, avec le patrice Willibald, dix ducs, et « beaucoup de comtes qui n'avaient point de duc au-dessus d'eux [1] ». Cette puissante armée emporta et saccagea Poitiers, qui avait levé l'étendard de la rébellion, comprima les mouvements de l'Aquitaine, envahit la basse Wasconie, rejeta les Wascons dans les gorges des Pyrénées, et y pénétra après eux. Une des divisions de l'armée franco-burgondienne fut exterminée au fond de la vallée de Soule (*Subola*); mais, malgré cet avantage, les Wascons, voyant leurs belles vallées en proie à la dévastation, leurs maisons brûlées, leurs familles exposées au massacre et à l'esclavage, se décidèrent à demander la paix. Les chefs promirent d'aller se présenter en personne au roi Dagobert, « afin de se donner à lui », ce qu'ils exécutèrent l'année suivante dans la métairie royale de Clichi.

Dagobert, encouragé par le succès de l'expédition de Wasconie, « envoya des messagers en Bretagne pour signifier aux Bretons qu'ils se hâtassent d'amender ce qu'ils avaient fait de mal, et de se remettre en son pouvoir, sinon que l'armée de Burgondie, qui avait été chez les Wascons, se jetterait sur la Bretagne. » Depuis quarante ans, les forces des Bretons s'étaient accrues par leur réunion sous un seul chef autant que par la conquête de Rennes et de Nantes. Complétement affranchis de la suprématie franke,

---

1. Ainsi tout le territoire frank n'était point partagé en duchés.

ils entretenaient infiniment moins de relations avec le reste de la Gaule qu'avec les régions kimriques de la Grande-Bretagne, et leurs rois Hoël et Salomon étaient presque aussi respectés dans le pays de Galles qu'en Armorique. Les Gallois avaient sans cesse recours à eux dans leurs querelles intestines ou dans leurs guerres contre les Anglo-Saxons. Cependant le roi Judicaël, frère et successeur de Salomon, n'osa braver les armes des Franks, et vint à Clichi trouver Dagobert, « avec beaucoup de présents. » « Il promit que lui et son royaume de Bretagne seraient toujours soumis à Dagobert et aux rois des Franks. » On ne lui contesta pas le titre de roi. Malgré ses soumissions envers Dagobert, Judicaël, « qui était fort religieux et qui craignait grandement Dieu (on en a fait un saint), » ne voulut point prendre part aux pompeux festins du voluptueux monarque des Franks, et aima mieux s'asseoir à la table du référendaire Dade, autrement appelé Audoën, ami intime de saint Éloi, disciple de saint Colomban, et « homme de sainte vie, » qui fut depuis évêque de Rouen, et que nous connaissons sous le nom de saint Ouen. Dagobert ne s'en fâcha point, et rendit présents pour présents au roi des Bretons, qui repartit le lendemain pour son pays.

Cette cour de Dagobert était quelque chose d'étrange : les saints y coudoyaient les courtisanes; les chants de l'orgie s'y confondaient avec les hymnes sacrés; Dagobert rendait d'une main au clergé ce qu'il lui enlevait de l'autre, dépouillant et enrichissant tour à tour les églises; ce roi de mœurs polygames et païennes faisait baptiser de force les juifs des cités gauloises et les Franks païens des bois de l'Escaut et de la Meuse. Le moine poitevin Amandus (saint Amand) lui ayant reproché ses débauches, il l'exila, puis, se raccommodant avec lui, il l'autorisa à prêcher la foi dans le nord de la Gaule, et à requérir l'assistance des ducs et des comtes pour contraindre les idolâtres à embrasser le christianisme, quoique ce mode de conversion eût été désapprouvé par le pape de Rome, saint Grégoire le Grand. Saint Amand était qualifié de *chorévêque*, c'est-à-dire évêque sans cité, évêque errant dans les campagnes. Ces chorévêques étaient de grands convertis-

---

1. Frédegar. c. 78.

seurs. Saint Amand fut énergiquement secondé dans ses prédications par le maire d'Austrasie Peppin, père de sainte Gertrude, la célèbre fondatrice de Nivelles : il finit par être élu évêque de Maëstricht, chef-lieu de l'ancien évêché de Tongres, ce qui ne l'empêcha point de pousser ses excursions jusque chez les Wascons et les Slaves. L'abbaye de Saint-Bavon de Gand lui doit son origine. Saint Éloi et Audoën ou Saint Ouen avaient pris le parti de fermer les yeux sur la façon de vivre du roi Dagobert, et n'en restaient pas moins à sa cour, érigeant avec son assistance les riches monastères de Solignac, de Rebaix, de Jouarre, et l'excitant à racheter ses péchés à force de largesses. Cette tolérance peut paraître assez peu orthodoxe ; mais la charité passionnée de saint Éloi, qui employait tous les bienfaits du roi à racheter et à affranchir des esclaves, ôte le courage de blâmer son indulgence. La générosité de Dagobert brilla surtout envers le monastère de Saint-Denis : il avait changé la petite et obscure chapelle du martyr parisien en une basilique éclatante de marbre, d'or et de pierreries, et il lui avait octroyé une multitude de terres et de *villas* situées en diverses provinces, avec une partie des péages qui appartenaient au roi dans le pays de Parisis [1].

1. Il donna, entre autres biens, aux moines de Saint-Denis, vingt-sept grandes métairies en Anjou et en Poitou, et de vastes salines aux bords de la mer, provenant de la succession de Sadreghisel, autrefois duc d'Aquitaine. Les *Gesta Dagoberti* racontent que ces biens avaient été confisqués, suivant la loi romaine, sur les fils de Sadreghisel, parce qu'ils n'avaient pas poursuivi la vengeance de la mort de leur père assassiné. Les lois romaines étaient, en effet, d'accord sur ce principe avec les lois barbares ; seulement elles imposaient aux héritiers le devoir de la poursuite judiciaire et non de la voie de fait. — Dagobert octroya encore à Saint-Denis beaucoup de terres dans le Parisis et la Brie ; mais ni Frédegher ni les *Gesta Dagoberti* ne parlent de la donation générale du pays ou comté de Vexin à ce monastère, donation qui passait pour constante trois siècles plus tard, et qui paraît une *fraude pieuse*. Il y a, dans les *Diplômes et Chartes* publiés par Brequigni et Laporte-Dutheil, une pièce intéressante touchant les largesses de Dagobert envers Saint-Denis : c'est une prescription royale pour l'établissement d'une foire annuelle près de Paris, dans un lieu peu éloigné de la moderne porte Saint-Martin ; tous les droits et péages sur les marchands qui se rendront à cette foire sont concédés à l'abbaye de Saint-Denis ; ces droits sont au nombre de quinze : il y a le droit de navigation, le droit de port ou de débarquement, le droit de péage en passant sous les ponts, le droit sur les bêtes de somme, le droit sur les voitures, le droit de passage aux portes des villes, le droit pour la réparation des chemins, etc. V. Brequigni, p. 131, et les *Histor. des Gaules*, t. IV, p. 627. Tous ces droits profitaient au roi et non aux corps municipaux.

Dagobert survécut peu à ses traités avec les Bretons et les Wascons : au commencement de janvier 638, il tomba malade d'un « flux de ventre » dans sa métairie d'Épinai-sur-Seine (*Spinogilum*), se fit porter à sa basilique de Saint-Denis, manda en diligence Éga, grand seigneur neustrien, qu'il affectionnait beaucoup, lui confia la reine Nanthilde et son fils Chlodowig, et mourut à la fleur de l'âge. Il fut inhumé dans son église favorite. Son nom est demeuré populaire et comme proverbial en France : sa magnificence, son séjour continuel dans les environs de Paris, où le grand Chlodowig, puis Chlother second, avaient déjà tenté de fixer le siège de l'empire, la fondation du célèbre monastère de Saint-Denis, qui fut plus tard le centre de la nationalité française presque autant que Paris même, ont contribué à protéger la mémoire du *grand roi Dagobert*. Il fut d'ailleurs le dernier des Mérovingiens qui sut porter le sceptre, et l'on peut dire que la royauté salienne fut ensevelie dans sa tombe. Après lui commence cette longue série de *rois fainéants,* qui, durant un siècle, passent en silence sur le trône, comme des fantômes tour à tour évoqués et replongés dans le néant par la voix des maires du palais [1].

[1]. Les *Gesta Dagoberti* racontent une curieuse légende sur la fin du roi Dagobert : le jour et l'heure où mourut ce prince, un saint solitaire, qui vivait dans une des îles volcaniques de Lipari, fut éveillé inopinément par un personnage en cheveux blancs, qui l'invita à se lever et à prier pour l'âme de Dagobert, roi des Franks, lequel venait de rendre le dernier soupir. A peine l'ermite était-il en prière, qu'il vit apparaître sur la mer une barque remplie de spectres effroyables qui accablaient de coups et de menaces une figure humaine chargée de fers, et la menaient à force de rames vers le volcan de Stromboli, une des bouches de l'enfer. La pauvre âme captive se débattait et appelait à grands cris les saints martyrs Denis et Maurice, et le saint confesseur Martin. Aussitôt le ciel retentit des éclats du tonnerre, la foudre sillonne les nues ; trois hommes couverts de vêtements blancs comme la neige descendent du sein de la tempête, s'élancent à la poursuite des démons, leur arrachent l'âme prisonnière, et reprennent leur vol avec elle vers les cieux. Cette aventure est représentée en bas-relief sur le tombeau de Dagobert, monument refait au treizième ou au quatorzième siècle, et qui se voit à l'entrée de l'église de Saint-Denis.

LIVRE XI.

GAULE FRANKE

(SUITE).

Rois fainéants et maires du palais. — Réaction d'Ébroïn contre l'aristocratie. Il relève le peuple en Neustrie. Après Ébroïn, triomphe définitif de l'aristocratie austrasienne. Gouvernement de Peppin de Héristall. — Eude, roi d'Aquitaine. — Charles-Martel. Il subjugue la Neustrie et les Germains. — Invasion des *Sarrasins*. Bataille de Poitiers. Gloire de *Charles-Martel*. — Il règne sur la Gaule et la Germanie. — Peppin le Bref et saint Boniface. — Alliance des Carolingiens et des papes. Sacre de Peppin.

638 — 752.

Ce ne fut point par une crise violente que le pouvoir effectif passa des rois aux maires du palais après la mort de Dagobert, qui avait retardé de quelques années ce grand changement politique, déjà si imminent au temps de son père Chlother. Deux enfants de huit et de quatre ans, Sighebert et Chlodowig, étaient les seuls héritiers de ce prince énergique et actif: les maires n'eurent pas besoin de lutter contre de tels rivaux, et ils agirent, au contraire, en protecteurs d'une royauté dont ils exerçaient les attributions. Aussitôt Dagobert expiré, Peppin de Landen et tous les chefs austrasiens que le roi avait retenus auprès de lui comme en otages retournèrent dans leur pays, et Peppin reprit les fonctions de maire à Metz, tandis que les leudes de Neustrie et de Burgondie élevaient sur le bouclier, à Maslai près Sens, le petit Chlodowig. Les Neustriens confirmèrent les dernières volontés de Dagobert à l'égard du duc Éga et l'acceptèrent pour maire du palais, à condition qu'il restituât aux leudes « les biens que Dagobert avait injustement réunis au fisc, » c'est-à-dire les bénéfices que le roi avait repris à la mort des titulaires, au lieu de les laisser aux héritiers. Les trésors de Dagobert furent partagés à l'amiable entre ses deux fils, et l'on accorda à la reine Nanthilde[1] le « tiers de ce que Dagobert avait acquis. »

Éga et Peppin remplirent peu de temps les fonctions de maires; ils moururent tous deux à quelques mois de distance (639-640). Peppin, chef des leudes austrasiens et lié étroitement aux chefs du clergé, qui firent de lui un saint après sa mort, avait fondé, en mariant une de ses filles au fils du célèbre Arnulf de Metz, la plus grande race aristocratique de l'empire frank. Cependant son fils Grimoald ne lui succéda pas sans obstacle dans la mairie : un officier du palais, nommé Otto (Othe, Othon), gouverneur ou nourricier (*bajulus*, d'où *bailli*) du roi Sighebert, ne craignit pas de disputer cette dignité au redoutable Grimoald, soutenu par la plupart des grands et des évêques. Apparemment, comme l'a pensé un historien (M. de Sismondi), les hommes libres qui ne dépendaient pas des chefs de trustes formaient le parti d'Otto. Au plus fort de ces troubles, la guerre éclata au delà du Rhin. Radulf, duc de Thuringe, enorgueilli de quelques avantages qu'il avait remportés sur les Wendes, s'était séparé de l'empire frank et refusait toute obéissance à la cour d'Austrasie. Le ban de guerre fut publié dans l'Austrasie et dans toutes les contrées qui en dépendaient, tant outre-Loire qu'outre-Rhin, et le petit roi partit en personne. Le premier acte de l'armée austrasienne fut de tailler en pièces un corps bavarois qui paraissait disposé à passer à l'ennemi avec son chef, fils d'un seigneur que Dagobert et Peppin avaient autrefois mis à mort; puis on marcha aux Thuringiens, campés sur une montagne au bord de l'Unstrudt. Quand on fut en vue des retranchements de Radulf, une effroyable anarchie se mit dans l'armée : le chef bavarois n'avait pas été le seul qui fût d'accord avec le duc de Thuringe ; non-seulement beaucoup de vassaux germains, mais les leudes du pays de Mayence et d'autres Austrasiens « étaient infidèles. » Les chefs fidèles voulaient attaquer sur-le-champ; les autres criaient qu'on attendît au lendemain : le maire Grimoald crut les jours du jeune roi menacés, l'enleva du milieu de ce tumulte et l'environna de ses antrustions ; pendant ce temps, le duc d'Auvergne, avec ses Aquitains,

---

1. Pourquoi plutôt à Nanthilde qu'aux *autres veuves* du roi ? c'est ce qui n'est pas expliqué.

le comte de Sundgaw, avec ses Alsaciens, et plusieurs autres des principaux seigneurs, se précipitaient en désordre à l'assaut du camp ennemi, en entraînant une grande partie de l'armée ; le reste demeura immobile, et vit, sans s'émouvoir, le malheureux succès de l'attaque, que les Thuringiens repoussèrent avec un affreux carnage. La nuit seule interrompit le massacre. Le lendemain matin, des messages furent échangés entre les généraux de Sighebert et le duc Radulf, et l'on convint que les Franks « repasseraient paisiblement le Rhin » sans être inquiétés dans leur retraite ; Radulf reconnut nominativement la suprématie de Sighebert, mais cessa tout tribut, tout service militaire, contracta des alliances avec les Wendes et d'autres nations, et agit désormais en roi indépendant (640).

On ne sait quel rôle avait joué le parti d'Otto dans la campagne de Thuringe ; mais la discorde continua après le retour de l'armée dans ses foyers, et Grimoald ne l'emporta définitivement sur son concurrent qu'en 642. Otto fut tué par le duc des Allemans, qui était de la faction de Grimoald, et personne n'osa plus désormais s'opposer au fils de Peppin, qui exerça environ quatorze ans, sous le nom de Sighebert, le peu de pouvoir public que l'aristocratie austrasienne consentait à subir. Sighebert passa sa jeunesse à fonder et à doter des couvents au fond des Ardennes (Stavelo, Malmedi Erça), et n'est connu que par sa dévotion, qui lui a valu de prendre place parmi les saints. Le monachisme débordait et attirait à lui pêle-mêle toutes les conditions sociales et toutes les natures d'esprits. La translation des restes de saint Benoît, qu'on apporta du monastère du Mont-Cassin, ruiné depuis longtemps par les Langobards, au couvent de Fleuri-sur-Loire, fut un événement qui remua toute la Gaule. Les couvents sortaient de terre en tous lieux ; c'est le temps de la fondation des fameux monastères de Fontenelle (ou Saint-Wandrille) et de Jumiéges : le premier eut trois cents moines ; l'autre, cinq cents.

Le maire de Neustrie, Éga, mort vers le temps de la guerre de Thuringe, avait été remplacé par Erkinoald, seigneur qui possédait Péronne et d'autres domaines sur la rivière de Somme, et qui était parent, par sa mère, du roi Dagobert. « Ami de la paix, et plein de déférence et de bonne volonté envers les évêques », il ne fut pas moins populaire en Neustrie qu'Éga, et laissa les choses suivre leur pente sans tâcher d'en arrêter le cours par force ; d'ailleurs les mœurs, en Neustrie, malgré les souvenirs funestes de Hilperik et de Frédegonde, supportaient encore quelque peu d'ordre et d'unité administrative. Il n'en était pas de même en Burgondie, pays complétement dépourvu d'unité, où chaque province, chaque cité, aspirait à vivre exclusivement de sa vie particulière. Erkinoald, d'accord avec Nanthilde, mère du roi Chlodowig, ayant voulu établir en Burgondie un maire, ami et allié de cette reine, cette entreprise excita un orage terrible : la reine gagna un à un, à force de dons et de caresses, la plupart des grands de Burgondie, et les fit consentir à l'élévation du Frank Flaokhat au rang de maire, moyennant le serment que tous les leudes seraient maintenus dans leurs honneurs, dignités et bénéfices. Mais à peine Flaokhat était-il installé, que la guerre civile s'éleva entre lui et le patrice Willibald, qui s'était vivement opposé à son élection. Flaokhat appela à son aide le roi Chlodowig et Erkinoald, qui vinrent de Paris à Autun avec les grands de Neustrie et leurs antrustions : Willibald y fut mandé au nom du roi. « Willibald, voyant que Flaokhat avait conjuré sa mort, rassembla une grande multitude d'hommes des confins de son patriciat, les nobles, les vaillants, et même les évêques qu'il put attirer à lui et se dirigea vers Autun... On lui envoya le *domestique* Ermenrik pour lui garantir sûreté, et il planta ses tentes non loin de la ville... Le lendemain, Flaokhat et tous les ducs du royaume de Burgondie sortirent de la ville en armes : Erkinoald et les Neustriens en firent autant, et Flaokhat, avec trois ducs burgondiens, fondit sur Willibald ; mais les autres ducs et les Neustriens ne voulurent point attaquer Willibald et attendirent l'événement... Willibald fut tué, ainsi que beaucoup des siens, et sa tente, et les tentes des évêques et des autres qui l'avaient accompagné, furent pillées tant par les vainqueurs que par ceux qui n'avaient pas combattu. » Flaokhat fut emporté par une fièvre chaude onze jours après sa victoire ; on ne lui donna pas de successeur (641)[1].

---

1. Ici finit la chronique de Frédegher, écrivain aussi supérieur à ses continua-

Les annales de Burgondie deviennent dès lors de plus en plus obscures, et celles de Neustrie et d'Austrasie ne présentent plus rien de notable jusqu'à la mort des rois Chlodowig et Sighebert. L'histoire se tait pendant quinze ans. Arrivé à l'adolescence, Chlodowig avait abandonné toute l'autorité à son maire; mais ce ne fut point, comme son frère Sighebert, pour se livrer à des actes de dévotion : « souillé de toute espèce d'impureté, fornicateur et séducteur de femmes, adonné à la gourmandise et à l'ivrognerie », il termina ses jours à vingt-deux ans, par une fin étrange et misérable. Les *Gesta Dagoberti* racontent que la fantaisie lui prit un jour d'avoir dans sa chapelle ambulante des reliques de saint Denis : il fit ouvrir le saint tombeau, et rompit l'os du bras du martyr pour l'emporter; mais les ténèbres et le silence de la crypte, et l'idée du sacrilége qu'il commettait, le saisirent tout à coup d'une telle frayeur qu'il tomba en démence. Il mourut au bout de deux ans, sans avoir recouvré la raison (vers 656). Il laissa trois fils d'une esclave anglo-saxonne, appelée Bathilde, jeune femme remplie de beauté, de grâces et de vertus, que le maire Erkinoald aurait voulu épouser par amour, puis qu'il avait mariée au roi par politique [1]. « Les Franks établirent roi sur eux Chlother, l'aîné des trois enfants, pour régner avec la reine sa mère » [2]. Le crédit des femmes chez les Franks, à partir de Frédegonde et de Brunehilde, devint un fait habituel et frappant; il s'exerce, non pas seulement dans les obscurs détours du palais, mais à la face du ciel, dans les assemblées de la nation, et sans être motivé par un caractère mystique, comme chez les elfes de Germanie.

Le roi d'Austrasie, Sighebert, avait devancé de quelques mois

---

teurs et à l'auteur des *Gesta Regum Francorum*, qu'il est inférieur à Grégoire de Tours. Les ténèbres vont s'épaississant jusqu'à Éginhard.

1. Bathilde, élevée de l'esclavage sur le trône, n'oublia pas les misères de son ancienne condition; elle racheta de ses deniers des milliers d'esclaves. A travers les calamités universelles, un grand progrès se préparait en Occident. Tout tendait à l'abolition de l'esclavage domestique : les habitudes germaniques, conformes à celles de la Gaule primitive, secondaient à cet égard l'esprit du christianisme, et l'Église continuait à montrer un louable zèle pour la rédemption des esclaves. Le concile de Chalon, en 644, avait défendu de vendre des esclaves pour les emmener hors du royaume des Franks, « de peur qu'ils ne demeurassent toujours en servitude », ou qu'ils ne vinssent au pouvoir des Juifs. (Il n'était pas permis aux Juifs, en Gaule, d'avoir des esclaves chrétiens.)

2. *Gesta Reg. Franc.* c. 44.

son frère dans la tombe. Cette mort fut suivie de graves événements : le maire Grimoald, allié par lui-même et par son beau-frère, fils d'Arnulf de Metz, à presque tous les grands d'Austrasie, et jugeant sa puissance inébranlablement affermie par un commandement de quatorze années, crut le temps venu d'en finir avec l'ombre de la royauté salienne ; il fit tondre le petit Dagobert, fils unique du feu roi Sighebert, le fit conduire secrètement en Irlande, et plaça son propre fils Hildebert sur le trône en vertu d'un prétendu testament souscrit par Sighebert au profit de cet enfant. Cette tentative était prématurée : une sorte de religion politique souleva les esprits contre l'usurpateur ; la masse de la population franke refusa de reconnaître le nouveau roi : les grands s'irritèrent qu'un de leurs égaux se proclamât leur maître. Grimoald, attiré dans une embuscade, fut pris par les partisans des Mérovingiens et envoyé captif à Paris avec son fils. D'après les termes des *Gesta regum Francorum,* Grimoald paraît avoir été condamné à mort par un mâl national ; il périt dans les supplices, et le petit Hildebert paya aussi de sa vie sa royauté éphémère.

On ignorait le sort du jeune Dagobert, et les trois couronnes frankes se trouvèrent réunies un moment sur la tête de Chlodowig, puis sur celle de son fils aîné, Chlother, que le maire de Neustrie, imbu des idées romaines, fit proclamer seul roi. La catastrophe de Grimoald avait tellement désorganisé l'Austrasie, que les Austrasiens laissèrent agir Erkinoald et ne réclamèrent point d'abord de roi particulier. Erkinoald mourut peu après le roi Chlodowig (vers 657) : « Les Franks, après beaucoup d'hésitation sur le choix d'un maire, élevèrent Ebroïn à ce comble d'honneur ». L'élection d'Ébroïn, Frank du Soissonnais, riche, mais, dit-on, de basse origine, fut l'œuvre des Neustriens ; les Austrasiens et les Burgondes semblent n'avoir joué qu'un rôle passif en cette occasion ; mais l'unité de l'empire ne se conserva pas longtemps sous le roi Chlother et le maire Ébroïn ; vers 660, les Austrasiens exigèrent qu'on leur expédiât à Metz comme roi le petit Hilderik, second fils de Chlodowig, et lui donnèrent pour maire le duc Wulfoald. La Neustrie et la Burgondie restèrent ensemble sous la mairie d'Ébroïn. Avec Ébroïn, l'histoire reprend un grand intérêt : ce n'est plus, comme Èga ou Erkinoald, un esprit insinuant et flexible, qui s'accommode au temps et plie plutôt que de rompre; c'est une âme violente, orgueilleuse, intrépide, que nul scrupule et nulle crainte ne détournent du but, une âme de la trempe du grand Chlodowig et de Brunehilde; il veut abattre, au profit de la couronne et des masses, l'aristocratie dont il a reçu son pouvoir, et confond dans sa personne la royauté et la mairie, tout en entourant de vains honneurs le fantôme royal au nom duquel il commande. La classe anarchique des leudes ayant été incapable d'user de ses avantages sur la monarchie pour fonder un sénat, un gouvernement aristocratique un peu régulier, et n'ayant produit, sous le titre de mairie, qu'une espèce de *sous-royauté* (*major-domûs, sub-regulus*), il était naturel que la mairie s'animât d'instincts monarchiques et se retournât contre le parti qui l'avait créée.

On ne connaît guère les actions d'Ébroïn que par les récits de ses ennemis, les biographes de saint Léger, et l'on peut supposer que ceux-ci l'ont calomnié en l'accusant de vendre la justice au poids de l'or dans les mâls; mais on ne saurait douter qu'il n'ait employé les moyens les plus impitoyables et les plus arbitraires pour comprimer les leudes : il ne cherchait contre eux que des prétextes de confiscation, « versait le sang des nobles hommes pour des fautes légères », et foulait aux pieds toutes les coutumes barbares; il porta à l'aristocratie un coup d'une extrême hardiesse, en déchirant de sa seule autorité le décret de l'assemblée de Paris (614) qui prescrivait de choisir les comtes dans les comtés qu'ils devaient gouverner. La résistance fut faible en Neustrie : l'évêque de Paris, Sighebrand, homme arrogant et ambitieux, qui avait gagné la confiance de la reine Bathilde et qui contrecarrait le maire du palais, « fut tué par les Franks à cause de son orgueil »; la reine, ne voulant pas se réconcilier avec les meurtriers et ne pouvant les punir, se retira au monastère de Chelles, qu'elle avait fondé, et Ébroïn, qu'il eût ou non ordonné la mort de l'évêque, n'en fut que plus absolu dans la Neustrie (664). Ébroïn rencontra chez les Franco-Burgondes une opposition bien autrement opiniâtre; les légendes prétendent que, dès son avénement à la mairie, il fit périr l'évêque de Lyon, qui s'était montré son adversaire. Ce fait est assez obscur. Quoi qu'il en soit, le sort des évêques de Lyon et de Paris n'effraya pas un autre prélat qui mit au service du parti aristocratique une intelligence aussi vigoureuse et des passions aussi indomptables que celles d'Ébroïn : c'était Léodegher, évêque d'Autun, dont l'Église a fait un saint (saint Léger), mais en qui l'histoire voit surtout un courageux chef de faction. L'évêque d'Autun, membre d'une des plus grandes familles barbares de la Gaule, était en relation avec la plupart des grands des trois royaumes, et rallia autour de lui presque tous les farons de Burgondie. Après plusieurs années de tiraillements et d'hostilités sourdes, les choses en vinrent à tel point qu'Ébroïn défendit par un édit royal à tout Burgonde de se présenter au palais du roi sans avoir été mandé ; il préparait des mesures terribles, lorsque le jeune roi Chlother III « fut rappelé par le Seigneur », dans un âge moins avancé encore que son père Chlodowig ou que son oncle Sighebert ; tous ces Mérovingiens étaient hommes à douze ou treize ans, et caducs à vingt. La plupart étaient emportés par des dyssenteries, suite de leur intempérance (670).

La mort de Chlother III fut le signal d'une brusque révolution : Ébroïn, qui, depuis longtemps peut-être, n'avait pas convoqué de mâl national, et qui craignait qu'une révolte générale n'éclatât si tous les seigneurs neustriens et burgondes se trouvaient réunis en quelque occasion que ce fût, proclama roi le jeune Théoderik, troisième fils de Chlodowig II, sans attendre les leudes, que se dirigeaient de toutes parts vers les rives de la Seine pour élever Théoderik sur le bouclier ; les leudes rencontrèrent sur toutes les routes des messagers d'Ébroïn qui leur portaient l'ordre de retourner chez eux. Les leudes répondirent à cette audacieuse violation des coutumes nationales par une insurrection universelle : les partisans d'Ébroïn furent forcés de s'enfuir ou de suivre le torrent, sous peine d'être massacrés ou brûlés dans leurs maisons, et des députés allèrent offrir les couronnes de Neustrie et de Burgondie au roi d'Austrasie Hilderik ; Ébroïn, abandonné de tous, se réfugia dans une église, pendant que ses ennemis pillaient et se partageaient ses trésors, fruit de treize ans de pouvoir arbitraire. Les évêques, et même Léodegher ou saint Léger d'Autun, au dire de ses panégyristes, s'interposèrent pour qu'on ne violât point le droit d'asile dans la personne du maire déchu : on épargna donc la vie d'Ébroïn; on le tondit et on l'envoya en exil au monastère de Luxeuil; on coupa aussi les cheveux au roi d'Ébroïn, au jeune Théoderik, et on le mena devant son frère Hilderik, qui lui demanda ce qu'il voulait qu'on fit de lui : « Théoderik répondit seulement qu'injustement dépouillé du royaume, il remettait sa cause au Dieu du ciel. » On l'enferma au couvent de Saint-Denis.

La chute d'Ébroïn eut des conséquences qui rappellent les suites de la ruine de Brunehilde : les grands imposèrent leurs conditions à Hilderik, comme autrefois à Chlother II; chaque race reprit ses lois et ses coutumes, « telles que les gardaient les juges des anciens jours »; les décrets de l'assemblée de Paris (de 614) furent renouvelés, et les leudes neustriens et burgondes exigèrent l'abolition de la mairie viagère, qui, après avoir été une garantie contre la royauté, était devenue plus redoutable qu'elle. « De peur que quelqu'un n'usurpât à l'instar d'Ébroïn, et ne vînt comme lui à mépriser ses co-antrustions (*contubernales*), » on convint que les grands exerceraient tour à tour les fonctions de maire. L'évêque Léodegher fut pendant quelque temps le véritable maire du royaume neustro-burgondien, quoiqu'il n'en eût pas le titre; mais la bonne intelligence ne dura guère entre Hilderik et les leudes : ce jeune prince, qui avait quitté Metz pour s'établir dans le Parisis, au centre de l'Empire gallo-frank, faisait exception dans sa race dégénérée : il avait l'énergie et les passions fougueuses de ses ancêtres; il viola bientôt les conditions auxquelles il avait reçu le trône et montra aux leudes un autre Ébroïn. L'évêque Léodegher le menaça de la vengeance divine s'il ne respectait les coutumes nationales qu'il avait jurées, et s'il ne se séparait de sa cousine germaine Bilihilde, fille du feu roi Sighebert II, qu'il avait épousée contre les décrets des conciles et des rois ses devanciers. Hilderik s'irrita de ces reproches; Léodegher ne tarda pas à être aussi mal avec lui qu'avec Ébroïn, et fut accusé auprès du roi de comploter avec Hector, patrice de Marseille, et d'autres grands, « pour renverser la domination royale. » Hilderik fit tuer Hector, et voulait traiter de même l'évêque d'Autun : on eut grand'peine à obtenir qu'il se contentât de l'exiler à Luxeuil, dans ce même monastère où était renfermé son ancien adversaire Ebroïn.

Léodegher confessa qu' « il avait gravement péché contre Ebroïn, » et ces deux fiers ennemis, rapprochés par une semblable infortune, se jurèrent de vivre en paix et en concorde dans leur commun asile; mais ni l'un ni l'autre n'était résigné à rester enseveli dans l'ombre du cloître : selon toute apparence, à peine réunis à Luxeuil, ils entrèrent ensemble dans une vaste conspiration contre Hilderik, qui venait de pousser les grands à la dernière exaspération, en faisant attacher à un poteau et battre de verges un noble homme de la truste royale, appelé Bodolen; c'était le châtiment réservé par la loi aux esclaves. On reçut bientôt à Luxeuil la nouvelle de l'issue du complot : Bodolen et ses amis avaient surpris le roi chassant dans la forêt de Leuconie (aujourd'hui la forêt de Bondi), non loin de la maison royale de Chelles, et l'avaient égorgé avec sa femme enceinte et un petit enfant (septembre 673). Le maire d'Austrasie, Wulfoald, qui se trouvait auprès du roi, s'était enfui dans son pays, et une anarchie épouvantable bouleversait la Gaule. « Tous ceux que Hilderik avait condamnés à l'exil raccouraient comme des serpents qui sortent de leurs cavernes, tout gonflés de venin, au retour du printemps. Leur fureur déchaînée suscita un si grand trouble dans le pays, qu'on croyait voir l'avénement de l'Ante-Christ; les gouverneurs des provinces s'entre-déchiraient par des hostilités incessantes, et chacun faisait ce qui lui semblait bon, sans crainte de châtiment (*Vita S. Leodegarii.*) »

(674) Ébroïn et Léodegher étaient tous deux sortis de Luxeuil, après avoir renouvelé entre les mains de l'abbé le serment d'oublier le passé : ils entrèrent ensemble dans Autun, chacun à la tête de ses partisans, puis se dirigèrent de cette ville vers Paris, afin de se rendre près du roi-moine Théoderik, qu'on avait tiré de Saint-Denis; mais leur bon accord, déjà fort compromis à Autun, se rompit complètement chemin faisant. Ébroïn voulait ressaisir la mairie; Léodegher voulait la conférer à Leudès (*Leudesius*), fils d'Erkinoald, le prédécesseur d'Ébroïn. Ébroïn partit de nuit dans la crainte d'être arrêté, et s'en alla dans ses domaines du Soissonnais; l'évêque d'Autun poursuivit

sa route avec beaucoup de farons burgondiens; ils rejoignirent les grands de Neustrie, proclamèrent dans un mâl solennel Théoderik roi et Leudès maire, se dispersèrent ensuite, et retournèrent chez eux comme si tout eût été fini par cette cérémonie. Ils semblèrent oublier qu'Ébroïn était libre et qu'il avait le fer à la main. Ébroïn ne perdait pas son temps : il avait jeté son habit de moine, laissé repousser ses cheveux et repris sa femme, puis convoqué sur ses terres tous ses amis, tous ses fauteurs, tous les gens pauvres et hardis qui ne dépendaient d'aucun chef de truste et qu'attirait l'espoir de se partager les biens des grands; il pactisa avec divers chefs austrasiens, naguère ses ennemis ; une foule d'aventuriers du pays de l'Est accoururent sous ses drapeaux. Les *Gesta Francorum* racontent qu'au moment d'agir, saisi de quelque inquiétude, il envoya demander conseil à saint Ouen, évêque de Rouen : le vieux ministre de Dagobert ne lui répondit que ces mots : « Qu'il te souvienne de Frédegonde ! » La morale de ce conseil était un peu extraordinaire pour un saint. « Ébroïn, comme il avait l'esprit ouvert, comprit ; » il proclama roi, sous le nom de Chlodowig, un enfant qu'il prétendit être le fils de Chlother III, et saisit rapidement l'offensive. Au bruit de ses préparatifs, le maire Leudès et le roi Théoderik avaient rassemblé quelques troupes sur l'Oise, et s'étaient établis à Pont-Sainte-Maxence.

Une nuit, l'armée d'Ebroïn, arrivée à marche forcée des environs de Soissons, passa l'Oise et pénétra dans la ville par escalade : le roi et le maire eurent à peine le temps de s'enfuir en emportant le trésor royal; une grande partie des gens de la cour furent massacrés. Leudès avait emmené le roi sur les bords de la Somme, où étaient ses propres possessions; mais il ne put s'y défendre : Ébroïn suivit les fugitifs l'épée dans les reins; à Baisiu, près Corbie, le trésor royal tomba en son pouvoir; à Créci, en Ponthieu[1], le roi lui-même fut atteint et pris; on ne lui fit aucun mal; Leudès, sur le serment d'Ébroïn qui lui garantis-

---

1. *Crisicagum in Pontivo. Pontivus*, c'est-à-dire le *pays maritime*, partie méridionale de l'ancien *Tractus Nervicanus*.— Dans les noms de lieux, la désinence si commune *acus*, *acum*, *agum*, provenant de l'*ac'h* celtique, a été remplacée en français par *i*, quelquefois par *ai*, tandis que l'*ac* s'est conservé dans nos dialectes du Midi.

sait la vie sauve, se rendit auprès du vainqueur pour faire sa paix; il fut traîtreusement massacré. Ébroïn frappa un rival dans Leudès, et conserva dans Théoderik un instrument qui pouvait redevenir utile. On confina le pauvre prince dans quelque métairie isolée, et l'on répandit le bruit de sa mort. Toute la Neustrie reconnut le prétendu fils de Chlother III, mais l'Austrasie et une grande partie de la Burgondie repoussèrent le *faux roi*. La veuve du roi Sighebert II, qui vivait encore en Austrasie, avait appris par des voyageurs que son fils Dagobert n'était pas mort, et qu'il était encore dans le monastère d'Irlande où Grimoald l'avait envoyé dix-huit ans auparavant : elle détermina le maire Wulfoald et les chefs austrasiens à faire revenir ce jeune homme du fond de l'île d'Occident, et à le prendre pour roi. Ébroïn ne tenta pas de s'y opposer : il dirigea tous ses efforts vers la Burgondie, et dépêcha contre Autun un corps d'armée commandé par le duc de la Champagne troyenne, par l'évêque de Chalon et par l'évêque déposé de Valence, chefs de cette minorité qui soutenait la cause monarchique en Burgondie. Les habitants d'Autun parurent prêts à braver tous les périls pour défendre leur évêque, qui avait magnifiquement décoré la cathédrale, relevé les murs de la ville, réparé les principaux édifices, et qui s'était rendu très populaire par ce noble emploi de ses richesses. A l'approche des ennemis, Léodegher fit briser à coups de marteau sa vaisselle d'argent, et distribua tout son trésor aux églises, aux monastères et au pauvre peuple; puis il ordonna un jeûne de trois jours, et demanda publiquement pardon à tous ceux d'entre le peuple qu'il avait pu offenser. Les gens d'Autun, exaltés par ce spectacle, se battirent comme des lions, et repoussèrent un furieux assaut qui dura une journée entière. Le lendemain matin, Léodegher dépêcha un abbé vers l'évêque de Chalon, pour demander à se racheter par une rançon, lui et la ville; mais l'évêque de Chalon déclara que l'armée ne se retirerait pas, jusqu'à ce que Léodegher se fût rendu « et eût promis sa foi au roi Chlodowig ». L'évêque refusa, et les javelots et les traits incendiaires garnis d'étoupes enflammées recommencèrent à pleuvoir sur les remparts. Léodegher, voyant que sa cité allait périr à cause de lui, embrassa une résolution héroïque, et se décida à finir par la mort d'un martyr la vie d'un chef de parti : « il dit adieu à tous ses frères, communia par le pain et par le vin », et alla se livrer aux ennemis, qui ne lui donnèrent pas la mort, mais lui crevèrent les yeux et l'envoyèrent captif dans le pays de Troies.

Les chefs de l'armée d'Ébroïn prirent ensuite possession d'Autun, et marchèrent sur Lyon et sur le Midi, afin d'arracher du siége de Lyon le métropolitain Génésius, ami de Léodegher, et d'installer dans le patriciat de Provence un duc dévoué à Ébroïn ; « mais les peuples rassemblés de toutes parts ne leur permirent pas de s'emparer de la grande cité de Lyon. » Ébroïn, informé de cet échec, jugea utile d'ôter à ses adversaires le prétexte dont ils se couvraient aux yeux des masses, savoir la défense de la cause du *vrai roi*: il replongea dans l'obscurité le fantôme royal qu'il en avait tiré, se réconcilia avec Théoderik, le remit sur le trône et se fit proclamer maire du palais de ce prince; en même temps, il publia, au nom de Théoderik, un édit qui défendait toutes les poursuites judiciaires relativement « aux dommages et aux dévastations commis durant les troubles ». Il atteignit son but : la Burgondie se soumit, à l'exemple de la Neustrie, moins complètement toutefois, et, durant cinq années, Ébroïn n'eut plus à combattre, mais à user de la victoire. Il en usa sans scrupule et sans pitié, mais avec génie : on est obligé de deviner ses vues et ses plans à travers les arides indications des chroniques et les vagues déclamations des légendes. Il fit tout pour briser l'aristocratie héréditaire, qui tendait à se former depuis un siècle et demi, rendit les dignités et les bénéfices à la circulation, enleva les terres du fisc aux familles qui se les étaient appropriées depuis plusieurs générations, les répartit entre des hommes nouveaux, constitua ainsi une classe nombreuse de petits bénéficiaires intéressés à soutenir son œuvre contre les principaux leudes, confisqua les patrimoines de tous les grands qui résistaient, et réduisit beaucoup d'entre eux à chercher un asile chez les Austrasiens ou chez les Wascons. Il n'épargnait pas même les religieuses qui appartenaient aux grandes familles frankes, et il les bannissait avec leurs pères et leurs frères [1]. Il n'eut pas, comme Brunehilde et Dagobert,

---

1. « Ébroïn, « dit la légende de saint Ragnebert, » homme de naissance infime, n'aspirait qu'à tuer, à chasser ou à dépouiller de leurs honneurs tous les Franks

l'imprudence de rétablir les impôts sur le peuple ; la dépouille des grands lui suffisait : aussi les masses lui furent-elles dévouées. Quant à l'épiscopat, qui jouait dans toutes ces luttes un rôle militaire et séculier fort éloigné de l'esprit des réformateurs monastiques, il s'était tellement partagé entre les deux factions qu'il se neutralisait en quelque sorte lui-même : si Ébroïn avait contre lui saint *Léger* d'Autun, saint *Genest* de Lyon, il avait pour lui saint *Ouen* de Rouen, saint *Prix* (Præjectus) d'Auvergne, saint *Réol* de Reims, saint *Égilbert* de Paris, étranges saints ! et un synode épiscopal l'aida à consommer sa barbare vengeance sur Léodegher, qui lui faisait encore ombrage dans le misérable état où il l'avait réduit. Il feignit de vouloir punir les auteurs du meurtre du roi Hilderik, dont il avait certes lui-même vivement souhaité la mort, s'il n'y avait pas directement coopéré : il ordonna qu'on lapidât Ghérin, frère de Léodegher, un des principaux complices de Bodolen, fit couper les lèvres et le bout de la langue à l'évêque d'Autun, et le fit amener devant un nombreux concile d'évêques neustro-burgondiens, tenu à *Marlacum* (Marli) près Paris. Les prélats demandèrent à Léodegher s'il se reconnaissait coupable de la mort de Hilderik : Léodegher se contenta de répondre que « Dieu savait ce qui en était », apparemment pour ne point se parjurer en niant sa participation au complot. Il fut donc condamné ; on déchira sa tunique du haut en bas, et on le livra à un comte du palais, qui lui fit trancher la tête (678). La fin tragique de Léodegher, après quatre ans de souffrances et de captivité, émut profondément les esprits, et souleva de nouvelles haines contre Ébroïn. La renommée du prélat, que l'Église catholique honore sous le nom de saint Léger, alla toujours croissant ; on remarquait que les instruments de sa perte, le duc de Troies et l'évêque de Chalon, avaient déjà péri, sacrifiés à leur tour par la politique d'Ébroïn, et l'on prédisait que le terrible maire ne tarderait pas à rejoindre ses victimes [1].

---

de haute race, pour leur substituer des gens de basse origine. » *V.* les *Hist. des Gaules*, t. III, p. 619.

1. *V.* les deux vies de saint Léger (*Sancti Leodegarii Vita*) dans les *Hist. des Gaules*, t. III, p. 611-632 ; les *Gesta Regum Franc.*—Fredegar. continuat. 1.—*Sancti Præjecti Vita*, dans les *Hist. des Gaules*, t. III, p. 595. — *Diplomata Theoderici III*; dans les *Hist. des Gaules*, etc. t. IV. p. 658.

Un orage redoutable se formait en effet contre Ébroïn, à la suite d'importantes révolutions qui venaient d'avoir lieu en Austrasie. *Les chefs austrasiens, en rappelant d'Irlande un jeune homme élevé dans l'obscurité des cloîtres, avaient cru se donner un roi sans passions et sans volonté, un roi pareil à son cousin Théoderik de Neustrie ; Dagobert, au contraire, suivit les traces de Hilderik : la contrainte du couvent avait comprimé ses passions sans les étouffer ; elles débordèrent avec impétuosité quand il put les satisfaire ; il s'aliéna, par ses violences et par ses exactions, les grands, les évêques et la multitude, « imposa au peuple l'humiliation du tribut, » et provoqua, au commencement de l'année 678, une conjuration générale, à la tête de laquelle se placèrent tout naturellement les héritiers et les vengeurs du maire Grimoald. La postérité mâle de Peppin de Landen s'était éteinte avec Grimoald et son jeune fils ; mais Begga, fille de Peppin, mariée à Anséghis, fils de Saint Arnulf de Metz, avait donné le jour à un jeune homme appelé Peppin, comme son aïeul maternel : les historiens modernes, pour le distinguer de Peppin l'ancien, l'ont surnommé Peppin de Héristall, du nom d'une célèbre *villa* qu'il habitait aux bords de la Meuse (près Liége). Le jeune Peppin, et son cousin germain Martinus ou Martin[1], fils d'un autre fils de saint Arnulf, furent plus heureux que Grimoald : on ignore entièrement les détails de leur insurrection contre le roi Dagobert II, ; il paraît que Dagobert fut pris et mis à mort par les ducs, « du consentement des évêques : on lui plongea un glaive jusqu'à la garde dans l'aine[2]. » Avec l'infortuné Dagobert II, la royauté salienne disparut de la France orientale : la race de Chlodowig le grand ne fut pas remplacée par une autre dynastie ; les seigneurs étaient parvenus à leurs fins, et une fédération aristocratique de hérezoghes et de grafs (ducs et comtes) succédait à la truste royale ; Peppin et Martin avaient seulement sur les autres chefs la prépondérance que leur donnaient leur union, leur génie guerrier et leurs vastes domaines, qui s'étendaient le long de la Meuse et de la Moselle,

---

1. Depuis la fin du sixième siècle, on commençait à voir des Germains portant des noms gallo-romains, et réciproquement, indice d'une tendance naissante à la fusion des races.

2. *Sancti Vilfrid. Vita*, dans les *Hist. des Gaules*, t. III, p. 600-605. Cette légende contemporaine est le seul monument où il soit question du roi Dagobert II.

dans le pays de Tongres (Liégeois), le Brabant, les Ardennes et le pays Messin. La dissolution de la truste royale n'amena pas, comme on eût pu le craindre, la dissolution de la nationalité même et le démembrement complet du territoire : la haine et l'effroi qu'inspirait Ébroïn arrêtèrent les dispositions des grands à l'isolement et à l'indépendance absolue, et resserrèrent les liens de leur fédération.

Une lutte acharnée devait nécessairement s'engager entre les deux principes contraires, qui avaient triomphé, l'un en Neustrie et l'autre en Austrasie : une foule de mécontents et de proscrits neustriens s'étaient réfugiés auprès des jeunes ducs Peppin et Martin, et les excitaient incessamment à délivrer la Neustrie et la Burgondie du cruel tyran Ébroïn. Les chefs austrasiens levèrent l'étendard en 680, et s'apprêtèrent à entrer dans le royaume de l'ouest avec une puissante armée : ils comptaient sur un soulèvement général, comme en 670 ; mais ils furent bien déçus dans leurs espérances : ils n'eurent pas la peine de passer la frontière, et ils rencontrèrent Ébroïn et ses légions à *Luco-Fago*, lieu qui semble identique à ce *Latofao* où s'était déjà donnée une grande bataille en 596, et qu'on croit être le village de Lafaux, entre Laon et Soissons. En cet endroit tomba de part et d'autre « une multitude infinie de peuple : » ce lieu était fatal aux Austrasiens ; ils y furent vaincus pour la seconde fois, et « tournèrent le dos, poursuivis avec un cruel carnage par Ébroïn, qui dévasta tout le pays. Martin se sauva dans Laon-le-Cloué, et Peppin s'enfuit dans une autre direction. Ébroïn, après avoir achevé sa victoire, ramena son armée à la ville d'Ercheregum » (Écri-sur-Aisne) et dépêcha vers Martin deux prélats, l'un neustrien, l'autre austrasien, Réolus, métropolitain de Reims, et Aghilbert (ou Égilbert), évêque de Paris, pour l'inviter à venir le trouver. Les deux évêques jurèrent sur des reliquaires que Martin aurait la vie sauve ; mais, sachant bien le dessein d'Ébroïn, ils avaient eu la précaution de vider furtivement les châsses. Martin, « croyant à leur serment, » descendit des inaccessibles remparts de Laon avec ses antrustions et ses alliés, se rendit à Écri, et y fut tué ainsi que tous les siens. Réolus et Aghilbert figurent au nombre des saints !

La conquête de l'Austrasie semblait imminente : Ébroïn lui enleva la Champagne et l'Alsace ; mais il n'eut pas le temps de poursuivre jusqu'au bout les conséquences de sa victoire. Un Neustrien de distinction, nommé Ermenfrid, ayant malversé dans l'administration des biens du fisc, Ebroïn confisqua une partie des propriétés du concussionnaire, et le menaça de la mort : Ermenfrid prévint le péril par un coup de désespoir ; il assembla ses amis, et, un dimanche, avant le jour, comme le maire du palais sortait de son logis pour aller aux matines dans l'église voisine, Ermenfrid, embusqué près de la porte de la maison, se précipita sur Ébroïn, lui fendit la tête d'un furieux coup d'épée, puis, remontant à cheval, s'enfuit à toute bride jusqu'en Austrasie. Ébroïn était tombé roide mort. L'aristocratie poussa dans toute la Gaule un long cri d'allégresse ; le duc Peppin combla de riches dons l'assassin Ermenfrid. Un homme qui avait été privé de la vue par ordre du maire du palais, et qui s'était retiré dans l'île Barbe, près de Lyon, raconta qu'une nuit, comme il était en oraison aux bords de la Saône, il avait entendu le bruit d'un vaisseau qui remontait contre le courant du fleuve à grande force de rames : il demanda où allait ce navire ; alors une voix terrible retentit à ses oreilles : « C'est Ebroïn que nous emportons à la chaudière infernale ! » Ébroïn ne s'était pas fait de parti dans le ciel, comme autrefois le roi Dagobert, et aucun saint ne descendit du firmament pour délivrer son âme[1].

(681-686) Tout le monde n'avait pas si mauvaise opinion du maire de Neustrie : « il réprimait virilement toutes les méchancetés et les iniquités qui se commettaient sur la surface de la terre ; il châtiait les forfaits des hommes superbes et injustes ; il faisait régner la paix par toute la terre... C'était un homme de grand cœur, bien qu'il fût trop cruel envers les évêques. » Tel est le témoignage que lui rendent des légendes (celles de saint Præjectus d'Auvergne et des miracles de saint Martial de Limoges), qui expriment sans doute l'opinion des Franks de condition inférieure auxquels il avait partagé les bénéfices royaux, et du peuple

---

1. *Gesta Regum Franc.* continuat. II ; *Sancti Leodegar. Vita* ; Adon. *Chronic.* dans les *Hist. des Gaules*, t. II, p. 670.

des villes, qu'il avait protégé contre la tyrannie des grands. En Burgondie et en Aquitaine, la mort d'Ébroïn eut des suites graves; mais, en Neustrie, le parti d'Ébroïn s'était tellement fortifié et organisé depuis sept ans, qu'il garda le pouvoir après la mort du grand chef qui paraissait devoir tout entraîner dans sa tombe : le duc Peppin et ses alliés, tout étourdis encore de leur sanglante défaite, furent trop heureux de donner des otages au maire Waratte ou Wert, successeur d'Ébroïn, et d'obtenir de lui la paix. Les seigneurs bannis demeurèrent en exil, et rien ne fut changé dans la Neustrie. Le vieux métropolitain de Rouen, Audoën ou saint Ouen, contribua de toute son influence à maintenir l'ouvrage de son ami Ébroïn. La paix conclue avec les Austrasiens fut même vivement désapprouvée en Neustrie par les hommes énergiques, et amena une révolution dans le palais : Waratte fut supplanté par son propre fils, Ghislemar, jeune homme plein d'audace et d'astuce, qui recommença la guerre contre Peppin, et qui pénétra en Austrasie. Peppin vint à la rencontre de Ghislemar près du château de Namur (*Namugo*); on négocia, on jura la paix; mais Ghislemar, fondant à l'improviste sur les Austrasiens, « tailla en pièces un grand nombre de leurs nobles hommes. » La crainte que son père ne profitât de son absence pour recouvrer la mairie l'obligea de retourner en Neustrie au lieu de pousser son avantage; mais il mourut subitement, et Waratte rentra dans la mairie (684). Saint Ouen et Waratte moururent dans les deux années qui suivirent ces événements[1]. L'élection du successeur de Waratte fut longuement et orageusement débattue ; enfin la veuve de Waratte, nommée Ansflède, femme de tête et de courage, eut le crédit de faire élever à la mairie son gendre, Berther. C'était le plus malheureux choix auquel on se pût arrêter : Berther, « vain et léger, petit de taille et d'esprit, méprisant les conseils et l'amitié des Franks, » mit partout le trouble et la discorde. Beaucoup de chefs neustriens retirèrent leur obéissance à Berther, envoyèrent à Peppin des otages en garantie d'alliance, et

---

1. Saint Ouen avait été évêque quarante-trois ans; il était, pour ainsi dire, le souverain spirituel et temporel de la province ecclésiastique de Rouen : le roi Théoderik et le maire Waratte, en 684, lui avaient accordé un privilège d'après lequel on ne pouvait établir dans sa province, sans son aveu, ni évêque, ni abbé, « ni comte, ni tout autre juge ». *v.* Coint. *Annal. eccl. ad an.* 681.

« l'excitèrent contre Berther et le reste des Franks. » Les nombreux exilés qui vivaient de l'hospitalité austrasienne assiégeaient le duc Peppin d'instances continuelles, et s'efforçaient de lui persuader qu'il n'avait qu'à tirer l'épée pour devenir chef de tous les Franks : l'ambition excitait Peppin, le souvenir de Lucofago le retenait ; il essaya d'abord les voies pacifiques, et dépêcha une ambassade au roi Théoderik pour le prier de rappeler les bannis et de leur restituer les biens qui leur avaient été enlevés par Ebroïn. C'était demander le bouleversement de la Neustrie. «Théoderik, disent les *Annales de Metz,* à l'instigation de Berther, reçut orgueilleusement les messagers, et, rejetant leur requête, annonça qu'il irait bientôt chercher ses serviteurs fugitifs que Peppin avait reçus chez lui contre le droit et la loi. »

Au commencement de 687, Peppin convoqua les grands d'Austrasie, et leur communiqua la réponse menaçante du roi ou plutôt du maire de Neustrie. La puissance de Peppin, qui avait réuni à ses domaines les grandes terres de son cousin Martin, et qui s'était récemment signalé contre les Germains rebelles à la suzeraineté franke, lui assurait une prépondérance infaillible dans le mâl austrasien, et la cause débattue était d'ailleurs celle de tous les grands. « Il reçut de l'assemblée le conseil qu'il avait déjà résolu dans son âme », et fut proclamé chef de la guerre. L'armée fut convoquée dans la forêt Charbonnière, qui couvrait le Brabant méridional et une partie du Hainaut, et qui séparait la Neustrie de l'Austrasie. Là, Peppin harangua les seigneurs et tous les guerriers, et se donna comme le vengeur des *prêtres de Dieu* et des *nobles franks,* dépouillés par les maires de Neustrie. L'armée applaudit en heurtant ses lances et ses boucliers, traversa la forêt, entra dans le vieux pays salien de l'Escaut, remonta ce fleuve, et, ravageant tout sur son passage, s'avança jusqu'à la métairie de Tertri (ou Testri, *Testricium*), sur la petite rivière d'Aumignon ou de Daumignon (*Dalmannio*), dans le pays de Vermandois. Les Austrasiens furent arrêtés aux bords de l'Aumignon par les masses neustro-burgondiennes qu'amenaient Berther et le roi Théoderik : les milices des villes, les populations gallo-romaines, avaient été appelées aux armes de toutes parts contre les Austrasiens et les nobles neustro-burgondiens, leurs alliés, et, quoique Peppin se proclamât le champion du clergé, la lutte était véritablement entre le parti *romain* et le parti *germain*. Les annales du monastère de Saint-Arnoul de Metz, qui ne sont qu'un panégyrique perpétuel de Peppin et de sa race, prétendent que le général des Austrasiens montra une modération extrême, proposa de nouveau la paix au roi de Neustrie, et lui offrit même de grandes sommes d'or et d'argent pour obtenir la restitution des biens des proscrits et des églises; mais Berther, confiant dans l'innombrable « multitude de peuple » qui suivait ses bannières, rejeta tout; les armes pouvaient seules trancher cette querelle. Peppin prit ses dispositions en habile capitaine : il mit le feu à toutes ses tentes pendant la nuit, pour faire croire à ses adversaires qu'il battait en retraite, passa l'Aumignon en silence aux premières lueurs de l'aube, et s'établit sur une colline, à l'est du camp neustrien, afin que les rayons du soleil matinal éblouissent les yeux des ennemis lorsqu'on engagerait le combat. Les Neustriens, à l'aspect des flammes, avaient cru l'armée austrasienne en fuite, et s'apprêtaient à la poursuivre, quand ils la virent, pour ainsi dire, sur leurs têtes : ils l'attaquèrent sur-le-champ. La bataille fut longue, opiniâtre, acharnée : les légions populaires de Neustrie, mal commandées, aveuglées par le soleil, qui les empêchait de diriger leurs coups, précipitées sans ordre sur un ennemi qui avait l'avantage du poste et des armes, se brisèrent enfin contre les lignes de fer des Austrasiens. L'armée neustrienne se débanda : le roi Théoderik et le maire Berther s'enfuirent, « laissant tous les chefs de leur armée abandonnés au tranchant du glaive »; la plupart des Neustriens coururent chercher un refuge, soit au monastère de Saint-Quentin, dans la cité de Vermandois, soit au couvent des Irlandais (*des Scotts; Scotorum*[1]) ou de Saint-Fursi à Péronne. Peppin, après avoir partagé à ses *fidèles* les dépouilles du camp royal, reçut en grâce les fugitifs de Saint-Quentin et de Saint-Fursi, à la prière des abbés de ces monastères, leur accorda la vie et la conservation de leurs patrimoines, à condition qu'ils devinssent ses hommes et lui jurassent fidélité, puis il se mit à la poursuite du roi et de Berther. Le malheureux maire n'existait plus : il avait été massacré

---

1. Les Écossais ou Scotts d'Écosse n'étaient qu'une colonie des Scotts hiberniens, population dominante de l'Irlande.

par les compagnons de sa fuite, à l'instigation de sa belle-mère elle-même, exaspérée de sa sottise et de sa lâcheté. Quant à Théoderik, il avait couru sans s'arrêter jusqu'à Paris : il attendit là le vainqueur et se rendit à lui. « Peppin, disent les Annales de Metz, lui conserva respectueusement le nom de roi, et prit, comme son propre bien, le gouvernement de tout le royaume, les trésors royaux et le commandement de toute l'armée des Franks ». La truste de Peppin remplaça la truste royale : le roi n'eut plus de *fidèles*. Théoderik devint ainsi roi titulaire de tous les Franks par la défaite même qui consommait, dans sa personne, l'irrémédiable abaissement des Mérovingiens.

L'histoire est muette sur les vengeances qui suivirent le triomphe du parti aristocratique : les exilés ressaisirent leurs patrimoines, leurs bénéfices, leurs honneurs ; les anciens amis d'Ébroïn furent sans doute à leur tour dépouillés, persécutés, massacrés par les grands et par les antrustions des grands ; les chefs austrasiens se firent payer leur assistance par des dignités et des bénéfices en Neustrie. Peppin, homme de haute intelligence, modéra vraisemblablement la réaction plutôt qu'il ne l'encouragea : il ne voulait pas désespérer les populations neustriennes, mais au contraire dominer l'un par l'autre les royaumes de l'Est et de l'Ouest ; cependant il se garda bien de quitter l'Austrasie pour la Neustrie, comme avaient fait les Mérovingiens Dagobert et Hilderik, parvenus du gouvernement de l'Austrasie au commandement de tous les Franks ; il plaça auprès du roi un de ses *fidèles,* nommé Nordbert, comme une sorte de vice-maire, et, après avoir pacifié et réformé la Neustrie dans le sens aristocratique, il retourna dans ses terres du Hasbain en 688, transférant ainsi le siége de la puissance franke des bords de la Seine à ceux de la Meuse, et conservant par cette conduite toute sa popularité parmi les Austrasiens, qui avaient été l'instrument et qui restèrent l'appui de sa grandeur. Sa victoire et l'immense influence qu'elle lui valait changeaient par le fait la fédération austrasienne en une espèce de monarchie militaire. Mais cette monarchie aristocratique ne ressembla en rien au gouvernement d'Ébroïn : Peppin fut, sous le titre de maire du palais, ce qu'avaient été les premiers rois franks, le chef militaire et le grand juge de la nation ; les lois barbares, bouleversées par Ébroïn, furent remises en pleine vigueur; le grand mâl annuel, tombé en désuétude, fut convoqué régulièrement aux *kalendes de mars :* tous les membres de la « noble nation des Franks » y étaient convoqués, sous peine d'amende; le duc Peppin y faisait amener le roi sur un chariot traîné par des bœufs, et, là, le descendant du grand Chlodowig, sa couronne d'or en tête, sa longue barbe et sa longue chevelure flottant sur ses vêtements royaux, siégeait sur un trône au sommet de la colline du mâl (*mâlberg*), « représentait un monarque en effigie, donnait audience aux ambassadeurs venus de toutes les régions étrangères, leur rendait, comme de sa propre volonté, les réponses qui lui avaient été enseignées ou plutôt enjointes, recevait les présents des notables franks, parlait pour la paix et la protection des églises, des veuves et des orphelins, prescrivait à l'armée de se tenir prête à partir pour le jour et le lieu qui seraient indiqués. Ces choses faites, Peppin renvoyait le roi à la *villa publique* de Maumagues (*Mamacca*, dans la forêt de Lesgue, sur la rive gauche de l'Oise, entre Compiègne et Noyon), pour y être *gardé* avec honneur et respect, tandis que lui, ceint de vigueur, gouvernait le royaume des Franks, à l'intérieur par la justice et la paix, à l'extérieur, par la prudence et la force de ses armes invincibles... Le Mérovingien, sauf le vain titre de roi et une pension alimentaire que le maire du palais lui octroyait précairement selon son bon plaisir, n'avait rien en propre que cette seule *villa*, d'un très modique revenu, qui lui servait à entretenir le petit nombre de domestiques nécessaires à son service. Il n'allait nulle part que sur un chariot attelé de bœufs, à la manière des gens de labour et des bouviers[1]. »

Le nouveau gouvernement offrait en apparence la restauration complète des vieilles coutumes germaniques : les Franks du septième siècle n'étaient pourtant plus les Franks du quatrième, et le rôle étrange de la royauté n'était pas la seule différence entre les deux époques; le peuple n'était guère moins annulé que le

---

1. *Annal. Metenses,* dans les *Hist. des Gaules,* t. II, p. 680; Eginhard. *Vita Karoli Magni; ibid.* t. V, p. 89. Ces deux écrivains exagèrent un peu l'espèce de captivité du roi mérovingien; les chartes et diplômes nous montrent Théoderik III et ses successeurs voyageant de *villa* en *villa*.

roi, et ne figurait plus, dans l'assemblée nationale, que comme l'appendice des grands, ou plutôt il n'y avait plus de peuple : il n'y avait quasi que des grands propriétaires suivis chacun d'une *arimannie,* d'une troupe de feudataires et d'antrustions ; les chefs seuls débattaient les intérêts publics avec le chef suprême ; les hommes de moyenne condition, qui s'obstinaient encore dans leur indépendance et leur isolement, étaient dénués de toute influence. Quant à la masse des populations gallo-romaines, elle n'était représentée qu'indirectement par les évêques.

Le désir de ménager l'affection des Austrasiens n'était pas le seul motif qui eût engagé Pèppin à retourner dans sa terre natale : quoiqu'il eût pris le titre de maire du palais, auquel la Neustrie était accoutumée d'obéir, il cherchait à paraître le moins possible le ministre et le lieutenant du roi, et à faire du pouvoir son bien propre, son patrimoine : il aimait donc mieux dater ses chartes de Héristall ou de Landen, que de Clichi ou de Maumagues ; mais c'était surtout la situation extérieure de la nation franke qui l'appelait dans le nord de la Gaule. Le septième siècle avait été une ère de décadence pour les Franks : leur empire était entamé dans l'ouest et le midi de la Gaule, et croulait de toutes parts dans la Germanie. Sous Chlother II, les Langobards, sous Dagobert, les Saxons, avaient été, à l'amiable, déchargés du tribut ; sous Sighebert II, les Thuringiens s'en étaient affranchis par les armes ; puis, durant les dernières guerres civiles, les Bavarois, les Allemans, les Frisons, tous les vassaux teutons enfin, avaient rejeté la suprématie austrasienne : le roi de Bretagne Allan ne reconnaissait plus le traité de son père Judicaël avec le roi Dagobert, et l'Aquitaine aspirait à former un royaume indépendant sous un jeune chef nommé Eude, qui travailla constamment durant trente années à attirer tout le midi de la Gaule sous sa domination[1] ; elle tendait même à englober la Provence. La perte immi-

1. Dès les premières années du gouvernement d'Ébroïn, ou même antérieurement, Toulouse, cédant à une attraction qu'on peut appeler géographique, s'était réunie au duché de Wasconie sous le *noble patrice* Félix ; après la mort de ce Félix, un de ses officiers, jeune Gallo-Romain d'obscure naissance, appelé Lupus, et « qui voulut, à l'exemple d'Ébroïn, être l'auteur de son nom », rassembla autour de lui tous les braves aventuriers des montagnes, recueillit aussi les guerriers franks qui fuyaient la hache d'Ébroïn, se fit proclamer duc de Wasconie et de Tou-

nente de la Gaule méridionale n'était pas toutefois ce qui touchait le plus la nation franke : l'Aquitaine n'était pour elle qu'une terre de conquête, qu'on parcourt, qu'on rançonne, mais où l'on ne fixe pas sa demeure, où l'on n'attache pas son cœur et sa gloire ; les Franks avaient deux patries, la France d'outre-Rhin, leur berceau, la Gaule septentrionale, théâtre de leur grandeur et foyer de leur puissance : leur empire germanique ne leur était pas moins cher que leur empire gaulois, et leur orgueil national était profondément humilié de l'état de la Germanie : la France d'outre-Rhin, qui naguère embrassait la Teutonie entière, était réduite aux contrées des bords du Mein et du Necker (Franconie, Palatinat), à la Hesse et à une partie de la Westphalie ; les Saxons, autrefois bornés à l'ouest par le Weser, pénétraient de tous côtés dans la région entre ce fleuve et le Rhin, et venaient planter leurs huttes de bois et de terre presque en face de Cologne, parmi les Franks païens, qui faisaient probablement cause commune avec eux : les Frisons, jusqu'alors si complétement associés ou soumis aux Franks que les historiens ne les en distinguaient plus et ne prononçaient même plus leur nom depuis des siècles, les Frisons avaient repris non-seulement leur existence nationale, mais une attitude hostile et menaçante, et empiétaient largement sur le territoire frank. Le pays des Frisons s'étendait le long des côtes de la mer du Nord, de l'embouchure du Weser aux bouches du Rhin, de la Meuse et de l'Escaut : l'île des Bataves, le canton

---

louse, envahit une grande partie de l'Aquitaine, depuis Toulouse jusqu'à Limoges, et chassa les comtes franks ; on ne sait s'il y eut quelque accommodement entre Lupus et Ébroïn, chose assez probable : ce qui est certain, c'est qu'Ébroïn, absorbé par les affaires de Neustrie et de Burgondie, ne réprima pas les entreprises du chef gallo-wascon, que soutenaient avec ardeur les populations *romaines* du Midi. Lupus, en 673, se trouva assez fortement établi dans « sa principauté » pour porter ses armes en Septimanie, à la prière des comtes et des évêques gotho-septimaniens, qui s'étaient révoltés contre Wamba, roi des Wisigoths, de concert avec quelques chefs goths de la Tarragonaise. Lupus et ses Gallo-Wascons arrivèrent trop tard : le roi Wamba, descendant des montagnes comme la tempête, avait déjà emporté d'assaut Narbonne, puis Nîmes, où les rebelles avaient pris pour forteresse l'amphithéâtre romain si célèbre sous le nom d'*Arènes de Nîmes*. Lupus fut obligé de se replier sur Toulouse. Il mourut vers le même temps qu'Ébroïn, ou quelques années plus tard, et eut pour successeur, en Wasconie et en Aquitaine, Eude, qui était peut-être son fils ou son neveu. La prétendue charte d'Alaon fait d'Eude un Mérovingien, fils de l'imaginaire Boggis, neveu du roi Dagobert. — *Ex miracul. Sanct. Martialis;* dans les *Histor. des Gaules*, t. III, p. 600-626.

d'Anvers, le nord du canton de Gand, étaient englobés dans la Frise, avec la bande de terre qui sépare la Basse-Meuse du Bas-Rhin (Gueldre méridionale), et avaient pris le nom de *Frise-Citérieure*. Le paganisme s'était ravivé dans ces contrées par réaction contre les conversions forcées et les prédications armées, et les cantons franks du nord-ouest s'étaient volontairement joints aux Frisons païens.

L'extinction des grandes guerres civiles permettait enfin à la « nation chrétienne des Franks » de réunir ses forces contre ses vassaux et ses enfants rebelles. Deux ans après la bataille de Tertri, Peppin convoqua toute l'armée des Franks, et, après avoir débattu dans le mâl « les intérêts de l'Empire », leva l'étendard contre les Frisons; leur duc ou roi Radbod vint hardiment à la rencontre des Franks, dans le pays entre le Bas-Rhin et la Basse-Meuse; il fut complétement défait, perdit une très grande partie de son armée, demanda la paix, livra des otages, et se reconnut tributaire de Peppin. Les Franks recouvrèrent la *Frise Citérieure*. Cette première victoire ne fut que l'inauguration des longues guerres qui remplirent le gouvernement de Peppin ; après les Frisons, Peppin eut à combattre les Saxons, les Allemans, Suèves ou Souabes, les Bavarois, etc. Les Frisons reprirent dix fois les armes : nulle paix, nulle trêve, ne mettait fin à ces hostilités perpétuelles, dans lesquelles les Teutons païens remplissaient à l'égard des Franks le rôle que les Franks eux-mêmes avaient rempli jadis envers les Romains de la Gaule. Le glaive ne fut pas la seule arme de Peppin dans cette lutte : le « prince des Austrasiens », animé d'une dévotion héréditaire dans sa famille, et qui était à la fois très sincère et merveilleusement adaptée à ses intérêts politiques, avait fait alliance avec l'Église contre le paganisme germain : la croix accompagnait ou devançait partout les bannières frankes; les missionnaires servaient d'éclaireurs aux soldats, et se lançaient intrépidement à travers les contrées barbares où les attendaient toujours la fatigue et la misère, souvent les outrages et le martyre. L'esprit de dévouement et de charité ne s'éteignait pas dans le sein du christianisme; le sentiment veillait et agissait durant l'engourdissement de l'intelligence. A la tête de cette invasion religieuse s'était placé, auprès des Franks, un peuple nouveau qui venait d'entrer dans le giron de l'Église : les farouches conquérants de la Grande-Bretagne, les Anglo-Saxons, avaient été, dans le cours de ce siècle, conquis à l'Évangile par des missionnaires de Rome [1], et les clercs anglo-saxons, avec le zèle de nouveaux convertis, brûlaient de propager à leur tour la foi parmi les Saxons de Germanie, leurs frères d'origine, et parmi tous les Germains : c'était à eux qu'était réservée l'œuvre que n'avaient pu achever les moines celtiques. Une première troupe de douze clercs saxons, conduits par saint Willebrod, débarqua en Frise en 690, et y commença l'ouvrage apostolique à la faveur du traité récent de Peppin et de Radbod.

On ne doit quelques lumières sur les événements du dehors qu'aux légendes des saints; quant aux faits intérieurs du gouvernement de Peppin, ils sont presque entièrement inconnus. Le roi fainéant Théoderik mourut en 691 ; la légende de saint Ansbert, successeur de saint Ouen dans l'évêché de Rouen, indique qu'il y eut, vers cette époque, « de grandes discordes entre les princes des Franks touchant la division du royaume » : apparemment les seigneurs neustriens, las du patronage de Peppin, remuèrent et tentèrent de se séparer de l'Austrasie. La tentative ne fut sans doute pas très sérieuse ; on sait seulement que Peppin exila le métropolitain Ansbert, accusé d'avoir tramé des desseins contraires à son pouvoir, et plaça sur le trône Chlodowig III, fils aîné du feu roi, qui « termina son innocente vie » quatre ans après, en 695, et qui fut remplacé par son frère Hildebert. Le vice-maire de Neustrie, Nortbert, venait de mourir : Peppin avait deux fils de sa « très noble et très sage épouse » Plectrude : il avait conféré le duché de la Champagne à l'aîné, nommé Droghe (*Drogo*); il créa le second, Grimoald, maire du palais du petit roi Hildebert, proclamant ainsi hautement que la mairie n'était plus digne de lui, et que son droit, tout personnel, était le droit du génie et de la victoire. En même temps, comme gage de réconciliation avec le reste du parti d'Ébroïn et avec les populations neustriennes, il fit épouser au duc de Champagne, son fils aîné, la fille du maire Waratte, veuve du maire Berther. Le caractère de

---

[1]. Ce fut le pape saint Grégoire le Grand qui conçut l'entreprise, et le second saint Augustin, Augustin de Canterbury, qui l'exécuta.

Grimoald, jeune homme « très doux, rempli de toute bonté, aumônier et dévot », semblait propre à rendre plus supportable aux Neustriens la suprématie austrasienne. Peppin se montrait rarement en Neustrie : presque tous les ans, à la suite du mâl national, il montait à cheval avec ses leudes pour faire quelque expédition en Germanie. Les Frisons avaient violé le pacte de 689, et renouvelé leurs irruptions sur le territoire frank : un second choc eut lieu entre Peppin et Radbod, en 695, auprès du château de Duerstedt ou Dorstadt (Gueldre méridionale) ; les Frisons furent encore vaincus, « frappés d'un grand désastre », et refoulés au nord du Rhin et de l'île des Bataves. La guerre ne fut cependant point terminée par la journée de Duerstedt : les secours des Saxons aidaient les Frisons à perpétuer leur résistance. Mais, en dépit du fanatisme odinique, les missionnaires anglo-saxons poussaient plus avant leurs conquêtes que les guerriers franks. Saint Willebrod, en 696, alla recevoir à Rome le *pallium*, insigne des métropolitains, de la main du pape Sergius, qui le consacra *archevêque*[1] des Frisons. L'évêque-patriarche de Rome tendait depuis longtemps à transformer sa primauté hiérarchique en monarchie spirituelle. Évêque et premier magistrat de l'ancienne capitale du monde, qui, placée comme en équilibre entre les rois langobards et les exarques de l'empereur d'Orient, était redevenue une espèce de république, et ne reconnaissait plus que nominalement la souveraineté byzantine[2], le patriarche d'Occident, indépendamment des prétentions fondées sur la parole du Christ à saint Pierre, avait, par sa grande position, une incontestable supériorité sur tous les autres évêques, et la chute des patriarcats orientaux d'Alexandrie, de Césarée, de Jérusalem, d'Antioche, engloutis récemment par le torrent de l'invasion musulmane, contribuait encore à rehausser et à isoler le pape de Rome. La papauté romaine se montrait digne du progrès de sa fortune : elle était à la tête de la chrétienté par l'activité

---

1. Ce fut la cour de Rome, qui, dans l'intérêt de ses plans hiérarchiques, introduisit en Occident ce titre usité dans l'Église d'Orient dès le quatrième siècle. Un diplôme de Karle-Martel, de l'an 722, est la première pièce de ce côté des Alpes, où nous l'ayons rencontré.

2. Nous avons vu que les empereurs eux-mêmes avaient voulu imposer aux évêques d'Occident l'autorité souveraine du pontife romain. *v.* notre t. I, p. 350.

comme par l'intelligence ; elle s'était mise à la tête du grand
œuvre de la conversion des Germains, et s'efforçait de rendre au
christianisme dans le Nord ce qu'il perdait dans l'Orient par le
débordement de l'islamisme. Les efforts des envoyés de Rome
avaient été couronnés d'un plein succès en Angleterre, et le paganisme d'outre-Rhin était entamé à son tour : Willebrod établit
son siège épiscopal à Utrecht, alors appelé Wiltbourg, repris par
les Franks sur les Frisons, et, dans ses courses aventureuses, il pénétra jusqu'en Danemark ; les païens, étonnés, respectèrent son
courage et ne l'en punirent point. Les prêtres gallo-franks, saisis
d'émulation, accouraient seconder ces apôtres d'outre-mer : Wulframn, évêque métropolitain de Sens, quitta son diocèse pour se
vouer à la conversion des Frisons ; Rudbert, évêque de Worms,
passa en Bavière, pays où le christianisme s'était déjà répandu
passagèrement sous le grand Chlodowig et ses fils, puis avait
commencé d'être relevé par les disciples de saint Colomban :
Rudbert fut reçu avec de grands honneurs à Regensbourg (Ratisbonne) par Théod, duc des Bavarois, le baptisa ainsi que beaucoup des principaux de la nation, et fonda l'évêché de Salzbourg
(696). Les Allemanno-Suèves (Souabes), qui avaient repris leur
vieille haine contre les Franks, furent ainsi tournés par le christianisme et serrés entre les Franks et les Bavarois : ils continuèrent pourtant à repousser le joug des Franks, et la guerre germanique, dont les détails sont ignorés, resta assez grave, tant
que vécut Peppin, pour exiger exclusivement ses soins ; on ne
voit pas que, durant vingt-cinq années, il ait tenté le moindre
effort pour retenir les provinces du Midi qui se détachaient,
lambeau par lambeau, de l'empire des Franks. Le duc Eude réalisait tous ses plans sans obstacles, et s'élargissait jusqu'à la Loire,
pendant que Peppin combattait sur le Rhin : toutes les cités d'Aquitaine se ralliaient l'une après l'autre au duc de Toulouse, qui
vraisemblablement avait déjà pris le titre de roi, et qui s'étendait
peu à peu de Bordeaux et de Toulouse jusqu'à Poitiers et jusqu'à
Bourges. Aucune révolution n'a fait si peu de bruit dans l'histoire ; il est probable qu'Eude, en reconstituant et en agrandissant de la sorte l'éphémère royaume de Haribert II, reconnut au
fantôme royal de Maumagues une ombre de suzeraineté : ce qu'on

peut nommer le domaine utile, les terres du fisc, les revenus, les péages, avaient échappé depuis longtemps aux rois et aux maires, dans la région d'outre-Loire, et étaient passés dans les mains des ducs et des autres seigneurs du pays : c'est là ce qui peut expliquer l'espèce d'indifférence que montra Peppin. La Provence et la Burgondie méridionale étaient dans une situation presque analogue : Arles et son territoire reconnaissaient l'autorité d'Eude ; le reste de la contrée, au moins jusqu'à l'Isère, n'obéissait guère qu'à ses patrices, ducs ou comtes [1], et Lyon même et le nord de la Burgondie étaient fort peu soumis au gouvernement austrasien. Partout, dans ces régions, les ducs, les comtes et quelquefois même les évêques, appuyés par les populations, visaient à l'indépendance. Le lien ecclésiastique, qui eût pu comprimer cette tendance, se relâchait de jour en jour : tandis que Peppin ravivait les mâls germains, les conciles gallicans cessaient presque entièrement.

Peppin parut enfin obtenir, dans ses derniers jours, le fruit de tant d'années de combats : les Allemans, à la suite de trois campagnes meurtrières, dans lesquelles leur pays avait été saccagé, brûlé, bouleversé de fond en comble par le « prince des Franks » (709-710-712), se résignèrent à redevenir les tributaires et les auxiliaires de la nation franke. La paix fut également conclue avec les Frisons : le maire Grimoald épousa la fille de Radbod, et le duc des Frisons ne s'opposa plus à la prédication de l'Évangile parmi son peuple [2] (711). En l'an 713, Peppin se trouva en paix pour la première fois. « Cette année-là, disent les *Annales de Metz*,

---

1. Le seul monument qui atteste que le gouvernement de Peppin conservait une apparence d'autorité dans le sud-est est une charte royale de l'an 697, en faveur de l'Église de Vienne. *Hist. des Gaules*, t. IV, p. 578.

2. Radbod parut même disposé à céder aux exhortations de l'ex-évêque de Sens, saint Wulframn, et à recevoir le baptême ; il avait déjà mis le pied dans les fonts sacrés, lorsqu'il s'avisa de demander au missionnaire s'il retrouverait, dans ce paradis dont on lui parlait tant, les âmes de ses ancêtres et des héros de sa patrie : « Que dites-vous ? s'écria Wulframn ; ceux dont vous parlez sont avec les démons dans les fleuves brûlants de l'enfer, puisqu'ils n'ont pas reçu le baptême ! — Alors, je ne quitterai pas la compagnie de mes pères, répondit Radbod : là où ils sont, là je veux être ! » Et il sortit de la piscine. L'Évangile, néanmoins, poursuivit ses progrès autour de lui, et les sanglants rites odiniques, les sacrifices humains, commencèrent à tomber en désuétude chez les Frisons. *Sancti Wulframni Vita; Act. SS. ord. sanc. Benedict.* t. III, p. 361.

le prince Peppin ne conduisit l'armée d'aucun côté hors les limites de sa *principauté*. » Mais les troubles intérieurs qui agitaient l'Austrasie étaient une triste compensation du rétablissement de la paix extérieure : la vieillesse de Peppin était empoisonnée par les discordes de sa famille ; son fils aîné Droghe était mort en 708, laissant deux enfants, appelés Arnold et Hughe (*Hugo*), qui succédèrent à ses dignités et à ses domaines. Il restait au duc des Franks, outre Grimoald, un fils né d'une autre épouse que Plectrude : malgré sa dévotion, Peppin avait suivi les coutumes polygames des princes franks, et épousé une seconde femme, « noble et belle », appelée Alfeïde ou Alpaïde ; elle lui avait donné un fils, qu'on nomma Karle (*Carolus*, Chârles), c'est-à-dire « le fort, le vaillant ; l'enfant crût et devint beau, valeureux et propre à la guerre (*elegans, egregius atque utilis*) » ; cet enfant devait être le grand *Charles-Martel !* Une haine implacable s'éleva entre les deux femmes et leurs fils [1].

Les prêtres avaient pris parti pour la première épouse, la seule légitime selon la loi chrétienne, et ils n'épargnaient ni les reproches à Peppin, ni les outrages à Alféïde ; Landebert (saint Lambert), évêque de Maëstricht, diocèse qu'habitait ordinairement le prince des Franks, assaillait Peppin de remontrances continuelles. Les traditions liégeoises racontent qu'un jour Landebert fut invité par Peppin à un banquet dans la métairie de Jopil sur la Meuse ; quand on lui présenta les coupes des conviés à bénir, suivant l'usage, il refusa de bénir la coupe de la *concubine* du duc, et se retira tout courroucé. La nombreuse et puissante famille d'Alféïde se vengea en ravageant les terres de l'évêché ; les neveux et les amis de Landebert repoussèrent la violence par la violence, et tuèrent les deux principaux chefs des pillards. Dode, grand domestique ou chef de la maison de Peppin, frère d'Alféïde et cousin de ceux qui avaient péri, rassembla une troupe nombreuse d'hommes de guerre et vint assaillir l'évêque à Liége (*Leodio*), alors simple métairie ou terre d'église : les palissades furent arrachées, les portes enfoncées, et, tandis que les neveux de Landebert se faisaient massacrer en défendant l'entrée du logis épi-

---

1. Il paraît que Peppin eut d'Alfeïde un second fils appelé Hildebrand (Childebrand).

scopal, un des gens de Dode monta sur le toit, et lança à l'évêque un dard qui l'étendit mort [1] (vers 708). Cet événement tragique consterna Peppin, le rapprocha de sa première femme Plectrude, et amena la disgrâce d'Alfeïde, du jeune Karle et de leurs amis ; les haines de famille continuèrent à couver, et éclatèrent à la première occasion par une nouvelle catastrophe. En 714, Peppin tomba malade dans sa maison de Jopil, près de Héristall et de Liége ; les deux partis de Grimoald et de Karle s'apprêtaient déjà à se disputer l'héritage du « prince des Franks ». Grimoald, accouru de Neustrie pour voir son père, étant entré dans la basilique commencée à Liége au lieu où était mort saint Landebert, un *païen* s'approcha de lui tandis qu'il priait, et lui passa son épée au travers du corps. La douleur et la colère rendirent des forces au vieux Peppin : il se leva de son lit pour venger son fils, « extermina tous ceux qui avaient trempé dans le complot », et établit maire du palais, à la place de Grimoald, un jeune enfant appelé Théodoald, que Grimoald avait eu d'une concubine avant d'épouser la fille du prince des Frisons. Le roi Hildebert était mort en 711 et avait été enseveli à Saint-Étienne de Choisi, non loin de la *villa* royale de Maumagues ; on lui avait substitué son fils, Dagobert III. Peppin retomba et s'affaissa sur lui-même après cet effort d'énergie morale qui avait un moment ranimé son corps, usé par les travaux guerriers : il mourut le 16 décembre 714, excluant de sa succession son fils Karle, qu'il soupçonnait vraisemblablement de complicité dans le meurtre de Grimoald ; « il avait commandé vingt-sept ans et six mois à tout le peuple frank, *avec les rois à lui soumis,* Théoderik, Chlodowig, Hildebert et Dagobert* », disent les annales frankes [2].

(715-716) La mort de Peppin déchaîna les tempêtes : toutes les tendances à la séparation et au démembrement, mal comprimées

---

1. Le successeur de Landebert bâtit une somptueuse basilique sur l'emplacement de la maison où ce prélat avait « subi le martyre », et ce fut autour de cette église que se forma peu à peu la ville de Liége. Le siége épiscopal de ce vaste diocèse, qui avait été transféré de Tongres à Maëstricht, fut enfin fixé à Liége. Le successeur de Landebert et le fondateur de Liége fut le fameux saint Hubert (Hudbert), que la prétendue charte d'Alaon fait cousin du roi Eude d'Aquitaine.

2. *Annal. Metenses.* — Fredegar. contin. II. — *Gesta Reg. Franc.* — *Annal. Fuldenses, Petiance, Tilianæ,* etc.

à force de victoires, reprirent leur essor et firent crouler en débris l'empire dont le vieux duc d'Austrasie avait incomplétement rétabli l'unité. Les Frisons, les Allemans, les Bavarois, se remirent aussitôt en pleine liberté; la vaste région entre la Loire, les Cévennes et les Pyrénées, acheva de s'affranchir sous son roi Eude: le pays entre la Durance et la mer, peut-être même entre l'Isère et la mer, accepta la suprématie de ce roi des Gallo-Romains; Lyon et les contrées voisines se rendirent complétement indépendantes sous leurs évèques et leurs comtes. L'Histoire latine des évèques d'Auxerre[1] raconte que l'évèque Sawarik, « homme de très noble race, s'adonnant aux intérêts du siècle plus qu'il ne convient à un pontife, envahit, avec une troupe de gens de guerre, les pays d'Orléans, de Nevers, de Tonnerre, d'Avallon et de Troies, et les soumit à son pouvoir; dédaignant la dignité pontificale et rassemblant de toutes parts une grande multitude, il marcha sur Lyon pour subjuguer cette cité par le fer. » Sawarik projetait apparemment de s'établir roi d'Orléans et de Burgondie, lorsqu'il fut « frappé par le tonnerre du ciel » (vers octobre 715). Son armée épouvantée se dispersa, et les cités dont il s'était fait une sorte de royaume se rallièrent pour un moment au gouvernement neustrien, qui venait de se reconstituer par voie d'insurrection.

La première épouse de Peppin, la vieille Plectrude, femme énergique et intelligente, avait essayé audacieusement de remplir la place de son mari, et de régir la Gaule franke au nom du jeune roi Dagobert III et du jeune maire Théodoald. Maîtresse des trésors de son époux, confiante dans les serments de ses leudes, elle partit des bords de la Meuse pour aller installer son petit-fils dans la mairie neustrienne, après s'être emparée de Karle et l'avoir jeté au fond d'un cachot. Plectrude avait pour escorte toute une armée formée par les leudes de Peppin et de Grimoald: elle parvint sans obstacle jusqu'à la forêt de Cuise (les forêts de Compiègne et de Lesgue), où étaient situées les métairies de Maumagues, de Compiègne et de Choisi, séjours accoutumés des rois fainéants; mais, là, les Austrasiens furent assaillis à l'improviste

---

1. *Histor. des Gaules*, t. III, p. 639.

par les Neustriens levés en masse : un furieux combat se livra dans ces clairières qu'avaient tant de fois fait résonner les chasses bruyantes des rois franks ; les leudes de Peppin et de Grimoald, surpris, enveloppés par les légions des insurgés, tombèrent en foule sous les épées neustriennes. Plectrude et Théodoald s'enfuirent « avec un petit nombre des leurs, » et le petit maire alla mourir en Austrasie des suites de sa fuite et de sa terreur. Sans distinction de partis, la Neustrie entière s'était insurgée contre l'Austrasie. Les Austrasiens avaient vendu chèrement leur patronage aux seigneurs de Neustrie, et l'orgueil de ces héritiers des vieux héros saliens avait été sans doute maintes fois humilié par leurs alliés devenus leurs maîtres : une grande partie des duchés et des comtés de l'Ouest avaient été livrés aux hommes de l'Est ; les seigneurs neustriens avaient été traînés incessamment aux guerres de Germanie, et forcés de prodiguer leur or et leur sang pour des intérêts quasi étrangers. Les prétentions d'une femme et d'un enfant à gouverner leur patrie furent à leurs yeux le dernier des outrages et comblèrent la mesure. L'armée neustrienne élut maire sur le champ de bataille un seigneur frank de l'Anjou, nommé Raghenfrid, qui se montra digne du choix populaire. Raghenfrid saisit aussitôt l'offensive, passa la forêt Charbonnière, dévasta tous les cantons austrasiens situés entre l'Escaut et la Meuse, et s'empara de la Champagne, qui appartenait aux enfants du fils aîné de Peppin. L'irritation des Neustriens et leur désir de prévenir à tout prix le retour de la domination austrasienne étaient tels qu'ils s'allièrent aux Frisons et aux Saxons, et les excitèrent à envahir le territoire de la nation franke. Le royaume de l'Est, lorsque commença l'année 716, semblait toucher à sa perte : les principaux compagnons d'armes de Peppin étaient morts dans la forêt de Cuise ; l'anarchie régnait sur les deux rives du Rhin ; Plectrude s'était enfermée dans Cologne avec ses partisans et ses trésors ; aucun chef n'avait assez de pouvoir ni de renom pour grouper autour de lui les défenseurs de l'Austrasie et tenir la campagne, et cependant les ennemis s'avançaient de tous les points de l'horizon : à l'orient, les bandes saxonnes, qui déjà, l'année précédente, avaient saccagé tout le pays des *Hattewares* (la Hesse), partie septentrionale de la France germanique, recommençaient leurs ravages avec une nouvelle furie, et débordaient jusqu'au Rhin ; au nord, le vieux roi des Frisons, Radbod, relevant la bannière du paganisme, arrivait par la Gueldre à la tête de ses guerriers, qui brûlaient de venger leurs longs revers ; à l'ouest, Raghenfrid et les Neustriens entraient au cœur de l'Austrasie par la Champagne et les Ardennes, conduisant avec eux un nouveau roi mérovingien qu'ils venaient d'élever au trône sous le nom de Hilperik[1].

Dans cette situation critique, le bruit se répandit tout à coup que Karle, le fils déshérité de Peppin, jeune homme de vingt-cinq ou vingt-six ans, déjà bien connu par son indomptable courage, s'était échappé de la prison où le retenait sa belle-mère : « les peuples consternés, et désespérant presque du salut public, » virent en lui leur unique appui, et le reçurent comme si leur grand chef Peppin lui-même fût revenu à la vie pour les sauver. » Radbod et Raghenfrid étaient déjà en marche, chacun de son côté, vers Cologne : Karle, avec tous les braves accourus à son ban de guerre, s'élança au-devant des Frisons, qui avaient remonté le Rhin sur une multitude de barques ; mais la fortune ne répondit point à ses espérances : après un long et sanglant combat, il fut vaincu et perdit beaucoup de vaillants hommes. Les Frisons victorieux exercèrent à loisir des représailles dévastatrices sur la terre de leurs ennemis. Pendant ce temps, les Neustriens s'étaient portés droit à Cologne, pillant et désolant tout sur leur chemin. Plectrude capitula et livra une partie de ses trésors pour racheter et la cité et sa personne ; puis l'armée neustrienne, gorgée de butin et satisfaite de sa campagne, rentra dans les Ardennes pour retourner chez elle. Karle, cependant, déployait, afin de réparer son malheur, cette intelligente activité, cette fermeté d'âme, ce mélange de prudence et d'audace qui caractérisent le grand homme de guerre. L'énergie des Austrasiens ne se laissait plus abattre depuis qu'ils l'avaient à leur tête ; divisés en petits corps de troupes, ils se mirent à harceler incessamment les Neustriens

1. C'était un fils du malheureux Hilderik, échappé au massacre de ses parents, et caché depuis quarante-deux ans au fond d'un cloître, où on le nommait Daniel. Raghenfrid et les chefs neustriens le préférèrent à un enfant au berceau, nommé Théoderik, que venait de laisser Dagobert III, en mourant à seize ans.

et les Frisons, prenant l'avantage des lieux et taillant en pièces tous les détachements qui s'écartaient pour piller. Karle, avec cinq cents cavaliers d'élite, tenta un coup bien plus hardi : ayant reconnu, du haut des collines des Ardennes, l'armée de Neustrie campée dans la plaine d'Amblef (*Amblava,* dans le Limbourg), il fondit tout à coup sur elle « à l'heure du dîner, » la jeta dans le plus grand désordre, lui tua beaucoup de monde, et se retira sain et sauf avec sa petite troupe chargée de riches dépouilles [1]. Les Neustriens regagnèrent leur pays, et cette brillante escarmouche termina la campagne.

Les Austrasiens, revenus de l'espèce de stupeur où le désastre de Cuise et les suites de cette défaite les avaient plongés, ne respiraient que vengeance. Ce n'étaient pas quelques échecs accidentels qui pouvaient terrasser cette race héroïque ; elle était trop fortement constituée. De l'île des Bataves, au sud-ouest, sur la côte jusqu'au *Détroit Gallique* (Pas-de-Calais), au sud-est jusqu'à la moyenne Meuse, sur la Moselle en amont jusqu'à Metz et tout le long de la rive gauche du Rhin, la population germanique dominait numériquement dans les campagnes, et même parfois dans les villes, bien que l'élément gallo-romain restât fort dans les anciennes cités : les différences de conditions étaient moins compliquées en ce pays qu'ailleurs par des différences d'origine et de langue; cette masse d'hommes belliqueux, unis de langage, de mœurs et de traditions, formait le corps national le plus compact et le plus robuste de l'Europe, et se personnifiait en ce moment dans le plus puissant homme de guerre que l'Occident eût vu naître depuis le conquérant Chlodowig. Le peuple austrasien tout entier n'était plus qu'une armée : l'Austrasie avait enfin trouvé des chefs qui comprenaient et représentaient son génie national, au lieu de le violenter en poursuivant un but impossible : de là, cent vingt ans de gloire sous quatre hommes extraordinaires.

---

1. Beaucoup de fuyards se sauvèrent dans l'église d'Amblef. Au moment où l'un d'eux se précipitait dans l'église et avait déjà mis un pied sur le seuil, un Austrasien lui lança un coup de sabre qui lui abattit l'autre pied. On reprocha vivement à ce soldat d'avoir ainsi souillé le lieu saint ; il se défendit en prétendant avoir respecté tout ce qui était dans l'église; quant à ce qui se trouvait dehors, il l'avait, disait-il, bien et dûment coupé. Cette subtile interprétation du droit d'asile fut jugée valable. (*Annal. Met.*)

Karle employa l'hiver à organiser les forces de l'Austrasie : au printemps de 717, les légions austrasiennes, grossies par les renforts des Franks d'outre-Rhin et par une foule d'aventuriers appartenant à toutes les nations teutoniques, se rassemblèrent autour de Héristall. Presque tous les leudes de Peppin s'étaient ralliés à Karle l'année précédente; cependant le parti de Plectrude était toujours maître de Cologne et de quelques autres places fortifiées. Karle n'usa point le premier feu de sa belle armée contre les murs de Cologne, qu'il était bien assuré de voir tomber devant lui, s'il revenait vainqueur du royaume de l'Ouest : il traversa la forêt Charbonnière et se précipita sur le Cambraisis; il n'alla pas loin sans rencontrer l'armée neustrienne, qui était campée à Vinci (*Vinciacus,* près de Crèvecœur). Karle envoya des députés au roi Hilperik pour réclamer la *principauté* (*principatum*) qu'avait eue son père Peppin sur les Franks occidentaux; le maire Raghenfrid répondit, au nom du roi, en menaçant Karle de lui enlever le commandement des Franks orientaux, et en « le sommant de se préparer à tenter le jugement de Dieu pour le lendemain, afin que la puissance divine décidât à qui appartiendrait le royaume des Franks. » C'était le 21 mars 717, solennelle et terrible journée ! Les Neustriens, pleins d'ardeur et de confiance, attendirent les hommes de l'Est : ils n'étaient plus commandés, ainsi qu'à Tertri, par un inepte fanfaron, mais par un brave et habile capitaine : ils ne voyaient plus dans les rangs ennemis toute l'aristocratie de leur pays; peut-être même avaient-ils au contraire parmi eux les Austrasiens de la Champagne, les leudes des jeunes ducs Hughe et Arnold, fils du fils aîné de Peppin et de Plectrude, qui avaient été élevés par la veuve de Waratte, leur aïeule maternelle[1] ; ils soutinrent donc de grande vigueur le choc des guerriers de Karle, qui s'étaient rués impétueusement à l'attaque; « la bataille fut très cruelle, disent les chroniques, et l'on combattit très longtemps avant de savoir à qui resterait la victoire » : les Neustriens

---

1. Les populations de la Burgondie septentrionale avaient sans doute aussi envoyé quelques contingents; mais toute la région au midi du Rhône resta probablement étrangère à cette lutte, bien qu'un *diplôme* de l'an 716 atteste que le gouvernement neustrien conservait encore des prétentions sur Marseille. *V.* les *Histor. des Gaules,* t. IV, p. 691.

étaient supérieurs en nombre; mais le *menu peuple* gallo-romain des villes (*vulgaris plebs*), qui faisait le gros de leurs bataillons, était bien inférieur, par les armes, l'adresse, la force physique et l'habitude de la guerre, aux compagnons de Karle, tous gens *éprouvés aux combats*, forts et hauts de taille, couverts de casques de fer, de cottes de mailles et de vastes boucliers, armés de grandes épées tranchantes, de lourdes haches et de longues lances. Les hommes de l'Ouest succombèrent enfin : Raghenfrid prit la fuite avec le roi Hilperik, laissant les plaines du Cambraisis jonchées de cadavres neustriens. Karle, après avoir partagé entre ses fidèles d'innombrables dépouilles, marcha de l'Escaut sur l'Oise, passa cette rivière à la suite des fuyards, et poursuivit Hilperik et Raghenfrid jusqu'à Paris. Si grand qu'eût été le désastre des Neustriens, une seule bataille, cette fois, ne termina pas la querelle : Raghenfrid ne se résigna point à ce « jugement de Dieu » qu'il avait provoqué, et s'apprêta à se défendre au midi de la Seine. Au nord de ce fleuve, plusieurs cités furent prises et pillées, mais il y en eut d'autres qui résistèrent avec succès : les Austrasiens avaient hâte de reporter chez eux leur riche butin; Karle fut contraint de retourner en Austrasie sans avoir complété sa victoire. Il alla en recueillir le prix à Cologne : Plectrude ouvrit les portes de cette ville, et remit à Karle les trésors de son père. Karle, proclamé duc ou prince (*hérezoghe*) par l'Austrasie entière, crut devoir enlever au maire de Neustrie le faible prestige qu'il pouvait encore tirer du nom mérovingien, et se donna aussi un roi, nommé Chlother; on ne sait où il alla chercher ce Mérovingien inconnu. Les chroniqueurs n'ont pas daigné nous apprendre de qui Chlother était fils.

Les Neustriens eurent plus d'un an de répit, grâce à la situation de l'Austrasie, obligée de faire face à des ennemis si divers : les Saxons et probablement les Frisons avaient profité de l'absence des légions austrasiennes pour renouveler leurs ravages dans un pays privé de défenseurs; Karle dirigea toutes ses forces contre les Saxons, et tâcha d'imprimer une terreur durable à ces dangereux voisins; il désola par le fer et la flamme tous les cantons occupés par les Saxons à l'ouest du Weser, entre la Frise orientale (*Ost-Frise*) et la Hesse; cette expédition remplit l'été de l'an 718[1]. Le maire de Neustrie n'avait pas perdu son temps : il avait employé tous les moyens pour relever le courage de ses compatriotes et pour leur assurer de puissants secours du dehors ; il avait renoué son alliance avec Radbod, et dépêché une ambassade au roi d'Aquitaine, en lui envoyant de la part de Hilperik le *règne* (*regnum*), c'est-à-dire la couronne et les ornements royaux, et lui reconnaissant ainsi tous les droits de souveraineté sur la Gaule méridionale. Eude, quoique préoccupé de grands périls qui commençaient à menacer la Gaule du côté de l'Espagne, sentit bien que l'intérêt des Gallo-Wascons était de soutenir les Gallo-Franks de Neustrie contre les Franco-Germains d'Austrasie et de Teutonie : dans les premiers mois de 719, une armée de Méridionaux, dont les montagnards des Pyrénées étaient la principale force, passa la Loire et joignit sur la Seine les débris des bataillons neustriens. Le chef des Frisons se préparait, de son côté, à une diversion qui eût ôté à Karle la disposition d'une partie de ses forces. La mort subite de Radbod désorganisa les plans de la coalition : les Frisons demeurèrent immobiles, et Karle, à la tête de toute l'armée austrasienne, courut au-devant des Neustro-Aquitains. Le choc eut lieu sur l'Aisne, près de Soissons, à quelques lieues de cette forêt de Cuise, naguère si fatale aux Austrasiens. « Il y eut là une grande tuerie de Franks », disent les Annales de saint Nazaire : il paraît qu'une terreur panique s'empara de l'armée neustro-aquitaine, composée d'éléments si discordants et si hétérogènes ; Wascons, Gallo-Romains, Franks-Saliens, se jalousaient et se défiaient les uns des autres : cette masse confuse se débanda à la première charge des Austrasiens, et il fut impossible de la rallier. Eude, entouré de l'élite de ses Wascons, entraîna avec lui le roi Hilperik, comme un précieux otage, se retira sur Paris, enleva en passant les trésors royaux, puis regagna Orléans et le pays d'outre-Loire. Raghenfrid traversa la forêt de Cuise et l'Oise, s'enfuit vers la Seine inférieure, et de là en Anjou. Karle poursuivit Eude et Hilperik jusqu'à la Loire sans pouvoir les atteindre, et employa le reste de l'année à dompter les résistances particelles qui survivaient à la chute définitive du gouvernement neustrien. Son roi Chlother étant mort

---

1. *Annal. Francor. Metenses.* — Fredegar. continuat. II. — *Gesta Reg. Franc.* — Adon. *Chronic.* — *Fontanel. Cœnob. Chronic. Annal. Francor.*

sur ces entrefaites, il expédia des ambassadeurs vers Eude, et lui offrit de « faire amitié avec lui », pourvu qu'Eude remît entre ses mains le roi et le trésor royal de Neustrie. Il s'était passé de telles choses dans le midi depuis quelques mois, et l'imminence des dangers que courait l'Aquitaine était telle, qu'Eude dut acquiescer à l'instant aux demandes de Karle, et s'estima heureux d'accepter ce pacte, qui consacrait le partage de la Gaule entre le duc des Franks et le roi des Gallo-Wascons. Hilperik, ainsi ballotté de Raghenfrid à Eude, d'Eude à Karle, et changeant de maître avec une morne indifférence, fut renvoyé au nord de la Loire. Karle « agit miséricordieusement envers lui, disent les Annales de Metz, et l'établit roi sous son autorité »; Raghenfrid et les jeunes neveux de Karle, Hughe et Arnold, traitèrent avec le vainqueur, et, de l'Escaut à la Loire, la Neustrie courba la tête sous le joug, tandis que tous les comtés de la Burgondie, sauf peut-être les cinq ou six villes les plus septentrionales, se détachaient de l'empire frank et s'isolaient dans une complète indépendance de fait.

Hilperik mourut au bout de quelques mois, et Karle le remplaça par le fils de ce jeune Dagobert III qui s'était éteint peu après la bataille de Cuise ; on appela cet enfant Théoderik de Chelles, parce qu'il avait été nourri dans le couvent de femmes établi à Chelles par la reine Bathilde. La Neustrie n'était point encore tout à fait résignée à la servitude ; d'après les brèves et vagues indications des chroniques (*Annales de saint Nazaire et de Pétau*), il paraîtrait qu'une maladie de Karle enhardit les mécontents, et qu'un complot fut ourdi entre l'ex-maire Raghenfrid et les deux neveux de Karle, qui arrivaient à l'âge d'homme et qui avaient de grandes possessions en Neustrie. Le duc des Franks découvrit leurs projets, et jeta en prison ses deux neveux ; l'un d'eux, Arnold, mourut sur ces entrefaites (723). Raghenfrid n'en prit pas moins les armes, souleva l'Anjou et les contrées voisines, et, refoulé par Karle dans les murs d'Angers, se défendit si bien, que le duc des Franks, traitant de nouveau avec lui, consentit à lui laisser le comté d'Angers sa vie durant. Ce dernier effort avait épuisé l'énergie du patriotisme neustrien, et le pouvoir du vainqueur de Vinci et de Soissons ne rencontra plus d'obstacles dans le royaume de l'Ouest. Karle rattacha bientôt à sa fortune tout ce qu'il y avait d'hommes hardis et aventureux en Neustrie, *Romains* ou *Saliens,* peu importe, et se servit d'eux aussi utilement que de ses Austrasiens ou de ses Franks d'outre-Rhin : quiconque savait manier la lance ou la hache était reçu à bras ouverts dans la *truste* du grand chef des Franks, et avait part à la proie ; c'était le règne des gens de guerre, et toute autre puissance que celle du sabre avait disparu : la vieille alliance de l'Église gallicane et de l'armée franke était brisée ; l'Église des Gaules était bouleversée de fond en comble. Karle avait arraché violemment du siége de Reims le métropolitain Rigobert, qui lui avait fermé, en 719, les portes de sa cité, alors qu'il marchait contre Eude et Raghenfrid[1]. Les deux évêchés métropolitains de Reims et de Trèves furent livrés ensemble à un certain Milon, compagnon d'armes de Karle, « qui n'avait d'un clerc que la tonsure ». Le jeune Hughe, le survivant des neveux de Karle, réconcilié avec son oncle et engagé dans les ordres, reçut l'archevêché de Rouen, les évêchés de Paris et de Bayeux, les abbayes de Fontenelle (ou Saint-Wandrille) et de Jumiéges. Un grand nombre d'évêchés furent ainsi donnés en bénéfices aux antrustions du maire du palais ; dans d'autres diocèses, les titulaires qui venaient à mourir n'étaient pas remplacés ; on empêchait les clercs et le peuple de procéder aux élections, et l'on partageait les terres et les villages diocésains aux leudes de la contrée. « En ce temps malheureux, dit l'*Histoire des évêques de Trèves,* les biens des églises furent ravis : les choses qui appartenaient aux évêchés en furent séparées ; les maisons religieuses furent détruites, et la discipline ecclésiastique, perdue à tel point, que les clercs, les prêtres, les moines, les nonains vivaient sans règle aucune, réfugiés çà et là hors de leurs légitimes demeures. — Les clercs, rapporte un autre monument[2], n'étaient plus jugés par leurs évêques : les prêtres et les évêques étaient ordonnés par des évêques

---

1. *Sancti Rigoberti Vita;* dans les *Histor. des Gaules,* t. III, p. 658. « Je ne t'ouvrirai point, » avait crié Rigobert à Karle du haut de son logis, bâti contre la porte de la cité ; « je ne t'ouvrirai point, parce que tu ne veux pas, comme tu dis, aller faire ta prière à l'église de Sainte-Marie, mais plutôt piller la ville comme tu en as déjà pillé bien d'autres! » Rigobert s'enfuit en Wasconie après la victoire de Karle.

2. La lettre du pape Adrien à l'archevêque Turpin ; *Histor. des Gaules,* t. III, p. 658.

d'autres provinces. » Des Barbares qui ne savaient pas lire, et qui venaient peut-être à peine d'abjurer Odin ou Fosith (dieu des Frisons) pour le Christ, s'installaient, avec leurs femmes, leurs soldats et leurs chiens de chasse, dans les palais épiscopaux des cités gauloises, et se croyaient les évêques les plus réguliers du monde, quand ils avaient coupé en rond sur le crâne leurs longs cheveux roux et endossé une chasuble par-dessus leur jaque de fer. Heureux le diocèse où quelque chorévêque errant accomplissait les fonctions épiscopales, pendant que l'usurpateur laïque dévorait le revenu des clercs et des pauvres. L'Église gallicane semblait prise d'assaut par les Germains, et l'on eût dit que les derniers rayons de l'intelligence chrétienne allaient s'éteindre, et que le monde était livré aux hasards de la force brutale. « Toute religion de chrétienté fut presque abolie dans les provinces des Gaules et de Germanie », dit un écrivain du siècle suivant (Hinkmar de Reims).

Ce n'était pas que *Charles-Martel* eût aucune haine contre l'Église, ni surtout qu'il fût païen, supposition implicitement réfutée par tous les monuments contemporains. Tout en désorganisant l'Église de Gaule, il suivait outre-Rhin la politique chrétienne de son père, et protégeait efficacement les convertisseurs. Une impérieuse nécessité, et non la passion ou la colère, l'avait poussé à l'invasion violente des dignités et des biens ecclésiastiques ; avec quoi eût-il soldé le dévouement intéressé de cette formidable association militaire dont il était le chef? Les domaines publics d'Austrasie étaient partagés, de temps presque immémorial ; les terres fiscales de Neustrie s'étaient fondues entre les mains de Peppin ; elles lui avaient servi à gagner et à contenir les leudes pendant vingt-sept ans. Quelles ressources restait-il à Karle? aliéner les domaines de sa maison eût été un expédient aussi insuffisant qu'impolitique ; rétablir les impôts ? Ébroïn lui-même ne l'avait point osé ! Et cependant les besoins se renouvelaient sans cesse : il avait fallu d'abord récompenser les hommes auxquels on devait les victoires de Vinci et de Soissons ; les confiscations sur les vaincus avaient pu y suffire ; mais maintenant il fallait stimuler leur zèle d'année en année par d'autres appâts et un nouveau salaire ; à chaque printemps, l'interminable guerre de Germanie renaissait, ainsi qu'aux jours de Peppin, contre les Saxons, contre les Frisons, contre les Allemans, contre les Bavarois; et, dans la pauvre et sauvage Germanie, la guerre ne payait pas la guerre! Ce fut dans cette situation que Karle vit devant lui, à ses pieds, ces immenses et inaliénables terres d'Église, dont les limites s'étaient élargies de génération en génération depuis quatre siècles! Nul scrupule ne l'arrêta : autant qu'on peut deviner le caractère de ce fier conquérant, qui ne nous est connu que par ses victoires, il était étranger aux sentiments de dévotion qui avaient animé ses pères, et il ne comprenait que le droit de l'épée. Le règne de Karle fut une rude époque pour le clergé en Austrasie, pour le clergé et le peuple en Neustrie ; la domination austrasienne parut dure aux masses laborieuses des villes et des campagnes de Neustrie, qui s'étaient accoutumées aux Saliens par une longue cohabitation sur le même sol, et peut-être même déjà par la communauté de langage; car il est probable que les Franks établis parmi les populations gauloises de l'Ouest parlaient à la fois le tudesque et le patois gallo-latin, la langue *romane* (*romana*) vulgaire, qui se formait alors sur les deux rives de la Loire. La langue et les mœurs germaniques reprirent une sauvage vigueur avec Karle, et le joug pesa lourdement sur la Gaule.

Et pourtant ce fléau était nécessaire : il fallait que la Gaule franke fût réunie sous une puissante épée, et que tout appartînt pour un temps aux plus forts et aux plus braves, car les hommes du glaive pouvaient seuls sauver l'Occident : devant l'immense danger qui s'approchait, devaient se taire toutes les oppositions de mœurs, de langage et d'origine : qu'importait qu'on fût Romain ou Germain, quand tout ce qui était chrétien et européen était menacé d'une ruine commune? Tous les peuples qui se disputaient la Gaule s'étaient associés jadis contre les Barbares d'Asie, contre Attila : ces jours terribles étaient revenus; de nouveaux Attilas s'élançaient, non plus des steppes glacées de la Mongolie, mais des déserts enflammés de l'Arabie et de l'Afrique, et les peuples de la Gaule méridionale voyaient avec épouvante des étendards inconnus descendre du haut des Pyrénées, où ne flottaient plus les bannières des Goths; les musulmans entraient en Aquitaine.

Le sixième siècle, ouvert par la conversion des Franks et les victoires de Chlodowig sur les Wisigoths ariens, fermé par la conversion de ces mêmes Wisigoths sous Rekkared *le Catholique*, avait été une ère de gloire pour le catholicisme : l'arianisme, vaincu successivement en Gaule, en Afrique, en Italie, en Espagne, terrassé par les armes étrangères chez les Burgondes, les Wandales, les Ostrogoths, abandonné volontairement par les Wisigoths, les Suèves et les Langobards, n'avait plus d'asile en Occident; l'Église, à la fin du sixième siècle, avait enfin conquis à sa foi tous les royaumes barbares, et assis l'unité victorieuse sur les ruines de la grande hérésie. L'Église n'eut pas longtemps à se réjouir de son triomphe : à peine maîtresse de l'Occident, elle se vit arracher l'Orient, son berceau, et perdit la terre qu'avaient consacrée les pas de Jésus et la naissance du christianisme. Le déisme arien, abattu au Couchant, surgissait au Levant sous une forme nouvelle : il avait péri par un rationalisme aride; il reparaissait entouré de prestiges éblouissants, armé d'un irrésistible enthousiasme, et secondé par la réaction des sentiments et des besoins naturels que l'ascétisme chrétien avait violemment comprimés : l'arianisme renaissait *mahométisme!* Des débats sans fin sur la nature du Verbe et de Jésus-Christ et sur les rapports des Trois Personnes Divines avaient fort ébranlé, dans les masses gréco-syriennes, la croyance à la divinité du Christ et la croyance même à la théologie trinitaire, et de sourdes révoltes du cœur et des sens contre la morale chrétienne correspondaient aux discussions de l'esprit sur ou contre le dogme. L'ascétisme chrétien, sinon le christianisme, avait prononcé l'anathème sur la chair et sur les sens, et imprimé à l'âme de l'homme hors de la nature un essor impossible à soutenir pour l'espèce humaine, impossible surtout sous le ciel brûlant de la Syrie. Les excès ascétiques du spiritualisme chrétien préparaient une inévitable réaction sensualiste, de même que la frénésie licencieuse du paganisme avait amené la réaction chrétienne; mais le retour en faveur des sens devait se manifester sous une forme religieuse, et non pas avec le caractère d'un débordement matérialiste. Ce devait être une espèce de retour vers *l'ancienne loi*. Ce ne fut point d'abord dans l'Asie chrétienne qu'éclata cette révolution : l'Asie chrétienne était à la fois trop éclairée et trop amollie pour produire de telles choses; un peuple nouveau entra sur le théâtre du monde : la race arabe, jusqu'alors confinée dans sa péninsule et comme perdue dans ses déserts entre l'empire des Perses et l'empire romain, avait ressenti obscurément le contre-coup de toutes les crises politiques et religieuses de l'Asie; entamée, sans être jamais asservie, par tous les peuples et par toutes les religions, elle avait emprunté aux antiques Chaldéens l'adoration des astres, ou plutôt des génies qui animent les astres, et des statues magiques habitées par ces génies; sur ce vieux fond babylonien s'étaient entées successivement des traditions hébraïques, des croyances persanes, des dogmes chrétiens : à côté de la religion nationale s'agitaient les sectateurs de Moïse, de Zoroastre et de Jésus-Christ; c'était un de ces mélanges où les éléments divers fermentent et se fusionnent, comme dans une fournaise ardente, pour enfanter quelque création colossale. Mahomet naquit.

L'histoire du prophète de la Mekke est étrangère à ce livre : contentons-nous d'observer ici qu'on ne saurait douter que cet homme extraordinaire n'ait été persuadé tout le premier de la réalité de sa mission, et n'ait véritablement cru recevoir les instructions de l'*ange d'Allah*, pendant les extases où le jetait l'exaltation de sa pensée. Dieu est un et n'a point de fils, enseignait-il; Dieu s'est manifesté aux hommes par des prophètes de plus en plus illuminés de l'esprit divin, Adam, Abraham, Moïse, Jésus-Christ; Jésus a été réellement le Verbe de Dieu, le Messie; mais ce Verbe, ce Messie, a été créé dans le temps comme les autres hommes. Mahomet (*Mohâmed*) est le dernier et le plus grand de tous, plus grand que Jésus même, et sa pensée, la pensée de sa mission, a été en Dieu de toute éternité : il est le médiateur suprême. Les livres des juifs et des chrétiens sont saints, mais les hommes en ont corrompu le sens; Mahomet est venu rétablir la vraie foi. Cette foi (*islam*) consiste dans la soumission la plus illimitée à la volonté de Dieu, du prophète de Dieu et des successeurs légitimes du prophète (*khalifes*, c'est-à-dire *vicaires*). La prédestination est absolue; tout est écrit dans le ciel, et les hommes ne peuvent rien changer à « ce qui est écrit ». Les plaisirs des sens sont permis, pourvu qu'ils ne blessent pas le droit d'autrui (par l'adultère, par exemple). La polygamie est légitime ; l'autre vie sera corporelle et gardera les jouissances matérielles de la vie terrestre [1] ; « Dieu a créé deux choses pour le bonheur des hommes, les femmes et les parfums » ; mais le vin, l'opium, toutes les liqueurs enivrantes, sont sévèrement interdits aux fidèles. L'*islam* doit se fonder par la parole et par le glaive ; le martyre se conquiert sur le champ de bataille, et non plus par la résistance passive, comme chez les chrétiens ; Mahomet est un prophète de gloire et de puissance ; son royaume est de ce monde ; la terre et tous les biens de la terre appartiennent aux vrais croyants.

Tels sont, en y ajoutant de fortes maximes sur les devoirs de charité et de sincérité, et sur l'égalité des fidèles devant Dieu, les principes généraux du *Koran*[2], c'est-à-dire le *livre*, le livre par excellence, titre par lequel les *mouslemins* (musulmans, sectateurs de l'*islam* et de Mahomet) désignent leur livre sacré, et qui équivaut au mot hébraïque *micra* et à notre mot grec de *bible* (βίβλος). L'Orient fut remué jusque dans ses fondements par cette doctrine : les superstitions idolâtriques s'écroulèrent sous les pieds du Prophète ; une multitude de juifs et même de sectaires chrétiens grossirent les bataillons des païens convertis, et Mahomet mourut à la Mekke, en 631, maître de l'Arabie entière. Ses successeurs sortirent bientôt des déserts, le sabre dans une main et le Koran dans l'autre, pour marcher à la conquête du monde. Neuf ans après la mort du Prophète (640), les autels du feu étaient à jamais éteints sur la terre des mages ; la croix était abattue à Damas, à Jérusalem, à Antioche, à Édesse, à Alexandrie ; l'empire des Perses était effacé de la terre, et les plus belles provinces de l'empire gréco-romain, la Syrie et l'Égypte, avaient subi le joug des musulmans. Avant la fin du siècle, une des ailes de l'armée arabe touchait au Bosphore de Thrace et l'autre aux Colonnes d'Hercule (détroit de Gibraltar) ; l'Asie mineure était envahie, Constantinople assiégée, et l'Afrique conquise. En 711, les Arabes franchirent le détroit et entrèrent en Europe. Le dernier roi des

---

1. Là est la différence essentielle entre la vie future des musulmans et celle des chrétiens ; car la croyance à la « résurrection des corps » leur est commune.

2. On voit que le Koran a deux principes essentiels d'infériorité, le renversement de la théologie devant le vieux monothéisme juif et le rétablissement de la polygamie, par lequel il retombe au-dessous de la civilisation païenne.

Wisigoths, Roderik, fut vaincu et tué au Guadalète, et deux campagnes suffirent aux Arabes pour anéantir la monarchie gothique et soumettre toute l'Espagne, à l'exception des rochers stériles de la Cantabrie (portion de la Galice, des Asturies, de la Biscaye et du Guipuzcoa). Les longues discordes des Wisigoths entre eux et avec la population hispano-romaine avaient préparé cette vaste ruine, qui fit trembler l'Europe.

« Le tour de la Gaule était venu : c'était elle qui se trouvait dès lors sur la voie de l'islamisme ; c'était à elle qu'il appartenait désormais de défendre, au cœur même de l'Europe, le christianisme et le génie de la Grèce et de Rome persistant dans ses traditions, dans ses lois et dans ses monuments... La grande lutte commencée sur les confins de l'Europe et de l'Afrique allait se poursuivre aux bords de la Garonne et du Rhône[1]. » Les Wascons espagnols, terrifiés par les exploits de ces formidables étrangers, avaient laissé occuper sans résistance toute la ligne des Pyrénées ; dès 712 ou 713, les musulmans descendirent des Pyrénées orientales dans la région pour eux inconnue qu'ils nommaient vaguement *El Frandjat* (le pays frank) ou la *Grande Terre,* et poussèrent des reconnaissances par toute la Septimanie ou Gothie gauloise, abandonnée à ses évêques et à ses comtes par la chute du gouvernement de Tolède. Ces irruptions, qui précédaient et annonçaient la guerre de conquête, se renouvelèrent durant plusieurs années, et répandirent la terreur, non-seulement dans la Septimanie, mais dans l'Aquitaine méridionale et la Provence. La Gaule méridionale n'avait de chance de salut qu'en se serrant autour du roi Eude d'Aquitaine, seul capable de résister aux maîtres de l'Espagne : néanmoins lorsque le wali ou gouverneur d'Espagne El-Haur entama sérieusement la conquête de la Gothie gauloise et mit le siége devant Narbonne, Eude ne put secourir cette grande cité ; il était contraint de partager son attention entre le nord et le midi, et se trouvait, comme nous l'avons vu, engagé dans une autre querelle par sa position entre les Franks et les Arabes, position qui devait être si fatale à lui et à ses Gallo-Romains. Tandis que les Arabes plantaient leurs tentes sur les rives de l'Aude, Eude se fai-

---

1. Fauriel, *Hist. de la Gaule méridion.* t. III, p. 64.

sait battre aux bords de l'Aisne par les Austrasiens. Narbonne, où s'étaient réfugiés beaucoup de nobles goths d'outre les monts, fut emportée de vive force, et, si l'on en doit croire la chronique du monastère de Moissac, « tous les hommes furent passés au tranchant du sabre : les femmes et les enfants furent emmenés captifs en Espagne. » L'horreur de cette catastrophe a été probablement exagérée par le chroniqueur ; les musulmans auraient tout au moins épargné les juifs, qui étaient très nombreux, très riches et très forts dans les villes septimaniennes, et qui secondaient partout la conquête arabe de leurs intrigues, en représailles des lois tyranniques portées contre eux par les rois et les conciles hispano-gothiques (719). Narbonne, qui n'avait jamais été prise par un ennemi étranger depuis la fondation du royaume des Wisigoths, conservait encore de beaux restes de sa splendeur passée, et le butin fut immense : les vainqueurs enlevèrent d'une des églises de la cité sept statues de saints, *sept idoles,* comme ils disaient, en argent massif.

La chute de Narbonne hâta la paix de l'an 720 entre Eude et le duc Karle : le roi d'Aquitaine ne pensa plus qu'à se préparer à soutenir le choc des Arabes. Dès le printemps de 721, l'ouragan de l'invasion fondit sur ses États : El-Samah, nommé wali d'Espagne par le khalife à la place d'El-Haur, franchit les monts avec une nombreuse armée, et, laissant la conquête de la Septimanie inachevée, s'élança sur-le-champ à une plus grande entreprise : il entra sur le territoire d'Eude, et assaillit Toulouse. L'espoir d'un prompt secours décida les Toulousains à se défendre courageusement. Cet espoir ne fut point déçu : au bout de quelques jours, assiégés et assiégeants aperçurent du côté du nord-ouest « des nuages de poussière qui obscurcissaient le ciel : » c'étaient les Aquitains et les Wascons levés en masse à l'appel de leur chef. Eude s'était résolu à jouer dans une seule bataille son existence et celle de son royaume : tout avait été appelé sous l'étendard ; ces flots pressés de combattants, qui inondèrent la vallée de la Garonne, surpassaient en nombre les musulmans, qui ne pouvaient guère compter au delà de cinquante ou soixante mille hommes de guerre ; mais les chrétiens étaient bien inférieurs à leurs adversaires en discipline et en habitude des armes. « Ne craignez point cette multitude, cria El-Samah au moment de donner le signal ;

BATAILLE DE TOULOUSE.

si Dieu est avec nous, qui sera contre nous? » Eude, de son côté, harangua ses guerriers et leur distribua par parcelles trois éponges qui avaient été bénies par le pontife romain Grégoire II, et qui avaient servi à essuyer la table sur laquelle les évêques de Rome donnaient la communion aux fidèles. « Les deux armées, dit un historien arabe, se heurtèrent avec l'impétuosité des torrents qui se précipitent des montagnes; » on connaît mal les circonstances de la journée du 11 mai 721; l'exaltation religieuse et patriotique était égale dans les deux partis; l'intelligence d'Eude suppléa à ce qui manquait à ses légions du côté de la discipline; il paraît que le roi d'Aquitaine parvint enfin à envelopper les ennemis entre son armée et la ville. Après de longues et sanglantes vicissitudes, El-Samah tomba percé de coups en combattant comme un lion, et les deux tiers de l'armée arabe restèrent avec lui sur le champ de bataille; le fort du carnage eut lieu sur la voie romaine de Toulouse à Carcassonne, que les Arabes surnommèrent la *chaussée des Martyrs* (*Balat al Chouda*). L'historien des pontifes de Rome, Anastase le Bibliothécaire, qui vivait au milieu du neuvième siècle, prétend qu'Eude, « le duc des Franks », écrivit à Grégoire II que trois cent soixante quinze mille Sarrasins [1] avaient péri dans la bataille, et que les chrétiens n'avaient perdu que quinze cents hommes, entre lesquels ne s'était trouvé aucun guerrier muni de quelque parcelle des saintes éponges [2]. Les populations de la Garonne, chez lesquelles se sont combinés l'orgueil ibérien et l'emphase gauloise, ont été de tout temps portées à l'hyperbole. On pouvait pardonner à Eude et aux Aquitains un peu de vanterie dans l'ivresse de leur glorieux triomphe.

Les Arabes supportèrent avec une pieuse résignation le premier grand revers qu'ils eussent essuyé depuis leur entrée en Eu-

---

1. *Histor. des Gaules*, etc. t. III, p. 640. C'est aux Byzantins que nos chroniqueurs ont emprunté ce nom de Sarrasins (σαρακηνοι, nomades), par lequel les auteurs gréco-romains désignaient primitivement les tribus errantes de la mer Rouge à l'Euphrate. Quelques légendes appellent les Arabes *Wandales*, parce qu'ils venaient de l'Afrique, autrefois conquise par les Wandales.

2. La renommée de la bataille de Toulouse ayant été effacée par celle de la bataille de Poitiers, donnée onze ans plus tard, beaucoup d'historiens ont reporté à cette dernière journée la fable des trois cent soixante-quinze mille Sarrasins. Sur cette guerre, *v.* Anastas. dans les *Histor. des Gaules*, t. III, p. 648. — Isidor. Pacens. *ibid.* t. II, p. 720. — *Chronic. Moissiac. ibid.* t. II, p. 654. — Fauriel, t. II, p. 23. — Romey, *Hist. d'Espagne*, t. II, c. 10.

rope : les débris de l'armée d'El-Samah, ralliés par l'émir Abd-El-Rahman (l'Abdérame de nos historiens), se firent jour, les armes à la main, au travers des légions victorieuses, et, grâce à leurs admirables coursiers arabes et numides, parvinrent à regagner Narbonne, malgré l'ardente poursuite du roi Eude. La conséquence naturelle de la journée de Toulouse semblait devoir être l'expulsion des musulmans du sol gaulois : Abd-El-Rahman, cependant, se maintint dans Narbonne, et, renforcé par des troupes que lui envoya en toute hâte Anbessa, successeur d'El-Samah, il parvint même à soumettre les habitants du pays narbonnais et du diocèse d'Elne (Roussillon), qui s'étaient révoltés après le désastre de leurs maîtres. On ne saurait deviner pourquoi l'actif et courageux roi d'Aquitaine profita si peu de sa victoire : les sèches et confuses chroniques du huitième siècle sont muettes à cet égard : ce qui est certain, c'est que les Arabes eurent quatre ans de répit pour se remettre de leur défaite. En 725, le wali Anbessa se crut en état de reprendre l'œuvre de la conquête du *Frandjat :* il traversa les Pyrénées-Orientales « avec une très grande armée », dit la chronique de Moissac ; mais il ne se porta point d'abord contre l'Aquitaine, comme avait fait El-Samah : il assaillit et prit d'assaut Carcassonne, la plus forte place de la Septimanie, puis se dirigea vers l'Est. « Dieu, raconte l'historien arabe Maccari, avait jeté la terreur dans le cœur des infidèles : si quelqu'un d'eux se présentait, c'était pour demander merci. Les musulmans prirent du pays, accordèrent des sauvegardes, s'enfoncèrent dans les vallées, gravirent sur les hauteurs, jusqu'à ce qu'ils atteignissent la vallée du Rhône[1] ». Toute la Septimanie, de Carcassonne à Nîmes, fut « conquise pacifiquement, et remit des otages qu'on envoya à Barcelonne » (*Chron. Moissiac.*). Un wali ou gouverneur de province, subordonné à Anbessa, fut installé dans Narbonne. Les villes qui avaient capitulé conservèrent leurs comtes goths ou *romains,* leurs lois nationales, et l'exercice de leur culte dans l'intérieur des églises, mais à condition de recevoir des garnisons musulmanes, de payer le *kharadj,* tribut annuel qui variait du dixième au cinquième des revenus fonciers, et peut-être de livrer

---

1. Maccari, cité par Reinaud, *Hist. des invasions arabes en Gaule.*

leurs chevaux et leurs armes, ainsi que les trésors de l'Église. Les domaines de la couronne et des citoyens morts en combattant les musulmans furent confisqués, probablement avec la majeure partie des biens de l'Église.

Anbessa, chargeant un de ses lieutenants d'organiser le pays conquis, s'était précipité en avant et poussait une pointe audacieuse au cœur de la *Grande-Terre*. Arrivés à la vallée du Rhône, près de Nîmes, « les musulmans, dit l'arabe Maccari, s'éloignèrent des côtes et s'avancèrent dans l'intérieur du pays. » Les légers cavaliers arabes et africains remontèrent rapidement le cours du Rhône, fondirent sur la Burgondie comme une nuée d'oiseaux de proie, pillèrent peut-être Lyon, et, dépassant cette grande cité, prise ou non, enlevèrent et saccagèrent Autun le 22 août 725 (selon les *Annales* d'Aniane et la *Chronique* de Moissac). Partout, sur le passage des musulmans, les monastères étaient pillés et brûlés, les moines dispersés et quelquefois massacrés ; une bande d'Arabes pénétra jusqu'aux Vosges pour aller saccager l'illustre abbaye de Luxeuil. La Burgondie, abîmée dans l'anarchie et démembrée entre vingt chefs clercs et laïques, fut incapable d'arrêter ce torrent : la Neustrie et l'Austrasie commençaient à s'émouvoir ; mais Karle et ses leudes étaient alors hors de la Gaule, occupés, sur les rives du Danube, à dompter les Allemans et les Bavarois. Avant que l'armée franke eût repassé le Rhin, on apprit l'éloignement des Arabes : Anbessa n'était pas en mesure d'occuper la vaste région qu'il venait de reconnaître et de dévaster à course de cheval ; il se replia vers le Rhône, en se rabattant du nord au sud ; au lieu de reprendre sa route première à l'ouest du Rhône, il passa sur la rive gauche de ce fleuve, afin de répandre l'effroi des armes musulmanes dans la Viennoise et la Provence ; mais ces contrées, secourues vraisemblablement par le roi Eude, se mirent bravement en défense ; les Provençaux avaient à leur tête le duc Mauronte, homme d'intelligence et d'énergie. Les Arabes furent repoussés dans plusieurs actions meurtrières, et la fortune trahit Anbessa, qu'elle avait jusqu'alors si bien secondé : le wali subit le « martyre pour la foi dans le pays au delà du Rhône ». Blessé à mort dans un combat, il revint expirer en Septimanie, dans les premiers mois de l'an 726.

Les musulmans, en perdant ce brave chef, ne perdirent pas le fruit de ses exploits : la Septimanie leur resta, et, si leurs discordes intestines ne les eussent arrêtés trois ou quatre ans, ils eussent ressaisi sur-le-champ l'offensive et tenté sans délai de venger les deux walis tombés dans la *guerre sainte*. Ce qu'il y avait de plus terrible dans les Arabes, ce n'étaient ni leurs soudaines et impétueuses *algarades* [1], ni leurs incomparables coursiers, auxquels on ne pouvait échapper et qu'on ne pouvait atteindre, ni leur adresse au maniement de la lance et du glaive ; c'était leur opiniâtre constance : ils semblaient se multiplier par leurs pertes mêmes, et raccouraient, plus nombreux et plus acharnés, après la défaite comme après la victoire. Les mobiles populations de la Gaule méridionale étaient plus fatiguées de leurs succès que les Arabes de leurs revers, et le vieux roi Eude n'envisageait pas sans de tristes pressentiments l'avenir du royaume qu'il avait fondé avec tant de persévérance et défendu avec tant de courage. L'élévation d'Abd-El-Rahman, l'ancien lieutenant d'El-Samah, au rang de wali d'Espagne, fut pour Eude un menaçant augure (729). Abd-El-Rahman, adoré des soldats pour sa brillante valeur, sa piété fervente et sa libéralité sans bornes, était bien l'homme d'une guerre de conquête. Pendant deux années, les nouvelles d'Espagne devinrent de plus en plus alarmantes pour l'Aquitaine : les tribus de l'Arabie, de la Syrie, de l'Égypte et de l'Afrique passaient incessamment le détroit, qui avait reçu récemment le nom du vainqueur de Guadalète (*Djabal-Tharêq*, la montagne de Tharêq, Gibraltar). La Péninsule entière retentissait des préparatifs d'Abd-El-Rhaman et du cri de la *guerre sainte*. Eude déploya toutes les ressources de la politique pour détourner cette tempête. Il ne put recourir aux Franks ; des nuages s'étaient élevés entre lui et Karle, et il ne voulait pas sacrifier l'indépendance de ses États en y appelant ces dangereux voisins. Ce fut parmi les musulmans eux-mêmes qu'il chercha des alliés contre Abd-El-Rahman. Les armées avec lesquelles les généraux des khalifes avaient conquis l'Espagne et entamé la Gaule se composaient de deux éléments principaux, les Arabes et les Berbères

---

1. *Al-garâh* : attaque brusque et imprévue.

(*Barbari,* Barbares, *Barbaresques*), nom générique sous lequel les Romains et les Maures civilisés des villes, avant l'invasion arabe, désignaient les tribus d'origine diverse qui habitaient les chaînes de l'Atlas et le *pays des palmiers* (*Bellad-Al-Djérid*). Nous connaissons aujourd'hui les habitants de l'Atlas sous le nom arabe de Kabyles, qui signifie les tribus (*gentes*). Les Berbères, après de furieux combats contre les premiers envahisseurs arabes, s'étaient faits leurs co-religionnaires et leurs compagnons de gloire, et une émulation parfois utile, souvent périlleuse à la chose publique, excitait et divisait les deux peuples; l'un était toujours enclin à la tyrannie, l'autre à la révolte. Le commandement des Pyrénées orientales se trouvait alors entre les mains d'un chef maure ou berbère, Othman-Ben-Abou-Nessa (le *Munuz* de nos chroniqueurs), « Il apprit, dit Isidore de Béja, que la cruelle témérité des juges arabes opprimait ceux de sa nation dans la région de Libye : il se hâta donc de faire la paix avec les Franks (avec les Aquitains), et projeta d'usurper le souverain pouvoir sur les Sarrasins d'Espagne. » L'amour eut, dit-on, part à sa rébellion : il avait eu occasion d'apercevoir la fille du roi Eude ; il l'aimait et la demanda à son père; le prince chrétien et l'émir musulman scellèrent leur alliance par un mariage qui scandalisa également les fidèles des deux religions [1].

Eude n'avait pas le choix des moyens de défense; sa situation s'était bien compliquée et aggravée : il était menacé à la fois vers la Loire et vers les Pyrénées, et ne savait quel était le plus grand et le plus pressant des deux périls. La paix entretenue à grand'peine depuis dix ans entre la *France* et l'Aquitaine allait se rompre : l'espèce de fatalité qui avait poussé Karle à l'invasion des biens de l'Église l'entraînait maintenant contre le Midi. De 720 à 730, l'infatigable chef des Franks n'avait cessé de guerroyer contre les anciens vassaux de la nation franke pour les forcer à rentrer sous sa suzeraineté et à redevenir les instruments de sa puissance. En 720, 722, 729, il avait ravagé les terres des Saxons, vigoureusement assaillis dès 718; en 725, il avait envahi la Souabe alleman-

[1]. C'est sur cette alliance que repose la grossière méprise des chroniques frankes, qui accusent Eude de s'être allié avec Abd-El-Rahman et de l'avoir appelé en Gaule : ces chroniqueurs ont confondu Abd-El-Rahman avec son rival Othman.

nique et la Bavière, enlevé les trésors du duc des Bavarois, et ramené captives son épouse et sa nièce ; il prit cette dernière pour seconde femme. En 728, il retourna contre les Bavarois ; en 730, contre les Allemans. Ces deux peuples se soumirent derechef au tribut et surtout aux contingents militaires, qui étaient le grand but de Karle. La Thuringe et la Frise étaient retournées sous la domination franke, grâce aux efforts du parti chrétien, dominant en Thuringe et déjà nombreux chez les Frisons. Les missionnaires, que dirigeait alors l'Anglo-Saxon Winfrid, si fameux sous le nom de saint Boniface, redoublaient de ferveur et d'activité. Karle, toutefois, n'acheva pas d'assujettir la Germanie : on n'eût pu assurer sa soumission qu'en l'occupant militairement, qu'en perçant ses forêts par des routes, qu'en bâtissant des forteresses sur ses montagnes. Karle ne tenta point une telle entreprise, irréalisable avec les forces dont il disposait : ses leudes étaient las de courir ces sauvages contrées où le butin devenait de plus en plus rare, et Karle n'avait plus de biens d'Église à distribuer pour ranimer leur zèle ; il était contraint de penser à des expéditions plus productives, s'il voulait garder son empire sur les Franks et s'attacher la belliqueuse jeunesse de la Frise, de la Souabe et de la Bavière, qu'il avait attirée sous ses bannières après l'avoir vaincue : c'était là pour lui la seule manière de maintenir sa suzeraineté en Germanie. Les nécessités de ce gouvernement, que la guerre avait fondé et qui ne pouvait se conserver que par la guerre, devaient être fatales à ses voisins : Karle prétendit qu'Eude avait violé les conditions du traité de 720, et s'apprêta à tirer vengeance de cette *infidélité* supposée [1]. Dans les premiers mois de 731, au moment où le roi d'Aquitaine était tout occupé à surveiller les mouvements d'Abd-El-Rahman et à concerter ses plans de défense avec l'émir Othman, son gendre, on reçut à Toulouse la nouvelle de l'entrée des Franks en Aquitaine : Karle avait traversé la Loire ; il était déjà sous les murs de Bourges. Les chroniques frankes du nord énoncent vaguement que Karle « mit Eude en fuite et dévasta la Wasconie » ; mais elles emploient improprement le nom de Wasconie pour celui d'Aquitaine. D'après la légende

1. Une charte de l'an 722 atteste que Karle avait toujours entendu conserver une certaine suzeraineté au midi de la Loire.

de saint Austreghisel[1], Karle dévasta le Berri, s'empara de Bourges, et repassa la Loire sans attendre Eude, qui arriva bientôt et reprit la ville. Le duc des Franks revint en hâte, exerça de nouveaux ravages au midi de la Loire, et « retourna chez lui, plein de joie, avec un riche butin », mais sans garder pied dans le royaume d'Eude. L'agression des Franks n'en eut pas moins de funestes conséquences pour l'Aquitaine : pendant qu'Eude défendait sa terre contre Karle, l'émir des Pyrénées avait été accablé par Abd-El-Rahman; Othman, assailli brusquement dans ses montagnes par les troupes du wali général, s'était jeté dans la forteresse de Livia (Puycerda), puis, ne se sentant pas en état d'y soutenir un siége, il avait tenté de s'échapper à travers les rochers avec la fille d'Eude, la belle Lampégia; retardé dans sa fuite par sa jeune compagne, il fut poursuivi, atteint, et se fit massacrer en défendant son amante. Abd-El-Rahman envoya en présent au khalife la fille du roi d'Aquitaine, avec la tête de son malheureux époux[2].

L'année 732 s'ouvrit sous ces sombres auspices : Abd-El-Rahman était prêt enfin, et, de jour en jour, de nouvelles colonnes de cavalerie débouchaient dans la vallée du Haut-Èbre, rendez-vous général de l'armée d'invasion. Le wali d'Espagne, au lieu d'attaquer l'Aquitaine par la Septimanie, avait résolu de fondre du haut des Pyrénées occidentales sur la Wasconie gauloise; les Wascons espagnols, effrayés de l'immensité des forces musulmanes, et contenus par les garnisons arabes de Pampelune, de Jacca, etc., n'opposèrent aucun obstacle à la marche des conquérants. « Abdérame, racontent la Chronique de Moissac et Isidore de Béja, voyant la terre couverte de la multitude de son armée, passa par Pampelune, traversa les montagnes des Wascons, et, franchissant défilés et plaines, descendit chez les Franks ». La descente du wali et de son principal corps d'armée s'opéra par le *port*[3] de Roncevaux, depuis si célèbre, et par la vallée de la Bidouze, en mai où juin 732. Les tribus d'Asie et d'Afrique inondèrent la Wasconie

1. Dans les *Histor. des Gaules*, t. III, p. 660.
2. Isidor. Pacensis (Isidore de Béja).
3. Les ports ou *Puertos*, nom sous lequel les populations pyrénéennes désignent les Hautes-Pyrénées, sont un mot basque qui veut dire *hautes montagnes* (*portu*; pluriel *portuac*).

comme une mer débordée : les milices basques et gallo-romaines, malgré leur vive résistance, furent partout culbutées et refoulées jusqu'à la Garonne ; les villes furent forcées et pillées, les abbayes détruites de fond en comble ; le gros des légions arabes se porta directement sur Bordeaux, et planta ses tentes devant cette ville, où le roi Eude se trouvait en personne. Eude n'attendit pas l'ennemi derrière les remparts de Bordeaux : toutes les forces de l'Aquitaine s'étaient concentrées près du confluent de la Garonne et de la Dordogne. Le roi d'Aquitaine, animé par le souvenir de la victoire de Toulouse, et brûlant de venger sa fille captive et ses États désolés, sortit de la ville et présenta la bataille aux musulmans. Un seul jour lui ravit le fruit de cinquante ans de gloire : l'armée aquitanique fut écrasée, « et Dieu seul, dit Isidore de Béja, sait le nombre de ceux qui moururent dans cette journée » ! Le vieux roi s'enfuit le désespoir dans l'âme, et put voir, de la rive nord de la Garonne, les flammes qui dévoraient les églises de Bordeaux, emporté d'assaut et saccagé par les vainqueurs. Tout était perdu : l'Aquitaine ne pouvait plus rien pour elle-même ; il ne lui restait qu'à tendre les mains aux fers des Arabes ou à se jeter entre les bras des Franks. Eude avait fait son choix, et, sans chercher à prolonger la lutte contre les musulmans, sans négocier préalablement avec le duc Karle, il franchit la Loire et courut demander à son rival de sauver l'Aquitaine en sauvant ses propres États, déjà menacés à leur tour.

Pendant ce temps, le torrent de l'invasion arabe se répandait dans l'Aquitaine épouvantée, depuis la Gironde jusqu'aux montagnes de l'Auvergne et du Velai. Jamais invasion, depuis l'époque d'Attila, ne s'était étendue avec une telle rapidité sur une si grande surface de pays ; les courses des Barbares germains ne pouvaient se comparer aux irruptions de ces cavaliers qui semblaient arriver sur les ailes du vent du Midi, et qu'on voyait tout à coup apparaître quand on les croyait encore à cent lieues. Bientôt la terreur vola d'Aquitaine en Neustrie avec leurs légères avant-gardes : les bandes arabes passèrent la Loire à gué, et portèrent le fer et la flamme dans l'Orléanais, l'Auxerrois, le Sénonais. Un corps musulman attaqua la ville de Sens ; mais les habitants reçurent courageusement l'ennemi, et l'évêque Ebbe fit, à la tête des plus braves de ses ouailles, une si vigoureuse sortie, que les assaillants prirent la fuite et levèrent le siége. L'Église a canonisé ce belliqueux prélat.

Ce ne fut pas ce léger échec, mais l'ordre d'Abd-El-Rahman, qui obligea toutes ces bandes aventureuses à se rabattre vers le sud-ouest, après deux ou trois mois de courses et de ravages dans toutes les directions; le wali concentrait ses troupes sur les rives de la Charente pour marcher à une expédition qui enflammait à la fois le fanatisme et la cupidité des musulmans. Les Arabes avaient ouï parler d'un temple rempli de richesses inestimables, qui était comme le sanctuaire de l'*idolâtrie* dans le *Frandjat* : Abd-El-Rahman jura de détruire la basilique de Saint-Martin, et prit le chemin de Tours par Poitiers, ruinant sur son passage les maisons royales et brûlant les églises; les faubourgs de Poitiers furent saccagés de fond en comble, et la célèbre basilique de Saint-Hilaire, « chose douloureuse à dire », s'écrie le continuateur de Frédégher, fut pillée et réduite en cendres. Les Arabes ne s'arrêtèrent pas au siége de la cité, où les populations environnantes s'étaient réfugiées en foule : Abd-El-Rahman continua sa route vers Tours; mais il n'atteignit pas les bords de la Loire. La nouvelle de l'approche d'une formidable armée qui venait au secours « de la maison du bienheureux Martin » décida le wali à se replier sur Poitiers[1], et il se prépara à affronter les guerriers du Nord dans ces mêmes plaines de la Vienne et du Clain, où la possession de la Gaule avait été débattue, deux cent vingt-cinq ans auparavant, entre les Franks et les Wisigoths, entre les ariens et les catholiques.

Karle n'avait pas attendu que les tribus musulmanes apparussent aux portes d'Orléans et de Sens pour publier son ban de guerre : il n'avait pas quitté la Gaule cette année-là, et il s'était tenu prêt à jeter dans la balance le poids de son épée. L'arrivée d'Eude, vaincu, fugitif, général sans armée, roi sans royaume, lui montra le danger plus imminent encore qu'il n'avait cru; il reçut bien son ancien ennemi, et lui promit tout, à condition qu'Eude re-

---

1. Le wali voulait, dit-on, obliger ses soldats à abandonner leur butin, qui les embarrassait et les préoccupait plus qu'il ne convenait à de pieux champions de l'islam. Les musulmans refusèrent, ce qui eut pour eux de graves conséquences.

connût sa suzeraineté et que l'Aquitaine rentrât ainsi dans la monarchie franke. Durant tout le reste de l'été, les clairons romains et les trompes germaniques sonnèrent et mugirent dans les cités de la Neustrie et de l'Austrasie, dans les rustiques palais des leudes franks, dans les gaws de la Germanie. Les plus impraticables marécages de la mer du Nord, les plus sauvages profondeurs de la forêt Noire, vomirent des flots de combattants à demi nus, qui se précipitèrent vers la Loire à la suite des lourds escadrons austrasiens tout chargés de fer. Cette masse énorme de Franks, de Teutons et de Gallo-Romains passa le fleuve probablement à Orléans, rallia les restes de l'armée aquitanique, qui avaient dû se retirer dans le Berri et la Touraine, et parut en vue des Arabes dans le courant du mois d'octobre 732.

Ce fut un des moments les plus solennels des fastes du genre humain. L'islamisme se trouvait en face du dernier boulevard de la chrétienté : après les Wisigoths, les Gallo-Wascons; après les Gallo-Wascons, les Franks; après les Franks, plus rien. Ce n'étaient pas les Anglo-Saxons, isolés au fond de leur île; ce n'étaient pas les Langobards, faibles dominateurs de l'Italie épuisée; ce n'étaient pas même les Gréco-Romains de l'empire d'Orient qui pouvaient sauver l'Europe : Constantinople avait assez de peine à se sauver elle-même! Le chroniqueur contemporain Isidore de Béja ne s'y trompe pas : il appelle l'armée franke l'armée des *Européens*. Cette armée détruite, la terre était à Mahomet! Quel eût été l'avenir de l'humanité, si la civilisation européenne du moyen âge, notre mère, eût été ainsi étouffée au berceau? Au moment de ce vaste choc, les Arabes, encore dans la première ferveur de l'islam, avaient plus d'humanité, de moralité, de lumières que les Franks; mais il ne faut pas se faire illusion sur cette supériorité accidentelle, ni s'éblouir des élégants monuments d'art et de littérature qu'ont vus naître Cordoue, Bagdad, Grenade ou Schiraz. L'islamisme, relativement aux croyances européennes, n'était pas un développement nouveau de l'humanité, mais un funeste élan en arrière : le Koran intrônisait le vieux fatalisme, déjà beaucoup trop réveillé en Occident par la doctrine de la prédestination, rejetait les femmes sous le joug honteux de la polygamie, brisé par la civilisation grecque et romaine, et ruinait toute la métaphysique humaine et divine. La soumission absolue des musulmans aux lois fatales du ciel et aux représentants du prophète étouffait chez eux la personnalité humaine ainsi que la vie politique, et devait les précipiter sans transition d'un fanatisme aveugle et téméraire dans une incorrigible inertie : les femmes, malgré les éloges poétiques que leur a prodigués le prophète[1], ne sont pour l'islamisme que de brillants jouets, que des esclaves dont on cache les chaînes sous des fleurs; il les dégrade de la dignité qu'elles avaient eue dans la Rome républicaine et que le christianisme avait agrandie et idéalisée; leur existence n'est plus qu'un appendice tout extérieur de celle de l'homme; enfin le déisme musulman est la négation de la théologie, non pas seulement chrétienne, mais universelle : avec lui se brise cette longue chaîne de la pensée religieuse, partie des bords de l'Oxus et du Gange pour arriver aux Pères de l'Église chrétienne à travers l'Égypte et la Grèce ; avec lui, l'œuvre de cinquante siècles de méditations est perdue; la Cause Première, sombre et incompréhensible, se retire dans ce *septième ciel* fantastique dont la porte ne s'est ouverte qu'au seul Mahomet; le lien se rompt entre les cieux et la terre; le Verbe[2] et l'Esprit de vie rentrent dans les profondeurs impénétrables de l'Absolu, et l'homme perd tout espoir de pénétrer les mystères de son essence et de l'essence divine!

Le sort du monde allait se jouer entre les Franks et les Arabes! Les Barbares d'Austrasie ne soupçonnaient guère quelles destinées étaient confiées à leur épée; cependant un sentiment confus de la grandeur de la lutte qu'ils allaient engager parut les saisir; les musulmans, de leur côté, hésitèrent pour la première fois. Durant sept jours, l'Orient et l'Occident s'examinèrent avec haine et terreur : les deux armées, ou plutôt les deux mondes, s'inspiraient un étonnement réciproque par la différence des physionomies, des armes, des costumes, de la tactique. Les Franks contemplaient d'un œil surpris ces myriades d'hommes bruns aux turbans

---

1. « Dieu fit la femme et se reposa, » a écrit Mohâmed dans le Koran.
2. Du moins, les musulmans n'entendent plus par *Verbe* qu'une créature, qu'un prophète. *Issa* (Jésus) a été le Verbe. Mohâmed est un Verbe supérieur. Ils finirent par faire de Mohâmed l'archétype, le *Logos* d'Arius.

blancs, aux burnous blancs, aux *abas* rayés, aux boucliers ronds, aux légères zagaies, caracolant, parmi des tourbillons de poussière, sur leurs cavales échevelées. Les cheiks musulmans passaient et repassaient au galop devant les lignes gallo-teutoniques, pour mieux voir les géants du Nord avec leurs longs cheveux blonds, leurs heaumes brillants, leurs casaques de peaux de buffle ou de mailles de fer, leurs longues épées et leurs énormes haches. Enfin, le septième jour, qui était un samedi de la fin d'octobre, vers l'aube, les Arabes et les Maures sortirent de leurs tentes, aux cris des muezzins, appelant le peuple fidèle à la prière ; ils se déployèrent en ordre dans la plaine, et, après la prière du matin, Abd-El-Rahman donna le signal. L'armée chrétienne reçut sans s'émouvoir la grêle de traits que firent pleuvoir sur elle les archers berbères ; les masses de la cavalerie musulmane s'élancèrent alors, et, poussant leur fameux cri de guerre : *Allah akbar* (*Dieu est grand*)! tombèrent comme un immense ouragan sur le front de bataille des *Européens*. La longue ligne des Franks ne ploya pas, et resta immobile sous ce choc épouvantable, « comme un mur de fer, comme un rempart de glace ; les peuples du Septentrion demeurèrent serrés les uns contre les autres, tels que des hommes de marbre[1] ». Vingt fois les musulmans tournèrent bride pour reprendre du champ et revenir avec la rapidité de la foudre ; vingt fois leur charge impétueuse se brisa contre cette barre inébranlable ; les colosses d'Austrasie, se dressant sur leurs grands chevaux belges, recevaient les Arabes sur la pointe du glaive, et, frappant de haut en bas, les perçaient d'outre en outre par d'effroyables estocades. La lutte se prolongea néanmoins tout le jour, et Abd-El-Rahman conservait encore l'espoir de lasser la résistance des chrétiens, lorsque, vers la dixième heure (quatre heures de l'après-midi), un tumulte terrible et de lamentables clameurs s'élevèrent sur les derrières des musulmans : c'était le

---

1. *Glacialiter manent adstricti.* Isidor. Pacensis. Ce cri d'étonnement que la manière de combattre des Franks arracha aux Arabes, et que le chroniqueur espagnol redit pour l'avoir entendu de la bouche de quelque compagnon d'Abd-El-Rahman, d'autres guerriers musulmans le répétèrent mille ans après en présence de nos soldats républicains. « Ils sont enchaînés les uns aux autres ! » s'écriaient les mamelouks en brisant leurs escadrons contre nos carrés au pied des pyramides.
— Les chroniques frankes sont muettes sur l'attaque du camp arabe par Eude. Paul le Diacre (l. VI, c. 26) est d'accord là-dessus avec les historiens musulmans.

roi Eude, qui, avec les restes de ses Wascons et de ses Aquitains, tournait l'armée arabe, se jetait sur le camp du wali et en massacrait les gardiens. Aussitôt une grande partie de la cavalerie musulmane quitte le combat pour voler à la défense des richesses entassées sous les tentes : tout l'ordre de bataille d'Abd-El-Rahman est bouleversé; le wali, désespéré, s'efforce en vain d'arrêter le mouvement rétrograde et de reformer ses lignes; le « mur de glace » s'ébranle enfin; Karle et ses Austrasiens chargent à leur tour, culbutent, sabrent, écrasent tout ce qui se trouve devant eux, et le brave Abd-El-Rahman et l'élite de ses compagnons, renversés de leurs chevaux, disparaissent broyés sous cette masse de fer. A l'instant où le soleil descendit sous l'horizon, la foule confuse des musulmans se précipitait vers ses tentes, pressée dans toute la largeur du champ de bataille par une forêt mouvante de glaives qui s'élevaient et s'abaissaient incessamment, abattant à chaque pas sur le champ du carnage une nouvelle file de cadavres. La fin du jour arrêta les Franks. Karle n'essaya pas de pénétrer de nuit parmi ces tentes innombrables, qui ressemblaient de loin à une grande cité; les Aquitains avaient été repoussés par les premiers escadrons accourus au secours du camp : Karle fit sonner la retraite, et les « Européens, brandissant leurs glaives avec dépit, » passèrent la nuit dans la plaine, s'attendant à livrer une seconde bataille le lendemain pour la conquête des campements arabes.

Au point du jour, les Franks revirent blanchir les tentes ennemies à la même place et dans le même ordre que la veille; aucun bruit ne s'entendait, aucun mouvement n'apparaissait dans les quartiers arabes : Karle, pensant que les musulmans allaient sortir en armes d'un instant à l'autre, fit tous les préparatifs de l'attaque, et envoya des éclaireurs à la découverte. Ceux-ci s'avancèrent à travers les milliers de corps morts, entrèrent dans les premières tentes : elles étaient vides; il ne restait pas un seul homme en vie dans ce vaste camp; les débris harassés de l'armée musulmane étaient partis en silence à la faveur des ténèbres, abandonnant tout, hormis leurs chevaux et leurs armes. La grande querelle était décidée!

Les Franks eussent aisément complété leur victoire et anéanti tout ce qui avait suivi Abd-El-Rahman en Gaule; mais rien ne put les décider à poursuivre les vaincus. Ils étaient tout occupés à se partager le prodigieux butin, l'or monnayé, les lingots, les vases précieux, les étoffes, les denrées, les troupeaux amoncelés et parqués dans le camp arabe; leur allégresse devait déchirer le cœur des malheureux Aquitains, qui voyaient les dépouilles de Bordeaux et de tant d'autres cités passer des mains de leurs spoliateurs dans celles de leurs farouches auxiliaires. Après ce partage, les gens de Neustrie, d'Austrasie et de Germanie reprirent le chemin de leurs foyers. « Karle, dit la chronique de Moissac, ayant recueilli les dépouilles de l'ennemi, retourna en *France* dans la gloire de son triomphe[1]. » « Il s'en retourna après avoir soumis l'Aquitaine », ajoutent les *Annales de Metz* et d'autres chroniques; c'est-à-dire qu'Eude remplit ses engagements, et jura fidélité au libérateur qui lui vendait si chèrement ses services. Sans doute il renonça au titre de roi, signe de son indépendance passée, et ne fut plus que le duc des Aquitains. L'Aquitaine, délivrée de ses ennemis et de ses alliés, qui la laissaient plus morte que vive, put enfin respirer et panser ses blessures; les bandes mutilées des musulmans avaient encore eu assez de force et d'audace pour tout dévaster sur leur passage en fuyant vers la Septimanie.

Les conséquences de la journée de Poitiers se développèrent rapidement : Karle savait profiter de la victoire aussi bien qu'il savait vaincre, et il comptait avoir conquis la Gaule entière dans les champs poitevins; le souverain de l'Aquitaine s'était reconnu son vassal; le tour de la Burgondie arriva. Au printemps de 733, « Karle pénétra dans le royaume de Burgondie avec un

---

1. « Dès lors tous commencèrent à le surnommer *Martel*, parce que, comme le *martel* (marteau) brise toute espèce de fer, ainsi Karle, avec l'aide du Seigneur, broyait ses ennemis dans toutes les batailles. » Adhemar. *Chronic.* dans les *Histor. des Gaules*, t. II, p. 574. Adhémar, Hépidan et Odoran, chroniqueurs du onzième siècle, sont les plus anciens écrivains connus qui aient appelé Karle de ce surnom de Martel, qu'on donnait, de leur temps, à tous les grands guerriers. On disait un *marteau d'armes*, comme on a dit plus tard un *foudre de guerre*. Aucun auteur contemporain de Karle ne le qualifie ainsi; et c'est sans fondement que M. Michelet a cru trouver un caractère païen dans ce surnom. Le moine de Saint-Gall (c. xxii) rapporte que les Normands appelaient ainsi Charlemagne, le plus terrible ennemi du paganisme.

puissant corps d'armée, soumit Lyon et les autres cités à son pouvoir, confia aux plus éprouvés de ses ducs et de ses leudes les confins de cette région à défendre contre les peuples rebelles et infidèles, conclut une trêve, et s'en retourna victorieux. » Les *rebelles* dont parle ce passage assez obscur, extrait du continuateur de Frédegher et des *Annales de Metz*, paraissent être les Provençaux, qui n'obéissaient plus à Eude et qui résistèrent à Karle sous Mauronte, duc de la province marseillaise, pendant que toute la Burgondie, jusqu'à la Durance, subissait, ville après ville, la domination austrasienne. Ce dut être avec Mauronte que Karle *conclut une trêve*. Les bandes teutoniques commirent sans doute dans cette expédition de bien grandes violences, et les leudes franks ou germains, qui avaient dépossédé les comtes *romains* et burgondes, exercèrent une bien brutale tyrannie, car il s'alluma contre le règne des Franks des haines qui ne tardèrent pas à éclater de la manière la plus étrange.

Les affaires de Germanie avaient rappelé Karle à la hâte dans le Nord et l'avaient empêché d'achever la conquête du Midi. Le parti païen, toujours excité et renforcé par les Saxons, venait de reprendre le dessus en Frise, d'élire un chef ou roi nommé Poppe, et de recommencer ses anciennes déprédations sur les marches austrasiennes. Karle jugea le péril assez sérieux pour courir sur-le-champ de la Durance au Wahal, et termina la campagne de 733 par une violente irruption en Frise. Il avait résolu d'en finir cette fois avec les insurrections frisonnes, et, aussitôt après le mâl de 734, les Franks envahirent la Frise par mer et par terre : Karle avait équipé, durant l'hiver, un grand nombre de navires dans les ports de Neustrie ; il s'embarqua en personne avec l'élite de ses guerriers, « descendit dans les îles des Frisons, la Westrakhie et l'Austrakhie[1] », cantons qui étaient le centre et le cœur de la Frise, défit et tua le duc Poppe près de la rivière de Burde, écrasa l'armée frisonne, coupa les bois sacrés, brûla les temples grossiers que les idolâtres consacraient à leurs dieux, et pour-

---

1. Ce sont les deux cantons, occidental et oriental, de la West-Frise, ayant pour chefs-lieux Straveren et Leuwarden. Le continuateur de Frédegher les qualifie d'îles, parce qu'ils sont tout entourés d'eau : à l'ouest, au nord-ouest et au sud, la mer ; des autres côtés, des étangs, des marais et des rivières.

suivit les Frisons « jusqu'à extermination ; ceux qu'il laissa vivants livrèrent des otages en garantie de leur obéissance ». Cette terrible exécution épouvanta la faction païenne dans toute la Germanie, et lui ôta l'envie de remuer durant trois ou quatre ans ; d'ailleurs, le paganisme germanique ou scandinave, cette religion de la guerre, disposait mal l'aventureuse jeunesse de Teutonie à résister au plus grand guerrier du monde. Karle leur semblait Odin incarné, tout chrétien qu'il fût : les salles resplendissantes de Héristall ou de Kiersi, aux lambris desquelles étaient appendues les dépouilles de la terre, n'étaient-elles pas la véritable Walhalla ?

Les Germains suivirent bientôt Karle à de nouvelles proies. Le vieil Eude d'Aquitaine mourut en 735, emportant au tombeau la consolation d'avoir vu fuir les musulmans devant les Wascons de la montagne. Le khalifat, que nul revers ne détournait de ses projets, avait envoyé en Espagne un successeur d'Abd-El-Rahman, avec des renforts et l'ordre de ressaisir immédiatement l'offensive. Toutes les Pyrénées ibériennes étaient en insurrection : le wali Abd-El-Melek comprima tant bien que mal les Wascons ibériens, et voulut entrer dans la Wasconie gauloise ; il fut complétement battu dans les défilés de Roncevaux ou du Bigorre. Eude survécut peu à ce succès, et fut enseveli au couvent de l'île de Ré, qu'il avait fondé. Il eut pour successeur son fils Hunald, homme d'un ferme courage. Hunald tenta de secouer la suprématie franke, et repoussa les exigences de Karle, qui sans doute voulait exercer en Aquitaine les droits *utiles* de la souveraineté. Les bannières du prince des Franks ne tardèrent pas à flotter au midi de la Loire. Karle traversa les plaines qui avaient été, trois ans auparavant, le théâtre de son triomphe, et perça jusqu'à Blaie et jusqu'à Bordeaux. La résistance des Aquitains fut toutefois beaucoup plus opiniâtre qu'on n'eût dû l'attendre d'un peuple récemment frappé de si grands désastres. Hunald disputa le terrain pied à pied, et fit aux Franks une guerre meurtrière de surprises et d'embuscades.

Les nouvelles des Pyrénées et du Rhône produisirent, sur ces entrefaites, une diversion utile aux Aquitains, et le prince des Franks se décida à traiter avec Hunald à des conditions acceptables : « il lui donna le duché d'Aquitaine », et Hunald de son côté consentit à jurer fidélité à Karle et à ses fils Peppin et Karloman, « pacte qui devait être peu durable », dit la Chronique d'Adon (736).

(737) Karle et Hunald avaient été rapprochés par leurs intérêts communs : l'Aquitaine était menacée ; la Burgondie, entamée par les Arabes, que rien ne décourageait, et qui s'apprêtaient à un effort désespéré pour venger leurs innombrables martyrs ; le Bédouin Okbah, un des héros de l'islamisme, était arrivé à Saragosse avec toutes les forces dont avait pu disposer le khalife, et s'apprêtait à franchir les Ports. Joussouf, wali provincial de Septimanie, avait déjà commencé heureusement les hostilités vers le Rhône. Il s'était passé d'étranges choses en Provence ! Le duc Mauronte et les autres seigneurs provençaux, se sentant trop faibles pour résister à Karle lorsqu'il aurait le loisir de les attaquer sérieusement, et préférant tout à la domination austrasienne, avaient pactisé avec les musulmans dès 734 ou 735. Ils avaient reconnu l'autorité du khalife et de ses délégués, s'étaient obligés au tribut, et avaient livré Arles à Joussouf, qui « entra pacifiquement dans cette ville, s'empara des trésors de la cité », c'est-à-dire apparemment de la caisse municipale et des richesses des églises, puis marcha sur Avignon et s'en saisit par surprise, avec l'assistance des seigneurs provençaux. Les habitants, à ce que semblent insinuer les *Annales de Metz,* introduisirent eux-mêmes les musulmans dans la place, et les aidèrent à chasser ou à exterminer la garnison franke. Maîtres pour maîtres, ils aimaient mieux les Arabes que les Franks ; l'esprit de droiture et d'équité que montraient les gouverneurs de Narbonne avait fait beaucoup d'impression sur les méridionaux. De la province d'Arles et du comté d'Avignon, les musulmans se répandirent dans tout le reste de la Provence et de la Viennoise ; les chroniqueurs arabes prétendent que les guerriers de Joussouf remontèrent le Rhône jusqu'à Lyon et s'emparèrent de cette grande ville. Tout le pays entre le Rhône, les Alpes et la mer, était bouleversé à la fois par la guerre étrangère et par les discordes civiles ; les anciens comtes dépossédés et les grands propriétaires laïques se rallièrent aux Arabes contre les Franks, leurs spoliateurs, tandis que les clercs et les moines, pillés, insultés, maltraités par les bandes musulmanes, appelaient

les vengeances du ciel et les armes des Franks sur la tête des infidèles et de leurs fauteurs[1].

Les Franks parurent bientôt, et les Provençaux apprirent en même temps l'approche de Karle et l'éloignement d'Okbah; le wali d'Espagne avait été obligé d'abandonner ses plans et de courir en Afrique pour réprimer une grande révolte des Berbères, tandis que Karle, joignant à ses leudes franco-germains une multitude de Gallo-Burgondes, exaltés par les cris du clergé, se précipitait vers la Durance. Les détachements arabes épars dans la Burgondie méridionale se replièrent sur Avignon et s'y renfermèrent. Ils étaient serrés de près par l'avant-garde franke que commandaient Hildebrand, frère de Karle, et plusieurs autres ducs : ces chefs mirent aussitôt le siége devant la place. Les citoyens secondèrent la résistance des soldats étrangers; mais les masses de l'armée du Nord ne tardèrent pas à assaillir de toutes parts la ville et le château : tout céda à l'invincible Karle; les murs de « cette très forte cité » furent renversés; la garnison et les habitants « furent exterminés par le fer et la flamme ». Avignon pris, Karle ne passa point la Durance, mais le Rhône; il tenta une entreprise plus hardie et plus décisive que la conquête de la Provence : il marcha par le pays des Goths droit à Narbonne, et pressa avec une extrême vigueur le siége de ce chef-lieu des établissements arabes en Gaule. Les walis musulmans n'avaient rien épargné pour fortifier Narbonne et la mettre à l'abri de toutes les attaques. Au bruit de la perte d'Avignon, les garnisons de toutes les villes septimaniennes s'étaient concentrées dans la capitale de la province; l'émir Othman (l'*Adthima* des chroniqueurs), lieutenant de Joussouf, dirigea la défense en grand homme de guerre. Joussouf, qui était sans doute à Arles, n'avait pas les moyens de secourir Narbonne contre la formidable armée des Franks. Narbonne toutefois ne fut point abandonnée : Okbah, déjà vainqueur des insurgés berbères, assembla une multitude de bâtiments sur la côte d'Afrique, et dépêcha par mer en Septimanie tout ce qu'il put réu-

---

1. Suivant les légendes, les *Sarrasins* descendirent par eau dans les îles de Lérins, et exterminèrent tous les moines, au nombre de près de cinq cents, parce qu'ils ne voulurent pas se faire musulmans. Cela n'était ni dans les habitudes des Arabes ni dans les principes du Koran, et la tradition peut paraître suspecte.

nir de troupes, sous les ordres de l'émir Omar (l'*Amor* de nos chroniqueurs), qui vint débarquer près de l'étang de Sigean (*stagnum Rubresus*). Karle laissa une partie de ses bataillons devant la ville, et courut avec le reste à la rencontre de l'armée de secours; il la joignit à sept milles de Narbonne, dans le val de Corbière, aux bords du petit fleuve de Berre, qui se jette dans l'étang de Sigean. Omar fut tué, et ses compagnons, culbutés et mis en déroute avec un grand massacre : une multitude de musulmans se jetèrent dans l'étang de Sigean pour regagner leurs vaisseaux à la nage; mais les Franks, qui avaient des barques armées en guerre sur ce lac salé et à l'embouchure de l'Aude, les poursuivirent et « les firent périr dans les eaux. »

« Les Franks gagnèrent ainsi, avec l'honneur du triomphe, de riches dépouilles et une grande multitude de captifs. » Ils n'eurent pourtant pas Narbonne. Le brave émir Othman continua de se défendre après avoir perdu tout espoir de secours, repoussa tous les assauts, et lassa la patience des Franks. Karle recevait d'ailleurs des nouvelles inquiétantes du Nord; il était placé entre l'islamisme et le paganisme, comme entre deux hydres dont les têtes renaissaient toujours sous ses coups, et il ne pouvait se jeter sur l'un de ses deux ennemis, que l'autre, à peine terrassé, ne se relevât aussitôt et ne l'assaillît par derrière. Les Franks levèrent donc le siége de Narbonne; mais ils s'en vengèrent cruellement sur le reste de la Septimanie : avant d'évacuer cette province, ils pillèrent les « villes très célèbres de Nîmes, d'Agde et de Béziers, » détruisirent de fond en comble Maguelonne (*Magdalona*), saccagèrent tous les châteaux et les bourgades, et dévastèrent horriblement les campagnes. Karle ne se contenta pas d'emmener des otages des villes septimaniennes; il ruina complétement leurs murailles romaines, respectées par les Goths et par les Arabes, et voulut détruire le grand monument qui fait la gloire de Nîmes, les *Arènes*, afin que ses adversaires ne pussent les ériger en citadelle; mais les larges assises et l'indestructible ciment de l'amphithéâtre romain défièrent la rage des Barbares, et l'incendie vint mourir sur les arcades colossales où se voit encore la trace noire des flammes allumées par *Charles-Martel*[1].

1. Aug. Thierry, *Lettres sur l'Hist.* etc., lettr. II. — Fredegar. continuat. III. —

(738) Karle avait gagné et attiré à son service les chefs de trustes dans une grande partie de la Germanie ; mais il restait dans chaque région teutonique un noyau de population attaché au sol et aux dieux de la patrie ; ceux-là s'appuyaient sur les Saxons, les païens par excellence (*paganissimi*), comme les aventuriers s'appuyaient sur les Franks ; la masse des Saxons demeurait toujours inébranlable et toujours menaçante. Le christianisme ne gagnait rien sur eux, ni par promesses, ni par menaces ; non-seulement ils refusaient presque toujours le tribut, mais ils harcelaient incessamment les Franks et les sujets des Franks. Karle, en 738, convoqua son armée près du confluent du Rhin et de la Lippe, entra sur les terres des Saxons, qui touchaient au Rhin de ce côté, entre les Frisons au nord et les Franks hessois et bructères au midi, dévasta une grande étendue de pays sans que les Saxons osassent lui livrer bataille, et les contraignit de lui remettre des otages et de promettre le tribut. Une conspiration neustrienne, qui avait peut-être pour but d'obliger Karle à faire un roi en remplacement de Théoderik, avait coïncidé avec les mouvements des Saxons.

(739-741) L'infatigable prince des Franks reprit au printemps suivant la route de la Provence. Les Arabes et leurs alliés étaient rentrés dans les ruines d'Avignon et s'étaient réinstallés sur le rocher de la citadelle (depuis le château des papes) : les Franks chassèrent leurs ennemis d'Avignon, passèrent la Durance, et, après de sanglants combats, s'emparèrent d'Arles, de Marseille, de tout le pays entre la Durance et la mer. Le duc Mauronte et les débris des troupes musulmanes se réfugièrent dans des tours bâties parmi des rocs inaccessibles, aux bords de la Méditerranée, vers l'embouchure du Var et les montagnes de Nice ; mais un corps d'armée langobard, envoyé par Luitprand, roi de Lombardie, agit de concert avec les Franks pour forcer les musulmans et leurs complices dans ces derniers asiles. On ne sait ce que devint

Annal. Metenses. — *Chronic. Moissiac.* — *Chronic. Fontanell.* Le roi Théoderik de Chelles mourut cette année-là ; pas un chroniqueur n'a daigné parler de cette mort, dont on ignorerait la date sans un manuscrit cité par Labbe, le collecteur des conciles. Karle ne se donna pas la peine de remplacer le roi, et il continua de régner sous le titre de maire du palais. On a un diplôme daté de « la cinquième année après la mort du roi Théoderik ».

Mauronte. « Karle, ne laissant plus d'adversaires derrière lui et ayant soumis toute cette région à son empire, retourna au pays des Franks, à la villa de Verberie-sur-Oise. Tous les ennemis des Franks étant vaincus, en l'année 740, il gouverna en paix ses états, et ne conduisit d'armée vers aucun point de l'horizon. » (*Annal. Metenses*). Le chroniqueur frank remarque cette circonstance extraordinaire, comme les annalistes de la république romaine signalaient la fermeture du temple de Janus.

Triste paix, au reste, pour les provinces qui venaient d'être ramenées par la force sous la monarchie franke! La Burgondie et la Provence avaient le sort qu'avait eu la Neustrie après la journée de Vinci, et subissaient le joug avec plus d'amertume encore, les oppositions de mœurs et d'idées étant plus prononcées entre les sujets et les maîtres. Le clergé, qui avait vu dans les Franks ses libérateurs, n'était guère mieux traité que les farons burgondes et les sénateurs gallo-romains; on prenait les biens de l'Église sans plus de scrupule que les alleux ou les bénéfices des seigneurs proscrits. L'archevêque de Lyon était mort, et on ne lui donnait pas de successeur : l'archevêque de Vienne, voyant les propriétés de son église livrées au pillage et n'ayant plus de quoi subsister, avait quitté son siége et s'était retiré au monastère de Saint-Maurice d'Agaune; la plus grande partie des terres de l'évêché d'Auxerre avait été distribuée en bénéfices à six chefs bavarois pour payer leur entrée dans la truste de Karle. Ce n'était dans toute l'Église gallicane qu'un long cri de douleur et de malédiction contre le *tyran* austrasien[1].

Karle n'inspirait point partout de tels sentiments. Ennemi de l'Église en Gaule, il passait pour le seul espoir de la religion chez les chrétiens de la Germanie et même à Rome; c'était à lui que le pape Grégoire II avait recommandé l'apôtre des Germains, l'Anglo-Saxon Winfrid, qui était allé en Italie prendre commission du successeur de saint Pierre et « jurer fidélité à l'évêque et à l'Église de Rome », avant que d'entreprendre l'œuvre apostolique (719-723). Grégoire II consacra évêque ce grand missionnaire, et changea son nom de Winfrid pour le nom de *Bonifacius* (celui qui

---

1. Adon. *Chron.* — *Chronic. episc. Autissiodor.*

fait le bien). On a conservé la circulaire adressée par Karle, « homme illustre, maire du palais », à tous les évêques, ducs et comtes, etc., pour leur enjoindre d'aider Boniface en toute occasion et par tous les moyens[1]. Karle avait raison d'aider Boniface : c'était là pour les Franks le plus puissant des alliés, et sa conquête pacifique, que nous n'avons point à raconter ici, devait être plus durable que les conquêtes de leurs épées.

Karle avait contracté ainsi avec l'Église romaine des relations que les papes entretenaient soigneusement, et qui, sur la fin de sa vie, prirent un caractère de plus en plus important. L'Italie était en ce moment agitée par des guerres à la fois politiques et religieuses. Les hostilités perpétuelles des Langobards et des Impériaux, dont les possessions s'enchevêtraient depuis les rives du Pô jusqu'au delà de Naples et de Bénévent, s'étaient compliquées des troubles excités par les violences de l'empereur Léon l'Isaurien, chef de la secte des *iconoclastes*, c'est-à-dire des *briseurs d'images*. La doctrine rigoureuse que les musulmans avaient empruntée au monothéisme juif, touchant le culte des images, s'était infiltrée parmi les chrétiens d'Orient; les honneurs rendus aux statues et aux peintures qui représentaient le Christ, la Vierge et les saints dégénéraient en superstition, et cet abus causa une réaction fanatique et dévastatrice contre toutes les images produites par « l'art détestable de la peinture ». On s'arma pour détruire et pour défendre les images, et le pape de Rome se mit à la tête de leurs défenseurs. L'Italie *romaine* brisa les statues du prince qui brisait les représentations de Jésus-Christ et des saints. Les Langobards profitèrent de ces discordes pour tomber

1. Sur les travaux apostoliques de saint Boniface dans la Hesse, la Thuringe, la Franconie et la Bavière, et sur ses rapports avec Rome, *v.* Fleuri, *Hist. ecclés.* t. IX, l. 41-42; Mignet, *La Civilisation chrétienne chez les Germains;* Ozanam, *Études germaniq.* t. II, c. v. Boniface semble n'être que le soldat dévoué du pontife romain, qu'il regarde comme le chef de l'Église militante. Les instructions que lui adresse le pape sont intéressantes à étudier; elles sont, le plus souvent, d'un grand sens pratique et d'un esprit droit; tout n'y est pourtant pas digne d'éloge : le pape établit que les enfants consacrés par leurs parents à la vie monastique ne peuvent plus se marier; ainsi la tyrannie religieuse entre en Germanie avec les bienfaits de l'Évangile. Le bon sens de Boniface se révoltait pourtant un peu contre les exagérations bizarres de l'Église romaine sur l'*inceste*, et ne pouvait comprendre que ce fût un inceste d'épouser sa commère. — Boniface fut surtout secondé par les missionnaires anglo-saxons, ses compatriotes.

sur les deux partis, envahir la Toscane, saccager les terres de l'Église romaine, prendre Ravenne et menacer Rome. Le pape Grégoire III éleva sa voix suppliante à plusieurs reprises vers le vainqueur des « Sarrasins, l'illustre sous-roi des Franks (*sub-regulus;* en tudesque, *under-koning*) ; » mais Karle, jusqu'à ce qu'il eût entièrement dompté les rebelles Provençaux et rejeté les Arabes à l'ouest du Rhône, ne voulut pas se brouiller avec les Langobards; le roi Luitprand était au contraire son allié fidèle, et il lui avait récemment envoyé son second fils Peppin pour resserrer les nœuds de cette alliance. Paul Diacre raconte que le roi langobard se déclara le père adoptif du jeune prince frank, « en lui coupant les cheveux », formule d'adoption usitée chez les peuples germaniques, comme chez les peuples celtiques (l. VI, c. 53). Même après la guerre de Provence terminée, Karle hésitait encore à entrer dans les débats du pontife romain et des Langobards ; il aimait mieux revenir à son projet d'expulser les Arabes de la Gaule. Grégoire III comprit qu'un grand intérêt politique déterminerait seul le chef des Franks à diriger ses forces vers l'Italie, et, de concert avec les principaux des Romains (*decreto Romanorum principum*), disent les *Annales de Metz*, il prit secrètement une résolution d'une portée incalculable. Dans le courant de l'année 741, il expédia coup sur coup deux ambassades en « France, avec des présents infinis », entre autres « les clefs de la confession de saint Pierre [1] », et des lettres où il implorait le secours de « son très excellent fils le seigneur Karle ». Ces lettres, qui ont été conservées, n'en disent pas davantage ; mais le troisième continuateur de Frédegher, écrivain contemporain, qui rédigea sa chronique par ordre de Hildebrand, frère de Karle, affirme que le pape offrit de « se retirer » de l'obéissance impériale et de conférer le consulat romain au prince des Franks.

C'était transférer aux Franks les débris de l'Empire d'Occident: la domination de Constantinople avait toujours été insupportable à l'Italie ; le passé de la Rome des Césars, l'avenir de la Rome des

---

1. Lecointe, l'auteur des *Annales ecclés. de France*, pense que c'étaient des clefs dans lesquelles on avait inséré quelques parcelles de fer limées des prétendues chaînes de saint Pierre, qui se conservaient à Rome ; ces clefs étaient censées celles du tombeau du *prince des apôtres*, qu'on nommait « la confession de saint Pierre ».

papes, repoussaient également le despotisme mesquin et tracassier des Byzantins ; les empereurs brisèrent le dernier lien en attaquant violemment les rites de l'Église ; la papauté, dans laquelle se personnifiait la Rome du moyen âge, n'aspirait plus qu'à associer ses idées et son intelligence à cette immense force militaire des Franks, qui était, depuis la fin du cinquième siècle, l'épée et le bouclier du christianisme. Karle accueillit magnifiquement à Verberie les ambassadeurs pontificaux ; il reçut les présents et les propositions du pape avec « grande joie », renvoya les députés de Grégoire III chargés de riches dons, et les fit accompagner à Rome par plusieurs de ses « fidèles », entre autres par Grime, abbé de Corbie, et Sighebert, moine de Saint-Denis, qu'il chargea de suivre les négociations avec le pontife romain.

Les événements qui semblaient s'apprêter furent cependant ajournés : *Charles-Martel* ne vit jamais l'Italie. Grégoire III mourut dans cette même année, et le prince des Franks, lorsqu'il reçut les envoyés du pape, avait aussi dans le sein les germes d'une maladie mortelle : la Provence devait être sa dernière conquête. Lorsque Karle comprit que sa fin était proche, il manda « tous ses grands », (*optimates suos*), tous ses antrustions, et, de leur consentement, il régla le partage de sa « principauté » entre ses fils : à l'aîné, Karloman, furent assignées l'Austrasie, l'Allemannie ou Souabe, la France d'outre-Rhin et la Thuringe ; au second, Peppin, la Neustrie, la Burgondie et la Provence[1]. La suzeraineté sur les autres Germains appartenait à Karloman, et la suzeraineté sur l'Aquitaine, à Peppin, sous condition de la conquérir. Karle avait un troisième fils, appelé Grippo, que lui avait donné sa seconde femme, sa *concubine*, comme disaient les gens d'église, la Bavaroise Sonihilde : il lui assigna « diverses portions de la Neustrie, de l'Austrasie et de la Burgondie » ; puis il dépêcha son fils Peppin et son frère Hildebrand en Burgondie avec une armée pour comprimer les restes de la faction de Mauronte, qui essayaient de relever la tête. Le bruit de la maladie du grand Karle agitait toute la Gaule : les chroniqueurs rapportent que « des signes apparurent dans le ciel » ; le plus caractéristique

---

1. On remarque que les chroniqueurs ne citent ni l'Aquitaine, ni la Bavière, ni la Frise, parmi les contrées qui sont l'objet du partage.

de tous les « signes », c'était de voir Karle doter les églises, lui qui avait passé sa vie à les spolier ; il donna Clichi au monastère de Saint-Denis, où il était allé prier ; mais ses présents et ses oraisons n'apaisèrent pas la fièvre qui le consumait : ses forces déclinèrent rapidement, et il mourut à Kiersi-sur-Oise, le 22 octobre 741, « après avoir soumis autour de lui tous les peuples à l'empire des Franks ». Il était âgé d'environ cinquante et un ans. On l'ensevelit dans la basilique de Saint-Denis, qui n'avait point encore reçu de si illustre mort.

A peine Karle eut-il fermé les yeux, que ses dernières volontés furent violées par ses fils et par ses compagnons d'armes. Peppin était raccouru de Burgondie ; les deux fils du premier lit, soutenus et excités par leurs leudes, tirèrent l'épée contre le fils de l'étrangère[1]. Grippo, âgé d'une quinzaine d'années, s'enfuit de Kiersi à Laon avec sa mère et ses partisans. Karloman et Peppin le poursuivirent et l'assiégèrent dans cette forte place. Grippo, n'espérant point de secours du dehors, « se remit à la foi de ses frères. » Karloman envoya Grippo prisonnier dans une forteresse : Sonihilde, la mère de Grippo, fut enfermée au couvent de Chelles, et les deux aînés se partagèrent les domaines légués à leur jeune frère ; mais du moins ils épargnèrent sa vie : c'était un progrès sur la barbarie mérovingienne.

(742) Cette courte guerre civile fut le prélude des guerres étrangères qui remplirent le règne de Peppin et de Karloman. L'empire de *Charles-Martel* n'eût pas survécu à ce terrible vainqueur, s'il n'eût transmis à ses fils, avec son sang, sa valeur et son génie. A l'exception des musulmans, absorbés par de furieuses luttes intestines, tous les anciens adversaires de Karle relevaient l'étendard contre les Franks. Le duc Hunald, au premier bruit de la mort de Karle, avait jeté en prison l'abbé de Saint-Germain-des-Prés, ambassadeur du maire du palais, et s'était remis en pleine possession de son indépendance. La Bavière en faisait autant sous le

1. Outre Grippo, légitime aux yeux des Germains, Karle avait laissé trois fils naturels, qui ne manifestèrent point de prétentions sur son héritage politique ; l'un d'eux, Remedius ou Remigius, entra dans le clergé et fut archevêque de Rouen ; les deux autres, Bernhard et Hieronymus ou Jérôme, figurèrent parmi les principaux leudes de leur frère Peppin ; Hieronymus fut père d'Adalhard et de Wala, deux des plus illustres personnages de l'époque.

duc Odile (*Odilo*), prince rempli de courage et d'ambition, qui avait eu bien de la peine à reconnaître la suprématie de Karle, et qui aspirait à coaliser la Germanie entière contre les fils du héros frank. Allemans, Saxons, et jusqu'aux Slaves, tout était remué par les intrigues d'Odile. Dans l'intérieur même de la Gaule franke, les amis du jeune Grippo s'entendaient avec le duc des Bavarois, cousin de Sonihilde, et la propre sœur germaine de Karloman et de Peppin, Hiltrude, gagnée par sa belle-mère Sonihilde, s'évada, passa le Rhin, et alla épouser le rival de ses frères. L'ancien parti neustrien s'agitait : l'église de Gaule, spoliée, mutilée, profanée, élevait une voix triste et menaçante ; mais les fils de Karle n'étaient au-dessous de leur position ni par l'intelligence ni par la fermeté d'âme, et leur étroite union dissipa les espérances qu'on avait pu fonder sur le démembrement de la monarchie : ils prirent leur parti, sans tâtonnements, sans hésitations, sur les grandes questions qui les pressaient de toutes parts : avec du courage, sans portée d'esprit, ils eussent suivi aveuglément la voie de leur père et s'y fussent brisés ; ils surent au contraire adapter à une situation différente des moyens différents. Les ennemis de leur famille eussent pu se faire un instrument d'un obscur Mérovingien, fils de ce Daniel-Hilderik, qui était mort, captif couronné, en 729 : Peppin et Karloman allèrent chercher ce Mérovingien, nommé Hilderik, au fond de la métairie ou du couvent où il végétait, le proclamèrent roi des Franks, et gouvernèrent sous son nom comme maires du palais, l'un en Neustrie, l'autre en Austrasie[1]. A l'égard de la religion, inspirés à la fois par une sage politique et par des croyances sincères, ils cherchèrent l'appui de cette force morale qui avait manqué à leur père au milieu de sa gloire, firent cesser le scandaleux contraste d'un gouvernement qui dégradait et dissolvait l'Église en-deçà du Rhin pendant qu'il propageait l'Evangile au delà de ce fleuve, confièrent la réorganisation de l'église gallicane à saint Boniface, l'infatigable missionnaire qui avait constitué l'église germanique. En même temps, ils déployèrent contre l'ennemi du dehors

---

1. La plupart des historiens ont cru que Hilderik n'avait été proclamé roi qu'en Neustrie : les diplômes recueillis dans le t. IV de la collection des *Historiens des Gaules* prouvent le contraire.

cette énergie guerrière et ces forces matérielles dont ils avaient senti l'impuissance vis-à-vis des questions intérieures, et ils s'apprêtèrent à accabler tour à tour les Aquitains et les rebelles germains.

La première année du règne des deux frères fut significative : la réforme religieuse commença par l'Austrasie; en avril 742, tandis que l'armée franke marchait vers la Loire, saint Boniface, « archevêque des Germains, » assembla en concile, « à la prière de Karloman, » les évêques de Wurtzbourg en Franconie, de Durabourg en Hesse, d'Erfurt en Thuringe, d'Utrecht en Frise, d'Augsbourg et d'Eichstadt en Bavière, avec les deux évêques austrasiens de Cologne et de Strasbourg. Tous les autres évêques d'Austrasie étaient intrus et irréguliers, « laïques avares, clercs débauchés, ou publicains exploitant les revenus de l'Église comme biens profanes[1]. » Le mal remontait bien au delà du règne de Karle, et l'on n'avait point vu de concile en Austrasie depuis quatre-vingts ans : les conciles n'avaient pas cessé aussi complétement dans le reste de la Gaule ; mais ils y étaient devenus de plus en plus rares : le sixième siècle en avait compté cinquante-quatre; le septième, vingt ; la première partie du huitième, sept seulement. C'étaient les Barbares qui allaient arrêter la décadence causée par les Barbares : la jeune église germanique, dirigée par Rome, rapportait en Gaule la morale et la discipline religieuses. La réforme celtique de saint Colomban avait été étouffée sous le débordement austrasien ; la réforme romano-tudesque reprenait l'héritage. Le premier concile de Germanie se tint avec l'autorisation expresse du pape de Rome, sollicitée pour la première fois peut-être en pareille occurrence. Boniface se qualifiait « d'envoyé de saint Pierre. » Les évêques décrétèrent que les conciles seraient annuels, et que les couvents seraient soumis dorenavant à la règle de saint Benoît. Les autres canons les plus remarquables concernent la restitution des biens enlevés aux églises, la punition des prêtres fornicateurs et adultères, l'interdiction aux clercs de chasser, de porter les armes et de verser le sang des chrétiens ou des païens, la condamnation des super-

---

1. Labb. *Concil.* t. VI, p. 1-94; sanct. Bonifac. *Epist.* 132.

stitions païennes et la répression des *faux évêques* et des *faux prêtres* qui couraient les provinces et exerçaient indûment le saint ministère[1]. Boniface et ses acolytes ne se dissimulaient pas quelle distance il y avait entre la proclamation de ces décrets et leur exécution ; mais rien n'effrayait leur zèle.

Les deux princes des Franks avaient laissé les évêques et leur synode pour marcher contre le duc d'Aquitaine : à chacun son œuvre ! L'armée franke entra en Berri et emporta diverses forteresses ou *fertés*[2], entre autres Loches (*Lucca*). Les *Annales de Metz* remarquent que les Franks « épargnèrent miséricordieusement » les habitants de Loches prise d'assaut ; au lieu de les égorger, ils se contentèrent de les réduire en servitude. Le continuateur de Frédegher dit que les deux frères mirent les *Romains* en fuite ; cependant il ne paraît pas que Hunald ait risqué de bataille : le système de défense des Aquitains, à partir de cette époque, fut de fatiguer les Franks par une guerre de siéges et d'embuscades, en évitant les grands chocs. Hunald, qui était en correspondance avec Odile, avait compté sur une diversion du côté du Rhin ou du Danube : la nouvelle de l'insurrection des Allemans vint en effet mettre un terme aux progrès des Franks. Les fils de Karle repassèrent la Loire et coururent en Souabe. Le duc des Bavarois n'était pas en mesure de secourir efficacement ses voisins après les avoir soulevés. Théodebald, fils de Godfrid, duc des Allemans, se retira au delà du Danube avec les plus compromis et les plus intraitables de ses compatriotes ; le vieux duc et le reste de la nation se soumirent et livrèrent des otages.

---

1. « Les clercs, est-il dit dans les canons, n'iront point à la guerre, si ce n'est ceux qui sont choisis pour célébrer la messe et porter les « reliques qui protégent l'armée » (*patrocinia sanctorum*), savoir : un ou deux évêques avec leurs chapelains et leurs prêtres. Chaque chef pourra mener un prêtre pour juger ceux qui confesseront leurs péchés. — Chaque prêtre sera soumis à l'évêque diocésain, et, chaque année, au carême, il lui rendra compte de sa foi et de son ministère. »

2. Fredegar. contin. IV. — *Firmitates, fermetés*, lieux où l'on *s'affermit*, où l'on se fortifie. Ce nom nouveau indique une chose nouvelle, à savoir : la transformation des métairies ouvertes en châteaux-forts, en tours, en donjons. Le *castrum*, généralement, est une vieille place-forte romaine ; la *firmitas* est une *villa* changée en forteresse. C'est en Aquitaine, pays ravagé sans cesse par les armes étrangères, que nous voyons apparaître d'abord les *fertés* ; puis les chroniqueurs nous les signalent chez les Saxons, qui ne se trouvent plus assez défendus par leurs bois et leurs marais.

La guerre grandit en 743 : la coalition qui menaçait l'empire frank sur ses deux flancs, et dont les deux têtes étaient Hunald et Odile, avait resserré ses liens ; la guerre de Germanie prenait un caractère complexe et alarmant : ce n'était plus la vieille lutte des païens contre les chrétiens, c'était une partie des nouveaux chrétiens qui se plaçaient à la tête des païens pour reconquérir l'indépendance germanique. Odile, d'une part, attirait sous ses drapeaux les Allemans, les Saxons, les Slaves même, et, de l'autre, intéressait à sa cause le pape Zacharie : il avait son saint à opposer à l'ami des Franks, à l'Anglo-Saxon Boniface ; c'était l'Irlandais Virgile, qui n'était peut-être pas doué, comme Boniface, de ce zèle et de cette foi enthousiaste avec lesquels « on transporte les montagnes », mais qui le surpassait de beaucoup en science [1]. Peppin et Karloman ne laissèrent point Odile accroître indéfiniment ses forces ; après le mâl de 743, ils traversèrent la Souabe sans obstacle, et fondirent sur la Bavière. Odile les attendait sur le Lech ; la rivière était inguéable en cet endroit, et un « très fort retranchement » couvrait en outre le front des coalisés. On resta ainsi quinze jours à se considérer d'une rive à l'autre. Les Franks, exaspérés des railleries et des insultes de leurs adversaires, ne songeaient qu'à trouver moyen de les joindre, lorsque tout à coup le prêtre Sergius, envoyé du pape en Bavière, se présenta devant les princes franks, leur interdit la guerre au nom de saint Pierre et du « seigneur apostolique [2] », et les somma d'évacuer la Bavière. C'était la première fois que l'évêque de Rome s'immisçait ainsi dans les querelles des nations.

Le dévot Karloman eût peut-être cédé, mais Peppin répondit à

---

1. Nous avons déjà fait allusion à ce personnage remarquable ; v. t. I, *Éclaircissements*, n° VIII. Il fut dénoncé par saint Boniface au pape Zacharie, pour avoir affirmé l'existence des antipodes. Saint Boniface n'avait pas compris l'idée de la sphéricité de la terre : il croyait que le docte Irlandais soutenait l'existence d'un autre monde sous la terre, habité par d'autres hommes et éclairé par un autre soleil et une autre lune. La croyance à la pluralité des mondes habités par des êtres semblables à l'homme était aux yeux de l'Église du moyen âge une damnable hérésie. Il est bien possible que Virgile, héritier de la science druidique, eût la pensée de la pluralité des mondes ; mais il n'avait rien avancé à cet égard, et il paraît qu'il ne fut pas, comme on l'a dit, définitivement condamné à Rome ; du moins, on le retrouve plus tard évêque de Saltzbourg.

2. Les pontifes romains cherchaient un titre qui les distinguât des autres évêques ; mais ils n'avaient pas encore songé à s'attribuer exclusivement celui de pape.

l'envoyé que ce n'étaient ni saint Pierre ni le pape de Rome qui l'avaient chargé de cette commission. Les Franks décampèrent néanmoins, et les Bavarois se crurent débarrassés de leurs ennemis ; mais les Franks, loin de reprendre la route de leur pays, s'étaient engagés hardiment dans des lieux déserts et des marais impraticables : ils traversèrent la rivière loin du camp d'Odile, et, divisés en plusieurs corps, se précipitèrent à l'improviste sur les Bavarois au milieu de la nuit. L'armée coalisée fut dispersée ou taillée en pièces : Odile s'enfuit au delà de l'Inn ; l'Alleman Théodebald se sauva d'un autre côté ; le prêtre Sergius fut pris avec l'évêque de Ratisbonne et amené aux princes. « Eh bien, seigneur Sergius, lui dit Peppin, nous voyons bien maintenant que vous n'avez point parlé de la part de saint Pierre ; il a été décidé, par l'intercession de saint Pierre et le jugement de Dieu, que la Bavière et les Bavarois appartenaient à l'empire des Franks » (*Annal. de Met.*).

Le pape en fut quitte pour désavouer son légat, qui avait au reste fort mal servi les vrais intérêts de Rome en attaquant la domination des Franks sur la Germanie. « Les Franks parcoururent victorieusement la Bavière durant cinquante-deux jours », puis leurs deux chefs se séparèrent : Karloman pénétra de Bavière en Saxe, et « soumit par un traité » Théoderik, chef d'une partie des Saxons, qui avait assisté Odile. Quant à Peppin, il repassa précipitamment le Danube et le Rhin pour voler au secours de la Neustrie. Hunald avait pris l'offensive, traversé la Loire, emporté d'assaut et brûlé la ville de Chartres, « avec son église épiscopale dédiée à sainte Marie, mère de Dieu ». Les Aquitains s'étaient déjà retirés lorsque Peppin reparut en Neustrie, mais ce prince trouva partout des traces de leurs sanglantes représailles.

(744-745) Peppin ne put tirer vengeance du sac de Chartres l'année suivante : la guerre de Germanie n'était rien moins que terminée ; les Saxons, les Allemans, les Bavarois couraient de nouveau aux armes ; le chef alleman Théodebald eut la hardiesse de se jeter sur l'Alsace, et il cherchait à passer les Vosges, au moment où Peppin, qu'il croyait peut-être en Aquitaine, vint fondre sur lui avec une grande armée ; les Allemans furent culbutés, chassés au delà du Rhin, poursuivis en Souabe, et Peppin leur imposa un autre duc à la place de Théodebald. Karloman, de son côté, était rentré en Saxe : il occupa les cantons saxons enclavés entre les pays des Franks Bructères, des Franks Hessois et la Franconie actuelle, s'empara des habitants, et contraignit une multitude d'entre eux à recevoir le baptême. On n'avait pas vu jusqu'alors d'exemples de ces conversions forcées en masse, si souvent répétées depuis par la politique franke. Peppin et Karloman ne furent en mesure d'agir efficacement contre l'Aquitaine qu'en 745. Tout présageait une furieuse lutte entre les fils de Karle et Hunald : l'attente générale fut trompée. Hunald, se sentant près d'être accablé par toutes les forces frankes, demanda la paix, livra des otages, prêta aux deux frères le serment de vassalité qu'il avait si fièrement refusé lors de leur avénement, et subit, vis-à-vis des fils de Karle, la position qu'avait acceptée son père Eude vis-à-vis de Karle lui-même, après la bataille de Poitiers. Sa fierté, à ce qu'il semble, ne put se résigner à cette situation : il abdiqua et céda sa couronne à Waïfer, son fils ou son frère, on ne sait lequel des deux, tant les annales du Midi sont obscures.

La victoire avait donc partout favorisé les bannières des fils de Karle. Leur allié Boniface, dans un autre ordre de choses, ne montrait pas moins de vigueur et d'activité : un second concile, en exécution des canons du concile de Germanie qui prescrivait la périodicité de ces assemblées, avait été réuni à Liptines (Lestines), dans le Cambresis, le 1er mars 743. Le concile précédent avait ordonné la restitution de tous les biens enlevés aux églises sous le règne de Karle. Les deux princes des Franks firent comprendre aux évêques l'impossibilité d'exécuter ce décret. On transigea, et le concile autorisa les gens de guerre, qui avaient des biens d'église à titre de *bénéfices,* à les conserver viagèrement, en tout ou en partie, à titre de *précaires*[1], sous condition de payer à l'église dépossédée un cens annuel d'un sou d'argent par case (*casata*) ou ménage de colons. Les princes se réservaient de renouveler le *précaire* à la mort de l'usufruitier, « si c'étoit chose nécessaire. » Si modéré que fût cet arrangement, et si sincères que fus-

---

1. *Precarium* signifie également la concession de l'usufruit d'une propriété à titre gratuit et pour un temps limité, ou le bail d'une terre à court terme moyennant redevance.

sent les princes dans leur bon vouloir, on peut douter que le cens ait été exactement payé et que les familles se soient généralement dessaisies des *précaires* à la mort des usufruitiers. Les incidents qui accompagnèrent ou suivirent ce concile furent très remarquables : l'archevêque des Germains, « envoyé de saint Pierre », agissait en véritable primat des Gaules ; il consacra trois archevêques « légitimes » sur les trois siéges de Rouen, de Reims et de Sens. Les deux premiers siéges étaient occupés par des intrus ; le troisième était vacant. L'évêque-soldat Milon, l'usurpateur de Trèves et de Reims, résista de vive force, et se maintint dix ans dans ses deux diocèses, jusqu'à ce qu'il eût été tué à la chasse par un sanglier. Ce trait donne une idée de la terrible opposition que rencontraient les réformateurs. Ils n'en poursuivaient que plus ardemment leurs travaux. En 744, ce fut sur les terres de Peppin, à Soissons, que se tint le Concile. On ordonna encore des évêques « légitimes » dans plusieurs évêchés. Le concile de Soissons décréta que les infracteurs de ses canons seraient jugés « par le prince, les évêques et les comtes, » et condamnés à l'amende. Ces tribunaux mixtes furent l'anneau intermédiaire entre les mâls et les conciles. La législation canonique tendait ainsi à se confondre avec le droit civil, comme elle y arriva dans les fameux Capitulaires décrétés par le roi, les évêques et les seigneurs réunis[1].

Le concile de 745 déposa Ghewilieb, évêque de Mayence, pour avoir tué en trahison un chef saxon qui avait autrefois tué dans un combat le père de Ghewilieb, évêque comme lui. Après la

---

[1]. Le concile de Soissons condamna un hérésiarque, nommé Adalbert, qui s'érigeait en nouvel apôtre, faisait dédier des églises en son nom, plantait des croix et bâtissait des oratoires dans les champs, dans les bois, au bord des fontaines, dans des lieux consacrés par les traditions celtiques ou germaniques, et y attirait le peuple au mépris des évêques *légitimes* et des anciennes églises ; il était appuyé par les chorévêques. Il prétendait savoir les plus secrètes pensées de ses pénitents, sans avoir besoin d'ouïr leurs aveux, et les absolvait sans confession ; il disait avoir une lettre de Jésus-Christ apportée par l'archange Michel. La condamnation de ce visionnaire fut confirmée par un concile assemblé à Rome. Plusieurs *séducteurs* de cette espèce avaient paru en Gaule sous la domination des barbares : depuis l'extinction des grandes hérésies métaphysiques, des rêves mystiques agitaient de temps à autre le pénible sommeil de l'intelligence occidentale. — Le concile de Liptines avait condamné les sacrifices dans les forêts, appelés *Nimides* (*Némèdes*), antique nom qui atteste la persistance des traditions druidiques ailleurs qu'en Bretagne.

déposition de Ghewilieb, Boniface, qui n'avait point encore eu de résidence fixe, établit son siége archiépiscopal à Mayence : sa juridiction directe s'étendait sur les provinces de Mayence et de Cologne, et sur toute la Germanie. Ce fut désormais avec Peppin seul que les chefs de l'Église eurent à s'entendre. Karloman, en 746, fit une dernière expédition contre les Allemans, qui s'étaient encore révoltés. Les rebelles sollicitèrent la paix. On convint d'un plaid général pour régler amicalement tous les différends entre les vassaux et le suzerain ; mais, quand on fut en présence, les Franks, sur l'ordre de Karloman, cernèrent tout à coup les Allemans : « l'une des deux armées, disent les *Annales de Metz*, se laissa prendre et lier tout entière par l'autre armée sans rendre de combat, et Karloman immola par le glaive beaucoup de ceux qui lui étaient rebelles[1]. » Peu de temps après, Karloman, pris d'un dégoût du monde auquel contribuait le remords de cette vengeance déloyale, « annonça à son frère qu'il voulait quitter le siècle et se consacrer au service de Dieu. Il remit aux mains de Peppin ses enfants et son royaume, partit pour l'église de Saint-Pierre avec beaucoup de ses grands et des présents sans nombre, déposa la chevelure de sa tête, et reçut l'habit clérical de la main du pape Zacharie. » Il bâtit un monastère sur le mont Soracte, non loin de Rome, y résida quelque temps, puis se retira dans la métropole des Bénédictins, au couvent du Mont-Cassin, relevé récemment de ses ruines (747). Le Mont-Cassin compta bientôt parmi ses moines deux souverains descendus volontairement du trône : Raghis, roi de Lombardie, y vint joindre le prince des Austrasiens. Le monachisme exerçait une fascination étrange, un invincible attrait, sur les hommes de ce temps. Pour ces âmes passionnées et incultes, il n'existait point de milieu entre le fracas des batailles et de la vie barbare et les extases mystiques du désert !

Karloman n'avait sans doute compté faire qu'un dépôt en confiant ses états à Peppin ; mais celui-ci ne l'entendait pas ainsi, et, quelques engagements qu'il eût pu prendre en recevant le gouvernement de l'Austrasie, il « s'appropria tout le royaume

---

1. Fredegar. cont. IV.

(*regnum totum sibi vindicavit*), bien résolu à ne point le partager avec les fils de Karloman, qui furent élevés au fond d'un monastère. Il se montra plus généreux envers son frère Grippo qu'envers ses neveux : Grippo, qui languissait depuis six ans dans la prison où l'avait enfermé Karloman, fut délivré, rappelé au palais, et gratifié de plusieurs comtés et de beaucoup de terres du domaine (*fiscus*). Peppin espérait s'attacher son jeune frère et s'en faire un appui; mais les ennuis d'une injuste captivité avaient aigri cet esprit ambitieux et inquiet. Il n'usa de la liberté qui lui avait été rendue que pour se former un parti parmi les hommes les plus turbulents de l'aristocratie franke, excita de grands troubles pendant le mâl et le concile de 748, qui se tinrent simultanément à Duren sur la Roër; puis, quittant l'Austrasie avec une foule de jeunes aventuriers, il se retira chez les Saxons et les excita à la guerre. Peppin le suivit de près, et entra par la Thuringe « sur le territoire des Saxons appelés Nordsquaves. » Les chefs des Frisons et de « la nation farouche » des Slaves-Wendes, ennemis des Saxons, vinrent en aide à Peppin. Les Slaves de la Bohême et des bords de l'Oder accoururent au nombre de près de cent mille combattants, et prirent la Saxe à revers pendant que les Franks et les Frisons l'attaquaient en face. Les Saxons Nordsquaves se soumirent à payer le tribut de cinq cents vaches, qu'ils avaient cessé d'acquitter depuis le roi Dagobert, et beaucoup d'entre eux se laissèrent baptiser, sauf à retourner à leurs dieux quand les Franks seraient partis. Peppin pénétra tout au fond de la Haute-Saxe et la dévasta pendant quarante jours. Grippo, toutefois, ne se découragea pas : il passa de Saxe en Bavière avec ses *fidèles*. Le duc Odile était mort tout récemment, et avait eu pour successeur son fils Tassile (*Tassilo*, le Tassillon de nos historiens). Grippo, aidé par Landfrid, duc des Allemans, et par les Bavarois les plus attachés au parti de l'indépendance germanique, déposséda le petit Tassile, fils de sa sœur Hiltrude, et fut proclamé duc des Bavarois. Il ne jouit guère de sa nouvelle seigneurie : une armée formidable envahit la Souabe et la Bavière au printemps de 749; tout plia devant Peppin; les Bavarois se retirèrent en masse au delà de l'Inn avec leurs femmes et leurs enfants; puis, voyant que Peppin préparait des barques pour forcer le passage de cette rivière, ils sollicitèrent la paix, « en offrant beaucoup de présents à Peppin. » Le prince des Franks consentit à traiter moyennant la remise de beaucoup d'otages et la déposition des ducs Grippo et Landfrid. Le jeune Tassile fut rétabli dans le duché de Bavière, et Grippo obtint en dédommagement le duché du Mans, avec douze comtés en Neustrie : tous ses compagnons rentrèrent dans leurs bénéfices. La paix ne fut pas rétablie pour longtemps entre les deux frères; Grippo, soit *inconstance*, comme disent les chroniqueurs, soit crainte bien fondée du ressentiment de Peppin, quitta son duché pour se jeter en Aquitaine et s'établir auprès de Waïfer, l'ennemi naturel de la monarchie franke.[1]

Peppin ne poursuivit pas immédiatement Grippo dans les pays d'outre-Loire, « et la terre se reposa de batailles durant deux années », dit le continuateur de Frédegher. Un plus grand dessein préoccupait le prince des Franks, et rien ne l'en détourna plus jusqu'à ce qu'il l'eût réalisé. Peppin se sentait inébranlablement affermi par huit ans de victoires. La fortune de l'Austrasie était identifiée à celle de sa race. La Neustrie, tout en restant séparée de l'Austrasie par de profondes différences d'idées et de langue, s'était peu à peu accoutumée à une domination dont elle partageait l'éclat et la gloire. Peppin crut le temps arrivé d'en finir avec la vieille comédie de la royauté mérovingienne, et non-seulement de supprimer le roi, comme avait fait Karle-Martel dans les dernières années de sa vie, mais d'unir la royauté à la mairie. Karle ne l'avait point osé : il ne disposait pas d'une force morale capable de réduire au silence les antiques superstitions qui enchaînaient la royauté à la race de Mérowig. L'alliance de l'Église prêta cette force à Peppin, et le pacte solennel proposé naguère à Karle par Grégoire III se conclut à cette occasion entre l'héritier de Karle et le successeur de Grégoire. Les Langobards avaient donné un peu de relâche à Rome depuis quelques années; mais la situation de l'Italie était toujours fondamentalement la même, et les empereurs de Constantinople persévéraient dans leurs fureurs iconoclastes. Le pape Zacharie accueillit donc avec une grande joie les ouvertures de Peppin. En l'année 751, le prince

---

1. Fredeg. cont. IV. — *Annal. Metenses.*

des Franks dépêcha en Italie Burkhard, évêque de Wurtzbourg, disciple et ami de saint Boniface, et Fulrad, abbé de Saint-Denis et archichapelain du palais, et les chargea « d'interroger le pape Zacharie touchant les rois des Franks descendus de l'antique race des Mérovingiens, lesquels étaient appelés rois, tandis que toute la puissance appartenait au maire du palais, si ce n'est que les chartes et les priviléges étaient écrits au nom du roi. Il pria le pape de décider lequel devait légitimement être et se nommer roi, de celui qui demeurait sans inquiétude et sans péril en son logis, ou de celui qui supportait le soin de tout le royaume et les soucis de toutes choses. » Peppin s'était assuré d'avance que la réponse serait favorable. « Le pape Zacharie, par l'autorité de l'apôtre saint Pierre, manda au peuple des Franks que Peppin, qui possédait la puissance royale, devait jouir aussi des honneurs de la royauté. »

Peppin convoqua aussitôt à Soissons l'assemblée générale des évêques et des leudes. Hilderik, « qui était dit faussement roi », fut déposé, tondu et relégué parmi les moines de Sithieu, à Saint-Omer. « Peppin, par l'élection de toute la France, fut élevé sur le trône du royaume, lui et sa reine Bertrade, avec la consécration des évêques et la soumission des grands.... Il fut *oint* comme roi par saint Boniface[1]. »

Tout fut nouveau et extraordinaire dans cette cérémonie, la participation des évêques à l'élection du roi, l'onction du saint-chrême conférée au chef du peuple frank par le représentant du chef de l'Église occidentale, et le serment prêté par le nouveau monarque à Dieu et à son peuple[2]. Ce *sacre* changeait le caractère

---

1. Fredegar. contin. IV. — *Annal. Fuld.* — *Annal. Lauresham.* — En sacrant Bertrade avec son mari, les évêques voulurent sans doute imposer à Peppin l'engagement de renoncer aux habitudes polygames de ses devanciers. La polygamie légale, en effet, ne reparut plus chez les princes franks, et le mariage germanique par le sou et le denier vint s'absorber dans le mariage chrétien. — Plus tard, on forgea, pour consolider la dynastie nouvelle, une généalogie qui la rattachait aux Mérovingiens. On supposa que saint Arnoul de Metz était fils d'une fille de Chlother I. Hinkmar cite cette fable comme un fait constant. (*Annal. S. Bertin.* an. 869.)

2. Voici, d'après l'archevêque de Reims Hinkmar, la formule du serment prêté par le roi Karle-le-Chauve, arrière-petit-fils de Peppin, et identique, sans aucun doute, au serment de Peppin lui-même :

« Puisque les vénérables évêques ont déclaré, conformément à votre assentiment unanime, que Dieu m'a choisi pour votre salut, votre bien et votre gouvernement; puisque vous l'avez reconnu par vos acclamations; sachez qu'avec l'aide du Seide la royauté. Peppin n'était plus seulement, comme le grand Chlodowig, l'allié du clergé, il en devenait membre ; il était l'*oint du Seigneur,* comme avaient été les rois d'Israël sous l'ancienne loi : c'est là qu'on doit chercher l'origine de ces idées sur le caractère indélébile de la royauté et sur l'inviolabilité de la personne royale, qui ont survécu vaguement à l'état social et religieux dont elles étaient issues [1]. L'entrée du roi dans le corps ecclésiastique, la part prise par l'Église à l'avénement du roi, pouvait enfanter des résultats très divers. Le roi se trouvait autorisé à s'immiscer dans les affaires intérieures de l'Église et dans la direction des conciles ; et les évêques et les papes, de leur côté, devaient aspirer à se subordonner le roi, à le réduire à la condition d'exécuteur de leurs décrets, et à établir la doctrine que ceux qui avaient fait le roi pouvaient le défaire ; l'une et l'autre de ces conséquences eut lieu, chacune en son temps.

gneur je maintiendrai l'honneur et le culte de Dieu et des saintes églises ; que, de tout mon pouvoir et mon savoir, j'assurerai à chacun de vous, selon son rang, la conservation de sa personne et l'honneur de sa dignité ; que je maintiendrai pour chacun, suivant la loi qui le concerne, la justice du droit ecclésiastique et séculier ; et ce, afin que chacun de vous, selon son ordre, sa dignité et son pouvoir, me rende l'honneur qui convient à un roi, l'obéissance qui m'est due, et me prête son concours pour conserver et défendre le royaume que je tiens de Dieu, comme vos ancêtres l'ont fait pour mes prédécesseurs avec fidélité, avec justice, avec raison. »

C'est après cet engagement solennel que les prélats environnent le prince et que l'officiant le sacre en prononçant cette prière : « Que le Seigneur vous couronne de gloire dans sa miséricorde, et qu'il vous oigne de l'huile de sa grâce pour le gouvernement du royaume, comme il a oint les prêtres, les rois, les prophètes et les martyrs qui, par la foi, ont vaincu les empires, pratiqué la justice, et mérité l'accomplissement des promesses. » (Hincmar. *Oper.* t. I, p. 741.)

1. Ces idées se sont répandues dans toute la chrétienté avec l'institution du sacre royal, que les monarques franks léguèrent aux diverses royautés sorties des débris de l'empire de Charlemagne. Les empereurs d'Orient, depuis Théodose le jeune, se faisaient couronner par les patriarches de Constantinople, et les rois catholiques des Wisigoths avaient suivi cet exemple ; mais le sacre proprement dit, *l'onction* à la manière hébraïque, reparaît pour la première fois chez les *brenyns* gallois du cinquième siècle, d'où il passe chez les Gaëls d'Écosse et d'Irlande et chez les Anglo-Saxons, et de ceux-ci chez les Franks par saint Boniface. *V.* Ozanam, *Études germaniq.* t. II, p. 341. Les chefs celtes avaient cherché, sans beaucoup de succès, dans l'onction sacrée, une protection contre la facilité de leurs peuples à déposer ou à mettre à mort les princes.

LIVRE XII.

LA GAULE FRANKE

(SUITE).

Rois Carolingiens[1]. — Peppin le Bref et Waïfer. L'Aquitaine reconquise par les Franks. — Conquête de la Septimanie. — La Gaule entière aux Franks. — Guerres de Lombardie. Peppin donne l'exarchat au pape. — Karle et Karloman succèdent à Peppin. — Karle règne seul (CHARLEMAGNE). — Charlemagne reprend l'offensive contre les Saxons. Grande guerre de Saxe. — Conquête de la Lombardie. — Guerre d'Espagne. Échec de Roncevaux. — Organisation du gouvernement laïque et ecclésiastique de Charlemagne. Capitulaires. — Création des royaumes vassaux d'Italie et d'Aquitaine. — Alcuin. Restauration des lettres et des écoles.

752—781.

Peppin, à peine arrivé au grand but vers lequel avait marché sa famille depuis cinq générations, voulut se montrer digne de la couronne en reprenant l'œuvre de l'unité de la Gaule, interrompue par les violentes guerres de Germanie. Il dirigea toutes ses pensées vers l'assujettissement de l'Aquitaine et de la Bretagne à une suzeraineté effective, et vers la conquête de la Septimanie. L'asile accordé par le duc Waïfer à l'indomptable Grippo et à ses partisans prouvait assez que le fils de Hunald persévérait dans l'attitude hostile de son père vis-à-vis de la monar-

---

1. *Karl-ingen*, enfants de Karl; en latin, *Carolingi*.
Le temps et l'usage ne nous paraissant pas légitimer un étrange barbarisme, nous avons rétabli, d'après M. Augustin Thierry, le véritable nom de la race de Karle. Le nom bizarre de *Carlovingiens* a été forgé par les écrivains de la fin du moyen âge, par une prétendue analogie avec le mot *Mérovingiens*; quelques-uns d'entre eux, ne s'arrêtant pas en si beau chemin, voulurent de même appeler *Capévingiens* les descendants de Hugues-Capet. — On doute si *Carolingiens* signifie « enfants de Karle-Martel », ou si cette qualification patronymique ne remonte pas jusqu'à un certain Karle ou Karloman, père du premier des Peppins, qui vivait à la fin du sixième siècle.
Le surnom fameux de Peppin le Bref ou le Petit n'est pas donné à ce prince par les contemporains : une anecdote rapportée par la chronique du moine de Saint-Gall, écrite plus d'un siècle après la mort de Peppin, en a été l'origine.

chie franke. Peppin somma le duc d'Aquitaine de lui rendre le fugitif: Waïfer refusa; aussi brave et aussi rusé que Hunald, Waïfer attendit sans effroi l'attaque du roi des Franks; mais l'armée qui s'était mise en mouvement contre lui n'entra point en Aquitaine : l'orage qui menaçait les Aquitains alla crever sur les Arabes. Les musulmans d'Espagne et d'Afrique s'étaient fait plus de mal à eux-mêmes dans ces derniers temps que ne leur en avaient causé les victoires des Franks. Les sanglantes querelles des trois branches rivales, les Alides, les Ommiades et les Abassides, qui se disputaient le khalifat, avaient ruiné en fait le dogme de l'obéissance passive, principe de la puissance musulmane. Le vaste corps de la monarchie arabe, tourmenté par une effroyable anarchie, semblait prêt à se dissoudre plus vite encore qu'il ne s'était formé: les vieilles haines de peuple à peuple, de tribu à tribu, se déchaînaient à la faveur du schisme ; les Berbères s'étaient soulevés contre les Arabes; puis les Arabes d'Espagne s'étaient divisés en deux partis, formés, l'un par les hommes de l'Yémen, l'autre par les descendants des Bédouins de la Syrie, du Hedjaz et du Nedjd. Les chrétiens indépendants des Asturies, conduits par le fameux Pélage, son fils Favila et son gendre Alphonse (*Anfus*) Ier, commençaient à descendre de leurs rochers et à disputer aux conquérants les cités du nord de l'Espagne. L'instant était favorable pour chasser les musulmans de la Gaule : Waïfer l'avait tenté en 746, mais sans résultat sérieux; Peppin, à son tour, l'essaya avec de plus grandes forces, que secondèrent les complots des chrétiens de Septimanie.

Le pouvoir effectif des Arabes ne s'étendait plus guère au delà du territoire de Narbonne : un seigneur goth, nommé Ansemond, commandait à Nîmes, à Maguelonne, à Agde, à Beziers, sous la suzeraineté nominale du wali musulman : les murs de ces cités avaient été relevés après la retraite de Karle-Martel en 737 ; mais Peppin n'eut pas la peine de les renverser une seconde fois : Ansemond était secrètement d'accord avec le roi des Franks, et lui livra toutes les places dont il avait la garde. La Septimanie presque entière, à l'exception de Narbonne, fut occupée, à peu près sans coup férir, par les Franks, et Peppin mit le siége devant la capitale de la province. La guerre ne s'entama réellement qu'au pied des remparts de cette cité, où s'étaient réunis tous les musulmans de Septimanie. Les Arabes se défendirent héroïquement derrière les inébranlables murailles romaines auxquelles ils avaient ajouté de nouvelles fortifications, et Peppin dut renoncer à emporter la ville de vive force : il laissa devant Narbonne un corps de troupes frankes, puis il retourna dans le Nord à la fin de l'année, après avoir assuré la soumission de la Septimanie, en exécutant avec loyauté les engagements qu'il avait pris avec les nouveaux sujets qui venaient de se donner à lui. Ansemond et les fauteurs de sa défection furent récompensés par des bénéfices pris sur le domaine public qu'avait possédé le gouvernement arabe, et les Goths septimaniens conservèrent leur loi nationale en devenant membres de l'empire des Franks. On retrouve des vestiges de la loi gothique en Septimanie jusqu'au onzième siècle.

Peppin ne put vaquer sans interruption à l'exécution de ses plans en Gaule : les événements qui se compliquaient de toutes parts l'obligeaient à se multiplier. La papauté n'avait pas entendu coopérer gratuitement à l'élévation de la dynastie carolingienne ; Zacharie, l'allié de Peppin, était mort peu de jours avant ou après la solennité de Soissons ; mais Étienne ou Stéphane II, successeur de Zacharie, réclamait la promesse faite par Peppin de défendre l'Église romaine envers et contre tous. Astolfe (*Aistulf*), roi des Langobards, frère de ce Raghis qui avait pris l'habit monastique au Mont-Cassin, s'efforçait de compléter la conquête de l'Italie : il avait définitivement chassé les exarques grecs de Ravenne et de tout le centre de la péninsule, envahissait le duché de Rome, et voulait forcer les Romains à se reconnaître ses tributaires. Au commencement de l'an 753, un pèlerin, arrivant d'Italie, remit au roi des Franks une lettre par laquelle le pontife romain implorait son assistance. Les dépêches et les négociations ne cessèrent de se croiser durant toute la saison ; le roi de Lombardie négociait de son côté avec Waïfer et Grippo, et sans doute un grand mouvement qui éclata sur ces entrefaites parmi les Saxons coïncidait avec les menées de Grippo. Les tribus saxonnes qui avaient promis le tribut en 748 relevaient la bannière, et Peppin, jugeant avec raison les Saxons ses plus redoutables ennemis, quitta tout pour courir ên Saxe[1] : la lutte fut très sanglante ; « cependant le roi Peppin eut la victoire » : il s'avança jusqu'au Weser, et détruisit les forteresses ou *fertés* bâties par les Saxons. Les Saxons occidentaux se soumirent, s'obligèrent à payer un tribut de trois cents chevaux par an, et « à souffrir que les prêtres chrétiens prêchassent parmi eux le nom du Seigneur. » Peppin repassa le Rhin à Bonn, et apprit là que son frère Grippo s'était jeté sur la Burgondie avec ses *fidèles,* qui formaient un petit corps d'armée, et avait pris la route des Alpes pour aller joindre le roi Astolfe : les comtes de Vienne et du « pays d'outre-Jura » réunirent leurs milices, se mirent à sa poursuite, et l'atteignirent comme il était déjà au pied des grandes Alpes. Un combat meurtrier se livra près de la ville de Maurienne (Saint-Jean-de-Maurienne), sur le torrent de l'Arche, et le prince et les deux comtes y périrent tous trois.

1. On ne sait si ce fut avant son départ ou lors de son retour que le concile annuel se réunit au « palais royal de Verberie». Le roi était désormais le véritable président des conciles gallo-germaniques; car les canons se rendaient de concert avec lui, et étaient promulgués ensuite sous forme de *capitulaire* royal. Le concile de 753 ordonna qu'on séparât les époux parents l'un de l'autre au troisième degré, et défendit pour l'avenir les mariages au quatrième degré. On était encore loin des rigueurs de l'Église romaine, qui interdisait les mariages entre parents jusqu'à la septième génération. Le concile statua sur divers cas de divorce : si une femme a une fille d'un premier lit, et que son second mari commette adultère avec cette fille, la femme peut se remarier à un autre; mais les deux coupables sont exclus du mariage pour toujours. Le réciproque a lieu en cas d'adultère d'un fils avec sa belle-mère. Si une femme a conjuré la mort de son mari avec d'autres hommes, qu'il y ait eu effusion de sang, et que le mari ait tué un homme en se défendant, il peut renvoyer sa femme et en prendre une autre ; mais la femme est condamnée à une pénitence perpétuelle, et ne peut jamais se remarier. Ainsi l'exclusion du mariage est une des peines qui atteignent certaines sortes de crimes. L'homme libre qui a épousé une femme serve, la croyant libre, a droit d'épouser une autre femme s'il ne peut racheter la première de la servitude; de même pour une femme libre qui a épousé un esclave. Si un homme est forcé de quitter son pays sans espoir de retour, et que sa femme refuse de le suivre dans l'exil, il peut se remarier sur la terre étrangère; mais la femme qui n'a pas voulu partager le malheur de son mari ne peut en épouser un autre tant qu'il existe. Si une femme se plaint que son mari n'a jamais habité (*mansisset*) avec elle, « qu'ils aillent tous deux à la croix », et, si le fait est vrai, que la femme fasse ce qu'elle voudra. Ces capitulaires, aussi clairs qu'importants, sont fort incomplètement rapportés et fort étrangement interprétés dans l'*Hist. ecclésiastiq.* de l'abbé Fleuri, ordinairement si exact et si judicieux (t. IX, p. 314). Fleuri ne veut pas se décider à admettre que le divorce fût autorisé dans certains cas au huitième siècle. L'épreuve *de la croix* consistait à obliger les deux plaideurs d'étendre leurs bras en croix; celui qui se lassait le premier et laissait tomber ses bras était réputé condamné par le jugement de Dieu.

Peppin, ainsi débarrassé de cet implacable ennemi domestique, utilisa le reste de la campagne en menant son armée des bords du Rhin aux grèves du Morbihan. Il paraît que, du temps de Karle-Martel, les cités de Nantes et de Rennes étaient rentrées sous la domination franke; « Peppin conquit la forte place de Vannes, et réduisit toute la Bretagne au pouvoir des Franks, » c'est-à-dire qu'il imposa un tribut aux Bretons, et plaça un comte frank à Vannes. On ne sait si les Bretons avaient alors un roi, ou s'ils étaient divisés entre plusieurs *tierns*[1].

Mais la grande affaire, l'affaire qui préoccupait tous les esprits, c'était la querelle d'Italie. Une première ambassade de Peppin était déjà revenue avec de nouvelles lettres du pape, qui s'adressait, non plus seulement au roi, mais à tous les ducs de la nation des Franks, et les conjurait de ne pas mettre obstacle aux bonnes intentions du roi; Étienne leur promettait, « au nom de leur protecteur saint Pierre, » la rémission de leurs péchés et l'entrée du paradis, à condition qu'ils prissent les armes, et menaçait les opposants de la perte de l'*éternelle béatitude*. En même temps, il priait Peppin de lui renvoyer une seconde ambassade qui l'engageât officiellement à passer en France. L'évêque de Metz et un duc furent aussitôt expédiés à Rome par mer; le pape, les ambassadeurs franks et un ambassadeur de Constantinople se rendirent ensemble à Pavie, capitale des Langobards, et Étienne II et l'envoyé byzantin invitèrent le roi Astolfe à rendre à l'Empire Ravenne et les autres places conquises. Astolfe refusa dédaigneusement, comme le pape s'y attendait. Cette démarche d'Étienne était un dernier acte de condescendance pour la cour de Constantinople, et le pontife romain se crut dès lors délié de tout devoir envers l'empire d'Orient; les députés franks parlèrent à leur tour, et invitèrent Astolfe à donner passage au pape à travers ses États pour se rendre en France. Astolfe n'osa refuser; il espérait encore détourner la guerre. Étienne, à la fin de novembre, entra en Gaule par le *Mont-Joux* (le Grand-Saint-Bernard). Peppin expédia son fils aîné au-devant d'Étienne. Le fils aîné de Peppin, alors âgé de onze à douze ans, portait le nom de Karle, comme

---

1. Fredegar. contin. IV. — *Annal. Metens.* — *Annal. Fuld.* — Anastas. *Vita Stephani II.*

son aïeul, dont il devait surpasser la renommée; c'était lui qui devait être un jour *Karle-le-Grand* par excellence; CHARLEMAGNE[1] ! Le jeune Karle amena le pontife romain à Pontion, où l'attendait Peppin. Les peuples étaient accourus de toutes parts pour voir l'évêque de Rome, et le pape fut accueilli avec de grands honneurs. Les chroniques frankes ne disent pas néanmoins, comme Anastase, l'historien des papes, que le roi des Franks, sa femme et ses grands, se soient « prosternés à terre » devant le pontife romain; elles racontent au contraire qu'Étienne, le lendemain de son arrivée, vint trouver Peppin à la tête de son clergé, le front couvert de cendres, le corps revêtu d'un cilice, et se *prosterna* en implorant sa délivrance et celle du peuple romain, sans vouloir se relever jusqu'à ce que Peppin et les chefs des Franks eussent juré d'exaucer sa prière (7 janvier 754).

Le roi fit conduire Étienne à Saint-Denis, pour y passer le reste de l'hiver, et envoya sommer le roi de Lombardie d'évacuer ses conquêtes et de se désister de ses entreprises contre le pape et les *villes romaines.* Astolfe répondit par l'envoi d'un ambassadeur qu'il croyait propre à balancer l'influence du pape chez les Franks: c'était l'ex-prince d'Austrasie, Karloman, sorti du Mont-Cassin sur l'ordre de son abbé, sujet du roi des Langobards. Le prince-moine et celui qui l'envoyait ne pensaient probablement pas s'en tenir à des négociations. Karloman avait de trop justes griefs contre son frère, qui s'était approprié tout l'héritage paternel, au détriment des jeunes neveux confiés à sa foi; le moine du Mont-Cassin eût pu susciter de graves embarras au monarque des Franks : déjà plusieurs des premiers d'entre les Franks, « de ceux que Peppin avait accoutumé de consulter, » déclaraient hautement qu'ils n'iraient point en Italie, « qu'ils délaisseraient le roi et retourneraient chez eux. » Peppin et Étienne se concertèrent à la hâte : Karloman fut arrêté et enfermé dans un monastère à Vienne, où il mourut l'année suivante, et ses fils furent *tondus* et engagés dans les ordres[2]. Aucun mouvement n'éclata en leur fa-

---

1. *Carolus magnus;* en langue romane, Karlemaines, Challémaines. L'épithète de *grand* est restée à jamais scellée au nom du second Karle par l'admiration des peuples de langue romane.
2. Eginhard. *Vita. Karol. Magni.* — *Fontanell. Chronic.*

veur. La guerre contre les Langobards fut consentie par la nation franke au mâl ou Champ-de-Mars, tenu soit à Brainc, soit à Kiersi [1], et Peppin s'engagea à livrer au pape le domaine de toutes les villes qui seraient reprises sur Astolfe. Étienne, de son côté, donna un nouveau gage d'alliance au roi. Le 28 juillet, dans l'église de Saint-Denis, « l'onction de l'huile sainte » fut conférée derechef à Peppin et à sa femme; mais, cette fois, ce fut de la main du pape, qui sacra rois en même temps les deux fils de Pepin, Karle, âgé de douze ans, et Karloman, âgé de trois ans. Le pape bénit ensuite les chefs des Franks, et leur interdit, à peine d'excommunication, d'élire jamais un roi « issu des reins d'un autre homme que Peppin. » Il termina cette imposante cérémonie en conférant à Peppin et à ses fils le titre de *patrices des Romains* [2]. C'était dépouiller implicitement les empereurs d'Orient de tous leurs droits sur Rome, qu'ils n'avaient pas su défendre. L'avenir ratifia cette déchéance : Rome ne devait plus retourner sous l'empire des héritiers de Constantin.

L'armée franke entra en campagne vers la fin de l'été. Astolfe, quoique trompé dans les espérances qu'il avait fondées sur l'intervention de Karloman et sur les dissensions des Franks, ne put se décider à abandonner sans combat ses conquêtes et les prétentions de son peuple : il leva en masse les Langobards, et vint asseoir son camp dans le val de Suze. Toutes les chances étaient contre les Langobards, qui n'avaient pas même à opposer l'avantage du poste à celui du nombre et de la valeur guerrière. Les Franks, depuis leurs anciennes expéditions du sixième siècle, étaient demeurés maîtres des principaux défilés ou *cluses* (*clusœ*, de *clausa*, lieux fermés) qui conduisent de Gaule en Italie, et des forts qui commandaient ces défilés. Astolfe vit bientôt l'avant-garde de Peppin logée dans la montagne au-dessus de sa tête. Les Franks descendirent hardiment dans la vallée, sans attendre le

---

1. Le pape, à Kiersi, consulté par quelques moines sur certains points de discipline, rendit des décisions qui prouvent que le baptême par immersion était encore d'un usage presque général; il déclara illicite le mariage entre parrain et marraine. Labb. *Concil.* t. IV, p. 1650.

2. L'ex-roi Hilderik mourut vers ce temps-là dans son couvent de Sithieu; il avait un fils appelé Théoderik, qui, comme lui, s'éteignit obscurément dans un cloître.

gros de leurs bataillons, qui défilaient lentement et péniblement à travers les gorges du mont Cenis. Astolfe tenta de profiter de leur témérité, et fondit sur eux avec toutes ses forces; mais l'avant-garde franke, « invoquant Dieu et saint Pierre, » soutint le choc avec tant de vigueur qu'elle mit en déroute l'armée entière des Langobards. Une foule de ducs, de comtes et de seigneurs langobards restèrent sur le champ de bataille; le camp et toutes les richesses qu'il renfermait furent pillés par les Franks, et le roi Astolfe n'échappa qu'à grand'peine aux vainqueurs en se laissant glisser du haut d'un précipice, au risque de se briser contre les rochers. Il regagna Pavie « avec peu d'entre les siens, » et ne tarda pas à y être bloqué par l'armée franke. Astolfe, « voyant qu'il ne pouvait aucunement échapper, » sollicita la paix par l'entremise des évêques et des seigneurs franks, qu'il gagna par de riches présents, promit d'accomplir tout ce qu'exigeait le roi Peppin, c'est-à-dire de remettre au pape les villes de l'exarchat, et jura, lui et ses grands, de ne jamais se soustraire à la suzeraineté franke, et de ne jamais commettre d'hostilité contre le saint-siége apostolique ni la « république romaine. » Il paya 30,000 sous d'or à Peppin, s'obligea à un tribut de 5,000 sous par an, et livra en otages quarante nobles langobards. Peppin fit reconduire Étienne à Rome par son frère Hiéronyme et son archi-chapelain Fulrad, et retourna en Gaule avec ses Franks gorgés de butin, malgré le pape, qui les pressait de rester en Italie jusqu'à ce que les Langobards eussent évacué Ravenne et les autres cités de l'exarchat.

(755) Le pape avait raison de ne pas se fier aux Langobards: Peppin était à peine réinstallé dans ses métairies royales du nord, que l'abbé Fulrad, revenu par mer au plus vite, lui apporta une lettre par laquelle Étienne l'avertissait de la violation du traité; puis un évêque italien, un comte et un abbé franks arrivèrent avec une missive plus pressante, expédiée « aux très excellents seigneurs Peppin, Karle et Karloman, tous trois rois et patrices des Romains, et à tous évêques, abbés, prêtres et moines, à tous glorieux ducs et comtes, et à l'armée entière des royaume et province des Franks, par le pape Étienne, et par tous les évêques, prêtres et diacres, tous les ducs, cartulaires, comtes, tribuns,

et tout le peuple et armée des Romains. » C'était le cri de détresse poussé par un peuple faible vers un peuple fort. Les Langobards, exaspérés de leur défaite, voulaient s'en venger sur les Romains, et, non contents de garder les places de l'exarchat, ils s'étaient précipités avec fureur sur le duché de Rome, ravageaient tout le pays par le fer et le feu, assiégeaient la cité même, et menaçaient « d'exterminer tous les Romains par le glaive, » si le pape Étienne n'était livré au roi Astolfe. Étienne, dans son angoisse, ne se crut pas encore assez sûr du retour de ses auxiliaires, et recourut à un expédient plus hardi pour les attirer : il envoya aux rois, chefs et peuple franks une lettre écrite par « Pierre, apôtre de Jésus-Christ, fils du Dieu vivant, » qui annonçait aux Franks qu'il les assisterait « comme s'il était vivant selon la chair parmi eux. » « Si vous obéissez en diligence, faisait-on dire à l'apôtre, vous aurez grande récompense, vous vaincrez tous vos ennemis dans la vie présente, vous vivrez longuement, vous mangerez les biens de la terre, et vous jouirez ensuite de la vie éternelle [1]. » L'audacieuse prosopopée du pontife romain eut un plein succès : les Franks, ne doutant pas de l'authenticité de la lettre, répondirent à l'appel de saint Pierre en s'élançant de nouveau vers le mont Cenis, à la suite du mâl national, qui venait d'avoir lieu pour la dernière fois en mars : à partir de cette année, « *le Champ-de-Mars*, disent les *Annales frankes de Pétau*, fut changé en *Champ-de-Mai*; » l'époque annuelle des assemblées fut reculée de deux mois [2]. Les Franks, comme l'année précédente, culbutèrent et taillèrent en pièces les troupes qui essayèrent de les arrêter à l'entrée du val de Suze, et allèrent planter leurs tentes autour de Pavie, sur les deux rives du Tésin, pendant que Tassile, le jeune duc de Bavière, descendait des monts de la Rhétie avec ses Bavarois, à l'appel de son oncle Peppin. L'imprudent Astolfe, hors d'état de résister aux

---

[1]. Stephani II *epistola*; dans les *Histor. des Gaules*, etc. t. V, p. 485-497.

[2]. Cette innovation, que la routine seule avait empêché de s'opérer beaucoup plus tôt, tenait au changement qui s'était introduit dans l'organisation militaire des Franks. Les anciens Germains, avant la conquête de la Gaule, avaient presque toujours combattu à pied; les leudes franks et leurs vassaux combattaient presque toujours à cheval, chose inévitable chez toute aristocratie guerrière. La difficulté des fourrages fut la principale raison qui fit reculer le mâl et l'entrée en campagne qui suivait le mâl.

adversaires qu'il avait bravés, fut trop heureux d'acheter la paix en sacrifiant le tiers de son trésor royal. L'abbé Fulrad fut chargé d'aller recevoir les clefs des villes de l'exarchat, et de les porter au tombeau de saint Pierre à Rome. Un ambassadeur de Constantinople, débarqué à Marseille, avait joint Peppin au camp devant Pavie, et lui avait offert des dons magnifiques, afin d'obtenir qu'il restituât l'exarchat à l'Empire ; mais Peppin déclara qu'il ne s'était armé qu'au profit de saint Pierre et de l'église romaine ; et, sans rien écouter, il fit rédiger la fameuse donation par laquelle il transférait au siége apostolique les cités devenues siennes par le droit de la victoire : c'étaient Ravenne, Rimini, Pesaro, Jesi, Fano, Céséna, Sinigaglia, Forli, Montefeltro, Saint-Marin, Bobbio, Urbino, Comachio, Narni, etc.; c'est-à-dire la Romagne, le duché d'Urbin et une partie de la Marche d'Ancône. Tel fut l'acte célèbre qui plaça le pontife romain parmi les souverains temporels, qui acheva de lui assigner une position politique à part entre les évêques, et qui l'aida à obtenir dans Rome, en fait, sinon en droit, la même domination qu'il exerçait dans les vingt-deux cités données par Peppin. L'autorité des patrices franks qu'il avait lui-même créés eût pu seule abaisser son pouvoir ; mais leurs intérêts étaient trop étroitement liés aux siens : Peppin, d'ailleurs, quoiqu'il ne fût pas indifférent à la gloire de dominer l'Italie, avait ses plus sérieuses et surtout ses plus actuelles ambitions en Gaule et en Germanie, et non par delà les monts.

Peppin s'était empressé de repartir aussitôt après la remise de l'exarchat, et il se trouva, dès le 11 juillet, à son palais de Vernon-sur-Seine, pour ouvrir le concile de l'année 755 : on y travailla très activement au rétablissement de la discipline et à la réorganisation des diocèses, et l'on ordonna qu'il y aurait, non plus un, mais deux conciles par an, le premier au 1er mars, au lieu désigné par le roi et en sa présence, le second à Soissons, ou en tout autre lieu convenu entre les évêques. Un des décrets « promulgués par le roi et les évêques » s'élève contre les « superstitions judaïques » relatives à l'observation du dimanche, et déclare que ce n'est point pécher que de voyager ce jour-là avec des chevaux, des bœufs et des chariots, ni de préparer les choses nécessaires à la vie ; toutefois les travaux agricoles sont interdits, pour qu'on ne néglige pas d'aller à l'église. — Tous les mariages doivent être célébrés en public. — Les pèlerins seront exempts de tous tonlieux ou péages.—Les comtes ou juges, dans leurs plaids, doivent juger premièrement les causes des veuves, des orphelins et des églises. Les juges ecclésiastiques ou laïques ne doivent point accepter de présents des plaideurs.

A côté des décrets qui tiennent aux choses et aux personnes d'église, on en voit d'autres de pure administration, tels que l'exemption de péages pour les denrées de première nécessité, et une ordonnance sur la monnaie, prescrivant de tailler vingt-deux sous (d'argent) dans une livre, au lieu de vingt-cinq qu'on taillait auparavant[1]. Le concile tournait au conseil d'État, et l'administration passait tout naturellement aux mains de la classe d'hommes qui seule avait quelques idées d'ordre et quelques étincelles de lumière.

Saint Boniface n'assista point au concile de Vernon ; l'apôtre de la Germanie n'était plus : l'année précédente, sentant ses infirmités croître et sa fin approcher, il avait écrit à l'archi-chapelain Fulrad une lettre touchante où il le priait de pourvoir après lui aux besoins de ses pauvres prêtres établis sur les confins des païens, et demandait le consentement du roi pour se choisir un successeur, ainsi que le pape l'y avait autorisé. Après avoir tout réglé dans sa province, Boniface voulut mourir comme il avait vécu, en prêchant l'Évangile aux idolâtres ; il s'en alla en Frise par le Rhin et l'Issel, et baptisa un grand nombre de Frisons ; mais, arrivé aux bords de la rivière de Burde, il fut surpris et massacré avec ses compagnons par une troupe de païens. Sa mort acheva l'œuvre de sa vie : les chrétiens de la Frise poursuivirent avec un enthousiasme furieux la vengeance du martyr, attaquèrent les païens, sans attendre le secours des Franks, et les écrasèrent dans toute la contrée[2].

---

1. A partir de Peppin, le sou d'argent remplace habituellement le sou d'or dans la circulation ; on ne connaît aucune monnaie d'or carolingienne. M. Guérard pense, d'après un canon du concile de Reims de 813, que Peppin supprima entièrement la monnaie d'or ; cependant les chroniqueurs parlent à plusieurs reprises de sous d'or postérieurement à Peppin. Le sou d'argent, sous Peppin, valait 4 fr. 46 c. ; sous Charlemagne, 4 fr. 35 c.

2. *Histor. des Gaules*, etc. t. V, p. 414-483. Boniface avait fondé, dans la France

Les conciles de 756 et 757 poursuivirent les travaux du synode de Vernon. L'importance des mâls s'effaçait devant celle des conciles, quand il ne s'agissait pas de débattre une expédition militaire ; parfois, comme à Compiègne en 757, le mâl et le concile se confondaient, le mâl, cette année-là, s'étant tenu en mars, suivant la vieille coutume ; les évêques et les leudes siégeaient alors ensemble. Nous avons les capitulaires de Metz et de Compiègne (756-757) : l'inceste y est puni de la confiscation des biens (Hildebert II et Brunehilde l'avaient autrefois puni de mort). Les prêtres et les clercs doivent se rendre aux synodes diocésains sur mandement de l'archidiacre et du comte, à peine d'une amende de 60 sous d'argent au profit de la chapelle du roi ; les détenteurs de biens d'église sont menacés de perdre leurs précaires s'ils ne paient le cens qu'ils doivent. Divers cas de divorce sont établis : la lèpre en est un ; la femme d'un lépreux, ou le mari d'une lépreuse, peuvent se séparer de leurs conjoints et se remarier à d'autres. L'assemblée de Compiègne eut lieu en présence de deux légats du pape, qui prirent part aux délibérations[1].

Les affaires d'Italie avaient amené les deux légats en Gaule. Astolfe avait péri par accident en 756, et les Langobards, influencés par la cour de Rome et par l'abbé Fulrad, l'habile et dévoué négociateur de Peppin, avaient porté au trône le duc de Toscane Désidérius, tandis que les ducs de Spolète et de Bénévent, princes langobards qui ne dépendaient que nominalement du roi de Lombardie, se séparaient du royaume et se mettaient sous la protection franke. Désidérius (le Didier de nos historiens) s'était acquis l'appui du pape et des Franks, en promettant de céder à l'église romaine Bologne, Ferrare, Faënza, Imola et Ancône ; mais, une fois couronné, il fut emporté par le sentiment national qui se soulevait contre le démembrement du royaume, et, au lieu d'évacuer les cités promises, il saccagea le territoire de Ravenne, envahit les terres des ducs de Spolète et de Bénévent, traîtres à la nation langobarde, et invita les Grecs à descendre en Italie. Les

---

d'outre-Rhin, le fameux monastère de Fulde, qui devint le foyer de la civilisation germanique.

1. *Histor. des Gaules*, etc. t. II, p. 642-644.

Grecs, toujours harcelés par les Arabes, étaient peu disposés à se heurter contre la puissance franke. L'empereur d'Orient reçut volontiers les avances de Peppin, qui lui avait expédié une ambassade; il envoya de son côté des députés au roi frank, avec de riches présents[1], et tout se passa en négociations. L'empereur n'obtint qu'une concession honorifique, la conservation de son nom sur les actes publics à Rome.

Désidérius, cependant, ne fut pas contraint à remplir strictement ses engagements. Peppin agitait d'autres projets dans sa tête, et croyait avoir un meilleur emploi à faire de ses forces que d'écraser les Langobards, dont il ne pouvait rien redouter. Il fit, en 758, une campagne contre les Saxons, qui continuaient, malgré leurs promesses, à brûler les églises, à chasser les prêtres, et à piller leurs voisins chrétiens. Peppin détruisit les *fertés* qu'ils avaient rebâties aux environs des frontières frankes, et obtint d'eux de nouveaux serments, qui devaient être gardés comme les autres. Cette année-là, les Carinthiens, population mêlée, parmi laquelle dominaient des tribus wendes, et qui habitaient entre la Drave et le golfe de Trieste, se soumirent volontairement à la suzeraineté franke, afin d'obtenir protection contre les Huns, qui étaient toujours la terreur de l'Europe orientale, bien que les Slaves leur eussent résisté plus d'une fois avec succès.

L'an 759 fut signalé par un plus grand événement. Depuis l'expédition de Peppin en Septimanie, Narbonne et le peu de territoire demeuré au pouvoir des Arabes n'avaient cessé d'être assaillis par les Franks et les Gallo-Wisigoths, nouveaux sujets des Franks. Après sept ans de siége ou de blocus, la garnison de Narbonne succomba enfin; mais la trahison seule put triompher de son opiniâtre résistance. Les habitants goths de Narbonne, las des misères qu'ils partageaient avec les musulmans leurs maîtres, négocièrent secrètement avec les assiégeants, obtinrent la promesse

---

1. Entre autres un orgue, instrument inconnu en Gaule, où il excita l'admiration générale « par ses sons tour à tour aussi terribles que le rugissement du tonnerre, aussi doux que la lyre, aussi brillants que les cymbales, » dit le moine de Saint-Gall. Ce majestueux instrument, si bien en rapport avec les hymnes sévères du christianisme, ne paraît pas toutefois avoir été adopté immédiatement par les églises d'Occident. Les cloches s'étaient introduites au septième siècle. La poésie du culte prenait corps.

que leur loi nationale leur serait conservée, se soulevèrent contre les Arabes, et ouvrirent les portes aux Franks. Ainsi fut réunie la Septimanie à l'empire des Franks ; ainsi finit, au bout de quarante années, la domination arabe dans le midi de la Gaule. Bien que les musulmans fussent expulsés en masse par les vainqueurs, ils laissèrent en Septimanie des souvenirs et des idées que le voisinage de l'Espagne musulmane empêcha de s'effacer et qui ne furent pas sans influence sur le développement de la civilisation languedocienne et provençale au moyen âge. Pour la première fois l'islamisme reculait. La prise de Narbonne entraîna la reddition d'Elne, de Collioure (*Cauco-Liberis*) et de tout le pays jusqu'aux Pyrénées, et l'émir Soliman, qui commandait à Barcelonne et à Gironne, et qui était en rébellion contre le gouvernement arabe de Cordoue, reconnut la suzeraineté de Peppin (*Annales de Metz*). C'était la contre-partie du Provençal Mauronte[1].

(760) Maître de cette belle Septimanie, qui avait jusqu'alors échappé à la conquête franke, Peppin n'eut plus désormais d'autre pensée que d'y joindre l'Aquitaine : il sentait son œuvre incomplète tant qu'il aurait près de lui, sous le nom de vassal, un irréconciliable rival. Peppin, toutefois, sur qui les idées d'ordre et de droit avaient un empire inaccoutumé chez les Franks, sentit le besoin de légitimer aux yeux des autres et aux siens mêmes l'agression qu'il méditait ; il commença par demander pacifiquement à Waïfer le redressement de ses griefs. Waïfer avait soumis à l'impôt des propriétés privilégiées que certains monastères et certaines églises de la Gaule franke possédaient en Aquitaine : il avait mis à mort, on ne sait en quelle occasion, des Goths septimaniens, sujets des Franks ; il avait enfin attiré ou accueilli beaucoup d'*hommes* de Peppin, déserteurs de la truste royale. Peppin le somma de cesser ses *exactions* sur les biens d'église, de payer le *wehreghild* pour les Goths tués, et de livrer les leudes réfugiés. Waïfer refusa fièrement. L'armée franke traversa la Loire à Mesvé en Nivernais, et se précipita sur le Berri et l'Auvergne. Waïfer, qui ne s'était point attendu à une attaque si brusque et si violente,

---

1. Conde, *Hist. de la domination arabe*, etc. — *Chronic. Moissiac.* — *Annales Metenses.*

députa vers Peppin, lui offrit de faire droit à toutes ses demandes dans un *plaid* qui serait convoqué à cette intention, l'année suivante, et lui envoya des otages. Peppin accepta la proposition, et ramena son armée en *France*.

(761) Waïfer n'avait pensé qu'à gagner du temps. Il passa l'hiver et le printemps à se préparer et à recruter les bandes de mercenaires wascons qui faisaient sa principale force. Peppin, sans défiance, avait assemblé le Champ-de-Mars cette année-là bien loin de l'Aquitaine, dans le pays ripuaire, à Duren, sur la Roër. Sitôt que Waïfer sut le mâl dissous et les leudes franks dispersés, il fit passer la Loire à l'élite de son armée, et la lança sur la Burgondie : tout le pays d'Autun fut ravagé par le fer et le feu jusqu'aux portes de Chalon, et les Aquitains retournèrent chez eux chargés de butin, sans avoir rencontré la moindre résistance. A la nouvelle de cette audacieuse invasion, Peppin, transporté de fureur, publia son ban de guerre, et fondit de nouveau sur l'Aquitaine, accompagné de son fils aîné, Karle (Charlemagne), qui fit dans cette campagne ses premières armes. Waïfer avait réparti ses troupes dans les places fortes, et comptait lasser la fougue des Franks par une opiniâtre guerre défensive ; mais les Franks n'étaient plus les bandits indisciplinables de la décadence mérovingienne : ils avaient rappris l'art de la guerre sous Karle-Martel et les deux Peppin ; ils savaient joindre la persévérance au courage, et manœuvrer les redoutables machines de siége, dont la tradition ne s'était pas perdue depuis les Romains. Les châteaux de Bourbon (*Borbo, Borbone,* Bourbon-l'Archambauld) et de Chantelle (*Cantela*) furent emportés d'assaut et livrés aux flammes, et les garnisons, emmenées captives : de là les Franks se portèrent en masse sur la cité d'Auvergne : la population, à leur approche, se réfugia dans le château de Clermont (*Clarus Mons, Claremons*), qui était alors la citadelle de la ville d'Auvergne, et qui a fini par lui donner son nom. Malgré l'énergique résistance d'une nombreuse garnison wasconne, Clermont fut pris de vive force et incendié par les vainqueurs, malgré les ordres du roi ; une multitude d'hommes, de femmes et d'enfants périrent dans les flammes, et tous les Wascons furent exterminés dans le combat ou massacrés de sang-froid après la victoire. Les Franks poursuivaient les

Wascons d'une haine implacable : c'était en effet sur ces belliqueux montagnards que reposait l'espoir de la « rébellion aquitanique ». La terreur de cette exécution détermina beaucoup de châteaux forts d'Auvergne à ouvrir leurs portes ; l'armée franke s'avança jusqu'auprès de Limoges, et repartit avec un immense butin, après avoir horriblement ravagé le Bourbonnais (qui était alors une dépendance du Berri), l'Auvergne et le Limousin.

(762) La formidable irruption de 761 n'avait été qu'un acte de représailles et qu'une sorte de grande reconnaissance sur l'Aquitaine ; la véritable guerre de conquête commença en 762 ; Peppin, ses deux fils, et « toute la multitude de la nation des Franks », entrèrent en Berri au printemps, « et environnèrent de leur camp la cité de Bourges, ville très fortifiée : » des lignes de circonvallation furent tracées autour de Bourges, qu'on assaillit « avec toute espèce d'armes et de machines de guerre ». Le siége se prolongea plusieurs mois ; enfin les *béliers* des Franks ouvrirent maintes brèches dans les murailles, et les assiégeants pénétrèrent dans la ville. Bourges, cependant, n'eut pas le sort de Clermont : Peppin, cette fois, parvint à contenir la furie de ses soldats, et traita généreusement ses nombreux prisonniers ; il rendit la liberté à tous les Gallo-Aquitains, les renvoya chez eux, reçut à son service les Wascons, qui abandonnèrent Waïfer et prêtèrent au roi des Franks serment de fidélité, et expédia en France leurs femmes et leurs enfants comme gage de leur foi. Cette circonstance atteste que les soldats wascons, comme les anciens mercenaires barbares, traînaient partout leurs familles à leur suite. Du Berri, Peppin passa en Poitou et alla prendre et brûler le château de Thouars, un des plus forts de l'Aquitaine. La garnison wasconne fut conduite en France.

(763) L'épreuve des deux campagnes de 761 et 762 semblait décisive : nulle place de guerre n'était imprenable pour les Franks, et Waïfer avait encore moins de chances de succès sur les champs de bataille que derrière les murs de ses cités. L'habile et intrépide duc d'Aquitaine ne perdit pourtant pas l'espérance ; il travailla à se préparer des diversions au dehors, et vit avec plus de courroux que d'effroi les légions franco-germaniques se ruer de nouveau sur ses États après le mâl ou Champ-de-Mai tenu à

Nevers en 763. Les Franks se portèrent par le Berri sur le Limousin, brûlèrent les *villas* publiques qui appartenaient à Waïfer, saccagèrent la belle vallée de la Vezère, arrachèrent ses vignes, qui avaient alors dans toute l'Aquitaine la renommée dont jouissent aujourd'hui les vins de Bordeaux, et se dirigèrent vers la Dordogne et le Lot, ruinant tout sur leur passage, sans épargner même les couvents. Mais l'armée franke éprouva, chemin faisant, une importante défection préparée par les menées de Waïfer. Tassile, duc des Bavarois, devait son duché au roi Peppin, frère de sa mère; mais le souvenir de son père Odile et des efforts de ce valeureux chef pour l'indépendance de la Bavière l'emportèrent, dans son âme, sur la reconnaissance : dès 756, il avait tenté de secouer la suzeraineté franke ; puis, ne se sentant pas en état de soutenir la lutte, il s'était soumis de nouveau ; il était venu à Compiègne mettre ses mains dans les mains de Peppin en signe de vassalité [1], et lui jurer fidélité sur les corps de saint Denis, de saint Germain et de saint Martin : il avait participé, comme les autres vassaux d'outre-Rhin, aux premières campagnes d'Aquitaine; tout à coup, il quitta l'armée franke sous prétexte de maladie, emmena ses Bavarois, « et ne voulut plus dorenavant voir la face du roi ». Waïfer s'était peut-être imaginé que Peppin prendrait aussitôt l'alarme et évacuerait l'Aquitaine pour aller surveiller la Germanie; mais Peppin continua sa route, traversa la Haute-Dordogne, et poussa jusqu'à Cahors. Waïfer, exaspéré de la désolation de son pays, se décida enfin à risquer une bataille : il attaqua les Franks « avec une grande armée des Wascons qui demeurent outre-Garonne ». Il fut vaincu : « les Wascons tournèrent le dos selon leur coutume », dit le continuateur de Frédegher.

Waïfer s'efforça d'obtenir la paix : il députa vers Peppin et lui redemanda Bourges et les autres cités conquises, à condition de lui payer tous les tributs et revenus annuels que les rois franks, ses prédécesseurs, avaient autrefois tirés de l'Aquitaine. Peppin, « par le conseil de ses grands », refusa ce pacte. La saison, néan-

---

1. C'est la première fois que le cérémonial de l'hommage *per manus* se trouve nettement indiqué dans les chroniques. — *Annal. Eginhard.* — *Tilian.* — *Loisel.* — *Petav.* — *Sancti Nazar.* — *Metens.* — *Fredegar. continuat.* IV. — *Moissiac. Chron.*

moins, était trop avancée pour mettre immédiatement à profit la défaite des Wascons, et les Franks s'en retournèrent chez eux.

(764-766) L'armée franke ne parut pas l'année suivante au midi de la Loire : Peppin tint le Champ-de-Mai à Worms, aux bords du Rhin, et la situation de la Germanie, la révolte de la Bavière, les mouvements de la Saxe, lui parurent assez graves pour ne pas quitter le Nord. Tassile avait invoqué la médiation du pape Paul auprès de Peppin, et les négociations furent aussi renouées avec Waïfer, mais sans résultat. C'était quelque chose pour Waïfer que d'avoir gagné un an : il employa ce répit à reformer son armée, et, au printemps de 765, il saisit hardiment l'offensive : trois corps d'Aquitains et de Wascons se jetèrent, le premier sur la Septimanie, le second sur le Lyonnais, et le troisième sur la Touraine (Tours, quoique situé sur la rive méridionale de la Loire, ne faisait point partie de l'Aquitaine). Les trois attaques échouèrent également : la troisième fut repoussée par l'abbé de Saint-Martin de Tours, qui livra bataille à la tête des nombreux vassaux de l'abbaye [1]. Partout le sort des armes tournait contre Waïfer : « le roi Peppin, dit le continuateur de Frédegher, croissait et se fortifiait incessamment, mais le parti de Waïfer décroissait de jour en jour. » La soumission de Tassile et la pacification de la Bavière, qui permit à Peppin de concentrer de nouveau toutes ses forces contre le Midi, fut pour Waïfer un coup terrible.

L'Aquitaine se lassait de cette effroyable lutte et semblait disposée à abandonner son chef. Waïfer prit une résolution désespérée : il sacrifia la moitié de ses États pour sauver l'autre ; il démantela Poitiers, Limoges, Saintes, Angoulême, Périgueux, presque toutes les places au nord de la Dordogne, et se retira dans le pays montueux, boisé et accidenté, qu'arrose cette rivière [2], tâchant ainsi de couvrir la Wasconie, Bordeaux et Toulouse, et abandonnant à peu près tout le reste. Quand les masses frankes débordèrent en Aquitaine, à la suite du mâl qui fut tenu à Orléans en mai 766, elles ne rencontrèrent plus d'ennemis : Peppin releva

---

[1]. Un des généraux de Waïfer fut tué avec ses pairs (*cum paribus suis*), dit le continuateur de Frédegher, c'est-à-dire avec d'autres comtes qui l'accompagnaient : c'est le premier exemple de l'emploi du mot *pairs* dans cette acception.

[2]. C'est un des principaux massifs du calcaire jurassique.

les murs de toutes les villes évacuées, y mit des garnisons frankes, tourna la position de Waïfer, passa la Haute-Dordogne et s'avança jusqu'à la Garonne. Beaucoup de seigneurs aquitains et de chefs wascons se rendirent près de Peppin, à Agen, et se soumirent à son pouvoir.

(767-768) Le dénoûment approchait : Peppin, qui était allé hiverner aux bords de la Seine, s'apprêtait à une campagne décisive; l'armée franke partit aussitôt après Pâques, mais, au lieu de marcher directement vers les contrées encore insoumises, elle descendit la vallée du Rhône, entra en Septimanie, et se porta par Narbonne sur Toulouse : tout tomba devant cette manœuvre de grand capitaine; les dernières cités de l'Aquitaine orientale, ainsi prises à revers, se rendirent sans résistance : Toulouse, Albi, Rhodez, la cité de Gévaudan ou Javouls, reçurent les Franks dans leurs murailles. L'été était à peine commencé; Peppin n'accorda à ses leudes que le temps de reporter leur butin chez eux, et leur assigna un nouveau rendez-vous général à Bourges, pour le mois d'août. L'armée réunie, il laissa la reine Berthe ou Bertrade, à Bourges, où il se faisait bâtir un palais en signe d'irrévocable conquête, et se mit, avec le gros de ses Franks, à la poursuite de Waïfer. Le duc d'Aquitaine et les troupes qui lui restaient fidèles ne tinrent nulle part en corps d'armée contre les Franks, mais se défendirent opiniâtrément par une guerre de surprises et d'embuscades à travers les ravins, les bois et les précipices de la région sauvage qui s'étend sur les confins du Limousin, du Périgord et du Querci. Les dernières forteresses de Waïfer, les châteaux de Scoraille, de Turenne (*Torinnia*) et de Peyruce, furent emportés par Peppin; le duc Waïfer et ses compagnons furent chassés de « rocher en rocher, de caverne en caverne. » Peppin ne cessa de poursuivre Waïfer qu'à l'approche de l'hiver : il n'octroya qu'à grand'peine aux leudes quelques semaines de repos, et les cantonna dans la Burgondie, sans leur permettre de retourner chez eux; c'était la première fois qu'une armée franke ne se dispersait pas à l'entrée de l'hiver.

Dès la mi-février, les Franks furent rappelés sous les drapeaux : Peppin en personne reprit la trace de Waïfer, et se dirigea par Saintes vers la Garonne : la mère, les sœurs et les neveux de Waïfer furent remis entre ses mains; le peu qui restait d'Aquitains indépendants firent leur soumission, et tous les chefs « des Wascons d'outre-Garonne, » résolus de ne point attirer sur leur pays les fléaux qui avaient désolé l'Aquitaine, vinrent trouver le roi, jurèrent fidélité à lui et à ses fils, et livrèrent des otages : c'était l'appui suprême de Waïfer qui s'écroulait. L'infortuné duc d'Aquitaine, abandonné de tous, hormis de quelques vaillants hommes qui avaient juré de mourir avec lui, errait çà et là sur les lisières du Périgord et du Poitou, dans les profondeurs de la forêt d'Édobole (la forêt de Ver), comme une bête fauve traquée par des milliers de chasseurs. Il déjoua pendant plusieurs semaines les recherches des légions qui fouillaient les bois dans tous les sens, et Peppin fut obligé de retourner sur la Loire sans avoir sa proie : il avait donné rendez-vous à Celles-sur-Loire à une ambassade étrangère qui excitait vivement l'intérêt et la curiosité de la Gaule. Trois ans auparavant, le roi des Franks avait expédié des députés au fond de l'Orient, vers le puissant monarque que les Occidentaux appelaient l'*Amiramomeni,* par corruption du titre arabe *émir-al-moumenim,* c'est-à-dire le *prince* ou *commandeur des croyants* (le khalife) : après cette longue absence, les ambassadeurs franks arrivaient avec des envoyés du khalife Al-Mansor[1]. L'ambassade *sarrasine* fut très bien accueillie, et reconduite à Marseille avec de grands honneurs. Les chroniqueurs ne nous apprennent pas le résultat des négociations ; mais les événements de l'Asie et de l'Afrique en font comprendre aisément l'objet. Une grande révolution avait éclaté dans le sein de l'islamisme, et brisé l'unité du khalifat : une nouvelle dynastie, celle des Abbassides, issue d'un oncle de Mahomet, ayant arraché le khalifat aux Ommeyas ou Ommiades, l'Ommiade Abd-el-Rahman, échappé à la destruction de sa famille, s'était réfugié en Afrique, puis avait passé le détroit et s'était fait proclamer chef des Arabes et des Berbères d'Espagne ; le souverain de l'Espagne était donc à la fois l'ennemi du roi des Franks et du khalife d'Asie, et c'était contre lui que ces deux adversaires cherchaient à s'entendre de si loin.

L'indomptable Waïfer avait, durant cet intervalle, rassemblé

---

1. Cet Al-Mansor, père du grand Haroun-Al-Reschid, fut le fondateur de Bagdad.

un certain nombre d'aventuriers, à la tête desquels il tenta une dernière fois de tenir la campagne ; mais Peppin reparut bientôt sur la Charente avec l'élite de ses leudes. Waïfer regagna les cantons montueux du Périgord, suivi de près par quatre corps ou *scares* (*scara*, d'où escadron) de troupes frankes, qui s'efforçaient de l'enfermer et de l'écraser entre eux comme dans un piége. Waïfer n'eut pas même la consolation de mourir en combattant les Franks ; quelques-uns des siens, voyant tout perdu, s'étaient décidés à acheter leur grâce par la perte de leur brave et malheureux chef. Peppin reçut bientôt la nouvelle que Waïfer avait été tué en trahison (2 juin 768). Ainsi finit le royaume d'Eude et l'indépendance aquitanique. On ignore l'histoire administrative d'Eude et de ses fils ; l'esprit de leur gouvernement avait été, selon toute apparence, assez romain, mais pas du tout ecclésiastique, et le clergé seconda mal leur résistance à la conquête carolingienne. L'Aquitaine ne périt pourtant pas avec Waïfer : réunie à l'empire frank, partagée entre des ducs et des comtes de la truste royale, contenue par des garnisons frankes, elle ne perdit point ses tendances anti-germaniques, et garda un caractère à part dans la monarchie [1].

Peppin ne survécut guère à l'accomplissement de son œuvre, l'unité politique de la Gaule ; la fièvre le saisit à Saintes, où il était entré en triomphe aussitôt après la mort de Waïfer, traînant sur ses pas le nombreux cortége de ses nouveaux vassaux : il prit la route de Tours, visita le monastère de Saint-Martin, répandit de grandes largesses sur les églises, sur les couvents et sur les pauvres, « invoqua l'assistance du bienheureux Martin, afin qu'il daignât prier le Seigneur pour ses méfaits, » et gagna péniblement Saint-Denis avec sa femme et ses fils ; là, sentant que la vie lui échappait, il convoqua tous ses grands, « ducs et comtes, évêques et prêtres, » et du consentement de tous, il partagea son royaume entre ses fils. Ce partage, incomplétement exposé par le continuateur de Frédegher, eut quelque chose d'étrange et d'inusité : Karle reçut l'Austrasie et toute la Germanie, moins le pays des Allemans ; Karloman eut la Burgondie, avec la Provence et la *Gothie* (Septi-

---

1. *Annal. Francorum Loisel.* — *Lambec.* — *Metens.* etc. — *Moissiac. Chronic.* — Fredegar. *contin.*

manie), l'Allemannie et l'Alsace. La Neustrie et l'Aquitaine furent partagées : Karle obtint la moitié occidentale de l'Aquitaine, avec le nord de la Neustrie, c'est-à-dire la contrée entre l'Oise, la Seine, la mer et l'Escaut; à Karloman fut donné le pays entre Seine et Loire, avec Soissons, Senlis et Meaux, et l'Aquitaine orientale. Peppin voulait, à ce qu'il semble, éviter le renouvellement des vieilles rivalités de la Neustrie et de l'Austrasie, en morcelant la première de ces deux régions. Il mourut d'hydropisie peu de jours après, le 24 septembre 768. Son fils *Charlemagne* l'inhuma près de son père *Charles-Martel*, à Saint-Denis. La destinée historique de Peppin fut d'être étouffé, pour ainsi dire, entre ces deux noms gigantesques; s'il n'eût point eu un tel père et un tel fils, ce chef de la seconde dynastie des rois franks figurerait parmi les plus grands hommes du moyen âge [1].

Après les funérailles de Peppin, chacun des deux rois, accompagné de ses leudes, « s'en alla vers le siége particulier de son royaume », savoir : Karle, à Noyon, et Karloman, à Soissons; et, le même jour, 7 octobre, « ils furent élevés au trône dans ces deux cités par le consentement des grands et la consécration des évêques ». Le plus jeune des deux princes était âgé de dix-sept à dix-huit ans; l'aîné, né dans le courant de 742, avait plus de

---

1. Les traditions frankes parvenues jusqu'à nous le représentent comme un homme de très petite taille et de mauvaise mine, mais d'une force de corps et d'une adresse prodigieuses. « Un jour, raconte la chronique du Moine de Saint-Gall, Peppin fut informé que les principaux de son armée se raillaient secrètement de lui en toute occasion. Il commanda qu'on amenât un taureau d'une grandeur effrayante et d'un courage indomptable, contre lequel il fit lâcher un lion d'une extrême férocité. Le lion, fondant d'un bond impétueux sur le taureau, le saisit par le col et le jeta par terre. «Allez, dit le roi à ceux qui l'entouraient, allez arracher le taureau à la fureur du lion, ou tuer le lion sur le taureau. » Mais eux, se regardant les uns les autres, et le cœur glacé de frayeur, purent à peine articuler ce peu de mots : « Seigneur, il n'est point d'homme sous le ciel qui ose tenter une telle entreprise. » Le roi se lève alors de son trône, tire son sabre, descend dans l'arène, tranche en deux coups la tête du lion et celle du taureau, remet son glaive dans le fourreau et vient se rasseoir en disant : « Vous semble-t-il maintenant que je puisse être votre seigneur? N'avez-vous donc jamais entendu dire comment le petit David vainquit l'énorme Goliath, et comment Alexandre, malgré sa petite taille, surpassait en force les plus grands de ses guerriers? » Tous tombèrent à ses genoux comme frappés de la foudre en s'écriant : « Qui donc, à moins d'être insensé, refuserait de reconnaître que vous êtes fait pour commander aux hommes? »
Suivant la *Vie de Louis le Débonnaire*, par l'*Astronome*, ce fait, qui est évidemment une légende poétique, se serait passé dans la cour du monastère de Ferrières en Gâtinais.

vingt-six ans. On ne sait presque rien de son enfance, ni de sa première jeunesse; mais sans doute, dans cette rude guerre d'Aquitaine, où l'héritier des Peppin avait partagé les travaux et les exploits de son père, quelque chose de l'avenir du grand Karle s'était déjà révélé aux Franks. Le début de son règne annonça ce qu'on devait attendre de lui en fait d'intelligence sociale et de vigueur politique et militaire. Il commença par présider, probablement à Rouen, le concile de mars 769, et par y promulguer un capitulaire qui renouvelait les canons du premier concile de Germanie, en 742, contre les prêtres chasseurs et guerriers, et touchant la hiérarchie cléricale et la bonne administration des diocèses[1]. Après le concile, il présida le mâl national, invita son frère à s'unir à lui pour la défense commune, et se dirigea rapidement vers la Loire. Une agitation menaçante se manifestait au midi de ce fleuve. A la nouvelle de la mort de Waïfer et de Peppin, « un certain Hunald, disent les *Annales* d'Éginhard, prétendit à régner (*regnum affectans*) ». C'était apparemment le vieux prince rentré dans la vie privée depuis vingt-quatre ans, qui reparaissait pour tenter de venger sa race[2]. Une multitude de Wascons et d'Aquitains accoururent à l'appel de Hunald. Karle se mit en marche avec les leudes qu'il avait sous la main, sans attendre les masses austro-germaniques, et entraîna son frère en Aquitaine. Karloman, jaloux de son aîné, se brouilla, chemin faisant, avec Karle, l'abandonna et retourna en France; Karle poursuivit sa route vers Angoulême et Périgueux, « dissipa,

---

1. Le capitulaire de 769 autorise les évêques à excommunier les juges laïques qui jugeraient et condamneraient des clercs, de quelque grade qu'ils fussent, à l'insu de leur évêque. Karle, en tête de ce capitulaire, s'intitule « roi par la grâce de Dieu, défenseur dévoué de la sainte Église, allié (aide, *adjutor*) en toutes choses du siége apostolique. »

L'année de ce capitulaire, sept archevêques et cinq autres évêques furent envoyés à Rome par les deux rois, à la prière du pape Étienne III, pour assister à un concile d'évêques italiens tenu au palais de Latran : le concile de Latran ordonna d'honorer les images suivant l'ancienne tradition, et anathématisa un concile tenu en Orient contre les images sous l'influence de l'empereur Constantin Copronyme. Depuis les grandes invasions, l'on n'avait pas vu les évêques des Gaules passer ainsi les monts pour se réunir aux prélats d'Italie; une nouvelle ère de l'histoire ecclésiastique s'ouvrait.

2. On a une charte souscrite de l'ex-prince Hunald, en 760, sous le *principat* de Waïfer (*Waïfero principe*). v. Baluze, *Capitular.* t. II, *apud. act. veter.* col. 392.

avec un petit nombre de Franks, les projets de Hunald », l'obligea
de s'enfuir outre Garonne chez les Wascons, commença aux bords
de la Dordogne la construction d'une forteresse destinée à tenir en
respect l'Aquitaine et la Wasconie, et dépêcha vers Lupus (ou
Lope), principal chef des Wascons[1], pour le sommer de livrer
Hunald. Le chef wascon obéit à Karle, se reconnut son vassal, et
lui remit Hunald. Le roi d'Austrasie repartit avec son captif, après
avoir pacifié le Midi et chargé ses comtes d'achever le *château-frank*
de la Dordogne (*Castrum Francicum*, autrement dit *Frontiacum*,
aujourd'hui Fronsac).

Une guerre civile faillit suivre le retour de Karle dans le
Nord. La désertion de Karloman donnait de trop justes griefs au
roi d'Austrasie, et le jeune roi de Burgondie était poussé, de son
côté, par les mauvais conseils de ses flatteurs, qui lui représentaient son lot comme inférieur à celui de son frère. L'intervention de Bertrade, mère des deux rois, empêcha cette mésintelligence d'aller jusqu'aux dernières extrémités. Cette reine s'était
« consacrée à Dieu » depuis la mort de son mari, sans renoncer
à se mêler des affaires de ce monde; elle exerçait au contraire
une influence politique très-active. Après avoir réconcilié ses fils,
elle entreprit de terminer la querelle toujours renaissante de la
papauté et des Franks contre les Langobards, et se rendit en
Italie par la Souabe et la Bavière, afin d'aller négocier en personne avec le roi Désidérius, qui désirait vivement allier par
mariage les deux maisons royales de France et de Lombardie.
Bertrade y mit pour condition que Désidérius abandonnerait les
places réclamées par le pape; mais la papauté, exaspérée par
des griefs de tous les instants, voulait la ruine et non l'amendement des Langobards, et rien ne saurait exprimer la colère du
pape Étienne III, lorsqu'il apprit que Bertrade projetait de marier
un de ses fils à la fille de Désidérius. Il écrivit à ce sujet aux rois
Karle et Karloman une étrange épître. Après un torrent d'injures
contre la «perfide, l'horrible et fétide race des Langobards», qui,
suivant lui, n'était pas digne d'être comptée au nombre des na-

---

1. Ce Lupus était-il de la race du premier Lupus? (*v.* ci-dessus, p. 168) était-il
allié à la famille d'Eude? On n'en sait rien.

tions, et qu'il prétendait avoir introduit dans le monde le fléau de la lèpre, il s'efforçait de réveiller les haines et les préjugés nationaux des Franks, et s'élevait contre ce projet de mariage avec une princesse catholique, dans les mêmes termes qu'eût pu employer un prophète juif à propos d'une alliance des adorateurs du vrai Dieu avec les filles de Baal; c'était, à l'entendre, un crime aux Franks que d'épouser des filles de sang étranger. « Vous avez promis, s'écriait-il, à saint Pierre et à son vicaire que leurs amis seraient vos amis, et leurs ennemis, vos ennemis; vous ne devez agir en aucune manière contre la volonté des pontifes du siége apostolique! » La papauté du moyen âge apparaît tout entière dans cette lettre. C'est bien là ce mélange d'adresse et d'orgueil sans bornes, cet abus de l'anathème et de l'hyperbole biblique, cette application forcée des choses saintes aux intérêts de la politique mondaine, ce peu de scrupule sur le choix des armes et des moyens, et, en même temps, par un singulier contraste, cette forte conviction de son droit et de sa mission et ce sentiment social, qui rendirent la papauté si imposante jusque dans ses plus grands excès et ses plus éclatantes erreurs. A côté de ces déclamations si peu chrétiennes, le pape employait un argument d'une nature plus orthodoxe, à savoir, que les deux frères Karle et Karloman étaient déjà mariés à de « belles épouses de la très-noble nation des Franks », et ne pouvaient les renvoyer pour en épouser d'autres.

Mais la puissance morale de la papauté ne répondait pas encore à ses prétentions : on n'écouta point Étienne III, et Bertrade ramena en France Désidérata, fille du roi de Lombardie ; Karle répudia sa première femme pour épouser la princesse langobarde. Ce mariage fut malheureux : Karle se dégoûta promptement de Désidérata, jeune femme frêle et maladive; au bout d'un an, comme elle ne lui donnait pas d'enfant, « il la délaissa de même que si elle eût été morte, par le conseil des plus saints prêtres ». Le clergé, qui avait tonné contre son premier divorce, l'excita à un second, et Karle, ne réalisant pas les espérances d'une jeune fille de noble sang, appelée Himiltrude, dont il avait eu un fils, prit pour troisième épouse la belle Hildegarde, fille d'un chef suève ou alleman, mariage qui lui attacha cette nation, au moment où la Souabe, comme tout le reste de l'empire frank, passait sous sa domination[1].

Karloman était mort le 4 décembre 771, dans sa métairie de la forêt de Samouci-en-Laonnois, laissant deux fils au berceau : Karle accourut aussitôt à la *villa* de Corbeni, sur les confins du Laonnois et du Rémois, et là, les principaux personnages ecclésiastiques et laïques du royaume de Karloman, entre autres l'archi-chapelain Fulrad, abbé de Saint-Denis[2], accoururent auprès du roi d'Austrasie, « et ils oignirent Karle roi sur eux, et Karle obtint heureusement la monarchie du royaume des Franks[3] ».

Gerberge (Gherberghe), veuve de Karloman, prit la fuite avec ses enfants et quelques grands attachés à ses intérêts, ceux-là sans doute qui naguère avaient fomenté la discorde entre les deux frères, et les fugitifs allèrent se mettre sous la protection du roi des Langobards, que la répudiation récente de sa fille animait d'un ressentiment mortel contre Karle. Le *roi*, disent les Annales frankes attribuées à Eginhard, « supporta impatiemment ce départ comme bien inutile » (*supervacuum*). Karle n'en voulait pas à la vie de ses neveux, mais au sceptre qu'avait porté leur père, et, fort de l'adhésion nationale, il avait saisi ce sceptre d'une main trop puissante pour craindre qu'on tentât de le lui arracher. A mesure que les Franks redevenaient une nation essentiellement conquérante, une armée plutôt qu'une nation, ils tenaient moins de compte des droits héréditaires des enfants des rois, et n'admettaient plus de partage qu'entre princes capables de conduire immédiatement la « noble race des Franks » (*edele frankene liude*) à la victoire.

(772) Le fils aîné de Peppin touchait à sa trentième année, au moment où il se vit seul maître du plus vaste empire qu'eût encore possédé un chef germain. A l'intérieur de la Gaule, l'œuvre de l'épée était terminée : tout reconnaissait l'autorité carolin-

---

1. Stephani III *epist.* dans les *Histor. des Gaules*, t. V, p. 541-544. — Monach. S. Gall. *De Gestis Caroli Magni*, ibid. p. 131.
2. L'archi-chapelain était un personnage très important. Il prenait soin de tout ce qui se rapportait à la religion et à l'ordre ecclésiastique, ainsi qu'à l'observation des canons et à la discipline des monastères; toutes les affaires de l'Église qui se traitaient dans le palais étaient de son ressort.
3. *Annal. Metenses.*

gienne; mais cette unité politique, si péniblement conquise et maintenue, n'avait pas mis fin au désordre immense, universel, qui était depuis si longtemps l'état habituel de l'Occident : la force prédominait presque toujours sur le droit dans les relations des hommes entre eux ; l'état des personnes et des propriétés, surtout dans les classes inférieures, était sans cesse précaire et sans cesse menacé ; les seigneurs agissaient en despotes sur leurs terres, et les comtes royaux violaient continuellement les lois qu'ils étaient chargés d'exécuter ; l'Église elle-même n'était guère mieux réglée, et la réforme ecclésiastique de Peppin et de saint Boniface n'avait eu qu'un résultat bien incomplet. Les évêques qui rédigeaient les capitulaires étaient les premiers à les enfreindre ; ils continuaient de surpasser en faste les grands laïques, aux dépens de leurs clercs réduits à l'indigence, de courir les bois avec des chiens et des faucons, et de mener leurs hommes à la guerre, afin de ne point passer pour gens inutiles aux yeux des guerriers et de ne point donner prétexte à l'invasion des biens d'Église [1]. Cette société ne comprenait l'ordre que dans les camps : elle ressemblait à une armée, qui, livrée à une licence effrénée lorsque la paix la dissémine par le pays, retrouve sa discipline quand la guerre la rappelle sous les drapeaux. Les Carolingiens étaient condamnés à toujours combattre et à toujours vaincre pour continuer de régner : la grandeur de Charlemagne fut de chercher dans la victoire autre chose que la victoire même, et de tenter la réforme intérieure à la faveur des triomphes remportés sur l'étranger.

Le roi des Franks avait besoin d'une guerre heureuse pour inaugurer son règne : il hésita peut-être un instant, mais ce fut l'hésitation de l'aigle qui se balance sur ses ailes robustes pour choisir sa proie. Au sud-ouest de son royaume, les Arabes, encore agités par les discordes qui avaient suivi l'établissement d'un prince ommiade à Cordoue, ne songeaient pas à inquiéter les frontières frankes. Au sud-est, les Langobards montraient des dipositions malveillantes : leur roi Désidérius, aigri par l'affront qu'a-

---

[1]. Cette invasion n'avait pas entièrement cessé, car Peppin et Karloman avaient donné plus d'un nouveau précaire à leurs fidèles, sous condition de cens, il est vrai.

vait reçu sa fille, tâchait de se servir de la veuve et des fils de Karloman, et pressait, priait, menaçait le pape Adrien, successeur d'Étienne III, afin qu'il consentît à sacrer rois des Franks les neveux de Karle; mais le pape refusait et tenait bon, malgré les courses des Langobards sur les terres de la « république romaine. » Quand même l'intérêt évident de la papauté n'eût point été de soutenir Karle, il entrait dans les tendances de la politique papale de favoriser l'unité royale contre le système barbare des partages : la papauté considérait avec raison la royauté comme une fonction et non comme un héritage.

Il y avait donc un motif de guerre au delà des Alpes. Ce ne fut point toutefois vers le sud-est, mais vers le nord, que Karle tourna d'abord ses armes : il connaissait trop la Lombardie pour la craindre ; les Franks avaient des adversaires plus dangereux que les Langobards! La situation de la Germanie était devenue très alarmante dans ces dernières années ; tandis que les Franks consommaient l'assujettissement de la Gaule par la conquête de la Septimanie et de l'Aquitaine, leur domination avait recommencé à péricliter au delà du Rhin, non plus, comme naguère, par des révoltes souabes ou bavaroises, qui n'étaient quasi que des guerres civiles depuis que le christianisme régnait dans ces contrées, mais par une puissante réaction païenne et saxonne. Le succès des prédications de Boniface et de ses compagnons avait fait espérer un instant la conversion de la Germanie entière; la France orientale, la Thuringe, l'Allemannie, la Bavière, la Frise même s'étaient laissé plus ou moins complétement conquérir à la foi ; mais la prédication évangélique était venue expirer dans les *marches* saxonnes. L'origine des Saxons, leurs affinités nationales, leur état politique, rendent raison de leur opiniâtre résistance à la religion et aux armes des Franks : quoiqu'ils eussent englobé parmi eux des tribus de cette race istévone qui avait engendré les Franks (les Angriens ou Angriwares, par exemple), la masse de leur population était de sang ingévon [1] et beaucoup plus rapprochée que les autres Germains des Danois et des Scandinaves; ils avaient, dit-on, reçu directement les dogmes odiniques de la main des Ases, dans des temps inconnus:

---

1. *V.* t. I, p. 213.

la religion d'Odin était aussi indigène chez eux qu'au fond des îles danoises ou de la Norwége, et leurs communications avec les prêtres et les skaldes du Nord ravivaient continuellement leur enthousiasme pour les dieux de la Walhalla. Ce n'était pas seulement la religion des *Romains* qu'ils haïssaient chez les Franks : la différence des mœurs n'était pas moins profonde entre eux que celle des croyances ; les Saxons étaient demeurés à l'état de tribu, pendant que le régime de l'association guerrière, de la *truste*, l'emportait chez les Franks et enfantait la royauté. Les Saxons étaient divisés en trois fédérations : les Westfaliens à l'ouest, en deçà du Weser ; les Angriens ou Nord-Liudes (nation du Nord), au nord, sur les deux rives du Bas-Elbe, et les Ostfaliens à l'est, entre le Haut-Weser et le Haut-Elbe. Ces confédérations se subdivisaient en tribus ou cantons (*gaw*), qui avaient chacun leur chef particulier, et l'on n'élisait de chef supérieur, de duc ou *héretoghe*, qu'en cas de guerre nationale. La lutte des Saxons contre les Franks, c'était la lutte de la vieille Germanie stationnaire contre la Germanie mobile et conquérante. Cette société ancienne, mais non pas primitive, était partagée en trois castes qui ne s'unissaient jamais par mariages : les nobles (*edhelings* ou *athelings*), entre lesquels on choisissait les chefs de cantons, et qui jouissaient de certains priviléges ; les libres (*freylings*, *frilingi*) ; les *lites* ou *lasses*, qui, par exception entre les colons des peuples germaniques ou celtiques, faisaient partie du corps politique, et avaient droit d'être représentés dans les conseils. La royauté n'était pas venue se superposer à cette hiérarchie : l'absence de toute centralisation politique rendait la nation saxonne presque insaisissable, et explique ce peu de respect pour les traités, cette perfidie habituelle que les historiens franks reprochent aux Saxons, comme les historiens romains l'avaient reprochée autrefois aux aïeux des Franks dans un pareil état social.

Les progrès du christianisme n'avaient donc fait qu'irriter les passions de ce peuple redoutable, en même temps que la longue guerre qui occupa Peppin au midi de la Loire durant les neuf dernières années de sa vie, et l'affaiblissement numérique de la population franke d'outre-Rhin, qui s'était déversée incessamment sur la Gaule depuis Peppin de Héristall, semblaient laisser le champ libre en Germanie. Les Saxons en profitèrent, et, de 760, année où éclata la guerre d'Aquitaine, jusqu'en 772, ils ne cessèrent de harceler les chrétiens germains, et d'empiéter pas à pas sur la France transrhénane : sans invasion générale, sans guerre ouverte, sans batailles, les bandes westfaliennes, poussant toujours de l'est à l'ouest, envahirent peu à peu le pays des Bructères, l'ancienne patrie des Sicambres, et d'autres cantons franks, dont la population était apparemment ou bien faible et bien clairsemée, ou fondue en partie avec les envahisseurs. On ne saurait douter que beaucoup de Franks d'outre-Rhin, restés païens, ne se soient donnés aux Saxons. Au commencement de 772, les Westfaliens étaient sur l'Issel, sur la Lippe, sur la Rohr, sur la Sieg ou Sighe, occupaient toute la lisière du Rhin, de la pointe de la Batavie jusqu'au midi de la Sieg ; ils avaient un fort sur une hauteur qui commandait l'embouchure de cette rivière dans le Rhin (Siegberg ou Sighebourg) ; l'Austrasie était véritablement menacée et surtout blessée dans son orgueil national ; Cologne pouvait être d'un instant à l'autre surprise et saccagée par les païens : il ne restait pas une église ni un prêtre chrétien dans toute cette région.

L'Austrasie demandait à grands cris la guerre, une guerre décisive ; les prêtres élevaient la voix plus haut que les guerriers. Un missionnaire anglais appelé Liefwyn (saint Libuin), dont les Saxons avaient brûlé l'église à Deventer sur l'Issel, osa bien se rendre à l'assemblée générale des tribus saxonnes aux bords du Weser, et leur annoncer que, s'ils n'adoraient le vrai Dieu, ils verraient bientôt leur pays ravagé et leurs familles traînées en captivité par le grand roi des Franks. Ils furent tellement frappés de son audace qu'ils le laissèrent aller sans lui faire aucun mal. L'effet suivit de près la menace : au printemps de 772, Karle réunit le Champ-de-Mai à Worms, passa le Rhin avec toute l'armée des Franks, envahit ce fameux canton de la Haute-Lippe, dont les forêts et les montagnes avaient été jadis le théâtre des grands combats d'Arminn, de Varus et de Germanicus, et marcha droit à Ehresbourg ou Héresbourg (la ville d'honneur ou la ville de la guerre), « place également fortifiée par la nature et par la main de l'homme », dit le Poëte Saxon, et qui était à la fois la citadelle et le sanctuaire de la Westfalie. Au sommet de la montagne sur laquelle était bâti le bourg, s'élevait, dans un noir massif d'arbres séculaires, le temple qui renfermait le mystérieux Irmensul (ou Hermen-Saül, la colonne d'Irmen), symbole de la colonne qui soutenait le monde dans la cosmogonie odinique [1]. Les Franks emportèrent « à grande force d'armes » (*magno robore*) le château d'Ehresbourg, s'emparèrent des trésors accumulés dans le sanctuaire de la montagne, et passèrent trois jours à démolir le temple, à briser l'idole, à brûler le bois sacré d'Irmen. Le ciel, au dire des chroniques, applaudit par un prodige à la ruine du grand temple païen. Les chaleurs d'un été aride et brûlant avaient tari les fontaines et les ruisseaux du voisinage ; le lit même de la rivière était à sec, et une soif ardente tourmentait les Franks ; tout à coup, vers midi, voici que d'un torrent desséché jaillirent des eaux si abondantes que l'armée entière put s'y désaltérer. On croit que ce torrent était la fontaine intermittente de Bullerborn. Le roi des Franks, vainqueur des dieux de la Saxe comme de ses guerriers, alla ensuite camper vers le Weser. La chute de l'Irmensul avait jeté les Westfaliens dans une morne stupeur ; ils envoyèrent des députés au camp du roi Karle, promirent de recevoir en paix les prêtres chrétiens, et livrèrent douze otages. Karle les traita fort modérément, et ne les chassa même pas entièrement de l'ancien pays frank qu'ils avaient envahi ; il espéra sans doute que l'effet du grand coup qu'il avait frappé durerait au moins jusqu'à ce qu'il eût mis ordre aux autres affaires qui venaient l'assaillir.

La querelle du pape et du roi de Lombardie continuait : Désidérius, après avoir tâché inutilement d'attirer Adrien dans son royaume pour l'obliger à sacrer les fils de Karloman, avait

---

[1]. V. notre t. I, p. 212. Ehresburg est, dit-on, Arensberg sur la Rohr, ou Stadtberg sur le Dimel, ou bien encore Mespurg ou Mesborg. Le Saxon chrétien, presque contemporain, qui a écrit en vers latins les annales de Charlemagne, dit, en parlant de l'Irmensul : *Simulacrum... cujus similis factura columnæ*; « c'était un simulacre, qui avait la forme d'une colonne ». V. sur cette guerre, *Annal. Francor.* Loisel.—*Annal.* Eginhard.—Eginhard. *Caroli Magni Vita*; et les diverses *Annales des Franks*, dans le t. V des *Histor. des Gaules.* — S. *Libuini Vita*, ap. Surium, 12 novembre. On a prétendu, à tort à ce qu'il semble, que l'*Irmensul* était un monument érigé à la mémoire d'*Arminn*, le vainqueur de Varus ; toutefois, ce monument était très voisin du champ de bataille d'Arminn.

enlevé au pontife plusieurs villes de l'exarchat. Un envoyé du pape vint trouver Karle à Thionville, vers l'automne de 773, afin de démentir les assertions de Désidérius, qui prétendait avoir restitué à l'Église romaine ses droits. La belle saison s'était passée en négociations; mais Karle ne voulut point attendre l'année prochaine pour entrer en campagne : il convoqua l'assemblée générale des Franks à Genève, et expédia une dernière ambassade à Désidérius, bien décidé, si le roi langobard ne donnait pas des garanties suffisantes, à en finir avec cette Lombardie qui était pour l'empire frank, sinon un péril, du moins un embarras toujours renaissant. Anastase, l'historien des papes, dit que Désidérius refusa d'accéder aux justes requêtes de Karle, bien que celui-ci eût offert au Langobard 14,000 sous d'or, à condition qu'il restituerait les biens de l'Église. Une sorte de fatalité entraînait les Langobards à leur perte : ils ne voulaient pas se rendre compte de leur infériorité ; ils se croyaient toujours au temps où ils avaient repoussé glorieusement les Franks des plaines du Pô. Un sentiment généreux retint peut-être aussi le roi Désidérius, et l'empêcha de livrer les réfugiés franks à Karle. Les Franks et leurs vassaux s'étaient déjà de toutes parts assemblés aux bords du Léman : Karle divisa ses légions en deux corps, confia l'un à son oncle Bernhard, un des fils naturels de Karle-Martel, se mit à la tête de l'autre, et les deux armées se dirigèrent sur la Lombardie, la première par le Valais et le *Mont-Joux*, la seconde par la Savoie, la Maurienne et le mont Cenis. Désidérius était parvenu à se saisir des *cluses* qui ferment la vallée de Suze ou de la petite Doire ; il avait coupé ces défilés par des murailles, des palissades et des abattis d'arbres, et il parvint à arrêter Karle à la descente du mont Cenis. Désidérius pensait que les légions de Karle se rebuteraient promptement de bivouaquer sur les neiges des Alpes au mois de décembre. Les leudes en effet commençaient à crier qu'ils voulaient retourner chez eux, lorsqu'un matin on vit le défilé vide de gardiens et le camp langobard abandonné. Une terreur panique avait mis en fuite toute l'armée de Désidérius ; le corps de Bernhard était descendu dans le val d'Aoste et les plaines de Lombardie, et les Langobards s'étaient trouvés sur le point d'être pris et écrasés entre deux armées. Le gros des troupes langobardes, poursuivi et sabré par les Franks, se sauva du côté de Pavie, et un corps d'armée entier s'enferma dans cette capitale avec le roi Désidérius. Adalghis, fils du roi, poussa plus loin, et alla se jeter dans Vérone, « cité très forte entre toutes les villes de Lombardie », avec la veuve et les fils de Karloman et le duc frank Auther ou Otgher[1], le plus considérable entre les partisans des neveux de Karle.

Le roi des Franks entama le blocus de Pavie[2], y laissa la meilleure partie de son armée, et se porta sur Vérone à la tête d'un corps d'élite. A son approche, la veuve de son frère sortit de la ville et vint se remettre entre ses mains avec ses enfants et Otgher : les réfugiés, forcés de renoncer à leurs illusions, aimèrent mieux se livrer à Karle que de s'en aller en exil chez les Grecs. Otgher se fit moine à Saint-Faron de Meaux. L'histoire ne nous apprend pas ce que devinrent les fils de Karloman ; ces deux enfants, renvoyés en France, durent s'éteindre obscurément dans le silence du cloître. Karle, ayant atteint le but de son excursion, revint de Vérone vers Pavie, dont le siége, commencé au mois de décembre, se prolongea durant tout l'hiver et le printemps. Les Langobards, entassés dans cette ville, combattaient avec le courage du désespoir pour leur existence nationale ; les autres places au nord du Pô se rendaient successivement aux détachements de l'armée franke ; les Langobards de Spolète et de Riéti se donnaient volontairement au pape, et coupaient leurs longues chevelures, caractère distinctif des Barbares, en signe d'adoption de la loi romaine, mais Pavie tenait toujours.

Aux approches de Pâques, le roi des Franks quitta son camp « avec plusieurs évêques, abbés, ducs et grafs » (*graphiones*, comtes) et une nombreuse escorte, et s'en alla par la Toscane à Rome, afin de célébrer les fêtes pascales auprès du saint siége apostolique. Le pape Adrien dépêcha au-devant de lui, jusqu'à trente milles de Rome, tous les magistrats (*judices*) avec la bannière de la république. A un mille de la cité, Karle rencontra les cohortes de la milice, les sénateurs (*patroni*), les écoliers, char-

---

1. Ce personnage est le type d'un célèbre héros de roman, d'Oger ou Ogier, mal à propos surnommé le Danois, comme l'a démontré M. Paulin Pâris.
2. *V.* aux Éclaircissements, n° I, *Charlemagne devant Pavie.*

gés de palmes et de branches d'olivier et chantant ses louanges, et enfin les grandes croix d'or et d'argent qu'on avait coutume de porter au-devant des patrices et des exarques. D'immenses acclamations saluèrent le roi des Franks, le « patrice de Rome », qui descendit de cheval à l'aspect des croix, et se dirigea à pied, « avec tous les juges des Franks », vers la basilique de Saint-Pierre, où l'attendait le pape avec tout le clergé et le peuple romain. Arrivé aux degrés de la basilique, le roi Karle s'agenouilla, baisa les marches l'une après l'autre, « par respect pour saint Pierre, et parvint ainsi jusqu'au pape, qui se tenait sur le seuil »; le roi et le pontife s'embrassèrent cordialement, et entrèrent ensemble, se tenant par la main, « dans la maison du prince des apôtres », suivis de l'escorte franke et des clercs et des moines romains qui chantaient à pleine voix : « Béni soit celui qui vient au nom du Seigneur » ! Adrien conduisit Karle à la « confession de saint Pierre », c'est-à-dire à la crypte où reposaient les restes vrais ou supposés de l'apôtre; à l'entrée de la crypte, le roi et tous les Franks se prosternèrent et remercièrent Dieu et saint Pierre de leur victoire. Anastase, qui écrivait un siècle après, prétend que Karle demanda ensuite au pape la permission d'entrer dans la cité de Rome, pour en visiter les diverses églises; mais il n'est nullement probable que le « patrice des Romains » ait cru avoir à demander cette permission, et Anastase est indigne de toute confiance. Quoi qu'il en soit, le roi et le pape, et « les juges des Franks et des Romains », se jurèrent mutuellement foi et amitié sur le corps du saint apôtre, et firent ensemble leur entrée dans la ville de Rome au sortir de l'église de Saint-Pierre. Anastase raconte que, le quatrième jour de la semaine de Pâques, le roi Karle scella le pacte d'alliance qu'il venait de renouveler avec le pape par une seconde donation non moins magnifique que celle de Peppin : il aurait donné à saint Pierre et à ses vicaires à perpétuité l'île de Corse, le port de Luna (aujourd'hui détruit, dans le golfe de la Spezzia), Parme, Reggio, Mantoue, avec toutes les dépendances de l'exarchat de Ravenne; la Vénétie, l'Istrie et les duchés de Spolète et de Bénévent. Il y a toute apparence qu'Anastase a falsifié cette donation pour l'accroître démesurément; une grande partie de ces contrées n'étaient point au pouvoir des Franks : la Corse, par exemple, ne passa sous leurs lois que bien des années plus tard. Il ne faudrait pas croire non plus que Karle ait entendu renoncer à la seigneurie politique des cités qu'il octroyait au pape; elles étaient comprises dans son patriciat.

Karle et Adrien se séparèrent enfin, après avoir contracté, non-seulement une alliance politique, mais une amitié qui ne se démentit jamais. Adrien offrit à Karle, en présent d'adieu, le recueil des canons de l'Église romaine ou lettres décrétales des papes, dans l'espoir que ce code apostolique servirait de base aux décisions futures des conciles gallicans. Karle retourna devant Pavie, dont l'armée avait continué le siége. Les défenseurs de cette malheureuse cité se laissèrent décimer par le typhus et par la faim avant de consentir à parler de capitulation : l'excès de la misère et la conviction de l'inutilité de ses efforts amenèrent enfin la garnison à traiter avec les Franks, et il semblerait qu'une négociation générale fut entamée entre Karle et les chefs du peuple langobard, qui commandaient à Pavie, à Vérone et dans le reste des villes encore insoumises. Pavie ouvrit enfin ses portes, et le malheureux Désidérius fut remis entre les mains du roi des Franks, avec sa femme et sa fille, et le trésor royal, sans autre condition que la vie sauve. Anastase dit que le vieux duc Hunald d'Aquitaine, à qui le roi Karle avait apparemment permis de se retirer dans quelque monastère d'Italie, « périt assommé à coups de pierres », sans énoncer s'il fut lapidé par les Franks, après la prise de la ville, ou par les Langobards, avant la reddition, à laquelle il s'opposait avec une opiniâtreté désespérée. « Tous les Langobards, disent les *Annales frankes*, vinrent de toutes les cités d'Italie, et se soumirent à la seigneurie du glorieux seigneur roi Karle et des Franks. » On doit peut-être excepter Aréghis, duc de Bénévent, gendre de Désidérius, qui resta immobile au fond de sa lointaine seigneurie. En passant sous la domination d'un prince étranger, les Langobards ne perdirent ni leurs terres, ni leurs *honneurs*, ni leur loi nationale, et Karle ajouta au titre de roi des Franks celui de roi des Langobards. Ce fut une conquête purement politique; c'est là ce qui explique la prompte soumission de ce peuple. L'attitude des populations de langue latine, sujettes des Langobards, qui étaient partout disposées à seconder plutôt qu'à repousser l'invasion, dut contribuer aussi beaucoup à paralyser la résistance. Presque tous les ducs et comtes du peuple vaincu conservèrent leurs dignités : Karle ne laissa de garnison franke qu'à Pavie, et « retourna vers la France en grand triomphe », emmenant captif le dernier roi national des Langobards. Le fils de Désidérius, Adalghis, abandonné de ses compagnons d'armes, s'était sauvé par mer dans l'empire d'Orient, d'où il ne cessa d'agiter l'Italie tant qu'il vécut. Quant à Désidérius, il se résigna à son sort : exilé d'abord à Liége, puis au monastère de Corbie, il passa le reste de ses jours « dans les veilles, les oraisons, les jeûnes et les bonnes œuvres. »

La conquête de la Saxe ne devait pas être si facile. La campagne de 772 n'avait été que le prélude d'une effroyable lutte de trente-trois ans, qui remplit le règne entier de *Charlemagne* : toutes les autres guerres ne sont que les épisodes de ce règne héroïque ; la guerre de Saxe en est l'interminable épopée. Tandis que les Franks guerroyaient en Lombardie, les Saxons, revenus de la consternation où les avait plongés la ruine de l'Irmensul, s'étaient levés en armes, avaient rasé eux-mêmes la forteresse profanée d'Ehresbourg, et s'étaient précipités sur la Hesse et sur la Frise : ils saccagèrent, d'une part, Deventer, de l'autre, le château-fort de Durabourg, siége d'un évêché fondé par saint Boniface, et voulurent détruire la basilique que ce « saint martyr » avait bâtie à Fritzlar ; mais, comme ils s'apprêtaient à brûler l'église avec les chrétiens qui s'y étaient réfugiés, ils furent soudainement saisis d'une frayeur superstitieuse, et « prirent la fuite sans que personne les poursuivît ». Ils avaient cru voir accourir à la défense de la basilique deux de ces êtres surnaturels, de ces anges lumineux dont leur parlaient les missionnaires. Ils croyaient aux *divinités* rivales des dieux de la Walhalla, tout en les combattant. Leur agression ne fut pas longtemps impunie : Karle, raccouru des Alpes sur le Rhin, lança en Saxe quatre *scares* de troupes frankes, qui battirent les bandes saxonnes partout où elles les rencontrèrent : « assuré par sa propre expérience, dit le Poète Saxon (*Annal. lib.* 1), que nul serment et nul traité ne les pouvaient lier, il résolut de ne leur laisser aucun repos jusqu'à ce qu'ils fussent tous chrétiens ou tous détruits. » Après avoir hiverné à Kiersi, il convoca le mâl national de 775 à Duren, passa le Rhin au-dessus de Cologne, attaqua et emporta d'assaut le fort de Sighebourg, marcha de là sur Ehresbourg, en releva les remparts, et y plaça une garnison franke : c'était le commencement d'un système d'occupation militaire nouveau dans les guerres de Germanie. D'Ehresbourg, Karle se porta sur le Weser : une multitude de Saxons étaient réunis à l'autre bord du fleuve, sur le Brunnesberg (le mont brillant); le passage du Weser fut forcé avec un grand carnage; une partie de l'armée franke demeura campée sur cette rivière, et Karle, avec le reste, s'avança jusqu'à l'Ocker (rivière du pays de Brunswick). Tous les chefs de la confédération ostfalienne (autrement, *Osterlings* ou *Osterliudes*, hommes de l'Est, nation de l'Est), vinrent trouver le roi, jurèrent fidélité et livrèrent des otages. Karle se rabattit vers le nord-ouest, et reçut également les soumissions de la fédération septentrionale : les Angrariens, ou nation du Nord (*Nord-liude*), donnèrent les mêmes garanties que les hommes de l'Est.

Mais les tribus de la frontière, les Westfaliens, plus implacables ennemis des Franks parce qu'ils en étaient plus proches voisins, n'avaient pas posé les armes. Une troupe de Saxons, s'approchant, à travers les bois, du corps d'armée frank demeuré sur le Weser, se mêlèrent aux fourrageurs franks, comme s'ils eussent été des leurs, pénétrèrent avec eux dans le camp, se jetèrent à l'improviste sur les soldats endormis, et en firent un cruel massacre, avant que les plus braves se fussent ralliés et mis en état de défense. On parlementa, la hache au poing, et les Franks furent obligés de souffrir que les audacieux assaillants sortissent du camp sains et saufs. Karle, au bruit de cette surprise, accourut avec une telle célérité qu'il atteignit et écrasa les Westfaliens dans leur retraite; alors seulement les tribus westfaliennes se décidèrent à livrer des otages.

Karle suspendit, bien à contre-cœur, l'exécution de ses plans sur la Saxe; il avait reçu, au delà du Rhin, de fâcheuses nouvelles d'Italie : le pape Adrien lui avait écrit pour le prévenir que les principaux ducs des Langobards, Aréghis de Bénévent, Hildebrand de Spolète, Rotgaud de Frioul, Réghinald de Clusion (*Chiusi* en Toscane), conspiraient avec la cour de Byzance, qui, jalouse et effrayée de l'éclatant triomphe des Franks, voulait tenter de restaurer l'indépendance langobarde et de recouvrer Rome pour son propre compte. Le prince langobard Adalghis devait débarquer en Italie, au mois de mars 776, à la tête d'une armée grecque, et les quatre ducs avaient promis de l'aider à reconquérir le trône de son père : l'archevêque de Ravenne essayait de rivaliser avec le pape, et prétendait que c'était à lui, non à son confrère de Rome, que le roi des Franks avait donné Ferrare, Bologne, la Romagne et la Pentapole (Rimini, Ancone, Pesaro, etc.). Le parti grécolangobard pensait peut-être opposer cet archevêque au pape; toute l'Italie était remuée par ces intrigues. Le peu de concert des conjurés fit avorter les chances d'une entreprise vraiment redoutable : le duc de Frioul, qui travaillait pour lui-même et non pour Adalghis, éclata prématurément dès l'automne de 775, souleva les Langobards dans quelques villes de la Haute Italie, et se fit proclamer roi. Karle, à peine de retour de Saxe, n'attendit pas le printemps, et ne jugea pas nécessaire de convoquer la grande armée nationale : il partit avec ceux des leudes qui vivaient à sa table, remplissaient les offices de son palais et formaient sa maison militaire, et descendit en Frioul au milieu de l'hiver. Rotgaud périt les armes à la main : la cité de Frioul (*Forojuliensis civitas, Ciudad de Friuli*) fut prise de vive force, et Karle mit le siège devant Trévise ; les *Italiens* (les gens de langue latine) livrèrent la ville aux Franks. Des comtes franks furent substitués aux comtes langobards dans toute la Haute Italie, et les Langobards, dans cette contrée, qui avait été le centre de leur puissance, perdirent les prérogatives qui les élevaient au-dessus des Italiens, leurs anciens sujets. La prompte ruine de Rotgaud déconcerta les trois autres ducs conjurés; ils restèrent immobiles, et la flotte grecque ne parut pas. Karle se contenta provisoirement de leurs protestations de fidélité, ainsi que de la justification de l'archevêque de Ravenne, et repartit comme la foudre : il était de retour sur le Rhin, à Worms, pour le Champ-de-Mai de 776. Ces marches prodigieuses, ou plutôt ce vol impétueux qu'il renouvela tant de fois, sont quelque chose de vraiment inconcevable : bien que les étapes fussent marquées ou par les cités ou par les nombreuses *villas publiques* disséminées sur tout le territoire, bien que les comtes, les bénéficiaires et même les propriétaires d'alleux fussent tenus de fournir, selon leur pouvoir, des vivres et des moyens de transport au roi et à ses officiers, bien que Karle, et, avant lui, Peppin, eussent recommencé à réparer les chemins et peut-être à remonter les relais, on a peine à concevoir comment des services publics si faiblement organisés pouvaient permettre à Karle de franchir de telles distances avec cette rapidité inouïe, surtout si l'on pense qu'il traînait toujours après lui une multitude d'officiers du palais [1], de leudes, de clercs et de gardes, une maison qui équivalait à une petite armée. Les héros franks, depuis Karle-Martel, semblaient avoir pris les ailes de l'aigle romaine avec son audace et son génie.

La prévision des entreprises des Saxons avait précipité le retour de Karle : à peine en Gaule, le roi apprit que les Saxons violaient leurs serments, et, abandonnant leurs otages à la vengeance des Franks, avaient assailli Ehresbourg. La garnison franke, effrayée de la multitude des assaillants, s'était laissé entraîner à capituler et à livrer la place pour avoir la vie et la liberté. Les Saxons avaient détruit les ouvrages construits par ordre du roi, puis s'étaient portés sur Sighebourg ; mais la nombreuse garnison de ce château-fort résista vigoureusement ; une terreur superstitieuse, pareille à celle qui avait empêché les Saxons de brûler l'église de Fritzlar, se répandit tout à coup parmi les assiégeants et les mit en fuite. Karle se hâta d'entrer en Saxe avec toute l'armée des Franks. La paix vraisemblablement n'avait pas été rompue du consentement général : les vieillards, les gens prudents et timides, l'emportèrent dans les conseils des fédérations saxonnes; les Saxons accoururent de toutes parts trouver le roi Karle aux sources de la Lippe, tendirent les mains en signe de soumission, et promirent d'être chrétiens. « Une immense multitude de Saxons, hommes, femmes et enfants », furent baptisés en présence de l'armée franke ; Karle reçut leurs otages, releva derechef les murs d'Ehresbourg, bâtit un autre fort sur la Lippe, y laissa des garnisons frankes, et revint fêter la Noël à Héristall.

---

1. On appelait ces officiers du palais *aulici* ou *palatini*. De *palatins* les romanciers ont fait *paladins*.

De cette année (776) seulement avait sérieusement commencé le travail d'assimilation de la Saxe à la France; le Champ-de-Mai de 777 fut significatif à cet égard : Karle le réunit au cœur de la Saxe, à Paderborn (*Pathalbrunnen;* les eaux brillantes, les claires fontaines), à une lieue des sources de la Lippe. « Tous les Franks, disent les Annales d'Éginhard et de Loisel [1], s'assemblèrent en ce lieu avec tous les Saxons, les anciens (*senatus*) et le peuple, si ce n'est que Witikind demeura rebelle avec quelques autres, et se réfugia, lui et ses compagnons, au pays « des hommes du Nord (*partibus Normanniæ*).» Witikind, un des principaux d'entre les Westfaliens, « se sentant coupable de beaucoup de forfaits », et redoutant le courroux du roi, chercha un asile près de Sighefrid, roi des Danois. » Ce chef intrépide avait été l'instigateur de tout ce qui s'était fait dans les derniers temps contre le christianisme et contre la domination franke. « Les autres qui étaient venus, reprend Éginhard, se remirent de telle sorte en la puissance du roi, qu'ils consentirent à perdre leur liberté et leur patrie, c'est-à-dire à être emmenés comme serfs, si jamais ils violaient de nouveau leurs engagements. » Des milliers de Saxons furent baptisés solennellement par les évêques franco-germains dans les vastes cuves qu'on avait préparées aux bords de la Lippe. Cet imposant spectacle eut pour témoins des hôtes lointains que recevaient pour la première fois les forêts de la Germanie : le Nord et le Midi semblaient s'être donné rendez-vous à Paderborn, et des cheiks arabes figuraient à côté des éthelings saxons dans le cortège du grand Karle. Soliman Ibn-el-Arabi, wali de Saragosse, venait offrir son hommage au roi des Franks pour obtenir l'assistance de Karle contre le souverain de Cordoue. Ibn-el-Arabi était vraisemblablement le même personnage que ce Soliman, wali de Barcelonne et de Gironne, qui s'était déjà reconnu vassal de Peppin en 759 ou 760; rentré en grâce auprès de l'émir de Cordoue, il avait été récemment transféré de Barcelonne à Saragosse, et projetait, d'accord avec le wali de Pampelune et d'autres gouverneurs des frontières, de se rendre indépendant entre l'Èbre et les Pyrénées,

---

1. Durant presque tout le règne de Charlemagne, nous marcherons appuyé principalement sur ces deux chroniques, et nous ne citerons nos sources que lorsque nous puiserons ailleurs.

sous la suzeraineté nominale du monarque frank. Karle accueillit vivement les propositions du chef arabe, appuyées, suivant les *Annales de Metz*, par les prières et les plaintes des chrétiens qui étaient en Espagne sous le joug des Sarrasins, et qui ne cessaient d'implorer les armes des Franks, depuis qu'ils les voyaient dominer l'Occident. Karle avait déjà sans doute plus d'une fois tourné les yeux vers la péninsule ibérique, et regretté de n'avoir pas le loisir de mettre à profit les discordes des Arabes. Les affaires d'Italie et de Saxe l'avaient absorbé jusqu'alors; mais l'Italie était soumise, et la masse du peuple saxon paraissait résignée à la révolution politique et religieuse qui changeait son sort, apparence qui n'eût pas dû décevoir le prudent Karle. Le roi des Franks voulut saisir l'occasion de reculer sa frontière méridionale des Pyrénées jusqu'à l'Èbre, et d'abriter ainsi définitivement l'Aquitaine et la Septimanie contre les invasions musulmanes. Après qu'Ibn-el-Arabi eut pris congé et fut retourné à Saragosse, Karle passa tout l'hiver à méditer son plan de campagne et à préparer une expédition formidable.

(778) Parti des métairies royales de la Meuse au milieu de l'hiver, « après avoir laissé des garnisons dans les lieux convenables des frontières saxonnes », Karle fêta la Pâque à Chasseneuil ou Cassineuil (*Cassinogilum*), au confluent du Lot et de la Garonne, sur les confins de l'Aquitaine et de la Wasconie : le roi et les leudes du palais furent rejoints en cet endroit par une partie des Austrasiens et par les contingents de Neustrie et d'Aquitaine. Karle, laissant à Cassineuil sa femme Hildegarde, qui était enceinte, entra en Wasconie à la tête de ces nombreuses légions, tandis que le reste des Austrasiens, les Burgondes, les Bavarois et les autres vassaux germains, les Langobards, les Provençaux, les Septimaniens, se dirigeaient de toutes parts vers les *ports* des Pyrénées-Orientales. Tout était en mouvement du Danube au Tibre et du Rhin à la Durance : la jonction des deux armées devait s'opérer devant Saragosse. Le passage des montagnes s'opéra des deux côtés sans obstacle. Le roi Karle descendit par le *port* de Roncevaux dans la Wasconie espagnole, qui commençait à prendre le nom de Navarre, et se présenta devant Pampelune. Le gouverneur, Abou-Thôr ou Thaer, capitula sur-

le-champ. De là, le roi marcha vers Saragosse : les deux armées frankes, « dont l'immense multitude faisait trembler toute l'Espagne », disent les *Annales de Metz*, se réunirent devant Saragosse, et se déployèrent sur les deux rives de l'Èbre, autour de cette ville, dans laquelle Ibn-el-Arabi avait promis de recevoir le roi Karle. Selon plusieurs chroniques frankes, le corps entré par les *ports* orientaux avait reçu, chemin faisant, les otages et les soumissions des walis de Gironne et de Barcelonne. A partir de ce moment, de grandes obscurités enveloppent la suite de cette expédition, qui semblait, par son début, annoncer la ruine de l'islamisme en Espagne : il paraît que les chrétiens, sujets des Arabes, n'osèrent rien tenter pour seconder l'invasion qu'ils avaient tant souhaitée, et que l'aspect des légions du *Frandjat*, au lieu de terrifier les musulmans, suspendit leurs dissensions, réveilla leur ferveur religieuse et les rallia pour la plupart dans l'unique pensée de sauver leur foi et leur territoire. Ibn-el-Arabi ne voulut ou ne put remplir sa promesse : les portes de Saragosse furent fermées aux *infidèles ;* les populations musulmanes de la vallée de l'Èbre et des provinces voisines coururent partout aux armes, à l'appel des walis de Huesca (*Osca*), de Lérida, et d'autres chefs fidèles à l'émir de Cordoue. L'armée franke n'était pas préparée à entreprendre le siége de Saragosse : les vivres manquaient sans doute, et cette prodigieuse multitude avait déjà consommé les ressources du pays ; peut-être aussi, comme l'affirme la *Chronique de Moissac*, les premiers bruits d'une rébellion saxonne parvinrent-ils dès lors à Karle. Quoi qu'il en soit, on traita : Karle renonça à occuper militairement Saragosse, et consentit à évacuer la contrée, moyennant une « immense quantité d'or » ; des otages lui furent livrés en garantie de vassalité par les walis de Saragosse, de Pampelune, de Jacca, et par quelques autres gouverneurs arabes, peut-être aussi par quelques chefs chrétiens de la Castille et de la Biscaye. Les légions frankes se replièrent sur Pampelune, en rasèrent les murs jusqu'au sol par ordre du roi, « afin que cette cité ne pût se révolter » ; puis elles rentrèrent dans les gorges des Pyrénées, par les vallées d'Engui, d'Erro et de Roncevaux, qu'une partie d'entre elles avaient déjà franchies, quelques semaines auparavant, pour entrer en Espagne.

La traversée, cette fois, ne devait pas être si heureuse ni si paisible. Des milliers de sauvages ennemis, tapis comme des loups affamés dans les noires sapinières, attendaient, du haut du mont Altabiçar, les bataillons qui montaient lentement de Roncevaux vers le *port* d'Ibayeta : c'étaient les Wascons d'Espagne et de Gaule. Toutes les haines amassées dans le cœur des *Escaldunac*, par leurs longues et malheureuses guerres d'Aquitaine, s'étaient réveillées avec fureur à la vue de la grande armée franke qui traversait leurs montagnes en triomphant appareil, et les braves de toutes les tribus de langue euscare étaient accourus au rendez-vous de l'Altabiçar. Le roi Karle et le principal corps de l'armée franke atteignirent cependant le *port* d'Ibayeta, et redescendirent vers la vallée de la Nive et les terres de Gaule, sans avoir vu paraître un seul ennemi ; mais, quand l'arrière-garde, qui protégeait les bagages, et qui comptait dans ses rangs la fleur des leudes et la plupart des *palatins,* eut commencé de se déployer le long de l'étroit sentier qui serpente sur le flanc de l'Altabiçar, une avalanche de quartiers de rocs et d'arbres déracinés roula, avec un horrible fracas, du sommet de la montagne, broyant, écrasant ou entraînant au fond des précipices tout ce qu'elle rencontra. Tout ce qui n'avait pas été balayé par cette effroyable tempête se rejeta en désordre au fond du val de Roncevaux, où les Wascons s'élancèrent après les Franks : là s'engagea une lutte atroce, implacable, une lutte d'extermination ; ni la discipline des Franks, ni leurs armes redoutables auxquelles ils avaient dû tant de victoires, ne les sauvèrent à cette heure : entassés les uns sur les autres dans l'étroite vallée, embarrassés par leurs heaumes, leurs hauberts, leurs pesantes haches et leurs longues lances, ils tombaient, sans pouvoir se défendre ni se venger, sous les javelines acérées des Wascons, qui perçaient les cottes de mailles comme si elles eussent été de laine ; leur courage ne leur servit qu'à mourir : « Là périrent Éghihard, prévôt de la table royale (ou sénéchal), Anselme, comte du palais, et Roland (*Hruodlandus, Rotlandus*), commandant (*præfectus*) de la marche de Bretagne, et bien d'autres. » La nuit vint, et la vallée rentra dans un silence qu'interrompaient seulement les plaintes des blessés et le râle des mourants : l'arrière-garde franke, « jusqu'au dernier homme », gisait dans le val et dans les gouffres qui l'environnent.

Tel fut ce combat de Roncevaux, dont le souvenir passa de génération en génération, dans des chants héroïques et funèbres, d'abord composés en langue tudesque, puis en langue romane, jusqu'à ce que l'épopée chevaleresque s'en emparât pour l'immortaliser en l'altérant [1]. Toutes les chroniques contemporaines sont muettes sur cette catastrophe, à l'exception des deux ouvrages d'Éginhard (la *Vie de Charlemagne* et les *Annales*), qu'ont suivi le Poëte Saxon et l'Astronome, auteur de la *Vie de Lodewig-le-Pieux* (Louis-le-Débonnaire). Le mélange de réserve et de tristesse avec lequel Éginhard raconte ce désastre en révèle assez la gravité : « Le souvenir de cette blessure, » dit-il, « obscurcit grandement « dans le cœur du roi la joie des succès obtenus en Espagne. » — Je n'ai pas besoin, ajoute l'Astronome, de mettre ici les noms des *martyrs;* tout le monde les connaît de reste. » Il est plus aisé de sentir que d'exprimer la douleur et la colère de Karle, qui n'avait pu secourir et qui ne put venger ses compagnons d'armes : les bandes wasconnes s'étaient dispersées sur-le-champ à la faveur des ténèbres, et avaient disparu, avec leur butin, à travers les gorges et les forêts impénétrables de la montagne : il eût fallu, pour les rejoindre et les punir, fouiller, avec le fer et le feu, les hautes vallées des deux Wasconies, où elles avaient caché les dépouilles des *Franks*, et n'épargner ni le temps ni les hommes à cette œuvre; or, Karle était trop impérieusement rappelé vers le Nord par les intérêts les plus pressants.

Karle était allé retrouver à Cassineuil sa femme, accouchée en son absence de deux fils, dont l'un ne vécut pas et l'autre fut « Louis-le-Débonnaire » : il s'y arrêta peu de jours, mais employa ce court espace de temps à d'importantes mesures politiques. Il organisa l'Aquitaine de manière à déjouer les tentatives que la catastrophe de Roncevaux eût pu suggérer aux Wascons et aux musulmans, renouvela la plupart des gouverneurs des cités méridionales, « s'attacha les évêques par des moyens opportuns, établit par toute l'Aquitaine des comtes, des abbés et beaucoup

---

1. *V.* aux Éclaircissements, n° II, *Le chant d'Altabiçar.*

de *vassaux* (*vassos* ¹) de race franke, dont il n'eût point été sûr de
défier la prudence et le courage ni par force ni par ruse, et leur
confia le soin du pays, la garde des frontières et l'intendance des
villas royales. » Parmi les nouveaux officiers franks, on remarque
deux noms que les romans ont rendus célèbres : Rotgher (Roger),
comte de Limoges, et Haime (Aimon), comte d'Albi, père du
fabuleux Renaud de Montauban et des autres *fils Aimon*. Karl
s'efforça de gagner le cœur des Aquitains en leur annonçant la
prochaine résurrection du royaume d'Aquitaine avec une administration séparée. Il donna ensuite des ordres pour qu'on
accueillit en Septimanie les réfugiés chrétiens et arabes qui
affluaient d'au delà des *ports*, par suite de la réaction qui poursuivait les partisans des Franks dans l'Espagne septentrionale
Ibn-Al-Arabi venait d'être massacré, et son fils, obligé de se sauver à Narbonne ².

Après avoir tout réglé derrière lui, le roi Karle reprit la route
du Nord : il était temps ! Karle fut informé à Auxerre que les
Saxons, « sachant le seigneur roi et les Franks si loin au pays
d'Espagne », s'étaient insurgés à la voix de Witikind, raccouru
de Danemark avec des bandes d'hommes du Nord. Ni le souvenir
des terribles serments prêtés aux bords de la Lippe, ni peut-être
l'opposition des anciens et de la partie la moins belliqueuse du
peuple, n'avaient pu arrêter une fougueuse jeunesse qui avait
vu avec rage les scènes de Paderborn. Les Saxons avaient emporté et brûlé le nouveau fort de la Lippe, puis, sans s'attaquer
à Ehresbourg ni à Sighebourg, s'étaient précipités droit au Rhin
pour tâcher d'entrer en Austrasie : ne pouvant forcer le passage
du fleuve, ils se mirent à ravager tout ce qui était occupé par la
population franke sur la rive droite du Rhin, depuis Deutz jusqu'à
Coblentz, brûlant les villages, les églises, les métairies, massacrant
les habitants, « sans faire aucune distinction d'âge ni de sexe, de
sacré ni de profane, et montrant ainsi, dit Éginhard, qu'ils envahissaient les frontières frankes, non pour le pillage, mais pour

---

1. *Vassus, vassalus,* vasselage, ne dérivent pas du tudesque *ghesel,* compagnon
ou *fassen,* lier, mais du celtique *uasel,* noble, ou *gwas, was,* jeune homme, jeune
guerrier à la suite d'un chef.
2. Astronom. *Vita Ludovici Pii;* dans les *Histor. des Gaules,* t. VI, p. 88.

la vengeance ». Karle dépêcha en toute hâte contre les Saxons les contingents des Franks d'outre-Rhin et des Allemans. Les Franks et les Allemans atteignirent les Saxons qui se retiraient par la Hesse, sauvèrent de leur fureur l'abbaye de Fulde et les restes de saint Boniface, les assaillirent comme ils traversaient à gué la rivière d'Adern, à Badenfeld, et les défirent avec un grand carnage.

Les Saxons eurent l'hiver pour se remettre de cet échec, et pour préparer leur défense. Après le mâl national, tenu à Duren, en mai 779, les Franks s'avancèrent en Westfalie par la rive septentrionale de la Lippe : « les Saxons voulurent résister au lieu dit Bucholt ou Bokholz (Bokholt, dans le Zutphen); mais ils furent mis en fuite, abandonnèrent toutes leurs *fertés*, et laissèrent la route ouverte aux Franks (*Annal. Loisel.*). » « Le grand nombre des Franks, dit le Poëte Saxon, les avait frappés d'effroi ». Witikind et ses compagnons dévoués quittèrent de nouveau le pays; la Westfalie entière se soumit, et Karle fit grâce à ces populations du châtiment qu'il eût pu leur infliger, aux termes du pacte de Paderborn. Il alla camper sur le Weser, y reçut les otages et les serments des tribus du Nord et de l'Est, puis retourna hiverner à Worms. Il convoqua le Champ-de-Mai de 780 aux sources de la Lippe (*Lippspring*), et partit de ce canton « pour les régions de l'Elbe ». Il franchit le Weser et l'Ocker : au delà de cette dernière rivière, tous les habitants du Bardengaw (pays de Lunebourg), et un grand nombre de Saxons du Nord et de l'Est vinrent vers le roi et reçurent le baptême, « avec leur dissimulation accoutumée »; ils avaient toujours Odin dans le cœur, tandis que leur bouche invoquait le nom du Christ. De nombreux otages, tant libres que *lides* (*lites*), furent livrés au roi Karle, qui traversa ainsi la Saxe entière de l'ouest à l'est, jusqu'à l'endroit où la Hohre se jette dans l'Elbe : c'était la limite des Saxons et des Slaves. Les envoyés des Slaves-Wendes se rendirent là auprès du monarque de Franks, qui « s'occupa de régler les choses tant des Saxons que des Slaves qui habitent les deux rives du fleuve », et établit en ce lieu une forteresse ou camp retranché (*castra stativa*). Une multitude de Wendes et aussi beaucoup de Frisons encore païens furent baptisés. Tout paraissait soumis en Saxe, et, pour la première fois, Karle essaya d'y organiser régulièrement le christianisme : « Il partagea le pays entre des évêques, des prêtres et des abbés, afin qu'ils l'habitassent et y prèchassent la foi, » dit la Chronique de Moissac. Les biens des chefs rebelles furent donnés sans doute aux nouvelles églises.

Les heureux événements de Saxe effacèrent l'impression de la guerre d'Espagne : Roncevaux n'avait été qu'un accident terrible, qui ne réagit point sur la puissance intérieure du roi des Franks, et c'est, au contraire, à cette époque que paraît avoir appartenu la réalisation des plans administratifs de *Charlemagne*. Du moins, le premier capitulaire important que nous possédions est daté de 779 : en même temps que Karle s'efforçait d'en finir avec le paganisme saxon, et qu'il projetait de donner une constitution nouvelle à l'Aquitaine et à l'Italie, il tentait dans le royaume des Franks le plus vigoureux essai de reconstruction politique qui eût surgi en Occident depuis la chute de l'Empire Romain, et s'efforçait de faire sortir la centralisation de l'excès même du désordre et de l'anarchie. Dans tout ce qui ne touchait point aux passions guerrières ou religieuses, dans la vie civile, dans les rapports sociaux, régnait un égoïsme effréné : les petits étaient éloignés de tout intérêt un peu général par leur condition précaire et misérable ; les riches et les forts, par leur soif d'indépendance et leur impatience de tout lien. Les hommes libres (*rakimbourgs*, *rakin-burgs*), les *jurés*, comme nous dirions aujourd'hui, n'allaient plus aux assemblées judiciaires des comtes ni des centeniers, abandonnaient avec insouciance le droit précieux de juger leurs pairs, et se soustrayaient par la force, quand ils le pouvaient, aux amendes infligées aux absents par les magistrats, qui multipliaient les convocations afin de multiplier les amendes. Karle réduisit à trois par an le nombre des mâls locaux auxquels les hommes libres pouvaient être convoqués, et, pour assurer en tous cas l'administration de la justice, institua les *skepen* (*scabini*, *échevins*), magistrats subalternes, à la nomination du comte dans le comté, du centenier dans la *centaine* : les *skepen* devaient assister le comte ou le centenier, et juger les procès, soit seuls, soit avec les hommes libres, quand il s'en présenterait pour participer aux jugements ; les *skepen* devaient toujours être au moins sept. Ceci fut appliqué aux populations *romaines* comme aux populations barbares.

La désorganisation n'était pas moindre dans les élections ecclésiastiques que dans les assemblées judiciaires : l'absence d'esprit public et de moralité éclairée parmi les clercs et le peuple n'avait pas moins contribué que les usurpations royales à ruiner la vieille liberté des élections. Karle, sans nier le principe des libres élections, s'empara des choix par le fait, non plus, comme les rois mérovingiens, pour vendre les évêchés et les abbayes au plus offrant ou les jeter au plus servile, mais pour en faire la récompense du mérite et du travail : la plupart des évêques et des abbés sortirent d'entre les clercs de sa chapelle royale. Toute vie intellectuelle et politique fut attirée au palais, et rayonna de ce centre dans les diverses régions du royaume : les comtes ne sortirent pas tous de la cour comme les prélats; le roi fut souvent obligé de subir les influences locales à cet égard ; mais il créa une institution admirablement propre à maintenir les comtes dans le devoir, et à rallier toutes les parties de l'état au centre : ce furent les fameux *missi dominici*, ou *commissaires du prince*, clercs ou laïques, qui parcouraient sans cesse les provinces, et exerçaient une haute surveillance sur les comtes et autres officiers royaux, sur les vassaux ou bénéficiaires, et sur les prélats eux-mêmes, « corrigeant ce qui était à corriger, ou déférant au prince ce qu'ils ne pouvaient corriger par eux-mêmes[1] ». L'institution entièrement nouvelle des *missi* fut la cheville ouvrière du gouvernement de *Charlemagne*. Elle n'eût pas suffi toutefois, si les magistrats lo-

---

1. Les évêques avaient grand besoin de surveillance et de correction, à en juger par les étranges anecdotes que le moine de Saint-Gall rapporte sur leur compte. V. son *lib*. I, *De ecclesiasticâ curâ Karoli Magni*, passim. — « C'était surtout, dit M. Guizot, contre l'isolement des pouvoirs locaux que l'institution des *missi dominici* était dirigée ; Charlemagne prenait contre leur force des précautions d'une autre nature. » — « Le très prévoyant Karle ne confiait jamais plus d'un comté à aucun des comtes, si ce n'est à ceux qui étaient établis sur les frontières ou dans le voisinage des Barbares. Il n'accordait jamais, sans motif bien grave, à aucun des évêques quelqu'une des abbayes ou des églises « qui appartenaient à la couronne » (c'étaient les abbayes de fondation royale et les églises du domaine). Lorsque ses conseillers ou ses familiers lui demandaient pourquoi il agissait de la sorte, il répondait : « Avec ce domaine ou cette métairie, cette petite abbaye ou cette église, je m'acquiers la foi d'un vassal aussi bon ou meilleur que ce comte ou cet évêque ! » (*Monach. S. Gallens*. l. I, c. 14.) C'est par suite de ce système qu'il n'est presque jamais question de ducs sous son règne en Austrasie ou en Neustrie. Karle laissait tomber en désuétude cette dignité trop redoutable.

caux n'eussent correspondu avec le souverain que par l'entremise de ces commissaires, et s'ils n'eussent été appelés périodiquement auprès de lui pour recevoir ses encouragements ou ses réprimandes, et s'animer de son esprit. Le roi Karle établit donc deux plaids généraux par an, ou plutôt convoqua régulièrement ses officiers, ses vassaux, et même, à ce qu'il semblerait, les grands propriétaires, aux époques où se réunissaient les conciles épiscopaux, c'est-à-dire en mars et dans le courant de l'automne : les dons gratuits et les redevances des bénéfices, qu'on avait coutume de présenter au roi dans le Champ-de-Mars ou de Mai, furent transférés au plaid d'automne, et le Champ-de-Mai, perdant tout caractère politique, ne fut plus que la revue de l'armée à l'instant d'entrer en campagne. Ces plaids généraux durent être, sous un certain rapport, aux anciens mâls nationaux ce qu'étaient les plaids locaux aux anciennes assemblées de cantons : à la place des hommes libres, les officiers royaux en firent le fond obligé ; les propriétaires d'alleux et les simples bénéficiaires ne furent plus que l'accessoire. Mais les plaids généraux avaient en outre un caractère auquel les plaids particuliers demeuraient étrangers : ils étaient à la fois politiques et religieux ; les mâls et les conciles étaient venus s'y réunir[1] sous la présidence du roi, devenu, de fait, chef de l'Église comme de l'État, et les articles des capitulaires étaient aussi bien des canons de conciles que des ordonnances administratives.

Il subsiste sur ces assemblées un précieux monument contemporain ; c'est le traité de *l'Ordre du Palais*, écrit par Adalhard, cousin-germain de *Charlemagne*, et reproduit par l'archevêque de Reims Hinkmar, au siècle suivant (*Hincmar. Opera*, t. II, p. 206). « Dans le plaid du printemps, rapporte Adalhard, on réglait les affaires générales de tout le royaume ; aucun événement, à moins d'une nécessité impérieuse et universelle, ne faisait changer ce qui y avait été arrêté. Dans cette assemblée se réunissaient tous les grands (*majores*), tant clercs que laïques ; les principaux (les seigneurs, *seniores*), pour prendre et arrêter les décisions ; les moindres (*minores*), pour recevoir ces décisions, et

---

1. Sans toutefois se confondre ; *v.* plus bas, p. 281.

quelquefois en délibérer aussi et les confirmer, non par un consentement formel, mais par leur opinion et l'adhésion de leur intelligence. » Par le titre de *seigneurs*, Adalhard désigne évidemment les évêques, abbés, ducs et comtes ; les *moindres* sont les archidiacres, les clercs élevés en dignité, les vicaires des comtes (*vicarii*, vicomtes), les centeniers, les intendants (*majores*) des *villas* royales, les vicaires laïques des évêques (*vice-domini*, vidames), les avoués des églises. « L'autre assemblée, reprend Adalhard, se tenait seulement avec les seigneurs de l'assemblée précédente et les principaux conseillers. On commençait à y traiter des affaires de l'année prochaine, comme aussi de celles qui pouvaient être survenues dans le cours de l'année qui touchait à sa fin...... Ils délibéraient de longue main sur les choses futures ; et, lorsque les mesures convenables avaient été trouvées, elles étaient tenues si secrètes, que, jusqu'à l'assemblée générale suivante, on l'ignorait entièrement au dehors.... L'apocrisiaire, c'est-à-dire le chapelain ou gardien du palais (espèce de ministre des affaires ecclésiastiques) et le chambellan assistaient toujours aux assemblées. Quant aux autres officiers du palais (*ministeriales*), s'il en était quelqu'un qui, d'abord en s'instruisant, ensuite en donnant des conseils, se montrât capable de siéger honorablement aux assemblées, il recevait l'ordre d'y assister, en prêtant la plus grande attention aux choses qui s'y traitaient, rectifiant ce qu'il croyait savoir, apprenant ce qu'il ignorait, retenant dans sa mémoire ce qui avait été ordonné et arrêté. On voulait par là que, s'il survenait, au dedans ou au dehors du royaume, quelque accident inopiné, les officiers du palais, avec la grâce de Dieu et par leur longue habitude soit d'assister aux conseils publics, soit de traiter les affaires domestiques, fussent capables, ou de conseiller ce qu'il y avait à faire, ou d'indiquer les moyens d'attendre sans inconvénient le temps fixé pour la réunion de l'assemblée... Quant aux officiers inférieurs, proprement appelés *palatins*, qui ne s'occupaient point des affaires générales du royaume, mais seulement de celles qui concernaient les personnes spécialement attachées au palais, le souverain réglait leurs fonctions avec grand soin, etc... Les assemblées générales ne s'occupaient pas des affaires particulières ni des contestations élevées au sujet des propriétés ou de

l'application des lois, avant d'avoir réglé tout ce qui intéressait
le roi et le royaume en général. Cela fait, si, d'après les ordres du
roi, on avait réservé quelque affaire particulière qui n'avait pu
être terminée, soit par le comte du palais, soit par l'officier dans
la compétence duquel elle était comprise, l'assemblée exami-
nait la question. Dans l'une ou l'autre des deux assemblées (de
printemps et d'automne), on soumettait à l'examen et à la délibération des grands désignés plus haut, ainsi que des premiers
sénateurs du royaume[1], et en vertu des ordres du roi, les articles de lois nommés *capitula*, que le roi lui-même avait rédigés
par l'inspiration de Dieu, ou dont la nécessité lui avait été manifestée dans l'intervalle des sessions. Après avoir reçu ces communications, ils en délibéraient, un, deux ou trois jours, ou plus,
selon l'importance des affaires. Des messagers du palais, allant
et venant, recevaient leurs questions et leur rapportaient les réponses du roi, et aucun étranger n'approchait du lieu de leur
réunion jusqu'à ce que le résultat de leur délibération pût être
mis sous les yeux du grand prince, qui alors, avec la sagesse
qu'il avait reçue de Dieu, adoptait une résolution à laquelle tous
obéissaient. Pendant que ces choses se traitaient de la sorte hors
de la présence du roi, le prince lui-même, au milieu de la multitude venue à l'assemblée générale, était occupé à recevoir les
dons, saluant les hommes les plus considérables, s'entretenant
avec ceux qu'il voyait rarement, témoignant aux plus âgés un
intérêt affectueux, s'égayant avec les plus jeunes, et agissant de
la sorte avec les clercs comme avec les laïques. Cependant, si
ceux qui délibéraient sur les matières soumises à leur examen en
manifestaient le désir, le roi se rendait auprès d'eux, y restait
aussi longtemps qu'ils le voulaient, et, là, ils lui rapportaient,
avec une entière familiarité, ce qu'ils pensaient de toutes choses.
Si le temps était beau, tout cela se passait en plein air, sinon dans
plusieurs bâtiments distincts, où ceux qui avaient à délibérer sur
les propositions du roi étaient séparés de la multitude venue à
l'assemblée. Le lieu destiné à la réunion des seigneurs était divisé en deux parties, de telle sorte que les évêques, les abbés et

---

1. Par *sénateurs*, Adalhard entend évidemment ce qui restait de l'ancien patriciat des cités, confondu avec les grands propriétaires d'alleux.

les clercs élevés en dignité pussent se réunir sans aucun mélange de laïques; de même, les comtes et les autres principaux de l'État se séparaient, dès le matin, du reste de la multitude, et les clercs, d'un côté, les laïques de l'autre, se rendaient dans la salle qui leur était assignée. Il dépendait des seigneurs clercs et laïques de siéger ensemble ou séparément, selon la nature des affaires qu'ils avaient à traiter, ecclésiastiques, séculières ou mixtes... La seconde occupation du roi était de demander à chacun ce qu'il avait à lui rapporter ou à lui apprendre sur la partie du royaume d'où il venait : non-seulement cela leur était permis à tous, mais il leur était strictement recommandé de s'enquérir, dans l'intervalle des assemblées, de ce qui se passait au dedans ou au dehors du royaume, et ils devaient chercher à le savoir des étrangers comme des nationaux, des ennemis comme des amis, quelquefois en employant des émissaires spéciaux, et sans s'inquiéter beaucoup de la manière dont étaient acquis les renseignements. Le roi voulait savoir si, dans quelque coin du royaume, le peuple murmurait ou était agité, et quelle était la cause de son agitation, et s'il était survenu quelque désordre dont il fût nécessaire d'occuper l'assemblée générale. Il cherchait aussi à connaître si quelqu'une des nations soumises voulait se révolter, si quelqu'une de celles qui s'étaient révoltées semblait disposée à se soumettre, si celles qui étaient encore indépendantes menaçaient le royaume de quelque attaque. Partout où apparaissait un désordre ou un danger, il s'informait surtout quels en étaient les motifs ou l'occasion, etc. »

Ces textes si intéressants précisent trop bien la vraie physionomie du gouvernement politico-religieux de *Charlemagne* pour qu'il soit besoin de commentaire : c'était une monarchie consultative ; la masse des hommes libres, possesseurs d'alleux ou de bénéfices, restait tout à fait en dehors des affaires publiques, et les grands n'étaient que les *conseillers* du prince, ainsi que les qualifie fréquemment l'auteur de ce livre. Charlemagne n'avait pas détruit des libertés politiques qui n'existaient plus ; il n'avait porté atteinte qu'à l'anarchie, à l'indépendance anti-sociale. Avoir ainsi constitué et maintenu un gouvernement régulier parmi de tels hommes et à une telle époque peut passer pour le chef-d'œuvre du génie et de la puissance ; les Carolingiens n'avaient pas eu trop d'un siècle de gloire pour en arriver là.

La première série d'actes de ces assemblées semestrielles que nous connaissions est le capitulaire promulgué à Héristall en mars 779 : il est célèbre par l'établissement définitif de la dîme ; l'épiscopat obtint enfin le prix de ses longs efforts ; depuis deux siècles il avait fait de la dîme un cas de conscience ; il réussit enfin à en faire une loi positive. Karle-le-Grand ne put refuser cette concession au clergé, en échange des services qu'il recevait des gens d'église, indispensables instruments de ses projets civilisateurs : Karle ne pouvait se servir du clergé qu'en se faisant son chef et son patron ; ce fut là un magnifique dédommagement des spoliations de Karle-Martel. La dîme fut fort aggravée pour les terres d'église tenues à titre de *précaire :* elles durent payer la dîme et la none. Les populations avaient été préparées à ce lourd impôt par Peppin, qui avait déjà ordonné le paiement des dîmes dans certaines années (en 764, par exemple), sans en faire une loi permanente ; néanmoins la perception des dîmes souffrit de grandes difficultés et de grandes lacunes ; on se tromperait fort si l'on croyait que tous les capitulaires de *Charlemagne* obtinssent une prompte et complète obéissance, et si l'on voyait dans son gouvernement autre chose qu'une lutte perpétuelle. La supériorité des évêques sur les comtes commence à se dessiner dans l'assemblée de mars 779 : cela devait être ; ils aidaient Karle à penser, les comtes ne l'aidaient qu'à agir ; si grossiers que fussent la plupart des clercs, si bornées que fussent leurs lumières, c'était presque uniquement parmi eux que cette prodigieuse intelligence rencontrait quelques esprits capables de la comprendre et de la seconder. « Les évêques, est-il dit, porteront témoignage si les comtes rendent la justice sans haine et sans mauvaise intention touchant la punition des larrons : le comte qui aura puni un homme contre le droit perdra sa dignité et sera puni à proportion de la peine qu'il aura infligée. »

La répression des brigandages est un des principaux objets de ce capitulaire : les juges inférieurs (centeniers) doivent représenter au plaid du comte les larrons qui ont volé dans leur *centaine*, à peine de perdre leur dignité et leurs bénéfices, ou de payer le *ban* (l'amende) s'ils n'ont pas de bénéfices. Les vassaux du roi sont soumis à la même obligation pour les vols commis sur leurs terres. Si un comte ne rend pas la justice dans son comté, les commissaires du roi (*missi*) s'installeront dans son logis, jusqu'à ce que justice ait été rendue. Si un vassal du roi (n'étant ni comte ni centenier) ne rend point justice sur sa terre[1], le comte et le commissaire du roi iront chez lui vivre de son bien jusqu'à ce que justice soit faite.—Pour un premier vol, on perdra un œil; pour un second, le nez; pour un troisième, la vie. — Le droit d'asile ne doit pas profiter aux homicides et autres coupables « qui doivent mourir selon les lois : » s'ils se réfugient dans une église, on ne leur donnera point à manger, pour les obliger à sortir (cette limitation du dangereux droit d'asile est très importante).—Le parjure est condamné à perdre une main, si son crime est prouvé par l'*épreuve de la croix*. — Si quelqu'un ne veut point accepter de composition pour la vengeance (*pro faidâ*) qu'il a à exercer, le roi l'enverra là où il lui sera le moins facile de mal faire. — Les esclaves doivent être vendus en présence de l'évêque ou du comte, de l'archidiacre ou du centenier, du vicaire de l'évêque ou du vicaire du comte, ou au moins de personnes notables. Nul ne vendra d'esclaves hors des marches du royaume[2], à peine de payer l'amende, ou de devenir esclave lui-même, s'il ne peut payer l'amende. Nul ne vendra de cuirasse ou cotte d'armes (*brunia*, de *brün*, brillant) hors du royaume.—Deux articles très dignes d'attention défendent enfin de *faire truste* et de s'associer par serment, ce qui ne s'entend pas des seigneurs ayant des vassaux engagés dans leur foi, mais des associations nouvelles qui se formeraient pour courir, pour piller et résister à l'autorité royale.

---

1. Ceci indique la juridiction privée exercée par les possesseurs de bénéfices, analogue à la juridiction patrimoniale des propriétaires d'alleux. Ils devaient justice à leurs *fidèles*, à leurs commensaux, et à leurs *lites* ou colons.
2. Cette défense, qui avait été renouvelée à diverses reprises en Gaule depuis le septième siècle, et dont le motif était tout religieux, fut étendue à l'Italie : on a une lettre du pape Adrien dans laquelle ce pontife se défend, lui et ses Romains, d'avoir vendu des esclaves « à la race criminelle des Sarrasins ». Charlemagne lui avait écrit une lettre sévère à ce sujet; Adrien rejette le fait sur les Langobards, qui, dit-il, pressés de la famine, avaient vendu des milliers de leurs serviteurs, non pas directement aux Sarrasins, mais aux Grecs, qui faisaient le commerce des esclaves (*Histor. des Gaules*, t. V, p. 557).

Un second capitulaire de la même année 779 ordonne des aumônes publiques, une espèce de taxe des pauvres, à raison de la grande sécheresse et disette : les évêques, abbés, abbesses, comtes, vassaux du roi, paieront à proportion du nombre de cases ou de familles serves qu'ils possèdent. Les capitulaires embrassent la vie sociale sous toutes ses faces : on y trouve de tout, depuis les prescriptions de la morale religieuse jusqu'aux ordonnances de police et aux plus minutieux règlements de l'intendance des métairies royales[1]. L'activité du grand Karle était aussi universelle qu'infatigable : les facultés les plus rares et les plus opposées se réunissaient dans cette étonnante organisation ; Karle avait le regard de l'aigle ; aucun détail ne lui échappait dans les immenses horizons qu'embrassait son œil de flamme ; il calculait l'emploi des revenus d'une métairie entre le renversement et la création de deux royaumes. Tant d'ordre avec tant de génie expliquent

---

1. On a réuni en un seul capitulaire toutes les ordonnances rendues à diverses époques par Charlemagne touchant l'administration de ses *villas*. Ce document, qui nous fait connaître le sort d'une partie assez considérable de la population gauloise, est d'un haut intérêt. On y voit avec étonnement le dominateur de l'Europe, le conquérant sur la tête duquel pesait l'Occident tout entier, faire trêve à ses immenses occupations, à ses innombrables affaires, pour régler, avec le soin du propriétaire le plus exact et le plus vigilant, les moindres détails relatifs à l'entretien de ses maisons, de ses jardins et de ses étables. Mais le grand politique perce toujours à travers ces petites choses. « On ne doit pas prendre, dit-il, les maires des villas royales parmi les hommes puissants, mais parmi les gens de médiocre état, parce qu'ils sont plus fidèles. » C'était ainsi qu'il tâchait d'arrêter le penchant des intendants à détourner à leur profit le travail des esclaves et le revenu des biens qui leur étaient confiés. Les hommes libres et non libres qui habitaient les terres royales avaient au-dessus d'eux des maires (*majores*), des *forestiers*, des *inspecteurs des haras* (*poledrarii*), des celleriers, des dizainiers, des péagers, etc. et tous ressortissaient à deux grands officiers, le sénéchal (*seneskalk, senescallus*) et le bouteillier (*buticularius*), qui avaient hérité de quelques-unes des attributions de la mairie du palais. Le régime des serfs du fisc était dur : la peine capitale ou son rachat pour le vol ; le bâton pour toute autre faute. Les *négligences* des intendants et préposés étaient punies assez singulièrement : on leur imposait abstinence de chair et de vin dans certains cas. — Presque tous les arbres fruitiers que nous connaissons aujourd'hui étaient cultivés dans les jardins du domaine ; on y possédait diverses sortes de pruniers, de poiriers, de pommiers, de cerisiers, de pêchers, avec le châtaignier, le néflier, le noisetier, l'amandier, le mûrier, le figuier, le noyer, etc. — Le *Polyptyque,* ou registre d'Irminon, abbé de Saint-Germain-des-Prés, publié, avec de savants commentaires, par M. Guérard, complète, sur l'état des classes inférieures, les lumières que fournit le capitulaire *De villis,* également expliqué par M. Guérard, dans la *Bibliothèque de l'école des Chartes,* numéro de janvier 1853 et suivants.

seuls quarante ans d'une prospérité si soutenue parmi tant d'obstacles et de périls.

Après avoir constitué son système administratif dans le pays frank et soumis la Saxe, au moins en apparence, Karle réalisa un grand projet qu'il avait formé dès 778, au retour de Roncevaux. Sentant que la nature n'avait pas fait l'Italie pour être une province de la Gaule, et que l'Aquitaine, par des motifs, non pas géographiques, comme l'Italie, mais politiques et sociaux, répugnait également à recevoir les ordres d'un gouvernement qui siégeait au bord de la Meuse ou du Rhin, il résolut d'ériger ces deux régions en royaumes ayant leurs gouvernements particuliers, quoique relevant du royaume des Franks. Sa femme Hildegarde lui avait donné trois fils : il destina l'aîné, Karle, à régner sur les Franks après lui, et les deux autres, Peppin et Lodewig ou Lodhuwig[1], à régir l'Italie et l'Aquitaine. L'Aquitaine, agrandie de la Septimanie[2], devenait dans la pensée de Karle la barrière de la chrétienté contre l'islamisme, et cette destination glorieuse, offerte à l'espèce de nationalité qui était rendue avec honneur à la Gaule méridionale, devait rallier les populations d'outre-Loire au système général de la monarchie carolingienne. Le royaume d'Italie allait être élevé en face des Grecs, comme le royaume d'Aquitaine en face des Arabes ; le nom de royaume des Langobards était condamné à disparaître, et un gouvernement franco-italien, établi à Pavie, contiendrait les Langobards à l'aide des peuples de langue latine et surveillerait les mouvements de la cour de Byzance. Karle espérait bien changer plus tard cette défensive en offensive sur les deux frontières grecque et arabe, et rejeter un jour les musulmans au delà de l'Èbre et les impériaux au delà du détroit de Messine. Ce fut afin d'entourer ses desseins de l'auréole de la religion qu'il partit pour Rome, dans le courant de l'automne de 780, avec sa femme et ses deux plus jeunes fils : le pape Adrien l'avait prié de passer les Alpes pour arrêter

---

1. Lodewig ou Lodhuwig (*Lodowicus, Ludewicus, Ludovicus*), dont nous avons fait Louis, n'est autre que le nom de Chlodowig ou Hlodewig, moins l'aspiration rude de l'*h* initiale : la prononciation tudesque s'adoucissait chez les Franks.

2. La Septimanie prit le nom de *marche* ou *marquisat* de Gothie : les marquis (*marchisi*) ou *mark-grafs* (margraves, comtes des frontières) jouent un grand rôle sous Charlemagne, qui avait un si vaste développement de frontières à défendre.

les entreprises des Grecs, qui, secondés par les gens de Naples, sujets de l'Empire d'Orient, et par les Langobards de Bénévent, s'étaient emparés de Terracine; les Grecs avaient, d'une autre part, excité un soulèvement en Istrie contre l'évêque de ce pays, qui voulait y recueillir les revenus octroyés par Karle à l'église romaine; les révoltés avaient arraché les yeux à l'évêque. Karle vint célébrer la Pâque de 781 à Rome, et Adrien *oignit* rois Peppin et Lodewig, après avoir conféré le baptême au premier de ces deux enfants. La papauté ne perdait jamais de vue ses intérêts, et Adrien trouva encore le moyen de se faire donner la Sabine (l'ancien pays des Sabins) à cette occasion. Karle n'abandonnait pas plus, toutefois, son autorité suprême sur les contrées ainsi cédées au pape, que sur les deux nouveaux royaumes d'Italie et d'Aquitaine : il continua de s'intituler « roi des Franks et des Langobards, et patrice des Romains. »

La présence de Karle en Italie n'amena point, ainsi qu'on l'eût pu croire, une guerre sérieuse contre les Grecs, mais, au contraire, d'actives négociations. Une révolution religieuse avait eu lieu à Constantinople, par suite de la mort de l'empereur Léon, ardent persécuteur des images. Sa veuve Irène, tutrice de son fils Constantin, tendait à se rapprocher de l'église romaine : elle envoya deux ambassadeurs à Karle, afin de lui demander la main de sa fille Rotrude, âgée de huit ans, pour le jeune Constantin; Karle agréa cette proposition, et les envoyés byzantins laissèrent au roi des Franks l'eunuque Élisée, chargé d'apprendre les lettres et la langue des Grecs à la princesse, en attendant qu'elle fût nubile. Karle établit le petit roi Peppin à Pavie, avec les conseillers et les chefs qui devaient gouverner en son nom, et, de retour en Austrasie, dépêcha Lodewig, enfant de trois ans, vers le royaume d'Aquitaine. L'enfant-roi voyagea dans son berceau jusqu'à Orléans : arrivé sur la rive méridionale de la Loire, « on le revêtit d'une armure convenable à son âge et à sa taille » ; on le plaça sur un cheval, et il fit ainsi son entrée dans son royaume, avec le cortége « des ministres préposés à sa tutelle. » L'Aquitaine n'eut point de capitale proprement dite ; cependant Toulouse fut le siége accoutumé des plaids du royaume ; la cour du petit roi, à l'exemple de celle de son père, résidait habituellement dans les métairies royales plutôt que dans les cités. L'administration de l'Italie et de l'Aquitaine fut calquée sur le régime de la Gaule franke, et Karle fit profiter ces deux royaumes de toutes les améliorations qu'il introduisait dans le reste de ses États[1]. La création des royaumes vassaux d'Italie et d'Aquitaine compléta le système politique de *Charlemagne*. Un incident d'un autre ordre aida ce grand homme à organiser un système de progrès intellectuel, noblement lié à sa politique.

Le retour d'Italie en 781, est une des époques capitales de sa vie. C'est en passant à Parme qu'il rencontra et qu'il s'attacha l'Anglo-Saxon Alcuin (*Alkwin*), l'esprit le plus vaste et le plus actif du huitième siècle après Karle lui-même. Ces deux hommes se comprirent et s'associèrent de prime abord. Le monarque frank connaissait, au moins de réputation, le docte chef de l'école d'York, qui avait déjà voyagé sur le continent, et, lorsqu'il le rencontra revenant d'une mission à Rome, peut-être avait-il d'avance jeté les yeux sur lui pour en faire « une sorte de premier ministre intellectuel », suivant l'expression d'un historien (M. Guizot). C'est au jour où ces deux illustres *Barbares* scellèrent leur pacte contre la barbarie, qu'on peut marquer le point d'arrêt de la longue décadence commencée avec les invasions germaniques. Cette alliance morale des Franks et des Anglo-Saxons est le moment le plus brillant de la race germanique. On ne saurait s'empêcher d'être frappé du grand rôle que jouent les Anglo-Saxons au huitième siècle : ils rapportent sur le continent le flambeau qu'ils ont reçu de Rome ; Boniface avait restauré la religion en Gaule ; Alcuin y restaure les lettres. La Gaule, bouleversée par d'immenses guerres extérieures et intérieures, avait laissé éteindre dans son sein le foyer de la science, et tout ce qui subsistait de lumière en Occident s'était concentré, d'une part à Rome et dans quelques cités italiennes, de l'autre, dans les monastères anglais et scotts de la Grande-Bretagne et de l'Irlande et dans les colléges bardiques de la Cambrie ; mais la pensée, si longtemps engourdie sur notre terre de Gaule, demandait à reprendre essor, et le grand homme qui commandait aux

---

1. *Chronograph.* Théophanis, dans les *Histor. des Gaules*, t. V, p. 187. — Astron. *Vita Ludowici Pii*, ibid. t. VI, p. 89.

Gallo-Franks n'avait plus assez de la gloire des armes ; la résurrection des lettres était à ses yeux une partie essentielle du rétablissement de l'ordre social. Le roi des Franks appelait donc de toutes parts et groupait autour de lui quiconque pouvait servir d'instrument intelligent à ses nobles desseins : tous les pays et toutes les races fournirent leur contingent à cette cohorte sacrée. On y voyait figurer le Goth Théodulfe, théologien et poëte, que Karle fit évêque d'Orléans, le diacre langobard Paul, fils de Warnefrid, auteur de l'*Histoire des Langobards*, le Bavarois Leidrade, qui fut plus tard archevêque de Lyon, le Scott irlandais Clément, et plusieurs de ses compatriotes, le Toscan Pierre de Pise ; mais l'Anglo-Saxon Alcuin les dépassait tous de la tête : homme d'action et de pensée à la fois, esprit net et pénétrant dans la conception, ferme, patient, exact dans la pratique, c'est à lui qu'appartient le principal honneur d'avoir réorganisé l'enseignement, et éclairé, pour ainsi dire, la matière de l'enseignement. Les écoles étaient tombées, il les releva ; les textes des monuments de l'antiquité sacrée et profane s'étaient profondément altérés et corrompus de génération en génération par l'ignorance des copistes, il les restitua par une érudition laborieuse et sagace, et fut ainsi le précurseur des savants de la Renaissance, qui devaient, sept siècles plus tard, recommencer et continuer cette œuvre dont les résultats ne peuvent plus périr. Ce fut lui qui créa, dans les monastères de Saint-Wandrille, de Corbie, de Reims, de Fulde, de Saint-Gall, ces écoles de copistes et de *rubricateurs* (enlumineurs), artistes originaux qui, après avoir restauré la calligraphie, recréèrent la peinture, se perpétuèrent jusqu'à la découverte de l'imprimerie, et dont les manuscrits, enrichis d'éclatantes miniatures, après avoir longtemps conservé le dépôt des textes les plus corrects, ont aujourd'hui un autre mérite aux yeux de la science, celui de fournir de précieux documents sur les mœurs et les arts du Moyen Age[1].

---

1. Ils avaient eu auparavant le mérite de fournir les types et les sujets de composition à la peinture sur verre, puis à la peinture proprement dite, jusqu'à la Renaissance. La magnifique Bible de Charles le Chauve montre où leur art était arrivé dès le neuvième siècle. Il est probable, quoiqu'on ne puisse le démontrer, que le bel art de la peinture sur verre est né sous Charlemagne. Le moine Richer, écrivain de la fin du dixième siècle, parle d'une église « éclairée par des fenêtres

En même temps, avec l'aide de ses collègues et des zélés auxiliaires qu'ils avaient promptement formés parmi les clercs et même parmi les officiers laïques du palais, Alcuin ranimait les études en Gaule. Alcuin, sans doute, prit pour base l'enseignement de l'école épiscopale qu'il avait dirigée à York, et qui était aussi complet que possible pour le temps; on y apprenait la grammaire, la rhétorique, la jurisprudence, la versification, l'astronomie, la physique, les mathématiques, la chronologie, et surtout « l'explication des mystères de la Sainte-Écriture ». L'école du palais, dirigée par Alcuin de 782 à 796, fut le modèle de toutes celles qu'on raviva ou qu'on institua dans les cathédrales et les monastères. Les bénédictins ont inséré dans la collection des historiens des Gaules (t. V, p. 621) un exemplaire d'une des circulaires (*epistolæ generales*) que le roi Karle expédiait aux évêques et aux abbés à ce sujet. Cette pièce, qu'elle soit l'œuvre de Karle lui-même ou d'Alcuin, chose plus probable, offre un grand intérêt; elle est adressée à l'abbé de Fulde. « Que *votre dévotion,* » mande le roi, « sache que, d'accord avec nos fidèles, nous avons jugé utile que, dans les évêchés et les monastères confiés par la grâce du Christ à notre gouvernement, on prît soin, non-seulement de vivre régulièrement selon notre sainte religion, mais encore d'enseigner la connaissance des lettres à ceux qui sont capables de les apprendre avec l'aide du Seigneur... Quoiqu'il vaille mieux pratiquer le bien que de le connaître, il faut le connaître avant de le pratiquer. Chacun doit donc apprendre par la science ce qu'il souhaite d'accomplir par ses œuvres... Or, plusieurs monastères nous ayant, dans ces dernières années, envoyé des écrits..., nous avons remarqué que, dans la plupart de ces écrits, les sentiments étaient bons et le langage mauvais; car, ce que la pieuse dévotion inspirait fidèlement à l'intérieur, la langue ignorante et malhabile ne savait point l'exprimer correctement au dehors. C'est pourquoi nous avons commencé de craindre que, de même qu'il y avait peu d'habileté à écrire, il n'y eût pareillement peu d'intelligence pour comprendre les saintes Écritures, et nous savons bien tous que, si nuisibles que puissent être

contenant diverses histoires. » Richer. *Histor.* l. III, c. 23. Or, il n'est nullement probable qu'on doive au triste dixième siècle une telle invention.

les erreurs de langage, les erreurs qui touchent au sens sont bien autrement dangereuses. Nous vous exhortons donc, non-seulement à ne pas négliger l'étude des lettres, mais à vous y livrer de tout votre pouvoir, afin d'être en état de pénétrer les mystères des divines Écritures. Comme il se trouve dans les livres sacrés des allégories, des figures et autres choses semblables, il n'est pas douteux que le lecteur ne comprenne d'autant plus vite leur sens spirituel, qu'il aura été auparavant mieux instruit dans les lettres. »

Le caractère à la fois religieux et rationnel de cette pièce remarquable, ce désir de comprendre ce qu'on croit et de se rendre raison des devoirs qu'on remplit, appartient également au roi et au ministre; leurs sentiments étaient tout à fait semblables à cet égard. Alcuin, aussi versé dans l'antiquité grecque et latine que dans l'étude des livres saints, était très-préoccupé du sens symbolique des Écritures, et cherchait à éclairer sa foi avec le flambeau de la philosophie religieuse [1]. Cette disposition devait s'accroître par les questions continuelles de Karle, l'esprit curieux et investigateur par excellence. Karle eût voulu tout connaître et tout posséder dans le monde des idées comme dans le monde des faits. Rien ne saurait exprimer l'ardeur avec laquelle les intelligences fortes et neuves de ces Barbares fraîchement initiés à la civilisation se précipitaient dans les régions inconnues qui venaient de leur être ouvertes. « Alcuin, dit son biographe, apaisa un peu la soif de science qui consumait Karle, mais ne la put rassasier. » La restauration des lettres n'était pas pour le monarque frank un

---

[1]. On a de lui un traité de *la nature de l'âme*, ou plutôt de *la manière d'exister de l'âme* (*de ratione animæ*), dans lequel des traits de lumière brillent à travers des définitions assez confuses et des idées dépourvues de méthode. « L'âme, dit-il, porte divers noms, selon la nature de ses opérations; en tant qu'elle vit ou fait vivre, elle est l'âme (ou la vie, *anima*); en tant qu'elle contemple, elle est l'esprit (*spiritus*); en tant qu'elle sent, le sentiment (*sensus*); mais ces choses ne sont point divisées quant à la substance comme quant aux noms; car toutes ces choses, c'est l'âme et une seule âme. » C'est là de très saine métaphysique. — Alcuin a laissé divers autres ouvrages, parmi lesquels se trouve un petit traité des *sept arts libéraux*; à savoir: la Grammaire, la Rhétorique, la Dialectique, l'Arithmétique, la Musique, la Géométrie et l'Astronomie. Ces quatre derniers *arts* se confondaient sous le nom de *Mathématiques*, ainsi la Musique était rangée parmi les sciences exactes. Les sept arts se divisèrent en deux groupes, le *Trivium*, ou les trois arts littéraires, et le *Quadrivium*, ou les quatre arts mathématiques.

moyen de politique, mais un besoin personnel, une passion irrésistible : il prêchait d'exemple ses sujets ; on le voyait tour à tour surveiller les écoles [1], et s'asseoir lui-même le premier entre les écoliers d'Alcuin, qu'il appelait *son maître (magistrum)*. Il parlait le latin aussi facilement que le tudesque : il parvint, non à parler, mais du moins à entendre le grec ; le vieux diacre Pierre de Pise lui enseigna la grammaire ; il apprit d'Alcuin la rhétorique et la dialectique, l'art du calcul et la connaissance du cours des astres ; Théodulfe lui montra les règles de la poésie et de la musique ; « il devint fort habile à réciter et à chanter des psaumes, » et composa divers morceaux de poésie latine, corrects, sinon remarquables. « Il essaya aussi, » ajoute Éginhard (*Vita Karoli Magni*, c. 25), « d'apprendre à écrire, et il avait coutume de porter

---

1. Il avait placé Clément le Scott à la tête d'une école dans laquelle il faisait élever un grand nombre d'enfants « de haute, de moyenne et de basse condition ». Au retour d'une de ses campagnes, « il manda par-devant lui les enfants qu'il avait confiés à Clément, et se fit apporter leurs compositions en prose et en vers. Les élèves de naissance moyenne et inférieure présentèrent des ouvrages qui passaient toute espérance et qui étaient pleins des plus douces saveurs de la science ; les nobles n'eurent à montrer que des compositions remplies d'inepties. Alors le très sage Karle, imitant la sagesse du souverain juge, fit passer à sa droite ceux qui avaient bien travaillé, et leur parla en ces termes : « Grâces vous soient rendues, mes enfants, pour avoir ainsi travaillé selon votre pouvoir à l'exécution de mes ordres et à votre propre avantage ! Tâchez maintenant d'atteindre à la perfection, et je vous donnerai des évêchés et de splendides monastères, et vous serez toujours dignes de considération à mes yeux ». Puis, tournant vers ceux qui étaient à sa gauche son visage irrité, et portant l'effroi dans leurs consciences par son regard de flamme, il leur lança ironiquement ces terribles paroles, « en tonnant plutôt qu'en parlant » : Quant à vous, nobles, vous, enfants des premiers du royaume, vous, beaux fils délicats et mignards, qui comptez sur votre naissance et sur vos grands biens, vous avez négligé l'étude des lettres, sans égard pour mes commandements et pour votre honneur ; vous avez mieux aimé vous livrer à la débauche, au jeu, à la paresse, ou à des exercices frivoles. » Et, levant au ciel sa tête auguste et sa droite invincible, il s'écria d'une voix foudroyante : « Par le roi des cieux (c'était son serment ordinaire) ! je ne fais pas grand cas de votre noblesse ni de votre beauté, que les autres admirent tant ; et sachez bien que, si vous ne réparez au plus tôt votre négligence, vous n'obtiendrez jamais rien de bon de Karle. » (*Monach. Sanct. Gall.* dans les *Histor. des Gaules*, t. V, p. 107.) — Karle fit entrer un des plus pauvres de ces jeunes écoliers parmi les clercs de sa *chapelle*, « nom que les rois des Franks donnaient à leur trésor sacré (*sanctis suis*), à cause de la chape de saint Martin, qu'ils portaient à la guerre pour les protéger contre leurs ennemis »; le jeune clerc obtint ensuite un bon évêché. »

Il n'y avait pas seulement équité, il y avait une excellente politique à protéger, à élever ainsi les gens de médiocre condition ; malheureusement, la tendance qui poussait la société vers l'aristocratie héréditaire était plus forte que Charlemagne lui-même.

partout avec lui des tablettes et du parchemin, qu'il plaçait sous le chevet de son lit, afin de s'exercer, quand il avait un moment de libre, à tracer des caractères ; mais il réussit peu dans cette étude, pour l'avoir entreprise trop tard. » Ce serait un curieux trait de mœurs, que ce grand homme qui sait l'astronomie [1], qui sait le grec, qui travaille à l'épuration du texte des quatre évangélistes [2], et qui ne sait pas écrire ! Mais il est douteux qu'on doive prendre le texte d'Eginhard au pied de la lettre.

L'admiration de Karle et de ses lettrés pour l'antiquité se manifestait par des formes aussi naïves qu'énergiques : ils s'efforçaient, pour ainsi dire, de s'identifier avec elle ; les membres de l'espèce d'académie qui s'était formée autour de Karle et d'Alcuin ne se donnaient entre eux que des noms hébreux, grecs ou latins ; c'est un trait de conformité de plus avec la grande Renaissance du seizième siècle. Alcuin s'appelait *Albinus Flaccus*, du nom du poëte Horace (*Horatius Flaccus*), qu'il avait compris dans ses travaux de révision ; Théodulfe se nommait *Pindare* ; Rikulfe, qui fut archevêque de Mayence, avait pris le nom de *Damœtas*, personnage des églogues de Virgile ; Adalhard, cousin-germain de Karle et abbé de Corbie, était *Augustin* (saint Augustin) ; Anghilbert, duc de la France maritime (Ponthieu et Boulonnais), se qualifiait d'*Homère* ; le jeune Éginhard, secrétaire de Karle, s'appelait *Calliopéus* ; les princesses Ghisèle et Gondrade étaient *Lucia* et *Eulalia* ; Karle lui-même enfin était le roi *David*. Le pieux monarque témoignait, par le choix de ce nom, sa préférence pour la littérature sacrée : « J'aimerais mieux, disait-il souvent à l'archevêque Rikulfe, grand admirateur de Virgile, j'aimerais mieux posséder l'esprit des quatre évangélistes que celui des douze livres de l'*Énéide !* » Toute son ambition eût été d'élever les études dans son royaume au niveau *des anciens Pères :* — Plût au ciel, s'écriait-

---

1. Au moins ce qu'en savaient ses maîtres !
2. En 813, dans la dernière année de sa vie. — L'enseignement était alors presque tout oral : les leçons d'Alcuin, par exemple, étaient des espèces de controverses dans lesquelles les illustres écoliers de ce docte maître ne se servaient que de la parole et de la mémoire. Les princes et les gens de guerre faisaient écrire toute leur correspondance par des clercs, des *notaires*. Toutefois, M. Ampère (*Hist. litt. de la France*, t. III, p. 36) et d'autres historiens ont interprété autrement ce passage d'Eginhard, et pensent qu'il s'agissait ici de calligraphie, de l'art de *peindre* les caractères, et non de l'écriture courante.

il un jour, plût au ciel que j'eusse douze clercs aussi doctes, aussi parfaitement instruits en toute chose que le furent Jérôme et Augustin ! — « A ces mots, le très-docte *Albinus* (Alcuin), s'estimant, à juste titre, fort peu docte, en comparaison de tels hommes, s'indigna grandement, et le témoigna quelque peu, osant plus que nul mortel n'eût osé en présence du terrible Karle : « Eh quoi ! répondit-il, le créateur du ciel et de la terre n'en a pas eu d'autres semblables à ceux-là, et vous en voulez avoir douze ! » Alcuin, moins novice que son illustre associé dans les choses de l'esprit, appréciait mieux l'état intellectuel de la société, et se faisait moins d'illusion sur le résultat qu'on pouvait atteindre : « Il ne dépend encore ni de vous ni de moi, écrivait-il à Karle, de faire de la France une Athènes chrétienne (*epist.* X.). »

Avant *Charlemagne*, d'autres princes barbares s'étaient jetés avec ardeur dans la civilisation ; mais ce qui caractérise entre tous le grand Karle, c'est d'avoir substitué une imitation intelligente à un calque servile ; c'est de n'avoir emprunté aux traditions romaines que des idées et des lumières, et non des formes politiques impraticables ; c'est enfin d'avoir voulu civiliser la race franke et germanique par le développement et non par l'anéantissement de son génie natif; là était sa force, et il ne l'oublia jamais. « Il ordonna, dit Éginhard, que toutes lois non écrites des peuples vivant sous sa domination fussent recueillies et rédigées [1]. Il entreprit d'assigner des règles écrites à la langue de ses pères, et fit commencer une grammaire teutonique; il donna des noms franks « aux douze mois et aux douze vents, » que les Franks appelaient auparavant de noms empruntés au latin et à divers dialectes barbares ; les noms qu'il imposa aux vents ont passé de la langue teutonique dans la langue romane, et de là dans le français moderne : *ostroniwint*, le vent d'est; *sundostroni*, le vent de sud-est; *sundroni*, le vent de sud; *nordroni*, le vent du nord, etc. « Il fit recueillir et écrire des chants barbares et très-antiques, qui célébraient les actions et les combats des anciens chefs, afin de les conserver à la postérité. » Le vœu de Karle n'a malheureusement

---

[1]. Les lois des Frisons, des Saxons et des Thuringiens. *v.* Canciani, *Leges Barbarorum.*

point été rempli : les vieilles chansons de guerre, les *bardits* des Germains, rassemblés par ses ordres, ont disparu pour la plupart dans les siècles malheureux qui suivirent sa mort, et sont perdus pour la postérité, comme les chants des druides et des bardes gaulois [1].

Nous avons vu l'organisation politique, morale, intellectuelle du gouvernement de Charlemagne : nous allons en suivre les laborieux développements jusqu'à sa mort.

1. Il en subsiste quelques débris, par exemple le beau chant de *Hildebrand* et *Hadubrand*. Beaucoup d'autres, disparus sous leur forme primitive, sont fondus dans les *Nibelungen*.

LIVRE XIII

GAULE FRANKE

(SUITE).

SUITE ET FIN DU RÈGNE DE CHARLEMAGNE. — Fin de la grande guerre de Saxe. Capitulation de Witikind. La Saxe, la Bavière et toute la Germanie réduites de nations vassales en provinces frankes. — Les Slaves Wendes, Serbes, etc. reconnaissent la suzeraineté franke. — Nouvelles révoltes saxonnes. — L'empire des Huns-Awares détruit par les Franks. — Rétablissement de l'empire d'Occident au profit des Franks. Charlemagne empereur. — La Saxe définitivement soumise. — Conquête de la Marche d'Espagne. — Conciles de l'empire frank et leurs grandes décisions. — Testament et mort de Charlemagne.

782—814.

C'était pendant ses hivernages sur le Rhin, la Meuse, la Moselle ou l'Oise, dans les intervalles de ses campagnes, que Karle se livrait à ses travaux administratifs et scientifiques : c'était ainsi qu'il se délassait des fatigues militaires. La guerre de Saxe, un moment assoupie, s'était rallumée avec une violence inouïe en 782 : les commencements de cette année avaient été pourtant paisibles; Karle, inquiet des menées de l'indomptable Witikind, qui s'était retiré en Danemark, était allé tenir le Champ-de-Mai aux sources de la Lippe ; les nobles et les hommes libres saxons s'y rendirent et se montrèrent dociles à toutes les volontés du roi, qui imposa aux divers cantons des comtes pris parmi les principales familles saxonnes, et les organisa à la manière franke (*Moissiac. Chron.*). Mais à peine Karle eut-il repassé le Rhin, que Witikind revint du pays des *Nordmans :* les Saxons, race « au cœur de fer, qui ne sait point se reposer dans la défaite, et redouble de ruse et de violence à mesure qu'elle est plus accablée par la guerre, se ravivaient par leurs désastres mêmes, et préparaient incessamment les efforts de la vengeance » (*Poëta Saxonic.*). La jeunesse et le peuple coururent aux armes à l'aspect de Witikind et des Danois : ceux qui avaient reçu le baptême renièrent le Christ; les prêtres chrétiens et plusieurs des comtes choisis par le roi des Franks furent chassés ou égorgés; le célèbre missionnaire anglais Willehade, l'apôtre de la Wigmodie (pays de Brème, de Verden, etc.), fut forcé de se sauver par mer en Frise. Trois généraux, expédiés par Karle, à la tête des Franks d'outre-Rhin, marchèrent vers le Weser, où était assemblée l'armée de Witikind. Le comte Théoderik, parent du roi et capitaine de grand renom, les rejoignit en chemin avec des troupes réunies au plus vite dans le pays ripuaire, entre le Rhin et la Meuse. « Comme les trois délégués du roi se hâtaient de pousser à l'ennemi, Théoderik leur conseilla de faire d'abord reconnaître par des éclaireurs où étaient les Saxons, et ce qui se passait parmi eux, afin de les attaquer de concert si la situation des lieux le permettait. Ils approuvèrent son avis, et s'avancèrent avec lui jusqu'au mont de Sonnethal (c'est-à-dire de *la vallée du Soleil*), sur le flanc septentrional duquel était assis le camp des Saxons. Théoderik dressa ses tentes au pied de la montagne, et les autres, d'accord avec lui, passèrent le Weser, afin de cerner la position des ennemis. Mais, là, ils tinrent conseil entre eux trois, et, craignant que l'honneur de la victoire ne revînt à Théoderik, s'ils l'avaient pour compagnon de bataille, ils résolurent d'attaquer sans lui, et coururent sur-le-champ aux Saxons. A les voir ainsi pousser en avant de toute la vitesse de leurs chevaux, on eût dit qu'ils n'avaient qu'à poursuivre et à dépouiller des fuyards, et non à combattre des adversaires qui les attendaient de pied ferme en ordre de bataille. Ils joignirent bientôt l'ennemi, et à leur détriment, car les Saxons les environnèrent, et exterminèrent presque tous les agresseurs. Plus grande encore fut la perte des Franks par la qualité des morts que par leur nombre : les deux lieutenants du roi, Adalghis, chambellan, et Gheilo, connétable, quatre comtes, et jusqu'à vingt autres hommes illustres, périrent, sans compter les guerriers de la suite de ceux-ci, qui aimèrent mieux mourir avec eux que de leur survivre. Ceux qui purent échapper s'enfuirent de l'autre côté de la montagne vers le camp de Théoderik (Éginhard, *Annal.*) » Théoderik se retira sain et sauf. Au bruit de cette seconde journée de Roncevaux, Karle manda sans délai toutes les milices de la

Gaule franke, et se précipita au delà du Rhin à leur tête. Les Saxons, effrayés de leur propre triomphe, n'osèrent soutenir le choc : le parti de la soumission l'emporta, et Witikind se trouva sans armée après sa victoire comme il eût pu l'être après une défaite ; il retourna dans son asile accoutumé, chez les hommes du Nord, avec une partie de ses intrépides complices. Malheur à ceux que le soin de leur famille ou l'espoir de l'impunité retint dans leur patrie ! Karle, cette fois, accourait altéré de vengeance : le sang de ses prêtres et de ses soldats le rendit implacable ; il convoqua tous les chefs saxons à Verden, les menaça d'anéantir leur nation par le fer et le feu s'ils ne lui livraient ceux de leurs compatriotes qui avaient pris part au « crime de Witikind » ; on lui en amena jusqu'à 4,500 ; il les fit tous juger et décapiter en un seul jour, en leur appliquant la loi contre les traîtres.

Après cette effroyable exécution, Karle retourna hiverner à Thionville, croyant en avoir fini avec les rebelles : mais déjà la stupeur des Saxons s'était changée en rage ; ils se reprochaient avec désespoir leur lâcheté ; ils jurèrent de venger par des flots de sang les braves qu'ils avaient livrés aux bourreaux ; ils rappelèrent Witikind, les bannis, les Danois ; ils s'insurgèrent en masse dans les trois grandes régions de la Saxe, et débordèrent comme un torrent sur la Frise, où le massacre de Verden avait réveillé les vieux sentiments de fraternité des Frisons pour les hommes de la Saxe. Une grande partie des Frisons se laissèrent entraîner par les bandes saxonnes ; dans presque toute la Frise, les autels du paganisme furent relevés ; les églises, brûlées ; les prêtres, mis à mort ou expulsés ; les païens s'avancèrent jusqu'à Utrecht et jusqu'à l'île de Batavie. Karle apprit, au commencement du printemps, ces fatales conséquences de l'action barbare où l'avaient emporté la douleur et la colère : il fit en hâte les préparatifs d'une campagne qui paraissait devoir être plus difficile et plus sanglante qu'aucune de celles qu'il eût faites jusqu'alors. Un triste devoir le retint quelques jours à Thionville : à l'instant de se mettre en marche, il vit mourir dans ses bras, le 30 avril 783, celle de ses femmes qu'il aima le plus, « la grande Hildegarde, la mère des rois », comme l'appelle l'historien langobard Paul Diacre, qui lui fit une épitaphe où il vante sa rare beauté et sa bonté plus rare encore [1]. Karle monta à cheval, après avoir rendu les honneurs funèbres à la reine et commandé qu'on lui érigeât un tombeau « orné de figures dorées ». Il passa le Rhin sans attendre que toute l'armée franke fût sous les drapeaux. Les Saxons s'étaient concentrés dans le canton de la Haute-Lippe, sur le mont Osnegg et sur la montagne plus célèbre qu'on nomma tour à tour le mont de Teut, le fort de Teut, l'assemblée de Teut, le bois de Theut (*Theutberg, Teutburg, Theotmâl, Theotwald*, aujourd'hui Dethmold) : l'ombre irritée du grand Arminn semblait planer encore sur ce champ de sa victoire. La présence de Karle ne fit qu'accroître l'exaspération des rebelles, et ils soutinrent l'attaque des Franks avec une sombre intrépidité. Les dieux de la Germanie défendirent mieux le camp de Théotmâl qu'ils n'avaient protégé Ehresbourg ou Irmensul : le carnage fut terrible; la victoire demeura indécise. Karle s'arrêta à Paderborn, à peu de distance du champ de bataille, pour laisser aux troupes qui arrivaient de Gaule le temps de le rejoindre, et ne reprit l'offensive qu'après avoir réuni toutes ses forces. L'armée ennemie s'était reformée aux bords de la Hase, petite rivière qui baigne Osnabrück et se jette dans l'Ems. Une seconde bataille fut livrée sur la Hase; la fortune de Karle l'emporta; Witikind fut vaincu, et des milliers de Saxons furent taillés en pièces ou faits prisonniers et traînés en servitude loin de leur patrie. Le vainqueur franchit le Weser et s'avança jusqu'à l'Elbe, « dévastant tout sur son chemin »; mais l'automne arriva sans qu'un seul député saxon fût venu implorer le pardon du roi : jamais la Saxe ne s'était montrée si opiniâtre et si héroïque; elle puisait dans l'excès même de ses misères une énergie désespérée.

Les Saxons respirèrent un peu, tandis que Karle allait se remarier, à Worms, avec Fastrade, fille d'un comte de la France germanique. Ce fut un choix déplorable : cette femme, adroite, orgueilleuse et méchante, obtint sur le grand roi une influence dont elle n'usa que pour le mal, et les haines que soulevèrent ses passions rejaillirent sur Karle, jusqu'alors aimé et respecté universellement de ses officiers et de ses vassaux. Après avoir fêté la

---

1. *Histor. des Gaules*, t. V, p. 192.

Noël et la Pâque à Héristall, le roi, « résolu de parachever les restes de la guerre de Saxe, » quitta sa nouvelle épouse dès que la saison fut redevenue favorable (784). Les Frisons révoltés partagèrent les maux des Saxons : tous les cantons westfaliens furent désolés par le fer et la flamme ; hommes et troupeaux, tout ce qu'on pouvait saisir, était considéré comme butin de guerre et emmené dans la Gaule ou dans la France germanique. Des inondations causées par les grandes pluies arrêtèrent Karle aux bords du Weser et l'empêchèrent de passer de la Westfalie dans la Saxe septentrionale : il se dirigea par la Thuringe vers la Saxe orientale, pilla et brûla les cantons voisins du confluent de l'Elbe et de la Saale, puis retourna vers le Rhin, à Worms, où son fils Karle, enfant de douze ans, qu'il avait laissé en Westfalie avec un corps d'armée, vint lui faire hommage d'un précoce triomphe : les Westfaliens ayant voulu se rassembler sur les rives de la Lippe, le jeune prince les avait assaillis et mis en déroute avec sa seule cavalerie, grâce aux capitaines expérimentés que lui avait donnés son père. Aucune parole de soumission ne fut cependant portée au roi. Les Saxons espéraient quelque relâche jusqu'au printemps prochain ; mais ils virent bientôt avec consternation le roi Karle rentrer chez eux aux approches de la saison rigoureuse, installer ses quartiers d'hiver à Ehresbourg, et y mander sa femme et ses enfants, en signe de sa détermination de rester en Saxe tant que subsisterait une ombre de rebellion. La malheureuse Saxe avait eu jusqu'alors les mois d'hiver pour panser ses blessures ; mais, maintenant, toute trève, tout relâche lui était refusé. Karle, après avoir placé dans Ehresbourg une forte garnison, et commencé la construction d'une basilique sur l'emplacement de l'Irmensul (*Chronic. Moissiac.*), divisa le reste de son armée en nombreuses « scares, qui, portant dans toutes les directions le meurtre et l'incendie, firent aux Saxons un hiver sans repos. » « Plus de feuilles qui dérobent le proscrit : les marais durcis par la glace ne le défendent plus ; le soldat l'atteint, isolé dans sa cabane, au foyer domestique, entre sa femme et ses enfants, comme la bête fauve tapie au gîte et couvant ses petits[1]. »

---

1. Michelet, *Hist. de France*, t. I, p. 321.

La Saxe s'affaissait, épuisée de sang, aux pieds de son vainqueur, et Karle, disent les annales frankes, « faisait ce qu'il voulait dans tout le pays sans que personne lui résistât; » quelques cantons du nord et Witikind pourtant tenaient encore ; Karle jugea le temps venu de cesser cette guerre d'extermination et d'achever par la clémence l'œuvre de la force : après avoir présidé le Champ-de-Mai de 785 à Paderborn[1], il s'en alla au nord, dans le Bardengaw (pays de Lunebourg), et, là, informé que Witikind était dans les cantons saxons au delà de l'Elbe (Holstein), il lui envoya des messagers saxons « pour lui persuader de renoncer à sa perfidie et de se remettre sans crainte à la foi royale. » Tant de calamités avaient enfin abattu, non point le courage de Witikind, mais sa confiance dans les dieux du Nord : il consentit d'abjurer des divinités impuissantes qui ne savaient plus donner la victoire à leurs adorateurs, et obtint de Karle toutes les conditions et toutes les sûretés qu'il demanda ; le roi des Franks n'eût jamais cru trop faire pour gagner l'homme de qui dépendait la pacification de la Germanie. Un des palatins du roi Karle remit à Witikind les otages qu'il avait exigés, et Witikind se rendit en Gaule, où Karle était retourné aussitôt après la conclusion de cette importante négociation. Witikind reçut solennellement le baptême avec ses compagnons dans la *villa* royale d'Attigni-sur-Aisne, en présence du roi et de tout le palais des Franks; Karle servit de parrain à Witikind et « l'honora de présents magnifiques (*Chronic. Moissiac.*), et alors toute la Saxe fut subjuguée, et réduite au repos pour quelques années. » Karle s'empressa de mander cette heureuse nouvelle au pape et au roi anglo-saxon de Mercie, Offa, le « plus puissant prince des chrétiens occidentaux, » (c'est-à-dire des îles de l'ouest). La joie fut universelle dans la chrétienté; le pape

---

[1]. Il y manda Lodewig, le petit roi d'Aquitaine, alors âgé de sept ans, « avec tous les guerriers de son peuple, sauf les markis (marquis), qui défendaient les marches du royaume ». Le glorieux Karle craignait que sa longue absence n'enhardît les Aquitains à l'indocilité, ou que son fils, dans un âge si tendre, ne s'accoutumât aux mœurs étrangères. » Cette animadversion contre les « mœurs étrangères » ne s'étendait pas jusqu'au costume, car le jeune Lodewig se présenta à son père sous l'habit des Wascons, c'est-à-dire le petit manteau rond, la chemise aux manches flottantes, les larges braies, les bottines (*caligulæ*) éperonnées, et le javelot au poing. Astronom. *Vita Ludowici Pii*, dans les *Historiens des Gaules*, t. VI, p. 89.

ordonna des actions de grâces et des litanies pour la conversion de la Saxe.

Malheureusement le roi des Franks n'avait été clément qu'envers Witikind, et les lois qu'il imposa au peuple conquis ne se ressentaient que trop de l'irritation d'une lutte si cruelle. Le capitulaire de 785 punissait de mort les païens qui refuseraient le baptême, qui brûleraient leurs morts au lieu de les enterrer, ou qui enfreindraient le carême par mépris. Toutes les institutions des Saxons étaient brisées; ils n'avaient plus d'autre assemblée nationale que le Champ-de-Mai des Franks.

Il était temps que la guerre de Saxe se terminât : la lassitude était extrême parmi les Franks et leurs vassaux d'outre-Rhin, et, si les Saxons eussent pu tenir une campagne ou deux de plus, les leudes eussent fini par refuser le service. Le retour précipité de Karle en Gaule avait eu des motifs graves : le roi avait été informé de l'existence d'une conspiration tramée contre son autorité et contre sa vie par les chefs des Thuringiens, le peuple qui avait le plus souffert du passage continuel des armées et des vicissitudes de la guerre; un grand nombre de Franco-Germains et même d'Austrasiens trempaient dans le complot. Karle dissimula jusqu'à ce qu'il fût arrivé à Attigni, et, là même, la conjuration lui parut assez redoutable pour ne pas l'attaquer de front; il prit un biais adroit afin de soulever l'orgueil national des Austrasiens contre les Thuringiens. Un des principaux de cette nation avait fiancé sa fille, « selon la loi des Franks, » à un seigneur austrasien, et ne remettait pas la jeune fille à son époux ; Karle somma le Thuringien de « rendre la promise. » Le père refusa, et rassembla ses parents et presque tous les guerriers de Thuringe « pour résister au roi des Franks. » Le but de Karle fut atteint : les Austrasiens firent de cette affaire particulière une injure nationale, et, au printemps de 786, les milices frankes envahirent la Thuringe. Les chefs thuringiens, hors d'état de résister à cette irruption, allèrent chercher un asile dans la basilique de Fulde, « auprès du corps de saint Boniface, » et réclamèrent la médiation de l'abbé de Fulde. Karle leur enjoignit « de venir en paix à un plaid » convoqué à Worms pour le mois d'août, et leur demanda, lorsqu'ils comparurent devant lui, s'il était vrai qu'ils eussent conjuré sa mort : l'un d'eux avoua fièrement le fait : « Si mes alliés et mes compagnons, s'écria-t-il, eussent consenti à mon désir, tu n'eusses jamais repassé vivant le fleuve du Rhin ! » Le roi parut vouloir user de clémence, et envoya les conspirateurs vers les sanctuaires les plus révérés d'Italie, de Neustrie et d'Aquitaine, afin qu'ils jurassent sur les corps des saints de garder dorénavant fidélité à lui et à ses enfants. Mais, au retour, tous les chefs thuringiens furent arrêtés et exilés en divers pays : beaucoup d'entr'eux «perdirent les yeux; » trois des plus braves se firent tuer en se défendant, et tous leurs biens furent confisqués. Ces tardives rigueurs, odieuses après le pardon accordé, furent attribuées aux conseils de la reine Fastrade, « dont la cruauté passait pour avoir été la première cause du complot : » il en resta un fâcheux levain dans bien des esprits[1].

Les événements du dehors continuaient d'être prospères : l'influence franke, sinon les armes des Franks, avait de nouveau franchi les Pyrénées. En 785, les gouverneurs de Gironne et d'Urgel s'étaient soumis à la suzeraineté franke; en 786, le sénéchal Audulfe fut dépêché contre les Bretons, qui refusaient le tribut, « n'écoutaient pas les paroles du roi », et reprenaient probablement leurs vieilles habitudes de pillage envers leurs voisins gallo-romains et franks. Audulfe poursuivit les Bretons à travers leurs bruyères et leurs marais, prit leurs forteresses, et les obligea de livrer en otages, pour garantie de leur soumission future, leurs principaux chefs (*capitaneos*), qu'il amena au roi Karle, à Worms.

Après le plaid de Worms, Karle, se « voyant en paix de tous côtés, prit conseil de partir pour Rome, afin d'attaquer, dit Éginhard, la partie de l'Italie où est situé Bénévent, et de réduire en sa puissance le reste du royaume des Langobards. » Le Langobard Aréghis, duc de Bénévent, dont le vaste duché comprenait au moins la moitié du royaume actuel de Naples, s'était maintenu dans une complète indépendance de fait depuis la chute de Désidérius. Effrayé de l'approche du grand roi des Franks, il se hâta de lui expédier un de ses fils avec de riches présents, pour tâcher de le détourner d'entrer « sur la terre des Bénéventins »; mais

---

1. *Annal. Nazarian.* — *Fuldenses.* — *Moissiac. chronic.* — Éginhard. *Annal.* — *Vita Karoli Magni.*

les chefs des Franks, et surtout le pape, toujours acharné contre les débris de la puissance langobarde, engagèrent le roi à pousser en avant; les Franco-Romains marchèrent de Rome sur Capoue; le duc Aréghis évacua Bénévent, sa capitale, et se réfugia dans la place maritime de Salerne, d'où il adressa de nouvelles propositions au roi. Karle, « ne voulant pas détruire ce pays avec ses évêchés et ses monastères », et craignant en faveur d'Aréghis quelque révolte dans la Lombardie septentrionale, consentit enfin à laisser le duché à Aréghis, moyennant douze otages pris parmi les principaux de la contrée. Le duc promit un tribut annuel de 7,000 sous d'or, et prêta, ainsi que tout son peuple, serment de fidélité au roi des Franks. Karle eut ensuite dans le Bénéventin, avec des ambassadeurs de Constantinople, une conférence qui se termina par une rupture dont on sait mal les circonstances[1]; puis il retourna célébrer la Pâque de 787 avec son ami Adrien.

Karle s'occupa, à Rome, d'une affaire importante qui avait pu contribuer à le rendre plus facile envers le duc Aréghis. Le duc des Bavarois, Tassile, tenait depuis bien des années une conduite dont Karle l'eût fait repentir plus tôt, s'il n'eût été pressé par tant d'autres embarras : vassal infidèle sous Peppin, Tassile s'était montré plus malveillant encore sous l'héritier de ce monarque. Excité par sa femme, fille du dernier roi des Langobards, il avait paru à plusieurs reprises sur le point de rompre toutes relations avec la monarchie franke, et ne cessait d'intriguer avec les Grecs, les Awares, les Slaves et les mécontents de Lombardie. En 781, sommé par les ambassadeurs du roi et du pape de remplir ses devoirs de vassal, il était venu trouver Karle à Worms, lui avait juré fidélité et remis des otages; mais il était bientôt retombé dans ses errements. Il dépêcha à Rome, tandis que le roi s'y trouvait, l'évêque de Saltzbourg et un abbé bavarois pour solliciter l'intervention du pape; mais, les envoyés n'ayant pouvoir de rien conclure et n'offrant aucune garantie, Adrien traita leur mission de déception et de fraude, et menaça

---

1. Les historiens franks disent que Karle refusa de réaliser le mariage projeté entre sa fille et le fils d'Irène : les Grecs veulent qu'Irène ait retiré sa parole, ce qui est plus probable.

Tassile et ses fauteurs « du glaive de l'anathème. Si le duc ne se soumet pas, ajouta Adrien, les incendies, les homicides et tous les autres maux qui s'ensuivront retomberont sur Tassile et sur ses adhérents, et le roi Karle et les Franks demeureront absous de tout péché à cet égard. » Karle repassa les Alpes[1], et, dans un plaid assemblé de nouveau à Worms, le roi et ses leudes résolurent de prévenir l'effet des dangereuses menées de Tassile, qui s'efforçait de coaliser les Grecs, les Huns-Awares et les Slaves pour arracher l'Italie et la Germanie aux Franks. Trois grandes armées se portèrent sur la Bavière par le nord, l'ouest et le midi; les Austrasiens, les Franks d'outre-Rhin, les Thuringiens, les Saxons mêmes, probablement sous les ordres du jeune prince Karle, marchèrent vers le Danube. Les Neustriens, les Burgondes, les Gaulois méridionaux, conduits par le roi Karle en personne, se dirigèrent sur Augsbourg et le Lech par l'Allemannie, dont les milices se joignirent aux Gallo-Franks; enfin l'armée du royaume d'Italie, avec son petit roi Pëppin, arriva par la vallée de l'Adige, Trente et Bolzen. Si formidable que fût l'invasion, les Bavarois, peuple nombreux et guerrier, dont le territoire s'étendait alors jusqu'à la rivière d'Ens et embrassait une partie du moderne archiduché d'Autriche, eussent pu opposer assez de résistance pour donner le temps aux hordes hunniques d'accourir à leur aide; mais les Bavarois ne partageaient ni les sentiments ni les projets de leur prince : dans leur ferveur de nouveaux chrétiens, ils voyaient avec répugnance les complots de Tassile avec les païens, et préféraient être les vassaux des Franks que des Awares. Ils refusèrent presque unanimement de prendre les

---

[1]. Chaque voyage de Karle en Italie apportait quelque nouveau profit à la civilisation de la Gaule franke: cette fois, le roi ramena d'habiles professeurs de grammaire et de calcul, et deux excellents chantres de l'église romaine, qu'il préposa à la réforme du chant ecclésiastique de çà les monts. Le chant grégorien, qui devait son origine au pape saint Grégoire le grand, fut substitué à la vieille méthode de saint Ambroise, malgré la résistance des clercs gallo-franks, qui se prétendaient meilleurs chanteurs que les Romains. Deux écoles de chant furent établies à Metz et à Soissons, et celle de Metz devint très célèbre, bien que l'art des professeurs n'allât point jusqu'à faire perdre aux Franks leur accent rauque et guttural, « qui brisait les notes dans leur gosier, au lieu de les moduler claires et pures comme faisaient les Romains. Les chantres romains enseignèrent aussi aux chantres des Franks l'art de jouer des instruments. » Monach. Engolismens. *Vita Karoli Magni*, dans les *Histor. des Gaules*, t. V, p. 185.

armes, et Tassile fut réduit à reconnaître « qu'il avait péché en toutes choses, et à venir remettre aux mains de Karle le duché qu'il avait reçu du roi Peppin », pour le recevoir de nouveau du monarque frank : il renouvela son serment de vassalité, livra douze otages et son fils aîné, et promit de comparaître l'année suivante au plaid du printemps, à Ingelheim près Mayence, avec les principaux de son peuple; tous les Bavarois jurèrent directement fidélité au roi, comme avaient fait les Bénéventins.

L'assemblée d'Ingelheim (788) fut la plus solennelle qu'on eût encore vue sous *Charlemagne;* tous les prélats, comtes et seigneurs des peuples vassaux y siégèrent à côté des grands, clercs et laïques, de la nation franke. A peine le plaid fut-il ouvert, que les Bavarois eux-mêmes dénoncèrent leur duc comme coupable de haute trahison (*de lèse-majesté*) : ils déclarèrent que Tassile, à la persuasion de sa femme, avait continué ses *fraudes* depuis la remise des otages, qu'il avait dépêché de nouveaux messages aux Awares, qu'il avait engagé les vassaux du roi à conspirer contre lui, et enjoint « à ses hommes, lorsqu'ils prêtaient serment au roi, de penser intérieurement le contraire de ce qu'ils promettaient verbalement; » qu'il avait enfin déclaré qu'il aimerait mieux perdre ses dix enfants et mourir lui-même que de vivre vassal de Karle. Tassile avoua tout ; « les Franks et les Bayarois, les Langobards et les Saxons, et tous ceux des autres provinces qui assistaient au synode », le condamnèrent à mort, après l'avoir dégradé du rang d'homme de guerre (*harisliz*), comme traître à la chrétienté, au roi et au royaume. Mais Karle, « pour l'amour de Dieu et parce que Tassile était son cousin », lui fit grâce de la vie, et lui épargna même l'opprobre de perdre sa chevelure devant l'assemblée des Franks : il le fit tonsurer au couvent de Saint-Nazaire sur le Rhin, d'où il l'envoya à Jumièges. La femme et les filles du malheureux duc prirent le voile; ses fils furent tonsurés et renfermés dans divers monastères, et ceux des seigneurs bavarois qui avaient trempé dans ses complots furent envoyés en exil; le trésor ducal fut apporté en France et réuni au trésor du roi, et le duché même de Bavière s'éteignit avec la race des Aghilolfings, qui avait commandé aux Bavarois durant plus de deux siècles. Le gouvernement de la Bavière, comme celui de l'Allemannie, de la Thuringe, de la Saxe, fut partagé entre plusieurs comtes et mark-grafs ; la politique franke était parvenue à détruire successivement toutes les races princières de Germanie.

Les événements qui suivirent la condamnation de Tassile prouvèrent combien ses plans avaient été habilement organisés : sa chute n'empêcha pas l'explosion de la mine qu'il avait préparée ; deux armées d'Awares se précipitèrent, l'une sur la Bavière, l'autre sur la marche de Frioul, tandis qu'une flotte grecque, commandée par le prince langobard Adalghis, le logothète Joannès et le patrice de Sicile, débarquait en Calabre et envahissait le duché de Bénévent. Aréghis venait de mourir, et le pape Adrien, inébranlable dans sa haine contre tout ce qui avait du sang langobard dans les veines, avait tâché de déterminer Karle à dépouiller les fils du duc de l'héritage paternel. Karle usa d'une politique plus généreuse : il conféra le duché au jeune Grimoald, fils d'Aréghis, qui était resté près de lui en otage depuis l'an passé, et le chargea de repousser l'agression des impériaux. La confiance du monarque ne fut pas trompée : Grimoald n'écouta pas sa mère, sœur du prince Adalghis; il réunit ses troupes à celles du *missus* frank Wineghis et du duc langobard de Spolète, et marcha au-devant de son oncle et des Grecs. Les Langobards combattirent fidèlement pour le monarque des Franks contre le fils de leur dernier roi; les Grecs furent entièrement défaits; Adalghis périt dans la mêlée, et Joannès, son collègue, fut pris et mis à mort par les vainqueurs. Les Awares n'eurent pas un meilleur succès que les Grecs ; ils furent battus en Bavière par les populations du pays, soutenues de quelques troupes frankes, et en Frioul, par les Franco-Italiens du jeune roi Peppin. Irrités de leur double défaite, ils revinrent à la charge, peu de semaines après, contre les Bavarois : la lutte fut cette fois plus opiniâtre et plus sanglante; mais les agresseurs n'y gagnèrent qu'un plus éclatant revers : une multitude d'Awares tombèrent sous le glaive des Bavarois, ou se noyèrent dans leur fuite en voulant traverser le Danube à la nage. Le prestige qui entourait encore le nom des Huns, autrefois si terrible, se dissipa ainsi au premier choc de ces Barbares, non pas même contre les Franks, mais contre le peuple germain qui servait d'avant-garde aux

Franks du côté de l'Orient. La victoire n'attendait même plus la présence de Karle, et elle couronnait partout les armes de ses lieutenants et de ses vassaux. Le grand roi des Franks termina cette heureuse année par un voyage en Bavière, où il n'eut que des éloges et des récompenses à distribuer; il organisa complétement ce pays sur le pied des provinces frankes.

Un autre feudataire du royaume des Franks avait suivi l'exemple de Tassile : en 787, pendant la campagne de Bénévent, le chef wascon Adalarik s'était révolté contre le gouvernement franco-aquitain, avait insurgé tous les Wascons, s'était allié aux walis arabes de Pampelune et d'autres cités d'outre-Pyrénées, et avait surpris, battu et fait prisonnier le Frank Horse (*Chorso*), comte ou duc de Toulouse. Les ministres du jeune roi Lodewig avaient transigé avec Adalarik au lieu de le punir; mandé au plaid général du royaume d'Aquitaine à Toulouse, en 788, il n'avait comparu qu'après s'être fait livrer des otages en garantie de sa sûreté, et on l'avait traité moins en vassal rebelle qu'en souverain étranger qui vient débattre des conditions de paix. Charlemagne fut obligé d'intervenir dans cette affaire, mal engagée par la faiblesse du gouvernement aquitain; il le fit d'une manière prompte et décisive; il appela le jeune Lodewig à Worms, où il avait convoqué le mâl d'automne de 789, y cita le prince wascon, et prit de telles mesures pour le cas de résistance, qu'Adalarik n'osa refuser de comparaître. « Il plaida sa cause devant les rois, fut condamné et envoyé en exil perpétuel. » Horse, duc de Toulouse, « dont l'incurie avait valu un si grand déshonneur au roi et aux Franks, fut destitué, et son duché fut confié à un vaillant homme de guerre appelé Wilhelm, qui comprima les mouvements des Wascons, tant par adresse que par force », et imposa la paix à cette nation turbulente, qu'avait enflée sa victoire sur Horse et qu'irritait l'exil d'Adalarik. Ce Wilhelm n'est autre que Guilhem ou *Guillaume-au-Court-Nez,* ou Guillaume de Gellone, si célèbre dans les romans de chevalerie et dans les légendes religieuses (Astronom. *vita Ludowici Pii*).

Le procès d'Adalarik eut lieu au retour d'une expédition qui avait rempli la belle saison de l'année 789. La réduction de la Saxe et de la Bavière en provinces frankes mettait les Franks en contact direct avec les nations slaves, depuis le Holstein jusqu'à la Saale et aux montagnes de la Bohême. « La ceinture de peuples barbares qui entourait le royaume des Franks se dédoublait[1]; » si loin que *Charlemagne* eût pu étendre son bras de géant, toujours aux Barbares subjugués eussent succédé de nouveaux Barbares dans les plaines sans bornes de l'Orient. A la fin du huitième siècle, les deux principales nations ou plutôt fédérations de tribus slaves étaient, à l'est, les Tchèkhes de la Bohême et de la Moravie, qui avaient vaincu les Franks du temps de Dagobert, et, au nord, les Wélétabes, qui avaient rejeté les tribus serbes entre l'Elbe et la Saale, et qui occupaient un vaste territoire le long de la Baltique, et entre le moyen Elbe et la Vistule. Les historiens franks confondent ces deux peuples, et, en général, tous les Slaves sous le nom de Wendes. Les Slaves-Obotrites ou Abotrites du Mecklenbourg, voisins des Wélétabes, et en butte à des incursions et à des pillages continuels de leur part, s'étaient mis sous la protection des Franks; les Wélétabes, « confiants dans leur grand nombre », n'eurent égard à aucune représentation; Karle dut recourir aux armes pour défendre ses vassaux, et entreprendre, peut-être malgré lui, une nouvelle conquête. Il marcha vers l'Elbe à la tête des Franks et des Saxons, tandis que les Frisons entraient dans le fleuve et le remontaient avec des bateaux armés en guerre. Karle jeta sur l'Elbe deux ponts, et pénétra chez les Wélétabes : les Obotrites et les Serbes d'entre l'Elbe et la Saale s'étaient joints aux Franks. « La nation des Wélétabes, toute belliqueuse qu'elle fût, ne put soutenir longtemps l'impétuosité de l'armée royale, et, quand on approcha de leur cité de Dragawit, Wiltzan, qui avait la prééminence sur les autres chefs des tribus wélétabes et par l'illustration de sa race et par l'autorité de sa vieillesse, vint vers le roi avec les siens, donna les otages qui lui furent demandés, et lui et tous les autres chefs et principaux des Slaves jurèrent fidélité au roi et aux Franks (Éginhard, *Annal.*). »

Cette année 789 fut signalée en outre par une grande activité législative : on a conservé le discours d'ouverture du plaid semestriel de mars 789: Karle s'y exprime véritablement comme le

---

1. Sismondi, *Hist. des Français*.

chef de l'Église et l'*évêque des évêques*, titre que lui donne le moine de Saint-Gall dans sa chronique. Il exhorte les évêques, ces « brillants luminaires du monde », à conduire, par leur vigilance et leur exemple, le peuple de Dieu et le troupeau confié à leurs soins « dans les pâturages de la vie éternelle, promettant à la sainteté des prélats le concours de sa diligence. » « C'est pourquoi, ajoute-t-il, nous avons envoyé vers vous nos commissaires, afin qu'ils corrigeassent de concert avec vous ce qui était à corriger; nous vous prions de ne pas nous imputer à présomption, mais à charité, si nous tâchons de redresser les erreurs, de retrancher les superfluités, d'améliorer même le bien... Nous avons donc fait rédiger quelques nouveaux chapitres conformes aux canons, afin que vous preniez soin de les faire observer, et nous vous engageons, de votre côté, à ne pas omettre de nous avertir de ce que votre sainteté jugerait utile au peuple de Dieu. » Suivent des articles très divers : — On ne doit prêter de serment qu'à jeun; les parjures ne peuvent plus être admis au serment. — Les évêques sont exhortés à établir de petites écoles pour apprendre à lire aux enfants, et d'autres écoles supérieures dans toutes les cathédrales et les monastères, où l'on enseignera les psaumes, *les notes*, le chant, l'arithmétique et la grammaire. — Les moines et les clercs n'iront point aux plaids laïques. — Que les comtes jugent premièrement dans leurs plaids les causes des mineurs et des orphelins : qu'ils ne fassent ni parties de chasse ni banquets les jours de plaids. — Que les *nonnains* (*nonnanes*) ne vivent pas sans règles; que les abbesses et nonnains ne sortent pas de leur monastère sans l'ordre du roi; qu'elles n'écrivent ni ne fassent écrire des lettres d'amour. — Que tous viennent à l'église les dimanches et fêtes, et qu'on n'engage pas les prêtres à célébrer la messe dans les maisons particulières (ceci est contre les seigneurs et les riches, qui s'isolaient de leurs évêques et prêtres paroissiaux, et se faisaient dire la messe par des chapelains). — Le péché d'ivrognerie est expressément défendu à tous. — Que les évêques, abbés ou abbesses n'aient ni couples de chiens, ni faucons, ni éperviers, ni *jongleurs*. — Les pauvres ne doivent point gîter dans les places et les carrefours, mais se faire inscrire aux églises. — Diverses superstitions sont défendues, entre autres, « *le baptême des clo-*

ches. — Les lépreux doivent être séquestrés du reste du peuple (ainsi les léproseries ou *ladreries* existaient dès le temps de Charlemagne). — Dans les questions de propriété, il faut sept témoins, ou au moins cinq. — Les trois quarts d'un trésor trouvé appartiennent au roi, le quart seulement à l'inventeur ; si le trésor est trouvé sur terre d'église, le tiers appartient à l'évêque[1].

L'année 790 s'écoula sans champ-de-mai et *sans ost* (*sine hoste*; *hostis* commence à prendre le sens d'*armée en campagne*); le nouveau peuple-roi n'avait pas joui d'un an de repos depuis bien longtemps. Dès l'automne de 790, l'ordre de s'apprêter pour le printemps prochain fut expédié dans tous les cantons du royaume : Karle se disposait à la plus sérieuse de toutes les guerres de son règne, après celle de Saxe. D'inutiles négociations avec les khacans des Huns avaient rempli toute la belle saison ; l'on n'avait pu s'entendre sur le règlement des frontières, et, d'ailleurs, Karle n'avait probablement négocié que pour la forme avec ces odieux voisins : il voulait les faire repentir de leur malencontreuse agression, et purger l'Europe d'une race détestée, que les nations d'origine indo-européenne regardaient à peine comme des hommes : tous les autres peuples européens, Grecs ou Latins, Gaulois, Germains ou Slaves, s'estimaient presque compatriotes en comparaison de ces Mongols. Les immenses richesses que des siècles de pillage avaient entassées dans le sauvage palais des khacans et dans les huttes de leurs sujets étaient d'ailleurs un puissant attrait pour le monarque frank, qui sentait le besoin de dédommager ses *fidèles* des pénibles et infructueuses guerres de Saxe.

Karle fit à *Reganesbourg* (Ratisbonne) des préparatifs gigantesques, et épuisa son empire pour accabler les Huns : il s'attendait à la plus opiniâtre résistance de la part de ces Barbares, re-

1. Baluze, *Capitular.* t. I, p. 209-243. — Après les assemblées générales, les évêques faisaient, dans leurs diocèses, des capitulaires particuliers, qui étaient, pour ainsi dire, le commentaire des généraux. On a un capitulaire intéressant de Théodulfe, évêque d'Orléans, collaborateur des réformes littéraires d'Alcuin. Il défend d'enterrer personne dans les églises, sauf les prêtres ou les laïques de grande vertu (les sages ordonnances de la police romaine qui interdisaient d'enterrer dans les villes étaient tombées en pleine désuétude). Théodulfe défend les assemblées profanes dans l'église ; il interdit aux prêtres de loger avec des femmes et d'aller aux tavernes. Les prêtres (les curés) tiendront des écoles dans les villages, et enseigneront gratuitement les enfants. — L'hospitalité est instamment recommandée.

tranchés d'une manière formidable dans leurs repaires, au fond de la Pannonie. Toutes les forces de la Gaule et de la Germanie se réunirent en Bavière, pendant que les Italiens s'assemblaient dans le Frioul; le jeune roi d'Aquitaine, qui avait atteint l'âge de treize ans, fut admis au nombre des guerriers, selon la coutume germanique, et ceignit l'épée devant toute l'armée (Astronom.). Les masses gallo-teutoniques ne purent s'ébranler avant la fin d'août 791 : les Saxons, qui s'étaient rendus, « bien qu'à contre-cœur, » au ban du roi, les Frisons, les Thuringiens et les Franks d'Austrasie et de Germanie, sous les ordres du comte Théoderik et du chambellan Meghinfred, vinrent par la Bohême, qui fut traversée sans obstacles, et gagnèrent la rive septentrionale du Danube. Le reste des légions franco-gauloises, conduit par le roi Karle en personne, marcha par la rive méridionale du fleuve : les Bavarois descendirent le Danube sur des barques armées, escortant les innombrables bateaux qui portaient les approvisionnements. Arrivée au confluent du Danube avec l'Ens (un peu au delà de Lintz), toute l'armée s'arrêta, et, durant trois jours, le nombreux clergé qui accompagnait Karle implora l'assistance de Jésus-Christ par des processions et des messes solennelles; tous les guerriers s'abstinrent de chair et de vin, ou rachetèrent l'abstinence par des aumônes; puis on se porta en avant. Au nord, la rivière de Camb ou Kamp séparait le pays des Awares du territoire bohème, comme, au sud, l'Ens le séparait de la Bavière; l'embouchure de ces deux rivières était protégée par de grandes lignes de fortifications, de larges fossés, des haies touffues. Une double attaque fut opérée simultanément au nord et au midi du Danube; la première, à l'embouchure du Camb; la seconde, au lieu dit Cumméoberg, où avait été l'ancienne ville romaine de Comagène [1]. A la facilité de la victoire, les Franks durent penser que le ciel faisait pour eux le miracle qu'avaient sollicité leurs prières: les Huns abandonnèrent presque sans combat leurs fortes positions, et laissèrent la Pannonie ouverte aux légions du roi Karle. Une diversion opérée par les Langobards et les Italiens du jeune Peppin avait déterminé cette retraite précipitée : les Italiens, se-

---

[1]. Haimburg, entre Vienne et Presbourg, suivant Eckhard; Konigstadter, près du mont Kaunberg, suivant M. Pertz.

condés par les Slaves méridionaux, sur lesquels pesait la tyrannie des Huns, avaient poussé, par la Carinthie et la Styrie, droit au cœur du pays hunnique, franchi le Danube, et emporté d'assaut la première des immenses *haies* circulaires qui entouraient là cité des Huns, prodigieux entassement de villages bâtis les uns contre les autres, à portée de la voix, dans les intervalles de neuf enceintes concentriques, dont la plus large, celle qui embrassait toutes les autres, enfermait, suivant le moine de Saint-Gall, un espace égal à la distance de Zurich à Constance. Ces *haies*, formées de troncs d'arbres et de blocs de pierre, avaient vingt pieds de large sur autant de haut, et le sommet en était hérissé d'épaisses broussailles ; les habitations étaient si pressées dans les intervalles, que le signal des trompettes, se répétant de hameau en hameau, volait avec une rapidité inouïe du premier au dernier cercle ; les légers escadrons des Awares, défilant à travers d'étroites issues pratiquées dans les haies, s'élançaient alors à la proie vers les quatre vents du ciel, puis rapportaient leur butin dans ces murs inexpugnables où personne n'avait encore osé les poursuivre. A l'abri de la dernière haie, tout au fond de ce gigantesque repaire situé entre le Danube et la Theyss, s'élevait le village royal, le *ring* (*regia*, le lieu royal), comme disaient les Germains, avec ses kiosques de bois peint où resplendissaient des trésors presque comparables à ceux des palais impériaux de Constantinople ; dépouilles de la Thrace et de la Grèce, de l'Orient et de l'Occident.

Les Italiens forcèrent le premier retranchement avec un très grand carnage, pillèrent, toute une nuit, l'intervalle du premier au second cercle, puis se retirèrent, sans doute devant les masses qui se précipitaient sur eux ; mais, pendant ce temps, les garnisons des forts de l'Ens et du Camb évacuaient leurs postes en désordre, et la grande armée franke inondait la Pannonie, refoulant vers les bois et les montagnes ou traînant en captivité les habitants des rares villages épars entre l'Ens et le Raab. La conquête de la Pannonie occidentale était plus apparente que réelle ; les vastes plaines où se déployaient librement les légions frankes n'offraient guère, depuis le temps d'Attila, que des pâturages déserts ; la population hunnique, qui ne cultivait pas, qui ne vivait que de ses rapines et des tributs de ses vassaux, était concentrée dans ses haies, autour du *ring* et des trésors qui faisaient son orgueil et comme le talisman de sa nationalité. La saison avançait : les pluies d'automne rendaient impraticables les terres humides et basses de la Pannonie ; les chevaux périssaient par milliers dans ces marais fangeux ; il se mit parmi eux une telle épizootie qu'on n'en sauva pas le dixième. Il fallut songer à la retraite, et remettre à une autre année l'attaque décisive du *ring*. Le roi congédia l'armée, et revint prendre ses quartiers d'hiver à Ratisbonne, afin de ne pas s'éloigner de l'ennemi[1].

(792) Les troupes avaient été convoquées pour le commencement de l'été suivant ; mais l'armée des Franks ne reprit pas le chemin de la Pannonie : un succès incomplet avait ébranlé l'empire de Karle presque autant que l'eût pu faire une défaite ; cette campagne avait été fatigante et dispendieuse pour tous, Franks et alliés ; le mécontentement était extrême parmi tous ces peuples condamnés à dépenser incessamment leurs biens et leurs vies au profit de leurs conquérants, et ces conquérants eux-mêmes étaient las de courir chaque année d'un bout de l'Europe à l'autre, pour la gloire de leur chef ou pour des intérêts généraux qu'ils comprenaient peu et qui les touchaient faiblement. L'arrogance et l'âpreté de la reine Fastrade, qui poussait Karle hors de son caractère et ne cessait de l'exciter à des mesures de répression violente, changèrent la lassitude des leudes en haine et en colère : plusieurs des premiers d'entre les Franks conjurèrent la mort du roi et de ses fils légitimes, et projetèrent d'élever au trône le fils aîné de Karle, que ce prince avait eu de sa concubine Himiltrude. La mère de cet enfant lui avait donné le nom « du très glorieux roi Peppin, en signe de sa grandeur future » ; mais le présage ne paraissait pas devoir se réaliser : Peppin le bâtard, « beau de visage, mais difforme de corps, nain et bossu », avait peu de part à la tendresse de son père, et semblait écarté à l'avance de l'héritage paternel : le jeune Karle était destiné au royaume des Franks, et était, depuis 789, investi du duché du Mans ; le second Peppin et Lodewig étaient rois d'Italie et d'Aquitaine, et Peppin-le-*Bossu* n'était rien : le ressentiment

---

1. Eginhard. *Annal.* — *Vita Karoli Magni.* — *Annal.* Loisel. — *Monach. S. Gall.* l. II, § 2. — *Ep. Karoli Magni ad Fastradam*, dans les *Histor. des Gaules*, t. V, p. 623.

de sa fausse position et les duretés de sa belle-mère le jetèrent dans les bras des conjurés. Ce complot parricide, tramé dans l'intérieur même du palais, fut beaucoup plus près de réussir que la conjuration de Thuringe, et Karle ne fut sauvé que par l'imprudence des conspirateurs, qui se réunirent une nuit pour conférer de leur projet dans l'église de Saint-Pierre à Ratisbonne, et ne s'assurèrent pas que personne ne les écoutait. Un pauvre diacre langobard, appelé Fardulfe, entendit tout, courut au palais, à demi vêtu qu'il était, franchit à grand'peine les « sept portes » qui conduisaient à la chambre à coucher du roi, et, repoussé par les femmes de la reine, qui se moquaient de lui et le prenaient pour un fou, il fit tant de bruit à la porte, que le vigilant Karle ordonna de l'introduire sur-le-champ. Avant neuf heures du matin, Peppin et tous ses complices étaient arrêtés. Karle les traduisit devant l'assemblée générale des Franks et « de ses autres fidèles », qui condamna tous les coupables à perdre les biens et la vie ; quelques-uns subirent la sentence dans toute sa rigueur ; les autres furent envoyés en exil ; Peppin, « après avoir été très rudement battu », fut tondu et enfermé dans l'austère couvent de Saint-Gall. Beaucoup de comtes furent destitués à l'occasion de cette conjuration, et remplacés par des gens de basse origine, par des hommes nés entre les lites du domaine royal. « Tous les évêques, abbés, comtes et autres fidèles, qui n'avaient point pris part au très méchant dessein de Peppin, furent honorés par le roi de riches présents en or, en argent, en soie et autres dons. » (*Chronic. Moissiac.*). Fardulfe eut l'abbaye de Saint-Denis pour récompense.

Karle, sorti de ce péril, espérait pouvoir reprendre ses plans contre les Huns : les troupes étaient en marche de toutes parts, et le roi avait fait jeter un pont de bateaux sur le Danube, à Ratisbonne, pour faciliter les communications des armées du Nord et du Midi. De sinistres nouvelles vinrent renverser ses projets : après sept ans d'obéissance et de résignation apparente, l'insurrection saxonne s'était réveillée ; les Saxons ne voulaient plus aller mourir au loin pour leurs maîtres. Un corps considérable d'Austrasiens et de Frisons, que le comte Théoderik amenait par la Saxe vers la Bavière, fut surpris et taillé en pièces le 6 juillet

792, aux bords du Weser, par les Saxons, rassemblés sous prétexte de se joindre à lui [1], et ce valeureux capitaine, moins heureux qu'autrefois à Sonnethal, périt avec presque tous ses compagnons d'armes.

A l'extrémité opposée de l'Empire, une autre défection coïncidait avec celle des Saxons; Grimoald, duc de Bénévent, qui avait agi en vassal si fidèle en 788, cédait aux instigations des Grecs et aux tentations d'une situation trop favorable à l'indépendance ; il s'était révolté, et l'on pouvait craindre que les Langobards, enorgueillis de leurs exploits dans la campagne de Pannonie, ne tentassent de renverser le jeune roi d'Italie au profit de leur compatriote Grimoald. Karle jugea l'Italie tellement compromise, qu'il renvoya le roi d'Aquitaine dans son royaume, avec ordre de lever à la hâte les milices aquitaniques, de les réunir aux troupes provençales et burgondiennes, et de les conduire au delà des Alpes afin de secourir Peppin. Rien ne fut tenté cette année-là pour soumettre la Saxe, si ce n'est peut-être des négociations. Il semble que la rupture ne fut pas immédiatement complète ni générale après le terrible massacre du Weser. L'envoi de toutes les forces de la Gaule méridionale en Italie atteignit le but que le roi s'était proposé : la Lombardie resta ou rentra dans le devoir, et le duc de Bénévent, assailli dans son duché par les deux frères Peppin et Lodewig, demanda la paix et reconnut de nouveau l'autorité de son suzerain ; mais cet avantage fut chèrement acheté sous plus d'un rapport : une affreuse famine désolait l'Italie et la Gaule ; l'armée d'Italie en souffrit cruellement; les vivres étaient si rares, « qu'en plein carême, dit la *Chronique de Moissac,* on ne s'abstenait pas de viande quand on en pouvait trouver ; plusieurs moururent de faim ». Les éléments semblaient, comme les hommes, se révolter contre l'empire des Franks. Tout était plein d'alarmes et de menaces autour de Karle ; mais rien n'ébranlait cette âme de fer : au milieu de tant de soucis et de dangers, le héros frank, avec une confiance et une sérénité dignes des Romains, ses modèles, poursuivait l'œuvre de la civilisation germanique ; il avait résolu de joindre le Danube au Rhin, et, par conséquent,

---

1. Karle leur avait défendu de tenir aucune assemblée nationale sans son ordre. Capitul. de 791 ; dans Baluze, t. I, p. 256.

la mer Noire à l'Océan du Nord, par un canal percé entre la rivière d'Altmühl, affluent du Danube, et la Rednitz, qui se jette dans le Mein, affluent du Rhin : il avait rassemblé des milliers d'hommes pour exécuter ce grand dessein, et s'était établi, avec toute sa maison, à portée des travaux, qu'il surveilla durant l'automne entier. Le canal fut ouvert sur une largeur de trois cents pieds (275 pieds français), et creusé durant deux milles; mais des pluies continuelles et la nature inconsistante et marécageuse du terrain opposèrent aux ouvriers des obstacles que ne put vaincre la science trop bornée de ce temps; chaque nuit, les berges du canal s'éboulaient et détruisaient l'ouvrage de la veille. Ce ne fut pas la seule occasion où *Charlemagne* sentit douloureusement l'impuissance de son siècle à suivre l'essor de sa pensée : plus d'une de ses glorieuses conceptions avorta ainsi, faute de moyens de réalisation, sans parler de celles qui, réalisées à force de persévérance et de génie, moururent avec leur auteur.

L'horizon devenait de plus en plus sombre; les trois grandes régions de la Saxe avaient ressaisi leur indépendance, chassé les comtes du roi, les évêques et les abbés, les prêtres et les moines, relevé les autels des idoles, et contracté alliance avec les Awares, les Wélétabes, et d'autres peuples slaves. D'un autre côté, dans le midi de la Gaule, le départ des principaux officiers et du gros des milices de l'Aquitaine pour l'Italie avait eu un résultat funeste. Au moment où la Gaule méridionale se dégarnissait de ses meilleurs combattants, les Arabes d'Espagne, qui, durant de longues années, avaient usé leurs forces et leur courage dans d'interminables guerres civiles, se trouvaient enfin réunis sous la main vigoureuse de l'Emir Hescham, fils et successeur d'Abd-el-Rahman l'Ommiade : Hescham s'efforçait de diriger contre les ennemis de l'islamisme l'ardeur turbulente de son peuple; la guerre sainte avait été proclamée; le royaume des Asturies et les frontières du *Frandjat* furent attaqués à la fois. Dès 791, les bandes de l'émir de Cordoue saccagèrent les environs de Gironne et d'Urgel, places soumises à la suzeraineté franke, et les vallées des Pyrénées-Orientales : en 792, elles se montrèrent sur le revers des *ports* occidentaux, et firent des courses dans la Wasconie gauloise; les milices aquitaniques n'en partirent pas moins pour l'Italie. Hescham profita de leur absence ; au printemps de 793, pendant que les soldats de Lodewig étaient décimés au delà des Alpes par la misère et le typhus, l'émir lança sur le « pays des Franks » une nombreuse armée sous les ordres d'un chef nommé Abd-el-Melek : Gironne fut emportée d'assaut et noyée dans le sang de ses habitants, musulmans ou chrétiens; puis les Arabes franchirent les montagnes, se précipitèrent sur la Septimanie, pillèrent et ravagèrent tout, des Pyrénées aux portes de Narbonne, enlevèrent d'assaut et brûlèrent les riches et populeux faubourgs de cette ville, et, sans s'obstiner au siége de la cité, se dirigèrent de là vers Carcassonne. Le duc de Toulouse, Wilhelm ou Guillaume « au court nez », et les comtes des marches, avaient rassemblé à la hâte les garnisons peu nombreuses de la frontière, et levé en masse les populations aquitaniques. Abd-el-Melek et Wilhelm se rencontrèrent à quelques milles à l'ouest de Narbonne, vers le confluent de l'Aude et de l'Orbieu : la multitude inaguerrie des citadins et des colons qui formaient l'armée chrétienne ne put soutenir le choc impétueux des musulmans, et Wilhelm de Toulouse, voyant ses compagnons morts ou en fuite, fut forcé de céder le champ de bataille, après avoir fait des prodiges de valeur. (*Chronic. Moissiac.*) Tout vaincu qu'il fût, il réussit, à la vérité, à arrêter les vainqueurs : les musulmans, affaiblis par leur sanglante victoire, et chargés d'un immense butin qu'ils avaient hâte d'emporter dans leurs foyers, ne poussèrent pas plus loin l'invasion. Ils gardèrent seulement les forteresses des montagnes, et repassèrent les Pyrénées, traînant après eux des milliers de captifs. Suivant les traditions arabes, l'émir Hescham employa sa part du butin à l'achèvement de la fameuse mosquée de Cordoue, le plus vaste édifice peut-être qu'aient élevé les sectateurs du prophète.

Karle se décida enfin à quitter la Bavière, où il était resté deux ans, attendant toujours l'instant de ressaisir l'offensive contre les Awares : cet instant semblait indéfiniment éloigné; la guerre avait reculé du Raab jusqu'au Weser, et Ratisbonne n'était plus le poste qui convenait au roi des Franks; Karle revint de la Bavière dans la France germanique, et hiverna sur le Mein, à Wurtzbourg et à Francfort (*Francono-furt, Frankene-furt*), d'où il renvoya en Aquitaine son fils Lodewig, qui s'était rendu près de lui après la campagne de Bénévent [1].

Lodewig ne retrouva pas la guerre en Septimanie ; un échec considérable essuyé par les Arabes dans les Asturies les avait fait renoncer à poursuivre leurs agressions contre la Gaule. Karle s'apprêtait à punir les Saxons du massacre de Théoderik et de tant d'autres braves : une grande partie de la belle saison de 794 s'écoula néanmoins sans que les Franks marchassent en Saxe ; Karle eut auparavant à vider des affaires d'une autre nature, mais d'une égale importance à ses yeux. De vives controverses religieuses troublaient l'Église, et ne préoccupaient pas moins l'homme qui était le vrai chef de la chrétienté que les intérêts politiques et militaires de son empire ; il convoqua dans Francfort, au commencement de l'été, un concile général des évêques d'Occident, où les prélats d'Italie et d'Aquitaine se réunirent aux évêques de France et de Germanie : l'Eglise anglo-saxonne y fut représentée par Alcuin et d'autres doctes hommes, et le pape, par deux légats. La doctrine de Félix et d'Élipand, et la querelle des images, occupèrent tour à tour cette grande assemblée. Félix,

---

1. L'Astronome, auteur de la *Vie de Lodewig le Pieux*, rapporte des faits intéressants touchant le retour de son héros en Aquitaine : « Au moment de se séparer, le roi père demanda au roi son fils pourquoi il était d'une telle parcimonie qu'il n'octroyait pas même sa bénédiction, à moins d'en être sollicité. Lodewig apprit alors à Karle que tous les grands, sacrifiant l'intérêt public à leur intérêt privé, et s'appropriant à l'envi les biens du domaine, lui, seigneur nominal de toutes choses, était presque réduit à l'indigence. » Karle, ne voulant pas mettre son fils personnellement aux prises avec les seigneurs, dépêcha en Aquitaine son cousin Rikhard, frère d'Anghilbert, intendant-général des *villas* royales, et un autre *missus*, qui firent restituer au « service public » les terres du domaine. Ces grands, ces comtes qui dépouillaient ainsi la couronne, étaient presque tous des hommes du choix de Karle : il les avait pris parmi ses vassaux « les plus fidèles » ; on peut juger par là des prodigieuses difficultés de son gouvernement, et de la tendance générale des choses. — Karle et ses commissaires tâchèrent de paralyser le mécontentement des grands, en attachant les populations au gouvernement du jeune roi. Le Frank Méghinher, chargé de régir l'Aquitaine au nom de Lodewig, régla toutes choses avec beaucoup de prudence et de sagesse : quatre grandes métairies, Doué (*Theotadum*), sur les confins de l'Anjou et du Poitou, Cassineuil en Agenais, Audiac en Angoumois, et Ébreuil sur la Sioule, en Auvergne, furent assignées comme résidences d'hiver à Lodewig ; leur revenu devait suffire à défrayer sa cour. Le reste des revenus royaux dut entretenir les gens de guerre, et les impôts en nature qu'on levait au profit de l'armée furent supprimés, à la grande joie du peuple ; le roi Karle fut si content de ces mesures, qu'il les imita en France et y supprima pareillement les réquisitions de grains et autres denrées. Astronom. c. 6-7.

évêque d'Urgel, et son ami Élipand, archevêque de Tolède, renouvelant et exagérant les opinions de Nestorius, patriarche de Constantinople au cinquième siècle, avaient avancé que Jésus-Christ n'était fils de Dieu que par adoption et par grâce, et que ce n'était point par lui, mais par « Celui qui est fils de Dieu par nature » (c'est-à-dire par le Verbe divin), que Dieu avait créé les choses visibles et invisibles. Comme Nestorius, ils distinguaient le Christ, le Messie humain, du Verbe éternel et incréé, qui s'était uni à lui. Le dogme de la Trinité n'était plus là, ainsi que dans l'arianisme, attaqué par la base; néanmoins il ne restait intact qu'en apparence, comme nous le verrons tout à l'heure. Cette doctrine, rapidement répandue chez les chrétiens d'Espagne et jusqu'en Septimanie, excitait une extrême agitation, et soulevait des passions qui n'étaient pas uniquement religieuses; on regardait cette négation de la divinité du Christ comme une sorte de compromis sacrilége des chrétiens d'outre-Pyrénées avec les musulmans, leurs maîtres, et l'*hérésie espagnole* fut poursuivie avec vigueur. En 792, l'évêque d'Urgel, Félix, qui ressortissait à la métropole de Narbonne, avait déjà été cité à Ratisbonne devant les évêques franco-germains, qui avaient condamné son *erreur*, et l'avaient envoyé faire abjuration au tombeau de saint Pierre; mais, à peine de retour dans son diocèse, il avait recommencé à prêcher ses opinions. Après une polémique très-ardente, soutenue entre Félix et Élipand, d'une part, et de l'autre, Alcuin et Paulin, patriarche d'Aquilée, le roi Karle réunit le concile de Francfort, qui condamna solennellement ceux qui prétendaient que Jésus-Christ n'était que le fils adoptif de Dieu : Karle écrivit en son propre nom aux évêques d'Espagne, pour les menacer de rompre toutes relations entre eux et le reste de la chrétienté, s'ils ne renonçaient à l'*hérésie des adoptiens*. Félix, fatigué de lutter contre l'opinion de l'Europe chrétienne, se rétracta définitivement en 799, et finit ses jours dans l'exil à Lyon : le vieil Élipand mourut sans avoir abjuré, et leur doctrine s'éteignit peu à peu pour ne reparaître qu'au douzième siècle, avec moins de hardiesse et de netteté, chez Abeilard. Sous le rapport politique, la doctrine des *adoptiens* eût été funeste aux peuples qui se trouvaient en contact avec les musulmans; si Jésus-Christ n'eût plus été qu'un homme élu de Dieu, pourquoi la multitude n'eût-elle pas accepté au même titre le prophète de la Mekke? Le dogme de la Trinité, séparé de la divinité du Christ, était trop haut dans le ciel pour les masses ignorantes; il fallait qu'elles pussent voir et toucher le Verbe sur la terre pour ne pas se rejeter dans le monothéisme pur et simple de l'islâm. Le dogme de la Trinité, d'ailleurs, la grande notion chrétienne de la nature de Dieu, était compromis par l'adoptianisme, qui cessait, à ce qu'il semble, de voir dans le Verbe ce médiateur nécessaire, cet Homme-Dieu, ce type divin de la nature humaine, proposé pour but suprême à l'homme, dogme essentiel qui fait du christianisme bien compris la religion du progrès sans limite.

Le concile traita ensuite une autre question beaucoup moins grave en elle-même, mais intéressante par les circonstances. L'Église gallo-germanique, pendant la domination des iconoclastes (briseurs d'images) en Orient, s'était associée, bien qu'avec réserve, à la réprobation du pape et des évêques italiens contre cette secte fanatique; mais l'avénement d'Irène avait amené une violente réaction à Constantinople, et 377 évêques de l'empire d'Orient, assemblés à Nicée avec deux légats du pape Adrien, avaient ordonné l'adoration des images en 787. Le pape envoya les canons du second concile de Nicée dans l'empire frank et en Angleterre pour les y faire recevoir. Il fut trompé dans son attente : l'Occident, qui admettait les images dans les églises comme un pieux ornement, mais qui ne leur rendait aucun culte, se souleva unanimement contre l'injonction de les adorer. Le roi Karle se mit à la tête de l'opposition occidentale, dans laquelle Alcuin joua un grand rôle, et y apporta une passion qui se ressentit peut-être un peu de ses démêlés avec les Grecs ; il fit rédiger et rédigea en partie lui-même un ouvrage divisé en quatre livres, qu'on nomma les *livres carolins*, et qui réfutaient à la fois « *les deux erreurs opposées* » des destructeurs et des adorateurs des images. Cet ouvrage est remarquable par le sens pratique ; on y fait ressortir avec force les occasions de scandale et de superstition que le culte des images donne aux esprits faibles et aux ignorants. Le concile de Francfort, sans protestation de la part des légats et évêques italiens, entra complétement dans les sentiments des *livres carolins*, et réprouva, en termes très-sévères, « le concile des Grecs, qui avait anathématisé quiconque ne rendait pas aux images des saints le même service et la même adoration qu'à la Trinité divine. » Suivant l'historien de l'Église (Fleuri), il y eut ici erreur matérielle et malentendu; les Grecs n'avaient point avancé cette doctrine idolâtrique, et avaient au contraire distingué l'*adoration* des images du *service* (λατρεία) dû à Dieu seul. Le verbe grec προσκυνεῖν, que nous traduisons par *adorer*, n'a pas, à beaucoup près, la même force que le verbe français; il signifie *saluer en s'agenouillant, en se prosternant* : on *adorait* l'empereur et ses images, tout comme les images des saints. Quoi qu'il en soit, le roi envoya au pape les décisions du concile avec les *livres carolins*, par Anghilbert, qui avait embrassé la vie religieuse et était devenu abbé de Centulle (Saint-Riquier) et archi-chapelain. Le pape, dont les légats, à sept ans de distance, avaient autorisé par leur présence deux conciles diamétralement opposés, se trouvait dans une position fort délicate : il adressa au roi une réponse modérée et conciliante, en avouant qu'on ne devait adorer que Dieu, mais que les images étaient utiles pour l'instruction des fidèles et méritaient d'être honorées à cause des sujets qu'elles représentaient.

Après ces deux grandes affaires, le roi et le concile rédigèrent plusieurs décrets civils et ecclésiastiques : — Si un laïque plaide contre un clerc, l'évêque et le comte jugeront ensemble. — Le prêtre accusé d'un crime quelconque sera jugé par l'évêque. — L'évêque ne s'absentera point de son église plus de trois semaines (il y avait des exceptions : l'évêque de Metz et l'archevêque de Cologne, par exemple, avaient obtenu du pape l'autorisation de résider habituellement à la cour pour les affaires ecclésiastiques). — Les abbés ne prendront point d'argent pour la réception des moines, et « ne pourront faire perdre les yeux ni aucun membre à leurs moines, pour quelque faute que ce soit. » — Le roi ne fera point élire d'abbés sans le consentement de l'évêque. — *Il est permis de prier Dieu en toute langue.* — Nul homme, clerc ou laïque, ne vendra les grains, en temps de disette comme en temps d'abondance, au delà du prix fixé pour le *boisseau public* (il y avait donc unité de mesure), à savoir, un denier par boisseau d'avoine, deux par boisseau d'orge, trois par boisseau de seigle, quatre par boisseau de froment (le denier d'argent valait trente-six centimes vingt-quatre centièmes). Le pain ne se vendra pas au delà d'un denier les vingt-quatre livres. — Le blé du domaine royal ne se vendra que deux deniers le boisseau de seigle, trois deniers le boisseau de froment. — Ceux qui tiennent des bénéfices du roi auront grand soin, « autant que faire se pourra par l'aide de Dieu, » qu'aucun esclave appartenant à leurs bénéfices ne meure de faim [1].

L'ex-duc Tassile fut tiré de la retraite où il était confiné depuis six ans, et amené devant le concile, où il déclara renoncer, pour lui, ses fils et ses filles, à tous les droits de justice (*omnem justitiam*) et de domaine qu'il avait possédés dans le duché des Bavarois. Cette déclaration, entourée de tant de solennité et revêtue d'une si haute sanction religieuse, avait paru très utile à Karle dans l'état d'agitation où se trouvait la Germanie. Près de Tassile comparut Pierre, évêque de Verdun, accusé de participation au complot de Peppin-le-Bossu; Pierre se purgea par le « jugement de Dieu, » non en personne, mais par l'intermédiaire d'un de ses gens. On ne sait quel fut le genre d'épreuve que subit cet homme.

La reine Fastrade mourut pendant la session du concile. Karle seul regretta cette méchante femme, qui lui avait suscité tant d'ennemis et dont la mort causa une joie universelle.

Karle se trouva enfin libre d'attaquer les Saxons : deux armées, commandées par le roi et par son fils aîné, entrèrent à la fois sur le territoire des rebelles. Les Saxons s'étaient rassemblés en masse à Sintfeld, à quelques lieues de Paderborn, comme pour livrer bataille au roi ; mais, quand ils se virent sur le point d'être enveloppés par les deux armées frankes, le cœur leur faillit, et, « vaincus sans combat, ils se remirent en la puissance de Karle, par serments et par otages, et jurèrent d'être chrétiens et soumis au roi. » Les prêtres et les comtes furent rétablis parmi eux.

---

[1]. Ce capitulaire venait à la suite d'une grande famine ; lors de la moisson de 792, on avait trouvé presque partout les épis *vides*; le concile déclara que « c'étaient les démons qui avaient dévoré le grain, parce que le peuple ne payait pas la dîme ». Cet argument fit plus d'effet que tous les ordres du roi. Baluze, *Capitul.* t. I, p. 267. Le *maximum* imposé par le concile indique où en étaient les idées économiques.

(795-796) Karle s'était montré plus facile à apaiser qu'on ne l'eût pu croire d'après la violence de son ressentiment ; il n'avait pas oublié les terribles suites du massacre de Verden, et voulait essayer de la clémence. Il avait hâte d'ailleurs de reprendre les hostilités contre les Huns. Sa modération envers les Saxons lui réussit peu, et, lorsqu'au printemps suivant, il publia son ban de guerre, les contigents de Saxe refusèrent de marcher en Pannonie. Karle fut encore une fois obligé de changer ses plans : il entra en Saxe, portant partout le fer et le feu ; les populations de la Westfalie méridionale se soumirent, mais celles du Bas-Weser et du Bas-Elbe continuèrent leur résistance. Le roi envoya aux Slaves Obotrites, ses vassaux, l'ordre de prendre à revers les Saxons des deux rives du bas Elbe, pendant qu'il les assaillirait de front, et il s'ouvrit un passage de vive force jusqu'à *Hluini* (Lunebourg) ; mais, là, il apprit que les Obotrites avaient été défaits, et leur prince tué au passage de l'Elbe. Cette catastrophe redoubla sa colère, et il fit cruellement expier aux Saxons le meurtre de son fidèle vassal. Presque toute la Saxe se remit à sa merci. Karle ne se contenta plus de vaines promesses ni de quelques otages ; il n'exerça pas de vengeances sanglantes, mais il se fit livrer « une si grande multitude d'otages, que ni lui, ni son père, ni aucun roi frank n'en avait jamais emmené un tel nombre » (*Chronic. Moissiac.*), et il les envoya, sans espoir de retour, avec femmes et enfants, en divers cantons de la Gaule et de la Germanie ; ce fut une véritable déportation en masse de la partie la plus énergique du peuple. Karle commença dès lors à établir en Saxe, auprès des moines et des prêtres, beaucoup de guerriers franks et germains sur les terres devenues vacantes par la guerre et par les confiscations. Ces colons étrangers aidèrent puissamment à dissoudre la vieille Saxe.

Karle était encore sur l'Elbe, quand il reçut d'excellentes nouvelles de Pannonie : les Huns n'avaient pu se remettre du coup que leur avait porté la campagne de 791 ; au lieu de se réunir pour relever leur puissance ébranlée, ils s'entre-déchiraient comme des bêtes sauvages, et l'une des factions appelait l'intervention étrangère. Thudun, un de leurs principaux khans, députa vers le roi des Franks des messagers, chargés de riches présents, pour lui offrir de se donner à lui « avec sa terre et son peuple, » et d'embrasser le christianisme. Les messagers furent baptisés et renvoyés « avec de grands honneurs et de grands dons; » puis Karle revint hiverner à Aix-la-Chapelle, après avoir expédié aux lieutenants de son fils Peppin la recommandation de pousser vivement la guerre du côté de la Carinthie. Le roi comptait que la campagne de 796 serait décisive. Il fut douloureusement distrait de ses préoccupations guerrières par la mort du pape Adrien, arrivée le 25 décembre 795 : « Il le tenait pour son meilleur ami, et le pleura comme s'il eût perdu le frère ou le fils le plus cher, car il était facile à contracter des amitiés et très constant à les conserver, et il entourait d'une pieuse et tendre sollicitude ceux qu'il s'était attachés par de tels nœuds. Karle fit faire des prières dans tout son empire pour l'âme d'Adrien, et répandit de grandes aumônes à son intention ; il lui composa une épitaphe en vers latins, qui fut gravée sur le marbre en lettres d'or, et placée sur la tombe du pontife à Rome[1]. » Le jour même des funérailles d'Adrien, Léon III fut élu pape par les évêques et les grands du duché de Rome, et par les clercs et le peuple de la cité : il envoya aussitôt au roi des Franks, « patrice des Romains, » les clefs de la confession de saint Pierre et l'étendard de la ville de Rome en signe d'obéissance, et Karle, sur la demande de Léon lui-même, chargea Anghilbert, abbé de Saint-Riquier, d'aller recevoir les serments de fidélité des Romains à l'occasion du choix d'un nouveau pontife. La lettre du roi au pape est remarquable par le ton d'admonition et d'enseignement que prend Karle : il avertit gravement le nouvel élu de tous ses devoirs, et surtout de la nécessité d'observer les canons et d'empêcher la simonie. Karle, dit le moine de Saint-Gall, « était un évêque pour la prédication, comme un philosophe pour les sciences libérales : » cette lettre et les instructions données à Anghilbert en font foi.

Les missives du roi étaient accompagnées de présents d'une magnificence extraordinaire : au moment du départ d'Anghilbert, les trésors des Huns étaient déjà au pouvoir de Karle. Les dissensions intestines des Awares avaient redoublé de furie ; les

---

1. Eginhard. *Vita Karoli Magni*, c. 19. — *Chronic. Moissiac.* — *V.* cette épitaphe dans le t. V des *Histor. des Gaules.*

deux chefs de la nation, le khacan et l'ouïghour (*Chaganus et Jugurrus*)[1], avaient été égorgés par leurs sujets ; à la faveur de cette anarchie, les Slaves méridionaux, si longtemps opprimés par les Huns, s'étaient affranchis et avaient appelé les Franks. Le plus vaillant et le plus habile des capitaines franco-italiens, Herrik, duc de Frioul, fit alors, avec l'assistance des Slaves, une pointe audacieuse à travers la Pannonie, passa le Danube, força les neuf cercles, pénétra jusqu'au Ring, et enleva la plus grande partie de ce prodigieux trésor des Awares, amassé par des siècles de pillage. Ces inestimables richesses furent envoyées au roi, qui en régla libéralement le partage et fit tomber une pluie d'or dans les mains de tous ses leudes, clercs et laïques ; l'église de Rome eut sa bonne part[2]. La barbarie enrichissait à son tour la civilisation de ses dépouilles. « Les Franks, dit Éginhard, ravirent justement aux Huns ce que ceux-ci avaient injustement ravi à tant d'autres nations. » Ces *autres nations* étaient surtout les riches et efféminés sujets de l'empire d'Orient.

L'étoile de Karle commençait à dissiper tous les nuages qui l'avaient un moment obscurcie : le grand roi des Franks s'apprêta à compléter son triomphe ; il enjoignit à Peppin, roi d'Italie, d'entrer en Pannonie avec ses Franco-Italiens, ses Langobards, les Bavarois et les Allemans, envoya ses deux autres fils, Karle et Lodewig, reprendre les postes occupés par les *Sarrasins* au nord des Pyrénées, et retourna lui-même en Saxe ; là était la tâche qu'il ne confiait à personne. Les Saxons n'attendirent nulle part le roi de pied ferme et ne se défendi-

---

1. Cette dualité est indiquée à plusieurs reprises par les historiens, et ferait supposer que la nation était divisée en deux corps, l'un peut-être formé par les descendants des Huns d'Attila, l'autre par les Awares ou plutôt les Huns-Ouïghours ou Ogors, venus des monts Ourals au sixième siècle. On appelait apparemment le chef des Ogors l'*Ouïghour*, comme nous avons longtemps appelé le souverain des Othomans le *Grand-Turc*.

2. Léon III employa sa portion de butin à faire fabriquer toutes sortes de vases et d'ornements précieux pour les églises de Rome, et décora splendidement le palais de Latran : on voit encore une mosaïque qu'il fit faire à cette occasion. Au milieu est le Christ debout, entouré des douze apôtres ; à gauche, le Christ assis remet les clefs à saint Pierre, l'étendard à Constantin ; à droite, saint Pierre assis remet l'étole à Léon III, l'étendard orné de six roses à Karle, avec cette inscription : « Saint Pierre, donnez la vie au pape Léon et la victoire au roi Karle ». Karle a le menton ras et de longues moustaches.

rent que par une guerre d'escarmouches et d'embuscades à travers leurs marais. Karle continua son système de déportation, qui caractérise cette seconde période de la guerre de Saxe, et complète le système d'occupation militaire de la première période. Il reçut en Saxe des députés de son fils Peppin, qui l'informèrent que l'armée italo-germanique était en présence des Awares, réunis sous un nouveau khacan : bientôt un second message annonça la déroute des Huns et l'entrée de Peppin dans le Ring ; une partie des ennemis avaient été taillés en pièces ; d'autres s'étaient soumis, à l'instigation du khan Thudun, qui s'apprêtait à se rendre auprès du roi Karle : le reste avait fui au delà de la Theyss ; toute la région entre l'Ens et la Theyss était au pouvoir des Franks ; le Ring était brûlé, ruiné, rasé de fond en comble, et l'empire des Huns n'existait plus. Le jeune vainqueur vint rejoindre son père à Aix-la-Chapelle, traînant après lui le reste des richesses des Huns : le nouveau peuple romain avait aussi ses *triomphes!* L'Austrasie entière salua de ses acclamations le grand Karle et son fils, et se pressa sur les pas du jeune roi d'Italie pour admirer les trophées qu'il rapportait, et pour contempler ces troupeaux de captifs aux traits bizarres, aux cheveux tressés, à la physionomie farouche, et ces autres Huns libres qui venaient, avec leur prince Thudun, demander leur admission dans le sein de la chrétienté. L'enivrement était universel ; jamais les deux passions dominantes des Franks, la gloire et le butin, n'avaient été si largement satisfaites : « Les Franks, » s'écrie Éginhard, « les Franks avaient été quasi pauvres jusqu'à ce jour ; ils ne furent riches qu'après avoir vaincu les Huns, tant on trouva au Ring d'or, d'argent et de précieuses dépouilles enlevées dans cent batailles! » Des monuments contemporains attestent que les prix des denrées et des marchandises subirent dans l'empire frank une hausse immédiate par l'introduction d'une telle masse de métaux précieux.

C'est la plus brillante époque du règne de *Charlemagne :* la cour du grand roi, durant la saison d'hiver, déployait une merveilleuse splendeur ; Karle avait cessé d'errer de *villa* en *villa ;* il avait fixé son hivernage habituel à Aix (*Aquis-Grani*), entre la Meuse et le Rhin, et y avait établi sa fameuse chapelle royale (de là le nom d'Aix-la-Chapelle). Du fond des forêts de l'Austrasie s'élevait, comme par enchantement, une nouvelle cité. La métairie devenait une capitale, et d'immenses édifices sortaient de terre à la voix de Karle. « Là, s'épanouit une Rome nouvelle qui touche les astres de ses voûtes colossales : le pieux Karle, du faîte de son palais, désigne la destination de chaque lieu, et préside à la construction des hauts remparts d'une Rome future [1]. » L'art monumental, tombé en Occident avec l'ancienne civilisation, renaissait simultanément, bien qu'à un degré inégal, chez les deux peuples qui se partageaient les débris de l'empire romain. Aix-la-Chapelle s'efforçait de rivaliser avec Cordoue : des deux côtés, c'étaient les ruines de l'antiquité qui défrayaient les essais de l'art nouveau ; toutes les vieilles villes romaines d'Espagne fournissaient leur contingent aux innombrables colonnes de la mosquée de Cordoue, et le palais et la basilique d'Aix [2] s'enrichissaient des marbres et des mosaïques de Rome et de Ravenne : de l'aveu du pape Adrien, le palais impérial de cette dernière cité avait été entièrement dépouillé de ses ornements au profit du palais d'Aix. Outre le palais et la basilique, le roi Karle « jeta dans Aix les fondements d'un vaste théâtre » (peut-être un cirque), et bâtit des bains « avec des gradins et des siéges de marbre. » Les sources thermales d'Aix, déjà renommées sous le roi Peppin, avaient contribué au choix de cette résidence ; « Karle aimait beaucoup la vapeur de ces eaux naturellement chaudes, et s'y baignait souvent avec ses fils, ses grands, ses amis et même ses gardes ; on y voyait quelquefois ensemble plus de cent personnes. » Aix ne fut pas la seule ville où *Charlemagne* érigea de vastes édifices : il bâtit aussi des palais à Nimègue, à Ingelheim, près Mayence [3], etc., et ordonna la reconstruction de toutes les églises qui avaient été ruinées par les guerres étrangères et civiles dans les diverses régions de son empire. Un de ses ouvrages les plus admirés fut le pont de 500 pas de long qu'il jeta sur le Rhin à Mayence ; par malheur, ce pont n'était que de bois et ne subsista que peu d'années. Si l'on en

1. Alcuin. *Versus de Karolo Magno*, dans les *Histor. des Gaules*, t. V, p. 389.
2. Bâtie sur le modèle de Saint-Vital de Ravenne. Les églises de Charlemagne étaient encore des *basiliques* en fait comme en nom : les formes caractéristiques du temple chrétien n'étaient pas encore trouvées.
3. Les restes d'un de ces palais subsistent encore à Lorch, près Francfort.

croyait l'enthousiaste moine de Saint-Gall, les principaux ouvrages de Karle, et surtout la basilique de la mère de Dieu, à Aix, « surpassaient les œuvres des anciens Romains. » La vérité est que ces monuments n'égalaient pas les constructions contemporaines des Arabes, ni celles des Byzantins, les maîtres des Arabes, mais qu'ils étaient assez imposants pour impressionner vivement l'imagination des hommes du Nord; leurs proportions majestueuses reflétaient quelque chose du génie de *Charlemagne,* et l'art de la forme, le fini de l'exécution, n'y faisaient pas défaut autant qu'on le pourrait croire. Tout ce qui conservait quelque sentiment du beau et quelque habileté de main, en Italie et dans le midi de la Gaule, avait été appelé à seconder les plans du maître, et les débris de l'antiquité, largement mis à contribution, avaient fait le reste. Il est à croire que tous ces vastes bâtiments n'étaient pas construits en pierre, et que les constructions en bois y figuraient pour une bonne part; l'arcade cintrée sur colonnes, au dehors comme au dedans des édifices, en était le principal caractère; les absides même des églises présentaient à l'extérieur deux ou trois rangs d'arcades engagées dans le mur [1].

Le moine de Saint-Gall donne des détails curieux sur la répartition et la conduite des travaux et des monuments publics : « S'il s'agissait de travaux secondaires, comme construction de ponts, de vaisseaux, réparations de chemins, etc., les comtes les faisaient faire par leurs vicaires et officiers inférieurs; si l'ouvrage était de plus haute importance, si surtout c'était quelque chose de nouveau à fonder, ni duc, ni comte, ni évêque, ni abbé, ne se pouvait excuser d'y prendre part; témoin le pont de Mayence, auquel toute l'Europe est venue mettre la main à tour de rôle. Quant aux églises du domaine royal, les évêques et les abbés voisins étaient obligés de les entretenir, d'en réparer les

---

[1]. Il reste en France bien peu d'édifices de ce temps : on peut citer Saint-Martin de Poitiers et l'abbaye d'Aisnai, à Lyon; encore celle-ci n'est-elle pas tout entière de l'époque. L'église San-Zeno de Vérone est le monument carolingien le plus complet que nous connaissions. Les figures du tympan de son portail et de ses portes de bronze nous montrent les Franks de Charlemagne avec leurs costumes et leurs armes. On peut observer aussi, dans un certain nombre de monuments du midi de la France, des parties notables, frontons, colonnes et pilastres, copiées sur les formes gréco-romaines des édifices antiques que nous avons conservés; mais le mouvement du temps allait toutefois à des formes nouvelles.

murailles, de les faire peindre à fresque; mais, lorsqu'on en devait bâtir de nouvelles, tous les évêques, ducs, comtes, abbés, prêtres (curés) des églises du domaine, et tous les possesseurs de *bénéfices* publics, contribuaient à les édifier de fond en comble : ainsi furent élevés à Aix le palais du roi du ciel et le palais du roi de la terre (*basilica divina sed et humana*), et les maisons des dignitaires de tous grades ; le très sage Karle avait fait disposer leurs habitations autour de son palais, de telle sorte qu'à travers les treillages qui fermaient son balcon, il pût voir les moindres gestes de ceux qui entraient ou qui sortaient. Les demeures des grands étaient suspendues très haut au-dessus de la terre, afin qu'au-dessous d'elles, les soldats, les serviteurs et toute autre espèce de gens, se pussent mettre à l'abri de la pluie et de la neige. » Les indigents, les pèlerins, les voyageurs, pour lesquels le roi montrait toujours une extrême bienveillance, venaient se chauffer auprès de grands fourneaux dans ces galeries « ouvertes, comme les appartements supérieurs, à l'œil vigilant de Karle [1]. »

Le roi quitta de bonne heure sa résidence favorite en 797 : il voulait à tout prix en finir avec les Saxons ; mais, en même temps, il revenait sérieusement à ses projets de conquête sur le nord de l'Espagne. Les circonstances étaient favorables : l'émir Hescham était mort l'année précédente ; ses deux frères, Soliman et Abdallah, s'apprêtaient à disputer le trône à son fils Hakem, et les

---

[1]. Malgré cette surveillance infatigable, il se commettait dans le palais de fréquents désordres, attestés par les mesures mêmes qui avaient pour but de les réprimer. *v.* les capitulaires de *Ministerialibus palatinis*, contre les officiers et serviteurs qui cachent dans le palais des vagabonds, des femmes publiques, des gens coupables de vol, d'homicide ou d'autres crimes, ou qui n'empêchent pas les querelles et les rixes selon leur pouvoir ; dans les *Histor. des Gaules*, t. V, p. 657. — Dès que Karle était parti pour la guerre, des malversations de tout genre avaient lieu dans les travaux publics ; les directeurs des travaux renvoyaient ceux des ouvriers qui pouvaient, par eux-mêmes ou par leurs maîtres, obtenir à prix d'argent la permission de retourner chez eux, et écrasaient de fatigues les autres ouvriers, « comme faisaient les Égyptiens envers le peuple de Dieu ». Les prévôts du roi s'appropriaient les fonds destinés à fournir des vivres et des vêtements aux artisans venus des contrées lointaines. *v.* les anecdotes du moine de Saint-Gall, l. I, c. 30-33. Le démon du désordre secouait à chaque instant sa chaîne, et faisait craquer l'édifice. Charlemagne était sans cesse forcé de porter la main dans toutes les parties de l'immense machine toujours prête à se détraquer sous l'effort des mauvaises passions. L'âme du grand homme dut être souvent troublée par de sombres pressentiments sur la durée de son œuvre.

troubles avaient recommencé entre l'Èbre et les Pyrénées : au printemps de 797, on vit arriver à Aix-la-Chapelle un chef arabe, nommé Zéid ou Zaïdoun, qui s'était emparé du gouvernement de Barcelonne et qui venait en faire hommage au monarque des Franks. Des négociations furent aussi entamées avec Karle par les oncles rebelles du nouvel émir de Cordoue El-Hakem. Karle, sans perdre de vue les affaires d'Espagne, alla parcourir rapidement la Saxe, du Rhin jusqu'à la mer du Nord et jusqu'aux retraites les plus reculées du Holstein, « reçut toute la nation à reddition par serments et par otages », publia, pour la Saxe, un capitulaire beaucoup plus modéré que celui de 785, et fut de retour dès la fin de l'été à Aix, où il trouva le prince musulman Abdallah qui venait solliciter son aide. Karle promit au prétendant arabe d'appuyer ses tentatives contre l'émir Hakem par une puissante diversion au nord de l'Èbre : le jeune roi d'Aquitaine, qui était à Aix, repartit avec Abdallah, qui rentra dans l'intérieur de l'Espagne et alla se mettre à la tête de ses partisans à Tolède, pendant que Lodewig et son brave lieutenant Wilhelm de Toulouse préparaient la revanche de l'invasion de 793. Karle, de son côté, avait quitté derechef le palais d'Aix, où il ne passa point l'hiver cette année : il alla s'installer aux bords du Weser, et appela l'endroit où il assit son camp, *Héristall,* du nom du lieu qui avait été le berceau de sa famille : c'était comme une nouvelle et solennelle prise de possession de la Saxe. Il reçut, dans le Héristall saxon, les ambassadeurs de la malheureuse nation des Awares, qui lui envoyait en présent des débris somptueux encore de ses anciennes richesses, pour obtenir paix et merci.

La guerre cependant était poussée très vivement et avec des succès très variés du côté de l'Espagne : les forts que tenaient les Arabes au nord des Pyrénées orientales avaient été repris, et l'Espagne avait été entamée à la fois par les deux extrémités de la chaîne des Pyrénées. Les walis de Pampelune et de la frontière orientale (Cerdagne, Lampourdan) furent battus et obligés de se reconnaître vassaux des Franks ; les walis de Gironne, Huesca, Lérida, etc., se soumirent, les uns avec des serments et des otages, les autres en faisant plus, en recevant les Franks dans les murs de leurs villes. L'armée franco-aquitanique repassa les *ports* après cette brillante expédition ; mais les conquêtes des Aquitains furent reperdues aussi vite qu'elles avaient été gagnées. Au bruit des succès des chrétiens, l'émir Hakem était accouru à Saragosse: comme dans la campagne de Roncevaux, les populations musulmanes de la vallée de l'Èbre se levèrent en masse, et Hakem, à leur tête, recouvra, en quelques semaines, toutes les villes et forteresses de l'Espagne septentrionale, franchit les ports orientaux, et fit une invasion rapide et dévastatrice jusqu'aux portes de Narbonne. Hakem ne put soutenir son avantage : la révolte de ses oncles avait pris un développement si redoutable qu'il n'eut pas trop de toutes ses ressources pour la combattre trois années durant. Les Aquitains profitèrent de son absence forcée ; au printemps de 798, le plaid général du royaume d'Aquitaine fut réuni à Toulouse ; les ambassadeurs d'Alfonse (*Adelfonsus*), roi de Galice et des Asturies, qui avaient été jusqu'au nouveau Héristall offrir en présent au roi Karle « une tente d'une merveilleuse beauté » conquise par leur prince sur les Arabes[1], comparurent dans l'assemblée de Toulouse et y jurèrent alliance au royaume d'Aquitaine. Bahloul (*Bahaluc*), wali des ports orientaux, qui avait été défait l'année précédente en voulant disputer le passage aux chrétiens, envoya également à Toulouse offrir paix et hommage, et il sembla que l'armée franco-aquitanique n'eût qu'à passer les montagnes au sortir du plaid pour se remettre en possession du territoire un moment reperdu. Ce retour des Franks en Espagne est un événement important dans l'histoire de la Péninsule : les Franks y mirent le pied, cette fois, d'une manière définitive, et deux

---

1. Alfonse, dans sa correspondance avec le roi des Franks, « se disait appartenir à Karle (*proprium esse Karoli*); les petits rois gaëls d'Écosse et d'Irlande se proclamaient de même ses « sujets et ses serviteurs ». Eginhard, *Vita Karoli*, § 16. L'influence de Charlemagne n'était pas moins souveraine en Angleterre : c'étaient près de lui que se réfugiaient les victimes des luttes intestines de l'heptarchie anglo-saxonne, et vainqueurs et vaincus recouraient fréquemment à sa médiation. Il donna refuge à Hedburghe, veuve de Beotricht, roi de Westsex, et fille d'Offa, roi de Mercie, expulsée par ses sujets, et ce fut de sa cour que sortit le successeur de Beotricht et de Hedburghe, le jeune Eghbert, qui avait fait son apprentissage politique et militaire sous le grand roi des Franks, et qui, digne élève de Charlemagne, réunit plus tard en un seul État les sept royaumes des Anglo-Saxons. En 807, Eardulfe, roi de Northumberland, détrôné et banni, n'eut qu'à réclamer l'intervention de Karle pour être pacifiquement rétabli sur son trône par les envoyés du monarque des Franks et du pape Léon.

comtes franco-aquitains furent préposés à la *Marche d'Espagne*: l'un, Rostang, eut Gironne ; l'autre, Borel ou Burrel, eut Caserras, Cardona, Urgel, villes ruinées par les dernières guerres, qui furent réparées et repeuplées ; en même temps, le comte de la Marche de Wasconie franchit les monts, et vint s'établir vers les sources de l'Aragon et du Gallégo, peut-être à Jacca ; c'est à ces comtés franco-aquitains que remonte l'origine du comté de Catalogne et du royaume d'Aragon. Quant à Barcelonne, Huesca, Pampelune, etc., etc., on se contenta de l'hommage de leur walis. La domination réelle ou nominale des Franks s'étendit presque jusqu'à l'Èbre.

Le roi Karle, pendant ce temps, était toujours en Saxe : les Saxons trans-elbains du Holstein s'étaient encore révoltés, et avaient égorgé les envoyés royaux qui rendaient la justice parmi eux. Le pays entre le Bas-Elbe et le Bas-Weser suivit le mouvement des Trans-Elbains ; mais le châtiment fut prompt et sévère : Karle en personne saccagea le Bardengaw, tandis que les Trans-Elbains se faisaient hacher par Thrasiko, prince des Obotrites, qui vengea cruellement le meurtre de son prédécesseur. Le dénouement de l'insurrection du Bardengaw fut la déportation de seize cents des Saxons les plus turbulents et les plus courageux. Karle revint hiverner à Aix-la-Chapelle, où il reçut une ambassade grecque qui traita de la paix avec lui, et une seconde députation du roi des Asturies, qui lui faisait hommage d'une partie des dépouilles de Lisbonne, surprise par les Galiciens.

(799.) Karle se disposait à retourner en Saxe : les Trans-Elbains n'étaient pas soumis, et la rébellion, comme un incendie mal éteint, se rallumait incessamment, tantôt dans un canton, tantôt dans un autre. Karle manda son fils Lodewig, « avec ce qu'il pourrait amener de monde (*cum populo quo posset*). Cette nécessité de faire venir des troupes de si loin indique assez l'épuisement de la population militaire sous la prospérité extérieure de l'Empire : les guerres gigantesques de Karle imposaient aux hommes libres un fardeau hors de proportion avec leur force numérique, la grande majorité du peuple étant attachée à la glèbe ou aux métiers serviles, et ne figurant pas dans l'*armée des Franks*. Le faix pesait principalement sur les habitants des provinces lointaines du sud, qu'on obligeait à courir des Pyrénées jusqu'à l'Elbe ou au Vulturne, tandis qu'ils avaient déjà bien assez de leur guerre journalière contre les Arabes. Karle dérogeait, malgré lui sans doute, à sa propre politique, par des exigences qui faisaient détester aux méridionaux l'unité de l'Empire : il voulait imposer aux Saxons par un grand déploiement de forces, et leur rendre toute tentative impossible. A l'instant de partir d'Aix, il reçut de fâcheuses nouvelles de Rome : à la suite de violentes discordes entre le pape Léon et les principaux des Romains, Pascal et Campulus, neveux du feu pape Adrien, avaient tramé un complot contre Léon, et l'avaient assailli et fait prisonnier au milieu d'une procession, après l'avoir maltraité de la manière la plus barbare ; Léon prétendit même qu'ils lui avaient arraché les yeux et coupé la langue, et qu'un miracle lui avait rendu la vue et la parole ; le chroniqueur grec Théophanès explique ce *miracle* par la compassion des hommes que les conjurés avaient chargés de mutiler le pape. Léon était parvenu à s'évader avec l'aide de ses amis, et à se retirer auprès du duc de Spolète. Le roi expédia aussitôt l'ordre d'amener le pape en France, afin de conférer avec lui sur ce grave événement, et n'en passa pas moins le Rhin : il alla s'établir à Paderborn, et dépêcha son fils Karle vers l'Elbe « pour recevoir la soumission de quelques Saxons du nord, et traiter de quelques affaires avec les Wélétabes et les Obotrites. » Les Wélétabes étaient rentrés sous la suzeraineté franke. L'entrevue du roi et du pape eut lieu à Paderborn : le résultat immédiat en fut la restauration de Léon dans Rome par des commissaires de Karle, auxquels les factieux n'osèrent résister ; mais les conférences de Karle et de Léon eurent d'autres conséquences plus importantes encore, qui ne parurent au grand jour qu'à la fin de l'année suivante.

Avant de retourner à Aix, le roi Karle apprit la perte d'un de ses plus vaillants capitaines, et les nouveaux succès de son armée du Danube. Les Huns, qui semblaient complétement abattus, avaient tenté un effort désespéré pour s'affranchir et se venger, et Thudun lui-même, le khan baptisé à Aix, était retourné, par un tardif repentir, à ses dieux et à son peuple. Ghérold, gouverneur (*præfectus*) de Bavière, fut tué, « on ne sait par qui, » à l'instant de charger les Huns en Pannonie à la tête de son armée. La mort du comte Ghérold ne sauva pas les Huns : leur effort n'était qu'une convulsion d'agonie ; ils furent de nouveau battus, dispersés, taillés en pièces, et les nations slaves qui les environnaient achevèrent l'œuvre des Franks. Les débris de ce peuple, qui avait dominé toute l'Europe orientale, furent réduits à implorer la protection de leurs vainqueurs pour n'être pas exterminés par leurs anciens vassaux. « La Pannonie vide d'habitants, le lieu où était le palais du khacan désert au point qu'on n'y voit plus trace d'habitation humaine, attestent combien de batailles furent livrées, combien de sang fut versé dans cette guerre de huit années (de 791 à 799) ! Toute la noblesse des Huns y périt, toute leur gloire y fut ruinée, tous leurs trésors, amassés depuis si longtemps, y devinrent la proie des vainqueurs. » (Éginhard. *Vita Karoli Magni*, § XIII.)

L'empire des Franks, en cette année 799, s'accrut des îles Baléares. Le peuple de ces îles, harcelé et pillé par les pirates maures et arabes, appela les hommes du roi Karle, et se donna à eux. Les Franks défirent les Maures qui tâchaient de s'emparer de Majorque, et envoyèrent au roi à Aix les enseignes conquises sur les infidèles. Wido, comte de la Marche de Bretagne, apporta peu après à Karle les épées des tierns bretons qui s'étaient révoltés et qu'il avait soumis en parcourant victorieusement toute leur province. Sur chaque glaive était gravé le nom du chef auquel il avait appartenu.

(800.) Ainsi, de l'Oder jusqu'à l'Èbre et jusqu'aux îles de la Méditerranée, de la mer du Nord jusqu'à l'Adriatique et à la mer Britannique, la victoire restait fidèle aux armes des Franks, et les limites de leur prodigieuse domination s'élargissaient chaque jour. On lit, sur ces entrefaites, dans les chroniqueurs, quelques lignes qui retentissent comme une prophétie funèbre au milieu de tous ces chants de gloire : « Vers la mi-mars, le roi, quittant Aix-la-Chapelle, parcourut le rivage de l'océan Gallique, établit une flotte, et disposa des garnisons le long de cette mer, où les Nordmans exerçaient alors la piraterie... Il construisit une flotte contre les attaques nordmanniques, et plaça pour cela des navires, des stations et des guetteurs à l'embouchure des fleuves qui, de la Gaule et de la Germanie, vont se jeter dans l'Océan du Nord. »

posés à ce soin. Elles étaient très-belles, et il avait pour elles une tendresse extrême ; mais c'est chose étonnante à dire, qu'il n'ait jamais voulu marier aucune d'entre elles, au dedans ou au dehors du royaume : il les garda toutes auprès de lui dans le palais jusqu'à sa mort (il en eut jusqu'à huit), disant qu'il ne pouvait se passer de leur compagnie. C'est pourquoi lui qui était heureux en toute autre chose éprouva la malignité de la fortune à leur occasion ; ce qu'il dissimula néanmoins comme si aucun fâcheux soupçon touchant leur conduite ne fût jamais arrivé jusqu'à lui. (Eginhard, *Vita Caroli*, § XIX.) » Ces belles et vives princesses se dédommagèrent, en effet, sans beaucoup de scrupule, du refus que leur père faisait de les marier. Elles avaient presque toutes des amants parmi les personnages les plus distingués du Palais. Anghilbert, avant de devenir abbé de Saint-Riquier, avait eu de la princesse Berthe trois enfants, dont l'un fut l'historien Nithard. Rotrude, fiancée dans son enfance à l'empereur d'Orient, eut aussi un fils naturel [1].

Karle, après les funérailles de Liutgarde, était retourné de Tours à Aix-la-Chapelle ; puis il alla tenir un plaid général à Mayence au commencement d'août, et partit de là pour l'Italie. Il avait voulu en vain décider Alcuin à l'accompagner, « à quitter les toits enfumés de Tours pour les palais dorés des Romains. Tout le monde n'avait pas le corps de fer et l'esprit infatigable de Karle, et son vieux *maître* n'aspirait plus qu'au repos. Alcuin ne tarda pas à se démettre de ses deux principales abbayes, Saint-Martin et Ferrières, et mourut dans le courant de l'année 804. Le

---

1. Les amours d'Eginhard ou Einhard, secrétaire de Charlemagne, avec une autre fille de ce prince, nommé Imma, sont beaucoup plus célèbres ; mais elles ont été révoquées en doute par des objections décisives : Eginhard, le héros de l'aventure, nous a lui-même donné la liste des huit filles de Charlemagne, et le nom d'Imma ne s'y trouve pas ; il parle d'ailleurs de la conduite des filles du roi en homme tout à fait désintéressé dans la question. D'une autre part, une raison grave milite en faveur de l'authenticité des amours d'Eginhard et d'Imma : c'est que le monument qui nous a appris l'intéressante anecdote de la *Neige* n'est rien moins que la chronique de Lauresheim, monastère qu'Eginhard enrichit de ses dons, et où il mourut : on y devait connaître la biographie du bienfaiteur de la maison. On pourrait tout concilier en admettant que le chroniqueur monastique se soit trompé seulement sur la qualité de la belle Imma, et que la maîtresse d'Eginhard ait été la nièce et non la fille de Charlemagne. Il est certain qu'Éginhard avait une femme de « très illustre race » (*nobilissima*), qu'il aimait beaucoup, et que cette femme s'appelait Imma.

roi se dirigea vers l'Italie par la Germanie méridionale, envoya son fils Peppin avec une armée contre les Bénéventins, qui avaient derechef oublié leur serment de vassalité, et s'en alla de Ravenne à Rome, où le pape, le clergé et le peuple le reçurent à l'entrée de la basilique de Saint-Pierre (24 novembre). Le huitième jour après son arrivée, il convoqua dans cette même église les grands romains et franks, pour juger l'affaire du pape et de ses ennemis, qui s'efforçaient de justifier leurs violences par des accusations très graves contre Léon. Les commissaires de Karle, en réinstallant Léon dans Rome, avaient déjà entamé les informations et envoyé Pascal et Campulus prisonniers en France. Personne ne soutint les imputations élevées contre le pontife, et Léon, « embrassant les quatre Évangiles du Christ, et invoquant le nom de la sainte Trinité, monta en chaire devant tous, et jura à haute voix qu'il était innocent des crimes qu'on lui imputait [1]. Pascal, Campulus, et beaucoup d'autres grands de Rome, leurs complices, furent condamnés à mort, comme criminels de lèse-majesté ; mais Léon intercéda pour que « la vie et les membres » leur fussent conservés, et Karle les exila seulement en France.

Le jour de la Nativité, 25 décembre 800, un plus grand événement eut lieu dans cette même basilique de Saint-Pierre. « Le roi Karle étant entré dans l'église avec tout le peuple pour la messe solennelle de ce jour, et s'étant incliné devant l'autel pour prier, le pape Léon lui posa une couronne sur la tête, et tous les Romains crièrent par trois fois : « A Karle, très pieux, Auguste, couronné de Dieu, grand et pacifique empereur, vie et victoire ! » après laquelle proclamation (littéralement, *après les louanges, post laudes*), le pontife se prosterna devant lui et l'*adora*, suivant la coutume établie du temps des anciens empereurs. Karle fut constitué empereur des Romains par les acclamations de tous, et le pontife l'oignit de l'huile sainte, ainsi que le roi son très excellent fils (le roi d'Italie, Peppin)... Après quoi, le sérénissime seigneur empereur offrit des dons inestimables aux basiliques de

---

1. Anastase, l'historien des papes, prétend que tous les archevêques, évêques et abbés présents déclarèrent qu'ils n'osaient juger le Siége apostolique, lequel « avait coutume de juger les autres et ne n'être jugé par personne » ; qu'alors Léon se purgea volontairement par serment ; mais Anastase est plus que suspect.

Saint-Pierre, de Saint-Paul, de Sainte-Marie-de-la-Crèche, et à la basilique du Christ, dite de Constantin[1]. »

Ainsi fut relevé l'empire d'Occident au profit du peuple barbare qui avait hérité de la puissance territoriale et de la gloire militaire des Romains. Ce jour consomma la grandeur des Franks ; mais l'apogée est toujours, dans les choses humaines, le commencement de la décadence! Le renouvellement de ce grand nom d'Empire produisit un effet immense sur l'Europe. A l'intérieur de la monarchie franke, les masses populaires le reçurent avec plus d'étonnement que de joie : mais les lettrés, emportés par leurs souvenirs, s'imaginèrent voir le passé renaître, entouré de toutes ses splendeurs, comme s'il eût suffi de ce mot magique pour évoquer un monde couché dans le tombeau : au dehors, les Grecs l'accueillirent avec un dépit qui s'exhala en vains témoignages de mauvaise humeur, et les païens du Nord, avec une colère qui disposait de plus redoutables armes.

Eginhard prétend que Karle n'accepta le titre d'empereur qu'avec répugnance. « Karle assura que, ce jour-là, quoique ce fût si grande fête, s'il eût connu à l'avance le dessein du pontife, il ne fût point entré dans l'église. » Peut-on croire que cette répugnance ait été sincère, et que tout n'ait pas été concerté entre le roi et le pape dès le voyage de Léon à Paderborn? Le titre de patrice, en vertu duquel les rois franks commandaient à Rome et à l'Italie, impliquait une sorte d'infériorité vis-à-vis des empereurs de Constantinople, et convenait mal au dominateur de l'Europe. Peut-être, toutefois, Karle avait-il quelque crainte d'une impression peu favorable sur les Franks et les Germains. Quant au pontife romain, sa pensée, dont on ne peut méconnaître la grandeur, n'avait pas été de rétablir purement et simplement le vieil Empire, mais de lui donner un caractère plus directement religieux, et d'adosser, pour ainsi dire, le trône impérial au siége apostolique. De là le titre singulier de *Saint-Empire-Romain*, et l'idéal qui s'est longtemps attaché à ce titre. La papauté, au neuvième siècle, concevait la chrétienté une sous deux chefs, un chef religieux et un chef politique. Le principe des

---

1. Eginhard. *Annal.* — Anastas. *Vita Leonis III papæ.*

nationalités n'eût-il pas repoussé cette conception, que l'équilibre n'eût jamais pu s'établir entre ces deux têtes du monde. Sous Charlemagne, le pouvoir politique avait, de fait, la prépondérance. Plus tard, la papauté rêva la réunion des *deux glaives* entre ses mains, et les *deux glaives* furent brisés dans la lutte du pape et de l'empereur[1].

(801) Le nouvel empereur passa l'hiver à rétablir « l'ordre qui avait été gravement troublé à Rome et dans toute l'Italie. » Avant de repasser les Alpes, il reçut près de Verceil les ambassadeurs d'un prince qui était alors en Asie ce que Karle le Grand était en Europe, de Haroun-al-Reschid, khalife de Bagdad. Karle avait pensé récemment à renouer les relations liées autrefois par Peppin avec les khalifes d'Orient, et avait envoyé une ambassade à Bagdad. Son but était moins d'induire Haroun à une alliance offensive contre l'émir de Cordoue que de protéger auprès de lui les chrétiens orientaux, sujets des musulmans, et les pèlerins qui allaient visiter le tombeau du Christ. Malgré l'éloignement, le grand roi des Franks était plus connu et plus respecté des chrétiens de Syrie que l'empereur de Byzance, leur ancien maître. Récemment, le patriarche de Jérusalem avait expédié à Karle l'étendard et les clefs du Saint-Sépulcre, en signe de reconnaissance de ses aumônes et de ses bienfaits. La grande âme de Haroun était digne de comprendre celle de Charlemagne[2]. « Aaron (Haroun) préféra l'amitié de Karle à celle de tous les rois et les princes de la terre, » lui envoya à son tour des députés chargés d'aromates, d'étoffes précieuses et de toute sorte de riches dons, et « soumit à sa puissance le saint et salutaire lieu du sépulcre et de la résurrection de notre Seigneur, » autorisant ainsi l'envoi fait par le patriarche. Parmi les présents de Haroun, figurait un éléphant, qui excita singulièrement la curiosité et l'admiration des Gaulois et des Germains. Aux envoyés de Haroun s'était joint un ambassadeur de l'émir édrissite de Fez, avec qui Karle avait en-

---

1. *V.* Ozanam, *Études germaniq.* t. II, p. 363. Panégyriste, c'est l'idéal qu'il exprime, mais cet idéal existait sous les faits.

2. L'analogie entre ces deux hommes est remarquable : leurs règnes à tous deux furent l'âge héroïque où puisèrent de prédilection les poëtes et les romanciers de la chrétienté et de l'islamisme. Sur leurs relations, *v.* Eginhard, *Karoli Magni Vita*, § 16, et les *Annales* de Loisel.

tamé quelques négociations, dans l'intérêt des chrétiens d'Afrique. Le bras du monarque des Franks s'étendait sur tous les rivages de la Méditerranée.

Durant ces relations amicales avec les musulmans d'outre-mer, les Franks poursuivaient leurs avantages sur les musulmans d'Espagne, et le gouvernement franco-aquitain travaillait à changer en possession réelle sa suzeraineté sur les villes d'entre l'Èbre et les Pyrénées; les nouveaux comtés de la Marche d'Espagne étaient sa base d'opérations. En 800, le roi Lodewig avait traversé les monts pour obliger les walis de Barcelonne, de Lérida et de Huesca à recevoir les troupes chrétiennes dans leurs cités : tous trois refusèrent; Zéid, le plus puissant de ces chefs, protesta de sa fidélité, mais n'ouvrit pas les portes de Barcelonne. On n'avait pas des forces suffisantes pour l'attaquer; on alla prendre et saccager Lérida, puis ravager les environs de Huesca. On prépara pour l'année suivante une expédition plus décisive, qu'une révolte de Wascons arrêta un moment : le gouvernement aquitain ayant établi sur le comté de Fezenzac (*Fedentiaca*) un comte qui ne leur convenait pas, « ils firent périr les hommes de ce comte, les uns par le fer, les autres par le feu. » La rébellion fut réprimée, et quelques-uns des coupables furent brûlés vifs, « selon la loi du talion. » L'armée, renforcée des milices burgondiennes et provençales, partit ensuite de Toulouse pour aller assiéger Barcelonne: le roi Lodewig resta deçà les monts, à Roussillon (*Ruscellio*, l'ancienne *Rouskino*), avec un corps de réserve; le gros de l'armée, sous les ordres de Rostang, comte de Gironne, entama le siége, et le fameux Wilhelm de Toulouse, à la tête d'une forte division, tint la campagne entre Lérida et Tarragonne, pour arrêter les secours qui pourraient être envoyés de Cordoue. Un poëte contemporain, Ermold le Noir (*Ermoldus Nigellus*), a laissé une description très animée du siége de Barcelonne : les musulmans se défendirent avec une constance héroïque, et souffrirent les dernières extrémités avant de penser à se rendre : ils allèrent jusqu'à ronger les vieux cuirs qui couvraient les portes de leurs appartements; on vit plusieurs de ces malheureux se jeter du haut des murailles pour échapper aux tortures de la faim. Zéid comptait toujours sur l'assistance de l'émir de Cordoue; mais rien ne paraissait : El-Hakem ne tentait rien de sérieux pour sauver ses indociles sujets. Zéid tenta de traverser la nuit le camp des chrétiens, afin de courir lui-même jusqu'à Cordoue : il fut pris ; les assiégés, privés de ce chef intrépide, résistèrent quelque temps encore, bien que le duc Wilhelm, le roi Lodewig et les trois corps tout entiers de l'armée chrétienne se fussent réunis contre eux : ils ne capitulèrent que lorsqu'ils virent leurs murs ouverts en vingt endroits par les béliers, et leur cité près d'être enlevée par un dernier assaut qu'ils n'avaient plus la force de repousser. Lodewig installa dans Barcelonne un comte appelé Béra, avec une garnison de Goths, et dépêcha, vers l'empereur son père, son captif Zéid, avec la nouvelle de son triomphe. Zéid fut présenté à l'empereur le même jour que le Langobard Roselme, gouverneur de Chieti (*Theate*), qui avait été pris dans les Abruzzes, lui et sa cité, par le roi Peppin d'Italie. Le duc de Bénévent et les chefs subalternes qui relevaient de lui repoussaient avec vigueur les efforts du gouvernement franco-italien pour les réduire à une obéissance effective, et, malgré des succès partiels, on ne réussit point à abattre Bénévent comme Barcelonne ; de fortes places, un pays montueux et surtout le climat protégeaient les Langobards méridionaux contre les Franks.

(802-803) Ces luttes lointaines et locales n'agitaient que les extrémités de l'Empire : pour la première fois de son règne, Karle passa près de deux années en Austrasie sans avoir à s'occuper d'autre chose que d'administration intérieure et de relations diplomatiques avec les souverains étrangers. Les faibles mouvements de la Saxe agonisante n'exigeaient plus sa présence. Karle entretint, en 801 et 802, avec l'impératrice Irène, une négociation fort curieuse, dont les historiens franks ne parlent pas, et qui ne nous est révélée que par le chronographe grec Théophanès. Si l'on en croit l'historien byzantin, l'empereur des Franks, à l'instigation et avec le concours du pape, demanda Irène en mariage : la grande idée de réunir pacifiquement l'Orient à l'Occident, et de reconstituer l'Empire romain dans son unité, avait séduit le génie de *Charlemagne;* mais cette brillante chimère s'évanouit bientôt : la vieille Irène, qui avait rompu jadis le mariage de son fils avec la fille de Karle, de peur que Constantin ne recherchât contre elle l'appui de son beau-père, et qui, depuis, avait fait périr ce fils pour régner seule, n'était pas femme à se donner un maître. Ce projet eût rencontré une opposition universelle chez les Grecs, qui craignaient et jalousaient également les Franks et les Arabes[1] : la chute d'Irène, d'ailleurs, trancha la question : le patrice Nicéphore, qui la détrôna en octobre 802, conclut un traité de paix avec le monarque des Franks : l'Istrie, la Liburnie et même la Dalmatie demeurèrent aux Franks, moins les places maritimes ; Venise, déjà puissante par son vaste commerce avec l'Orient, resta à peu près libre sous la souveraineté nominale de Byzance.

Les plaids généraux de 802 et 803 ont laissé des monuments intéressants : « Karle, dit Eginhard, après avoir reçu le titre d'empereur, voyant qu'il manquait beaucoup de choses aux lois de son peuple (car les Franks ont deux lois diverses à bien des égards), projeta d'ajouter ce qui manquait, d'accorder ce qui différait, de corriger ce qui était vicieux ; mais il n'exécuta pas ce plan et ajouta seulement aux lois des Franks quelques chapitres imparfaits[2]. » Ces chapitres furent promulgués en l'an 803 : le « rachat du sang » des gens d'église n'était pas fixé régulièrement dans la Loi Salique comme dans la Loi Ripuaire : la composition pour un sous-diacre fut portée à 300 sous ; d'un diacre, à 400 sous ; d'un prêtre, à 600 ; d'un évêque, à 900. La violation d'un lieu d'asile fut punie d'une amende de 600 sous. — Tout ce qui doit être payé au roi le sera en sous de deniers (sous d'argent), excepté le *fred* (amende), qui sera payé avec les mêmes sous que les autres compositions (que le *wehre-ghild*), c'est-à-dire en sous d'or. Les chapitres ajoutés à la Loi Salique furent lus « en mâl public » dans chaque canton par le comte, devant les *skepen*, et tout le peuple présent à la lecture fut interrogé s'il acceptait les nouveaux articles ; chacun fut invité à les souscrire par sa signature ou par un signe quelconque. Ainsi, pour modifier la loi nationale, Karle

---

1. « Ayez le Frank pour ami, et non pas pour voisin », dit un proverbe grec qui nous a été conservé par Eginhard. *Vita Karoli Magni*, § 16.
2. Il modifia également les lois des Langobards, des Allemans, des Burgondes et celles des Goths de la Marche d'Espagne et de la Septimanie. V. Canciani, *Leges Barbarorum*.

crut avoir besoin d'un consentement formel de la masse du peuple frank, qu'il ne consultait pas sur les capitulaires ordinaires. Les choses se passèrent de même pour la Loi Ripuaire que pour la Salique. — « Si un homme se purge par serment avec douze hommes jurant pour lui, » est-il dit dans les additions à cette loi, « et que l'accusateur n'accepte pas le serment, on ira à l'épreuve de la croix, ou l'on combattra avec le bâton et l'écu. » Les additions à la Loi Salique admettent dans certains cas l'épreuve par le feu, en marchant sur des charbons ardents [1].

L'année 802 marque, dans l'histoire du gouvernement de Charlemagne, par une grande tentative monarchique. Au synode d'octobre, à Aix-la-Chapelle, « l'empereur ordonna que tout homme, ecclésiastique ou laïque, qui lui avait auparavant promis fidélité comme roi, lui réitérât cette promesse comme César, et que ceux qui n'avaient point fait encore ladite promesse la fissent pareillement tous à partir de l'âge de douze ans. » La formule de ce serment était : « Je jure que, *de ce jour en avant*, je serai fidèle au très-pieux empereur Karle, purement, sans fraude ni mauvaise intention, et pour l'honneur de son royaume, comme par droit doit être homme envers son seigneur, etc. » Jusqu'alors, les rois franks n'avaient jamais reçu de serments que de leurs antrustions, de leurs vassaux ou bénéficiaires : les propriétaires indépendants et les arrière-vassaux ne juraient aucunement fidélité au prince. Karle, par cette innovation, se rattachait directement tous les hommes libres, et assimilait les devoirs de tout sujet de l'Empire envers le monarque aux devoirs du vassal envers le seigneur. Charlemagne fit ainsi tout ce qu'il était possible de faire pour arrêter l'essor de la féodalité; mais que peut le plus grand homme du monde quand il lutte contre la tendance de toute une ère historique?

Les capitulaires de 802 et 803 contiennent ensuite des articles contre les hommes qui envahissent les biens mobiliers et immobiliers du prince, des églises, des veuves, des orphelins et des pèlerins; contre ceux qui ne se rendent point au ban de guerre, et contre les comtes qui « auraient la témérité » d'exempter quel-

---

[1]. *V.* pour tout ce qui regarde la Loi Salique, l'édition *définitive* de M. Pardessus.

qu'un du ban. — Le ministère des avocats est interdit : chacun plaidera sa cause en personne, à moins d'être malade ou incapable de discuter (*rationis nescius*), auquel cas les commissaires impériaux ou les notables qui se trouvent au plaid, ou le juge (comte ou centenier) exposeront la cause. — Les évêques, abbés et abbesses doivent constituer des avoués, vidames et centeniers, sachant la loi et aimant la justice. — Les juges jugeront selon la loi écrite, et non selon leur volonté arbitraire. — Ni riche ni pauvre ne doit refuser l'hospitalité aux pèlerins. — L'empereur veut que les étrangers, chrétiens ou païens, qui lui viennent apporter quelque nouvelle, ou qui cherchent sa protection par indigence, trouvent paix et sûreté dans son royaume, et que nul n'ait l'audace de les réduire en servitude. — Chacun doit être prêt à se rendre au palais sur mandement de l'empereur. — Tous doivent prêter main-forte aux commissaires impériaux pour faire justice. — Le vol des bêtes fauves dans les forêts royales est puni d'amende[1]. — On examinera les prêtres avant de les ordonner. — On ne lancera pas d'excommunication au hasard et sans cause. — Les mesures seront partout égales et semblables (l'unité des poids et mesures devait disparaître pour neuf siècles après Charlemagne). — Le colon et le fiscalin (lite royal) ne céderont point à d'autres la terre qu'ils cultivent. — L'homme libre qui « a déposé régulièrement sa chevelure » dans un monastère, et qui a donné son bien au couvent, restera fidèle à son engagement. — Suit un article contre les évêques, abbés et comtes qui manquent au plaid général. — Nul ne sera obligé d'assister au plaid (local), sauf les sept *skepen* (un capitulaire de 809 ajoute : et *les vassaux du comte*). — Les comtes et leurs vicaires n'exigeront rien des hommes libres, si ce n'est pour le service du roi, pour les commissaires et les hérauts (*heribannatores*, ceux qui publient le *héri-ban*, c'est-à-dire l'*appel de l'armée*). — Que personne, à peine d'amende, n'établisse, à son profit, un nouveau péage sur un pont ou sur une route. — Que celui qui tient un bénéfice du seigneur empereur ou des églises de Dieu n'en

---

1. Ainsi Charlemagne, dans un âge de barbarie, punissait le braconnage avec bien moins de dureté que Henri IV ou Louis XIV.

distraie rien pour augmenter son bien patrimonial (*allod*) aux dépens de son bénéfice. »

Le plaid d'automne de 803, à Worms, fut signalé par un incident remarquable. On présenta à l'empereur, au nom du peuple, une pétition pour que les évêques n'allassent plus à la guerre, comme ils avaient toujours continué de le faire, malgré les capitulaires et les canons. Les prélats embarrassaient beaucoup plus qu'ils ne servaient à l'armée : une partie des troupes étaient obligées de rester inactives pour veiller à leur sûreté, et, si quelqu'un d'entre eux venait à être blessé, pris ou tué, une terreur superstitieuse s'emparait des soldats et glaçait leur courage. L'empereur et les gens de guerre étaient d'accord pour les écarter des expéditions militaires ; mais les prélats craignaient de tomber dans le mépris des Franks, s'ils ne se montraient plus dans les camps à la tête de leurs vassaux, et de voir les biens ecclésiastiques envahis et pillés comme autrefois. Les grands laïques, auteurs de la pétition, furent obligés de rassurer les gens d'église par des serments terribles : ils jurèrent « devant Dieu et les anges, en tenant dans leurs mains droites des brins de paille et les jetant à terre, qu'ils n'avaient pas ces intentions sacriléges et dignes d'anathème ». L'empereur ratifia la pétition, et tint la main un peu plus sévèrement à son exécution qu'il n'avait fait pour les précédents capitulaires.

Karle avait, depuis quelques années, montré de la modération envers la Saxe : sa clémence se démentit en l'année 804. Deux des trois régions de la Saxe, la Westfalie, autrefois si vivace et si terrible, et l'Ostfalie, étaient domptées et silencieuses ; mais la Nord-Liude s'agitait toujours sur les grèves de la mer du Nord et dans les marais du Bas-Weser et du Bas-Elbe, et l'attitude du Danemark devenait de plus en plus hostile. « L'été venu, l'empereur mena l'armée des Franks en Saxe, et dépêcha ses *scares* dans la Wigmodie, le Holstein et le Rosogaw, pour tirer ce peuple hors de son pays. Il fit mourir quelques-uns des Saxons, enleva dix mille hommes de ceux qui habitaient les deux rives de l'Elbe, avec leurs femmes et leurs enfants, les distribua en beaucoup de lieux de la Gaule et de la Germanie, et donna le pays d'au delà de l'Elbe aux Obotrites. Ainsi finit cette guerre qui s'était prolongée durant tant d'années[1]. » La vieille Saxe venait de rendre le dernier soupir : les débris des Saxons qui avaient obtenu de n'être pas arrachés au sol natal, contenus et dominés par de nombreux bénéficiaires franco-germains, étaient traités en étrangers dans leur patrie ; on les considérait comme ayant perdu tout droit de propriété par la violation de leurs serments de vassalité, et le fils ne pouvait espérer la succession de son père que de la munificence du maître. C'était là le dernier frein que *Charlemagne* eût imaginé pour les rompre à l'obéissance. Le roi des Danois, Godefrid, s'était avancé avec toute sa flotte et sa cavalerie jusqu'à *Sliesthorp* (Slesvig), dernière bourgade de la presqu'île danoise ; il ne tenta pas de secourir les Saxons, et refusa seulement de livrer les réfugiés que réclamait l'empereur. Karle repartit pour l'Austrasie, le « cœur plein de joie » d'avoir terminé la grande guerre de Saxe.

Le pape vint en Gaule cet hiver-là. L'empereur alla le recevoir à Reims, d'où il le mena fêter la Noël à Kiersi-sur-Oise. Léon accompagna ensuite l'empereur à Aix-la-Chapelle, et, après avoir visité la nouvelle cité impériale, repartit pour l'Italie ; son voyage avait probablement rapport aux troubles de Venise, où le parti de l'indépendance, qui cherchait à s'appuyer sur le pape et sur la France, était sans cesse aux prises avec les officiers de l'empereur d'Orient. Le duc grec de Venise avait récemment précipité du haut d'une tour le patriarche de Grado. Peu de temps après, un autre hôte se rendit près de l'empereur à Aix : c'était le chef qui commandait aux restes de la nation hunnique refoulés vers la Theyss ; le successeur des khacans venait implorer un asile pour les siens et pour lui, et demandait qu'on lui permît de s'établir dans la Basse-Pannonie, « parce qu'il ne pouvait plus

---

1. Eginhard. *Vita Karoli Magni*, § 7. — *Annal. Loisel.* — et autres *Annales frankes.* Une de ces chroniques dit que Karle emmena beaucoup de barons (*barones*) et de femmes en captivité. *Baron* veut dire ici tout simplement *homme de guerre* et semble une modification du mot tudesque *ware*. Suivant la tradition, une grande partie des déportés furent établis sur les rives de l'Escaut et s'y mêlèrent à des populations qui leur ressemblaient par l'énergie et la turbulence. « Charlemagne, disait un proverbe du moyen âge, transporta la Saxe en Flandre, d'un diable en a fait deux. »

tenir dans son ancienne demeure, à cause des incursions des Slaves Bohémiens » (*Behemanni*). Karle eut pitié de ce malheureux débris d'une puissante nation, et accorda la requête. Ce khacan, qui était chrétien et avait pris le nom de Théodore, étant mort sur ces entrefaites, son successeur sollicita et reçut du monarque des Franks l'investiture des « honneurs anciennement attachés à la dignité de khacan ». Il est probable que Karle avait d'abord invité les Bohémiens à laisser les Huns en repos, et que ce peuple, méprisant les paroles de l'empereur, continuait ses hostilités contre les vassaux des Franks; car l'installation des Huns deçà le Danube fut accompagnée d'une vigoureuse attaque contre les Bohémiens, soutenus par les Wélétabes et par d'autres populations slaves. Trois armées de Franks, de Saxons, de Bavarois, etc., traversant la forêt Hercynienne et les monts Sudètes, opérèrent leur jonction sur l'Éger, au cœur de la Bohême, pendant qu'un quatrième corps remontait l'Elbe par eau jusqu'à Magdebourg, et ravageait le pays des autres Slaves rebelles. Le prince Karle défit complétement les Bohémiens : leur chef périt les armes à la main ; le prince des Linnes ou Lennes (*Linones*) livra ses fils en otages, et Karle revint triomphant présenter les dépouilles des vaincus à son père, dans la forêt des Vosges, où l'empereur passait la saison de la chasse[1]. (*Chronic. Moissiac.*)

---

[1]. L'empire frank souffrit beaucoup de la disette en 805 : Karle défendit toute vente de denrées hors de ses États. — Voici les principaux articles des capitulaires de 805-806. — Ceux « qui ont une vengeance » à exercer accepteront la composition bon gré malgré. Si, après la composition acceptée » et la paix jurée, le plaignant tue l'accusé ou quelqu'un des siens, il paiera la composition aux parents, l'amende au prince, et perdra la main avec laquelle il s'est parjuré. — Tout homme qui possède douze manses (maisons de colons), doit avoir une cotte d'armes et la porter à la guerre, à peine de perdre son bénéfice. Des officiers sont préposés sur toute la frontière qui sépare la Germanie de la région des Slaves, depuis Bardenwig (près Lunebourg) jusqu'à Lorch, au confluent du Danube et de l'Ens, pour empêcher toute exportation d'armes. — On peut appeler à l'empereur du jugement des *skepen*.—On ne doit prêter serment de fidélité à nulle autre personne qu'à son propre seigneur et à l'empereur. Quant aux conspirations confirmées par serment, si elles ont produit quelque mal, les auteurs du fait seront mis à mort; les complices (*adjutores*) se flagelleront les uns les autres, et se couperont réciproquement les narines ; si le mal n'a point été exécuté, ils se flagelleront et s'entre-couperont seulement les cheveux. (Il s'agit ici des associations de course et de pillage, héritières des anciennes bandes germaniques.) — Les hommes libres ne se peuvent faire clercs sans le consentement du prince (c'était le renouvellement d'un canon du concile d'Orléans sous Chlodowig le Grand). On ne doit

(806). L'empereur hiverna ensuite à Thionville, et convoqua en assemblée extraordinaire ses trois fils et les grands de l'Em-
pas non plus recevoir trop de serfs dans les couvents, de peur que les villages ne deviennent déserts.

Ceci coïncide avec la recrudescence de ferveur monastique qui poussait une foule de gens de toutes les conditions dans les couvents. Un nouveau mouvement de réforme monacale, parti de la Septimanie, se propageait dans tout l'Empire ; l'impulsion avait été donnée par le Goth Witiza, plus connu sous le nom de Benedictus ou saint Benoît d'Aniane, à cause du monastère d'Aniane, qu'il fonda dans le diocèse de Maguelonne. Ce personnage, par son zèle ardent et son austérité excessive, devint le véritable chef de tout le clergé régulier dans le midi de la Gaule, acquit un vaste crédit dans le reste de l'Empire, et fut vraiment le restaurateur de l'ordre de saint Benoît. Son nom doit être placé par l'histoire à côté de ceux de saint Colomban et de saint Boniface. Malgré son ascétisme, il coopéra puissamment à la restauration des lettres, et fut l'ami et le collaborateur d'Alcuin et de Théodulfe. Son influence sur les mœurs et sur les lumières du clergé aquitain et septimanien fut grande et heureuse, et le jeune roi Lodewig, qui méritait déjà par sa dévotion le titre de Lodewig le Pieux, seconda le réformateur avec enthousiasme. Le duc Wilhelm de Toulouse, emporté par ce torrent d'exaltation religieuse, alla demander à l'empereur la permission de quitter le monde, et se retira au couvent de Gellone, qu'il avait bâti dans les âpres solitudes des Cévennes, à une lieue d'Aniane. Il y remplissait de prédilection les plus humbles offices, et les étrangers voyaient avec admiration et stupeur cet illustre capitaine porter le bois et l'eau au couvent comme le dernier des moines. Le roi Lodewig lui-même eût suivi le duc Wilhelm au désert, s'il n'eût été retenu par son père. — A la réforme des moines correspondait la réforme des clercs commencée, dès le temps de Peppin, par Chrodegang, évêque de Metz. Plusieurs articles des capitulaires ont pour but d'obliger les clercs à vivre « selon les canons » (delà le nom de *chanoines, canonici*), c'est-à-dire à vivre en commun et auprès de la cathédrale, au lieu de mener une vie séculière et isolée comme ils faisaient depuis la décadence de la discipline.

Les capitulaires de 805-806 contiennent encore quelques articles intéressants sur d'autres matières. — Il est enjoint aux officiers royaux d'empêcher que les puissants n'oppriment les « pauvres hommes-libres », ne les forcent à vendre leurs biens ou à soumettre leurs terres au vasselage, et n'ôtent aux parents l'héritage de leurs parents, de peur que la puissance royale ne diminue, et que les déshérités ne deviennent, par indigence, mendiants, larrons, ou malfaiteurs. — Qu'on n'honore point les saints nouvellement découverts sans l'approbation de l'évêque. — Toute monnaie autre que celle du palais est supprimée, à cause des faux monnayeurs. — L'amende du hériban (contre ceux qui manquent à l'appel de l'armée) est élevée à la moitié de la valeur du mobilier pour les gens qui possèdent un mobilier valant de trois à six livres (d'argent) ; au quart, pour ceux qui possèdent moins de trois livres. — Les dîmes doivent être divisées en quatre parts, une pour l'évêque, une pour les clercs, la troisième pour les pauvres, la quatrième pour les fabriques des églises. C'était rentrer dans l'esprit de l'Église primitive autant que le pouvait Karle ; malheureusement il ne dépendait pas de lui que cette sage distribution fût rigoureusement exécutée. — On ne doit pas mettre à mort les enchanteurs, devins, magiciens, etc., mais seulement les garder en prison. — Personne ne portera d'écu ni de lance au mâl, sauf en pays ennemi. (Ceci était un grand changement dans les mœurs barbares ; c'était abolir le *conseil armé*.) — Les larrons sont traîtres à l'empereur et aux Franks : quiconque leur donne asile, fût-ce leur père ou leur frère, pire ; il se sentait vieillir, et, quoique très-sain de corps et d'esprit, il voulait assurer à l'avance la paix de ses états en réglant les droits respectifs de ses héritiers : il rédigea donc solennellement son testament, le fit confirmer par le serment des prélats et des seigneurs, et l'envoya à Rome par Eginhard, afin que le pape y apposât aussi sa *souscription*. La *charte de partage* établit qu'à la mort de l'empereur, son plus jeune fils, Lodewig, joindra au royaume qu'il possède déjà les pays de Nivernais, d'Avallonais, d'Auxois, Chalon, Mâcon, Lyon, la Savoie avec la Tarantaise, la Maurienne, le Mont-Cenis et le val de Suze jusqu'aux Cluses, la Burgondie méridionale et la Provence. Peppin aura l'Italie, appelée autrement Langobardie, la Bavière, sauf deux villes situées au nord du Danube, la partie de l'Allemannie au sud de ce fleuve, et tout ce qui est à l'est du Haut-Rhin, avec Coire (ou *Chur*) et le Thurgaw. Tout le reste de l'Empire sera le lot de Karle... en sorte que Karle et Lodewig puissent porter secours en Italie à leur frère Peppin, à savoir : Karle, par la vallée d'Aoste, qui est de son royaume, et Lodewig, par le val de Suze. La différence est grande entre ce partage et ceux des Mérovingiens : ici, les affinités de mœurs entre les populations, les convenances géographiques et politiques sont étudiées et respectées ; la moitié méridionale de la Gaule, si indocile au joug du Nord, forme un royaume gallo-romain, et les deux régions de la Gaule septentrionale, la Neustrie et l'Austrasie, avec les cantons les moins *romains* de la Burgondie, composent la France, le vrai royaume des Franks, sans parler des provinces d'outre-Rhin, dépendance de l'Austrasie. C'était là sans doute ce que Charlemagne pouvait

---

sera traité comme eux. — On ne doit rien acheter d'un inconnu. — Que l'évêque siège avec le comte et le comte avec l'évêque, afin que l'un et l'autre puissent remplir complétement leur ministère (à cause des affaires mixtes). — « Nous avons appris que des comtes et d'autres de nos bénéficiaires acquièrent des propriétés (des alleux) aux dépens des bénéfices qu'ils tiennent de nous, et emploient au service de leurs propriétés les serviteurs desdits bénéfices, en sorte que nos *courts* (*curtes*, métairies) demeurent désertes...Nous avons appris qu'ils cèdent nos bénéfices à d'autres hommes en propriété, et les rachètent ensuite de ces hommes pour s'en faire des alleux : il faut empêcher cela par tous les moyens. » — Toute espèce d'usure (c'est-à-dire d'intérêt) est prohibée. L'esprit ecclésiastique dictait cette mesure de réaction chrétienne. — D'autres articles interdisent les accaparements et établissent le maximum sur les denrées.

faire de mieux. Il est remarquable que ce prince ne décide rien quant à la dignité impériale et à la transmission de la souveraineté de la ville de Rome : on ne saurait douter que son intention ne fût de léguer la couronne impériale à son fils aîné Karle, avec une certaine suprématie sur ses frères ; mais rien ne fut statué à cet égard dans l'assemblée de Thionville. Tout fut prévu au contraire pour le cas où l'un des trois frères mourrait sans enfants ; « si l'un d'eux meurt en laissant un fils, et que le peuple veuille élire l'enfant à la place de son père, les oncles y devront consentir. » S'il s'élève entre les frères quelque contestation touchant les limites de leurs royaumes, ils recourront à l'épreuve de la croix « sans jamais en venir au combat pour telle cause. Quant à nos petits-fils nés ou à naître, nous défendons expressément à nos fils de faire mourir, de mutiler, d'aveugler ou de tondre violemment aucun d'eux, s'il vient à être accusé, sans débat et examen équitable. » Le bon empereur se rappelait avec effroi les horribles tragédies mérovingiennes[1].

On reprit les hostilités contre les Slaves après la séparation du plaid de Thionville : le prince Karle, à la tête des Franks, passa la Saale et attaqua les Serbes, qui habitaient entre cette rivière et l'Elbe : il les battit, tua leur principal chef et obligea les autres à se soumettre, tandis que les Burgondes, les Allemans et les Bavarois rentraient en Bohême et la dévastaient de nouveau sans grande résistance. Le jeune Karle força les Slaves à bâtir de leurs propres mains deux forteresses destinées à les tenir en bride, l'une sur la Saale, l'autre sur l'Elbe, près de Magdebourg. La fortune favorisa également les deux autres fils de l'empereur : Peppin avait expédié une flotte en Corse pour défendre cette île contre les ravages des Maures, qui commençaient à renouveler la grande piraterie wandalique : la Corse resta aux Franks. D'un autre côté, Pampelune et la Navarre, qui n'obéissaient plus à des walis arabes, se soumirent à la suzeraineté franco-aquitanique.

1. Il y a dans cette charte quelques passages importants sur l'état des personnes. On y voit que le vassal ne pouvait plus quitter son seigneur sans motif, même en renonçant au bénéfice qu'il en avait reçu : la mort seule du seigneur rompait l'engagement, à moins que le seigneur n'eût voulu tuer son vassal, le « frapper d'un bâton » ou déshonorer sa femme ou sa fille : la condition générale des bénéfices était donc alors viagère, du moins en droit.

L'empereur, qui avait renvoyé au khalife de Bagdad une seconde ambassade en 802, reçut à son tour, à Aix-la-Chapelle, au printemps de 807, un nouvel ambassadeur de Haroun-Al-Reschid, que les chroniqueurs appellent toujours *le roi des Perses*. L'émir Abdallah était accompagné de l'abbé du mont des Oliviers et d'un autre moine de Jérusalem ; il apportait des tentes de lin teintes d'éblouissantes couleurs, des vêtements de soie, des parfums, du baume, diverses sortes de médicaments, « toutes ces choses en telle quantité qu'il semblait qu'on en eût vidé l'Orient pour en remplir l'Occident » ; il y avait aussi une horloge mécanique en bronze doré, dont le carillon et les personnages mouvants émerveillèrent la cour d'Aix. Le moine de Saint-Gall donne de grands détails sur cette ambassade, qu'il confond avec celle de l'an 801 : il raconte que « les députés des Perses », dans leur long trajet à travers l'Italie et la Gaule, furent généralement accueillis de mauvaise grâce, et souvent même repoussés par les prélats et les comtes des contrées où ils passaient : ils n'arrivèrent à Aix qu'après une année entière, et y furent aussi bien reçus par le maître qu'ils l'avaient été mal par les serviteurs[1]... « Quand ils eurent commencé d'être en grande familiarité avec l'empereur, un certain jour qu'ils étaient égayés et échauffés par un vin généreux[2], ils dirent en riant à Karle : — « Votre puissance est grande assurément, empereur, mais beaucoup moindre toutefois que la renommée ne le publie dans les royaumes d'Orient. » Karle, à ces mots, dissimulant son indignation : « Et pourquoi, dit-il, mes enfants, parlez-vous de la sorte ? comment avez-vous vu cela ? » Alors ils lui rapportèrent tout ce qui leur était advenu dans les régions deçà la mer, et ajoutèrent : — « Nous autres Orientaux, nous vous redoutons plus que notre maître Haroun : que dirons-nous des Macédoniens et des Grecs, qui craignent votre grandeur plus que les tempêtes de la mer d'Ionie ? mais les grands de ces contrées, à ce qu'il nous semble, ne se soucient point assez de vous, si ce n'est en votre présence ; car, lorsque nous les solici-

---

1. « Karle les traita comme ses propres fils », dit le moine de Saint-Gall (*Histor. des Gaules*, t. V, p. 125), qui s'étend complaisamment sur leur séjour à Aix : il décrit une chasse impériale à laquelle assistèrent ces étrangers : on voit, par son récit, que l'aurochs (le prétendu bison, *bisons vel urus*) existait encore dans la forêt des Ardennes.

2. Pour des envoyés du *commandeur des croyants*, cela est peu orthodoxe.

tions de nous témoigner quelque bienveillance pour l'amour de vous, ils nous congédiaient sans nous entendre et *les mains vides* (ou *à jeûn, vacuos*). » Alors l'empereur dépouilla de leurs dignités les comtes et abbés chez lesquels les ambassadeurs avaient passé ; quant aux évêques, il les condamna à d'énormes amendes, et il fit reconduire les envoyés avec toute sorte de soins et d'honneurs. Il expédia en retour au roi des Perses des députés qui lui présentèrent des chevaux et des mulets d'Espagne, des draps de Frise blancs, écarlates ou bleus, et des chiens de Germanie aussi hardis qu'agiles et propres à chasser le lion et le tigre. » Cette précieuse anecdote n'a pas besoin de commentaire[1].

(808.) L'année 807 s'était écoulée sans hostilités dans le nord : la guerre des Slaves n'était pourtant pas finie ; elle fut tout à coup ranimée par l'intervention d'un nouvel acteur qui avait hésité jusqu'alors à entrer en lutte ouverte avec les Franks. Godefrid, roi des Danois, se jeta brusquement sur le territoire des Obotrites, ces fidèles vassaux des Franks ; à ce signal, les Wélétabes, les Linnes, les Smeldings, tous les Slaves septentrionaux, levèrent l'étendard contre le peuple qui trahissait la cause commune de la Slavonie : Thrasiko, principal chef des Obotrites, fut chassé de ses domaines ; un autre *knès*, nommé Godelaïb, fut pris et « atta-

[1]. Un capitulaire de cette année 807 nous apprend comment se formaient les armées de Charlemagne ; tous les hommes libres n'étaient pas tenus de marcher jusqu'au dernier à chaque ban de guerre ; cette obligation n'était générale que pour les bénéficiaires du prince. Quant aux hommes libres non bénéficiaires, quiconque possédait en propre trois *manses* ou davantage était obligé d'aller *en l'ost* (*in hostem*) ; ceux qui possédaient moins devaient s'arranger entre eux pour équiper et faire marcher un homme par trois *manses*. — « Les plus pauvres, qui n'ont pas de terres, mais qui ont en mobilier la valeur de cinq sous (d'argent), se réuniront six pour fournir un homme, le plus valide des six. — Quant aux Saxons, s'il faut porter secours du côté de l'Espagne ou du pays des Awares, ils fourniront un homme sur six ; s'il s'agit de la Bohême, un homme sur trois ; s'il faut aller contre les Serbes, ils marcheront tous. Chez les Frisons, nos comtes, nos vassaux, et ceux qui possèdent un cheval de guerre viendront bien équipés à notre plaid. Les autres plus pauvres enverront un homme sur sept. » On revoyait sous l'empereur des Franks ce qu'on avait vu sous les meilleurs empereurs romains des derniers temps de l'Empire, le contraste d'un gouvernement équitable et d'un peuple écrasé fatalement sous des charges énormes que le pouvoir ne peut alléger. On remarque ici l'intention de ménager autant que possible les pauvres et le menu peuple. Une autre remarque importante, et qui indique l'approche de l'ère féodale, c'est que la terre commence à se substituer politiquement à l'homme : chez les Franks, on lève un soldat par tant de *manses*, et non par tant d'hommes.

ché à un gibet »; les deux tiers des Obotrites, après de sanglants combats, se reconnurent vassaux de Godefrid; mais la résistance de Thrasiko et de ses *fidèles* avait été si vigoureuse, et le *konong* danois avait perdu tant de monde, qu'il n'attendit pas chez les Obotrites l'arrivée de l'armée franke qui accourait des bords du Rhin : il rentra en Danemark, pendant que « le seigneur Karle, fils de l'empereur », jetait un pont sur l'Elbe et fondait sur les Linnes et les Smeldings, qui occupaient vraisemblablement le Brandebourg. Toutes les forces de la coalition slave s'étaient réunies au delà de l'Elbe, et « le passage des Franks ne fut point heureux ; beaucoup d'entre eux furent tués », et le « roi Karle »(on donnait ce titre au fils aîné de l'empereur, comme aux deux autres), rentra en Saxe sans autre avantage que d'avoir dévasté quelques lieues de pays. L'empereur ordonna d'ériger sur l'Elbe deux nouvelles forteresses contre les Slaves. Le roi Godefrid, de son côté, prit de grandes mesures pour mettre la presqu'île de Jutland à l'abri d'une invasion franke : il détruisit un port marchand, appelé en langue danoise *Rerik*, qui était situé sur la mer du Nord, et qui, servant d'entrepôt au commerce des Anglo-Saxons avec les populations de la Baltique, rapportait aux rois danois des droits de transit considérables ; Godefrid transporta l'entrepôt de l'autre côté de la presqu'île, à Sliesthorp ou Slesvig, sur la Baltique, et coupa toute l'extrémité méridionale de la péninsule danoise par un boulevard auquel l'Eyder, rivière qui séparait le Danemark de la Saxe, servit de fossé : une seule porte fut pratiquée dans cette levée de terre, dite le *Danevirk,* pour laisser passer les chariots et les cavaliers. C'était la première fois que la barbarie empruntait ce moyen de défense à la civilisation romaine.

La guerre était partout flagrante, en Germanie, en Italie, en Espagne ; le traité conclu avec l'empereur Nicéphore, après la chute d'Irène, avait été rompu, dès l'an 806, par les intrigues des chefs de la Vénétie, qui ne voyaient de chances d'indépendance que dans les discordes des deux empires, et les Grecs, du fond des lagunes de Venise et des ports de Sicile, lançaient incessamment des escadres contre les places maritimes de l'Italie franke. Les Grecs, battus devant Comacchio, pillèrent Populonium, sur la côte de Toscane ; les Franco-Italiens attaquèrent Venise par terre et par mer, forcèrent les « deux ducs de Venise » à se rendre, et menacèrent ensuite les rivages de Dalmatie ; ils en furent repoussés par la flotte grecque (809-810).

Du côté de l'Espagne, le roi Lodewig s'était reposé quelques années sur la conquête de Barcelonne ; Tarragonne avait été reprise par l'émir Hakem sur le wali Bahloul, vassal des Franks, et Hakem avait également rétabli son autorité sur Pampelune et Huesca : en 809, Lodewig ressaisit l'offensive, recouvra Tarragonne, saccagea la contrée de Tarragonne à Tortose, et mit le siége devant cette dernière place, qui pouvait seule assurer aux Franks la possession du pays entre les Pyrénées orientales et l'embouchure de l'Èbre. L'entreprise eut un mauvais succès : Abd-el-Rahman, jeune homme de dix-neuf ans, qui commandait à Saragosse pour son père Hakem, assaillit l'armée aquitanique et la força de se replier précipitamment sur Barcelonne. Les musulmans, encouragés par cette victoire, renouvelèrent, au commencement de 810, leurs tentatives contre les îles de la Méditerranée, et s'emparèrent de presque toute la Corse, où les Franks n'avaient pas laissé de garnisons. Les Aquitains revinrent à la charge contre Tortose, sans être plus heureux que l'année précédente. Le roi Lodewig n'y était pas retourné en personne : son père lui avait imposé d'autres travaux. « En ce temps-là, dit l'Astronome, l'empereur avait prescrit de fabriquer des navires contre « les invasions des Nordmans » dans tous les fleuves qui se jettent dans la mer. Il chargea Lodewig de ce soin sur le Rhône et la Garonne. » Ainsi la piraterie *nordmannique* grandissait d'année en année ; les corsaires païens infestaient les plages d'Aquitaine, et l'on commençait à les craindre sur les côtes de Provence. C'était plus encore contre les Maures que contre les Nordmans qu'on fortifiait les bouches du Rhône, ainsi que l'atteste Eginhard (*Vita Karoli*) ; mais peut-être déjà quelques audacieux esquifs danois tournaient-ils la péninsule ibérique et apparaissaient-ils dans la Méditerranée.

Les Danois ne s'en tenaient plus à la piraterie, et les corsaires aspiraient à devenir conquérants : Godefrid, enhardi par ses succès contre les Obotrites, ne projetait rien moins que d'arracher la Germanie aux Franks et d'envahir la France elle-même ; l'élite des aventuriers scandinaves accourait sous ses bannières, et les exilés saxons s'enivraient de l'espoir de la vengeance. Godefrid avait fait tuer en trahison, à Rerik, le brave chef obotrite Thrasiko, qui, avec l'aide des Franco-Saxons, venait de venger les revers de ses compatriotes sur les Wélétabes et les Smeldings ; l'empereur, de son côté, avait ordonné la construction d'une ville nouvelle à Esselfeld, sur la Sture, au nord des bouches de l'Elbe, et préparait une expédition contre le Danemark. Au milieu de l'été de 810, il apprit à Aix-la-Chapelle qu'il était prévenu, et que Godefrid était descendu en Frise avec deux cents navires ; les Frisons, défaits dans trois combats, s'étaient soumis à un tribut envers les Danois. Karle quitta en toute hâte son palais, dépêcha vers le Wahal et la Batavie tout ce qu'il avait de troupes sous la main pour arrêter les progrès de l'ennemi, convoqua l'armée des Franks au confluent du Rhin et de la Lippe, se dirigea rapidement vers le Nord, et assit son camp près de Verden, afin d'attendre l'effet des menaces du roi Godefrid, qui avait annoncé l'intention de combattre Karle en bataille rangée : « Il regardait la Frise et la Saxe comme ses provinces, et se vantait d'aller bientôt s'installer dans Aix-la-Chapelle (Eginhard. *Karoli Vitâ*, c. xiv). »

Les Wélétabes et les autres Slaves reprenaient les armes, à l'instigation de Godefrid, et tout s'apprêtait à une terrible lutte. Le choc cependant n'eut pas lieu : « Karle reçut dans son camp plusieurs nouvelles diverses, à savoir : que la flotte qui avait ravagé la Frise était retournée en son pays ; que Godefrid avait été tué par quelqu'un de ses gens, et que Peppin, roi d'Italie, avait rendu l'âme le 8 juillet. On lui annonça en même temps la venue de deux ambassades, l'une de Constantinople, l'autre de Cordoue. L'empereur, de retour à Aix au mois d'octobre, conclut la paix avec l'empereur Nicéphore, et avec *Abulaz* (El-Hakem), roi d'Espagne. Karle rendit Venise à Nicéphore. Godefrid, roi des Danois, étant mort, Hemming, fils de son frère, lui succéda dans la royauté, et fit la paix avec l'empereur (*Annal. Loisel.*). » Karle établit Bernhard, fils de Peppin, roi d'Italie à la place de son père (*Chronic. Moissiac.*).

La guerre des Danois, terminée court par une catastrophe inattendue, fut le dernier péril sérieux qu'eut à surmonter l'emperçur : Godefrid, du reste, eût succombé comme tous les ennemis qui avaient osé défier *Charlemagne* de pied ferme. Le temps n'était pas venu où l'on pourrait insulter impunément le grand empire. L'empereur n'eut plus à tirer l'épée, du moins en personne, et ne quitta plus la Gaule. On a, de ses dernières années, des capitulaires assez étendus; le synode d'automne, assemblé à Aix en 809, avait traité sous sa présidence une question d'une immense portée : c'était une face nouvelle du dogme de la Trinité : la co-éternité et la consubstantialité des trois personnes divines avaient été proclamées depuis longtemps par les conciles œcuméniques; un moine de Jérusalem souleva la question de savoir si le Saint-Esprit procède du Fils comme du Père. L'Église d'Occident s'inquiéta fort d'une solution qu'indique la position des trois termes de la Trinité, et que donne bien plus nettement le sens intime de ce grand mystère : Smaragdus, abbé de Saint-Mihiel, un des auteurs de la restauration des lettres en Gaule, établit l'affirmative, non par la métaphysique, mais par l'Écriture et les Pères, et le concile d'Aix-la-Chapelle ajouta, dans le Symbole de Nicée, les mots *Filioque* au *qui ex Patre procedit*. L'empereur envoya à Rome son cousin Adalhard, abbé de Corbie, et l'évêque de Worms pour communiquer au pape cette grave innovation, qui avait un précédent. L'addition du *Filioque* avait été décrétée jadis en Espagne par le troisième concile de Tolède, et s'y était maintenue. Le pape, sans nier l'orthodoxie de l'opinion des prélats gallo-franks, s'efforça de leur faire retirer le *Filioque* du Symbole, et déclara toute innovation illégitime. On ne l'écouta pas plus qu'on n'avait écouté son prédécesseur dans l'affaire du culte des images, et le *Filioque* resta dans le Symbole, où on le chante encore de nos jours. Rome finit par suivre la Gaule. La Gaule franke, succédant dignement à cette Gaule romaine qui avait tant fait pour le christianisme, eut ainsi la gloire de compléter, malgré Rome, le dogme souverain de la théologie et ce qu'on peut nommer la métaphysique divine.

Les circonstances de ce grand fait religieux montrent à quel point l'autorité du pape était encore bornée en matière dogmatique. Les conciles gallo-franks, convoqués sans lui, décidaient malgré lui.

Le capitulaire de l'année suivante (810) interdit aux vicaires (ou vicomtes) et aux centeniers de juger les questions de propriété ou de liberté sans la présence du comte ou du commissaire impérial. Les centeniers ne pouvaient pas, à plus forte raison, juger les questions capitales.

Le capitulaire de 811 jette de tristes lumières sur la situation de la société et sur l'impuissance du pouvoir à défendre la justice et à maintenir l'égalité des hommes libres devant la loi : « Les pauvres, dit l'empereur, élèvent la voix contre ceux qui les dépouillent de leurs propriétés, et ils crient également contre les évêques, les abbés et leurs avoués, et contre les comtes et leurs centeniers.... Ils disent encore que, si quelqu'un d'entre eux ne veut point abandonner son bien à un évêque ou à un abbé, à un comte ou à un centenier, ceux-ci cherchent l'occasion de condamner le pauvre et de le faire aller sans cesse *en l'ost*, jusqu'à ce que, tout à fait ruiné, il soit réduit, bon gré mal gré, à donner ou à vendre sa propriété ; et ceux qui s'emparent ainsi de son bien restent tranquillement chez eux pendant qu'ils l'envoient à la guerre... et, tandis qu'ils contraignent ainsi les pauvres, ils exemptent les riches à prix d'argent.... Les comtes, de leur côté, se plaignent que les habitants de leurs cantons ne leur obéissent pas, ne veulent point écouter le ban du seigneur empereur, et n'ont aucun respect pour les comtes, tant que ceux-ci ne s'emparent pas de leurs maisons.... Il en est qui résistent parce que leurs seigneurs ne partent pas, et qui disent qu'ils ne doivent *aller en l'ost* qu'avec leurs seigneurs.... En toutes choses, les habitants deviennent de plus en plus désobéissants aux comtes et aux commissaires.... » (V. *Histor. des Gaules*, t. V, p. 682). Karle, en 812, tâcha de rendre le service un peu moins dur, en réduisant la levée des gens de guerre à un homme par quatre manses au lieu d'un homme sur trois, et donna les instructions les plus sévères à ses commissaires pour réprimer les prévarications des comtes et des centeniers ; mais, par compensation, les lois sur le hériban furent aggravées : l'amende du hériban fut portée à 60 sous d'argent ; le délinquant qui ne payait pas l'amende devenait serf du prince jusqu'à ce qu'il eût acquitté sa dette. Quiconque abandonne l'armée sans permission du prince est puni de mort, « suivant l'ancienne constitution » (c'est-à-dire selon les anciennes lois germaniques).

Les Linnes et les Wélétabes, abandonnés des Danois, et assaillis à deux reprises par les Franco-Germains, en 811 et 812, rentrèrent sous le vasselage impérial. Les hostilités s'étaient rallumées avec les musulmans quelques mois après le traité de septembre 810, le premier qui eût été conclu entre les souverains franks et les *infidèles* d'Espagne. Les musulmans aspiraient ardemment à la conquête des îles Baléares, de la Corse et de la Sardaigne ; les Franco-Aquitains assiégèrent, pour la troisième fois, Tortose ; le wali de Tortose capitula enfin, reconnut la suzeraineté franke, et livra les clefs de sa ville au roi Lodewig en signe de soumission, mais garda la possession réelle de la place. L'an d'après (812), Lodewig ne marcha plus de Toulouse vers le Bas-Èbre, mais vers les Pyrénées occidentales : les Wascons gaulois de langue euscare s'étaient insurgés, avec l'appui de leurs frères d'au delà des monts, qui, non-seulement dans les hautes vallées, mais à Pampelune même, n'obéissaient plus ni aux Arabes ni aux Franks. Lodewig se dirigea sur Dax, y manda les chefs des rebelles, et, sur leur refus de comparaître, saccagea les vallées basques, traversa les Pyrénées, et « régla tout à son gré, tant à Pampelune que dans les lieux voisins » ; mais, au retour, quand il fallut passer par le fameux val de Roncevaux, Lodewig manqua d'avoir le sort de Roland : les Wascons avaient compté renouveler la tragédie d'Altabiçar. Mais les Franks ne se laissèrent pas deux fois surprendre au même stratagème. Ils fouillèrent les vallées voisines de Roncevaux, saisirent et pendirent un des principaux chefs des rebelles, s'emparèrent d'une multitude de femmes et d'enfants, et les forcèrent à marcher dans leurs rangs « jusqu'à ce qu'on fût arrivé là où la fraude des Wascons ne pouvait plus nuire au roi ni à l'armée. »

Les flottes arabes et maures, pendant ce temps, menaçaient l'Italie, et l'empereur avait envoyé son petit-fils Bernhard, avec son cousin Wala, pour protéger les côtes. La trève avec l'émir de Cordoue fut renouvelée pour trois ans à la fin de cette année 812, et le traité convenu avec l'empereur d'Orient, Nicéphore, fut confirmé par son successeur Michel, dont les ambassadeurs se rendirent à Aix-la-Chapelle dans le cours de 812, et saluèrent le monarque des Franks du titre de *basileus*, qui équivalait chez les Grecs au titre latin d'*imperator*; cette concession ne fut point ratifiée officiellement à Constantinople. Le duc de Bénévent avait également traité avec l'empire frank, et payé vingt-cinq mille sous d'or de tribut. L'Europe mettait partout bas les armes comme pour laisser finir en paix le grand Karle. Les Danois aussi se tenaient en repos : la mort de leur roi Hemming, au bout de dix-huit mois de règne, avait occasionné parmi eux une furieuse guerre civile entre deux prétendants au trône, et le parti vainqueur, affaibli par cette lutte meurtrière, s'empressa de ratifier le pacte de Hemming avec l'empereur des Franks ; c'étaient là pourtant les seuls adversaires qui inquiétassent le vieux monarque, et c'était surtout contre eux qu'il travaillait à fortifier ses États. Il employa l'automne de 811 à visiter le nord-ouest de la Gaule : « Il alla dans la cité maritime de Boulogne pour voir les navires dont il avait ordonné la construction l'année précédente, restaura le phare qui avait été élevé anciennement pour diriger la course des vaisseaux, et alluma un feu nocturne à son sommet ; de Boulogne, il se rendit aux bords de l'Escaut, au lieu dit Gand, où l'on bâtissait aussi des vaisseaux (*Annal. Loisel.*) ; » il reparut encore à Boulogne l'an d'après. Il sentait sa fin approcher et semblait se hâter de mettre l'Empire en état de défense pour l'heure où son bras ne le protégerait plus. Le vieil empereur n'espérait plus léguer sa couronne au fils aîné qui avait porté glorieusement son nom et qui avait été le compagnon de ses victoires : Karle était mort à l'âge de trente-neuf ans, le 4 décembre 811 ; ce fut un coup terrible pour l'empereur, si bon et si tendre pour ses enfants, et déjà profondément affligé de la perte de son fils Peppin et de sa fille aînée Rotrude ; la mort même de l'autre Peppin, le conspirateur, le moine bossu, ne rencontra point d'indifférence chez lui dans la situation d'esprit où il était : il ne trouva quelque consolation que dans sa ferveur religieuse, et la brillante cour d'Aix prit désormais un aspect conforme à l'incurable tristesse de son maître. Ce fut probablement la mort de son fils Karle qui le détermina à rédiger, vers la fin de 811, le second testament que nous a conservé Eginhard (*Vita Karoli*, c. xxxiii), « afin de régler d'avance les aumônes qu'il voulait faire et d'éviter toute contestation entre ses héritiers. Il léguait les deux tiers de ses trésors aux vingt et une métropoles ecclésiastiques de ses États[1], chaque archevêque devant garder le tiers de ce qui était assigné à sa province, et distribuer le reste entre ses suffragants. L'empereur s'interdisait de toucher dorénavant à cette partie de ses trésors : le dernier tiers, dont il se réservait l'usage jusqu'à sa mort, devait être divisé en quatre parts, dont l'une serait ajoutée aux deux tiers du total déjà légués aux églises : la seconde serait partagée entre les fils et filles, petits-fils et petites-filles de l'empereur ; la troisième appartiendrait aux pauvres ; la quatrième, aux serviteurs et servantes du palais. Karle ordonnait la vente de sa nombreuse bibliothèque au profit des pauvres. Cette injonction, et l'énormité des dons faits aux églises aux dépens de ses héritiers, semblent peu d'accord avec la sagesse ordinaire de *Charlemagne*. On a fait le même reproche à un capitulaire de date incertaine, par lequel ce monarque, sur la fin de sa vie, éleva la juridiction épiscopale au-dessus de toutes les juridictions séculières, autorisa tout plaideur, en toute espèce de cause, à porter son procès au tribunal de l'évêque, malgré l'opposition de la partie adverse, et déclara le jugement de l'évêque sans appel[2]. Cette exorbitante résolution fut apparemment nécessitée, à ses yeux, par les désordres infinis et les énormes abus que commettaient les comtes et les centeniers ; la justice des évêques était un peu moins mauvaise, sinon meilleure[3].

---

1. Narbonne, Aix et Eause ne sont pas compris entre les vingt et une métropoles. Ces trois derniers diocèses avaient été subordonnés par les rois franks à Bourges, à Arles et à Bordeaux.
2. Il y avait des précédents. En 560, Chlother Ier écrivait ceci : « Si un juge condamne injustement quelqu'un contre la loi, qu'en notre absence il soit corrigé (*castigetur*) par les évêques. » Sirmond. *Concil. antiq. Gall.* t. I, p. 818.
3. Le capitulaire adressé en 811 par l'empereur aux évêques, sous forme de questions (*interrogationes*), atteste que Charlemagne ne se faisait cependant pas illusion sur la moralité du clergé, et n'était pas dominé par la superstition. « Nous prierons les gens d'église de nous expliquer nettement ce qu'ils entendent par quitter le monde, et en quoi on peut distinguer ceux qui le quittent de ceux qui y demeurent? Si c'est seulement en ce qu'ils ne portent point les armes, et ne sont pas mariés publiquement?— Si celui-là a quitté le monde, qui ne cesse tous les jour d'augmenter ses biens par toute sorte de moyens, en promettant le paradis ou menaçant de l'enfer pour persuader aux simples de se dépouiller de leurs biens et d'en priver leurs héritiers légitimes, lesquels sont ensuite réduits à vivre

Karle, en accordant de si hautes prérogatives aux ecclésiastiques, tâchait de les en rendre dignes : l'année 813 ne fut remplie que de ses efforts pour la réforme du clergé : cinq conciles partiels s'assemblèrent, à Mayence, à Reims, à Tours, à Chalon, à Arles, et envoyèrent leurs décrets à l'empereur, qui les fit comparer dans le synode général d'automne tenu à Aix-la-Chapelle, en septembre. L'un des cinq conciles, celui de Tours, enjoignit à chaque évêque d'avoir, pour l'instruction de son troupeau, des homélies traduites en *langue romaine vulgaire*[1] et en langue tudesque : il défendit d'ordonner des prêtres avant trente ans, et de donner le voile à des religieuses avant vingt-cinq ans. Le concile général refondit ces divers canons, qui furent sanctionnés par l'autorité impériale. L'assemblée d'Aix se termina par une cérémonie solennelle : Karle avait mandé le roi d'Aquitaine et l'avait gardé tout l'été auprès de lui : « L'empereur Karle tint conseil avec les évêques et les abbés, les comtes et les grands du peuple frank, et leur demanda à tous, du plus grand au plus petit, s'il leur plaisait qu'il transmît son titre d'empereur à son fils Lodewig : ils y consentirent tous d'un commun accord, disant que c'était la volonté de Dieu, et cela plut à tout le peuple. L'empereur donc, le dimanche venu, se revêtit des habits royaux, mit sa couronne sur sa tête, se rendit à l'église qu'il avait bâtie, et fit placer une autre couronne d'or sur le principal autel, consacré à Notre-Seigneur Jésus-Christ. Après avoir longtemps prié avec son fils, il lui parla devant toute la multitude des évêques et des grands, l'avertissant d'aimer et craindre Dieu sur toutes choses,

---

de brigandages ? — Si c'est avoir quitté le monde que de suivre la passion d'acquérir jusqu'à corrompre par argent des témoins pour avoir le bien d'autrui, et de chercher des avoués et des prévôts cruels, avides et sans crainte de Dieu, etc..., » *Capitul.* p. 478.

1. Ce point est très important. Au cinquième et au sixième siècles, la langue vulgaire était encore la *langue gallicane* fort altérée sans doute ; au neuvième, la transformation du celtique en un grand patois, où domine le vocabulaire latin, s'est accomplie sous l'influence de l'Église, et ce patois est une langue ayant un caractère assez général pour qu'une traduction dans cette langue soit comprise dans toute la Gaule, et même en Espagne et dans la Haute Italie. La langue *romane* détrône aussi bien le latin des villes que le celtique des campagnes, et nos langues modernes de France, d'Espagne et d'Italie n'en doivent être que des développements diversifiés par les génies nationaux. Remarquons seulement en passant, que l'article, usité dans le celtique, inconnu dans le latin, se retrouve dans les trois langues.

de témoigner toujours une miséricorde inépuisable à ses sœurs et à ses jeunes frères, à ses neveux et à tous ses proches; d'honorer les prêtres comme ses pères, d'aimer le peuple comme ses enfants, de forcer les superbes et les méchants à rentrer dans la voie du salut, d'être le consolateur des moines et des pauvres; puis il l'interrogea s'il voulait obéir à ses préceptes. Lodewig répondit qu'il obéirait volontiers avec l'aide de Dieu. Alors son père lui ordonna de prendre la couronne qui était sur l'autel et de la poser sur son front de ses propres mains, ce qu'il fit... Après quoi, la messe entendue, ils retournèrent au palais, le père étant soutenu par son fils. Karle préposa à l'Italie Bernhard, fils de son fils Peppin, et commanda qu'on l'appelât roi. » [1] Karle congédia peu de jours après le nouvel empereur et toute l'assemblée; le père et le fils se séparèrent en pleurant et comme s'ils eussent prévu qu'ils ne devaient plus se revoir.

Karle passa cependant, comme de coutume, le reste de l'automne à chasser dans les Ardennes; mais ses forces déclinaient de jour en jour : l'idée de la fin prochaine du grand empereur préoccupait tous les esprits. Depuis quelques mois, il n'était pas d'accident ou de phénomène qui ne semblât un présage de mort : on avait remarqué de fréquentes éclipses de soleil et de lune ; on avait vu durant sept jours une tache noire dans le soleil; le palais d'Aix avait été ébranlé à plusieurs reprises par des tremblements de terre; le gigantesque pont de Mayence, dont la construction avait duré dix années entières, avait été totalement brûlé en trois heures [2]. Karle projetait de le rebâtir en pierre, mais il n'en eut pas le temps : quelques semaines après son retour des Ardennes à Aix, il fut pris de la fièvre au sortir du bain et forcé de se mettre au lit; « il essaya, selon son habitude, de repousser le mal par l'abstinence de nourriture; mais à la fièvre se joignit bientôt cette douleur de côté que les Grecs appellent pleurésie, et, le septième jour après qu'il se fut mis au lit, ayant reçu la sainte communion et recommandant son esprit au Seigneur, il

---

1. Eginhard. *Moissiac. Chronic.;* Thegan. *De Gestis Ludowici Pii.*
2. Le moine de Saint-Gall attribue cet incendie à la malveillance des bateliers, que l'établissement du pont privait du bénéfice qu'ils avaient auparavant à transporter les voyageurs et les marchandises d'une rive à l'autre.

mourut le cinq des calendes de février (28 janvier), à la troisième heure du jour (neuf heures du matin), dans la soixante-douzième année de sa vie et la quarante-septième de son règne. Son corps, solennellement lavé et embaumé, fut inhumé le jour même de sa mort dans la basilique qu'il avait fondée à Aix en l'honneur de Notre-Seigneur Jésus-Christ et de sa sainte Mère, et on l'assit sur un siége d'or, sous la voûte du caveau sépulcral, avec une épée d'or à son côté, un Évangile d'or dans ses mains et sur ses genoux, la tête haute et ceinte d'un diadème d'or, dans lequel était inséré du bois de la sainte croix. On remplit son sépulcre d'aromates, de baume, de musc et d'une grande quantité d'or ; on revêtit son corps de vêtements impériaux, on couvrit sa face d'un suaire sous le diadème, on posa sur sa chair le cilice qu'il avait coutume de porter, et, par-dessus ses vêtements impériaux, on lui passa la besace dorée (insigne des pèlerins) qu'il portait quand il allait à Rome. On posa aussi devant lui un sceptre d'or, et un bouclier d'or béni par le pape Léon; puis on ferma et on scella son sépulcre, et l'on éleva au-dessus une arcade dorée, sur laquelle était son image avec cette inscription : « Sous ce tombeau gît le corps de Karle, grand et orthodoxe empereur, qui accrut glorieusement le royaume des Franks, et le gouverna heureusement pendant quarante-sept années. Nul ne saurait dire quelles plaintes et quel deuil il y eut à cause de lui par toute la terre ; chez les païens mêmes, on le pleura comme le père du monde[1]. »

Le monde avait raison de pleurer : le génie de l'empire frank, en remontant au ciel, laissait les peuples occidentaux à l'entrée d'une des plus longues et des plus douloureuses crises qu'ait eues à traverser l'humanité, de la crise qui enfanta la société féodale[2].

1. Eginhard. *Vita Karoli Magni.* — *Monach. Engolismensis* : dans les *Histor. des Gaules*, t. V, p. 186.
2. *V.* aux Éclaircissements, n° II, *Portrait de Charlemagne.*

LIVRE XIV.

LA GAULE FRANKE

(SUITE).

Lodewig le Pieux (*Louis le Débonnaire* [1]). — Décadence de l'Empire frank. — Discordes entre l'empereur Lodewig, sa femme et ses fils. — Tendances générales au démembrement de l'Empire. — Déposition, rétablissement et mort de Lodewig le Pieux. — Guerre entre ses fils et ses petits-fils. Bataille de Fontenaille. — Traité de Verdun. — Partage de l'Empire. Fondation du royaume de France.

814 — 843.

(814) Le successeur du grand Karle, le prince qui allait avoir à supporter l'immense fardeau de cet héritage, Lodewig le Pieux atteignait alors sa trente-sixième année. Roi dès le berceau, il apportait au trône impérial une longue habitude des affaires publiques, au moins en apparence, et une bonne renommée : chaste, sobre, timoré, simple de mœurs, lettré, mais dédaignant toute littérature étrangère à l'Écriture sainte, il s'était rendu cher à la partie la plus éclairée et la plus morale du clergé, en relevant l'église d'Aquitaine du désordre et de la dégradation où l'avait jetée la conquête franke, et il avait gagné l'estime des gens de guerre par son courage et « sa vigueur sans égale à tirer de l'arc et à darder la lance. » Le gouvernement heureux et populaire du roi d'Aquitaine donnait de grandes espérances pour le règne de l'empereur ; mais l'empire des Franks n'était pas le royaume d'Aquitaine ! La nouvelle et gigantesque sphère d'activité où Lodewig était précipité allait grandir les périls de ses défauts, sans grandir en même temps le bénéfice de ses vertus, vertus privées plus que royales. Cet homme mélancolique, « qui n'entr'ouvrait pas même

---

1. Le surnom de *Débonnaire*, attribué par les historiens modernes à l'héritier de Charlemagne, est une traduction inexacte de l'épithète latine *Pius*, que lui avait valu sa dévotion et non sa *débonnaireté*.

les lèvres pour sourire, quand, à l'heure du repas, les jongleurs et les mimes faisaient pâmer joyeusement ses convives, » ce dévot contemplatif, qui aimait tant les profondeurs solitaires des forêts et les sombres voûtes des basiliques, qui passait des heures entières à prier et à pleurer, le front sur le pavé des églises, avait pu jusqu'alors, sans graves inconvénients pour son royaume vassal, se livrer à ses goûts de retraite et de méditation, et laisser beaucoup à faire à ses conseillers, gens d'élite, choisis et surveillés par la constante sollicitude de son glorieux père. Mais Charlemagne n'était plus là pour lui choisir des ministres, et la connaissance des hommes lui manquait entièrement pour faire ses choix lui-même : faible et sans défense contre la médiocrité intrigante, il n'avait qu'ombrage et que défiance envers le vrai mérite ; tout ce qui était bon chez lui en principe tournait à mal dans l'application : sa bienveillance et sa générosité l'entraînèrent à des prodigalités déplorables, et il commença la ruine de ce domaine royal que Karle-Martel, Peppin et Karle le Grand avaient formé et conservé avec tant de soins et de vigilance, et qui était la principale force de la royauté : « il livra un grand nombre de villas royales en possession perpétuelle à ses fidèles[1]. » De même, sa chasteté dévote, qui n'empêcha pas plus tard sa cour de devenir un théâtre de scandale, le porta à inaugurer son règne par des violences odieuses et absurdes. Il avait toujours vu avec une indignation concentrée la liberté de mœurs qui existait à la cour de son père et les déportements de ses sœurs. Les amants de ces princesses n'étaient rien moins, à ses yeux, que des criminels de lèse-majesté : il agit en conséquence, et, au lieu de faire cesser sans bruit un état de choses peu convenable, soit en mariant ses sœurs, soit en les renvoyant dans les abbayes que leur avait données leur père, il eut à peine mis le pied au nord de la Loire qu'il dépêcha devant lui quatre ou cinq seigneurs avec des gens de guerre, pour aller arrêter les *complices* de ses sœurs. Quelques-uns de ces courtisans, prévenant les envoyés, avaient couru se jeter aux pieds de Lodewig et implorer leur pardon : ils l'obtinrent ; mais un seigneur, appelé Hodoïn, dont les galanteries

---

1. Thegan. *De Gestis Ludowici Pii*, § 19-20.

avaient eu plus de retentissement et qui se savait davantage en butte à la haine du nouveau monarque, se défendit en désespéré, tua un des envoyés de Lodewig, en blessa un autre ; et se fit massacrer plutôt que de se rendre. Lodewig fut tellement irrité de la mort de son fidèle, que, ne pouvant se venger sur Hodoïn, il fit arracher les yeux à « un autre de ces gens-là, nommé Tullius, qui semblait pourtant digne de pardon ; » arrivé à Aix-la-Chapelle, il fit conduire ses sœurs dans les abbayes ou autres domaines qu'elles avaient reçus du feu empereur, assigna des biens à celles qui n'en avaient pas encore, et chassa du palais la multitude de femmes qui y vivaient, « à l'exception d'un petit nombre qu'il jugea nécessaires au service[1]. »

Les actes qui suivirent furent plus équitables et plus sensés : Lodewig n'avait pas craint de divulguer les faiblesses et d'outrager la mémoire de son père par son rigorisme fanatique ; mais il se fût imputé à crime d'apporter le moindre retard à l'exécution du testament de Karle, et il en distribua les immenses legs avec une scrupuleuse exactitude : il garda près de lui ses trois frères bâtards, que son père, sans rien statuer sur leur sort, lui avait si instamment recommandés, et dont l'aîné, Droghe ou Drogo, n'avait guère plus de douze ans ; puis il amnistia tous les gens qui étaient retenus en exil ou en prison, et convoqua l'assemblée générale de l'empire à Aix, au mois d'août : il y reçut les hommages de son neveu Bernhard, roi d'Italie, et de tous ses vassaux. A la séparation

---

1. Astronom. *Vita Lud. Pii.*

Cette espèce de réaction dévote contre les mœurs de la cour de Charlemagne n'était point, au reste, particulière au nouvel empereur, et tenait à la sévère réforme de Benoît d'Aniane. On y doit rattacher la vision du moine Wettin, qui produisit une si vive impression sur les esprits. Wettin, moine à Auge ou Reichenaw, près de Constance, fut conduit en songe, par un ange, sur les montagnes merveilleuses de l'Éden. Cette région de délices était entourée d'un fleuve de feu qui emportait dans ses flots une multitude d'âmes pécheresses. Parmi les coupables qui souffraient en ce lieu, Wettin reconnut bon nombre d'évêques et de prêtres, et les femmes avec lesquelles ils avaient péché, et enfin « un prince qui avait régné sur l'Italie et sur le peuple romain ». Un monstre attaché à son corps lui dévorait les parties sexuelles. « Eh quoi! s'écria Wettin, comment cet homme, qui a tant aimé la justice et qui a fait de si grandes choses pour le Seigneur, peut-il être condamné à un tel tourment? — Il est livré à ce supplice, lui dit l'ange, parce qu'il a entaché ses belles actions par l'impureté et fini sa vie dans ses souillures accoutumées ; néanmoins il obtiendra plus tard la vie bienheureuse. » Il est inutile d'ajouter que ce prince était Charlemagne. Plus tard, non-seulement on oublia les faiblesses charnelles du grand empereur, mais on fit de lui un saint.

du synode, il dirigea dans toutes les provinces des commissaires impériaux chargés de redresser les malversations des comtes, des vicaires, et même des commissaires précédents, et de rendre justice aux propriétaires dépouillés de leurs propriétés, ou aux hommes libres ou affranchis qui auraient été réduits indûment en servitude. Les ressorts gouvernementaux s'étaient un peu relâchés dans les dernières années de Karle le Grand, depuis l'affaiblissement de ses forces et ses violents chagrins domestiques. Une grande mesure que Lodewig promulgua ensuite lui fit encore plus d'honneur : son cœur était bon et sensible, lorsque l'intolérance religieuse ou les passions violentes qui s'allient souvent avec la faiblesse du caractère ne l'emportaient pas hors de lui-même, et il avait grand'pitié des malheureuses populations saxonnes. Charlemagne, peu avant sa mort, estimant complète l'assimilation de la Saxe à la France, avait élevé les Saxons au niveau des Franks en leur attribuant un *wehreghild* égal. Lodewig compléta cette réparation et « rendit aux Saxons et aux Frisons le droit d'héritage, qu'ils avaient perdu légalement par leurs perfidies [1]; » les Frisons ou une partie des Frisons avaient été, à ce qu'il paraît, assimilés aux Saxons. Les débris de la vaillante race saxonne purent ainsi reprendre racine sur le sol de leur patrie. Bon nombre des vieux capitaines, et peut-être même des prélats de Charlemagne, s'étaient fortement opposés à cette action *imprudente;* mais Lodewig n'eut point à se repentir de sa généreuse politique, et, au milieu des révoltes et des trahisons de tous genres qui assaillirent ce malheureux prince, les Saxons et les Frisons furent les seuls de ses sujets qui ne le trahirent jamais. Malheureusement, tandis qu'il réhabilitait les peuples qu'avait vaincus le grand Karle, Lodewig disgraciait injustement les plus sages conseillers de son père : il exilait dans l'île de Noirmoutier (*Hero*) l'abbé de Corbie, Adalhard, cousin germain de Charlemagne, et enfermait à Corbie le frère d'Adalhard, le comte Wala. Ces deux illustres personnages s'étaient rendus suspects en témoignant trop d'attachement

---

[1]. *Poeta Saxonic.* Il fut promis aux Frisons que leur liberté serait respectée « tant que le vent soufflerait de la nue et que le monde resterait debout. » C'est ici qu'il faut placer, à ce que nous croyons, cette poétique formule citée par M. Ozanam, *Études German.* t. Ii, p. 260.

au jeune roi Bernhard. L'amour paternel rendait Lodewig malveillant à l'égard de son neveu : il lui semblait que l'attribution du royaume d'Italie à Bernhard fût un vol fait à ses fils. Il en avait trois; il envoya l'aîné, Lother, âgé de quinze ans, régner sur la Bavière et ses dépendances hunno-slaves, établit le second, Peppin, roi en Aquitaine, et garda près de lui Lodewig, le troisième, qui était encore en bas âge (les historiens l'appellent Louis le Germanique). La Bavière était pour la première fois gouvernée par un prince du sang royal des Franks.

La conduite de Lodewig envers les Saxons avait assuré la tranquillité de la Germanie : les peuples slaves et les restes des Awares renouvelèrent leur soumission, et la paix fut maintenue avec les Grecs et rétablie avec l'émir de Cordoue : les conséquences de la mort du grand Karle ne se firent pas sentir sur-le-champ; son ombre protégeait l'empire. Les hommes du Nord, les plus dangereux voisins des Franks, s'entre-déchiraient depuis le meurtre du roi de Danemark Godefrid, et n'étaient pas en mesure de prendre l'offensive d'une manière inquiétante : ce furent au contraire les Franks qui intervinrent chez eux, à l'instigation du prince danois Hériold. Ce chef, expulsé par les fils de Godefrid, auxquels il disputait le Danemark, vint à Aix, solliciter l'assistance de l'empereur des Franks et le reconnaître pour suzerain, en s'agenouillant devant lui et mettant les mains dans les siennes, « selon la coutume des Franks ». Au mois de mai 815, les Saxons et les Obotrites, par ordre de l'empereur, ramenèrent Hériold en Danemark, franchirent le *danevirk* ou fossé de Godefrid, et s'avancèrent dans le Jutland jusqu'à sept journées de marche au nord de l'Eyder : les fils de Godefrid s'étaient retirés avec des troupes nombreuses et deux cents bâtiments de guerre dans une île séparée de la péninsule par un bras de mer de trois milles de large (probablement l'île de Fünen ou Fionie), et n'acceptèrent point la bataille. Les envahisseurs retournèrent chez eux après avoir dévasté tout le pays et exigé des otages; mais ces otages n'empêchèrent pas la contrée envahie de retourner sous le pouvoir des fils de Godefrid aussitôt après le départ des étrangers. Les princes danois sollicitèrent la paix de Lodewig (juillet 815). (Eginhard. *Annal.*) L'empereur reçut vers le même temps des députés de *Calaris* (Cagliari) en Sardaigne, qui, suivant l'exemple des Baléares et de la Corse, venaient mettre leur cité et leur île sous la protection des Franks : la mort de *Charlemagne* n'avait pas arrêté immédiatement le mouvement d'extension de l'Empire.

Le pape Léon III, qui avait posé la couronne impériale sur le front du grand Karle, mourut le 11 juin 816, terminant son pontificat comme il l'avait commencé, au milieu des troubles : la Rome des papes n'était pas moins orageuse que la vieille Rome républicaine, et le pouvoir, dans la cité et le duché, était sans cesse disputé entre le pape régnant et une aristocratie de seigneurs langobards et de dignitaires de l'Église romaine, auxquels se rattachaient d'habitude les parents et les amis du pape précédent ; les deux partis en appelaient tour à tour au commun suzerain, à l'empereur. Ainsi Léon, ayant fait périr plusieurs chefs du parti opposé, dépêcha trois légats vers Lodewig pour justifier ses vengeances, qui avaient fort déplu au monarque frank. Étienne IV, élu à la place de Léon, s'empressa de prêter et de faire prêter par les Romains le serment de fidélité à l'empereur, et envoya vers lui « pour lui donner satisfaction sur son ordination », c'est-à-dire pour s'excuser d'avoir été ordonné sans attendre la confirmation impériale (Astronom.). Les monuments contemporains ne nous apprennent pas que les Romains aient demandé le consentement du « roi patrice Karle » pour l'élection des papes Adrien et Léon ; mais l'opinion de la nécessité d'une confirmation impériale s'était établie depuis la restauration de l'Empire. L'indépendance absolue de l'élection papale paraissait un fait anormal, et les empereurs franks réclamaient tout naturellement un droit qu'avaient exercé les empereurs grecs depuis Justinien jusqu'au milieu du huitième siècle. Au reste, si Lodewig le Pieux était disposé à revendiquer ses droits sur l'élection du pape, il ne l'était pas moins à s'humilier outre mesure devant le pape une fois élu : Étienne étant venu lui rendre visite en Gaule, il alla recevoir le pontife à un mille du monastère de Saint-Remi, hors Reims, « et se prosterna par trois fois devant lui ». (Thegan. *de Gestis Lud. Pii*.) Le grand Karle n'eût point abaissé de la sorte la dignité impériale. Le dimanche suivant,

Étienne oignit Lodewig comme empereur, lui mit sur la tête une couronne d'or enrichie de pierres précieuses qu'il avait apportée avec lui, proclama *Augusta* Hermengarde, femme de Lodewig, et la couronna également. » (Thegan.) La nécessité du couronnement de l'empereur par le pape s'accrédita un peu plus tard, mais d'une manière analogue à la nécessité du consentement de l'empereur à l'élection du pape. Étienne IV survécut peu à son retour en Italie. Pascal Ier, élu le 25 janvier 817, fut consacré sur-le-champ comme son prédécesseur, et « envoya à l'empereur une lettre apologétique avec de riches présents, faisant entendre qu'il ne s'était point précipité ambitieusement sur la dignité pontificale, mais que le choix des clercs et les acclamations du peuple l'avaient accablé malgré lui sous ce lourd fardeau. » (Astronom.) Lodewig accorda la ratification qu'on lui demandait si tardivement. L'Église romaine annulait déjà le droit impérial dans la pratique au moment même où elle le reconnaissait en principe.

Après le départ d'Étienne IV, le synode d'automne de 816, réuni à Aix, avait promulgué une œuvre de réforme qui reprenait et consommait les travaux des conciles de 813; ce fut la règle des chanoines, rédigée par Amalarius, diacre de l'Église de Metz, et puisée dans les canons des conciles et dans les écrits des Pères, principalement de saint Augustin, qui avait le premier donné à son clergé épiscopal une organisation quasi-cénobitique. Cette règle embrassait tous les devoirs des clercs : une des principales distinctions entre eux et les moines consistait en ce que les clercs pouvaient jouir individuellement des bénéfices ecclésiastiques, et même conserver leur patrimoine, tandis que le moine, privé pour ainsi dire de toute personnalité, n'avait absolument rien en propre; mais les clercs des cathédrales devaient, comme les moines, vivre en commun dans des cloîtres. Les portions de pain, de vin et de viande qui leur sont accordées ne rappellent en rien, il est vrai, l'ascétisme monastique, et donnent une grande idée de l'appétit des hommes du neuvième siècle. Un hôpital doit être fondé près de chaque cathédrale, et entretenu avec la dîme de tous les revenus des clercs. Une règle analogue à celle des chanoines est assignée aux chanoinesses. « A partir de cette époque, les évêques et les clercs commencèrent à déposer les ceinturons dorés et les couteaux ornés de pierreries, les éperons et les riches habits, ornements de la vie séculière. » (Astronom.) L'an d'après, une constitution générale de la vie monastique, espèce de commentaire de la règle de saint Benoît, fut adoptée par les principaux abbés de l'empire, sous la direction de Benoît d'Aniane, que l'empereur avait appelé près de lui et établi au couvent d'Inde, à deux lieues d'Aix-la-Chapelle, et qui continuait d'employer sa vaste influence à ramener l'ordre et l'unité dans le sein du monachisme : le temps et l'anarchie religieuse du dernier siècle y avaient introduit presque autant d'observances qu'il y avait de monastères.

Jusqu'alors le règne de Lodewig-le-Pieux pouvait passer, en somme, pour la continuation du règne précédent : un concours de circonstances favorables prévint durant les premières années toute commotion grave; quelques mouvements agitèrent les frontières; un soulèvement des Serbes fut facilement comprimé en 816; une révolte des Wascons, qui éclata vers le même temps, fut beaucoup plus opiniâtre, sans que le contre-coup s'en fît toutefois sentir au delà de l'Aquitaine et de la Septimanie. L'empereur ayant destitué Sigwin, duc de Wasconie et comte de Bordeaux, à cause de son indocilité envers le gouvernement franco-aquitain, les Gascons des plaines et les Basques des montagnes s'insurgèrent, de la Garonne aux Pyrénées, sous un chef appelé Garsimir, qui fut tué dans la seconde campagne (817); à Garsimir succéda, dans la conduite de la rebellion, un Lupus, fils de Centulle, qui descendait peut-être des deux autres Lupus (ou *Lope*, *Lopez*); Lupus fut enfin forcé de se rendre, et envoyé en exil (819).

L'empire frank était préoccupé d'intérêts plus pressants et plus généraux : la réforme ecclésiastique, décrétée dans les plaids de 816 et de 817, se rattachait à des plans qui embrassaient le gouvernement de la société tout entière. Le parti de la civilisation et de l'unité n'était pas mort avec *Charlemagne*, ni exilé avec Wala et Adalhard : il dominait encore le haut clergé, non pas, certes, par le nombre, mais par l'intelligence et la volonté; il s'était emparé de l'esprit de l'empereur, et lui dicta, au plaid de juillet 817, un acte si décisif, si hardi, que le grand Karle lui-même n'avait pas cru devoir ou pouvoir aller aussi loin. Quoique

Lodewig fût jeune encore, tout le monde, qu'on fût partisan de l'unité romaine ou des partages barbares, souhaitait que « l'état du royaume » et les prétentions futures des fils de l'empereur fussent irrévocablement réglés. Lodewig, emportant comme par surprise le consentement de l'assemblée générale à un projet qu'il avait débattu et arrêté secrètement avec un très-petit nombre de conseillers, annonça tout à coup qu'il ne paraissait pas convenable, « à lui ni à ceux qui pensaient sagement, de rompre, pour l'amour de ses fils et par la volonté humaine, l'unité de l'Empire, conservée par Dieu même », et qu'il était résolu d'associer un de ses fils au trône impérial. Un jeûne public de trois jours fut ordonné pour implorer les lumières du ciel, et, le quatrième jour, le choix de l'empereur et de toute l'assemblée s'arrêta sur Lother, à qui son titre d'aîné ne constituait aucun droit aux yeux du peuple frank avant cette élection. Lother fut donc couronné empereur, et ses frères, Peppin et Lodewig, couronnés rois, « afin qu'ils régnassent après la mort de leur père, sous leur frère et seigneur Lother, savoir : Peppin, sur l'Aquitaine, la Wasconie, la Marche de Toulouse, le comté de Carcassone en Septimanie, les comtés d'Autun, d'Avallon et de Nevers en Burgondie ; et Lodewig, sur la Bavière, sur les Carinthiens, les Bohêmes, les Awares, et les Slaves qui sont à l'orient de la Bavière. » Tout le reste de la Gaule et de la Germanie, avec Rome et la seigneurie sur le royaume d'Italie, est destiné à Lother, chef de la monarchie franke, près de qui ses deux frères se rendront tous les ans pour conférer avec lui et recevoir ses instructions. Les deux rois vassaux ne pourront se marier, faire la guerre ou la paix au dehors, sans l'aveu de leur seigneur ; leurs différends seront jugés par l'empereur et l'assemblée générale. — Si l'un d'eux meurt, laissant plusieurs fils légitimes, le peuple choisira entre les enfants, et il n'y aura point de nouveau partage ; si l'un d'eux meurt sans enfants légitimes, l'héritage retournera au frère aîné. Si Lother meurt avant ses frères, on élira un de ses frères à sa place, « pour le salut de tous, la tranquillité de l'Église et l'unité de l'Empire[1]. »

---

1. Agobard. *Epist. ad Ludowicum Pium*, dans les *Histor. des Gaules*, etc. t. V, p. 367. — *Charta divisionis imperii*, ap. Baluze, t. I, p. 573.

La constitution de 817 fut revêtue des sanctions religieuses les plus solennelles qu'on pût imaginer. Tous les leudes, tous les vassaux en jurèrent le maintien, et on la fit souscrire par le pape comme par tous les autres évêques de l'Empire. Cet acte célèbre fut le principe de tous les événements du règne de Lodewig. Dans la pensée de ses auteurs, il devait affermir la monarchie franke pour des siècles et accélérer glorieusement la marche de la civilisation renaissante; il n'engendra que d'effroyables tempêtes, par la faute de l'imprudent monarque, qui le promulgua sans avoir le courage ni la constance de le soutenir, et surtout par la force des tendances générales, qui s'opposaient invinciblement à ce que l'œuvre transitoire de Charlemagne devînt un établissement définitif. Les premières conséquences de la constitution de 817 furent d'un funeste présage. Lodewig avait eu assez de pouvoir sur lui-même pour sacrifier l'intérêt de deux de ses fils à celui du troisième, identifié avec l'intérêt public; mais il n'avait pas eu le courage d'être juste envers son neveu, et de l'assimiler à ses fils. Bernhard n'était pas même nommé dans la *charte de partage,* et le seul passage qui eût trait à la souveraineté de la Lombardie parut au jeune roi d'une ambiguïté menaçante, sinon pour le présent, du moins pour l'avenir. Thégan dit que Bernhard était fils d'une concubine. Il est possible que cela ait influé sur la conduite de Lodewig à son égard.

Les seigneurs langobards qui entouraient Bernhard le poussèrent à une résolution désespérée. Il se fit prêter par les cités d'Italie un serment où le nom de l'empereur n'était plus mentionné, se saisit des cluses alpestres, et s'apprêta à se déclarer indépendant, peut-être même à se proclamer empereur. Au bruit de cette révolte, Lodewig publia son ban de guerre dans toute la Gaule et la Germanie, et se dirigea vers l'Italie. Bernhard ne comprit qu'à l'approche du péril la témérité de son entreprise. Incapable de résister, il passa les Alpes, et vint à Chalon-sur-Saône se jeter aux pieds de son oncle avec ses principaux complices. Deux prélats illustres, Anselme de Milan et Théodulfe d'Orléans, étaient impliqués dans la conjuration, et furent dénoncés par Bernhard lui-même ou par ses amis, qui tâchèrent de racheter leur audace par l'excès de leur faiblesse. Les malheureux n'y gagnèrent rien : ramenés à Aix-la-Chapelle par l'empereur, ils passèrent le reste de l'hiver dans les cachots, et furent traduits, après la Pâque de 818, devant l'assemblée générale ; prêtres et soldats furent impitoyables pour les violateurs de la « sainte constitution » de 817, et surtout pour « les traîtres » qui avaient soulevé les Langobards et les Italiens contre la « noble nation des Franks. » Bernhard et ses principaux complices laïques furent condamnés à mort ; les évêques coupables furent déposés, et les conjurés subalternes, tondus ou exilés. L'empereur ne put se décider à ordonner la mort de son neveu, et crut faire acte de miséricorde envers lui et ses amis en les « privant seulement de la lumière » ; mais Bernhard ne profita pas de cette étrange clémence : il mourut au bout de trois jours, des suites du barbare traitement qu'il avait subi et qu'avait aggravé sa violente résistance aux efforts des bourreaux. (Eginhard.—Astronom.) L'empereur, « de peur de nouvelles discordes », fit ensuite tonsurer ses trois jeunes frères, qu'il avait d'abord si bien traités, et viola ainsi les capitulaires et les recommandations de son père. (Thégan.) La fin tragique de Bernhard avait cependant produit sur lui une impression profondément douloureuse, et lui laissa des remords que le temps aviva au lieu de les amortir.

Une expédition militaire fit trêve un moment aux sombres pensées du monarque. Les Bretons, après trois ou quatre révoltes contre la suzeraineté du grand Karle, avaient complétement rejeté la suprématie franke et s'étaient réunis sous un roi appelé Morman ou Morvan, « si toutefois, dit le poëte frank Ermold, on peut qualifier de roi celui qui ne régit rien ; car il n'y a chez les Bretons ni droit ni justice : ils n'ont de chrétien que le nom ; ils habitent les cavernes et les halliers, et subsistent de rapine comme les bêtes sauvages ; chez eux, nul souci des églises, des veuves ni des orphelins ; le frère et la sœur vivent sans pudeur dans l'inceste. » On sent bien qu'il ne faut pas prendre au pied de la lettre ces assertions d'un ennemi. Ce qui est vrai, c'est que les Bretons des deux Bretagnes ne reconnaissaient pas la législation de l'Église sur l'*inceste ;* que les mariages entre beau-frère et belle-sœur étaient autorisés chez eux comme dans l'ancienne loi, et que leur christianisme, surtout dans la Cambrie, était fortement mêlé de druidisme.

L'empereur expédia vers Morman un abbé de la Marche de Bretagne, pour le sommer de cesser ses incursions sur les terres frankes et de payer le tribut. Morman refusa, excité par sa femme à « l'esprit superbe » : « Que Lodewig règne sur les Franks; le royaume des Bretons appartient à Morman. Si vous avez des lances acérées, j'ai mille chariots pleins de javelines; si vous avez des boucliers blancs, j'ai des boucliers peints; je ne crains pas les armes des Franks. » Toutes les forces franco-germaniques furent donc mises en mouvement pour accabler le petit peuple rebelle. L'empereur manda jusqu'aux Saxons, et marcha en personne à la tête de l'armée, qui entra par Vannes sur les terres de Morman. La Bretagne, inondée par les flots de l'invasion, se défendit avec héroïsme.

Suivant le poëte Ermold, le roi Morman, après avoir quelque temps harcelé les troupes impériales parmi les bois, les bruyères et les marais, avec un petit corps de cavaliers qui, comme lui, portaient dans chaque main une longue javeline [1], fut tué dans une escarmouche par un cavalier frank qui lui traversa les tempes d'un coup de lance. On porta la tête du roi des Bretons au camp impérial, et tous les *tierns* bretons, à cette nouvelle, firent aussitôt leur soumission, qui ne devait pas être de longue durée. Les poésies populaires de la Bretagne attribuent à leur brave et malheureux Morvan-lez-Breiz mille exploits mêlés d'incidents surnaturels, et ont fait de lui le *Roland* de l'Armorique [2].

L'empereur avait quitté à Angers l'impératrice Hermengarde; il l'y retrouva mourante; elle ne vécut que deux jours après avoir revu son mari. La mort de cette princesse redoubla la mélancolie de Lodewig, à tel point que ses conseillers craignirent qu'il ne retombât dans ses anciennes idées de retraite monastique. Ils le pressèrent de se remarier; ils firent venir à la cour les plus belles personnes de l'Empire, les filles de presque tous les grands et les leudes. Lodewig céda enfin aux charmes de Judith, « fille du très noble comte bavarois Welp (ou Welphe), et se la joignit en mariage ». Mieux eût valu pour l'Empire et pour

---

1. Le double *gais* des anciens Gaulois.
2. Ermold. *Carmen de Gestis Lud. Pii.* — Sur Morvan-Lez-Breiz, *v.* La Villemarqué, *Larzaz-Breiz*, t. I, p. 127.

lui qu'on l'eût laissé suivre son inspiration et s'ensevelir au fond d'un monastère (819)!

Le second mariage de l'empereur avait sans doute excité l'inquiétude et le mécontentement de ses fils, surtout de Lother. Lodewig rassura Lother en l'investissant du royaume d'Italie, si tristement vacant, et en faisant relire solennellement la constitution de 817 au plaid du printemps de 821. Lother épousa, quelques mois après, la fille d'un puissant comte suève, et ses noces furent l'occasion d'une amnistie générale. Adalhard, Wala, Théodulfe, tous les exilés, furent rappelés et rétablis dans leurs biens et dans leurs « honneurs ». Théodulfe mourut en reprenant son siége d'Orléans, et Adalhard le suivit à peu de distance, après avoir fondé en Saxe le monastère de la nouvelle Corbie (Corvey), qui rivalisa bientôt avec la renommée religieuse et littéraire de Fulde. Wala, quittant la condition séculière sans quitter les affaires du siècle, succéda à son frère dans l'abbaye de Corbie. Les jeunes frères de l'empereur eurent part à ces témoignages de son repentir : il tâcha de les dédommager de leur vocation forcée, en donnant à l'aîné, Drogo, l'évêché de Metz avec le rang d'archevêque ; au second, Hughe, l'abbaye de Saint-Quentin en Vermandois et d'autres biens. Ils oublièrent leurs griefs, et furent toujours dévoués à Lodewig le Pieux. L'histoire ne dit rien du troisième frère, Théoderik, mort vraisemblablement en bas âge. Le malheureux roi Bernhard avait laissé des enfants : Lodewig les gratifia de riches domaines : Héribert, l'un d'eux, fut plus tard comte d'Amiens et seigneur de Crépi en Valois ; un autre, Peppin, devint la tige des fameux comtes de Vermandois. Ces réparations étaient justes, louables, et conformes à la saine politique ; mais la conscience troublée de Lodewig ne s'en contenta pas, et elle entraîna ce prince à un acte aussi funeste par les résultats qu'honorable en principe. Imbu des doctrines du christianisme primitif sur la pénitence et la confession publique des péchés, il crut devoir confesser devant une assemblée générale, réunie à Attigni en août 822, les fautes qu'il avait commises « contre son neveu Bernhard, contre ses frères et contre tous ceux qu'il avait offensés en quelque manière », et se soumit spontanément à la pénitence canonique, pendant laquelle le pénitent ne portait pas les armes et subissait diverses autres observances humiliantes et rigoureuses. Quelques gens d'église purent bien louer la piété de l'empereur et le comparer à Théodose repentant, mais l'impression générale fut très facheuse : les rudes guerriers d'Austrasie ne virent que lâcheté dans ces scrupules d'une âme timorée, et furent très mécontents que Lodewig traitât de crime le châtiment de Bernhard, condamné légalement par l'assemblée nationale ; le clergé même, tout en profitant de l'abaissement volontaire de l'empereur, ne lui en sut point de gré.

Le capitulaire de l'assemblée d'Attigni proclame la liberté des élections épiscopales : « Nous avons accordé, » dit l'empereur, « que les évêques soient élus par le clergé et le peuple, et pris dans le diocèse même, en considération de leur mérite, gratuitement et sans acception de personne. » Charlemagne lui-même avait reconnu à plusieurs reprises les anciennes maximes de l'Église sur le droit d'élection, mais en y substituant par le fait une pratique tout opposée. Sous son fils, la reconnaissance du droit électoral prenait une portée plus sérieuse. Ce capitulaire avait été provoqué par un traité du diacre lyonnais Florus sur « l'élection des évêques : » dans ce livre, écrit sous l'inspiration d'Agobard, archevêque de Lyon, le plus influent des prélats gaulois et le principal instigateur de la constitution de 817, Florus établissait que la coutume de consulter le prince touchant l'élection des évêques, bien qu'utile pour entretenir la charité et la paix avec la puissance séculière, n'était pas une condition nécessaire pour autoriser l'ordination[1]. Ces symptômes étaient graves et annonçaient une situation nouvelle ; l'aristocratie épiscopale usait de la forte organisation que lui avait donnée le grand Karle pour s'affranchir de la domination de son successeur, en attendant qu'elle pût le dominer lui-même et intervertir ainsi le double rôle que le sou-

---

[1]. Le capitulaire de 822 défend de chercher la vérité par « l'épreuve de la Croix », si usitée sous le règne passé. L'archevêque Agobard, l'homme le plus éclairé qu'eût formé le siècle de Charlemagne, réagissait de toute la puissance de sa raison et de son éloquence contre les épreuves par lesquelles « on tentait le Seigneur. » Il a laissé sur cette matière un traité où il combat toute espèce d'épreuve ou *ordalie*, et surtout le combat judiciaire, très commun sous les lois franques, et presque universel sous les lois burgondiennes. Cet illustre prélat rêvait pour l'Empire un code unique où les lois barbares se fussent perdues et absorbées.

verain laïque et l'épiscopat avaient rempli sous le dernier règne. Le capitulaire de 822 était dirigé principalement contre le clergé monarchique de la chapelle royale, qui avait été, depuis un demi-siècle, la pépinière des évêques. Les chefs du parti ecclésiastique, imprégnés des traditions de l'Église primitive, ne tenaient pas assez compte de la situation de la société, et ne voyaient pas que soustraire les élections à l'influence du palais, c'était les livrer à mille petites tyrannies locales, ennemies de l'Église et de toute espèce d'ordre.

L'épiscopat gallo-frank devenait le premier pouvoir de l'Empire, et n'était pas plus disposé à se laisser gouverner par le pape que par l'empereur; on le vit bien à l'attitude qu'il prit dans l'assemblée tenue à Paris en novembre 825, à l'occasion d'une lettre que l'empereur grec Michel-le-Bègue avait écrite à Lodewig contre les superstitions des adorateurs des images. Lodewig demanda l'autorisation du pape avant de réunir les évêques, afin que le pontife romain ne pût réclamer contre ce que ceux-ci décideraient. Les prélats gallo-franks, rappelant la décision rendue à Francfort en 794, traitèrent assez rudement la mémoire du pape Adrien, pour sa connivence avec les adorateurs des images, et ne furent guère plus réservés envers le pape régnant, Eugène II, qui soutenait aussi cette *superstition :* tout en témoignant grand respect au *siège apostolique*, l'église gallicane accusa ouvertement l'église romaine de manquer de lumières[1].

Les troubles continuels de Rome, les violences réciproques de la faction papale et de la faction opposée, n'étaient pas favorables à l'autorité morale du pontife romain : la position des partis avait changé; c'était l'ancienne faction des seigneurs et des dignitaires qui soutenait les intérêts de la suzeraineté franke, tandis que

---

1. Agobard avait été jusqu'à dire qu'on devrait briser ou racler toutes les images des saints; Agobard. *Oper.* t. II, p. 254. Quelques années après, Claude, évêque de Turin, exécuta ce qu'avait dit Agobard, proscrivit les images dans son diocèse, même les croix, attaqua le culte des saints, l'interprétation romaine du fameux texte : « Tu es Pierre, et, sur cette pierre, etc. » avança que *l'apostolique* (titre qu'on donnait au pape) n'est pas celui qui remplit le siège de l'apôtre, mais celui qui en remplit les devoirs. On attribue à Claude, non sans vraisemblance, l'origine des églises *vaudoises* du Piémont, qui auraient gardé obscurément ses opinions jusqu'au douzième siècle, où elles éclatèrent en une grande secte.

les papes tâchaient d'annuler la puissance temporelle des empereurs sur Rome : le grand système politico-religieux des Peppin et des Karle commençait à se disloquer. Le pape Pascal fit mourir le primicier et le nomenclateur de l'église romaine, dont tout le crime était leur attachement au jeune empereur Lother, récemment sacré à Rome des mains de Pascal lui-même (avril 823). Une enquête sur ce double meurtre fut ordonnée par Lodewig, mais on ne put prouver la participation du pape au meurtre des deux officiers, et Pascal, assisté de trente-quatre évêques qui lui servirent de caution, se purgea par serment devant les commissaires franks; il ne déclina aucunement la juridiction impériale, mais il refusa de livrer les meurtriers, parce qu'ils étaient « de la famille de saint Pierre » (des serviteurs du saint-siége), et prétendit que les victimes étaient coupables de lèse-majesté. Le faible monarque ne poursuivit pas davantage la vengeance de ce forfait; mais, après la mort de Pascal, qui survécut peu à son procès, et l'élection d'Eugène II, Lother alla rétablir à Rome l'ordre et l'autorité impériale, y installa des commissaires chargés de rendre la justice et de maintenir les droits du souverain, et fit jurer au clergé et au peuple romain de ne pas permettre, lors d'une élection papale, que le pontife élu fût consacré avant d'avoir prêté serment de fidélité aux empereurs. On rapporte à cette époque une *constitution* très curieuse dans laquelle Lother accorde aux Romains le choix de la loi sous laquelle ils veulent vivre, fait complétement anormal dans la société européenne de cet âge, où chacun était fatalement soumis par sa naissance à la loi de sa race. Les papes, en se purgeant par serment dans deux occasions différentes, avaient déjà fait en quelque sorte élection de la loi barbare pour leurs personnes, puisque la loi romaine n'admettait pas ce genre de preuve. Eugène II siégea trois ans : après lui Grégoire IV ne fut consacré que lorsque Lodewig eut approuvé son élection (Astronom.). Avant de retourner à Rome, le jeune empereur Lother avait passé quelques mois à la cour de son père, où il était arrivé peu de jours après l'accouchement de l'impératrice Judith. Au bout de quatre ans de mariage, Judith venait de mettre au monde à Francfort, le 13 juin 823, un fils qui fut Karle le Chauve; malheureux enfant, que les anciens eussent dit né au sein d'une furie, et qui devait être la cause innocente de la ruine de l'Empire! La naissance de ce quatrième fils, pour qui Lodewig conçut un attachement passionné, alarma tous les hommes sages et jeta la défiance et le mécontentement dans le cœur des trois aînés. Lother cependant se rendit aux sollicitations de la gracieuse et insinuante Judith, et consentit à être le parrain de son frère Karle.

Les orages qui s'amassaient lentement sur l'horizon n'éclatèrent pas, tant que les malheurs du dehors ne ramenèrent pas la tempête dans l'intérieur. Pendant les premières années de Lodewig le Pieux, les armes frankes avaient conservé leur prépondérance sur les frontières de l'Empire : une révolte des Obotrites, jusqu'alors si fidèles, avait été comprimée, malgré l'assistance prêtée aux rebelles par les princes Danois (817-819). La frontière du nord-est fut protégée, et celle du sud-est fut reculée par la soumission de plusieurs tribus slaves (vers la Servie et le bannat de Temeswar), mais, à l'instant où l'Empire s'étendait ainsi jusqu'aux rives de la Morawa et aux confins des Bulgares, une insurrection redoutable éclata contre la domination franke dans ces mêmes régions. Liudewit, descendant des khans awares, qui gouvernait sous la suzeraineté franke la Pannonie Inférieure (Basse-Hongrie), souleva les restes des Huns et s'efforça de coaliser les Slaves méridionaux avec leurs anciens oppresseurs contre leurs nouveaux maîtres. Une grande partie de ces peuples suivirent Liudewit, qui envahit hardiment la Carinthie, la Carniole et la Dalmatie franke (Bosnie et Croatie). Les Slaves-Dalmates demeurèrent fidèles, et les Franco-Italiens battirent et repoussèrent Liudewit (819); mais il fallut trois campagnes pour le chasser de la Basse-Pannonie et de la région entre la Drave et la Save (Esclavonie) (820-822). Liudewit alla périr en Dalmatie (823).

Les rébellions se succédaient sur toutes les Marches, depuis que les peuples tributaires ne sentaient plus la main du grand Karle. La catastrophe du roi Morman avait à peine maintenu les Bretons trois ou quatre ans en repos; un chef nommé Gwiomarkh releva dès 822 l'étendard de l'indépendance. Lodewig le Pieux retourna en personne contre les Bretons, dans l'automne de 824. Gwiomarkh et les autres tierns insurgés, poursuivis au fond de leurs landes et de leurs bois, demandèrent merci, livrèrent des otages, et vinrent, au printemps suivant (825), se présenter à l'empereur dans son palais d'Aix. Gwiomarkh oublia bientôt ses promesses et renouvela ses déprédations sur les terres des fidèles de l'empereur, jusqu'à ce qu'il eût été surpris et tué dans sa propre demeure par les hommes de Lantbert (ou Landebert), comte de la Marche de Bretagne, qui résidait à Nantes. Ces demeures des tierns bretons étaient, comme celles des antiques chefs belges, des espèces de forts cachés dans les profondeurs les plus sauvages des forêts et environnés de haies, de fossés et de marais presque impraticables (Ermold. Nigel). Lodewig le Pieux imposa pour *prince* (*prior*) aux Bretons un des chefs de leur nation, appelé Nomenoé, homme d'un grand courage et d'une haute intelligence, qui réprima un peu leur farouche indépendance et les accoutuma à une certaine discipline; mais l'ordre qu'il établit en Bretagne ne profita pas à la monarchie franke.

Du côté du Danemark, rien de sérieux ne menaçait encore l'Empire. Hériold avait traité avec les fils de Godefrid et avait été admis au partage du Jutland. Le christianisme s'introduisait dans cette presqu'île à la suite du prince vassal des Franks, qui pourtant n'était pas encore chrétien lui-même. Ebbe (*Ebbo*), archevêque de Reims, lite royal d'outre-Rhin, qui avait été le frère de lait de Lodewig, et que ce prince avait tiré de son obscure condition pour l'élever au comble des honneurs, alla, en 822, prendre commission du pape à Rome pour prêcher l'Évangile chez les Danois. On s'était habitué à rattacher exclusivement à la chaire de saint Pierre la direction du grand œuvre de la conversion des païens. La mission d'Ebbe fut assez fructueuse, et les historiens ne disent pas qu'il y ait couru de grands dangers. On commençait à se flatter d'obtenir pacifiquement en Danemark le résultat qui avait coûté tant de fatigues et tant de sang chez les Saxons. La joie fut grande dans le palais de Lodewig le Pieux quand on vit arriver par le Rhin à Mayence les blanches voiles des navires du roi Hériold, qui venait demander le baptême pour lui, pour sa famille et ses compagnons d'armes. Lodewig lui-même, dans l'église de Saint-Alban de Mayence, reçut Hériold au sortir des eaux saintes, et, de sa main impériale, lui passa les vêtements blancs du néophyte (Ermold Nigel). (826). Les espérances qu'on avait fondées sur les prédications d'Ebbe et sur la conversion volontaire d'un roi du Nord ne tardèrent pas à s'évanouir. Hériold, menacé par ses rivaux, n'avait embrassé la foi chrétienne que pour s'assurer un appui et une retraite. L'abandon de la religion d'Odin précipita sa chute; le peuple danois repoussa l'apostat, et Hériold fut obligé de se fixer avec ses partisans dans le comté de Rhiustri (Rustringen), canton de l'Ost-Frise, que Lodewig lui donna pour asile.

Au nord, à l'est, au sud-est, la situation extérieure se maintenait donc telle que Charlemagne l'avait faite, bien que les rebellions devinssent de plus en plus fréquentes et hardies. Ce fut vers l'Espagne qu'éclatèrent les premiers revers. Les chefs wisigoths de la Marche d'Espagne, après avoir servi d'instrument à la politique des princes franks contre les Arabes, commencèrent d'aspirer à l'indépendance, à l'exemple des walis musulmans leurs voisins. En 820, un Goth, nommé Sanila, dénonça à la cour impériale les complots de son compatriote Béra, comte de Barcelonne. L'accusateur n'ayant pu fournir la preuve du crime, on eut recours « au jugement de Dieu », et Béra et Sanila, « selon la loi des Goths », se battirent à cheval, avec les javelots et l'épée, devant l'empereur et toute sa cour. Béra, blessé d'un coup d'épée, se confessa coupable. Lodewig se contenta de l'exiler. (Ermold Nigel.—Astronom.) Le comté de Barcelonne fut réuni au marquisat de Septimanie ou de Gothie, entre les mains du duc Bernhard, fils du célèbre Wilhelm de Toulouse, et filleul et favori de Lodewig le Pieux. C'était un jeune homme turbulent, présomptueux et d'une insatiable ambition, qui s'était fait une multitude d'ennemis dans le palais impérial. La Septimanie avait été détachée du royaume d'Aquitaine par l'acte de 817, et Bernhard relevait directement de l'Empereur. Son début militaire en Espagne ne fut point heureux. Dans le cours de 822, ayant passé la Sègre et ravagé les environs de Huesca, il fut repoussé par l'émir de Cordoue, Abd-el-Rahman II, en personne, qui le battit et le poursuivit jusqu'à Barcelonne[1]. Deux ans après, les Franco-Aqui-

---

1. Conde, t. I, c. 89.

tains firent en Navarre, nom que commençait à prendre la Wasconie d'outre Pyrénées, une expédition qui réussit encore plus mal. Les Wascons d'Espagne ayant secoué la suzeraineté franke, les comtes Ebble et Asinarius (ou Aznar) traversèrent les *ports,* pour réprimer la rébellion, avec les milices de la Wasconie gauloise ou duché de Gascogne; ils « firent ce qu'ils avaient à faire (*negotium peregerunt*) » sans grande résistance. Pampelune, démantelée depuis 778, n'était pas en état de se défendre; mais au retour, les Navarrois et les Arabes réunis assaillirent les Franco-Gascons dans le fatal défilé de Roncevaux, et les exterminèrent ou les prirent jusqu'au dernier. Les deux généraux furent faits prisonniers. On envoya le comte Ebble à l'émir de Cordoue. « Les ennemis » épargnèrent Aznar, « parce qu'il était de leur race », et le remirent en liberté (824). Les Franks gardèrent ou recouvrèrent Jacca et les forts d'Aragon, mais ne remirent plus le pied en Navarre.

La nationalité de la Navarre fut ainsi fondée contre les Franks, au contraire de celle de l'Aragon et de la Catalogne, qui le fut par eux[1].

A l'autre extrémité des Pyrénées, les complots wisigoths n'avaient pas cessé par le châtiment de Béra. A la fin de 826, le Goth Aizo souleva ses compatriotes de la Marche orientale, et appela les *Sarrasins*. La Catalogne centrale fut perdue, et l'Empire ne garda que les plages de Barcelonne et de Gironne, d'une part, et, de l'autre, quelques forts des montagnes, comme Urgel et Puycerda, avec la Ribagorça (827). En même temps, la puissante nation des Bulgares, qui dominait sur les deux rives du Bas-Danube, et qui, par suite de la ruine des Awares, s'était avancée jusqu'à la Theyss, se brouilla avec les Franks à l'occasion de la fixation des frontières, envahit la Basse-Pannonie et l'Esclavonie entre la Drave et la Save, et en chassa les officiers et les vassaux de l'empereur. Cette malheureuse année ouvre l'ère de décadence des Franks.

(828) L'année suivante, une révolte à Tolède et à Mérida empêcha l'émir Abd-el-Rhaman de poursuivre ses succès vers les Pyré-

---

1. Conde, c. 40.— Astronom. — *Annal. S. Bertin.*— Eginhard. *Annal. ad an.* 824.

nées; mais les Franks ne ressaisirent pas l'offensive, et l'avantage resta aux musulmans, qui avaient une prépondérance croissante dans la Méditerranée, infestaient toutes les îles et toutes les côtes, et entamaient en ce moment la conquête de la Sicile sur les Grecs : une descente des Franco-Italiens près des ruines de Carthage ne compensa pas les progrès de l'islamisme. L'aspect général de l'Occident était triste et sombre : la disette et l'épidémie désolaient la Gaule; les désordres grandissaient, et le gouvernement du grand Karle s'écroulait sans bruit sous son impuissant successeur. Le parti ecclésiastique, qui avait dicté la constitution de 817, tenta un grand effort pour s'emparer de ce pouvoir qui échappait des mains de Lodewig, et pour soumettre l'Empire à l'aristocratie épiscopale, seule héritière des vues de *Charlemagne*. L'abbé Wala, au plaid d'automne de 828, aborda nettement la question d'une réforme générale au nom de la religion, en déclarant « qu'aux mains des évêques étaient les droits humains non moins que divins », et annonçant ainsi explicitement la prétention d'enfermer l'État dans l'Église, et de subordonner politiquement la société laïque, y compris le souverain, à la société ecclésiastique. C'était là le résultat inévitable de la politique de *Charlemagne*, qui avait gouverné par le clergé, et élevé les évêques au-dessus des comtes : sa dictature temporaire sur les deux ordres clerc et laïque avait disparu avec lui, et l'épiscopat, après avoir été l'instrument de la royauté, cherchait à son tour à faire de la royauté son instrument. Lodewig s'y prêta d'abord avec docilité : il ne contesta point les reproches de Wala, qui déclarait qu'on ne pouvait sans crime livrer les monastères en bénéfices à des laïques, ni donner une portion quelconque des biens de l'Église en *précaire* aux vassaux de la couronne, si ces précaires n'étaient librement offerts par les évêques. Lodewig ordonna la convocation de quatre conciles provinciaux pour la Pentecôte de 829, afin que les évêques y traitassent des affaires de la religion et des abus du gouvernement civil. La circulaire adressée aux peuples à cette occasion, au nom des « empereurs augustes Lodewig et Lother, » atteste le profond abattement d'esprit où était tombé Lodewig : il y parle en pénitent et non en souverain, et ne s'y montre préoccupé que du désir d'apaiser le courroux céleste provoqué par les péchés de son peuple et par les siens à lui, qui reconnaissait « avoir péché plus que les autres ». On ne saurait s'empêcher d'être ému de compassion pour cette conscience tendre et timorée, qui montrait, qui exagérait même le mal aux yeux de Lodewig, sans lui prêter la force de le combattre : on a comparé *Louis le Débonnaire* à saint Louis ; mais saint Louis sut agir conformément à ses principes, et Lodewig le Pieux démentit sans cesse les siens, soit par son inaction, soit par ses actes.

(829.) Au moment même où Lodewig avouait franchement ses péchés passés, il s'apprêtait à en commettre un nouveau dont les conséquences allaient être incomparablement plus désastreuses : tandis que les quatre conciles provinciaux s'assemblaient à Mayence, à Paris[1], à Lyon et à Toulouse (juin 829), l'empereur, cédant aux obsessions de sa femme et à l'amour paternel, se décidait à faire un royaume à son dernier-né, Karle, aux dépens des États destinés à Lother, et au mépris de la constitution de 817. Judith, dont les évêques et les moines eux-mêmes célébraient la science, l'esprit et la ravissante beauté[2], et « qui tournait le cœur des hommes à tout ce qu'elle voulait, » sut arracher à Lother un consentement qui calma les scrupules de Lodewig, et, dans le plaid général ouvert à Worms au mois d'août[3], à la suite des quatre conciles, l'empereur proclama Karle roi de l'Allemannie (dans laquelle était comprise l'Helvétie germanique à l'est de la Reuss), de la Burgondie transjurane (Suisse romane, qui s'étendait du Jura au lac de Lucerne et à la Reuss), de la Rhétie et de l'Alsace (Thegan. — Nithard.). Cette violation du pacte solennel de 817 déchaîna les orages et dissipa les espérances d'une réforme paci-

---

1. Le concile de Paris demanda à Louis le Pieux de fonder trois *écoles publiques* dans trois villes du royaume, c'est-à-dire trois hautes écoles dans le genre de celle du palais, trois *universités*, comme on dit plus tard. — Il existait, dans les grands monastères, à côté des écoles gratuites et publiques, des écoles stipendiées qui contenaient dès lors le germe de l'enseignement libre. Ampère, *Hist. de la litt. franç.* t. III, p. 233.

2. *V.* les vers de Walafrid Strabo dans les *Histor. des Gaules*, t. VII, p. 261, et les passages de Raban-Maur et de l'évêque Frikulfe, *ibid.* 355-356. — « Elle fait merveilleusement vibrer les cordes des instruments sous l'archet aux doux sons », dit Walafrid.

3. Le synode de Worms, à l'instigation de l'archevêque Agobard, défendit l'épreuve par *l'eau froide*.

fique, à laquelle la plus étroite union du souverain et des évêques eût à peine donné quelques chances. Les éléments les plus opposés se coalisèrent contre l'imprudent monarque : Lother, craignant que l'ambitieuse Judith ne se contentât pas d'un lot aussi médiocre pour son fils, et revenant sur ses engagements, entraîna dans ses intérêts ses frères Peppin d'Aquitaine et Lodewig de Bavière (ou le Germanique); les chefs du parti épiscopal, exaspérés du parjure de l'empereur, projetèrent dès lors de l'obliger à abdiquer au profit de son fils aîné, et les grands laïques, par des motifs diamétralement contraires aux motifs des évêques, entrèrent aussi dans la ligue; les évêques en voulaient à l'empereur, les seigneurs à l'Empire; les partisans de l'unité et ceux de l'anarchie s'associèrent par une bizarre alliance; mais le glaive, qui décide en dernier ressort, était aux mains des anarchistes et non des unitaires.

Lodewig, incapable de se défendre par lui-même, confia le soin de sa défense à un homme d'action et de courage, le seul des grands dont le dévouement lui parût inébranlable : c'était le duc Bernhard, qu'il rappela de Barcelonne pour en faire son chambellan et le chef du palais impérial : « il lui confia Karle, et le fit second après lui dans l'empire ». (Nithard.) Lodewig accéléra ainsi la catastrophe au lieu de la prévenir, et « Bernhard, dit le judicieux historien Nithard, en abusant témérairement de la chose publique, la renversa au lieu de la raffermir ». Il brava orgueilleusement les grands et les poussa à bout, au lieu de chercher à les ramener; il écarta tout ce qui restait de conseillers du grand Karle; il destitua comtes, vicaires, bénéficiaires, au profit de ses créatures, gens pour la plupart sans consistance dans le pays; il scandalisa le peuple et les clercs par sa familiarité avec l'impératrice, qui, lasse d'un mari vieux avant l'âge et absorbé par la dévotion, s'était éprise du chambellan, et laissait éclater sa passion avec aussi peu de prudence que de retenue. On répandit le bruit que la liaison de Judith et de Bernhard datait de beaucoup plus loin, et il circula des doutes injurieux sur la naissance du jeune Karle. Lodewig était la seule personne de sa cour qui ne soupçonnât rien des amours de l'impératrice et du chambellan, et cette situation ridicule d'un mari gouverné par l'amant de sa femme accroissait la déconsidération publique qui pesait sur l'empereur. Tout l'hiver se passa en violences maladroites de la part de Bernhard et en intrigues menaçantes de la part de ses ennemis : l'abbé Wala, qui avait été le mari d'une sœur aînée de Bernhard, fit une tentative pour éclairer son beau-frère sur les dangers qu'il préparait à son maître et à lui-même ; l'arrogant Bernhard n'écouta rien, et Wala se crut désormais affranchi de tout devoir envers une cour insensée; les principaux chefs des mécontents se réunirent à Corbie autour de Wala, déclarèrent infidèle et traître quiconque ne secourrait pas l'État « contre le tyran adultère », qui, disait-on, avait fasciné l'empereur par des prestiges diaboliques, et projetait de le faire périr avec ses trois fils aînés et tous les grands de l'Empire [1]. Bernhard avait emprunté aux Arabes, ses voisins, le goût des sciences occultes, qui intéressaient également l'esprit curieux et hardi de Judith, et le palais de Lodewig le Pieux était plein de devins, d'astrologues, de gens adonnés aux arts néfastes de la magie, ce qui accréditait les rumeurs les plus sinistres.

Lodewig semblait réellement dominé par quelque puissance surnaturelle ; Bernhard et Judith lui imposaient les actes les plus contraires à son caractère et à ses principes. La stupeur fut générale quand on le vit, à l'entrée du « saint temps de carême », et malgré la goutte qui le tourmentait, convoquer le plaid général à Rennes et se mettre en chemin pour aller châtier les Bretons de nouveau révoltés. Ce fut le signal de l'explosion ; une grande partie des troupes, au lieu de suivre l'empereur, prirent la route de Paris, où les conjurés s'étaient donné rendez-vous. Le roi Peppin et les Aquitains, oublieux des bienfaits de Lodewig le Pieux, rejoignirent les conjurés. Le jeune Lodewig, échappé du camp impérial, parut bientôt à son tour : on attendait Lother d'Italie ; de jour en jour, les forces des insurgés se grossissaient aux dépens de l'armée de l'empereur ; la défection ne tarda pas à être générale autour du triste monarque. Lodewig le Pieux n'essaya pas de résister : il courba la tête sous « l'arrêt du ciel » qui le frappait, permit à Bernhard de se sauver dans son duché

---

1. Paschas. Radbert. *Vita Walæ.* — Astronom.

de Septimanie, envoya l'impératrice au monastère de Sainte-Marie de Laon, et vint à Compiègne pour traiter avec les rebelles, si l'on peut qualifier de rebelle tout un empire soulevé. L'insurrection, victorieuse sans combat, n'était pas disposée à se contenter de ces concessions : Peppin envoya arracher Judith de son couvent et se la fit amener à Verberie, à trois lieues de Compiègne : Judith, « menacée de mille genres de mort », fut forcée de promettre « qu'elle prendrait le voile et engagerait son mari à déposer ses armes et sa chevelure pour s'enfermer dans un monastère », tandis que Lother deviendrait seul empereur ; on lui permit en conséquence d'avoir une entrevue avec l'empereur à Compiègne ; mais elle ne tint que la première partie de sa promesse, « en plaçant le voile monastique sur sa tête », et l'empereur, par son conseil, demanda du temps pour réfléchir sur ce qui le concernait. Lother, qui arriva sur ces entrefaites, et Peppin n'eussent peut-être point attendu le consentement de leur père ; mais le jeune Lodewig désapprouva toute contrainte exercée sur la personne de l'empereur, et Agobard, Wala et les autres meneurs ecclésiastiques ne voulurent pas prêter les mains à une si odieuse violence. Les grands se dédommagèrent en se vengeant à loisir des parents et des amis de Judith et de Bernhard : un frère de Bernhard eut les yeux crevés ; un de ses cousins et les frères de l'impératrice furent tondus et bannis : toutes les créatures du favori furent chassées avec opprobre ; on expédia Judith au couvent de Sainte-Radegonde, à Poitiers, sous la surveillance des officiers de Peppin, « et on releva l'empereur sur son trône », après qu'il eut juré de se conduire désormais par les avis de ses grands. Lodewig conserva ainsi le titre d'empereur qu'on avait voulu lui ravir ; mais il ne conserva que cela : le pouvoir souverain passa aux mains de Lother, qui renvoya ses frères Peppin et Lodewig dans leurs royaumes, et fit garder à vue l'empereur dans sa propre cour par des moines chargés de l'amener à embrasser la vie religieuse. Le petit Karle, dépouillé de la royauté, fut aussi retenu comme prisonnier.

La constitution de 817 était donc rétablie, et le parti de l'unité était arrivé en apparence à ses fins ; mais la victoire fut suivie d'amers désappointements ; le parti de l'ordre sembla n'avoir vaincu qu'au profit des passions les plus désordonnées ; Lother, esprit médiocre, violent, égoïste et avide, était tout à fait au-dessous du rôle qu'on lui avait destiné ; les courtisans de Lother avaient remplacé les fauteurs de Bernhard et imitaient leurs méfaits : « chacun n'écoutait que sa cupidité, et la chose publique allait journellement de mal en pis, » dit l'historien Nithard. Le mauvais gouvernement de Lother rendit des amis à son père : les moines mêmes que Lother avait placés près du monarque déchu se dévouèrent à sa restauration, et l'un d'eux, Gontbald, se rendit de sa part auprès des rois Peppin et Lodewig, afin de les gagner par l'appât d'une augmentation de territoire. Peppin, mécontent de l'inexécution d'une promesse analogue de Lother, changea facilement de parti : le jeune Lodewig en fit autant ; l'Aquitaine et la Bavière se rallièrent ainsi au vieil empereur ; les Germains du Nord, Saxons et Frisons, lui étaient tout dévoués, et avaient montré une vive irritation à la nouvelle des événements de Compiègne.

Sur ces entrefaites arriva l'époque du plaid général d'automne : Lother souhaitait qu'il se tînt dans l'intérieur de la France ; mais Lother n'était déjà plus complétement le maître, et l'empereur Lodewig obtint que l'assemblée fût convoquée à Nimègue, sur le Wahal, afin que les chefs germains, « auxquels il se fiait plus qu'aux Franks », pussent s'y rendre tous. En même temps, Lodewig manda aux grands de venir « en petit appareil », et sans leur cortége habituel de gens de guerre : l'archi-chapelain Hilduin, abbé de Saint-Denis, ayant contrevenu à cet ordre, fut déposé et exilé ; l'abbé Wala eut le même sort. Les leudes gallo-franks de la faction de Lother étaient prêts à tirer l'épée pour défendre les résolutions de Compiègne : l'abandon de leur chef leur fit tomber les armes des mains ; Lother alla trouver Lodewig, se soumit humblement à ce père qu'il avait si grièvement offensé, laissa arrêter ses principaux partisans, et, rachetant son arrogance à force de lâcheté, opina lui-même dans le conseil pour la mort des coupables. Si le sang ne coula point, on ne le dut qu'à la modération du vieil empereur ; mais beaucoup de grands personnages, clercs et laïques, furent exilés et renfermés dans des couvents après la confiscation de leurs biens. L'impératrice Judith fut ramenée de Poitiers à Aix-la-Chapelle, et, en présence de l'empereur, de ses fils et de toute l'assemblée des Franks réunie à Aix en février 831, elle offrit de se purger des crimes qu'on lui imputait. Personne n'élevant la voix pour soutenir l'accusation, elle se purgea par serment, selon la loi des Franks, et son faible époux, trop heureux d'être convaincu à si bon compte de la fidélité de sa femme, lui rendit les honneurs impériaux sur l'autorisation des évêques et du pape Grégoire IV, qui déclarèrent nuls les vœux monastiques extorqués à Judith par des menaces de mort. L'impératrice ressaisit toute sa puissance sur l'esprit de son mari, et l'on s'en aperçut à l'étendue et au caractère de la réaction : les rois d'Aquitaine et de Bavière furent récompensés de leur repentir; ils eurent quelques accroissements de territoire ; Peppin reçut le comté d'Angers et d'autres cantons neustriens voisins de la Loire ; mais le nom de Lother fut retranché des actes publics, où il figurait depuis treize ans à côté de celui de son père : on l'obligea de renoncer à l'association à l'Empire et de promettre qu'il se contenterait du royaume d'Italie ; le sort futur de la monarchie demeura enveloppé de nuages, à travers lesquels on pouvait deviner sans peine les plans de Judith et ses espérances pour son fils Karle.

Dans le plaid tenu à Thionville (octobre 831), la contre-révolution fut couronnée par le retour du duc Bernhard, qui, de même que Judith, vint se purger par serment. Personne ne contesta son innocence, qu'il offrait de prouver par les armes. Les trois jeunes rois avaient été appelés au plaid. Lother et Lodewig le Germanique assistèrent, la haine dans le cœur, à cette réhabilitation de leur ennemi. Peppin, plus hardi, ne comparut pas, en dépit des ordres de son père. Les jeunes rois Peppin et Lodewig s'étaient attendus à hériter de l'autorité de Lother. Trompés dans leur espoir, ils étaient déjà disposés à renouveler la révolte. On s'attendait à voir la situation du palais redevenir absolument la même qu'à la fin de 829. Il n'en fut rien cependant; Bernhard trouva sa place occupée, sinon auprès de Judith, du moins auprès de l'empereur : l'ambitieux et intrigant moine Gontbald, principal agent de la restauration de Lodewig le Pieux, « voulait être le second personnage de l'Empire, ainsi que l'avait été

Bernhard » (Nithard). Lodewig, qui ne savait que changer de joug, préféra son libérateur à l'auteur de sa chute ; Judith elle-même, ne se faisant plus illusion sur les fautes et l'impopularité de Bernhard, et sentant que cet homme la perdrait, elle et son enfant, qu'elle idolâtrait, eut, à ce qu'il semble, le courage de sacrifier son amant à son fils. Bernhard, ulcéré de « l'ingratitude » de la cour, repartit pour son duché, décidé à se venger par tous les moyens, et, se rapprochant tout à coup du roi Peppin, jusqu'alors le plus acharné de ses adversaires, il se déclara vassal de Peppin, se mit à la tête du vieux parti aquitain, qui aspirait à secouer toute suprématie impériale et franke, et ne cessa d'exciter Peppin contre l'empereur. Peppin, mandé coup sur coup au palais, avait enfin obéi de fort mauvaise grâce. L'empereur avait voulu le punir en le retenant à Aix ; mais Peppin s'échappa et regagna l'Aquitaine (janvier 832).

Les trois fils du premier lit étaient de nouveau coalisés. Lother était parvenu à pousser en avant son frère Lodewig le Germanique sans se compromettre ouvertement lui-même. Lodewig leva en masse les Bavarois « libres et serfs » et les tributaires slaves, envahit l'Allemannie, qui avait été rendue à Karle par l'empereur, et alla camper sur le Rhin, en face de Worms, comptant que les Austrasiens et les Germains du Nord abandonneraient son père et se joindraient à lui. Son espoir fut déçu : Franks et Saxons restèrent fidèles à l'empereur, qui avait mandé son armée à Mayence, et Lodewig le Germanique, trop inférieur en forces, n'eut d'autre parti à prendre que la retraite. Poursuivi de Worms jusqu'à Augsbourg par son père, et abandonné par ses fauteurs, il demanda et obtint le pardon de l'empereur, qui le renvoya en Bavière. Lother accourut trouver Lodewig le Pieux à Francfort, et jura effrontément qu'il n'avait pas trempé dans les desseins du roi de Bavière. Il y eut entre lui, son père et sa marâtre, de longs pourparlers touchant les intérêts de Karle ; Judith, qui gouvernait son mari comme par le passé, était beaucoup plus irritée contre Peppin que contre Lother, et n'avait pas oublié les violences de 830 : c'était aux dépens de Peppin qu'elle projetait d'agrandir son fils, et elle s'efforçait d'amener Lother, par toute sorte de promesses, à s'associer à Karle contre les deux autres frères. Le plaid général, au retour de l'empereur, fut convoqué à Orléans, pour le mois de septembre 832 ; les vassaux de Saxe et des autres régions teutoniques s'y rendirent avec une multitude de gens de guerre : Lother vint, et Peppin n'osa refuser de comparaître. Rien ne fut décidé à Orléans ; l'empereur passa la Loire et transféra l'assemblée à Joac en Limousin, une des quatre résidences du roi d'Aquitaine. Peppin et Bernhard furent traduits devant le plaid général : leur trahison ne fut pas prouvée ; néanmoins, Bernhard fut privé de ses « honneurs », et l'empereur lui ôta le gouvernement de la Septimanie et de la Marche d'Espagne ; Peppin fut envoyé prisonnier à Trèves avec sa femme et ses enfants, et son royaume fut transféré au petit Karle ; les grands d'Aquitaine jurèrent fidélité à Karle. Lother avait, dit-on, consenti à cette spoliation, moyennant qu'on en exécutât une autre à son profit et qu'on lui donnât le royaume de Bavière ; on promit aussi de lui rendre le titre d'*Auguste* et d'associé à l'Empire. (Nithard.—*Annal. Sanct. Bert.*)

Ce nouveau partage, si violent et si arbitraire, ne se réalisa point. A peine l'empereur avait-il licencié son armée, qu'il apprit la seconde évasion de Peppin, et sa présence à la tête d'une insurrection aquitanique ; l'empereur se hâta de rappeler sous les drapeaux ses milices qui couvraient encore toutes les routes, et rentra dans l'intérieur de l'Aquitaine au mois de novembre, pour se mettre à la poursuite de Peppin. Cette campagne d'hiver « ne fut ni glorieuse ni profitable à l'empereur : » des pluies abondantes, puis une soudaine gelée, couvrirent le pays entier d'une couche de verglas sur laquelle les chevaux de l'armée impériale se cassaient les jambes ; les troupes de l'empereur, vivement harcelées par les bandes agiles des Aquitains et des Basques, furent réduites à une retraite qui ressembla beaucoup à une déroute (Astronom.). Les Franks d'Austrasie et de Neustrie apprirent ce revers de l'empereur avec une joie menaçante. Ils étaient profondément irrités que le vieux monarque eût amené deçà le Rhin les vassaux germains pour comprimer la Gaule avec leur aide ; c'était à leurs yeux une espèce de trahison contre la « noble nation des Franks. » Les excès commis en Gaule par les auxiliaires saxons, thuringiens et allemans ne contribuèrent pas peu aux événements de l'année suivante.

L'empereur était retourné à Aix-la-Chapelle après la Noël 832 ; il y reçut bientôt de sinistres nouvelles : Lodewig-le-Germanique reprenait les armes ; Lother, uni derechef au parti de la constitution de 817, à la tête duquel se plaçait le pape en personne, rompait ses engagements, et, au lieu de coopérer à l'exhérédation de Peppin et de Lodewig, renouait son alliance avec eux ; enfin, les trois frères ligués étaient en marche avec trois armées du fond de l'Italie, de la Bavière et de l'Aquitaine, et le pape Grégoire IV s'avançait avec Lother, « pour rétablir, » disait-il, « la paix entre le père et les enfants. » L'empereur s'apprêta à se défendre. Il eut autour de lui une grande armée franco-germanique au commencement du printemps ; mais il ne put ou ne sut pas empêcher ses trois fils d'opérer leur jonction en Alsace, dans la vaste plaine appelée Rothfeld, ou le Champ-Rouge, près du mont Sigwald, entre *Argentaria* (Colmar) et Bâle[1]; les garnisons chargées par l'empereur de la garde des *cluses* d'Italie avaient déposé les armes à l'aspect du pape et de Lother. L'apparition du pontife romain, venant réclamer le rétablissement du pacte solennel de 817, dont son prédécesseur avait été garant, produisit une vive sensation en Gaule : l'abbé Wala et plusieurs autres illustres personnages ecclésiastiques accoururent près de Grégoire IV, et l'archevêque Agobard écrivit à l'empereur une lettre éloquente où il le conjurait de se rappeler d'inviolables serments. Cependant la plupart des évêques gallo-franks et germains avaient obéi au ban de l'empereur, et ne paraissaient pas disposés à seconder le pape : les prélats attachés à tout prix au système de l'unité de l'Empire étaient en petit nombre ; le reste des évêques, qu'ils avaient jusqu'alors menés à leur gré, ne les suivirent pas en cette occasion, et se montrèrent aussi mécontents que l'empereur de l'arrivée du pape et de ses menaces. Grégoire annonçait l'intention d'excommunier l'empereur et les prélats de son parti, s'ils repoussaient l'intervention pontificale ; les évêques gallo-franks, qui avaient applaudi avec transport l'abbé Wala proclamant leur supériorité sur la puissance temporelle, ne l'écoutèrent plus lorsqu'il les pressa de

---

1. Le nom de *Rothfeld* fut changé peu après en celui de *Lugenfeld*, ou *Champ-du-Mensonge*, « à cause de tous ceux qui faussèrent leur foi en ce lieu. »

reconnaître l'intervention souveraine du pape dans les affaires de l'Empire ; c'était une aristocratie, et non une monarchie ecclésiastique, que voulait fonder l'épiscopat gaulois. Après des pourparlers infructueux, les évêques se jurèrent (*dextras dederunt*) de résister au pape, signifièrent à Grégoire IV qu'il « n'avait droit d'excommunier personne, de faire quoi que ce fût malgré eux dans leurs paroisses (leurs diocèses) ; que, s'il venait pour excommunier, il s'en retournerait excommunié lui-même, et qu'il prît garde de perdre sa propre dignité (d'être déposé) pour être venu en Gaule sans qu'on l'eût appelé. » Grégoire fut d'abord « tout étonné et effrayé, » et il fallut que Wala et son ami Paschase Radbert, célèbre moine de Corbie, lui rappelassent ses « droits » pour le rassurer : ils lui donnèrent « des maximes confirmées par l'autorité des saints Pères et des écrits des papes ses prédécesseurs, lesquels prouvaient qu'il avait droit d'aller et d'envoyer vers toutes les nations pour la foi du Christ et la paix des églises, et qu'en lui était l'autorité vivante de saint Pierre, jugeant tous les autres et n'étant jugé par personne[1]. » Grégoire reprit donc courage, et

---

1. Ce passage de la *Vie de Wala*, par Paschase Radbert, paraît faire allusion à des documents apocryphes que l'on commençait à répandre pour donner aux prétentions papales un point d'appui dans l'antiquité chrétienne. Le célèbre recueil des *Fausses Décrétales* n'existait pas encore en 833. M. La Ferrière (*Hist. du Droit français*, t. III, p. 457 et suiv.) a prouvé que ce recueil a été rédigé entre 836 et 857 ; mais les maximes en étaient déjà propagées, et le *Liber capitulorum* d'Inghelramn, ouvrage plein de fausses citations et composé dans le même esprit, était répandu depuis un demi-siècle. — La question, tant controversée, des *Fausses Décrétales* est aujourd'hui assez bien éclaircie. Depuis le sixième siècle, plusieurs collections de canons des conciles, mêlées de lettres des papes et d'autres évêques et docteurs, avaient été compilées dans l'Église latine. La plus accréditée était attribuée à saint Isidore, évêque de Séville (auteur d'une chronique fort connue). Vers le milieu du neuvième siècle, apparut tout à coup un nouveau recueil beaucoup plus étendu, portant également le nom de saint Isidore, et mêlant à des monuments authentiques une multitude de pièces supposées ou falsifiées, les unes déjà en circulation, les autres entièrement nouvelles. Ainsi, quarante-huit *canons des apôtres*, déjà rejetés, comme apocryphes, par le véritable Isidore, sont associés, par le faux Isidore, à plus de soixante lettres ou décrétales des plus anciens évêques de Rome, toutes de fabrication nouvelle, au *Liber capitulorum* d'Inghelramn, et à la fameuse *donation de Constantin*, suivant laquelle le premier empereur chrétien, plus de quatre cents ans avant Peppin et Charlemagne, aurait déjà donné Rome et d'immenses possessions au saint-siège. On croit que la *donation de Constantin*, qui semble avoir eu pour but de décharger la papauté du fardeau de la reconnaissance envers les rois franks, avait été forgée à Rome antérieurement au faux Isidore ; nous ne connaissons pas d'allusion à cette pièce avant le temps des

répondit en termes très violents aux évêques : il leur reprocha de l'avoir qualifié tantôt de père, tantôt de frère, et non exclusivement de *pape* ou *père*, suivant la révérence qu'ils lui devaient[1], et de n'être pas venus à sa rencontre, sous prétexte des ordres de l'empereur, attendu que l'ordre du siége apostolique ne devait pas leur être moins sacré qu'un ordre impérial, et qu'au contraire, l'autorité pontificale, qui régit les âmes, doit passer devant (*prævenit*) l'autorité temporelle de l'empereur. Les évêques l'accusaient d'avoir violé son serment de fidélité à l'empereur ; il rétorqua avec avantage l'accusation de parjure contre eux, signataires et garants du pacte de 817 et maintenant complices de sa violation, et finit par traiter d'absurde et de ridicule leur menace de déposition, motivée non par un crime, tel qu'homicide, larcin

Fausses Décrétales. Quoi qu'il en soit, l'ensemble du recueil révèle une pensée aussi hardie et aussi intelligente que peu scrupuleuse. L'identité de cette pensée avec celle qui a dicté la collection de *Faux Capitulaires* de Peppin, de Charlemagne et de Louis le Débonnaire, composée vers la même époque (de 840 à 847), et beaucoup d'autres indices que nous ne pouvons détailler ici, décèlent le véritable auteur. Ce n'est point à Rome qu'a été fabriqué ce grand arsenal de mensonges destiné à servir si puissamment Rome ; c'est à Mayence. L'auteur, un diacre mayençais, nommé Benoît, a eu pour but de refaire à l'Église une fausse histoire, afin de faire remonter jusqu'aux premiers âges du christianisme les titres de la monarchie ecclésiastique que travaillaient à fonder les papes du neuvième siècle. Les conciles provinciaux *rétractés* par les vicaires du saint-siége ; les débats entre les évêques et leurs métropolitains, soumis non au concile provincial ou national, mais au pape ; le pape statuant directement et absolument sur les appels des évêques contre les métropolitains et contre les conciles provinciaux (le concile de Sardique, et encore par une décision longtemps contestée, avait seulement accordé à l'évêque de Rome le droit de renvoyer l'affaire aux évêques d'une province voisine) ; enfin, le jugement des évêques réservé au Saint-Siége, et la juridiction universelle du Saint-Siége sur les causes majeures, sont les principales innovations mises par Benoît sous le couvert d'une fausse antiquité chrétienne. Rome saisit avec empressement l'arme redoutable qu'on lui tendait. Les évêques gallo-franks essayèrent de repousser l'invasion de ces « *décrétales* qu'on ne trouve nulle part, disaient-ils, dans le code des canons (Baluz. *Capitular*. t. II, p. 92) ; » mais la critique historique n'était pas au nombre des *arts libéraux* restaurés par Alcuin, et l'esprit du siècle combattait pour la papauté. Les *Fausses Décrétales* triomphèrent. La monarchie spirituelle des papes et leur grande influence sur le temporel étaient, pour un temps, dans les plans providentiels, et la Providence se sert de tous les instruments, purs et impurs, pour accomplir son œuvre. L'ouvrage de l'audacieux faussaire mayençais fit loi pendant six siècles. M. Ozanam, dans le t. II de ses estimables *Études germaniques*, s'est trompé sur le caractère et l'importance des *Fausses Décrétales*. M. La Ferrière nous paraît avoir dit le dernier mot sur cette question ; *Hist. du Droit français*, t. III, p. 445-446.

1. Le pape arriva à ses fins : les évêques ne tardèrent pas à employer exclusivement le titre de *père* en lui écrivant.

ou sacrilége, mais par un voyage qui leur déplaisait. Ainsi Grégoire reconnaissait le pape susceptible de déposition pour crime privé[1].

L'empereur cependant s'était avancé au delà de Strasbourg : les armées se trouvèrent en présence le 24 juin, auprès de Colmar ; une dernière tentative de conciliation eut lieu : Grégoire IV alla trouver sous sa tente Lodewig le Pieux ; accueilli d'abord très froidement et sans les honneurs accoutumés, il parvint cependant à convaincre l'empereur de ses intentions conciliatrices, négocia durant quelques jours avec lui, et alla reporter aux rois coalisés les propositions de leur père ; une étrange catastrophe rendit ses labeurs inutiles. Dans la nuit qui suivit le retour du pape au camp des trois frères, « presque tout le peuple qui était avec l'empereur s'écoula comme un torrent vers les fils de l'empereur ». La négociation patente du pape avait servi, à son insu, à masquer des négociations d'une autre nature : toutes les passions politiques et particulières avaient été habilement travaillées ; les leudes franks s'étaient laissé séduire sans peine ; la plupart des évêques, naguère si superbes et si intraitables, avaient oublié leurs récentes protestations de résistance, et cédé, non point aux « droits » du pape, mais aux promesses et aux menaces de Lother. La désertion continua de telle sorte, qu'au bout de deux ou trois jours, le vieux monarque ne vit plus à ses côtés que sa femme, son fils Karle et son frère Drogo, « archevêque de Metz[2], » avec six ou sept autres évêques, quelques comtes et abbés, et une poignée de vassaux : les plus compromis de ses partisans et des affidés de Judith s'enfuirent, et tout le reste joignit Lother.

« Le jour de la fête de saint Paul » (30 juin), le « menu peuple » menaça d'envahir la tente de l'empereur : quelques fidèles gens de guerre s'apprêtaient à défendre leur maître ; mais le malheureux monarque leur ordonna d'aller trouver ses fils, déclarant « qu'il ne voulait pas que personne perdît la vie ou les

---

1. Paschas. Radbert. *Vita Walæ*. — *Epist. Gregorii papæ*, dans les *Histor. des Gaules*, t. VI, p. 852.— *Epist. Agobard. ibid.* p. 572. — Sur tous les événements de ce temps, *v.* Astronom. *Vita Ludovici Pii.* — Thegan. *id.* — Nithard, l. I. — *Annal. Sancti Bertini.*

2. L'archevêché de Metz n'a pas subsisté.

membres à cause de lui, » et il fit demander à ses fils de le protéger contre les outrages populaires. Ils l'invitèrent à chercher un asile dans leur camp, s'avancèrent à sa rencontre, descendirent de cheval à son approche et lui rendirent quelques vains témoignages de respect; mais ils le séparèrent sur-le-champ de sa femme, envoyèrent Judith en exil à Tortone, au delà des monts, et gardèrent à vue l'empereur, avec le petit Karle, dans un pavillon voisin de la tente de Lother; puis une tumultueuse assemblée des évêques et des seigneurs, tenue sous la présidence du pape, déclara Lodewig déchu et Lother seul empereur : les principaux adhérents de Lother, dans un conciliabule qui suivit cette assemblée, se partagèrent toutes les dignités et les bénéfices de l'Empire « sans tenir compte des droits des familles, des titres égaux des grands, des anciens services, ni de l'honneur des églises. » Comme tout cela venait d'être terminé à la hâte, survint l'abbé Wala : les co-partageants, « un peu confus, l'interrogèrent si quelque chose lui pouvait déplaire ». « Non, dit-il, tout est pour le mieux, si ce n'est que vous n'avez rien laissé à Dieu de son droit, ni rien fait pour satisfaire les gens de bien. » Ses yeux s'étaient enfin ouverts sur la vanité des espérances de son parti et sur l'impossibilité d'établir l'ordre et l'unité avec des éléments qui ne tendaient qu'à la dissolution et au chaos : il partit; il alla cacher ses amers regrets et ses sombres prévisions au fond du monastère de Bobbio en Lombardie : le pape, également désabusé et « repentant de son voyage, » retourna à Rome « plus tard qu'il n'eût voulu, » dit l'historien Nithard. Peppin et Lodewig le Germanique repartirent, l'un pour l'Aquitaine, l'autre pour la Bavière, après avoir obtenu de leur frère aîné des concessions territoriales dont on ne connaît pas l'étendue.

Lother, resté maître du terrain, ramena son père et son jeune frère dans l'intérieur de la Gaule, enferma Lodewig au couvent de Saint-Médard de Soissons, et eut la dureté de le séparer de Karle, qu'il envoya au monastère de Prüm dans les Ardennes. Du temps des Mérovingiens, la mort de cet enfant eût été assurée; mais les mœurs s'étaient adoucies, et Lother, qui n'était pourtant ni scrupuleux ni humain, ne fit pas même tondre Karle : il est vrai que le récent exemple de Judith, relevée par les évêques et par le pape d'un vœu forcé, attestait l'inutilité de cette précaution.

Lother convoqua le plaid général pour le 1er octobre à Compiègne : il espérait que son père se déciderait à prendre l'habit monastique ; mais l'empereur, encouragé par les avis secrets de ses partisans, qui l'assuraient que beaucoup de gens se repentaient déjà de l'avoir trahi, résistait à toutes les insinuations. Lother résolut de frapper un grand coup, et de fermer à Lodewig le Pieux toute voie de retour au trône, en le faisant condamner par les évêques à une pénitence perpétuelle : les pénitents ne pouvaient ni porter les armes, ni exercer de fonctions politiques pendant la durée de la pénitence. Les archevêques Agobard de Lyon et Ebbe de Reims consentirent à être les instruments de ce fils dénaturé : Ebbe, comblé des bienfaits du vieil empereur, qui l'avait tiré de la poussière, se déshonora par son ingratitude ; quant à Agobard, l'homme le plus éclairé de son siècle, emporté par l'ardeur des passions politiques, il n'avait pas été désabusé aussi promptement que Wala : il croyait encore à la cause de l'Empire ; il écrivit une apologie de la déposition de l'empereur, et se rendit au synode de Compiègne, que présida Ebbe, métropolitain de la province où se tenait l'assemblée. Le parti de Lother ne rencontra qu'une faible opposition ; les évêques déclarèrent que le « seigneur » Lodewig, ayant laissé dépérir l'héritage du « très grand empereur » Karle son père, et scandalisé l'Église en mille manières, avait été déposé par un juste jugement de Dieu ; ils se transportèrent en corps à Soissons auprès du captif de Saint-Médard, et le sommèrent de prendre une bonne résolution pour sauver du moins son âme, puisque sa puissance temporelle était perdue. Le malheureux prince promit de subir la sentence des prélats : ils l'obligèrent d'inviter lui-même Lother à une réconciliation publique, et de l'appeler à Saint-Médard avec les seigneurs pour leur donner le spectacle de son abaissement. « Le seigneur Lodewig, en présence d'un grand nombre de prêtres, de diacres et d'autres clercs, ainsi que du seigneur Lother son fils et de ses grands, et d'autant de peuple qu'en pouvait contenir l'église, se prosterna sur un cilice étendu à terre devant le saint autel, et confessa devant tous avoir mal géré la charge à lui confiée. Les évêques alors lui enjoignirent d'avouer en détail tous ses péchés, et lui mirent en main un écrit composé de huit articles qui renfermaient la substance des griefs allégués contre lui. » Il fallait que la passion eût bien égaré la haute intelligence d'Agobard, pour qu'elle lui fît approuver cette pièce étrange : à côté du reproche sérieux d'avoir brisé l'unité de l'empire par des morcellements arbitraires au profit de Karle, et d'avoir « jeté son peuple dans le péché » en l'obligeant à prêter divers serments contraires les uns aux autres, on remettait en avant, avec une insigne injustice, la mort de Bernhard d'Italie et la tonsure imposée à Hughe et à Drogo, comme si ces actions n'eussent pas été amplement expiées par la pénitence publique de l'an 822. Lodewig lut tout haut sa condamnation, s'avoua coupable sur tous les chefs, ôta son ceinturon (*cingulum*), signe de la vie militaire, et reçut des évêques la robe grise du pénitent, après quoi on le reconduisit dans sa prison. Il n'y resta que peu de jours. Lother, « craignant qu'il ne fût délivré par quelques-uns de ses fidèles, l'emmena malgré lui à Aix-la-Chapelle [1] ».

Le but de Lother ne fut pas atteint : l'odieuse cérémonie de Saint-Médard, loin de consolider l'œuvre du Champ-du-Mensonge, porta la compassion et le remords dans toutes les âmes : les peuples oublièrent les fautes du monarque pour ne plus voir que les malheurs du père et l'impiété du fils. L'agitation était extrême dans toute la Gaule et la Germanie : les frères bâtards du vieil empereur, l'archevêque Drogo et l'abbé Hughe, retirés auprès de leur neveu Lodewig le Germanique, ne cessaient de l'exciter à intervenir en faveur de son père. Lodewig qui, des trois fils aînés, était le plus accessible aux bons sentiments, eut avec Lother une entrevue à Mayence, afin de l'engager à traiter moins durement le monarque déchu : n'ayant rien obtenu, il rompit complétement avec son frère aîné, et envoya son oncle Hughe à Peppin, qui, soit légèreté, soit jalousie contre Lother, se laissa entraîner. Peppin et Lodewig ne pouvaient souffrir la suprématie ni de leur père ni de leur frère. Une partie de la France et de la Burgondie était déjà en révolte ouverte, lorsque Lodewig le Ger-

---

1. *Acta exauctorationis Ludovici Pii*, etc., dans les *Histor. des Gaules*, t. VI, p. 243-251. — *Liber de Translatione sancti Medardi*. — Nithard. — Thegan. — Astronom. — *Annal. Sancti Bertini*.

manique appela aux armes les Franks et les Germains, et Peppin, les Aquitains et les Neustriens d'entre Seine et Loire : Lother ramena son père d'Aix à Paris, y manda tous ses *fidèles*, essaya un moment de s'y maintenir à la tête des partisans qu'il conservait parmi les Gallo-Franks, puis, se voyant près d'être cerné de tous côtés par les masses insurgées, il se décida à relâcher son père, le laissa au couvent de Saint-Denis (1er mars 834), se retira précipitamment de la Seine vers la Saône et le Rhône, et ne s'arrêta qu'à Vienne, s'adossant aux Alpes et à l'Italie pour pouvoir combattre ou négocier avec moins de désavantage. Lodewig-le-Pieux, aussi soudainement rétabli qu'il avait été inopinément renversé du trône, vit autour de lui, dès le lendemain de la fuite de Lother, une armée qui eût suffi à poursuivre le fils rebelle ; Lodewig ne le voulut point faire, et ne voulut pas même reprendre les armes et les ornements impériaux que lui rendait *le peuple*[1], avant d'avoir été « réconcilié », c'est-à-dire relevé de sa pénitence, dans l'église de Saint-Denis, par quelques évêques qui étaient présents. Il montra, dans toute sa conduite, sa faiblesse accoutumée : après avoir publié une amnistie générale, au lieu de marcher droit à Lother et de le forcer sur-le-champ à se soumettre, il se contenta de lui envoyer des députés pour lui offrir son pardon et lui enjoindre de se rendre à Aix ; puis il s'en alla de Saint-Denis à Kiersi-sur-Oise, y reçut et y remercia ses libérateurs Peppin et Lodewig et tous ses vassaux, qui lui renouvelèrent leurs serments ; de là il partit pour Aix-la-Chapelle. Judith, délivrée du monastère de Tortone par les *fidèles* que le vieil empereur avait en Italie, vint bientôt rejoindre son époux. Pour la seconde fois elle se purgea par serment des crimes qu'on lui imputait.

La conséquence naturelle des délais de l'empereur fut de ren-

1. Les termes de l'historien Nithard sont remarquables : « le peuple (*plebs*) nombreux qui était présent, ayant recouvré le roi, se porte à la basilique de Saint-Denis avec les évêques et tout le clergé.... impose la couronne et les armes à son roi, et *se met en devoir de délibérer sur le reste.*» Nithard. ap. Pertz, *Monument. Germ. hist.* t. II, p. 613. Cette masse populaire qui *délibère*, fait habituel chez les anciens peuples celtiques et teutoniques, est, au neuvième siècle, un fait exceptionnel, extraordinaire, un fait de révolution, comme le remarque M. Ampère, *Hist. lit.* t. III, p. 170.

dre espoir et force à la faction de Lother, qui refusa de comparaître à Aix, fit venir des renforts d'Italie, et s'apprêta à ressaisir l'offensive en Burgondie, pendant que Lantbert, comte de Nantes, le plus puissant adhérent de Lother, se cantonnait dans la Marche de Bretagne. La lutte s'engagea d'une manière très alarmante pour la cause de Lodewig le Pieux : les comtes neustriens d'entre Seine et Loire, qui tenaient pour le vieux monarque, ayant été attaquer Lantbert, celui-ci les surprit et les battit complétement : plusieurs comtes et l'abbé de Saint-Martin de Tours demeurèrent sur le champ de bataille.

A cette nouvelle, Lother marcha de Vienne et de Lyon sur Chalon, qui fut réduit à capituler après quelques jours d'une vigoureuse résistance : les vainqueurs violèrent la capitulation avec une insigne barbarie : les trésors des églises et de la cité furent pillés, la ville fut livrée aux flammes, sans que Lother pût l'empêcher; les principaux défenseurs de Chalon furent condamnés à perdre la tête « par le cri de l'armée » (*acclamatione militari*); la sœur du fameux Bernhard était « nonnain » dans un monastère de la ville; on la mit dans un tonneau et on la jeta dans la Saône, comme complice des *maléfices* de son frère Bernhard. Les vainqueurs s'avancèrent jusque dans le Maine, et opérèrent leur jonction avec la petite armée de Lantbert. Le vieil empereur avait réuni les milices gallo-frankes à Langres vers la mi-août : Lodewig de Bavière accourut l'y joindre avec les Germains ; ils allèrent ensemble à la rencontre de Lother, et le firent reculer vers la Loire. Peppin amena les milices aquitaniques au camp de son père devant Blois : Lother avait compté sur une nouvelle défection des Franks; il avait planté ses tentes en face de l'armée impériale; mais personne ne quitta le camp de Lodewig le Pieux. Le combat et la retraite étaient devenus également impossibles à Lother : il n'eut plus d'autre parti à prendre que celui de la soumission, et il se rendit au camp de son père avec les principaux chefs de son parti. L'empereur était assis « entre ses deux fils fidèles », sous une tente ouverte de toutes parts, afin que toute l'armée, rangée dans la plaine, pût voir ce qui se passait : Lother et les siens s'agenouillèrent devant Lodewig le Pieux, confessèrent qu'ils avaient grandement péché, et jurèrent d'obéir désormais à tous les ordres du vieux monarque. Le bon empereur ne poussa pas plus loin cette contre-partie de la scène de Saint-Médard : il leur pardonna à tous, et laissa le royaume d'Italie à Lother, avec la marche de Frioul (pays slaves de Carinthie, de Styrie et de Carniole), à condition qu'il n'en sortît pas sans son commandement ; après quoi il congédia ses trois fils et son armée, et dépêcha des garnisons aux *Cluses* des Alpes pour s'assurer que Lother ne violerait pas ses promesses. Agobard de Lyon, l'évêque d'Amiens, les archevêques de Vienne et de Narbonne, et plusieurs autres grands personnages ecclésiastiques, inébranlables dans les convictions qui les avaient portés à des résolutions si extrêmes, suivirent Lother au delà des Alpes.

La première assemblée que présida l'empereur après le rétablissement de la paix (à Attigni, en novembre 834) ne fut remplie que par des mesures d'ordre et de réparation qui ne touchaient pas au fond des choses, et que nul gouvernement n'eût pu se dispenser de prendre, après de si grandes perturbations. Un second plaid fut tenu à Thionville au mois de février 835 : quarante-quatre évêques annulèrent les actes du synode de Compiègne, actes auxquels la plupart d'entre eux avaient cependant consenti ; mais l'assemblée était dirigée par l'archevêque de Metz, Drogo, archichapelain de l'empereur son frère, et les principaux meneurs du plaid de Compiègne n'étaient point présents, sauf l'archevêque de Reims, Ebbe, qui avait été arrêté comme il voulait fuir chez les Danois, emportant le trésor de son église, et qui comparaissait en accusé plutôt qu'en membre du concile. Les évêques, réunis dans la basilique de Saint-Étienne de Metz, réconcilièrent de nouveau Lodewig, et, prenant la couronne impériale sur l'autel, la remirent sur la tête de l'empereur (*Annal. Sanc. Bertin.*). La subordination du pouvoir impérial au corps épiscopal fut ainsi constatée plus solennellement encore par la restauration de Lodewig-le-Pieux que par sa chute. Les évêques ne contestèrent pas toutefois que chacun d'eux en particulier pût être déposé pour trahison et parjure envers le prince ; l'archevêque de Reims se confessa coupable, et se démit lui-même du ministère sacré ; les archevêques Agobard de Lyon, Bernhard de Vienne et Barthélemi de Narbonne furent déposés par contumace.

Mais l'important et le difficile, c'était le règlement de la position respective des fils de l'empereur, puisque l'on considérait tous les actes antérieurs comme anéantis par les événements de 834. Un plaid général avait été convoqué à cet effet à *Stremiacum* (Crémieux), près de Lyon, pour le mois de juin 835. L'empereur et les rois d'Aquitaine et de Bavière s'y rendirent ; mais Lother protesta par son absence contre ce qui allait être décidé : il fut entièrement exclu du partage. L'empereur ajouta à l'Aquitaine toute la région d'entre Loire et Seine, avec vingt-huit cantons du nord-ouest de la Gaule ; à la Bavière, presque toute la Germanie et l'extrémité nord de la Gaule ; à l'Allemannie, lot primitif de Karle, la Burgondie presque entière, la Provence, la Gothie, et une grande partie du nord-est de la Gaule. C'était un retour complet aux vieux partages barbares ; mais il y avait quelque chose de pis encore que cette mauvaise politique : c'est que cette politique n'était pas sérieuse, et que Lodewig et Judith ne voulaient qu'effrayer Lother, et l'obliger à une transaction favorable au jeune Karle. La déplorable légèreté avec laquelle le vieil empereur, aveuglé par sa complaisance pour sa femme et par son amour pour son dernier-né, se jouait des actes les plus graves, ne fait que trop comprendre les sentiments et la conduite d'Agobard. Judith, une fois armée du partage de Crémieux, ne songea plus qu'à réconcilier Lother avec son fils, en lui présentant l'espoir de l'annulation de cet acte. L'abbé Wala vint de Bobbio à Aix, en 836, négocier de la part de Lother, qui promit de se rendre bientôt en Gaule. Mais Lother fut atteint d'une épidémie qui emporta Wala, Lantbert, et la plupart des chefs du parti unitaire réfugiés en Italie ; Lother ne put passer les monts, et, à peine rétabli, il montra des dispositions hostiles. Son père s'apprêtait à passer en Italie, au printemps de 837, pour le réduire à la soumission ; mais les irruptions réitérées des hommes du Nord retinrent l'empereur en Gaule.

La piraterie danoise prenait un développement formidable, à la faveur des discordes des Franks. La Frise était incessamment désolée : les Danois avaient saccagé à trois reprises l'île de Walcheren, le pays d'Utrecht et Dorestadt près de Nimègue, le grand marché du commerce de la Frise ; ils venaient de brûler Anvers et la Brille (Briel), tandis que d'autres *Nordmans* couraient tout le long des côtes gauloises, et ruinaient le grand monastère de l'île de Noirmoutier. La flotte qui devait défendre les côtes de la Frise et les bouches de l'Escaut, de la Meuse et du Rhin fut réorganisée; puis l'empereur alla tenir le plaid général à Aix-la-Chapelle. Le partage de Crémieux fut révisé dans cette assemblée, et le lot de Karle prodigieusement augmenté aux dépens de Peppin et de Lodewig : on lui donna la Frise, la Batavie et toute la région entre la Meuse, la Seine et la mer, puis entre la Seine et la Loire. On visait évidemment à reconstituer le royaume des Franks au profit de Karle, et on ne voulait laisser à Peppin et à Lodewig que l'Aquitaine et la Bavière. L'irritation de ces deux princes était extrême; mais l'empire était encore trop près des événements de 833 et 834 : les masses répugnaient à la guerre civile. Peppin et Lodewig consentirent donc provisoirement à ce qu'ils ne pouvaient empêcher[1]. Peppin, « qui passait les jours et les nuits à table, » dit une chronique saxonne, « devenait imbécile et maniaque à force de boire : » il oublia ses griefs sans beaucoup de peine, et vint, l'an d'après (septembre 838), à Kiersi, assister au couronnement de Karle, qui, alors âgé de quinze ans, fut admis solennellement par son père au nombre des guerriers, et envoyé régner entre Seine et Loire. Lodewig-le-Germanique eut moins de patience : il se mit en correspondance avec Lother, et, à la suite d'une entrevue orageuse avec son père, celui-ci l'ayant déclaré déchu de tous droits sur l'Austrasie et sur les régions germaniques à lui assignées par le plaid de Crémieux, il prit les armes, souleva une grande partie des Allemans, des Thuringiens, des Franks orientaux, et arriva à Francfort au moment où l'empereur marchait de son côté vers cette résidence royale. L'armée impériale, convoquée en toute hâte à Mayence au mois de décembre 838, passa le Rhin malgré les troupes du roi de Bavière; les fidèles Saxons joignirent l'empereur; les Germains, qu'avait séduits Lodewig-le-Germanique, l'abandonnèrent, et le fils rebelle fut réduit à se sauver en Bavière, d'où il revint implorer la merci de son père à Bodoma, près de Bregentz, sur le lac de Constance.

---

1. La Wasconie avait profité des discordes de l'Empire pour s'affranchir de la suzeraineté de Peppin, sous les deux frères Aznar et Sanche fils de Sanche (*Sancio Sancionis*). *Annal. Metens. ad ann.* 836.

L'empereur lui pardonna, mais ne lui laissa que la Bavière.

La situation brillante où se trouvait Karle ne rassurait pas sa mère. La santé du vieil empereur déclinait sensiblement, et Judith comprenait bien que tout ce qu'il aurait fait serait remis en question le lendemain de sa mort ; elle ne se flattait pas que Karle pût résister à ses frères coalisés. Elle revint donc à ses anciens projets de réconciliation avec Lother : la fin prématurée de Peppin, mort des suites de ses débauches le 13 décembre 838, fut pour Judith un incident avantageux ; elle pressa l'empereur d'expédier à Lother une nouvelle ambassade pour l'attirer en Gaule à tout prix. Lother céda cette fois et se rendit à Worms auprès de son père, qui lui fit aussitôt la proposition d'un partage de l'empire entre lui et Karle, à l'exclusion de Lodewig et des deux jeunes fils qu'avait laissés Peppin : Lodewig du moins conservait la Bavière ; mais on projetait de dépouiller entièrement les fils de Peppin, quoique le peuple d'Aquitaine dût choisir un roi entre eux, aux termes des constitutions de l'empire. Tout l'Empire, sauf la Bavière, fut divisé en deux lots dont l'un comprit l'Italie, la Germanie, la plus grande partie de l'Austrasie et la moitié orientale de la Burgondie ; l'autre lot renferma la Neustrie entière, les cantons austrasiens à l'ouest de la Meuse, et quelques autres au delà de ce fleuve, la portion de la Burgondie à l'ouest du Rhône et de la Saône, l'Aquitaine, la Septimanie, la Marche d'Espagne et la Provence. Lother eut le choix, et prit le premier lot.

Ce nouveau partage, le plus absurde, le plus arbitraire et le plus injuste qu'eût encore tenté la cour impériale, fut accueilli par une violente révolte en Aquitaine et par de nouveaux préparatifs de guerre en Bavière. Mais le vieil empereur s'attachait plus opiniâtrément à ses desseins à mesure qu'il sentait approcher ses derniers jours : il assembla de grandes forces pour contenir le roi de Bavière, et pour réprimer les irruptions des Danois et des Slaves, qui ravageaient au loin les frontières ; il prit en personne le commandement d'une autre armée réunie à Chalon-sur-Saône en septembre 839, et entra en Aquitaine avec sa femme et son fils Karle. Beaucoup de seigneurs aquitains prêtèrent serment à Karle, et lui restèrent attachés depuis : Clermont, Poitiers, les principales villes, se soumirent ; mais le parti national aquitain, qui avait proclamé roi le jeune Peppin II, fils aîné de Peppin Ier, se défendit avec acharnement dans les lieux forts et les montagnes. L'empereur s'engagea, à la suite des rebelles, dans le canton montueux de Turenne : l'automne était sèche et brûlante ; le typhus se mit dans l'armée impériale, et l'empereur fut obligé de ramener péniblement sur Poitiers les restes de ses troupes harassées.

Il ne put s'y reposer que quelques semaines : à l'entrée du carême de 840, on lui manda d'Austrasie que le roi de Bavière avait décidément relevé l'étendard, séduit bon nombre de Germains, envahi l'Allemannie et toute la rive droite du Rhin. Cette nouvelle, qui ne devait aucunement surprendre le vieux monarque, le jeta dans une sombre tristesse, sans le décider à modifier ses projets : malgré la saison encore rigoureuse, malgré ses infirmités, il partit sur-le-champ pour Aix, et, comme l'année précédente, n'eut qu'à paraître au delà du Rhin pour rejeter son fils en Bavière ; la masse des populations germaniques lui était restée dévouée. L'empereur se rabattit ensuite sur Mayence ; il avait donné rendez-vous à Lother à Worms, probablement pour délibérer avec lui sur l'exhérédation définitive de Lodewig le Germanique ; mais Lother ne revit pas son père. Lodewig-le-Pieux s'était fait préparer une habitation d'été dans une île du Rhin, près de Mayence ; il s'y alita et ne se releva plus. Sa fin fut profondément triste : il gémissait non sur lui-même, il n'avait pas été assez heureux pour regretter la vie! mais sur les calamités qu'il léguait pour héritage à sa famille et à son peuple. Il ne pouvait malheureusement pas se rendre le témoignage de n'avoir point contribué à ces calamités. Il envoya à Lother la couronne impériale, en lui recommandant de garder sa foi à Karle et à Judith ; il pardonna, « non sans amertume de cœur », à son fils Lodewig, « qui conduisait par la douleur vers la mort les cheveux blancs de son père », et s'apprêta avec ferveur, et presque avec joie, à passer de ce monde dans une vie meilleure. Tandis que son frère Drogo et les autres évêques accomplissaient autour de lui les rites qui accompagnent « le départ des âmes », « il tourna le visage du côté gauche, et, rassemblant tout ce qui lui restait de force, il s'écria d'une voix courroucée : « Huz! huz! » ce qui signifie : « dehors! dehors! » comme pour chasser le malin esprit, qui lui était apparu; puis il leva les yeux au ciel en souriant et expira (20 juin 840; Astronom.). » Il était âgé de soixante-deux ans. L'évêque Drogo ramena le corps de Lodewig le Pieux à Metz, et l'inhuma près de sa mère, la reine Hildegarde, dans la basilique de Saint-Arnulfe ou Saint-Arnoul.

Lodewig le Pieux avait reçu l'empire carolingien à l'apogée de sa grandeur; il le laissait à deux pas de sa ruine : cet héroïque empire, qui avait conquis la Germanie à la société chrétienne, relevé l'église de Gaule, agrandi et consolidé la puissance alors civilisatrice de la papauté[1], et sauvé l'Europe de la conquête musulmane, se mourait de fatigue après avoir fini sa tâche; œuvre transitoire des nécessités providentielles, assemblage mal cimenté de parties hétérogènes, il avait été maintenu par une série incessante de victoires comparables à celles des Romains, et par les efforts presque surnaturels de quatre générations de grands hommes. Mais la nature était épuisée dans la famille des Karles : cette race glorieuse ne devait plus enfanter de héros, et, les éléments divers qu'on avait pliés à l'unité factice de l'Empire reprenant leurs impulsions instinctives, deux tendances diverses s'associaient pour pousser au démembrement, la tendance de chaque grande région à constituer dans son sein une nationalité nouvelle, et la tendance des seigneurs à s'ériger en petits souverains héréditaires dans leurs comtés et leurs bénéfices. Comme le remarque un historien célèbre[2], il avait fallu la fixité, au moins relative, imposée durant un demi-siècle par Charlemagne à la perpétuelle tempête du monde gallo-germanique, pour que cette double tendance pût aboutir et que les éléments nationaux et politiques acquissent une consistance susceptible d'une forme quelconque. Charlemagne, ainsi qu'il arrive aux plus grands génies politiques, avait ainsi fait, à beaucoup d'égards, le contraire de ce qu'il voulait faire. La royauté, affaiblie moralement par les malheurs de Lodewig le Pieux et par sa subordination à

---

1. Ceci n'est pas en contradiction avec les grands faits où nous avons montré l'empereur et l'Église gallo-germanique décidant sans la papauté et malgré la papauté. Ces faits étaient d'éclatantes exceptions : l'accroissement de l'action papale était le fait habituel de chaque jour.

2. M. Guizot, *Histoire de la civilisation en France*, t. II, 24ᵉ leçon.

l'épiscopat, affaiblie matériellement par la dissipation des terres du domaine, et d'ailleurs divisée et armée contre elle-même, était incapable de s'arrêter sur la pente de son irrémédiable décadence : l'aristocratie épiscopale, qui s'était élevée sur la tête de la royauté, n'avait ni les lumières ni les forces nécessaires pour utiliser la suprématie dont elle s'était saisie, et laissait échapper de ses mains la cause unitaire pour laquelle ses plus illustres chefs avaient tant combattu, trop combattu peut-être ! L'épiscopat avait déjà bien assez de peine à défendre les biens de l'Église contre les usurpations croissantes des gens de guerre. Des trois pouvoirs politiques existant dans l'Empire, c'était le pouvoir de l'ordre des leudes, des grands laïques, le moins éclairé, le plus désordonné, le plus anarchique des trois, qui gagnait peu à peu la prépondérance, non point honorifique, mais effective. Un ordre nouveau devait sortir de cette anarchie. L'ère féodale était proche.

Au moment de la mort de l'empereur, Lother était en Italie ; Lodewig en Bavière ; Karle et sa mère, à Poitiers : Lother se hâta d'assembler les milices de la Lombardie, et de se diriger vers la région orientale de la Gaule, qui lui avait été attribuée par le pacte de Worms ; il envoya devant lui des messagers « par toute la France », pour sommer les dignitaires et les bénéficiaires de la couronne de venir vers lui et de lui jurer fidélité, comme empereur et chef de la nation franke. La plupart obéirent : leur concours enfla le cœur de Lother, et « il commença de délibérer par quels moyens il pourrait envahir tout l'Empire ». Il fit porter des paroles d'amitié à son « filleul Karle », qui continuait à guerroyer en Aquitaine, l'engagea à suspendre les hostilités contre Peppin II jusqu'à un plaid général, et se dirigea rapidement vers le Rhin afin d'arrêter Lodewig, qui enlevait en ce moment la Germanie au lot de son frère aîné : les Saxons et les autres Germains ne transférèrent pas à Lother la foi qu'ils avaient gardée au vieil empereur, et suivirent Lodewig ; Lother, après avoir inutilement tenté de les détacher de son frère, espéra se dédommager aux dépens de Karle, conclut une trêve avec Lodewig jusqu'au mois de novembre, et tourna vers la Neustrie. Les vassaux de Karle, « qui habitaient entre la Meuse et la Seine », mandèrent au jeune roi d'accourir en toute hâte pour résister à l'empereur son frère : Karle revint précipitamment sur l'Oise ; mais à peine était-il arrivé à Kiersi, qu'il apprit que Judith, demeurée outre-Loire, était menacée et assiégée, dans Poitiers ou dans Bourges, par le parti de Peppin II. Karle retourna défendre sa mère et repousser Peppin ; mais, pendant ce temps, Lother pénétra en Neustrie, et tous les seigneurs de la région au nord de la Seine, ayant à leur tête Hilduin, abbé de Saint-Denis, Ghérard, comte de Paris, et Peppin, fils du roi Bernhard d'Italie, faussèrent leur foi envers Karle et se donnèrent à Lother. Une grande partie des seigneurs d'entre Seine et Loire se disposaient à en faire autant : Lother était déjà à Chartres ; Noménoé et ses Bretons envahissaient la Marche de Bretagne ; le parti de Peppin reprenait partout l'offensive en Aquitaine.

Le jeune roi de Neustrie semblait perdu ; il dut son salut au dévouement du petit nombre de chefs demeurés fidèles à sa mère et à lui : « ceux-ci, n'ayant plus rien à perdre que la vie et les membres, choisirent de mourir glorieusement plutôt que de trahir leur roi (Nithard, I. II). » La petite armée de Karle marcha droit à la multitude qui suivait les drapeaux de Lother, et attendit l'ennemi près d'Orléans : la résolution désespérée de cette poignée de braves gens effraya Lother, esprit sans décision et sans vigueur, qui aimait mieux intriguer que combattre, et qui n'avait pas le courage de son ambition. L'on traita, et Lother jura de maintenir à Karle la possession de l'Aquitaine, de la Septimanie, de la Provence, et de dix comtés entre Seine et Loire, pourvu qu'il renonçât au reste des États que lui avait assignés Lodewig le Pieux : il s'obligea aussi à cesser la guerre contre Lodewig de Bavière, jusqu'au plaid général, où tout serait amiablement réglé. Si avantageuses que ces conditions fussent à Lother, le traité était violé, pour ainsi dire, avant d'être signé ; car Lother se hâta d'envoyer des émissaires en Provence pour détourner ce pays de reconnaître Karle, et ne cessa pas ses menées avec les Bretons et les Aquitains : Karle, de son côté, regagna un bon nombre de vassaux.

L'hiver s'écoula en préparatifs de guerre universels : le projet de plaid général parut abandonné par tout le monde, et la force fut appelée à trancher la querelle. Lodewig et Karle, si longtemps opposés d'intérêts, se trouvaient forcément réunis par la double agression de leur aîné. Dès le mois de mars 841, Lother, chargeant ceux des Neustriens qui s'étaient donnés à lui de défendre le cours de la Seine contre Karle, marcha vers le Rhin avec les Austrasiens et les Italiens : les Germains, encore mal affermis dans le parti de Lodewig, soutinrent faiblement l'attaque ; les uns se soumirent à l'empereur, les autres se débandèrent, et Lodewig fut contraint de se réfugier de nouveau en Bavière. Mais, pendant ce temps, Karle, après avoir repris le dessus en Aquitaine et placé des corps de troupes à Clermont, à Limoges et à Angoulême, pour contenir la faction de Peppin, s'avançait vers le nord, obtenait l'hommage du grand chef breton Noménoé, franchissait la Seine à Rouen, mettait en fuite les leudes neustriens de Lother, recevait dans le Gâtinais des renforts du duché de Toulouse et d'une partie de la Burgondie et de la Provence, et se portait de là sur la Haute-Meuse. Lother, à ces nouvelles alarmantes, se hâta de repasser le Rhin, et tâcha d'arrêter Karle par la proposition d'une conférence à laquelle lui-même ensuite ne se rendit pas. Des messagers s'entre-croisaient sur toutes les routes ; Lother avait envoyé vers Peppin ; Karle, vers Lodewig ; tous deux vers Noménoé et vers le duc Bernhard, qui, rétabli depuis quelques années dans son duché de Gothie, agissait quasi en prince souverain sur les deux revers des Pyrénées-Orientales, et louvoyait entre les factions afin de vendre son appui le plus cher possible : ni Lother ni Karle ne voulurent risquer un choc décisif avant d'avoir été joints par tous leurs alliés et leurs vassaux.

La guerre tendait à se concentrer de toutes parts en Neustrie. Les Aquitains du parti de Karle arrivèrent les premiers à ce terrible rendez-vous ; Judith les amena jusqu'à Châlons-sur-Marne, où la mère et le fils se réunirent. Karle apprit à Châlons d'heureuses nouvelles de Germanie : Lodewig avait reformé son armée, soulevé l'Allemannie, et passé le Rhin, vers l'Alsace, à la tête des milices bavaroises, souabes et slaves ; il s'avançait à grandes journées au secours de Karle, qui se dirigea aussitôt vers l'est pour le joindre. Lother se mit à la poursuite de Karle, mais sans vouloir sérieusement l'atteindre, quoiqu'il eût grand intérêt à hâter le choc : Lother, dans tout le cours de cette lutte, montra aussi peu d'habileté que de bonne foi. Karle et Lodewig exécutèrent donc leur jonction, vers la mi-juin, entre la Haute-Meuse et la Haute-Marne, et, de l'avis des évêques et des seigneurs assemblés dans leur camp, ils expédièrent à Lother une ambassade chargée de traiter de la paix à des conditions raisonnables. L'historien Nithard, petit-fils de Charlemagne par sa fille Berthe, et l'un des principaux chefs du parti de Karle, rapporte que les deux frères allèrent jusqu'à offrir à Lother tout ce qu'il y avait de richesses dans leur camp, sauf les armes et les chevaux ; mais Karle demandait la moitié occidentale de la Gaule, et Lodewig demandait la Germanie. Lother répondit « qu'il ne voulait rien que par la guerre », et, décampant brusquement, il se porta du nord-est au sud-ouest, afin de recevoir son neveu Peppin, qui accourait avec ses méridionaux. Les Septimaniens et les gens de la Marche d'Espagne étaient aussi en marche sous la conduite du duc Bernhard, qui avait juré féauté tour à tour à Peppin et à Karle, et qui venait on ne savait pour qui ni contre qui.

Lodewig et Karle suivirent de près Lother, et l'atteignirent aux bords de l'Yonne, près d'Auxerre. Ils eussent pu l'attaquer sur-le-champ ; mais ces deux princes et tous leurs compagnons, de même que la plupart des guerriers de Lother, voyaient avec une sorte d'angoisse et de terreur, qui n'était pas de la lâcheté, l'approche de cet épouvantable choc : ils sentaient la monarchie franke prête à s'abîmer dans des flots de sang ! Lodewig et Karle essayèrent encore de négocier ; ils rappelèrent à Lother les liens du sang qui l'unissaient à eux, le conjurèrent de ne pas refuser la paix « à l'Église de Dieu et à tout le peuple chrétien », et lui renouvelèrent leurs offres, en y ajoutant des concessions territoriales assez importantes. Lother demanda à ses frères le temps de réfléchir ; ils lui accordèrent deux jours, après qu'il eut juré d'employer ce temps à « chercher la paix et la justice ». C'était le 23 juin. Le lendemain, l'armée de Lother fut renforcée par Peppin et par les hommes d'Aquitaine : l'empereur alors, sans répondre aux offres de ses frères, leur manda qu'ils eussent à considérer la majesté du nom impérial, et la nécessité où était celui qui le portait d'en soutenir l'éclat et d'en garder la prépondérance. « Comprenez, ajoutait-il, que je ne puis chercher votre avantage. » Karle et Lodewig comprirent qu'il ne leur restait plus qu'à combattre, et signifièrent à Lother qu'ils en appelaient au « jugement de Dieu » pour la seconde heure du jour suivant (sept heures du matin), heure à laquelle expirait la trêve : Lother répondit arrogamment que ses frères verraient ce qu'il savait faire. Georges, archevêque de Ravenne, et trois légats du pape Grégoire IV venaient d'arriver au camp de l'empereur, « afin de rétablir la paix entre les frères », et sans doute de soutenir les intérêts de Lother : leur mission fut inutile.

Ce fut le 25 juin 841 que se heurtèrent les masses énormes amassées de tous les points de l'empire frank dans les plaines de l'Auxerrois : presque tous les peuples jadis soumis au grand Karle avaient envoyé leurs contingents, non plus, comme autrefois, pour agrandir et défendre l'Empire, mais pour le déchirer en lambeaux. Chaque province avait fourni des combattants aux deux partis ; néanmoins on peut dire qu'en général avec Lodewig étaient les Germains ; avec Lother les Austrasiens, les Italiens et les Neustriens septentrionaux de la Meuse à la Seine : la majorité des Franks étaient encore pour l'unité de l'Empire, à laquelle était attachée la grandeur de leur race. Les Neustriens méridionaux d'entre Seine et Loire et les Aquitains des cantons au nord de la Charente et de la Dordogne combattaient pour Karle ; les Aquitains méridionaux et les gens du duché de Gascogne, pour Peppin : les Gallo-Burgondes et les Provençaux s'étaient partagés. Bernhard, avec ses Gallo-Wisigoths, s'était arrêté à trois lieues de là pour ne point prendre part à la lutte. Vers l'aurore, Lodewig et Karle sortirent de leur camp, établi près du village de Thuri (*Touriacus*), à sept lieues d'Auxerre ; ils se mirent en bataille dans la plaine, et appuyèrent leur aile droite sur une hauteur appelée « la montagne des Alouettes », voisine du camp de Lother. L'empereur était logé à Fontenailles (*Fontanetum*), sur le ruisseau d'Andrie, qu'on nommait alors le « ruisseau des Burgondes », et qui se jette dans l'Yonne, près de Coulange. Il passa l'Andrie, déploya ses légions en avant du village de Bretignelles

---

1. Agnellus, *De Vitis pontif. Ravennat.*

(*Brittæ*), et l'immense bataille s'engagea sur un front de deux lieues, le long du cours de l'Andrie. Lother, qui n'avait montré jusqu'alors que fourberie et timidité, redevint digne de ses aïeux sur le champ du carnage, et ses ennemis eux-mêmes ont célébré ses exploits ; les Franks d'Austrasie et de Neustrie qui le suivaient combattirent en descendants des soldats de Karle-Martel et de Karle le Grand : ils rompirent, après une furieuse résistance, les lignes des Germains de Lodewig, qui formaient le centre de l'armée des deux frères, et ils les eussent taillés en pièces, s'ils n'eussent été eux-mêmes pris en flanc par Karle et par Warin, duc de Toulouse, qui, avec les Aquitains, les Provençaux et les Burgondes du parti de Karle, avait culbuté au premier choc l'aile gauche de l'empereur, entre le mont des Alouettes et le village du Fay (*Fagit*). Pendant ce temps, l'aile gauche des deux frères, composée des Neustriens de Karle et commandée par un duc Adhelhard et par l'historien Nithard [1], était aux prises, vers l'étang d'où sort l'Andrie, soit avec les Italiens, soit avec les Wasco-Aquitains de Peppin : la lutte fut très opiniâtre en ce lieu ; l'aile droite de l'empereur céda enfin, pendant que les Franks qui composaient le centre succombaient pareillement sous les efforts de Karle et de Lodewig réunis ; Lother quitta le dernier les alentours de Bretignelles et les bords de l'Andrie, encombrés de monceaux de cadavres. Un auteur contemporain (le biographe des évêques de Ravenne) prétend que plus de quarante mille hommes étaient tombés du côté de Lother et de Peppin ; Karle et Lodewig n'avaient peut-être pas perdu beaucoup moins de monde que le vaincu. Le fort du carnage avait porté sur les Franks et sur les Aquitains ; la fleur de la race franke gisait sur cet effroyable champ de bataille.

Les deux rois et les chefs de l'armée victorieuse parurent épouvantés de leur victoire : ils arrêtèrent le massacre et le pillage, ne poursuivirent pas les vaincus, et rentrèrent dans leur camp vers midi ; le lendemain, jour de dimanche, après avoir tenu con-

---

1. C'est à lui que nous devons à peu près tout ce que nous savons de cette guerre. Son *Histoire des dissensions des fils de Lodewig le Pieux* est au moins au niveau des ouvrages historiques d'Eginhard. La topographie de la bataille a été parfaitement établie dans une dissertation de l'abbé Lebeuf.

seil et ouï la messe, ils donnèrent la sépulture aux morts, « amis ou ennemis, fidèles ou infidèles », secoururent les blessés sans distinction de parti, et dépêchèrent après ceux qui avaient fui pour leur offrir le pardon de tous leurs méfaits, « s'ils revenaient à la bonne foi »; puis ils consultèrent les évêques sur ce qui se devait faire en cette occurrence. Les évêques présents déclarèrent que le jugement de Dieu avait manifesté la justice de la cause des deux rois, et que tous ceux qui les avaient secondés « de conseil ou d'action » étaient exempts de péché ; ils ordonnèrent un jeûne de trois jours pour implorer la rémission des péchés des morts et la continuation de l'assistance divine. La décision des évêques put calmer les consciences troublées, mais n'effaça pas la tristesse et l'effroi qui s'étaient emparés de tous les cœurs : une foule d'écrivains, les uns presque contemporains, les autres plus récents, exagérant encore la terrible extermination de Fontenailles, prétendent que « les forces des Franks furent tellement affaiblies, et leur vertu guerrière tellement abattue par ce combat, que, dorénavant, loin de faire, comme autrefois, des conquêtes sur leurs ennemis, ils ne furent plus capables de défendre leurs propres frontières » (*Annal. Met.*). Ces historiens transforment, pour ainsi dire, en un simple désastre matériel une grande catastrophe politique : c'étaient moins encore les guerriers du peuple frank et sa force militaire que sa force morale qui avait péri à Fontenailles [1].

L'impression funèbre de cette journée était redoublée par les nouvelles de l'ouest : le 15 mai, Rouen avait été surpris, saccagé, brûlé par une flotte de pirates *northmans*, qui avaient audacieusement remonté le cours de la Seine; Jumiége, Fonte-

---

1. « Que la rosée et la pluie, s'écrie le poëte lotharien Anghelbert, ne rafraîchissent jamais les prairies où sont tombés les forts, expérimentés aux batailles!... Que le Nord et le Midi, l'Orient et l'Occident plaignent ceux qui sont morts à Fontenaille!... Que maudit soit ce jour! qu'il soit retranché du cercle de l'année et rayé de toute mémoire ; que le soleil lui refuse sa lumière ; que son crépuscule n'ait point d'aurore!... Nuit amère, nuit dure, où demeurèrent gisants sur la plaine les forts, expérimentés aux batailles, que pleurent aujourd'hui tant de pères et de mères, tant de frères et de sœurs, tant d'amis! » *Versus de bella quæ fuit Fontaneta*, dans les *Histor. des Gaules*, t. VII, p. 304. Le poëte Anghelbert avait combattu vaillamment pour Lother, et était demeuré « seul de beaucoup au premier front de bataille. »

nelle (Saint-Wandrille), tous les monastères, villes et bourgades des deux rives du fleuve, entre Rouen et la mer, avaient été pareillement pillés, brûlés ou mis à rançon. Trois ans auparavant, dès 838, des corsaires sarrasins avaient traité de la même manière la ville de Marseille, et emmené captifs tous les clercs, les moines et les religieuses. Les vautours du Nord et du Midi n'attendaient pas que l'Empire frank eût achevé de se déchirer de ses propres mains pour s'abattre sur son corps mutilé.

L'affreuse boucherie de Fontenailles n'eut pas même pour résultat de faire poser les armes aux partis. Lother n'accéda point au « jugement de Dieu ». Lodewig et Karle ne surent où ne purent profiter d'un triomphe si chèrement acheté; au lieu de poursuivre ensemble Lother, qui se retirait vers Aix-la-Chapelle, et de l'accabler ou de le contraindre à un traité définitif, ils se séparèrent : Lodewig retourna outre-Rhin afin de s'opposer aux intrigues de Lother en Germanie; Karle, après avoir reçu l'hommage du duc Bernhard, qui se prononçait tardivement pour le vainqueur, se dirigea vers l'Aquitaine, où Peppin était retourné; mais il n'y gagna que de détacher quelques vassaux de la faction de Peppin, et ne fut guère plus heureux dans la Neustrie septentrionale, où il se porta ensuite; la plupart des seigneurs de cette région, le voyant arriver avec une armée harassée et très faible en nombre, demeurèrent chez eux et ne vinrent pas lui prêter serment.

Lother avait mieux employé son temps : il affranchit une foule de serfs du domaine pour les armer, et recourut aux moyens les plus extrêmes pour gagner les Germains du Nord : foulant aux pieds la politique de sa nation et de ses pères, il n'avait pas craint d'établir comte dans les îles de Zélande le Danois Hériold, redevenu païen [1], et d'offrir aux Saxons la permission de retourner aux vieilles coutumes païennes en échange de leur

---

[1]. Rien n'était plus commun que ces rechutes des hommes du Nord qui avaient reçu le baptême : ils ne paraissaient pas attacher une bien grande importance à la cérémonie d'être « lavé d'eau » par les chrétiens, et ils la subissaient sans trop de peine pour des intérêts purement terrestres, puis retournaient à leurs dieux sans scrupule. Il y en avait qui se vantaient d'avoir été baptisés jusqu'à vingt fois, sans autre motif que de se faire donner de beaux habits et des armes par leurs parrains. V. Mon. San-Gall. l. II, c. 29.

assistance : la noblesse saxonne (*edhelingi*) s'était confondue avec les colons franco-germains; mais la masse des simples hommes libres (*frilingi*) et des colons (*lazzi*) avait encore au fond du cœur la tradition du paganisme. Les partisans du vieux régime barbare se confédérèrent sous le titre de *stellinga* (les enfants des anciens), se soulevèrent avec fureur contre les nobles et les colons étrangers, et embrassèrent la cause de Lother, qui séduisit aussi beaucoup de leudes de la France orientale, de la Thuringe et de l'Allemannie. Lother se refit ainsi une nombreuse armée dès l'automne de 841, repoussa Karle, qui s'était avancé jusqu'au pays de Hasbain et de la Basse-Meuse, le rejeta au midi de la Seine, puis opéra pour la seconde fois sa jonction avec Peppin à Sens. Karle et Lodewig s'apprêtaient de leur côté à se réunir, et Lodewig amenait des forces considérables d'outre-Rhin ; Lother eût pu atteindre Karle avant que Lodewig fût à portée de le secourir; mais il le laissa tranquillement marcher vers l'Alsace, et s'en alla saccager le pays d'entre Seine et Loire, espérant détruire un corps de troupes posté par Karle dans la forêt du Perche, et déterminer Noménoé à se déclarer pour lui. Les soldats de Karle échappèrent à Lother, et le prince des Bretons demeura neutre. Karle et Lodewig se rejoignirent à Strasbourg.

Le 14 février 842, les armées des deux frères ligués se rangèrent en bataille aux portes de la cité, sur la rive gauche du Rhin, et, là, Karle et Lodewig, parcourant les lignes de leurs guerriers, les haranguèrent, l'un en langue «romane» (*linguá romaná*), l'autre en langue « tudesque » ou teutonique (*teudiscá*) : ils leur rappelèrent toutes les injustices et les fraudes de Lother, et jurèrent de se soutenir mutuellement, avec une inviolable fidélité, contre ce cruel ennemi. Lodewig, «comme l'aîné,» prêta serment le premier, en langue romane, afin d'être compris de l'armée de Karle, composée de Franks neustriens et de Gallo-Romains de Neustrie, d'Aquitaine et des autres régions méridionales. Cette circonstance remarquable atteste que les Franks de Neustrie s'étaient tout à fait mêlés à la masse de la population parmi laquelle ils vivaient, et parlaient, comme elle, la langue romane vulgaire. Les hommes de langue teutonique les confondaient déjà avec les Gallo-Romains sous le nom de Welches[1]. A l'aurore de la nationalité française, le vieux nom de *Gaulois* commençait à reparaître et à effacer le nom emprunté de *Romains*.

Karle, s'adressant aux Teutons de l'armée germanique, répéta ensuite la formule du serment en langue tudesque ; puis les deux peuples en masse se rendirent garants du serment, et jurèrent d'obliger leurs rois à le tenir l'un envers l'autre[2]. Lodewig et Karle n'avaient garde de vouloir manquer à leurs mutuels engagements : ils s'unissaient d'autant plus étroitement et plus sincèrement, qu'ils apprenaient davantage à connaître l'incurable déloyauté de leur adversaire. Un parfait accord régnait entre les deux frères : ils mangeaient et dormaient sous le même toit, et leurs compagnons vivaient tous en bonne intelligence. « Les deux rois, dit Nithard (l. III), adroits à toute espèce d'exercices, aimaient fort les jeux militaires : souvent ils assemblaient toute la multitude des gens de guerre dans quelque lieu convenable ; on rangeait d'abord, face à face et en nombre égal, deux troupes de Saxons, de Wascons, d'Austrasiens, de Bretons ; au signal donné, les deux bandes se ruaient impétueusement l'une sur l'autre ; puis, au moment de s'entre-heurter, l'un des escadrons tournait bride,

---

[1]. Ou *Welskes*; *Walli*, *Galli*, Wallons, Gaulois.

[2]. Voici le texte *roman* du serment prêté par Lodewig : — « Pro Deo amur, et pro christian poblo, et nostro commun salvamento, d'ist di en avant, in quant Deus savir et podir me dunat, si salvarai io cist meon fradre Karle, et in adjudha, et in cadhuna cosa, si cum om per dreit son fradre salvar dist, in o quid il mi altresi fazet. Et ab Ludher nul plaid numquam prindrai, qui, meon vol, cist meon fradre Karle in damno sit. » — C'est-à-dire : « Pour l'amour de Dieu et pour le peuple chrétien et notre commun salut, de ce jour en avant, en tant que Dieu me donnera savoir et pouvoir, je sauverai (je défendrai) ce mien frère Karle, et en aide et en chaque chose, comme on doit par droit défendre son frère, pourvu qu'il fasse de même envers moi. Et jamais avec Lother je n'accepterai de plaid qui, par ma volonté, soit dommageable à mon frère Karle. »

Un chef gallo-romain reprit au nom de tous : « Si Lodewigs sagrament que son fradre Karlo jurat, conservat, et Karlus, meos sendra, de suo part non lo tanit, si io returnar non l'int pois, ne io ne neuls cui io returnar int pois in nulla adjudha contra Lodhuwig nun li fuer. » — « Si Lodewig observe le serment qu'il jure à son frère Karle, et que Karle, mon seigneur, de son côté ne le tienne pas, si je ne l'y puis ramener, ni moi ni aucun autre que j'y puisse ramener ne lui serons aucunement en aide contre Lodewig. »

C'est là le plus ancien monument de la langue romane. Elle n'a pas encore l'article ; elle use encore de l'inversion et a un reste de déclinaison ; c'est-à-dire un nominatif et un cas oblique. Ce troisième caractère subsistera durant le moyen âge presque entier. *v.* ci-dessus, p. 382.

et, le bouclier au dos, fuyait au galop vers ses camarades demeurés en réserve ; les fuyards se retournaient alors et poursuivaient à leur tour ceux devant lesquels ils avaient fui, jusqu'à ce qu'enfin les deux rois et toute la jeunesse, s'élançant de toute la vitesse de leurs chevaux et brandissant leurs javelines à grands cris, accourussent se précipiter dans la mêlée et poursuivre tantôt les uns et tantôt les autres. C'était un beau spectacle que de voir tant de modération parmi tant de nobles guerriers : dans une si grande multitude d'hommes de race diverse, personne n'osait insulter ou maltraiter qui que ce fût, ainsi qu'il arrive souvent, même parmi des gens peu nombreux et se connaissant mutuellement. » Cette description d'une joute du neuvième siècle est curieuse : les exercices des guerriers carolingiens ressemblaient moins aux tournois chevaleresques qui leur succédèrent qu'aux « jeux de cannes » (*djerid*) des Arabes.

Les armées combinées s'étaient portées de Strasbourg sur Worms et Mayence, et y avaient reçu de nombreux renforts bavarois, allemans et même saxons. Les deux rois eurent alors une supériorité décisive : Peppin, dégoûté de l'alliance de Lother, avait repassé la Loire, et l'empereur était revenu à Aix-la-Chapelle, où il n'avait pas daigné répondre aux propositions pacifiques de ses frères : il n'eut que le temps de s'enfuir à la nouvelle de l'approche des deux rois, qui marchaient rapidement sur la résidence impériale. Lother quitta Aix avec ses leudes les plus dévoués, évacua l'Austrasie entière, gagna la Burgondie, et ne s'arrêta qu'aux bords du Rhône. Les évêques du parti vainqueur déclarèrent que Lother, « dénué de toute science et de tout bon vouloir pour le gouvernement de l'état, » était rejeté « par le juste jugement de Dieu, » et autorisèrent Karle et Lodewig à se partager son royaume. — « De par l'autorité divine, nous vous avertissons, nous vous exhortons, nous vous enjoignons de recevoir ce royaume et de le gouverner selon la volonté de Dieu. » Le pouvoir apparent de disposer des couronnes était passé de l'aristocratie guerrière à l'aristocratie épiscopale, qui déposait les rois et ne pouvait défendre ses propres biens. Au clergé, la suprématie honorifique, mais aux gens de guerre, le profit réel.

L'arrêt des évêques ne fut cependant pas mis à exécution, ou du moins n'eut pas de conséquences durables. L'Austrasie, humiliée de se voir conquise par des vassaux germains et *romains*, n'était pas résignée à son sort : Lother, cantonné sur le Rhône, adossé à l'Italie, avait encore des moyens de résistance assez redoutables ; l'état déplorable de la Germanie, où la puissance franke et le christianisme étaient mis en péril par le soulèvement des Saxons *stellings* et par les incursions croissantes des Nordmans et des Slaves, faisait une loi à Lodewig de terminer à tout prix la guerre de Gaule ; Karle, de son côté, voyait la moitié de l'Aquitaine ennemie, la Bretagne neutre et menaçante ; les leudes enfin étaient las de la guerre, et les rois ne pouvaient les contraindre à la poursuivre. Les deux frères accueillirent donc les offres de paix que Lother se résignait enfin à leur adresser sérieusement, en reconnaissant « qu'il avait péché contre Dieu et contre eux ; et tout le peuple, » c'est-à-dire toute l'armée, « l'eut pour agréable, » ainsi que les évêques. Les hostilités cessèrent, et un plaid eut lieu entre Lother, Lodewig et Karle, vers la mi-juin 842, dans une île de la Saône, près de Mâcon : les trois princes y arrêtèrent les bases d'un traité, dont la conclusion définitive traîna encore plus d'un an. Lodewig profita de cet intervalle pour tourner toutes ses forces contre la confédération populaire des *Stellings*, et parvint à l'accabler et à la dissoudre après une lutte sanglante suivie de cruelles exécutions : ce fut le dernier effort du paganisme saxon ; mais les païens des péninsules et des îles du Nord ne vengèrent que trop leurs frères du continent germanique.

Le pacte des trois fils de Lodewig le Pieux fut signé à Verdun, en août 843, aux dépens de Peppin, qu'abandonna entièrement Lother : l'Italie, la Bavière et l'Aquitaine furent mises hors part pour Lother, Lodewig et Karle, et le reste de l'Empire fut divisé en trois lots : l'empereur n'eut point à se plaindre des grands choisis pour servir d'arbitres et pour régler le partage ; on lui donna toute la Gaule orientale, bornée à l'est par le Rhin, la Reuss et les Alpes, à l'ouest par l'Escaut, la moyenne et la haute Meuse, la Saône et le Rhône ; Lyon lui appartint. Karle eut tout le reste de la Gaule ; Lodewig, la Germanie moins la Frise, attribuée à Lother, et plus, les trois villes de Mayence, Worms et Spire sur la rive gauche du Rhin : il les avait demandées, afin d'avoir des vignobles dans son royaume. Ce ne fut plus là, pour ce qui concernait la Gaule, un morcellement éphémère comme tous ceux qu'on avait tentés depuis la mort du grand Karle ; ce partage de la Gaule entre le roi de Neustrie et l'empereur a laissé des vestiges jusque dans les temps modernes, et la délimitation établie par le traité de Verdun entre les états de Lother, qui depuis relevèrent de l'Empire, et le royaume neustro-aquitain, qui devint le royaume de France, a subsisté, du moins dans le Nord, jusqu'au seizième siècle, à travers d'immenses révolutions [1].

Tout lien hiérarchique avait disparu entre les trois états constitués par le pacte de Verdun, et le titre d'empereur ne donnait plus au prince qui le portait qu'une préséance honorifique : la monarchie de Charlemagne n'était plus ! « Pleurez sur la race des Franks ! s'écrie l'ami d'Agobard, le diacre lyonnais Florus, dans des vers qui sont véritablement le chant funèbre de l'Empire ; pleurez sur la race des Franks, parce que l'empire élevé par la grâce du Christ est maintenant gisant dans la poussière [2]. » Non-seulement l'Empire est solennellement dissous, mais la nation même des Franks est partagée, et reprend sa vieille division d'hommes de l'Est et d'hommes de l'Ouest, avec des mœurs et des idées nouvelles. La division de l'Empire en royaumes indépendants n'est que le premier degré de la dissolution du vaste corps qui doit engendrer en mourant de nouvelles existences nationales et provinciales. Nous allons assister à la longue et laborieuse formation de la nationalité française dans la Neustrie, dans la *France romane* d'entre l'Escaut et la Loire, qui vient de nous faire entendre les premiers bégaiements de sa langue au plaid de Strasbourg ; l'Austrasie, au contraire, descendant de la glorieuse suprématie qu'elle a exercée depuis Peppin de Héristall, va s'éteindre et s'effacer entre les deux nationalités française et teutonique, qui se forment sur ses deux flancs.

L'histoire des origines est achevée : l'histoire de France proprement dite commence.

---

1. Les limites du nord ne commencèrent à changer que par la renonciation de François 1 à ses droits de suzeraineté sur la Flandre, et par la conquête de Metz, Toul et Verdun, sous Henri II. Au midi, la France avait recouvré la limite naturelle des Alpes, du quatorzième au quinzième siècle.

2. *Flori diaconi querela de divisione Imperii*, etc. *Histor. des Gaules*, t. VII, p. 301.

DEUXIÈME PARTIE.

FRANCE DU MOYEN AGE.—FÉODALITÉ.

LIVRE XV.

Formation de la nationalité française. — Invasions normandes. Les Normands dans la Loire, dans la Garonne, dans la Seine, dans la Somme, dans l'Escaut, dans la Meuse. — Royaume de Bretagne. Victoires des Bretons sur la France occidentale. — Démembrement de la France orientale en royaumes de Lorraine et de Provence. — Commencement des grands fiefs. Comté de Toulouse. Duché de France. Comtés de Flandre et de Vermandois. — Robert le Fort. — Progrès de la papauté. — Karle le Chauve reconnaît l'hérédité des offices et des bénéfices. Triomphe définitif de la féodalité. — Mouvement des idées. Jean Scott Érigène. — Successeurs de Karle le Chauve. La Gaule déchirée par les Normands et par les guerres intestines.—Paris repousse l'invasion normande. Eude, comte de Paris, proclamé roi de la France occidentale. La nationalité française se forme autour de Paris.

843—888.

Le traité de Verdun ne rendit pas l'ordre et la paix à l'Occident; il ne fit, pour ainsi dire, que réduire les proportions du désordre et de la guerre civile : les luttes des rois les uns contre les autres furent suivies de luttes entre les rois et l'aristocratie guerrière, qui remuèrent bien plus profondément la société, quoiqu'elles ne se résumassent point en aussi vastes catastrophes. Les trois dernières années avaient plus fait pour l'agrandissement des seigneurs que tout le règne de Lodewig-le-Pieux. Les rois s'étaient épuisés en concessions pour s'entre-arracher l'appui des gens de guerre, qui mettaient leurs épées à l'encan, acceptaient tout, maisons, terres, esclaves, et parfois, recevant des deux mains, ne servaient ni l'un ni l'autre des partis qui avaient acheté leurs services. Le domaine achevait de s'en aller en poussière[1]. Les terres d'église, les abbayes, les dignités cléricales, à l'exception de l'épiscopat, étaient livrées aux hommes d'armes, ainsi qu'au temps de Karle-Martel : chaque comte disposait de son office comme d'une propriété; toutes les lois, toutes les barrières politiques et morales étaient foulées aux pieds; le monde était livré à la force brutale, et, si la royauté conservait encore quelque prépondérance dans cette société désorganisée, c'était grâce à l'excès même de l'anarchie et à l'aveugle égoïsme des grands, incapables de se concerter avec un peu d'ensemble et de persévérance pour régulariser les progrès de leur caste. Les rois étaient encore plus forts que chaque seigneur isolé, et pouvaient employer contre lui avec succès la fraude et la violence, là où le droit et la légalité échouaient. Lother était le digne monarque d'un tel siècle, et Karle-le-Chauve, né avec l'instinct de la civilisation, avec le goût des lettres, des arts et de la philosophie, fut bientôt entraîné à son tour dans cette démoralisation universelle.

La situation des royaumes franks eût été déplorable, quand même ils n'eussent eu à se débattre que contre leurs misères intérieures; mais ces misères appelèrent du dehors un autre fléau, l'invasion étrangère. Partout les ennemis du nom frank et de la foi chrétienne s'élançaient allégrement à l'assaut de l'Empire écroulé; trop faibles pour subjuguer et détruire la chrétienté, que Karle-Martel et Charlemagne avaient mise définitivement à l'abri de la conquête, ils étaient assez forts pour la déchirer. Lodewig, fils aîné de Lother, qui lui confia le gouvernement de l'Italie peu après le traité de Verdun, passa sa vie à disputer l'Italie méridionale aux musulmans, maîtres de la Sicile : tout le règne de Lodewig-le-Germanique s'écoula dans une lutte opiniâtre contre les Slaves, devenus non-seulement rebelles, mais

---

1. Lodewig le Pieux l'avait dissipé et laissé dissiper à ses favoris. Karle, à la fin de 842, avait épousé par politique Hirmentrude, nièce du comte Adelhard, qui avait combattu pour lui à Fontenailles. Adelhard, tout-puissant sur le feu empereur, s'était acquis un crédit immense en distribuant les lambeaux du domaine à quiconque voulait s'attacher à ses intérêts; il donnait les terres et les maisons en bénéfices, affranchissait les serfs et les lites, etc. Karle fut obligé de s'abriter sous la popularité de l'homme qui avait dépouillé la couronne. — Judith survécut peu au mariage du fils qui lui devait tant.

agresseurs, et contre les Danois ; la Gaule enfin, durant soixante-dix ans, essuya de la part des hommes du Nord des calamités qui rappelèrent les invasions du cinquième siècle. Les trois peuples teutoniques des contrées boréales, Danois, Suédois et Norwégiens, que le reste de l'Europe confondait sous le nom d'hommes du Nord (*Northmen*, par corruption *Normands*), avaient été long-temps presque sans rapport avec la chrétienté. Ils avaient long-temps concentré leur activité et leurs relations dans la mer du Nord et la Baltique, et essayé leurs forces dans d'interminables guerres entre eux et avec les Finois et les Slaves septentrionaux. Leur force et leur audace croissaient obscurément au fond de ces régions inconnues. La configuration de leur pays les avait rendus les premiers marins de l'Europe ; leur religion, qui ne connaissait de vertu que le courage, de vice que la lâcheté, et qui n'ouvrait le paradis qu'aux braves morts sur le champ de bataille, fit d'eux les premiers guerriers du monde.

Ils étaient arrivés au plus haut degré de leur belliqueuse exaltation au moment où l'empire frank commença de pencher vers son déclin : la destruction du paganisme en Germanie par Charlemagne contribua beaucoup à attirer leurs flottes vengeresses dans les mers de la Gaule, sans être l'unique cause d'un mouvement d'expansion et d'agression générale, aussi inévitable que l'avait été jadis le débordement de la Germanie sur l'empire romain. Divers chroniqueurs rapportent que les progrès de la population dans le nord et l'insuffisance des moyens de subsistance avaient fait établir une loi suivant laquelle on obligeait, tous les cinq ans, une partie de la jeunesse à aller chercher fortune sur la terre étrangère ; d'autres assurent même que cette loi s'étendait, dans chaque famille, à tous les puînés. L'antiquité offre plus d'un exemple de coutumes analogues : c'est bien là le *ver sacrum* de l'Italie primitive. On peut douter qu'une telle loi ait été pratiquée régulièrement et paisiblement chez les Scandinaves ; ce qui est certain, c'est que tout chef (*iarle, herse*) qui se trouvait à l'étroit sur son domaine, ou qui en était expulsé par quelque rival, se faisait guerrier errant (*wargr*, loup) et pirate (*wikingr*), avec les *kœmpe* ou *champions* dévoués à sa personne ; qui ne pouvait être *roi de terre* se faisait *roi de mer* (*sœkongr*), et plus d'un *roi de terre* échangea volontairement sa royauté pour l'autre. Les chefs territoriaux essayèrent parfois d'arrêter l'immense développement de la piraterie ; quelques-uns fussent entrés volontiers dans l'alliance des Franks, dans la société chrétienne ; vaines tentatives! longtemps encore le génie national les entraîna ou les brisa : les braves étaient pour Odin et pour les rois de l'Océan. Toutes les mers et tous les fleuves s'ouvraient à leurs navires; toutes les terres leur étaient livrées en proie. Ils s'étaient partagé le monde : aux Suédois, le levant ; aux Danois[1] et aux Norvégiens, le couchant : les guerriers errants de la Suède, conduits par Rourik, commençaient à s'assujettir les Russes (*Rhos*), et allaient fonder l'empire des Wargrs ou Warègues Russiens, entre la Baltique et la mer Noire, dans ces mêmes régions où les Goths, dont les frères subsistaient encore en Scandinavie, avaient régné cinq siècles auparavant : les Danois et les Norvégiens poursuivaient la conquête des Iles Britanniques, et envahissaient la Germanie et la Gaule.

Ces irruptions n'eurent de commun avec les anciennes invasions barbares que les maux qu'elles causèrent. Ce n'étaient plus là des peuples quittant leurs foyers en masse pour se ruer pesamment sur des pays plus favorisés de la nature, mais bien des associations peu nombreuses de guerriers d'élite, sans femmes, sans enfants, sans esclaves, matelots et soldats tout ensemble, parcourant les mers, aussi rapides que les oiseaux de tempête, et opérant leurs descentes avec une soudaineté et une impétuosité qui paralysaient la défense et qui glaçaient de terreur leurs ennemis vaincus avant d'avoir rendu de combat. Dans les nuits orageuses des équinoxes, quand les marins des autres peuples se hâtent de chercher un abri et de rentrer aux ports, ils mettent toutes voiles au vent, ils font bondir leurs frêles esquifs sur les flots furieux, ils entrent dans l'embouchure des fleuves avec la marée écumante, et ne s'arrêtent qu'avec elle ; ils se saisissent d'un îlot, d'un fort, d'un poste de difficile accès, propre à servir de cantonnement, de dépôt et de retraite, puis remontent le fleuve et ses affluents jusqu'au cœur du continent, sur leurs longues et sveltes embarca-

---

1. Le Danemark comprenait alors, outre le Jutland et les îles, la province de Scanie, qui forme l'extrémité méridionale de la presqu'île scandinave.

tions aux deux voiles blanches, à la proue aiguë, à la carène aplatie, sur leurs « dragons de mer » à la tête menaçante, comme ils disent. Le jour ils restent immobiles dans les anses les plus solitaires[1], ou sous l'ombre des forêts du rivage : la nuit venue, ils abordent, ils escaladent les murs des couvents, les tours des châteaux, les remparts des cités ; ils portent partout le fer et la flamme ; ils improvisent une cavalerie avec les chevaux des vaincus, et courent le pays en tous sens jusqu'à trente ou quarante lieues de leur flottille. Quel immense avantage un tel système d'attaque ne doit-il pas avoir sur un état désorganisé, où les milices ne se rassemblent que lentement et péniblement, et où les petits despotes locaux sont bien moins disposés à se porter secours qu'à s'entre-détruire !

Les seigneurs gallo-franks faisaient pis que de ne pas se secourir : ils appelaient les païens contre leurs rivaux ou contre le roi. Trois mois avant la signature du traité de Verdun, Karle ayant refusé le commandement de la Marche de Bretagne à Lantbert, fils de l'ancien comte Lantbert, pour confier le comté de Nantes avec le Poitou au Poitevin Rainald, Lantbert détermina Noménoé à lever l'étendard de l'indépendance, se mit à la tête des Bretons avec Hérispoé, fils de Noménoé, attaqua le duc Rainald sur le territoire de Rennes, le tua, et dispersa ses troupes nantaises et poitevines, puis courut joindre un chef des pirates du Nord, avec lequel il avait pactisé, lui servit de pilote autour de la Bretagne et le guida dans la Loire. Les Normands surprirent Nantes, escaladèrent les remparts, massacrèrent dans la cathédrale, au milieu de la messe, l'évêque et une multitude de clercs et de laïques, traînèrent sur leurs navires une foule de captifs avec les dépouilles de la cité, et allèrent se cantonner dans l'île de Noirmoutier (fin juin 843). Lantbert eut pour son lot la cité et le pays pillés et désolés, et partagea le territoire nantais en bénéfices héréditaires à ses hommes de guerre. Bégo, qui succéda au comte Rainald en Poitou, voulut venger Rainald et chasser les hommes de Lantbert : ils le surprirent et le tuèrent dans le canton de Tiffauges, tandis que Lantbert lui-même et les Bretons sac-

---

1. Le nom si connu des pirates du Nord, *Wikingr*, signifie littéralement « enfants des anses ».

cageaient les Marches neustriennes jusqu'aux portes du Mans, et taillaient en pièces les *marquis* (*marchisi*) du roi Karle (844). Les bandes danoises et norvégiennes établies à Noirmoutier, et auxquelles on donna bientôt le nom trop fameux de *Normands de la Loire*, profitaient de ces luttes acharnées pour étendre au loin leurs ravages sans obstacles, et piller tout le monde, Neustriens, Poitevins et Bretons[1].

Le midi de la Gaule n'était pas moins malheureux que l'ouest. L'Aquitaine, livrée à Karle par le traité de Verdun, avait trop de nationalité pour se soumettre paisiblement à la domination du roi de Neustrie, et pas assez pour se réunir tout entière sous les étendards de Peppin : le parti frank[2] et le parti aquitain se balançaient de manière à rendre la guerre civile interminable, à la grande satisfaction du duc Bernhard, qui, trompant tour à tour les deux compétiteurs, affermissait pendant ce temps sa souveraineté sur la Septimanie et la Marche d'Espagne. Karle, exaspéré des fourberies du duc de Gothie, avait déjà voulu le tuer en 841 ; il perdit patience, et se vengea du traître par une perfidie plus noire que les siennes. Une vieille narration toulousaine (*Chronic. Odonis Ariberti*) dit qu'après avoir confirmé la paix « par le sang eucharistique », le roi et le « comte » eurent une entrevue à Toulouse, dans le monastère de Saint-Cernin. « Comme Bernhard fléchissait le genou devant le roi, Karle le prit de la main gauche, comme pour le relever, et de la droite lui plongea un poignard dans le cœur... non sans soupçon de parricide, car il passait pour fils de Bernhard, et avait avec lui une merveilleuse ressemblance, la nature révélant ainsi l'adultère de sa mère... Le roi, se levant de son trône ensanglanté, frappa du pied le cadavre, et s'écria : « Malheur à toi qui as souillé le lit de mon père et de ton seigneur !... » En croyant venger l'outrage de son père, il tomba dans le parricide, et devint impie par trop de piété. »

Quoi qu'il en soit des circonstances de ce récit, qui exprime l'opinion populaire du temps, il est certain que Bernhard fut tué en trahison par Karle. Ce crime n'eut pas le fruit qu'en espérait le

---

1. *Chron. Namnetens.* — Id. *Britanniæ Armoricanæ.* — Id. *Nordmannorum.* — *Translatio Sancti Filiberti* ; dans les *Histor. des Gaules*, t. VII.

2. *Français* (*Franceis*), comme on dit bientôt en langue romane.

jeune roi : non-seulement Karle ne recouvra pas le duché de Gothie, mais il perdit Toulouse; Wilhelm ou Guilhem, fils aîné de Bernhard, jeune homme de dix-huit ans, souleva la ville et la *Marche* de Toulouse, et en fit hommage à Peppin. Karle raccourut mettre le siége devant Toulouse, lança six ou sept mille hommes sur les cantons rebelles d'Albi et de Castres, et manda en toute hâte les milices de Neustrie à son aide ; mais le corps chargé de dévaster l'Albigeois, après avoir commis d'horribles cruautés, fut exterminé au retour par les populations soulevées, à la tête desquelles s'était placé l'évêque d'Albi (Odon. Aribert. *Chronic.*), et les bandes aquitaniques et basques de Peppin surprirent et détruisirent auprès d'Angoulême les renforts qui arrivaient de Neustrie : Hughe ou Hugues, abbé de Saint-Quentin, Rikbod, abbé de Saint-Riquier, l'un fils, l'autre petit-fils de Charlemagne, et plusieurs comtes restèrent sur la place. L'évêque de Poitiers, archi-chapelain de Karle, l'évêque d'Amiens, Loup (*Lupus*), abbé de Ferrières, célèbre écrivain et théologien, et un grand nombre de comtes et de nobles hommes, tombèrent au pouvoir des vainqueurs (7 juin 844). Les prélats avaient généralement recommencé à porter les armes et à conduire leurs vassaux à la guerre.

Karle leva précipitamment le siége de Toulouse, repartit pour la Neustrie, et laissa l'Aquitaine à peu près perdue pour lui. L'Aquitaine n'y gagna rien : Peppin n'avait ni les forces ni l'intelligence nécessaires pour y rétablir la moindre apparence d'ordre. A peine Karle fut-il éloigné, que les Normands, commandés par Oskeri, qui avait pillé Rouen en 841, pénétrèrent dans la Garonne, passèrent hardiment devant Bordeaux, et vinrent piller les deux rives du fleuve jusqu'au pied des remparts de Toulouse. « Lorsqu'un pont ou quelque autre obstacle arrêtait leur navigation, les équipages tiraient leurs navires à sec, les démontaient, et les charriaient jusqu'à ce qu'ils eussent dépassé l'obstacle[1]. »

Le roi Karle eut beau invoquer l'assistance de ses frères pour l'exécution du pacte de Verdun : Lother et Lodewig-le-Germanique eurent beau signifier à Peppin, à Noménoé et à Lantbert

---

1. Aug. Thierry, *Hist. de la conquête de l'Angleterre*, t. I, p. 182. — *Annal. Sancti Bertini.* — Depping, *Hist. des expéditions des Normands.*

de se soumettre à leur souverain Karle ; les trois chefs rebelles se soucièrent peu d'injonctions qui ne pouvaient être soutenues par les armes : l'empereur et le roi de Germanie avaient assez de leurs propres embarras. L'autorité de l'empereur n'était guère plus respectée en Italie que celle du roi Karle dans la Gaule occidentale ; après la mort de Grégoire IV, l'archiprêtre Sergius avait été élu et consacré pape sans aucune participation du pouvoir impérial ; Lother envoya son fils Lodewig et son oncle Drogo en Italie, à la tête d'une armée d'Austrasiens et de Burgondes, qui brûlèrent et ruinèrent tout dans la Campagne de Rome : on s'accommoda promptement ; l'élection de Sergius finit par être ratifiée, et ce pontife couronna le jeune Lodewig roi de Lombardie (juin 844). Quant au roi de Germanie, il était trop occupé à défendre ses propres États pour intervenir en Gaule : au printemps de 845, les Danois, sous les ordres de leur roi Horik, entrèrent dans l'Elbe avec six cents voiles, prirent et brûlèrent Hambourg, où Lodewig le Pieux avait établi un archevêque : mais le parti des *Stellings* était complétement abattu, et la Saxe chrétienne se leva en masse et repoussa l'invasion.

La vie sociale avait de la vigueur et de la jeunesse chez le peuple régénéré par la conquête, tandis qu'elle semblait tomber en dissolution chez le peuple conquérant : les Gallo-Franks de Neustrie ne purent repousser une attaque beaucoup moins redoutable ; au mois de mars 845, cent vingt bâtiments pirates, conduits par le Norwégien Ragnar ou Ragner-Lodbrog, héros fameux dans les traditions scandinaves, pénétrèrent dans l'embouchure de la Seine, s'arrêtèrent un moment à Rouen, que leurs compagnons avaient saccagé quatre ans auparavant, remontèrent le fleuve jusqu'à Paris, et descendirent, la veille de Pâques, dans l'île de la Cité et dans les faubourgs des deux rives. Les habitants épouvantés avaient fui, soit dans les forêts et dans les marais voisins, soit à Saint-Denis où était le roi Karle avec sa maison et quelques milices. Les païens pillèrent sans résistance la Cité et les grands monastères de Sainte-Geneviève et de Saint-Germain-des-Prés, où les rois mérovingiens avaient entassé tant de richesses[1].

---

1. « L'église de Saint-Germain était soutenue par des colonnes de marbre ; elle

Les tombeaux de Chlodowig-le-Grand et de sa femme Chlothilde furent ruinés par les Barbares : les enfants d'Odin venaient du fond de la Scandinavie venger la religion du Nord sur les restes du déserteur de leurs dieux! « Le roi Karle eut dessein de marcher contre eux ; mais, voyant que les siens ne pouvaient en aucune façon prévaloir contre les Normands, il pactisa avec eux, et leur donna 7,000 livres d'argent, afin qu'ils se retirassent (*Annal. Sancti Bertin.*). » Encore les pirates ne traitaient-ils que parce qu'ils étaient décimés par une dyssenterie qu'on regarda comme l'effet de la vengeance des saints. Ragner et les autres chefs allèrent trouver Karle à Saint-Denis, lui jurèrent par leurs dieux et par leurs armes de ne jamais repasser les frontières de son royaume, et se rembarquèrent tranquillement avec leur magnifique butin. Ils violèrent leurs promesses presque aussitôt après en avoir reçu le prix : ils ravagèrent par le fer et le feu les deux bords de la Seine inférieure, puis les côtes du Ponthieu, et allèrent piller le monastère de Saint-Bertin à Saint-Omer. L'étonnement et la joie furent grands dans tout le Nord, quand Ragner, étalant à la cour du roi danois Horik les dépouilles de la Neustrie, les débris du toit de Saint-Germain-des-Prés, et « les serrures des portes de Paris », annonça qu'il avait « soumis au tribut » tout le royaume de Karle ; toute la jeunesse danoise et scandinave se pressait autour de lui pour l'entendre raconter comment il avait parcouru « une terre bonne et fertile, et remplie de toute sorte de biens, que ses habitants peureux et craintifs ne savaient pas défendre ». Ses récits enflammèrent la cupidité et redoublèrent l'audace des pirates.

Les malheurs et la honte des Gallo-Franks provenaient d'autres causes que ne le pensaient leurs ennemis : ce n'était pas mollesse et lâcheté, mais absence d'habitude des armes chez les serfs et les colons, impuissance et isolement chez les petits propriétaires libres, égoïsme brutal chez les grands, qui agglomé-

---

avait des parois peintes de fresques éclatantes, et un pavé en mosaïque de diverses couleurs; son toit, couvert de cuivre doré, réfléchissait les rayons du soleil, et nul regard n'en pouvait soutenir l'éclat, c'est pourquoi on l'appelait le palais (*aula*) de Saint-Germain-le-Doré. » *Sancti Droctovei Vita*, dans les *Histor. des Gaules*, t. III, p. 437. — *v.* sur cette expédition des Normands, le livre *De Miraculis Sancti Germani*, *ibid.* t. VII, p. 348-352.

raient autour d'eux presque toute la population militaire. Suivant le livre des *Miracles de Saint-Germain*, le roi eût voulu combattre ; les seigneurs s'y refusèrent ; plusieurs d'entre eux avaient été gagnés par les présents des Normands : ils prenaient la dîme du pillage de la France ! Les villes, qui eussent dû offrir des centres de résistance, avaient désappris la guerre depuis l'établissement de la monarchie carolingienne ; leurs vieilles murailles romaines étaient aussi mal entretenues que mal gardées.

Aux ravages des Normands en Neustrie succéda une cruelle famine : Karle, pliant sous la mauvaise fortune, s'aboucha avec Peppin à Fleuri ou Saint-Benoît-sur-Loire, et, moyennant que Peppin se reconnût son vassal, lui céda l'Aquitaine, sauf le Poitou, la Saintonge et l'Angoumois. C'était trop ou pas assez pour que le traité fût durable (juin 845). Karle, ainsi humilié par les Normands, dépouillé par Peppin, espéra du moins tirer vengeance de Noménoé, et marcha en Bretagne dans le courant de l'automne, à la tête d'une armée peu considérable ; mais le prince des Bretons, suivant le vieux système défensif de son peuple, attira les Franks dans des marécages et les mit en pleine déroute : Karle eut grand'peine à regagner le Mans (novembre 845). Il ne put reprendre l'offensive que vers le mois de juillet 846 ; il obtint quelques avantages sur Noménoé, et le prince breton, mal assuré d'une partie des siens, et harcelé par les Normands, qui pénétraient par la Vilaine et le Blavet dans l'intérieur de la Bretagne, fut obligé de s'accommoder avec le roi et de s'unir à lui contre son ancien allié Lantbert, qui, détesté de tout le monde, était en lutte quotidienne dans Nantes avec l'évêque et les citoyens. Lantbert, à la nouvelle du traité de Karle et de Noménoé, évacua Nantes, où les citoyens l'avaient empêché de construire un château-fort, se cantonna dans le bourg de Craon, puis se bâtit une forteresse sur l'Oudon, et, entouré de tous les pillards et de tous les aventuriers de la contrée, se maintint jusqu'à sa mort sur les confins du pays Nantais et de l'Anjou.

Pendant ce temps, le duc d'Arles, et les autres seigneurs de la Provence, soulevaient toute cette contrée contre l'empereur Lother, qui ne quittait guère l'Austrasie, et aspiraient à une indépendance complète : la plupart furent cependant obligés de se soumettre, et Lother confia le gouvernement de toute la Provence, entre l'Isère et la Méditerranée, à un puissant seigneur nommé Ghérard ou Gérard, qui y rétablit une ombre de gouvernement plus à son profit qu'à celui de l'empereur; ce personnage, plus célèbre dans la poésie que dans l'histoire, est « le Gérard de Roussillon » des romans de chevalerie, qui en ont fait le héros de la liberté féodale. Partout rugissait la guerre civile ou la guerre étrangère : l'Aquitaine n'avait cessé d'être tiraillée entre deux prétendants que pour se voir déchirée par les brigands du Nord : les bandes qui, en 844, avaient désolé les bords de la Garonne, entrèrent dans la Charente en 845, battirent et tuèrent le duc de Gascogne, Sigwin, qui commandait à Bordeaux au nom de Peppin, et à Saintes au nom de Karle : Saintes fut pillée et brûlée par les païens; l'année d'après (846), les Normands, remontant le cours de la Charente, poussèrent à travers terres jusqu'à Limoges. On n'apprenait de toutes parts que des désastres : la Frise était au pouvoir des Normands; les Sarrasins d'Afrique, en août 846, firent une descente dans le Tibre, saccagèrent, à la vue des Romains consternés, la basilique de Saint-Pierre, la cathédrale de Rome et de l'Occident, battirent le jeune roi d'Italie, et s'emparèrent de beaucoup de villes; Lodewig-le-Germanique, pendant ce temps, essuyait de graves échecs contre les Slaves : Marseille, déjà surprise une première fois par les Arabes, était pillée par des corsaires grecs; l'île de la Camargue, jusqu'aux portes d'Arles, avait été naguère dévastée par les musulmans.

Le pouvoir épiscopal, un moment élevé au-dessus du pouvoir royal, s'était bien vite affaissé au milieu de ce chaos : la royauté, du moins, représentait encore une certaine force matérielle et militaire. Les seigneurs repoussèrent violemment les efforts des évêques pour recouvrer les biens d'église distribués aux gens de guerre; le roi, prenant parti pour les hommes d'armes, dont il ne pouvait se passer, refusa de sanctionner les canons du concile de Meaux (juin 845), par lesquels étaient excommuniés les injustes détenteurs des terres ecclésiastiques et les usufruitiers de précaires qui ne payaient pas la dîme et la none aux églises propriétaires. Les seigneurs laïques tinrent avec le roi à Épernai, en juin 846, un plaid où les évêques ne furent point appelés, choisirent entre les canons du concile de Meaux ceux qui leur convinrent, et signifièrent aux évêques que ni le roi ni eux n'observeraient les autres : « jamais dans les temps chrétiens, dit l'annaliste de Saint-Bertin, on n'avait montré si peu de respect envers la dignité pontificale ».

Les trois fils de Lodewig le Pieux se réunirent, au mois de février suivant (847), à Marsna ou Mersen, près Maëstricht, dans les États de Lother ; ils envoyèrent en commun des députés à Horik, roi de Danemark, à Noménoé et à Peppin, menacèrent le prince danois de se coaliser contre lui s'il n'arrêtait les incursions de ses sujets, et assignèrent Peppin à un plaid où ses différends avec Karle seraient définitivement réglés. Le résultat ne fit que rendre plus apparente l'impuissance des rois : les hostilités recommencèrent entre Karle et Peppin, qui n'entendait pas renoncer à la royauté pour n'être plus qu'un simple duc de son oncle, et le roi Horik n'arrêta pas les courses des pirates, ce qu'il n'eût pu faire quand il l'eût voulu. Les irruptions continuèrent au contraire avec une violence croissante : Dorestadt et l'île de Batavie ou Betaw furent occupés par les Danois que Lother lui-même avait naguère cantonnés en Zélande ; les Normands de la Loire assaillirent et défirent trois fois les Bretons, et obligèrent Noménoé à acheter chèrement leur retraite ; enfin, au commencement de 848, les Normands de la Charente retournèrent dans la Garonne, et assiégèrent Bordeaux. Peppin ne donna aucun secours aux Bordelais. Karle, qui venait d'arriver en Aquitaine, tailla en pièces quelques-uns des pirates qui étaient entrés dans la Dordogne ; mais ce faible avantage n'empêcha pas les Normands de pénétrer une belle nuit dans Bordeaux, grâce à la trahison des juifs bordelais. Ces tragiques histoires de villes livrées par les juifs aux ennemis des chrétiens reviennent souvent dans les chroniques du moyen âge : les juifs étaient, au sein de la chrétienté, d'éternels ennemis, toujours opprimés et toujours altérés de vengeance[1]. Bordeaux fut pillé de fond en comble et livré aux flammes ; le duc de Gascogne, Guilhem, tomba au pouvoir de l'ennemi (*Chronic. Fontanell.* — *Annal. S. Bertin.*).

---

1. Quatre ans après (en 852), ils livrèrent pareillement Barcelonne aux Arabes, qui toutefois n'en restèrent pas maîtres.

La lâche inertie de Peppin, peut-être même sa connivence avec l'ennemi, excita une exaspération générale contre lui, tandis que la victoire de la Dordogne, premier succès qui eût été obtenu jusque-là contre les pirates, entourait Karle d'une popularité inopinée ; à la suite d'un plaid général à Limoges, « presque tous les nobles d'Aquitaine, avec les évêques et les abbés, allèrent trouver Karle dans la ville d'Orléans, l'élurent roi, l'oignirent du saint chrême, et le consacrèrent par la bénédiction épiscopale » (*Annal. S. Bertin.*).

La nouvelle de l'invasion du Poitou et de l'Anjou par Noménoé, réconcilié avec Lantbert, ne tarda pas à troubler la joie de ce retour de fortune. Karle manda tous ses vassaux, et refoula les Bretons au delà de la Vilaine ; Noménoé recula jusqu'à la plaine de Ballon, située non loin de Redon, entre les rivières d'Oust et de Vilaine : là, il prit une position avantageuse et accepta la bataille. L'annaliste de Saint-Arnoul de Metz nous en a laissé une description curieuse. La tactique des Bretons du continent ne ressemblait pas à celle de leurs frères du pays de Galles ; leur principale force consistait dans une excellente cavalerie légère, armée de javelots et montée sur de petits chevaux vifs, rapides, au pied ferme et sûr, exercés à courir à travers les bruyères, les bois et les marais. Karle, qui avait déjà fait une fâcheuse expérience de cette manière de combattre, plaça devant ses escadrons gallo-franks un corps de Saxons légèrement armés, destinés à recevoir le premier choc et à lasser la fougue de la cavalerie ennemie ; c'étaient probablement, non pas des Saxons d'outre-Rhin, mais les milices de la colonie saxonne du pays de Bayeux, qui conservait, depuis plusieurs siècles, ses mœurs et sa langue dans ce coin de la Neustrie. Les Saxons ne tinrent pas devant la grêle de dards que leur lancèrent les Bretons, et se renversèrent sur le gros de l'armée. Les Bretons, alors, se précipitant impétueusement sur le corps de bataille des Franks, l'assaillent de front, en flanc, sur tous les points à la fois ; tantôt ils courent le long des lignes frankes en faisant pleuvoir sur elles une nuée de javelots, tantôt ils fuient, mais pour percer en fuyant ceux qui les poursuivent. Les Gallo-Franks ne peuvent les suivre dans les marais qui leur servent de point d'appui et de refuge. Les Franks, habitués à combattre de pied ferme avec l'épée et la hache, ne savent quelle défense opposer à cette tactique : le péril est égal pour eux, soit qu'ils se pressent en rangs serrés, soit qu'ils se séparent pour courir sur les assaillants. Quand la nuit vient suspendre le combat, la perte des Franks est déjà très considérable : beaucoup de morts, des blessés en bien plus grand nombre, presque tous les chevaux tués ou hors de combat, ne présagent que désastres pour le lendemain.

On n'essaya cependant pas la retraite, et la lutte recommença au point du jour : les Franks la soutinrent avec autant de fermeté, mais avec moins de succès encore que la veille. L'armée, toutefois, maintenait encore sa position ; mais Karle perdit la tête ; peut-être craignait-il d'être livré à l'ennemi par quelques-uns de ses vassaux : il s'enfuit pendant la seconde nuit, abandonnant sa tente et tout l'appareil royal. La désertion du roi fut le signal d'une déroute générale le matin du troisième jour ; le camp et tout le bagage tombèrent entre les mains des Bretons, et plusieurs milliers d'hommes furent massacrés, ou traînés captifs dans l'intérieur de la Bretagne[1].

Le fruit de cette victoire fut la conquête des villes et comtés de Rennes et de Nantes, et de la partie de l'Anjou et du Maine à l'ouest de la Mayenne ; puis Noménoé crut pouvoir enfin réaliser les plans de toute sa vie, qu'avaient retardés les attaques des Normands, et relever la Bretagne en royaume indépendant. Le tribut et le choix des évêques étaient les deux principaux signes de la suzeraineté franke ; Noménoé la sapa dans sa double base : il avait déjà cessé tout tribut ; il entreprit de déposer les quatre évêques de la Bretagne celtique, à savoir : de Vannes, d'Aleth (Saint-Malo), de Cornouailles (Quimper) et d'Occismor[2] (Léonnais), qui devaient leur dignité à Lodewig le Pieux et à Karle le Chauve, et qui n'étaient pas disposés à seconder ses projets. La vie scandaleuse de ces prélats servit de prétexte : Noménoé envoya à Rome un saint homme très renommé en Bretagne, Conway (saint Convoïon), abbé de Redon, pour solliciter le pape d'accéder

---

1. Les *Annales de Metz*, qui renferment de grandes erreurs de faits et de dates sur les affaires de la Neustrie, placent à l'année 860 ce récit, dont les circonstances ne se rapportent qu'à la bataille de Ballon, donnée le 22 novembre 848.

2. Ou Ossismor ; la cité des Osismes, autrement Vorgan. Elle n'existe plus.

à la restauration du royaume de Bretagne, « autrefois envahi injustement par les Franks », et pour demander l'autorisation de déposer les quatre évêques coupables de simonie. Suivant la vieille histoire latine *de la Bretagne Armorique* [1], le pape autorisa seulement Noménoé à porter, comme duc des Bretons, « le cercle d'or » qui distinguait la dignité ducale, et déclara que les évêques ne pouvaient être dégradés que dans un concile présidé par l'archevêque de Tours, métropolitain de la province. Noménoé passa outre, et, dans une assemblée des chefs bretons à Saint-Sauveur de Redon, il contraignit les quatre évêques à confesser leurs fautes et à remettre leurs verges [2] et leurs anneaux. Ils furent remplacés sur-le-champ par des hommes dévoués à Noménoé, et trois nouveaux évêchés furent érigés par le chef des Bretons à Dol [3], à Saint-Brieuc (*Brioc*) et à Tréguier (*Tugdwal-Pabut, Lan-Tréguier*); l'évêque de Dol reçut le titre de métropolitain, et tout le pays de langue bretonne fut séparé de l'obédience de l'archevêque de Tours : les réclamations furent inutiles ; cette séparation dura trois siècles. Le nouvel archevêque des Bretons oignit roi Noménoé dans l'église du monastère de Dol, transformée en cathédrale métropolitaine. Ce fut ainsi que la Bretagne Armoricaine, à l'exemple de la Cambrie, rejeta la suprématie de la grande Église romano-teutonique.

Karle ne renouvela que deux ans après (en 850) ses efforts contre Noménoé : il parvint à recouvrer Rennes et Nantes ; mais à peine s'était-il éloigné, que Noménoé et Lantbert rentrèrent dans ces deux villes et ravagèrent tout le pays jusqu'au Mans. Noménoé avait chassé l'évêque de Nantes pour placer une de ses créatures sur ce siège épiscopal ; il démantela les deux cités, afin que les Franks ne pussent s'y réinstaller : Nantes et Rennes, où l'on parlait la langue romane, étaient pour les Bretons terre étrangère et pays conquis.

Le roi Karle avait passé presque toute l'année précédente dans le midi : Peppin s'était reformé un parti chez les inconstants

---

1. *Histor. des Gaules*, t. VII, p. 40.
2. C'était une tige de *férule* : la crosse n'était pas encore en usage. V. Fleuri, t. XI, p. 200.
3. Il y avait déjà eu autrefois un évêché à Dol.

Aquitains; Toulouse était occupée par un certain comte Fridelo, sous les ordres du jeune duc Guilhem, fils de Bernhard, qui s'était récemment emparé de Barcelonne et d'Empurias. Karle assiégea Toulouse en 849 ; Fridelo capitula, et rendit la ville, à condition de la garder comme vassal du roi. Ce Fridelo, fils d'un comte de Rouergue, est le chef de l'illustre maison des comtes de Toulouse. Pendant ce temps, le duc Guilhem, malgré l'alliance qu'il avait contractée avec le gouvernement arabe de Cordoue, périssait sous les coups des hommes du roi, et la Marche d'Espagne, comme Toulouse et la Septimanie, rentrait sous la domination de Karle (*Chronic. Fontanell.*) (850). La malheureuse Aquitaine continuait à être déchirée tout à la fois par les factions et par l'étranger : les Normands de la Garonne avaient pénétré en 849 jusqu'à Périgueux, pillé et brûlé cette ville; puis ils revinrent à Bordeaux, où ils avaient établi leur place d'armes, et Peppin, contractant ouvertement avec eux l'alliance impie dont il avait été déjà soupçonné, marcha à leur tête sur Toulouse, pendant que Karle était allé guerroyer contre les Bretons. Toulouse, ainsi livrée aux païens par le prétendu roi d'Aquitaine, fut prise et cruellement saccagée, et les ravages des Normands s'étendirent dans toute la Marche toulousaine et la Gascogne : une foule de villes, de monastères, de bourgades, eurent le sort de Bordeaux et de Toulouse.

A l'extrémité opposée de la Gaule occidentale, d'autres bandes de pirates, commandées par Godefrid et par Rorik, fils et frère de ce Hériold qui avait joué un rôle important sous Lodewig le Pieux, pillaient la Batavie, le Brabant, la Flandre et toute la côte jusqu'à l'embouchure de la Seine; Lother et Karle crurent se débarrasser de ces deux chefs par des concessions territoriales : la Batavie et Dorestadt furent donnés en fief à Rorik; mais les Barbares n'en continuèrent pas moins à ravager les provinces voisines. Un écrivain du commencement du siècle suivant, Agius, abbé de Vabre en Rouergue, a tracé un lugubre tableau de la situation de la Gaule : « Dans presque tous les cantons situés le long de l'Océan Gallique, les églises étaient ruinées, les villes dépeuplées, les monastères abandonnés : les *persécuteurs* égorgeaient tous ceux des chrétiens qu'ils pouvaient saisir, ou, s'ils étaient las de verser le sang des innocents, ils les gardaient pour les obliger à se racheter... Quelques-uns des chrétiens abandonnaient leurs biens et leur patrimoine pour s'enfuir dans les régions orientales : beaucoup aimaient mieux mourir sous le fer des païens que de quitter les foyers paternels ; bien d'autres, dans le cœur desquels la foi était faiblement enracinée, oubliaient qu'ils avaient été régénérés par les eaux saintes du baptême, se précipitaient dans les erreurs ténébreuses des païens, et s'associaient à leurs forfaits... » On voyait un bon nombre de serfs, de colons, et même de nobles hommes, manger avec les Scandinaves la chair des chevaux immolés à Odin et à Thor, et servir de guides aux Barbares pour surprendre les villes et les couvents. Le jeune roi Peppin lui-même, l'arrière-petit-fils de Charlemagne était accusé de participer aux sacrifices et aux superstitions des hommes du Nord. Le puissant argument du succès, qui avait si fort aidé les Franks à chrétienner la Germanie, était passé de Jésus-Christ à Odin !

Le vieux guerrier qui avait reconstitué et organisé glorieusement la nationalité bretonne, le roi Noménoé, mourut sur ces entrefaites, le 7 mars 851 : Karle le Chauve voulut arracher au fils de Noménoé les fruits de la journée de Ballon, et envahit la Bretagne ; mais le nouveau roi, Hérispoé, soutint bravement le choc, et les hommes de Karle s'enfuirent, « selon leur coutume », dit la chronique de Fontenelle : c'était la même locution que les chroniqueurs des temps passés employaient en parlant des ennemis des Franks (22 août 851). Karle se vit réduit à traiter avec Hérispoé, et à sanctionner solennellement l'œuvre du vainqueur de Ballon : Hérispoé vint trouver Karle à Angers, lui rendit hommage « en mettant les mains dans les siennes », et reçut de lui les insignes royaux avec la cession des comtés de Rennes, de Nantes et de Retz. La remise des insignes royaux impliquait la reconnaissance de tous les droits de la souveraineté. La Bretagne primitive fut qualifiée de *Basse-Bretagne* ou *Bretagne bretonnante ;* on appela les comtés réunis *Nouvelle-Bretagne, Haute-Bretagne* ou *Bretagne romane*[1].

---

1. La Haute-Bretagne n'était pas *romane* tout entière. Il subsiste encore aujourd'hui des restes de la langue kimrique dans le canton de Guerrande.

(851-853.) La Neustrie n'acheta pas même un peu de repos au prix de ce démembrement; la paix n'était peut-être pas encore conclue avec les Bretons, quand Oskeri et ses Normands, ne trouvant sans doute plus rien à piller en Gascogne, sortirent de la Garonne et apparurent à l'embouchure de la Seine (13 octobre). Ils ravagèrent ceux des monastères des deux rives qui s'étaient rachetés moyennant rançon à l'époque du sac de Rouen (en 841), brûlèrent et ruinèrent de fond en comble l'abbaye de Fontenelle (Saint-Wandrille), et restèrent, tout l'hiver et le printemps, maîtres des rivages de la Basse-Seine, qu'ils traitèrent de telle sorte « qu'on n'avait jamais ouï parler d'une semblable extermination dans ces contrées» (*Chronic. Fontanell.*); enfin, au mois de juin 852, comme ils avaient poussé à travers terres jusqu'à Beauvais, et pillé et brûlé cette ville, les seigneurs du pays les attendirent au retour et les attaquèrent à Ouarde (*Wardera*), sur la petite rivière d'Itte : une grande partie des Normands furent tués ; les autres s'enfuirent dans les bois, regagnèrent leurs vaisseaux durant la nuit, et, remettant à la voile avec leur butin, retournèrent à Bordeaux. Ils ne rétablirent pas leur allié Peppin sur le trône d'Aquitaine : après leur départ de Toulouse et de la Gascogne, Peppin, en butte à l'exécration publique et abandonné de tous les Aquitains, s'était réfugié chez les Basques ; mais les deux principaux chefs des Escaldunac, Inigo Garcia, « duc des Navarrois », et Sanche, fils de Sanche (*Sancio Sancionis*), comte des Basques gaulois, étaient en paix avec Karle le Chauve : le roi frank obtint de Sanche l'arrestation et l'extradition de son hôte (septembre 852). Peppin fut amené captif en France, et, du consentement de Lother et par « le conseil des évêques et des grands », Karle le fit tondre et enfermer au couvent de Saint-Médard de Soissons : on le contraignit de prendre l'habit monastique. L'Aquitaine fut ainsi réunie tout entière sous le sceptre de Karle, sceptre impuissant, qui n'avait presque à régir que deux cadavres de peuples ! La Neustrie et l'Aquitaine étaient également mutilées et défaillantes.

Les deux chefs danois établis vers les bouches du Rhin et de l'Escaut avaient rompu leur pacte avec Lother et Karle : l'un d'eux, Rorik, entra dans la Loire, qui avait eu quelque relâche depuis trois ou quatre ans ; Nantes fut reprise et ravagée pour la seconde fois; Angers succomba ensuite; de là les païens allèrent assiéger le Mans et envoyèrent un gros détachement contre Tours. Le débordement de la Loire et du Cher, changeant en lac tous les environs, sauva, pour un moment, la cité, mais non pas le grand monastère de Saint-Martin (Marmoûtier), situé à deux milles de Tours. Pendant ce temps, Godefrid, l'autre « roi de mer », avait pénétré dans la Seine (octobre 852).

Lother et Karle se réunirent pour bloquer le pirate, qui s'était retranché aux bords de la Seine, en un lieu nommé la « fosse Ghiwald » (Jeufosse, près de Vernon); l'indiscipline et la lâche insouciance des vassaux de Karle firent avorter l'expédition : l'armée des deux rois se dispersa sans avoir attaqué l'ennemi, et les Normands n'évacuèrent leur poste qu'au mois de juin 853, pour rejoindre dans la Loire la bande de Rorik. La dévastation s'étendit avec une nouvelle furie dans la Haute-Bretagne, l'Anjou, le Maine, le Poitou, la Touraine : Nantes, Angers, Tours, furent livrés aux flammes, qui dévorèrent à Tours l'église de Saint-Martin, cet illustre sanctuaire de la Gaule mérovingienne; les restes de l'apôtre des Gaules avaient été transférés à Orléans, d'où on les porta à Auxerre quand Orléans fut menacé à son tour. Tous les chemins étaient couverts de peuple, de moines et de prêtres fugitifs : les reliques des saints, autrefois si redoutées des conquérants teutons, fuyaient de toutes parts devant le noir corbeau d'Odin.

Il ne manquait plus aux misères des royaumes franks que de voir les trois fils de Lodewig le Pieux déchirer le traité de Verdun, et tourner leurs armes les uns contre les autres. Les Aquitains, ne sachant à qui se prendre de leurs malheurs, et ne voulant pas plus de Karle, qui ne les défendait pas, que de Peppin, qui les avait vendus aux Barbares, s'avisèrent d'offrir leur couronne au roi de Germanie pour un de ses fils : Lodewig-le-Germanique ne résista point à la tentation, et dépêcha son fils Lodewig par la Burgondie en Aquitaine avec une armée de Germains; Peppin, échappé de sa prison, reparut sur ces entrefaites, et s'efforça de rallier ses anciens partisans. Il y eut ainsi trois factions en présence sur le sol aquitain : les bandes de Lodewig montrèrent autant de férocité que les Normands eux-mêmes, et promenèrent partout l'incendie et le massacre ; le parti du prince germain se ruina ainsi de lui-même ; les Aquitains ne prêtèrent aucune assistance à Lodewig, et Karle le chassa d'Aquitaine, sans que le roi de Germanie, attaqué par les Slaves et les Bulgares, qu'avaient excités des émissaires neustriens, pût porter secours à son fils. Karle-le-Chauve tâcha d'apaiser les griefs des Aquitains en consentant à séparer nominalement leur pays de la Neustrie, et à leur donner pour roi son second fils, appelé Karle comme lui : cet enfant, âgé de huit ans, fut sacré roi d'Aquitaine à Limoges, le 15 octobre 855, et les princes germains renoncèrent à leurs prétentions.

Un événement plus important venait d'avoir lieu : c'était la subdivision d'un des trois États franks en trois nouveaux royaumes. Lother, qui n'avait plus paru que l'ombre de lui-même depuis le traité de Verdun, fut attaqué d'une maladie mortelle dans le courant de l'année 855 : il abdiqua, prit l'habit monastique au couvent de Prüm dans les Ardennes, et y mourut le 29 septembre, après avoir partagé son royaume entre ses trois fils, suivant un plan dès longtemps arrêté. L'aîné, Lodewig II, déjà associé à l'Empire, eut l'Italie ; le second, Lother II, eut l'Austrasie, qui prit dès lors le nom de *royaume de Lother* ou *royaume du fils de Lother*, en tudesque *Lother-rike* ou *Lother-ing-rike*, en latin *Lotharingia* ou *Lotharii-regnum*, d'où l'on a fait Lotherrègne, Loheraine, Lorraine ; le plus jeune des trois frères, Karle, reçut la Provence, de la mer à l'Isère, le « duché de Lyon » qui allait de l'Isère jusqu'au delà de Mâcon, la Burgondie cis-jurane (Franche-Comté), Genève, Vaud et le Valais. Ce partage, du moins, n'était point arbitraire, et les mœurs, les langues, la position géographique, en avaient déterminé les lignes générales. L'esprit de dissolution et de démembrement était plus dominant encore dans les deux nouveaux royaumes de la Gaule-Orientale que dans le royaume de Karle ; mais leur situation les avait jusqu'alors à peu près garantis des calamités venues du dehors.

Les Normands continuaient, dans les régions de l'ouest, leurs sinistres exploits. Ceux de la Loire avaient saccagé Blois en 854 ; ceux de la Garonne s'étaient réinstallés dans Bordeaux désert : leurs victimes commencèrent cependant à reprendre quelque espoir, lorsqu'on reconnut qu'il n'était pas impossible de les diviser. Sydrok, qui avait commandé avec Godefrid la flotte de la Seine, en 853, vendit son alliance, en 855, au roi de Bretagne, Hérispoé, contre les bandes cantonnées à Nantes, et les assiégea dans l'île de Bière près Nantes, pour le compte des Bretons ; mais les assiégés achetèrent la retraite de Sydrok, qui laissa là ses alliés chrétiens et s'en alla de la Loire dans la Seine, où il fut renforcé par Biœrn Côte-de-Fer, autre puissant « roi de mer ». Cette fois, les Barbares rencontrèrent une sérieuse résistance, et Karle le Chauve, après tant de revers, obtint enfin un succès : il battit les Normands avec un grand carnage dans la forêt du Perche, et les obligea de regagner leurs vaisseaux au plus vite. Les Normands de la Loire furent également défaits par les Aquitains en voulant surprendre Poitiers.

La Gaule avait certes encore plus de forces qu'il n'en fallait pour se débarrasser des brigands qui la désolaient ; mais ses plus cruels ennemis étaient ses propres enfants, et les troubles politiques de l'Aquitaine et de Neustrie firent perdre tout le fruit des avantages qu'on venait de remporter. Le gouvernement du roi Karle passait incessamment de la faiblesse à la violence, chose inévitable dans un temps où toute administration un peu régulière était devenue impossible : les Aquitains, irrités de ce qu'il prétendait les régir au nom de son fils, recommencèrent leurs insurrections au nom du renégat Peppin ; les Neustriens conspiraient de leur côté et correspondaient avec le roi de Germanie ; le malheureux Karle, priant, s'humiliant, menaçant tour à tour, ne rencontrait partout que résistance et que complots.

Les païens en profitèrent : en avril 856, ils parvinrent jusqu'à Orléans et le pillèrent ; en 857, ils traitèrent de même Chartres ; Peppin les aida à s'emparer de Poitiers. Biœrn, qui avait reformé sa flotte, était rentré dans la Seine au mois d'août 856, passa l'automne à dévaster le pays de la basse Seine, prit tranquillement ses quartiers d'hiver à la Fosse-Ghiwald, et, au printemps suivant, s'avança vers Paris sans obstacle : la basilique de Sainte-Geneviève, déjà pillée en 845, fut réduite en cendres ; ce monument de la dévotion de la grande reine Chlothilde, orné de fresques et de mosaïques à l'intérieur et à l'extérieur[1], n'était pas inférieur en magnificence à Saint-Germain-des-Prés. Saint-Germain, cruellement saccagé lors du sac de 845, échappa du moins aux flammes, ainsi que la cathédrale ; les moines de Saint-Germain et de Saint-Denis rachetèrent leurs monastères « moyennant beaucoup de sous d'argent ; » l'île de la Cité et les entrepôts des commerçants de la Seine furent livrés au pillage. « La Seine, dit un contemporain, Hildegher, évêque de Meaux, roulait à la mer d'innombrables cadavres chrétiens ; les îles du fleuve sont toutes blanches des os des captifs morts entre les mains des Normands. » Durant plus d'un an, ils firent « leur vouloir » dans toute la contrée : Karle eut beau gagner le chef Biœrn, et l'amener à se reconnaître son vassal ; les autres n'en tinrent compte ; ils prirent l'abbé de Saint-Denis, petit-fils de Charlemagne, et le roi fut réduit à mettre un impôt sur tous les évêques, abbés, comtes et autres vassaux, pour payer l'énorme rançon de son cousin ; on pense bien que tous ceux qui pouvaient refuser l'impôt ne manquaient pas de le faire.

Karle ne recevait que de funestes nouvelles ; il s'était rapproché du roi des Bretons ; il avait fiancé son fils aîné Lodewig (Louis le Bègue) à la fille de Hérispoé, en investissant cet enfant du duché du Mans. Hérispoé fut assassiné par son cousin germain Salaun ou Salomon, qui monta par ce crime au trône de Bretagne, et les comtes d'entre Seine et Loire, d'accord avec Salomon, chassèrent le fils du roi Karle. En Aquitaine, Peppin était toujours à la tête d'un parti composé de tout ce qu'il y avait de bandits et de pillards sans foi ni loi : Karle céda aux circonstances, tâcha d'apaiser les rebelles par des concessions, traita derechef avec Peppin, et lui octroya « des comtés et des monastères ; » il parvint ainsi à réunir une nombreuse armée neustro-aquitanique, à laquelle se réunit le jeune Lother, roi d'Austrasie : on arma sur la Seine une multitude de bateaux et l'on assiégea les Normands par terre et par eau dans leur quartier général, qui était l'île d'Oissel, près de Pistes ou Pistres, à peu de distance de Pont-de-l'Arche. La trahison des seigneurs neustriens sauva les Barbares ; ils avaient invité secrètement le roi de Germanie à envahir les États de son frère, et, au

---

1. *Histor. des Gaules*, etc. t. VII, p. 72.

milieu du siége, on apprit tout à coup que Lodewig-le-Germanique traversait l'Austrasie et s'avançait vers les bords de l'Aisne et de la Marne. L'armée se sépara en désordre (fin de septembre 858); Lother II retourna en Austrasie, et les bateaux de siége tombèrent au pouvoir des païens. Karle, en butte à une défection presque universelle de la part des seigneurs neustriens, se retira dans la Burgondie neustrienne (le duché de Bourgogne), qui seule lui restait fidèle, et Lodewig-le-Germanique reçut les serments des comtes, des bénéficiaires et de quelques prélats, pendant que le pauvre peuple d'entre Seine et Loire, livré au désespoir par la révolution qui avait sauvé les brigands du Nord, se soulevait tumultueusement, et s'efforçait de s'affranchir par ses propres mains. « Les Danois de la Seine » n'écrasèrent que trop facilement cette multitude inaguerrie de serfs et de colons (*Annal. St-Bertin.*) (859).

Karle recouvra ses États aussi vite qu'il les avait perdus : les seigneurs neustriens n'étaient pas sans griefs légitimes contre lui; « personne, disaient-ils, n'a plus foi dans ses promesses et ses serments; » (*Annal. Fuldenses*); mais Karle eût pu leur renvoyer l'accusation avec au moins autant de justice. Quoi qu'il en soit, dès qu'ils eurent vu Lodewig et ses Germains, la plupart n'en voulurent plus : ils engagèrent ce prince à renvoyer ses milices tudesques; puis quand « le Germanique » eut donné dans le piége, ils l'abandonnèrent et se retournèrent vers Karle; Lodewig, au commencement de 859, fut réduit à évacuer la Neustrie au plus vite. Hinkmar, archevêque de Reims, qui était alors, par son caractère et son influence, le véritable chef de l'Église neustrienne, avait retenu la plupart des évêques dans le parti de Karle, et les prélats assemblés à Kiersi avaient refusé de rendre hommage à Lodewig, excommuniant les agresseurs, proclamant le droit de Karle, et déclarant d'ailleurs « que les mains qui consacraient le corps et le sang du Christ ne devaient pas servir à un serment de vassalité. » La fameuse querelle des *investitures* était là en germe : Hinkmar et les évêques un peu éclairés voyaient avec effroi la tendance du régime bénéficiaire ou féodal à absorber les dignités cléricales dans son sein : ils voulaient bien que l'évêque ou l'abbé élu jurât fidélité au roi sur les livres saints, mais non pas qu'il s'agenouillât devant lui et mit les mains dans les siennes, selon la formule de la vassalité.

Hinkmar, au milieu des calamités universelles, faisait de grands efforts pour rendre à l'épiscopat la force et la prépondérance de l'époque précédente : le concile gallican de juin 859 montra que l'opinion qu'on avait des droits de l'épiscopat ne diminuait pas, bien que le fait fût rarement d'accord avec le droit. Les évêques des royaumes de Karle le Chauve et de ses neveux Lother d'Austrasie et Karle de Provence s'étant assemblés à Savonnières, près Toul, Karle leur porta plainte contre Wénilo, archevêque de Sens, qui avait soutenu activement la faction de Lodewig. « Consacré et oint du saint chrême, dit-il, je ne pouvais être renversé du trône ni supplanté par personne, *du moins sans avoir été entendu et jugé par les évêques qui m'ont consacré roi.* » Wénilo parvint à prévenir le jugement de ses confrères en se réconciliant avec le roi.

Les Normands n'avaient pas manqué de tirer parti des troubles de la France. Un seul des fleuves du Nord, la Somme, avait été jusqu'alors négligé par eux : cette rivière marécageuse ne les attirait pas comme les larges et magnifiques embouchures de la Seine, de la Loire et de la Gironde ; mais ils surent qu'il y avait là aussi de riches abbayes à piller, et une nombreuse flotte, arrivée du Nord sous le « roi de mer » Weeland, pénétra dans la Somme en 859 : Saint-Valeri, Saint-Riquier et la ville d'Amiens furent dévastés par le fer et le feu. Les Normands de la Seine allèrent de leur côté à Noyon par l'Oise, prirent et emmenèrent captifs l'évêque et une foule de clercs et de laïques, et tuèrent, chemin faisant, ceux dont ils ne pouvaient espérer de bonnes rançons. Une autre flotte, qui avait tourné l'Espagne, pillé les côtes lusitaniques et andalouses, et pénétré jusqu'à Séville, vint s'établir dans l'île de la Camargue, et, en 860, ravagea les deux bords du Rhône, jusqu'à Valence : repoussée par Gérard de Roussillon, elle quitta la Provence pour aller saccager Pise et d'autres villes maritimes d'Italie. La famine et les maladies contagieuses suivaient partout les horribles dévastations qui anéantissaient

---

1. Baluze, *Capitular.* t. II, col. 133.

l'agriculture et le commerce, et la nature même semblait conjurée avec les Normands pour la ruine de la Gaule : des hivers terribles, des tremblements de terre, des phénomènes sinistres achevaient de désoler les populations.

Karle le Chauve essaya de mettre les païens aux prises entre eux : il promit 3,000 livres pesant d'argent aux Danois de la Somme, à condition qu'ils expulseraient les Danois de la Seine ; mais, bien qu'on eût taxé toutes les églises, tous les manoirs ou manses, tous les marchands, on fut plus d'un an avant de réunir les 3,000 livres : les pauvres ne pouvaient, les riches ne voulaient pas payer ; mais ils ne voulaient pas davantage se battre, tant que le péril ne menaçait pas personnellement chacun d'eux. Les Normands de la Somme reçurent des otages en garantie du traité, firent une expédition malheureuse en Angleterre, et revinrent, au commencement de 861, sur la côte de Ponthieu : las d'attendre l'argent promis, ils incendièrent Térouenne et l'abbaye de Saint-Bertin ; Karle ne leur en compta pas moins les 3,000 livres, et ils firent voile alors pour l'embouchure de la Seine. Les Normands de la Seine, le jour de Pâques 861, étaient rentrés à Paris et avaient brûlé la Cité et l'abbaye de Saint-Germain ; puis ils étaient retournés à leur camp retranché de l'île d'Oissel : Weeland et ses compagnons les y bloquèrent avec plus de deux cent soixante voiles ; après une longue résistance, les assiégés, mourant de faim, se résolurent à sacrifier leur butin pour sauver leur vie, et livrèrent aux guerriers de Weeland 6,000 livres d'argent[1], fruit de cinq années d'immenses ravages. Assiégés et assiégeants descendirent ensemble le fleuve ; mais, arrivés à son embouchure, ils déclarèrent que l'approche de l'hiver ne leur permettait pas de reprendre la mer : ils rentrèrent dans la Seine, et s'établirent en quartier d'hiver dans les ports du fleuve jusqu'à Paris, Saint-Maur-des-Fossés et Melun (*Ann. Saint-Bertin*).

Karle n'essaya point de chasser les Normands. Lui qui n'était pas capable de défendre ses propres États, projetait en ce moment d'envahir ceux d'un de ses neveux, du roi de Provence : les seigneurs provençaux, moins par mécontentement contre

---

1. Moins de 650,000 francs de notre monnaie. On ne comprend pas la faiblesse de cette somme ?

leur roi Karle, jeune homme maladif et inerte, que par jalousie contre le duc Gérard, qui gouvernait sous son nom, appelaient le roi de Neustrie ; Karle le Chauve y alla suivi de quelques milices réunies par l'espoir du pillage, et laissa la garde de la Neustrie à son fils Lodewig, au duc Adelhard, oncle de sa femme, et à un brave capitaine qui avait quelque temps figuré parmi les comtes factieux de la Marche de Bretagne, mais qui avait récemment abandonné l'alliance de Peppin et de Salomon pour rendre son hommage et son épée au roi : « Karle, disent les *Annales de Metz*, confia le duché d'entre Seine et Loire au comte Rotbert (Robert), » qui était, dit-on, issu de race saxonne, et avait pour père « un certain Witikind, étranger venu de Germanie [1] ». Ce duché devait être le berceau du royaume de France ; cet homme devait être le père de la dynastie capétienne, si longtemps l'instrument et l'expression de la nationalité française [2].

L'expédition de Karle le Chauve contre son neveu n'eut aucun succès : le duc Gérard le força promptement à la retraite. L'année 862 s'ouvrit mal pour lui : il apprit tout à coup la révolte de ses deux fils Lodewig et Karle, coalisés avec Salomon de Bretagne, et la fuite de sa fille Judith, qui, veuve de deux rois anglo-saxons, se donna, malgré son père, à Baldwin ou Baudouin, comte de Flandre, fondateur de la célèbre maison de Flandre [3]. En même temps, les Normands se remettaient en campagne : les anciennes bandes d'Oissel, qui hivernaient à Saint-Maur, remontèrent la Marne, envahirent les cantons boisés de

---

[1]. Aimoin. — Richer. *Histor*. l. I, c. v. — Tous deux écrivaient à la fin du dixième siècle.

[2]. Les chroniqueurs appellent Robert comte ou marquis d'Anjou, parce qu'il résidait ordinairement à Angers, pour faire face aux Bretons et aux Normands de la Loire. On a voulu faire de lui un fils du héros saxon Witikind, ce que l'examen des dates rend très-invraisemblable ; il eût pu, à la rigueur, être son petit-fils ; mais rien n'établit l'identité du Witikind mentionné par Richer avec l'illustre guerrier de ce nom. D'autres ont pensé que Robert le Fort, au lieu de venir « de Germanie », était issu de la colonie saxonne de Bayeux ; le poëte Abbon, moine de Saint-Germain-des-Prés, qui écrivait à la fin du neuvième siècle, appelle Eudes, fils de Robert, un « Neustrien », ce qui favoriserait cette dernière opinion.

[3]. Karle se réconcilia avec sa fille et Baudouin par l'entremise du pape, et agrandit même le comté de Baudouin, qui commanda dans tout le pays entre l'Escaut et la Somme (Flandre, Artois, et portion de la Picardie). Il défendit courageusement la Flandre contre les Normands. Le comté de Flandre porta d'abord le titre caractéristique de *forestier*.

la Brie et pillèrent Meaux. Karle montra cette fois quelque vigueur : il accourut de Senlis, barra la Marne en y jetant un pont à la hâte près de l'île de Tribaldou (Trillebardou), et ferma le retour aux païens. Les Normands capitulèrent, rendirent tous les captifs qu'ils avaient faits depuis leur entrée dans la Marne, et s'obligèrent à décider tous leurs compatriotes à se rembarquer : le traité fut exécuté ; les « rois de mer » quittèrent enfin la Seine, et même le principal d'entre eux, Weeland, fut amené à recevoir le baptême et à se fixer parmi les vassaux de Karle le Chauve. Ces exemples de pirates se faisant chrétiens, quand ils étaient las de courir les aventures, n'étaient pas rares.

Une grande partie des Normands s'en allèrent vers la Bretagne, et quelques-uns se mirent au service de Salomon contre les Franks ; d'autres, plus nombreux, au service du comte Robert contre Salomon. Robert, dit *le Fort* ou *le Vaillant,* commençait enfin à organiser la résistance dans le Maine et l'Anjou ; le roi Karle essayait d'en faire autant sur la Seine : il convoqua tous les grands de son royaume pour l'aider à construire des fortifications et à barrer la Seine au confluent de ce fleuve avec l'Eure et l'Andelle, près de Pistes et de l'île d'Oissel. Le capitulaire de l'assemblée de Pistes prescrivit aux comtes et aux vassaux du roi de réparer les anciens châteaux et d'en bâtir de nouveaux : tous les petits seigneurs travaillèrent à se fortifier ; mais beaucoup le firent dans des intentions si équivoques, que, deux ans après (en 864), un autre capitulaire enjoignit la démolition des châteaux, des *fertés* et même des *haies* établis sans l'ordre exprès du roi, « parce que les voisins en souffraient grandes vexations et pilleries ».

Les avantages remportés par le brave comte Robert sur les Bretons et sur les seigneurs révoltés de la Marche bretonne amenèrent pour un moment la pacification de l'Ouest : les deux fils rebelles se soumirent à Karle le Chauve, qui retint à sa cour le jeune roi d'Aquitaine, afin que les Aquitains ne s'en fissent plus un instrument ; Salomon traita avec le roi, se rendit près de lui au monastère d'Entrames (*inter-amnes*), dans le Maine, se reconnut son vassal et lui paya même le tribut (*censum*) de la Bretagne, suivant l'ancienne coutume (ce tribut était de 50 livres d'argent) ; mais ce fut au prix d'une nouvelle concession territoriale que le roi frank recouvra ainsi quelques-uns des droits de la suzeraineté : les Bretons étaient restés maîtres de la partie du Bas-Maine et de l'Anjou à l'ouest de la Mayenne ; Karle donna de plus en bénéfice à Salomon une portion du pays « d'entre deux eaux », c'est-à-dire entre la Mayenne et la Sarthe, avec l'abbaye de Saint-Aubin d'Angers. Presque toutes les abbayes étaient ainsi occupées par des laïques : le roi en garda pour son compte un bon nombre, entre autres Saint-Waast d'Arras, Saint-Quentin en Vermandois, et, plus tard, Saint-Denis ; il octroya Saint-Martin de Tours à son fils Lodewig-le-Bègue, puis au comte Robert.

Tandis que la Neustrie respirait un instant, l'Aquitaine était plus déchirée que jamais : Humfrid, marquis de Gothie, reprenant la trace du fameux Bernhard, travaillait non-seulement à se rendre indépendant, mais à étendre sa domination hors des bornes de la Septimanie : il gagna les Toulousains, « accoutumés aux factions et habitués à chasser leurs comtes », dit l'annaliste de Saint-Bertin, et il expulsa de la ville et du duché de Toulouse le comte ou duc Raimond (*Reimundus, Regimundus*), frère et successeur de Fridelo. Il y avait alors en Aquitaine, sans compter la Gascogne, deux comtés principaux ou duchés, dont les comtes se disputaient le titre de duc d'Aquitaine : c'étaient les comtés de Poitiers et de Toulouse ; du comté de Toulouse dépendaient l'Albigeois, le Querci et le Rouergue.

Humfrid au moins sut défendre la cité qu'il avait usurpée, lorsque Peppin, l'an d'après (864), vint assiéger de nouveau Toulouse à la tête des Normands. Ces barbares n'avaient évacué la Seine que pour porter au midi de la Loire leur activité dévastatrice : ils brûlèrent l'église de Saint-Hilaire, rançonnèrent Poitiers, à peine remis d'un premier pillage, et eurent l'audace de s'aventurer jusqu'en Auvergne ; Clermont fut livré aux flammes. A la suite de ces incursions, ces mêmes Normands ou d'autres bandes assaillirent Toulouse sans succès. Ce fut le dernier exploit de Peppin-*l'Apostat* : il tomba dans une embuscade que lui avait dressée Ramnulfe, comte de Poitiers et chef du parti de Karle-le-Chauve en Aquitaine. On l'envoya captif à Pistes : « les grands du royaume et généralement toute l'assemblée le condamnèrent à mort comme traître à la patrie et à la chrétienté » ; Karle n'exécuta point la sentence, mais resserra Peppin dans une étroite prison à Senlis, où il termina bientôt après son orageuse et fatale carrière. Sur ces entrefaites, l'autre adversaire de Karle dans le Midi, le marquis Humfrid, quittant volontairement l'objet de son ambition, qu'il venait d'atteindre, partit pour l'Italie, et ne reparut plus, enseveli peut-être au fond de quelque monastère. Raimond recouvra le comté de Toulouse : la Septimanie, gardant exclusivement le titre de marquisat de Gothie, fut séparée de la Marche d'Espagne ; leur réunion constituait une puissance trop redoutable à la couronne.

Le « royaume de Lother », en 864, avait payé tribut aux pirates qui infestaient le Rhin et la Meuse : Lother II avait mis à cet effet un impôt de quatre deniers sur chaque manse, sans parler des réquisitions de vivres. C'était là qu'était descendue l'héroïque Austrasie, la dominatrice des nations. La Neustrie n'eut pas longtemps à se réjouir de l'éloignement des pirates, qui, du reste, n'avaient jamais quitté la Loire : en 865, les Normands de la Loire remontèrent le fleuve jusqu'à l'abbaye de Fleuri ou Saint-Benoît-sur-Loire, la brûlèrent, se rabattirent sur Orléans, qu'ils incendièrent également, sauf l'église Sainte-Croix, et regagnèrent impunément leur station ; après quoi ils retournèrent pour la troisième fois à Poitiers. Une autre flottille, forte seulement de cinquante navires, rentrant dans la Seine, força ou tourna le barrage de Pistes, se ressaisit du cours de la Seine jusqu'à Paris, s'empara de l'abbaye de Saint-Denis jusqu'alors demeurée intacte, et la pilla tout à son aise trois semaines durant (octobre 865), pendant que le roi était allé conférer à Cologne avec son frère le Germanique. Les païens se cantonnèrent près de neuf mois dans l'île Saint-Denis. Le Mans, pendant ce temps, était saccagé par les Normands de la Loire, joints à des bandits bretons qui prenaient l'habitude de s'associer aux païens. Les succès des Barbares étaient pourtant un peu plus contestés que par le passé. Robert-le-Fort, le comte du Mans, et d'autres chefs neustriens et aquitains, avec de petits corps de braves aventuriers, tenaient la campagne contre les païens, et réussissaient quelquefois à exterminer les détachements qui se hasardaient dans l'intérieur des terres. Parfois aussi leur courage ne pouvait prévaloir sur l'indiscipline et la démoralisation des milices féodales ou bénéficiaires, auxquelles ils étaient obligés d'avoir recours; ainsi Robert-le-Fort, au commencement de 866, fut entraîné dans la déroute des *scares* royales qu'il avait menées contre les Normands de la Seine arrivés jusqu'à Melun. Cet échec détermina Karle à acheter de nouveau la retraite de l'ennemi 4,000 livres d'argent, au moyen d'un *hériban :* l'impôt de guerre, fondé par *Charlemagne,* servait à solder les dévastateurs de son Empire. Tout le monde fut taxé, libres et non libres, clercs et laïques; on s'obligea de rendre aux Normands les serfs qu'ils avaient pris et qui s'étaient échappés de leurs mains, ou, sinon, de les leur racheter « à leur plaisir », et l'on paya le *wehreghild* pour chaque Normand tué depuis la conclusion du pacte. (*Annal. S. Bert.*) Ce traité surpassait en ignominie tout ce qu'on avait vu jusque-là.

Cette honte fut suivie d'un grand malheur, la mort de Robert-le-Fort, le seul guerrier de cette triste époque dont le nom soit parvenu avec honneur à la postérité : une troupe de 400 Normands et Bretons, conduits par le fameux roi de mer Hasting, étaient partis des bords de la Loire pour piller de nouveau le Mans; Robert se trouvait à peu de distance avec les comtes de Poitiers et du Mans: ils rassemblèrent à la hâte un gros de gens de guerre, arrivèrent trop tard pour sauver le Mans, mais atteignirent les pillards à Brisserte (*Bria-Sartæ*, Pont-sur-Sarthe), à cinq lieues d'Angers. Hasting se jeta aussitôt, avec la plupart des siens, dans l'église de ce village, « qui était grande et construite en pierre »; les capitaines franks passèrent au fil de l'épée tout ce qu'ils trouvèrent hors de la « basilique », et, « voyant que ce lieu était fort », ils plantèrent leurs tentes alentour, afin d'attaquer l'église le lendemain avec des machines de guerre. Le soleil se couchait; Robert, accablé de chaleur, avait ôté son casque et sa cotte de maille pour se rafraîchir, lorsque tout à coup les Normands s'élancèrent hors de leur asile, et se ruèrent à grands cris sur Robert et ses compagnons. Les Franks coururent aux armes et repoussèrent l'ennemi; mais Robert, en poursuivant les païens et en combattant la tête et la poitrine découvertes, fut tué sur le seuil même de l'église. « L'armée, ayant perdu son chef, se dispersa, remplie de deuil, et les Normands triomphants regagnèrent leur flotte ». Ce Robert, disent les *Annales de Metz et de Fulde*, fut le Machabée de notre temps. L'annaliste de Saint-Bertin[1], moins sensible aux *gestes* héroïques de Robert, prétend que lui et Ramnulfe furent punis du ciel, parce qu'ils retenaient, quoique laïques, les abbayes de Saint-Martin de Tours et de Saint-Hilaire de Poitiers. Robert-le-Fort laissa deux fils en bas âge, Ode ou Eudes et Robert. « Ils étaient trop jeunes, disent les chroniques, pour que le duché de leur père leur fût confié » : le roi octroya à son cousin Hughe ou Hugues, clerc-soldat, les comtés d'Angers et de Tours, l'abbaye de Saint-Martin et les autres bénéfices qu'avait eus Robert.

Les Bretons profitèrent de la mort de leur redoutable adversaire, et, l'an d'après (867), Karle, pour obtenir de Salomon le renouvellement de son serment de fidélité, fut obligé de lui octroyer en bénéfice le comté de Coutances avec tous les droits de la couronne sur le Cotentin, sauf la nomination à l'évêché : la Bretagne s'élargissait incessamment et menaçait d'envahir tout l'ouest. Karle reconnut à Salomon le titre de roi comme à son devancier Hérispoé, et lui envoya les ornements royaux. Salomon, satisfait des avantages qu'on lui faisait, eût voulu s'unir à son suzerain dans l'intérêt commun, pour exterminer les brigands qui dépeuplaient le comté de Nantes aussi bien que l'Anjou et le Maine : il demanda la coopération de Karle, qui envoya un corps de troupes commandé par un de ses fils, Karloman, « diacre et abbé ». Karloman, presque enfant encore, était un bandit déterminé, plus disposé à suivre l'exemple de son cousin Peppin que de Robert-le-Fort : lui et ses soldats pillèrent le pays ami et ne voulurent pas marcher à l'ennemi; il fallut les rappeler et abandonner l'entreprise (868).

En Aquitaine, la désorganisation était plus grande encore : les comtes se faisaient entre eux des guerres acharnées; quand le roi voulait destituer l'un d'eux et le remplacer, l'ex-comte se maintenait de vive force, comme il arriva à Bourges : les hommes du comte Gérard, destitué par le roi, mirent le feu à la maison

---

1. Les *Annales frankes*, dites de *Saint-Bertin*, parce qu'elles furent trouvées dans ce couvent, sont attribuées pour la plus grande partie au célèbre Hinkmar.

où était le nouveau comte, Acfrid, lui coupèrent la tête et jetèrent son corps dans les flammes; Gérard resta maître du comté. Le roi titulaire d'Aquitaine n'était plus le jeune Karle, mais son frère Lodewig ou Louis le Bègue : Karle était mort à la fin de septembre 866. Karle le Chauve avait perdu en peu de temps trois de ses fils; la mort moissonnait la famille carolingienne; Karle, roi de Provence, épileptique et impuissant, avait terminé dès l'an 863 sa languissante existence, et son royaume avait été partagé entre ses deux frères, l'empereur d'Italie et le roi du Lotherrègne. La race des Peppin et des Karle s'énervait et s'étiolait, presque comme avait fait celle de Chlodowig.

Lother II mourut à son tour le 8 août 869 : aussi nul comme souverain que le roi de Provence, ses passions privées et ses malheurs domestiques ont rendu son nom moins ignoré, mais non plus glorieux que celui de son frère Karle; il avait épousé, en 856, Teutberghe, fille d'un puissant comte burgondien, dont l'appui lui était alors nécessaire; mais cette alliance politique n'avait pu effacer de son cœur un violent amour conçu avant son mariage pour une jeune fille nommée Waldrade, qui appartenait à la plus illustre famille d'Austrasie, et qui avait un frère et un oncle sur les deux sièges métropolitains de Cologne et de Trèves. Teutberghe devint insupportable à Lother, et le divorce fut bientôt l'objet de tous les vœux du roi; mais le temps n'était plus où les princes franks nouaient et dénouaient le lien conjugal au gré de leurs caprices ou de leurs intérêts : l'Église tenait désormais suspendues sur la tête des rois l'excommunication et les pénitences canoniques, qui pouvaient faire tomber la couronne d'un front royal; l'adultère et l'attentat à la vie du mari étaient à peu près les seuls cas de divorce admis par l'Église, et non pas même sans contestation; car il y avait des partisans de l'indissolubilité absolue du mariage (entre autres Hinkmar). Il fallait à Lother un prétexte de divorce : dès 857, Teutberghe fut accusée d'inceste avec son frère; il y a de telles obscurités dans cet étrange débat, qu'on ne saurait affirmer avec une certitude absolue l'innocence de cette reine; néanmoins toutes les circonstances du procès, et la coïncidence de l'accusation avec le besoin qu'avait Lother de trouver sa femme coupable, la firent considérer assez généralement comme la victime innocente d'un odieux complot. Teutberghe se justifia par l'épreuve de l'eau chaude, qu'elle subit, non en personne, mais par procuration : l'absurde système des épreuves, soutenu par l'archevêque de Reims Hinkmar, et par d'autres théologiens, avait prévalu, malgré l'opposition de l'illustre Agobard. Le champion de la reine retira sa main sans brûlure du vase d'eau bouillante, grâce à quelque préservatif dont on usait en pareil cas, et Lother fut obligé de reprendre sa femme ; mais il ne tarda pas à protester contre la fraude employée dans l'épreuve, et il traita la reine si durement, que, peu de mois après, elle se laissa extorquer l'aveu de son crime supposé et consentit à prendre le voile. Les évêques lorrains, réunis à Aix et dirigés par les deux métropolitains de Cologne et de Trèves, condamnèrent Teutberghe à la pénitence publique, et autorisèrent Lother à épouser Waldrade. Teutberghe s'échappa de son couvent, se mit sous la protection de Karle le Chauve, et appela au pape, à qui Lother, de son côté, avait fait part de ce qui s'était passé. Le pape envoya deux légats : ceux-ci, gagnés par les présents de Lother, approuvèrent la sentence du concile d'Aix-la-Chapelle, confirmée dans un autre concile à Metz (863).

« Mais en ce temps-là était assis sur le siége de Rome un moine de mœurs sévères, d'un caractère ardent, d'un esprit inflexible, qui ne s'était décidé qu'à grand'peine à sortir de son cloître pour devenir pape, et qui, une fois pape, voulut régner et régna en effet sur la chrétienté[1] ». Nicolas Ier, averti par la clameur publique et surtout par les évêques neustriens, qui, de même que leur roi, soutenaient Teutberghe, prit une résolution d'une audace extrême: sans convoquer de concile général ni même de concile gallican, il fit casser les canons du concile de Metz et déposer les archevêques de Trèves et de Cologne par des évêques italiens réunis au palais de Latran. La papauté n'avait encore rien tenté de si hardi: c'était le renversement de la discipline ecclésiastique tout entière au profit d'un despotisme tout nouveau, mais l'occasion était bien choisie : l'opinion générale ratifia une usurpation qui agissait au nom de la justice et de la morale chrétienne. Les évêques

---

1. Guizot, *Hist. de la civilisation en France*, t. II, p. 316.

gaulois ne surent pas défendre leurs droits et attaquer la forme de la sentence papale tout en approuvant le fond : malgré la résistance très-énergique des archevêques déposés et les violences de l'empereur, qui avait pris parti pour son frère et pour Waldrade, Nicolas triompha complétement. Lother ne sut ni résister ni se soumettre : il rendit les honneurs royaux à Teutberghe, et jura de renoncer à Waldrade; puis il renoua son commerce avec elle, et ils se laissèrent excommunier tous deux plutôt que de se séparer. Lother fit tout au monde pour obtenir l'absolution, sans pouvoir se décider à rompre avec sa maîtresse. Enfin, en 869, Nicolas Ier étant mort, Lother alla à Rome réclamer la levée de l'excommunication : le pape Adrien II lui donna la communion de sa propre main, mais après lui avoir présenté l'hostie comme une espèce d'épreuve, et lui avoir fait jurer qu'il n'avait point commis d'adultère avec sa concubine depuis l'arrêt du pape Nicolas; les seigneurs qui accompagnaient le roi jurèrent pour leur compte qu'ils n'avaient point communiqué depuis cette même époque avec l'excommuniée Waldrade. Roi et seigneurs se parjuraient également. Lother mourut peu de jours après, d'une maladie prompte et violente, et tous ceux de ses compagnons qui avaient communié en même temps que lui moururent dans l'année (*Annal. Metenses*). La multitude prit pour un châtiment de leur parjure cette catastrophe, qui soulève de terribles soupçons contre la cour de Rome. Il est difficile de savoir jusqu'à quel point la doctrine insensée des épreuves pouvait pervertir les esprits. « L'attente d'un miracle, dit un historien (M. de Sismondi), rendait indifférent à la conscience du prêtre que la chose présentée (à la personne qui subissait l'épreuve) fût salubre ou mortelle[1]. »

L'héritage de Lother était dévolu par les traités au survivant

1. Le divorce de Lother ne fut pas la seule grande affaire de ce temps où éclatèrent les rapides progrès de la papauté, qui grandissait à mesure que la dissolution sociale affaiblissait l'épiscopat gaulois. Nicolas I, qui fut le vrai fondateur de la monarchie papale et le précurseur de Grégoire VII, intervenait dans les démêlés des métropolitains et de leurs suffragants, des évêques et de leurs clercs, et s'efforçait de rendre, non pas seulement sa suprématie, mais sa royauté spirituelle, partout présente. Ainsi, l'archevêque Hinkmar ayant fait suspendre, puis déposer injustement l'évêque de Soissons, Rothade, d'abord par un concile provincial, puis par le concile du royaume de Karle le Chauve (861-862), Nicolas reçut l'ap-

des trois fils de Lother Ier, à l'empereur Lodewig II, les enfants de Waldrade étant réputés illégitimes ; mais les oncles de l'héritier légitime n'étaient pas gens à s'arrêter devant leurs serments. Karle le Chauve se trouva le plus tôt prêt, Lodewig-le-Germanique étant retenu par ses interminables guerres contre les Slaves. Karle entra sur-le-champ dans le royaume de Lother ; les *Loherains* (Lorrains) ou *Lotharingiens* étaient divisés en deux partis, dont l'un tenait pour Karle et la France gauloise (*welche*), l'autre pour le roi de Germanie et la France teutonique ; personne ne se souciait de l'empereur : les Lorrains n'avaient nul intérêt commun avec l'Italie. La présence de Karle donna l'avantage à ses partisans, et l'évêque de Metz le sacra roi de *Lotherrègne* dans la basilique de Saint-Étienne de Metz (9 septembre 869) ; les évêques de Toul, de Verdun et de Tongres ou de Liége s'étaient aussi déclarés pour lui : il est remarquable que ce soient précisément les quatre diocèses du nord-est de la Gaule où la langue française l'emporta sur l'allemand. La ville impériale de Charlemagne, Aix-la-Chapelle, reçut ensuite Karle le Chauve sans résistance, et il prit possession de la royauté lorraine en faisant sa « chasse d'automne » dans la forêt des Ardennes ; le droit exclusif de chasse dans les forêts royales était encore pour les rois franks le plus précieux des droits de la couronne.

Karle ne jouit pas longtemps en repos de ses nouveaux domaines ; il reçut un triple message du pape Adrien II, de l'empereur et du roi de Germanie : l'empereur, dont toutes les forces étaient employées à une lutte terrible contre les Sarrasins dans le Bénéventin et la Pouille, se bornait à réclamer amiablement ses droits ; le pape, prenant un ton plus haut, signifiait aux grands et aux évêques que quiconque favoriserait l'invasion de l'héritage de l'empereur, « son fils spirituel, » serait chargé des liens de l'ana-

---

pel de Rothade, réhabilita cet évêque dans un concile italien, et le fit réinstaller à Soissons par un légat (865). Hinkmar, homme à la fois très orgueilleux, très habile et très opiniâtre, n'osa cependant pas soutenir ouvertement une lutte dans laquelle la masse des évêques gaulois ne l'eût point appuyé, et il céda. Il fut encore obligé de plier dans un autre débat et de réhabiliter des clercs de son diocèse qu'il avait dégradés, indûment suivant le pape. La force morale passait du côté d'un pouvoir usurpateur, qui avait tort dans la forme et raison quant au but. Encore la croyance aux *Fausses Décrétales*, de plus en plus répandue, empêchait-elle de contester la forme comme on l'eût dû faire.

thème, séparé du royaume de Dieu, et «envoyé avec le chef de tous les impies, avec le Diable[1];» enfin le roi de Germanie enjoignait à Karle de sortir au plus tôt d'Aix-la-Chapelle, et d'évacuer entièrement le royaume de Lother, ou, sinon, qu'il marcherait sur-le-champ contre lui. Karle, qui avait paru médiocrement ému des menaces du pape, prit celles de son frère plus au sérieux ; on négocia, et l'on s'entendit aux dépens de l'empereur : le Lother-règne fut partagé entre Karle et le roi de Germanie ; Lodewig-le-Germanique eut presque toute l'Austrasie entre la Meuse et le Rhin, la moitié de la Burgondie cis-jurane (Franche-Comté) et la transjurane ; à Karle échurent les cantons entre la Meuse et l'Escaut, Toul, Verdun, Besançon, le duché de Lyon et Vienne (août 870).

Karle le Chauve n'entra pas sans coup férir en possession de tout son lot ; il lui fallut assiéger Vienne, défendue courageusement par la femme du duc Gérard : la défection d'une partie des petits seigneurs du Viennois contraignit Gérard et sa femme à abandonner Vienne ; ils se retirèrent au midi de l'Isère, sur les terres de l'empereur, qui avait eu la Provence après la mort du jeune Karle, son frère, en 863. Karle donna le gouvernement de Vienne et du Lyonnais à Boses ou Boson (*Boso*), frère de sa seconde femme Rikhilde, personnage destiné à un assez grand rôle.

Le pape cependant continuait à défendre avec un zèle acerbe les intérêts de l'empereur : il avait dépêché de nouveaux légats vers Karle et vers le roi de Germanie, et, dans sa lettre à Karle, il le traitait nettement de parjure et de tyran, lui rappelant le temps où, dépouillé de ses Etats par Lodewig-le-Germanique, il avait lui-même imploré la médiation du saint-siége (en 859) au nom des serments prêtés à Verdun. Il terminait en menaçant de passer bientôt en personne dans la Gaule pour punir ceux qui mépriseraient les préceptes apostoliques. Il écrivit aussi à l'archevêque Hinkmar, qui avait beaucoup d'empire sur Karle, une lettre pleine de reproches et de menaces, et lui enjoignit de «se séparer de la communion du roi Karle, si celui-ci persistait dans sa perfidie.»

---

[1]. *Epist. Hadriani papæ* ; dans les *Histor. des Gaules*, t. VII, p. 446.

Mais la papauté allait trop vite et trop loin; elle dut reculer cette fois : bien qu'Adrien II se présentât comme le gardien de la foi due aux serments, l'opinion publique, qui avait soutenu jadis Grégoire IV en pareil cas, qui avait soutenu récemment encore les entreprises de Nicolas Ier, fit défaut à Adrien; l'ambition des rois, l'indépendance des seigneurs et les tendances nationales des peuples se roidirent également contre les ordres de Rome, et Hinkmar se vengea enfin des concessions qui avaient tant coûté à son orgueil [1].

Le pape sentit le péril, s'arrêta pour ne pas compromettre en un jour un siècle et demi de progrès politiques, et ne franchit point les Alpes; néanmoins il ne put s'empêcher de témoigner sa rancune contre Karle d'une manière qui ne lui fut ni avantageuse ni honorable. Karloman, fils du roi, ayant continué ses excès, et

1. La réponse de Hinkmar, extrêmement modérée et cauteleuse de forme, est d'un puissant intérêt : très respectueux pour son propre compte, il se contente d'exposer les récriminations de gens de guerre du Lotherrègne. « Ils se disent que jamais pareilles préceptions n'ont été envoyées de Rome.... Ils rappellent tout ce que Peppin et Karle ont fait autrefois pour le saint-siège.... Ils disent que les royaumes de ce monde s'acquièrent par la guerre et par la victoire, non par les excommunications de l'*apostoile* (*apostolici*, du pape) et des évêques.... Lorsque je leur fais observer que le Christ a donné à Pierre, à ses successeurs et aux évêques, le pouvoir de lier et de délier : — Défendez donc, répondent-ils, le royaume contre les Normands par vos seules oraisons, et ne réclamez plus notre assistance ! Si vous voulez le secours de nos armes, comme nous voulons celui de vos prières, n'agissez pas à notre détriment, et priez le *seigneur apostoile*, puisqu'il ne peut être roi et évêque tout ensemble, et que ses devanciers ont gouverné jusqu'ici l'ordre ecclésiastique, qui leur appartient, et non l'État (*rempublicam*), qui appartient aux rois, priez-le de ne pas nous imposer un roi qui ne saurait nous défendre de si loin contre les soudaines irruptions des païens; qu'il ne nous ordonne pas à nous, Franks, de servir, car ses devanciers n'ont jamais imposé ce joug à nos pères, et nous ne le supporterons pas.... Si un évêque excommunie un chrétien contre la loi, il s'ôte le pouvoir de lier, et ne peut enlever la vie éternelle à personne si ses péchés ne la lui enlèvent. »
La réaction de la feodalité guerrière contre la domination cléricale, et l'idée de l'indépendance réciproque du spirituel et du temporel, surgissent ici pêle-mêle. Cette réaction ne conteste pas au pape le *gouvernement de l'ordre ecclésiastique*. La papauté avançait toujours, malgré des échecs partiels. En 869, on voit Adrien II traité de « pape universel et de souverain pontife ». *V.* Fleuri, t. XI, p. 166. A la fin du cinquième siècle, saint Avitus appelait déjà le pontife romain *universalis ecclesiæ præsulem;* mais il disait absolument la même chose à l'évêque de Jérusalem et à celui de Constantinople. Maintenant l'évêque de Rome n'a plus d'égal, aux yeux des occidentaux. *V.* sur Avitus, Ampère, *Hist. litt.* t. II, p. 200. Le moine Ratramne, en 868, prétend que les conciles rejetés par les papes sont sans autorité. *Ibid.* p. 185.

ayant ameuté contre son père une bande de factieux et de pillards qui commirent d'horribles dévastations en Belgique, Karle l'avait dépouillé de ses honneurs et bénéfices, puis fait excommunier par un concile ; Karloman appela au pape : Adrien saisit l'occasion de bouleverser le royaume de Karle, s'empressa d'écrire au roi pour lui reprocher de « surpasser la cruauté des bêtes sauvages en sévissant contre ses propres entrailles », lui signifia qu'il eût à réintégrer Karloman dans tous ses honneurs, et défendit aux comtes de s'armer contre Karloman, aux évêques de l'excommunier. Mais l'attente du pape fut déçue : les populations ne se soulevèrent pas contre le roi, qui répondit vertement à « l'indécente épître » d'Adrien, et lui déclara que les rois des Franks n'étaient pas « les vicaires ni les intendants des évêques, mais les seigneurs de la terre (871). » Cette attitude ferme et fière produisit tant d'impression sur Adrien, que, pour se réconcilier avec Karle, il lui promit de ne jamais reconnaître d'autre empereur que lui, s'ils survivaient l'un et l'autre à l'empereur régnant.

La protection du pape demeura ainsi tout à fait inefficace pour Karloman, qui eut une fin bien tragique. Prisonnier de son père, il fut condamné itérativement par les évêques et dégradé de clergie en 873 ; cet arrêt, au lieu d'abattre le jeune prince et ses partisans, leur rendit l'espoir et l'audace : Karloman, n'étant plus clerc, pouvait devenir roi. Les complots et les révoltes recommencèrent : Karle le Chauve, endurci vraisemblablement par les conseils de Hinkmar, fit alors juger Karloman par les officiers laïques du palais, qui le condamnèrent à mort pour crime de lèse-majesté ; la peine fut commuée en la perte des yeux. Les fauteurs de Karloman trouvèrent moyen de l'enlever, tout aveugle qu'il fût, et de l'emmener à la cour de son oncle, le roi de Germanie ; il y mourut au bout de peu de mois. Son père, qui l'avait contraint à entrer dans les ordres, et l'évêque de Meaux, qui avait prêté son ministère à cette ordination forcée, étaient les premiers auteurs des malheurs et des crimes de Karloman.

Après s'être affermi dans ses acquisitions territoriales, et après avoir terminé ses débats avec son fils et avec le pape, Karle le Chauve songea enfin à défendre les malheureuses provinces de l'Ouest : les Normands s'y étaient établis, non plus seulement en pirates, mais en conquérants; Nantes leur était sujette et tributaire; ils avaient fait venir leurs femmes et leurs enfants à Angers, abandonné de ses habitants, avaient réparé les murs et les fossés de cette forte place, amarré leur flotte dans la Mayenne, et régnaient là dans la solitude qu'ils avaient faite autour d'eux. Karle convoqua son armée comme pour marcher contre la Bretagne, afin que les Normands ne se retirassent pas dans les îles de l'embouchure de la Loire, où l'on n'eût pu les forcer; puis il se dirigea tout à coup sur Angers, et l'investit d'un côté, pendant que le roi Salomon arrivait sur l'autre rive de la Mayenne avec des milliers de Bretons. Franks et Bretons poussèrent vigoureusement les attaques; mais les Normands se défendirent avec leur intrépidité ordinaire, et l'armée de Karle souffrit beaucoup de la disette et des maladies contagieuses. Le roi des Franks commençait à craindre d'être réduit à lever le siége, lorsque Salomon de Bretagne, par une heureuse inspiration, entreprit de creuser un fossé « d'une profondeur et d'une largeur merveilleuses, » afin de détourner le cours de la Mayenne et de mettre à sec les vaisseaux païens. Les Normands, effrayés de se voir ainsi couper la retraite, offrirent au roi Karle une grande somme d'argent, afin qu'il les laissât sortir librement de son royaume : leurs chefs lui prêtèrent tels serments et lui livrèrent tels otages qu'il voulut, et l'on convint que ceux qui consentiraient à recevoir le baptême resteraient en France, tandis que les autres n'y reviendraient de leur vie. Le chroniqueur de Nantes et l'annaliste de Metz reprochent amèrement à Karle d'avoir pactisé avec les pirates « par une honteuse cupidité, » quand il pouvait les anéantir.

« Loin de tenir leur promesse, les Normands restèrent dans la Loire, et y firent pis qu'auparavant. » Les troubles de Bretagne leur en fournirent l'occasion et le prétexte. Salomon, qui avait porté avec honneur une couronne conquise par un crime, la perdit comme il l'avait gagnée : ce prince intelligent et courageux, mais dévot, avait laissé paraître les scrupules que lui causaient les réclamations incessantes du pape et de l'archevêque de Tours sur l'espèce de révolution ecclésiastique opérée par Noménoé; la nationalité bretonne s'inquiéta; le métropolitain de Dol et les autres évêques institués par Noménoé conspirèrent avec le propre gendre de Salomon, Paskwiten, comte ou *tiern* de Vannes, et Gurwant, comte de Rennes, qui avait épousé une fille de Hérispoé. Les vieux guerriers de Noménoé et de Hérispoé se soulevèrent avec tant de promptitude et de violence, que Salomon fut réduit à s'enfuir dans le pays de Poher, puis à s'enfermer dans un couvent qu'il avait fondé à Brest : poursuivi et assiégé par les rebelles, il sortit de son asile à condition « qu'aucun Breton ne lui ferait de mal; » les Bretons, en effet, ne le touchèrent pas, mais ils le livrèrent à des guerriers franks qui leur avaient servi d'auxiliaires et qui arrachèrent les yeux au roi; Salomon expira le lendemain (*Annal. S.-Bertin.*— *Metenses.* — *Chronic. Namnetens.*). La mort de Salomon, que les Bretons, malgré son régicide, placèrent plus tard au nombre des saints, sous l'influence romaine, fut suivie d'une furieuse guerre civile entre ses meurtriers, Gurwant et Paskwiten, qui se disputèrent son trône ensanglanté[1]. Ils moururent tous deux avant la fin de la lutte, qui fut continuée par Judicaël, fils de Gurwant, et Allan ou Alain (*Alanus*), fils de Paskwiten : il y eut, durant plusieurs années, quatre rois en Bretagne ; car les tierns de Léonnais et de Goëllo avaient pris aussi le titre de roi, que les princes franks ne reconnurent plus désormais à aucun chef breton : les Normands profitèrent de ces discordes pour ravager horriblement toute la Bretagne, jusqu'à ce qu'Allan-le-Grand fût parvenu à se faire seul chef de la nation bretonne.

1. Ce Gurwant était un homme héroïque : le désir de venger le meurtre de son beau-père Hérispoé l'avait seul poussé à la révolte contre Salomon. Il faut voir, dans les *Annales de Metz*, le récit de son défi au « roi de mer » Hasting, et celui de ses combats contre Paskwiten. Paskwiten avait pour lui la plupart des Bretons ; non content de sa supériorité numérique, il appelle les Normands à son aide; Gurwant se précipite avec une poignée de soldats sur cette multitude d'ennemis, et, s'il en faut croire les *Annales de Metz*, défait trente mille hommes avec mille. Peu après sa victoire, il tombe malade : Paskwiten reprend courage et renouvelle l'attaque ; les guerriers de Gurwant s'assemblent autour de son lit d'agonie, pleurant et s'écriant qu'ils n'osent combattre sans l'avoir à leur tête ; « il ressaisit son âme presque échappée de son corps », et, ne pouvant aller ni à pied ni à cheval, se fait porter, dans son lit, devant le front de bataille. On en vient aux mains, on renverse les bataillons de Paskwiten.... On veut reporter Gurwant en triomphe, il était mort : « son âme était partie » à l'instant où l'ennemi avait pris la fuite... On croit lire les romances du Cid ou le poëme arabe d'Antar, dont le magnifique dénoûment ressemble tant à la fin du guerrier breton. On sent naître, au sein de l'histoire, les types des héros semi-fabuleux de la *Table Ronde*.

La France romane, pendant ce temps, eut quelque relâche; mais elle n'en put jouir, désolée qu'elle fut par la peste et la famine, qui, suivant les Annales de Fulde, emportèrent plus du tiers des habitants de la Gaule et de la Germanie. Bientôt elle fut en proie à de nouvelles agitations. Le dernier des fils de Lother, l'empereur Lodewig II, mourut sans enfant mâle, le 13 août 875; il avait obtenu à l'amiable, de son oncle Lodewig-le-Germanique, la restitution de la moitié du Lotherrègne occupée par celui-ci, et l'on croit qu'à ce prix il avait promis sa succession aux princes germains; quoi qu'il en soit, Karle le Chauve, à la première nouvelle de la mort de son neveu, partit avec tout ce qu'il put rassembler de troupes, et alla descendre en Italie par Saint-Maurice et le *Mont-Joux*. Le roi de Germanie dépêcha successivement contre lui deux de ses fils, Karle le Gros et Karloman : Karle le Chauve mit en fuite le premier, et trompa le second par un traité frauduleux; il s'engagea à évacuer l'Italie pourvu que Karloman en fît autant, et à remettre le règlement des prétentions respectives à un plaid avec le roi de Germanie : Karloman rentra en Germanie; mais Karle, au lieu de retourner en Gaule, marcha droit à Rome, gagna le pape et les principaux dignitaires clercs et laïques, et fut couronné empereur à Saint-Pierre, le jour de Noël 875. Le pape Jean VIII acquitta ainsi la parole de son prédécesseur Adrien II. Karle tint ensuite à Pavie un plaid où un certain nombre d'évêques et de seigneurs de Lombardie « l'élurent roi du royaume d'Italie; » puis il repassa précipitamment les Alpes, confiant le commandement de l'Italie à son beau-frère Boson. Le roi de Germanie, pour forcer Karle à quitter l'Italie, avait envahi la France *welche* : quelques-uns des comtes de Karle s'étaient donnés à l'agresseur; le reste des vassaux s'étaient armés à l'appel de la reine Rikhilde; mais, au lieu de repousser l'ennemi, ils pillaient le pays d'un côté pendant que les Germains le pillaient de l'autre.

Karle, néanmoins, ne retrouva pas son frère en Gaule : Lodewig avait repassé le Rhin dès le mois de janvier 876. Karle fit confirmer son élection à l'Empire par les évêques et les seigneurs des Gaules réunis à Pontion (juin); il se montra dans cette assemblée vêtu à la manière des empereurs byzantins, avec une longue dalmatique tombant jusqu'aux pieds, et la tête couverte d'un voile de soie sur lequel était posé le diadème : « dédaignant les anciennes coutumes des rois franks, il n'estimait plus que les vanités grecques » (*Annal. Fuld.*). Il se passa quelque chose de plus important dans cette assemblée : Karle y lutta en faveur des prétentions papales contre ce même Hinkmar qui l'avait aidé naguère à repousser l'arrogance d'Adrien II. Karle avait acheté la couronne impériale en consentant que le pape se donnât en Gaule un lieutenant chargé de veiller aux intérêts de Rome, et Jean VIII avait nommé Anseghis, archevêque de Sens, vicaire apostolique au delà des monts, et primat des Gaules et de Germanie. Sur sept archevêques présents, six protestèrent contre la suprématie attribuée indûment à leur confrère de Sens. Hinkmar, qui s'était habitué à tenir le premier rang dans l'Église gallicane, et que cette innovation blessait plus profondément que ses confrères, déclara hautement que le pape dépassait ses pouvoirs, et que l'empereur n'avait pas le droit de régler les affaires ecclésiastiques. La primatie d'Anseghis ne s'établit pas solidement, et ne fonda qu'une prétention de plus dans l'Église (*Annal. S.-Bertin*).

Quelques semaines après, dans une nouvelle assemblée à Reims, Karle associa son fils Lodewig le Bègue à la royauté, du consentement des grands et des évêques. Des négociations étaient entamées entre Karle et son frère, relativement à l'Italie : elles furent rompues par la mort de Lodewig le Germanique, arrivée à Francfort, le 28 août 876. Le roi de Germanie avait réglé, quelque temps avant de mourir, le partage de ses États entre ses trois fils : Karloman, l'aîné, devait avoir la Bavière et ses dépendances, avec les droits sur l'Italie ; à Lodewig étaient assignés la France germanique et tout le Nord, avec les droits de son père sur le Lotherrègne ; Karle, dit le Gros, avait pour lot l'Allemannie ou Allemagne. Karle le Chauve, qui, au milieu de la décomposition universelle, ressuscitait dans son esprit le rêve de l'unité de l'Empire, ne vit dans la mort de son frère que l'occasion de reculer ses frontières jusqu'au Rhin : il marcha brusquement sur Aix-la-Chapelle et Cologne, ayant avec lui les légats du pape ; la nouvelle de l'entrée d'une centaine de grands vaisseaux normands dans la Seine ne put le rappeler à ses devoirs de roi ni à la défense de ses peuples : « Lodewig, son neveu, vint contre lui de l'autre côté du Rhin avec les Franks orientaux, les Saxons et les Thuringiens, et envoya solliciter la bienveillance de l'empereur, son oncle; mais il ne l'obtint point. Alors, lui et ses comtes implorèrent la miséricorde du Seigneur par des jeûnes et des processions, tandis que ceux qui étaient avec l'empereur se raillaient d'eux. » Hinkmar, toujours partisan des épreuves, prétend, dans ses Annales, que « Lodewig, fils de Lodewig, fit subir à dix de ses hommes l'épreuve du fer chaud, à dix autres l'épreuve de l'eau chaude, à dix autres encore celle de l'eau froide, pour que le Seigneur déclarât s'il devait avoir le domaine que lui avait légué son père; et tous ces hommes demeurèrent sans aucun mal. »

Lodewig passa donc le Rhin à Andernach : l'empereur envoya à Héristall sa femme, qui était sur le point d'accoucher, dépêcha des ambassadeurs à son neveu comme pour traiter de la paix, puis se mit en marche à l'entrée de la nuit afin de le surprendre; mais Lodewig, averti à temps, rassembla en toute hâte l'élite des siens, leur ordonna de passer des chemises blanches par-dessus leurs cottes d'armes, pour se reconnaître dans les ténèbres, et attendit l'ennemi, qui arrivait trempé de pluie et harassé d'une marche nocturne à travers des sentiers étroits et difficiles. Les gens de l'empereur firent d'abord plier les Saxons; mais les Franks orientaux accoururent à l'aide et chargèrent avec une telle furie qu'ils culbutèrent tout; les bagages, les valets, les marchands à la suite de l'armée, entassés dans les mauvais chemins par lesquels il fallait repasser, interceptèrent la retraite : la plupart des comtes de Karle furent tués ou pris; Karle lui-même n'échappa qu'à grand'peine (8 octobre 876). L'impératrice Rikhilde se sauva de Héristall la nuit suivante au « chant du coq », et enfanta, dans la route, un fils qu'un serviteur plaça devant lui sur son cheval et porta ainsi jusqu'à Antenai (près Haut-Villiers, à quatre lieues de Reims).

Le jeune roi des Franks orientaux était rappelé par des intérêts trop pressants au delà du Rhin pour pouvoir pousser vivement sa victoire; mais la situation de Karle n'en était pas moins humiliante et sombre : la fortune ne l'avait chargé de titres si magnifiques que pour lui faire sentir plus amèrement son impuissance. Des bords de la Seine, de la Loire, de la Garonne et du Tibre, de partout enfin, s'élevaient vers lui les cris des populations en détresse : un jeune chef de pirates, qu'attendait une grande destinée historique, le Norvégien Hrolf (en langue romane *Roll* ou *Rou*, en latin *Rollo*, d'où le nom moderne de Rollon [1]), saccageait les rives de la Seine (*Chronic. Britannic.*); les Normands de la Loire recommençaient à menacer Angers, Le Mans et Tours; les Sarrasins, les Grecs, le duc langobard de Bénévent, les vassaux même de l'Empire, envahissaient de toutes parts les domaines italiens de l'empereur et ceux du saint-siége; enfin, les rois de Bavière et d'Allemagne s'apprêtaient à arracher l'Italie à Karle.

L'empereur, ne pouvant faire face de tous les côtés à la fois, résolut d'acheter la paix des Normands, et de repartir pour l'Italie, où l'appelait instamment le pape. Tout l'hiver et la moitié de l'été de 877 s'écoulèrent avant qu'il fût en état d'agir; il tint successivement deux plaids généraux : le premier à Compiègne, en mai; le second à Kiersi, en juillet. Au plaid de Compiègne, un hériban, qui produisit 5,000 livres pesant d'argent, fut imposé sur toutes les propriétés dans la Neustrie septentrionale et la Burgondie neustrienne, au profit des Normands de la Seine, et, dans la Neustrie méridionale, au profit des Normands de la Loire ; Karle régla ensuite à Kiersi le gouvernement du royaume pendant son absence, et fit les plus belles promesses aux seigneurs et à tout le peuple, pour les engager à lui être fidèles. Un des articles du capitulaire de Kiersi est d'une portée immense ; en voici le texte :
« Si un comte de notre royaume vient à mourir, et que son fils soit avec nous (en Italie), que notre fils et nos fidèles choisissent quelques-uns de ceux qui ont été les plus proches et les plus intimes dudit comte, lesquels, de concert avec les officiers (*ministerialibus*, les vicaires, centeniers, etc.) du comté et l'évêque diocésain, prendront soin du comté jusqu'à ce que nous soyons prévenus et que *nous puissions conférer la dignité du père au fils qui*

---

1. Roll, surnommé le *Marcheur*, parce qu'il allait toujours à pied, à cause de sa grande taille, qui ne lui permettait pas de monter les petits chevaux de Scandinavie, avait été banni de son pays par le roi Harald Harfagher, chef suprême de la nation norvégienne. Après de grands exploits en Frise et sur les bords de l'Escaut, il vint se cantonner sur la Seine, dans cette cité de Rouen où il devait un jour régner en souverain après l'avoir envahie en corsaire.

sera près de nous. Si le comte n'a qu'un fils en bas âge, les officiers du comté et l'évêque aideront l'enfant à prendre soin du comté, jusqu'à ce que nous sachions la mort du comte, et que le fils enfant, par notre concession, soit honoré des honneurs paternels. Si le comte défunt n'a point de fils... nous pourvoirons à son remplacement selon notre volonté... Il en sera de même pour nos vassaux que pour les comtes. Et nous entendons que les évêques, abbés et comtes, et nos autres fidèles, en usent semblablement envers leurs hommes (leurs vassaux [1]) ».

Le capitulaire de Kiersi couronne le triste règne de Karle le Chauve, et peut être considéré comme l'acte d'abdication de la royauté franke : la grande lutte commencée avec la conquête elle-même était terminée ; la royauté vaincue sanctionnait sa défaite, et l'hérédité des offices et des bénéfices, presque partout triomphante en fait, était solennellement érigée en droit : l'ère féodale était ouverte, et une société nouvelle, avec un nouveau droit politique, allait sortir du chaos où l'Occident se débattait depuis la chute de la société romaine.

Karle partit de Kiersi pour l'Italie, le pape Jean VIII, son fidèle adhérent, s'avança à sa rencontre jusqu'à Verceil ; mais à peine s'étaient-ils rejoints, qu'ils apprirent que Karloman, roi de Bavière et prétendant à l'Empire, avait franchi les Alpes Tridentines à la tête d'une multitude de Germains et de Slaves. L'empereur et le pape se retirèrent à Tortone. Karle y attendit en vain des secours de Gaule. Tous ses vassaux l'abandonnaient. N'osant affronter les forces supérieures de Karloman, il renvoya le pape à Rome et prit la fuite, pendant que Karloman s'enfuyait du côté opposé, sur le faux bruit que l'empereur et le pape marchaient contre lui « avec une très grande armée ». Karle, qui avait déjà été attaqué d'une violente fluxion de poitrine l'année précédente, fut repris de la fièvre au pied du Mont-Cenis; un médecin juif lui donna, sous prétexte de couper sa fièvre, un breuvage empoisonné, si l'on en croit l'annaliste de Saint-Bertin. La violence du mal obligea l'empereur de faire arrêter sa litière au village de Brios, sur le revers gaulois du Mont-Cenis; il ex-

---

1. *Histor. des Gaules*, t. VII, p. 705.

pira, le onzième jour, dans une misérable cabane (6 octobre 877), et ses serviteurs essayèrent en vain de conduire son corps à Saint-Denis, ainsi qu'il en avait exprimé le désir : l'odeur infecte de ce cadavre rapidement décomposé les obligea de l'inhumer à Nantua. Il avait vécu cinquante-quatre ans.

Ce prince, qui se montra violent et timide, versatile et déloyal, qui s'imprégna de tous les vices de son temps, et dont le nom ne rappelle généralement que des souvenirs de malheur et de honte, eût pu régner avec quelque gloire en des jours meilleurs : il était né avec un goût très vif pour les lettres et les arts ; quand tous les établissements de son illustre aïeul croulaient autour de lui, son palais était resté l'asile des lumières, et les études y florissaient encore à ce point, « qu'on disait le palais de l'école, et non plus l'école du palais » ; les beaux manuscrits conservés jusqu'à nos jours attestent que les arts n'étaient rien moins que barbares à sa cour, où la philosophie était plus honorée qu'au temps de Charlemagne lui-même, et surtout plus indépendante et plus hardie. Les questions les plus élevées de la métaphysique se débattaient librement dans cette oasis intellectuelle, pleine, disent les contemporains, de « philosophes hiberniens », et même de Grecs attirés de l'Orient.

L'école du palais fut appelée à se mêler aux débats théologiques de l'épiscopat, bien qu'elle ne fût plus la pépinière des évêques. La question de la Grâce et du Libre Arbitre, qui avait soulevé des discussions si solennelles au cinquième siècle[1], fut réveillée, au neuvième, par le moine Saxon Goteskalk, qui renouvela les maximes de la *Double Prédestination* dans toute leur rigueur. Saint Augustin avait triomphé nominalement : personne n'eût osé contester son infaillible autorité ; mais beaucoup de théologiens, se retranchant derrière ses réserves plus ou moins logiques en faveur du Libre Arbitre, interprétaient le grand docteur africain d'une façon qui l'adoucissait fort. L'archevêque de Reims Hinkmar fit condamner le moine Goteskalk dans un concile à Kiersi, puis le fit fustiger et emprisonner, au lieu de le réfuter (849). Ce traitement brutal excita une irritation extrême dans

---

1. *V.* notre t. I, p. 348.

une grande partie du clergé gaulois, qui se rapprochait des opinions de Goteskalk : Prudence, évêque de Troie, Loup abbé de Ferrières, Ratramne moine de Corbie, prirent parti pour le moine captif, écrivirent en faveur de *la Double Prédestination*, et opposèrent même concile à concile. Remi, archevêque de Lyon, se mit à la tête du parti contraire à Hinkmar ; les conciles de Valence et de Langres combattirent les conciles de Mayence et de Kiersi, et la cour de Rome parut incliner vers les défenseurs de Goteskalk. Hinkmar, esprit politique beaucoup plus que métaphysicien, appela à son aide le chef de l'école du palais, Jean Scott Érigène (Jean le Scott, fils d'Érin ou de l'Irlande), homme de génie, en qui se résuma, avant de s'éteindre, le foyer de science et de lumières longtemps entretenu dans les couvents de l'Irlande et des Hébrides, mais qui mêla à ces clartés plus d'une trompeuse lueur, reflet d'un autre foyer lointain et étranger. On n'avait pas vu en Occident, depuis les Pères du cinquième siècle, un esprit de cette force ; mais il ressemblait beaucoup moins à un Père de l'Église qu'à un philosophe de l'antiquité qui eût accepté le christianisme pour tâcher de le transformer. Son entrée en lice effraya et souleva la plupart des théologiens ; il prit son essor si haut que leurs regards ne purent le suivre, et renversa la doctrine de la prédestination à l'enfer par une doctrine commune à Origène et aux druides. « Le péché, dit-il, n'est que la déviation ou l'absence du bien : la peine du péché n'est que la privation du souverain bien ; Dieu n'a prédestiné ses créatures qu'au bien : le bien seul *est* ; le mal n'est qu'une négation : il n'est point ; Dieu ne le connaît pas. » — « La peine du péché, dit-il ailleurs en expliquant sa pensée, n'est que le souvenir du péché et le tourment de la conscience[1] ». Jean Scott fait ensuite à la liberté humaine une large part. Comme la plupart des Pères, il soutient, dans un autre écrit, que les anges sont corporels, et n'admet pas l'existence de créatures pour lesquelles il n'y ait point de conditions de lieu. Il intervint également dans la question de l'Eucharistie, qui avait été

---

1. L'enfer matériel, suivant lui, est une invention de la grossièreté latine, un reste de cette croyance païenne suivant laquelle les âmes habitaient les *lieux inférieurs* sous la terre. Le nom grec de l'enfer, ᾅδης, ne veut dire que *tristesse*.

interprétée très diversement jusque-là dans l'Église, et qui tendait à s'y décider à son tour. Il prit parti pour le sens symbolique. On ne possède plus le traité qu'il écrivit sur cette matière contre Paschase-Radbert, l'ami de Wala : Paschase avait écrit en faveur de la présence réelle et de la transubstantiation. Le moine Ratramne, et, après lui, Jean Scott, soutinrent la présence figurée et le sens représentatif. L'Église gallicane et germanique se partagea, et le problème ne reçut point alors de solution.

Si importants que fussent le livre de la *Prédestination* et le traité de l'*Eucharistie*, ce ne fut pas là que Jean Scott donna son dernier mot, mais dans un vaste ouvrage intitulé : *de la Division de la Nature :* sa pensée intime, l'absorption de la théologie chrétienne dans la philosophie antique, s'y révèle avec éclat. Il avait dit, dans son livre de la *Prédestination*, que la philosophie et la religion sont une seule et même chose. Maintenant il soutient que la philosophie précède et engendre la foi ; « l'autorité est dérivée de la raison, nullement la raison de l'autorité : l'autorité légitime ne paraît être que la vérité découverte par la force de la raison ».

Quelle était « la vérité » que le philosophe irlandais offrait sans voile à l'Église étonnée? C'était l'antique doctrine orientale de l'unité et de l'identité, et même du Non-Agir, du Non-Être suprême. Il débute comme un druide : « Dieu est *supersubstantiel* (au-dessus de toute substance) : il habite une lumière inaccessible même aux anges [1]. » Mais il déserte bientôt la tradition de ses pères pour celle du Gange et du Nil. « L'unité comprend toutes choses, laquelle est en Dieu et est Dieu. On ne peut rien concevoir dans la créature si ce n'est le Créateur, qui seul est vraiment, et qui, incompréhensible en lui-même, se manifeste dans la créature. — Dieu est l'essence de toutes choses ; Dieu est le commencement, le milieu et la fin : le commencement, parce que toutes choses viennent de lui et participent à son essence ; le milieu, parce que toutes choses subsistent en lui et par lui ; la fin, parce que toutes choses se meuvent vers lui ». Il croit à la résorption des créatures et de la nature entière dans le Créateur après une succession indéfinie d'existences. « Dieu est tout, et tout est Dieu », et ce Dieu

---

[1] « Dieu habite le cercle de la Région Vide.... et nul être que Dieu ne peut le traverser ». Le *Livre des mystères bardiq. Triad.* trad. de M. Pictet.

qui est tout, étant sans activité comme sans passivité, sans attributs aucuns, à force d'être au-dessus de toute existence, n'existe pas réellement, pour ainsi dire. En deux mots, Jean Scott semble un déserteur du druidisme qui s'est fait bouddhiste, après avoir traversé le christianisme.

Il n'a pas toutefois déserté sur tous les points l'esprit de la libre individualité, l'esprit celtique, et, bien qu'il ait échoué sur cette pente redoutable du panthéisme qui a entraîné tant d'illustres penseurs, son nom doit rester grand dans les fastes de la pensée humaine, pour avoir proclamé si haut les droits de la raison, à l'entrée de ce moyen âge où la raison se précipitait de plus en plus sous le joug de l'autorité. Il est, à cet égard, un des légitimes ancêtres de Descartes[1].

On ne sait point d'où était venu cet homme extraordinaire, qui avait, dit-on, passé sa jeunesse à errer dans la patrie de Platon et de Pythagore, et à interroger leur mémoire dans les lieux illustrés par leur vie. On ne sait pas davantage comment il finit : anathématisé par deux conciles, poursuivi par les papes, on ignore si Karle le Chauve le protégea jusqu'à la fin contre la haine de Rome, ou s'il alla s'éteindre en silence dans les forêts de son île natale. La philosophie se tut presque entièrement durant deux siècles, et l'école du palais, après avoir porté quelques années le deuil de son chef, mourut bientôt elle-même avec le prince qui était son seul appui ; les débris des sciences et des arts s'ensevelirent dans les cloîtres.

Un seul fils de Karle-le-Chauve avait survécu à son père : c'était Lodewig ou Louis, surnommé par les chroniqueurs du moyen âge *le Bègue* et *le Fainéant* : ridicule au conseil par son bégaiement, impuissant au combat par ses infirmités, sa nullité même décida la plupart des seigneurs qui avaient abandonné son père à le reconnaître pour roi et à sanctionner par leur présence la cérémonie de son sacre, qui eut lieu à Compiègne, par les mains de Hinkmar (8 décembre 877) ; encore ce couronnement ne fut-il pas ratifié par une faction puissante, qui avait à sa tête le marquis de Gothie, le comte de Poitiers et le comte du Mans.

---

1. *V.* dans l'*Hist. litt. de la France*, de M. Ampère (t. III, p. 123-146), un très bon chapitre sur Jean Scott.

Ce fut pourtant à ce fantôme de roi que le pape Jean VIII voulut déférer l'Empire et l'Italie. Le pape, obligé de payer tribut aux Sarrasins, puis chassé de Rome par les partisans du roi de Bavière Karloman, arriva en Gaule par mer, et présida un concile à Troies au mois d'août 878 : il fut très-bien accueilli par le roi et les grands; les évêques lui prêtèrent leur concours pour excommunier les factieux qui s'étaient emparés de Rome ; mais là se borna l'assistance que rencontra Jean VIII en deçà des monts ; personne ne se soucia d'aller guerroyer en Italie. Jean VIII repartit après avoir rendu service pour service : en échange de l'excommunication lancée par les évêques franks contre les factieux italiens, il excommunia les factieux de la Gaule. La lutte s'engagea donc entre le parti de Bernard de Gothie, et le parti qui avait reconnu le roi et qui avait pour chefs Boson, duc de Vienne et d'Arles, Hugues-l'Abbé, comte d'Anjou, et Bernard, comte d'Auvergne. La Gothie fut donnée au comte d'Auvergne : le marquis de Gothie, chassé de ses domaines méridionaux, se retira en Burgondie, où il possédait les comtés d'Autun et de Mâcon ; l'on prépara une expédition pour l'en chasser, au commencement de 879 ; le roi devait se mettre à la tête de l'armée; mais la maladie de langueur qui le consumait le força de s'arrêter à Troies, et il envoya son jeune fils Lodewig contre Autun, avec Boson, Bernard d'Auvergne, Hugues-l'Abbé, et leurs alliés. Il se fit ensuite reporter de Troies à Compiègne, et y mourut le 10 avril 879, à l'âge de trente-trois ans.

Lodewig-le-Bègue laissait deux fils, Lodewig et Karloman, dont l'aîné pouvait avoir seize ans, sans parler d'un troisième enfant posthume qui fut le malheureux Karle-le-Simple. Les seigneurs qui marchaient en ce moment contre Autun, avec le jeune Lodewig, rebroussèrent chemin, et convoquèrent un plaid à Meaux, pour y régler les intérêts du royaume; mais une défection éclata aussitôt derrière eux : Gozlin, chancelier des derniers rois, abbé de Saint-Germain-des-Prés et de Saint-Denis, poussé par des ressentiments privés, entraîna Conrad, comte de Paris, frère de Hugues l'Abbé, et, de concert avec lui, convoqua à Creil-sur-Oise une assemblée opposée à celle de Meaux; on y résolut d'offrir la couronne à Lodewig, roi des Franks orientaux et des Germains. Lodewig de Germanie accourut à Verdun, quoiqu'il eût récemment juré à Lodewig-le-Bègue de garantir les droits de ses enfants; les partisans des héritiers légitimes, ne pouvant faire face à tant d'ennemis, offrirent au roi des Germains l'abandon de la partie du Lotherrègne qu'avait possédée Karle le Chauve. Lodewig de Germanie accepta, puis rétracta son acceptation. Hugues l'Abbé et ses adhérents se hâtèrent alors de faire sacrer les deux jeunes princes au couvent de Ferrières, près Troies, par Anseghis, archevêque de Sens.

Un autre sacre, qui marque davantage dans l'histoire, eut lieu presque en même temps dans une autre région de la Gaule. Le duc Boson, beau-frère de Karle le Chauve et beau-père du jeune roi Karloman, avait d'abord agi en fidèle défenseur des héritiers de Lodewig le Bègue; mais au fond de son âme couvait depuis longtemps une vague et vaste ambition dont les circonstances venaient enfin de déterminer l'objet : il avait épousé naguère en Italie, sans l'aveu de Karle le Chauve, Hermengarde, fille de l'empereur Lodewig, après avoir, dit-on, empoisonné sa première femme pour rendre sa main libre. La fière Hermengarde excitait sans cesse son mari, disant que, « fille de l'empereur d'Italie et fiancée jadis de l'empereur de Grèce, elle ne voulait pas vivre sans être la femme d'un roi » (*Annal. S. Bertin.*). La Provence et la Burgondie méridionale n'aspiraient qu'à s'ériger en État indépendant et à se séparer des royaumes franks. Boson seul était capable d'opérer une telle révolution : tout était préparé; Boson n'eut qu'à gagner individuellement les prélats et les principaux seigneurs; les archevêques de Besançon, de Lyon, de Vienne, de Tarentaise, d'Aix et d'Arles, et dix-sept évêques, leurs suffragants, s'assemblèrent à Mantaille, entre Vienne et Valence, sous la présidence de l'archevêque d'Arles, « *vicaire apostolique*, » et déclarèrent que, « le peuple n'ayant plus de protecteur depuis la mort du roi (Lodewig le Bègue), les évêques et les seigneurs avaient jeté les yeux sur Boson, comme le plus capable de les défendre »; puis ils l'oignirent et le couronnèrent roi, malgré sa feinte résistance (15 octobre 879).

1. *Historiens des Gaules*, t. IX, p. 304.

C'était l'acte le plus hardi qui eût encore été consommé contre la race carolingienne. Il eut pour effet de réunir tous les princes franks contre le nouveau royaume gallo-roman : le roi de Germanie, qui s'était avancé une seconde fois en Neustrie, voyant la plus grande partie du pays armée pour repousser son invasion, fit la paix avec les deux rois de Gaule, qui se partagèrent les États de leur père. Lodewig eut la Neustrie, Karloman la Burgondie et l'Aquitaine (mars 880), et un pacte d'alliance fut conclu entre les jeunes rois et leurs cousins de Germanie et d'Allemagne contre les Normands, contre Boson et contre Hugues, fils de Lother II et de Waldrade, qui réclamait l'héritage paternel[1].

La coalition eut d'abord des succès : Hugues le *Loherain* fut battu et mis en fuite ; le roi de Germanie, aidé par Hugues-l'Abbé, remporta sur les Normands de l'Escaut une victoire qui, à la vérité, ne délogea pas les païens de leur cantonnement de Gand ; les fils de Lodewig-le-Bègue marchèrent en Burgondie avec le roi d'Allemagne Karle-le-Gros et un corps auxiliaire fourni par le roi des Germains. La Burgondie se soumit ; Bernard de Gothie fut pris ou tué à Autun ou à Mâcon ; mais la vigoureuse résistance de Vienne, où s'était enfermée la reine, épouse de Boson, arrêta les princes ligués. Hermengarde, dont le courage égalait l'ambition, défendit opiniâtrément Vienne, pendant que Boson harcelait les assiégeants à la tête des montagnards des Alpes. Les excommunications des évêques du parti carolingien n'y purent rien ; le parti provençal avait aussi ses évêques. Karle le Gros se rebuta promptement, et, sans prendre congé de ses cousins, partit avec ses troupes pour aller se faire couronner empereur à Rome ; le roi de Neustrie ne tarda pas à quitter aussi le siége, et à laisser son frère seul aux prises avec Boson : les cris des populations en proie aux fureurs des Normands le rappelaient au secours de ses provinces ; les bandes qui avaient ravagé naguère les rives de la Seine et les côtes d'Angleterre, grossies de milliers de recrues, s'étaient établies dans l'Escaut, la Meuse et le Rhin. Les Normands de l'Escaut venaient de battre l'abbé Gozlin, qui, récon-

---

1. Karloman, roi de Bavière, qui s'était emparé de l'Italie, venait de mourir, et Lodewig de Germanie avait pris la Bavière, en cédant l'Italie à Karle, roi d'Allemagne.

cilié avec le jeune roi, avait été chargé de défendre le Nord : Tournai, Cambrai, Courtrai, Arras, Amiens, Corbie, toute la région entre l'Escaut et la Somme, était à feu et à sang ; les païens franchirent la Somme et ravagèrent le pays jusqu'aux portes de Beauvais.

Le jeune roi, de retour à Compiègne à la fin de décembre 880, courut aux ennemis, et les joignit à Saucourt en Vimeu, à trois lieues d'Abbeville. Les Normands furent mis en déroute avec un grand carnage ; mais une poignée de ces brigands, réfugiés dans le village de Saucourt, firent tout à coup une si vive sortie qu'ils jetèrent toute l'armée du roi dans le plus grand désordre ; les deux partis s'enfuirent chacun de leur côté. « Les Normands étant revenus de nouveau, le roi Lodewig bâtit pour les arrêter, en un lieu dit Stroms, un château de bois qui servit à fortifier les païens plutôt que les chrétiens, parce que le roi ne trouva personne à qui il pût confier ce château (*Annal. Sanct. Bertin.* — *Sanct. Wedast.*). » Ce dernier trait révèle l'état du pays avec une simplicité et une crudité effrayantes.

L'Austrasie jusqu'alors avait été à peine entamée par les païens : il semblait que le souvenir de sa gloire eût longtemps imposé aux ennemis du nom frank ; elle eut son tour. Une horde de pirates, conduite par les rois de mer Godefrid et Sighefrid, après avoir établi un camp retranché à deux lieues de Maëstricht, à Haslou sur la Meuse, fondit comme une trombe sur le Lotherrègne : cette horrible tempête ne peut se comparer qu'à la grande invasion barbare de l'an 406 et à celle d'Attila. L'Austrasie septentrionale tout entière offrit l'aspect d'un immense incendie : Liège, Maëstricht, Tongres, Cologne, Bonn, Juliers, Tolbiac et les riches monastères d'Inde, de Stavelo, de Malmédi, de Prüm, s'effondraient tour à tour dans les flammes ; la cité impériale d'Aix-la-Chapelle subit enfin les outrages des Barbares : ils logèrent leurs chevaux dans la chapelle de Charlemagne. Tandis que les seigneurs et les clercs ne songeaient qu'à la fuite, le pauvre peuple prit les armes avec le courage du désespoir, et se fit hacher par les païens dans les clairières des Ardennes. Le roi de Germanie, atteint d'une maladie mortelle, ne pouvait défendre ses sujets ; il avait pourtant donné l'ordre à ses vassaux de marcher contre les Barbares ; mais il expira le 20 janvier 882. A cette nouvelle, l'armée se dispersa, et les Normands, descendant vers la Moselle, traitèrent Coblentz et Trèves comme les cités voisines; l'évêque de Metz mourut les armes à la main, en s'efforçant d'écarter l'ennemi de son diocèse.

Lodewig de Neustrie suivit de près dans la tombe son cousin de Germanie; il mourut par accident, à dix-neuf ans, au mois d'août 882, après avoir débarrassé des Normands le cours de la Loire par un traité conclu avec leur chef Hasting, qui, suivant les traditions rapportées par le chanoine Dudon, se fit chrétien, et obtint en bénéfice le comté de Chartres. Karle le Gros recueillit la succession de Lodewig de Germanie; Karloman fut invité par les seigneurs neustriens à hériter de Lodewig de Neustrie : il laissa un corps d'armée autour de Vienne, qu'il avait bloquée deux années entières, et, à peine arrivé en Neustrie, il reçut la nouvelle de la capitulation de Vienne et de la prise de la reine Hermengarde (septembre 882).

Karle le Gros était, sur ces entrefaites, devant le camp des Barbares, à Haslou, avec une nombreuse armée rassemblée dans toute l'Italie, la Germanie et le Lotherrègne; mais il sembla n'avoir réuni tant de guerriers de tant de lieux divers que pour les rendre témoins de sa honte : il ne se contenta pas de permettre que les Barbares emportassent dans leur patrie leur prodigieux butin, la charge de deux cents navires ! il dépouilla les églises et les cités qui n'avaient pas été pillées, pour donner 40,000 sous d'argent à Sighefrid et à ses compagnons, et payer ainsi leur retraite; l'autre roi de mer, Godefrid, reçut le baptême, moyennant l'investiture des comtés possédés jadis par Rorik en Frise, et la main de Ghisla, fille du roi Lother II et de Waldrade[1]. Ce pacte immonde rejeta les Barbares sur la Neustrie. La plupart des Normands se portèrent de la Meuse dans la Somme, brûlèrent Saint-Quentin et s'avancèrent jusqu'aux portes de Laon et de Reims : l'archevêque Hinkmar, vieillard octogénaire, quitta la cité de saint Remi, emportant avec lui les reliques de l'apôtre des Franks, et alla mourir à Épernai (23 décembre 882). Karloman, presque sans soldats, mal secondé par ses vassaux, attaqua cependant les dé-

---

1. *Annal. Sanct. Bertin.* — *Fuld.* — *Metens.* — *S. Wedast.*

vastateurs et les repoussa des bords de l'Aisne; mais il fut plus tard battu sur la Somme (*Annal. S.-Wedast.*), et toute résistance organisée cessa dans le Nord. Le jeune roi fut réduit à acheter la paix au prix de 12,000 livres pesant d'argent : « Sighefrid et les siens, disent les Annales de Metz, promirent la paix pour autant d'années qu'on leur compta de mille livres. » Peu de jours après leur embarquement, Karloman, chassant le sanglier dans la forêt de Bezieu, aux environs de Corbie, fut blessé à la jambe par l'imprudence d'un de ses serviteurs : la gangrène se mit dans la plaie, et il expira le 6 décembre 884, âgé tout au plus de vingt et un ans. Le récit de sa fin est touchant dans les Annales de Metz : suivant l'annaliste, le jeune roi cacha avec grand soin la cause de sa blessure, et assura qu'il avait eu la jambe déchirée par la dent du sanglier, afin qu'on ne mît point à mort un homme innocent d'intention, sinon de fait. Il alla rejoindre son frère dans les caveaux de Saint-Denis. Il y a quelque chose de profondément émouvant et triste dans la destinée de ces deux courageux enfants : la décadence des Carolingiens ne ressemble pas à celle des Mérovingiens; ce ne sont plus là des êtres étiolés et atrophiés par la débauche, s'abandonnant sans effort à la fatalité qui les entraîne; la vie est énergique et douloureuse ici; elle se sent, elle se débat, elle lutte contre les forces fatales qui l'oppriment : ces malheureux princes ne pouvaient oublier qu'ils descendaient de Karle le Grand.

Tous les Carolingiens ne méritaient pourtant pas cet intérêt qui s'attache à la dignité dans le malheur : l'empereur Karle le Gros, par exemple, âme lâche, intelligence obtuse, était digne de soutenir la comparaison avec les plus dégradés des rois fainéants. Par une amère dérision du sort, sur cette méprisable tête s'accumulaient en ce moment toutes les couronnes de Charlemagne, et l'extinction de sept rois en huit années réunissait sous son sceptre débile tout ce qui avait été l'empire des Franks. Il ne restait plus de descendants de Lodewig le Pieux que Karle le Gros et un autre Karle, appelé plus tard le Simple, enfant de cinq ans, né de la seconde femme de Lodewig le Bègue après la mort de son père. Les grands de la Gaule eussent peut-être couronné cet enfant, afin d'achever la destruction de la royauté pendant sa longue minorité ; mais les bandes de Sighefrid, qui s'étaient retirées en Brabant, ayant reparu en deçà de l'Escaut, et se prétendant dégagées de leurs serments par la mort du prince qui avait pactisé avec elles, Hugues-l'Abbé et les autres grands comprirent la nécessité de se grouper autour d'un chef, et déférèrent la couronne à l'empereur. Le traité de Haslou eût pu leur apprendre d'avance comment Karle saurait les défendre !

Le traité de Haslou portait ses fruits : le « roi de mer » Godefrid, devenu seigneur de la Frise, s'était ligué secrètement avec Hugues le Lorrain, qui prétendait toujours au royaume de son père Lother II, et dont Godefrid avait épousé la sœur : Godefrid demanda à l'empereur la cession de Coblentz, d'Andernach et d'autres lieux renommés par leurs vignobles, « parce que la terre qu'il tenait de la munificence du prince ne produisait point de vin. » Si sa requête était agréée, il introduisait ses gens sans combat dans les entrailles du royaume ; sinon il avait un prétexte de guerre. Karle le Gros voulut réparer par la trahison les effets de sa couardise et de son ineptie : à l'instigation du duc Heinrik, commandant des Marches saxonnes et frisonnes, il fit assassiner Godefrid dans une conférence, à la pointe de l'île de Batavie, et arracher les yeux à Hugues (*Annal. Metens.*) (mai 885) : tous les Normands épars dans l'île de Batavie et aux environs furent assaillis à l'improviste et passés au fil de l'épée par les Saxons et les Frisons. Pendant qu'on égorgeait Godefrid en Batavie, les Neustro-Burgondiens et les Lorrains, sur l'ordre de l'empereur, marchaient contre Sighefrid et ses compagnons, qui étaient retournés à leur camp de Louvain en Brabant ; « mais ils n'y réussirent en rien et se retirèrent au contraire avec grand déshonneur ; les Danois se raillaient des Franks qui étaient venus du royaume de Karloman, et leur criaient : « Pourquoi êtes-vous venus à nous ? c'est perdre vos peines : nous vous connaissons bien ; vous voulez que nous retournions chez vous ; nous n'y manquerons pas » (*Annal. Sanct. Vedast.*).

Ils ne tinrent que trop tôt parole. La plus grande expédition que les Normands eussent jamais lancée contre la Gaule s'organisa dans le Brabant : tous les plus fameux « rois de mer » étaient accourus du fond du nord avec leurs « champions » : les Normands dérogèrent cette fois à leur tactique ; l'armée danoise et norvégienne se partagea en deux corps, qui marchèrent par terre et par mer sur Rouen, rendez-vous général. L'armée de terre, dont Roll était un des principaux chefs, arriva la première, le 25 juillet, et prit possession de Rouen sans coup férir : les milices neustro-burgondiennes vinrent camper sur l'autre bord, et, s'il faut en croire Dudon, le romanesque biographe de Hasting et de Roll, Hasting, le chef païen devenu comte de Chartres, fut dépêché en ambassade vers Roll : « Vaillants hommes, dit Hasting, qui êtes-vous et que venez-vous faire en ces lieux ? — Nous sommes Danois, égaux entre nous, et seigneurs de tous les autres. Nous venons chasser les possesseurs de cette terre et la soumettre à notre puissance. Et toi-même, qui es-tu ? — N'avez-vous pas ouï parler d'un certain Hasting, qui, sorti de votre pays avec une multitude de navires, a changé en désert une grande partie de ce royaume des Franks ? — Nous en avons ouï parler, en effet ; il a bien commencé et mal fini. — Voulez-vous vous soumettre au roi Karle ? — Nous ne voulons nous soumettre à personne ; tout ce que nous acquerrons par les armes, nous en resterons maîtres et seigneurs ; va dire cela au roi qui t'envoie [1]. » Hasting retourne vers Ragnold, duc du Mans, qui commandait les Gallo-Franks : les Normands, voyant que leurs navires ne paraissent pas, s'emparent de toutes les barques de pêcheurs de la Seine, passent le fleuve, tuent le duc Ragnold et mettent son armée en fuite (*Annal. S.-Wedast.*). Un certain Tetbold ou Thibaud, Normand de naissance, qui convoitait le comté de Chartres, persuade alors à Hasting qu'on le soupçonne de trahison et qu'on lui impute la déroute des Franks : Hasting alarmé «vend» son comté à Tetbold, s'en retourne chez les païens, et Tetbold fonde ainsi la maison des comtes de Chartres ; famille qui ne démentit pas son origine et conserva une grande renommée de « tricherie. » (*Willelm. Gemeticens.*, l. II, c. 11.)

Les vaisseaux normands étaient enfin arrivés : l'armée barbare remonta le cours de la Seine ; elle prit le château de Pontoise et parut en vue de Paris le 25 novembre 885. Sept cents grandes barques peintes couvraient le fleuve sur une étendue de deux

---

1. Dud. S. Quintin. *De Gest. Norman.*

lieues (une de nos lieues) : les Barbares comptaient, dit-on, plus de trente mille combattants. Les païens, qui, en quarante ans, avaient pillé trois fois Paris, ne s'attendaient à aucune résistance et ils comptaient remonter la rivière sans obstacle jusqu'en Burgondie; ils s'arrêtèrent étonnés en voyant devant eux la ville fortifiée à neuf et la Seine barrée par deux ponts de bois que protégeaient deux grosses tours. Trois des principaux seigneurs de la Neustrie, Hugues-l'Abbé, marquis d'Anjou, Gozlin, abbé de Saint-Germain-des-Prés, élu depuis peu évêque de Paris, et Ode ou Eudes, comte de Paris, s'étaient enfermés dans l'île de la Cité avec tout ce qui restait de gens de cœur dans le pays, et excitaient les habitants à vaincre ou à mourir avec eux; la valeur guerrière renaissait enfin de l'excès du désespoir. Eudes avait récemment succédé dans le comté de Paris à Conrad, frère de Hugues-l'Abbé : ce jeune homme était l'aîné des fils de Robert le Fort et marchait sur les traces paternelles, ainsi que son frère Robert, qui partagea ses périls et ses exploits. Le roi de mer Sighefrid alla d'abord trouver l'évêque Gozlin, et demanda le libre passage, en promettant qu'on respecterait les biens des habitants, des églises et du comte. L'évêque refusa.

L'attaque commença le lendemain au soleil levant : les deux ponts étaient où se trouvent maintenant le pont au Change et le Petit-Pont, et les deux tours correspondaient au Grand et au Petit-Châtelets. Les Normands dirigèrent leurs premiers efforts contre la tour du Grand-Pont ou de la rive septentrionale, encore inachevée, et l'on combattit sur ce point durant deux jours avec une opiniâtreté inouïe : citoyens, moines et prêtres, tous prirent glorieusement part à l'action; l'abbé Ebles, neveu de l'évêque Gozlin, rivalisa de vigueur et de courage avec le comte Eudes, et Gozlin lui-même fut légèrement blessé d'un javelot. Les Normands convertirent le siége en blocus, assirent leur camp dans le faubourg du nord, autour de l'église Saint-Germain-le-Rond (l'Auxerrois), et ne reprirent les attaques de vive force qu'au bout de quelques semaines : tout ce qui subsistait des traditions de la science militaire romaine fut employé par ces Barbares, dont l'orgueil était intéressé à triompher à tout prix. Ils fabriquèrent une tour roulante à trois étages et la poussèrent contre la tour du Grand-Pont : les Parisiens tuèrent à coups de flèches les hommes qui dirigeaient la machine ; les Normands alors s'approchèrent de la tour du Grand-Pont, les uns sous des mantelets mobiles couverts de cuirs frais, les autres en faisant la tortue avec leurs boucliers ; ils assaillirent à la fois le pont par eau, la tour par terre : ils s'efforcèrent de combler le fossé de la tour, en y jetant jusqu'aux cadavres de leurs prisonniers, qu'ils égorgeaient à la vue des assiégés ; ils ébranlèrent la tour avec trois béliers, tandis qu'ils tâchaient d'écarter les Parisiens des créneaux par une grêle de traits et de balles de plomb ; ils poussèrent trois navires chargés d'arbres enflammés contre les piles du pont ; tout fut inutile : les mantelets et les tortues furent écrasés par les énormes pierres que lançaient les mangonneaux et les catapultes des assiégés, ou percés par de grandes perches armées de fer ; les bûchers flottants échouèrent contre un môle de pierre qui soutenait le pont. Les Normands se replièrent sur leur camp, et abandonnèrent leurs machines de guerre (fin janvier 886).

Un accident fatal troubla bientôt l'allégresse des Parisiens : dans la nuit du 6 février, une crue de la Seine emporta une partie du Petit-Pont de la rive méridionale, qui n'avait point été attaqué jusqu'alors, et isola ainsi de la cité la tour qui servait de tête de pont : les Normands y coururent en foule ; douze hommes qui gardaient cette tour se défendirent héroïquement tout le jour contre une armée entière, à la vue des Parisiens, qui contemplaient avec fureur et désespoir les inutiles exploits de ces braves gens qu'ils ne pouvaient secourir. La tour incendiée, les douze se retirèrent sur les débris du pont et y combattirent longtemps encore ; vers le coucher du soleil, ils se rendirent enfin, sur la promesse d'avoir la vie sauve ; mais à peine eurent-ils déposé leurs armes, que les Normands les massacrèrent tous. Les noms de ces hommes intrépides, qui fécondèrent de leur sang le berceau de la nationalité française, ont été conservés à la postérité : ils s'appelaient Ermenfred, Hervé, Eriland, Odaucre (*Odowaker*), Erwig, Arnold, Solies (*Solius*), Gozbert, Wido ou Gui, Ardrade, Einard et Gossuin. Hervé avait été d'abord épargné : à la noblesse de sa figure et de son port, les barbares « l'avaient pris pour un roi », et en espéraient une riche rançon ; mais, quand il eut vu égorger à ses côtés ses compagnons, « il ne voulut plus vivre », et força les païens à le tuer aussi, en leur jurant « qu'ils n'auraient jamais de rançon pour sa tête ».

Cette honteuse victoire fut peu profitable aux Normands; la mort des douze ne fit qu'affermir la résolution des Parisiens, certains qu'ils n'avaient point de merci à attendre; la diminution des forces des païens encouragea même les assiégés à tenter des sorties; une grande partie des Normands, ennuyés de la longueur du siége, étaient allés piller les contrées entre Seine et Loire; Bayeux, Évreux, furent saccagés par Roll; mais d'autres bandes païennes furent battues devant Chartres et le Mans, par les populations que dirigèrent deux vassaux du comte Eudes.

Les hauts faits des Parisiens retentissaient dans tout l'Empire, qui n'était plus accoutumé à des bruits de gloire. Heinrik, duc des Marches saxonnes et frisonnes, le plus puissant et le plus renommé des chefs germains, marcha enfin au secours de la Neustrie, pénétra de nuit, par surprise, dans le camp des Normands, et jeta quelque renfort dans Paris; mais il fut bientôt contraint à la retraite par les païens rassemblés de toutes parts, et la situation des assiégés devint plus critique qu'auparavant : leur misère était extrême; le typhus désolait la ville, et emportait chaque jour ses plus intrépides défenseurs; en vain l'évêque Gozlin obtint-il l'éloignement du plus célèbre des « rois de mer », Sighefrid, moyennant la modique somme de soixante livres d'argent; Sighefrid n'emmena que les champions dévoués à sa personne; le gros de l'armée barbare reprit le siége avec une nouvelle furie. La mort de l'évêque Gozlin et de Hugues-l'Abbé, qui succombèrent à leurs fatigues et « passèrent au Seigneur » avec bien d'autres, jeta dans la Cité une sombre tristesse que redoubla le départ du comte Eudes. Le comte avait jugé nécessaire de courir en personne invoquer l'assistance de l'empereur et des chefs lorrains et germains; l'abbé Ebles resta quelque temps chargé de tout le poids de la défense. Les assiégés néanmoins ne tardèrent pas à voir briller sur la colline de Montmartre les casques et les écus d'Eudes et de ses guerriers : les Normands accoururent en foule pour fermer le passage à Eudes; le comte de Paris traversa leurs rangs à course de cheval, « sabrant l'ennemi à droite et à gauche », rentra sain et sauf dans la tour du Grand-Pont, et rendit la « joie au peuple affligé » en annonçant le retour du duc Heinrik à la tête d'un nouveau corps d'armée, qui n'était que l'avant-garde de l'empereur.

Heinrik suivit de près Eudes; mais les espérances fondées sur sa venue s'évanouirent promptement : tandis que ce chef, peu accompagné, faisait une reconnaissance sur le camp des païens, son cheval s'abattit dans des trous creusés en avant des lignes ennemies et recouverts de paille et de gazon; les Normands se jetèrent sur lui et le massacrèrent avant que ses gens eussent pu le tirer de leurs mains; « l'armée, ayant perdu son chef, s'en retourna », à la vue des Parisiens consternés (*Annal. Metens.— S. Wedast.*) (juillet 886). Les Normands crurent toucher enfin au terme de leurs travaux : ils donnèrent un assaut général par terre et par eau à la grosse tour, au Grand-Pont et à la Cité; ce fut le plus terrible combat qu'on eût encore vu. Une nuit que les sentinelles harassées s'étaient endormies sur leurs armes, saint Germain était venu, disait-on, veiller sur les remparts avec des légions d'anges; les Parisiens, exaltés par leur confiance dans le secours surnaturel du saint évêque et de sainte Geneviève, firent des prodiges de valeur : un certain Gherbold ou Gerbaud, « petit de taille, mais puissant par le courage », défendit, lui sixième, une des extrémités de l'île, à l'aide d'une catapulte qu'il manœuvrait avec une adresse meurtrière. Les Normands, repoussés de la Cité et du pont, se portèrent en masse contre la grosse tour, et entassèrent un vaste bûcher devant la porte; la garnison alors s'élança hors de la tour, tandis qu'un prêtre tenait un crucifix élevé sur les créneaux au milieu des flammes : les Normands furent culbutés avec un affreux carnage.

Cet assaut fut le dernier; mais, durant trois mois encore, le camp des Barbares resta planté en face de la Cité : l'inepte empereur Karle, occupé de ses débats avec les seigneurs d'Italie et d'Allemagne, et découragé par la mort du duc Heinrik, qui avait l'habitude de penser et d'agir pour lui, hésita durant tout l'été, bien qu'il fût arrivé à Metz dès le mois de juillet, et ne parut qu'en octobre au sommet de Montmartre, « avec une grande armée de toutes nations ». Les Normands, à l'aspect des forces supérieures de Karle, évacuèrent leurs retranchements de Saint-Germain-l'Auxerrois, et se retirèrent dans un second camp qu'ils avaient établi autour de Saint-Germain-des-Prés; l'armée gallo-germanique les suivit sur la rive méridionale. Le jour de la vengeance semblait arrivé, lorsque les Parisiens apprirent tout à coup avec une profonde indignation que l'empereur traitait avec l'ennemi : effrayé de l'approche de Sighefrid, qui ramenait de nouvelles bandes des rives de l'Escaut, Karle le Gros accordait 799 livres d'argent aux Normands pour la rançon de Paris, avec l'autorisation d'aller hiverner en Burgondie et de ravager à leur aise cette région, « parce que les habitants n'obéissaient pas à l'empereur » et avaient relevé l'étendard du roi Boson, redevenu maître de Vienne, de Lyon et de Mâcon [1].

Tel fut l'ignoble dénoûment de ce siége héroïque, qui eût mérité d'être chanté par une voix mieux inspirée que celle du moine Abbon [2], Homère barbare, à qui nous devons pourtant savoir gré de nous avoir conservé l'authentique récit des exploits de nos pères. La honte de Karle le Gros ne servit qu'à rehausser la gloire de Paris : Paris avait conquis le rang de capitale du peuple nouveau qui venait de se révéler à lui-même en repoussant l'étranger, et qui allait s'affirmer avec éclat en se donnant un chef national. Paris venait d'inaugurer ses grandes destinées! Il était désormais la tête et le cœur de la France.

Les Parisiens ne se démentirent pas un instant : lorsque les Barbares, conformément à leur traité avec l'empereur, réclamèrent le passage dont le refus avait été le signal du siége, l'abbé Ebles et le successeur de Gozlin, l'évêque Anskeri, appelèrent les citoyens aux remparts, et Ebles perça d'une flèche le pilote du bâtiment qui naviguait en tête de la flotte. Les Normands tirèrent leurs barques à sec, les traînèrent ainsi l'espace de plus de deux milles, et ne les remirent à flot que bien au delà de la Cité ; encore n'obtinrent-ils de n'être pas troublés dans cette singulière opération qu'en livrant des otages, comme garantie du

---

1. *Annal. Metens.* — *S. Wedast.* — *Fuld.* — Abbonis *Carmen de Bellis Parisiacis.*

2. *Abbes*, dans la langue romane, qui gardait du latin le nominatif en *s* ; aux cas obliques, on disait *Abbon* ; l'accusatif latin en *um*, prononcé *on* à la gauloise.

serment qu'ils prêtèrent de ne plus infester les environs de Paris ni les bords de la Marne (Abbon.— *Annal. Metens.*). Ils passèrent de la Seine dans l'Yonne, et le gros de leurs troupes assiégea Sens, tandis que leurs détachements se répandaient dans le Sénonais et la Burgondie ou *Bourgogne (Burgun)*, comme on commençait à la nommer en langue romane ; l'archevêque de Sens suivit l'exemple de l'évêque de Paris, et excita ses ouailles à une vigoureuse résistance, qui se prolongea six mois : les Normands finirent par lever le blocus au prix de quelque argent (juin 887); mais ils ne cessèrent pas de ravager la Bourgogne, la Champagne et la Brie.

L'empereur, cependant, ne porta pas loin la peine de sa lâcheté : de Paris, il s'en alla dans le Soissonnais; il s'enfuit honteusement devant Sighefrid, qui brûla, presque à ses yeux, l'abbaye de Saint-Médard : puis il retourna malade vers le Rhin : les grands de la Germanie et du Lotherrègne, « voyant son esprit aussi affaibli que son corps », refusèrent de reconnaître pour souverain son fils naturel Bernard, qu'il voulait associer à l'Empire, et proclamèrent roi, d'une voix presque unanime, Arnolfe, duc de Carinthie, fils bâtard du feu roi de Bavière Karloman. La défection fut si générale, que le malheureux Karle se vit réduit à implorer de son neveu, qui le renversait du trône, quelques moyens de subsistance pour lui et son fils : Arnolfe, dit-on, versa des larmes devant cette profonde misère d'un homme qui régnait la veille sur presque tout l'Occident : il assigna au prince déchu des domaines en Souabe; mais Karle ne survécut que quelques semaines à sa chute, et s'éteignit au fond du couvent d'Indingen, le 12 janvier 888 : les Annales de Saint-Waast prétendent qu'il fut étranglé par les siens; les chroniqueurs monastiques ont voulu faire de Karle le Gros un espèce de saint, à cause de sa « pieuse résignation », qui ne paraît guère avoir été que de l'abrutissement et de l'inertie.

Le fântôme de l'Empire frank disparut alors pour toujours, et l'Occident se disloqua violemment par une explosion générale : ce fut comme le second acte du grand drame commencé à Fontenailles et à Verdun. Sept rois surgirent à la fois dans l'Empire dissous : tous les Germains et une partie des Lorrains s'étaient réunis autour de l'actif et brave Arnolfe; Béringhier ou Bérenger, duc de Frioul, fils d'une fille de Lodewig le Pieux, reçut, à Pavie, la couronne d'Italie des mains de l'archevêque de Milan; Rodolfe, qui était fils du feu comte de Paris Conrad et neveu de Hugues l'Abbé, et qui avait le duché de la Bourgogne transjurane, prit le sceptre royal à Saint-Maurice-en-Valais, et essaya sans succès d'enlever le Lotherrègne à Arnolfe, qui le refoula dans les montagnes de l'Helvétie, et qui le força de prêter serment de vassalité pour la Transjurane. La Provence et le duché de Lyon, qui avaient perdu leur roi Boson en 887, après trois ans d'agitations et de discordes, harcelés au Nord par les Normands, au Midi par les corsaires sarrasins cantonnés à Fraxnith (la Garde-Fraînet), près de Fréjus, reconnurent pour roi le petit Lodewig, fils de Boson, par le conseil du pape, avec le consentement et sous la suzeraineté d'Arnolfe de Germanie (890). En Aquitaine, Ramnulfe II, comte de Poitiers, frère du brave abbé Ébles, se fit proclamer roi dans sa cité, mais sans aucune chance d'être agréé par les autres grands aquitains, ses rivaux (*Chronic. Hermanni Contracti*); enfin Wido ou Gui, duc de Spolète, Frank d'origine et allié à la race carolingienne, fut appelé en France, où il avait des domaines, par l'archevêque de Reims Folques ou Foulques, et sacré à Langres par l'évêque Gheilo, en présence de quelques prélats et seigneurs de Champagne et de Bourgogne; mais, pendant ce temps, une autre élection plus illustre avait lieu à Compiègne : « Eudes, fils de Robert, vaillant homme, disent les *Annales de Metz*, qui surpassait tous les autres hommes en beauté de visage, en hauteur de taille, en force et en sagesse », et qui avait reçu de Karle le Gros, après le siége de Paris, le duché d'entre Seine et Loire, était proclamé roi aux acclamations de la France occidentale, et oint par Walter ou Gautier, archevêque de Sens (fin 887). C'était Paris en quelque sorte que l'on couronnait sur la tête de son valeureux comte.

Wido sentit l'impossibilité de soutenir la lutte, quitta la Gaule et alla ravir l'Italie à Bérenger, et envahir la couronne impériale à la place de celle de Neustrie. La faction qui avait appelé Wido, et qui dominait dans le nord et l'est de la Neustrie, se rejeta vers le roi de Germanie, et l'invita « à occuper un trône qui

lui appartenait »; le défenseur de Paris fit pencher la balance en
sa faveur par une victoire sur l'ennemi commun, sur les Normands, qui s'étaient étendus vers le Nord, et qui ravageaient toute
la Champagne et les confins du Lotherrègne. Pendant qu'une
bande de Normands assiégeait, prenait et brûlait Meaux, Eudes,
à la tête d'une poignée de braves, surprit le principal corps des
Barbares dans les bois et les défilés de l'Argonne, près de Montfaucon, et le mit en pleine déroute (24 juin 888). Le poëte Abbon
prétend que dix-neuf mille païens furent dispersés ou passés au
fil de l'épée par mille chrétiens. L'exagération est évidente; mais
il est certain que le triomphe d'Eudes eut beaucoup de retentissement : le comte de Flandre, Baudouin II, se détacha du parti de
l'archevêque Foulques, et rallia au roi Eudes tout le pays entre
l'Escaut et la Somme; Arnolfe de Germanie, qui avait bien assez
à faire outre-Rhin, ne s'opiniâtra pas à la conquête des régions de
l'ouest; il se contenta de garder le Lotherrègne, avec une vague
suprématie sur la Neustrie comme sur les autres nouveaux
royaumes de la Gaule, et, dans une conférence qu'il eut à Worms
avec Eudes, il consentit à ce que le fils de Robert le Fort régnât
sur les États attribués à Karle le Chauve par le traité de Verdun;
puis il ratifia, en envoyant une couronne d'or à Eudes, la révolution qui donnait à la France romane un roi de sa langue, sinon
de son sang, un fils adoptif de la Neustrie, étranger à la race
austrasienne des fils de Karle. Un peuple nouveau était désormais
constitué par l'absorption des Franks occidentaux dans la masse
des Gallo-Romains; il n'y avait plus ni Franks ni Romains en
Neustrie, il n'y avait plus que des Français[1]. Le grand signe de
cette transformation fut l'attribution spéciale du nom de *France*
au duché de Seine et Loire, à la région qui entoure Paris, centre
de formation de la nationalité française.

1. En langue romane, *Frances, Franceis*. — *Annal. S. Wedast.* — *Metenses. Fuldenses.*

LIVRE XVI.

FRANCE FÉODALE

(SUITE).

FORMATION DE LA NATIONALITÉ FRANÇAISE.— Règne d'Eudes.— Luttes contre les Normands et luttes civiles. — Restauration des Carolingiens. Karle le simple. — Rollon. Établissement définitif des Normands, qui se font chrétiens. Duché de Normandie. — Héribert de Vermandois. Les Carolingiens rejetés de nouveau. Karle le simple déposé. Élection des rois Robert de France et Raoul de Bourgogne. — Seconde restauration des Carolingiens. Louis d'Outremer. Hugues le Grand. Guerres civiles. Anarchie. — Relations de la France royale avec les empereurs germains. Les deux Lorraines disputées entre la France et la Germanie. — Derniers rois carolingiens. Chute définitive de la maison de Charlemagne. Élection de Hugues Capet.

888—987.

Elle était lourde à porter la couronne qui venait d'être posée sur le front du nouveau roi des Français : la royauté nouvelle ne voyait autour d'elle qu'obstacles et que périls; l'élan de patriotisme qui s'était manifesté dans quelques villes, et parmi quelques prêtres et quelques gens de guerre, était bien loin de suffire à dompter l'ennemi extérieur et l'ennemi intérieur, l'invasion normande et l'anarchie seigneuriale. Encore, si Eudes eût pu concentrer ses forces et son énergie dans la Neustrie, peut-être eût-il eu chance de succès contre les Normands; mais la France romane, à peine affranchie elle-même de la France germanique, voulait assujettir la Gaule d'outre-Loire; Eudes, placé entre la résistance aux Normands et l'offensive contre l'Aquitaine, avait hérité des insurmontables embarras de Karle le Chauve en héritant de son royaume, et il avait de plus à surmonter les dangers qui environnent une dynastie nouvelle, lorsque l'ancienne dynastie n'est pas éteinte et agit encore sur les esprits par la puissance des souvenirs. Tout le monde n'avait pas oublié en France le serment solennel prêté jadis par les hommes d'Austrasie et de

Neustrie, pour eux et leur postérité, à la race de Peppin le Bref : le clergé surtout en gardait la mémoire, et le parti qui avait appelé tour à tour Wido de Spolète et Arnolfe de Germanie reportait ses espérances vers le petit Karle (*le Simple*), seul descendant vivant de Karle le Chauve. Ce parti demeura trois ou quatre ans immobile, et Eudes put le croire tout à fait amorti. En 889, après son traité avec Arnolfe, Eudes passa en Aquitaine ; le comte de Poitiers, Ramnulfe, ne put soutenir le titre qu'il s'était attribué : il ne dominait que sur l'Aquitaine occidentale ; l'Aquitaine orientale était sous l'influence de Guilhem-le-Pieux, comte d'Auvergne et marquis de Gothie, qui reconnut Eudes par jalousie contre Ramnulfe : le Poitevin se soumit et jura fidélité au roi des Français (*Ann. Sanct.-Wedast.*). Eudes, rappelé au nord de la Loire par les fureurs des Normands, dut se contenter d'une suzeraineté purement nominale.

La victoire de Montfaucon n'avait pas eu de résultat durable ; les Barbares étendaient leurs ravages des portes de Toul et de Verdun jusque dans l'Aquitaine ; ils avaient brûlé Troies et ils assaillirent derechef Paris ; mais les citoyens, « endurcis par l'habitude des veilles et des fatigues, et aguerris par de longs combats », repoussèrent les assauts avec leur intrépidité accoutumée, et les Normands qui venaient soit de Meaux, soit des environs de Sens, et qui voulaient redescendre la Seine, furent forcés, pour la seconde fois, de traîner leurs navires par terre « à grande sueur ». Le roi Eudes, de retour d'Aquitaine avec trop peu de troupes pour accabler les barbares, leur donna une somme d'argent pour qu'ils évacuassent son royaume (vers juillet 889) : les Normands s'en allèrent vers l'ouest, entrèrent dans le Cotentin, qui dépendait de la Bretagne, et assaillirent le château de Saint-Lô, où s'était jeté l'évêque de Coutances avec l'élite des habitants du comté. Les évêques dirigeaient presque partout la résistance, et agissaient du bras non moins que de la tête, par une infraction bien pardonnable aux canons, qui leur défendaient de porter les armes. L'évêque de Coutances mourut durant le siège, qui fut fort long : le manque d'eau contraignit la place de capituler ; aussitôt les portes ouvertes, les Normands égorgèrent tous les assiégés. Ils entrèrent ensuite en Bretagne, et saccagèrent l'intérieur de la péninsule, des bords du Couesnon à ceux du Blavet ; mais cette invasion eut un heureux résultat pour la Bretagne, et mit fin aux désordres qui avaient désolé cette contrée seize années durant. Les deux principaux chefs qui se disputaient la royauté, Allan, comte de Vannes, et Judicaël, comte de Rennes, se liguèrent contre l'étranger. Judicaël, le plus jeune des deux, « avide d'exalter la gloire de son nom », n'attendit point Allan, fondit sur les Normands, culbuta les païens et leur tua beaucoup de monde ; mais le désespoir ranima la farouche énergie des guerriers du Nord, et Judicaël, s'étant précipité après eux dans une bourgade où ils avaient cherché un refuge, fut victime de son imprudente valeur. « Allan, réunissant toute la Bretagne sous sa domination, fit vœu de consacrer la dîme de tous ses biens à Dieu et à Saint-Pierre de Rome, s'il surmontait ses ennemis par l'assistance divine, et tous les Bretons répétèrent le même vœu : Allan marcha donc au combat et fit un tel carnage des ennemis, que, de quinze mille qu'ils étaient, quatre cents à peine regagnèrent leurs vaisseaux (890)[1]. » Allan prit le titre de roi de Bretagne ; il rétablit la cité de Nantes, qui avait été entièrement ruinée et dépeuplée par les Normands, et régna glorieusement dix-sept années (jusqu'en 907). Il ne put malheureusement rien fonder de durable : il n'eut pas de successeur au trône, et, après lui, la Bretagne retomba dans le misérable état d'où il l'avait tirée.

La destruction de la célèbre armée normande qui avait couvert la France de ruines pendant cinq ans ne profita guère aux États d'Eudes et d'Arnolfe : de nouveaux essaims de pirates sortaient incessamment de l'inépuisable Scandinavie ; ceux des Normands qui étaient demeurés à la garde des navires sur la côte de Bretagne, à la nouvelle de l'extermination de leurs camarades, remirent à la voile, et, grossis bientôt de nombreuses recrues que leur envoyèrent les luttes civiles de la Norwége, ils rentrèrent dans la Seine, dans la Somme et dans l'Escaut. Les bandes de la Somme s'établirent à Amiens ; celles de la Seine, n'osant plus affronter la redoutable cité de Paris, passèrent dans l'Oise, se cantonnèrent

---

1. *Annal. Metens.* — *S. Wedast.*

quelque temps à Noyon, puis allèrent à travers terre rejoindre le gros corps de païens qui occupait toujours le camp de Louvain, au cœur du Brabant. Arnolfe, engagé dans ces interminables guerres contre les Slaves qui étaient le grand intérêt de la Germanie, n'avait pu songer encore à détruire ce repaire de brigands : les Normands de Louvain reprirent l'offensive, passèrent la Meuse, et taillèrent en pièces un corps d'armée lorrain, dans les bois entre Liége et Aix-la-Chapelle : l'archevêque de Mayence resta sur le champ de bataille (juin 891). Arnolfe, furieux, accourut du fond de la Germanie, et marcha droit à Louvain, où s'étaient retirés les Barbares. Le camp normand, adossé à la rivière de Dyle et couvert en front par des marais, était inaccessible à la cavalerie ; Arnolfe mit pied à terre avec tous ses guerriers, contre la coutume des Franks, qui, depuis si longtemps, ne combattaient plus qu'à cheval ; il saisit sa bannière de sa propre main, et se précipita le premier sur les retranchements ennemis ; le camp fut forcé, et toute l'armée normande fut sabrée ou jetée dans la Dyle, avec ses deux « rois de mer, » Sighefrid et Godefrid. Les détachements demeurés dans l'Escaut à la garde de la flotte eurent encore l'audace de tenter de venger cette catastophè par une incursion dévastatrice jusqu'à Bonn et Prüm, avant que de se rembarquer pour les régions du Nord (février 892) ; mais, une fois partis, les Normands ne revinrent plus dans les fleuves de la Belgique. L'anniversaire de la journée de la Dyle a été célébré de siècle en siècle à Louvain, le 1er septembre.

Le roi Eudes, moins heureux qu'Arnolfe, avait été surpris et mis en déroute, sur ces entrefaites, dans le Vermandois, par les Normands de la Somme, que commandait, dit-on, le vieux Hasting[1]. Les Normands quittèrent cependant la France ; mais ce fut l'excès même des misères du pays qui les y obligea : la famine dont ils étaient les auteurs les atteignit au milieu de leurs trésors. La France n'y gagna rien : la guerre civile remplaça la guerre étrangère ; le comte de Flandre rompit avec le roi Eudes, parce que celui-ci lui refusait l'abbaye de Saint-Waast d'Arras ; un comte Walkher ou Waucher, proche parent du roi, se révolta contre lui,

1. *Annal. Fuld.* — *Metens.* — *S. Wedast.*

se saisit de la forte place de Laon, et se coalisa avec le comte de Flandre; Eudes reprit Laon de vive force, et, voulant effrayer les factieux par un exemple terrible contre sa propre famille, fit condamner à mort et décapiter son cousin Waucher. Mais, pendant ce temps, les hostilités éclatèrent en Aquitaine : Ramnulfe de Poitiers étant mort empoisonné, suivant le chroniqueur Adhémar, qui semble accuser Eudes, et Eudes ayant donné le Poitou à son frère Robert, ce qui était contraire au nouveau droit public et renversait les droits d'un fils en bas âge qu'avait laissé Ramnulfe, le frère de Ramnulfe, le fameux Ebles, abbé de Saint-Germain et de Saint-Denis, alla soulever l'Aquitaine ; un comte Adhémar, qui avait vaillamment combattu contre les Normands lors du siége de Paris, et dont le père avait été autrefois comte de Poitiers, se jeta dans la querelle pour son propre compte, et chassa de Poitiers le frère du roi; le puissant Guilhem d'Auvergne, qui s'intitulait duc d'Aquitaine, arma pour soutenir le fils de son ancien rival Ramnulfe[1]. Eudes courut en Poitou, et l'abbé Ebles mourut les armes à la main, en combattant les hommes du roi (fin 892). Les défenseurs de Paris s'entre-exterminaient!

Eudes ne put néanmoins recouvrer Poitiers, et il fut obligé, par les nouvelles de Neustrie, de repasser au plus vite la Loire. Le parti de l'ancienne dynastie, grossi de tout ce qui ne cherchait qu'un prétexte de désordre, avait profité de l'absence d'Eudes pour lever l'étendard : Foulques, archevêque de Reims, et le vieux comte de Vermandois, Peppin, qui était fils du roi Bernard d'Italie et chef d'une branche carolingienne jusque-là fort obscure, appelèrent secrètement à Reims le fils posthume de Lodewig le Bègue, le jeune Karle, qui atteignait sa quatorzième année, et Foulques le « bénit » et le consacra comme roi (28 janvier 893). Guilhem d'Auvergne, après avoir vaincu et tué de sa propre main le comte de Bourges, chef du parti d'Eudes en Aquitaine, opéra sa jonction avec Adhémar de Poitiers et Richard, duc de Bourgogne, oncle du roi de Provence, et ils entrèrent tous trois en Neustrie sur les pas d'Eudes, pour se réunir aux partisans de Karle, qu'avait renforcés le comte de Flandre. Un grand choc

---

1. *Abbonis carmen*, l. II. — *Annal. S.-Wedast.* — *Adhemar.*

semblait imminent : ce choc n'eut pas lieu ; on conclut une trêve durant laquelle Karle et ses « fidèles » se maintinrent à Reims et dans les pays environnants.

Après la Pâque de 894, Eudes vint planter son camp devant Reims : les chefs du parti de Karle, réunis à Reims, « voyant qu'ils ne pouvaient résister à Eudes, » quittèrent la ville pendant la nuit avec leur jeune roi, gagnèrent le Lotherrègne, et allèrent implorer le secours d'Arnolfe de Germanie ; le monarque germain sacrifia son alliance avec Eudes à l'intérêt de la dynastie carolingienne, se laissa entraîner à appuyer la restauration de son cousin, « et lui concéda le royaume paternel, » en vertu du droit de suzeraineté qu'il s'attribuait sur les États gallo-franks, sans autre titre que la supériorité de sa puissance. Retenu outre-Rhin par ses guerres de Bohème et de Pannonie, il manda aux Lorrains de fournir une armée à Karle ; mais les grands du Lotherrègne refusèrent de se battre contre Eudes, et Karle fut refoulé par eux jusqu'en Bourgogne, région qui flottait alors entre les trois royaumes de France, de Transjurane (Suisse) et de Provence, et qui était envahie et ravagée par tout le monde. Arnolfe s'interposa de nouveau, mais, cette fois, dans l'intérêt de la religion et de l'humanité, et somma les deux prétendants de s'en remettre à sa médiation, et de comparaître dans un plaid général à Worms. Les partisans de Karle envoyèrent seulement une ambassade ; mais Eudes se rendit en personne à Worms, fut reçu d'Arnolfe avec de grands honneurs, en « obtint tout ce qu'il souhaitait, » et assista à l'inauguration de Zwentibold, fils naturel d'Arnolfe, sur le trône du Lotherrègne : les bâtards recommençaient à succéder, depuis que l'esprit féodal prenait le dessus sur l'esprit ecclésiastique.

A peine Zwentibold fut-il installé dans le Lotherrègne, qu'avec ou sans l'aveu de son père, il s'allia à la faction de Karle, entra sur les terres d'Eudes à la tête d'une grande armée, et assiégea Laon ; mais l'archevêque Foulques et les autres partisans sincères du jeune Karle reconnurent bientôt que Zwentibold visait à conquérir la France romane pour son propre compte, et que la vie de Karle n'était plus en sûreté dans son camp. Les partisans de Karle députèrent vers le roi Eudes, lui demandèrent la paix « avec telle part du royaume qu'il voudrait accorder à Karle, » et se séparèrent de Zwentibold, qui leva le siége de Laon et se retira à l'approche d'Eudes (juin 895). Un plaid fut indiqué pour le printemps suivant, afin de régler les termes de la transaction entre le roi et son jeune compétiteur. On ne s'entendit pas; Eudes, reprenant les armes, força le comte Héribert de Vermandois, fils de Peppin, et même l'archevêque de Reims, à se soumettre, et Karle n'eut plus dans la France romane un asile où reposer sa tête. Les négociations se renouvelèrent pourtant; Eudes lui-même semblait douter de son droit; il « se ressouvenait que le père de Karle avait été autrefois son seigneur (*Annal. S. Wedast.*) » Le retour des Normands dans la Seine et dans l'Oise influa aussi sur la résolution d'Eudes, qui sentait sa santé décliner sous le poids des fatigues et des soucis, et qui avait hâte de pacifier la France : il manda Karle auprès de lui, gratifia ce jeune homme « de la portion du royaume qu'il voulut, et lui promit de plus grandes choses, » c'est-à-dire apparemment son héritage; puis il traita avec les Normands, leur permit d'hiverner sur la Loire, et leur promit de l'argent pour qu'ils s'en allassent au printemps. Eudes ne vit pas l'exécution de ce pacte : il tomba gravement malade à La Fère-sur-Oise, à la fin de 897, et mourut le 3 janvier suivant, « après avoir prié tous ceux qui l'entouraient de garder leur foi à Karle » (*Annal. S.-Wedast.*). On ensevelit à Saint-Denis le premier roi de la maison de France, entre les descendants de Chlodowig et de Karle-Martel.

La restauration de la dynastie carolingienne s'opéra pacifiquement et sans secousse : un certain nombre de prélats et de seigneurs proclamèrent Karle à Reims pour la seconde fois; le comte de Flandre, le duc de la Bourgogne française, le comte d'Auvergne, qui dominait toujours l'Aquitaine, adhérèrent à cette proclamation; le comte Robert, frère du feu roi Eudes, rendit également hommage à Karle moyennant la concession des « honneurs » qu'avait eus son frère avant d'être roi. Karle convenait beaucoup mieux aux grands que le fier et intelligent Eudes : son ineptie, qui lui fit donner les surnoms de *simple* et de *sot* (*simplex, sottus*), le mettait hors d'état de rien entreprendre pour relever la royauté, et, durant bien des années, l'histoire serait complètement muette sur son compte, s'il n'eût été parfois l'instrument de quelques seigneurs contre leurs rivaux. C'est une triste et obscure époque ; cependant, si l'on examine attentivement le fond des choses, on reconnaît que la dissolution de la société ne fait plus de progrès. L'ordre nouveau tâche de se constituer ; les dynasties féodales se fondent ; les rapports hiérarchiques commencent à s'établir ; les existences et les propriétés sont encore exposées à de violentes attaques, mais la résistance contre les brigands nationaux et étrangers grandit de jour en jour : les métairies ouvertes, les *villas* de bois des leudes franks se sont transformées en donjons de pierre et de brique ; toutes les abbayes sont des châteaux forts (*castra*) ; chaque propriétaire rural, libre ou noble, ce qui se confond, fait de sa maison une place de guerre, où quelques hommes d'armes, ses commensaux, héritiers des anciens antrustions, peuvent l'aider à soutenir un siége ; sur chaque colline de la France s'élève une tour crénelée ; les Normands sont encore là, courant par toute la Neustrie, l'Aquitaine, la Bourgogne ; mais le butin devient journellement plus rare et plus disputé, quoique la résistance ne soit guère que locale et partielle. Les rapports des Normands avec la France vont d'ailleurs prendre bientôt un caractère nouveau, et de grandes choses se préparent de ce côté.

Les seigneurs sont trop occupés de leurs querelles pour s'unir contre l'ennemi commun. Robert de France est en rivalité avec Richard de Bourgogne ; Foulques de Reims et Héribert de Vermandois poussent le roi contre Baudouin de Flandre, à propos de l'abbaye de Saint-Waast d'Arras, que Baudouin s'est appropriée ; car les grands cherchent à s'attribuer la nomination aux évêchés et aux abbayes dans leurs domaines ; il ne leur manque plus que cette prérogative pour avoir tous les droits souverains et compléter la spoliation de la royauté. La lutte finit tragiquement : les hommes du comte Baudouin massacrèrent l'archevêque Foulques au sortir du palais royal de Compiègne (900), et Karle le Simple ne fit rien pour venger le prélat auquel il devait sa couronne. Le respect pour le caractère épiscopal était bien diminué au milieu du désordre universel : le comte de Dijon avait récemment fait crever les yeux à l'évêque de Langres ; Zwentibold, roi du Lotherrègne, frappa l'archevêque de Trèves de coups de bâton sur la tête. Il est vrai que cette brutalité lui coûta cher, et qu'elle porta au comble l'irritation qu'avaient excitée contre lui son insolence et sa méchanceté : dès 898, une révolte éclata parmi les Lorrains de langue romane, qui avaient à leur tête Reghinher ou Regnier, comte de Hainaut (on croit que ce Regnier, fameux par ses ruses et son adresse, est le héros du roman allégorique du *Renard*) : Regnier et ses amis avaient offert à Karle le Simple la couronne du Lotherrègne, et Karle s'était avancé jusqu'à Aix-la-Chapelle et jusqu'à Nimègue, mais pour se retirer ensuite honteusement devant Zwentibold et les Lorrains teutons. Le Lotherrègne se souleva de rechef en 900, mais n'appela plus Karle le Simple, et il se donna au roi de Germanie Lodewig ou Ludewig III, fils légitime et successeur d'Arnolfe, mort en novembre 899, après avoir reçu la couronne impériale à Rome. Zwentibold se fit tuer aux bords de la Meuse en cherchant à reconquérir ses États.

Le midi de la Gaule devenait de plus en plus indépendant du Nord : les grands d'Aquitaine, qui avaient si vivement repoussé les efforts d'Eudes pour implanter sa famille et son pouvoir au midi de la Loire, n'eurent rien de semblable à redouter de Karle, qui se contentait de leur vain hommage ; quant aux royaumes de Bourgogne transjurane et de Provence, ils n'avaient point de relations politiques avec la France romane : la Transjurane s'était élargie aux dépens de la Provence ; la Savoie et la région entre le Jura et la Saône (Franche-Comté) avaient passé sous le sceptre de Rodolfe, qui mourut en 911 et eut pour successeur son fils Rodolfe II. Lodewig ou Louis, roi de Provence, regagna un moment au delà des Alpes bien plus qu'il n'avait perdu vers le Léman et le Jura : l'empereur Lambert, fils de Wido, était mort après avoir recouvré Rome et l'Italie envahies par Arnolfe, et Bérenger, l'ancien compétiteur de Wido, s'était fait proclamer empereur à son tour ; mais le parti de Wido et de Lambert appela le roi de Provence et le couronna roi d'Italie à Pavie, puis empereur à Rome (900-901). Bérenger reprit le dessus et obligea Lodewig à évacuer la Péninsule avec serment de n'y jamais rentrer : le roi de Provence viola sa parole, revint et chassa Bérenger jusqu'au-delà des Alpes tyroliennes ; Bérenger redescendit brusquement en Lombardie, marcha droit à Vérone, où se trouvait Lodewig, entra dans la ville par la connivence des habitants, enleva son rival et lui fit arracher les yeux (juillet 905). Le malheureux roi de Provence, remis en liberté après cette cruelle vengeance, retourna dans ses États, où il continua de régner obscurément jusque vers l'an 923, conservant sur ses domaines le titre d'empereur qui lui avait coûté si cher.

Des événements d'une bien autre importance que ces stériles vicissitudes avaient lieu sur ces entrefaites dans l'ouest : la province ecclésiastique de Rouen, à laquelle l'usage avait peu à peu restreint la dénomination de Neustrie, était dans une situation plus déplorable que le reste de la Gaule; les Normands n'avaient presque pas quitté cette région maritime, depuis l'origine de leurs invasions, et la résistance n'avait pu s'y organiser comme dans l'intérieur : les cités étaient à demi ruinées; presque tous les propriétaires étaient morts ou en fuite avec leurs familles; les serfs étaient errants ou dispersés; les halliers, les broussailles et les landes couvraient partout la terre, et l'on faisait des lieues entières, dans un des plus beaux pays de la Gaule, « sans voir la fumée d'un toit, sans entendre aboyer un chien ». Les Normands ouvrirent enfin les yeux sur les richesses que recélait le sol de ce fertile désert : à l'exemple des anciens Barbares, ils commencèrent à se fixer sur les terres qu'ils avaient ravagées, et, sans renoncer aux pillages et aux excursions lointaines, ils s'établirent à demeure sur les rives de la Basse-Seine : leurs établissements n'avaient été jusqu'alors que des repaires de brigands; celui-ci eut un aspect tout nouveau. Vers le temps de la mort du roi Eudes, les bandes avec lesquelles il avait traité, suivies d'autres flottilles beaucoup plus nombreuses, étaient revenues dans la Seine : cette fois, l'expédition normande ressemblait moins à une association de guerriers vagabonds qu'à une grande colonie d'émigrants et de bannis. La terrible bataille navale du Hafursfiord, tant célébrée par les skaldes, avait renversé l'indépendance des chefs norwégiens aux pieds de Harald Harfagher; une multitude de petits princes, de iarls et de herses s'étaient exilés de leur patrie asservie à un monarque, et, après avoir longtemps erré dans les Hébrides et sur les côtes d'Irlande, d'Écosse et d'Angleterre, la plupart se dirigeaient enfin vers la Neustrie, sous la conduite de Roll, le célèbre roi de mer, implacable ennemi de leur vainqueur Harald ; ils venaient coloniser la Neustrie, à l'exemple des Danois, qui avaient colonisé le Northumberland. Ils avaient fui leur pays pour ne pas subir la domination d'un souverain : ils acceptèrent la suprématie d'un chef unique, sans aliéner leur liberté, et cette circonstance, due à l'ascendant du caractère et de la renommée de Roll, eut une grande influence sur les rapports des envahisseurs avec les populations envahies : pour la première fois, il y eut entre les chrétiens et les païens d'autres relations que celles de la force brutale ; à l'approche des Normands, l'archevêque de Rouen, Wittes, « voyant les murs de sa ville détruits et n'attendant aucun secours du dehors », alla trouver Roll à son camp de Jumiéges, et lui offrit de lui rendre la cité, à condition qu'il épargnât les habitants ; Roll et les siens acceptèrent, prirent paisiblement possession de Rouen, et, « considérant le site avantageux de cette ville pour la mer et pour la terre, ils décidèrent unanimement d'en faire le chef-lieu de tout le pays[1] ». Ils occupèrent également Évreux, Bayeux, et la plus grande partie de la province ; Roll, dans une expédition antérieure, avait pris pour femme la fille du comte de Bayeux, après avoir tué le père. Dès lors, les Normands de la Seine eurent deux façons d'agir fort diverses à l'égard des Neustriens : au dehors, ils continuaient leurs rapines et leurs violences accoutumées ; mais, dans le pays qu'ils s'étaient approprié et qu'ils appelaient déjà de leur nom *Northmannie* ou Normandie, ainsi que l'atteste un monument contemporain (*la vie du roi Alfred,* dont l'auteur mourut en 909), ils agissaient en maîtres intelligents, et non plus en destructeurs aveugles : ils faisaient travailler les esclaves pour eux au lieu de les tuer, et imposaient un tribut régulier aux marchands et aux paysans qui se remettaient à l'agriculture et au négoce. Les rares sujets des Normands étaient déjà moins malheureux que le pauvre peuple des autres provinces ; car les hommes du Nord ne s'entrepillaient pas réciproquement comme faisaient les seigneurs français, et le pays demeurait tranquille derrière eux pendant qu'ils étaient en course.

Durant plusieurs années, les conquérants de la Normandie ne

---

1. Dudo, *in Rollone.* — Willelm. Gemetic. l. II, c. 9.

cessèrent de s'élancer de leur nouvelle patrie sur le reste de la Gaule : coalisés avec les bandes qui reparurent dans la Loire après la mort d'Allan le Grand, ils poussaient jusqu'au fond de la Bourgogne, de l'Auvergne, du Berri ; en 911, trois flottes remontèrent simultanément la Seine, la Loire et la Gironde ; Roll attaqua en personne Paris, qui ne faillit pas à sa gloire et se défendit comme à l'ordinaire ; puis Roll mit le siége devant Chartres : les Chartrains, enflammés d'émulation par l'exemple de Paris, combattirent si résolument, que Richard, duc de Bourgogne, et Robert, duc de France, eurent le temps d'arriver à leur aide. Les ducs Richard et Robert assaillirent le camp de Roll, qui « résista furieusement » ; le sort de la journée fut décidé par une terrible sortie des Chartrains ; l'évêque Antelme ou Waltelme conduisit ses paroissiens à l'ennemi, en élevant au bout d'une pique une prétendue chemise de la sainte Vierge, que l'on conservait précieusement dans le trésor de l'église de Chartres. Les Normands furent chassés de leur camp : une chronique d'Anjou prétend que six mille huit cents d'entre eux restèrent sur la place (28 août 911). Roll se retira néanmoins en bon ordre vers les rives de la Seine. Les revers exaltaient l'énergie des Normands : Roll, exaspéré de la perte de tant de braves, redoubla d'audace et de furie, « et excita les siens à exterminer la France ». « Les païens, comme des loups nocturnes, se jettent sur les bergeries du Christ ; les églises sont incendiées ; les femmes, traînées captives ; le peuple, égorgé ; c'est un deuil universel, et de lamentables clameurs s'élèvent de toutes parts vers le roi Karle, qui laisse périr le peuple chrétien par son inertie (Willelm. Gemetic.). »

Une grande résolution fut enfin prise par le roi, ou sous le nom du roi : on savait trop qu'acheter la paix à prix d'argent était une honte inutile ; expulser les Normands de vive force était impossible ; c'eût été folie que d'attendre des grands l'union et la persévérance nécessaires pour une telle entreprise ; Robert, comte de Paris et duc de France, proposa le seul parti capable de changer radicalement la situation et de fermer une ère de désastres : ce fut d'offrir à Roll la main de Ghisèle, fille de Karle le Simple, avec la cession de la contrée sise entre l'Océan, les rivières d'Epte, d'Eure et d'Aure, les frontières du Maine et de la Bretagne, à condition qu'il reçût le baptême et devînt le vassal du roi. Les seigneurs et les évêques se rangèrent à l'avis de Robert, et Frankes (ou Francon), archevêque de Rouen, fut chargé de communiquer ces propositions à Roll. Le vieux roi de mer en délibéra mûrement avec ses compagnons d'armes, et, « par leur conseil, il reçut l'offre de bonne grâce. Au jour fixé, Roll et Karle vinrent au lieu dit Saint-Clair, le roi, avec Robert, duc des Français, se tenant à l'un des bords de la rivière d'Epte, et Roll avec ses guerriers à l'autre bord.[1] » On échangea divers messages avant que de s'entendre; car Roll ne se contentait pas du don de la province rouennaise : « Cette terre, » disait-il, « est partout envahie par les bois; le soc de la charrue ne la sillonne plus, et nous n'y trouvons pas de quoi subsister. » Le roi, qui avait de vieux ressentiments contre le comte de Flandre, voulut alors donner son comté à Roll; mais le chef normand refusa cette terre « pleine de marécages », et demanda la Bretagne, « pour supplément de vivres ». Karle donna sans peine ce qui ne lui appartenait pas : il ne cédait à Roll que le droit de conquérir la Bretagne, s'il était assez fort pour l'exercer. Quand tout fut convenu, le roi des Français et le chef des Norwégiens s'abouchèrent, et l'on procéda à la cérémonie de l'hommage : le cérémonial ne consistait plus seulement à s'agenouiller devant le suzerain et à mettre les mains dans les siennes; les formes serviles de la cour de Byzance s'étaient introduites dans le palais des empereurs et des rois franks, où elles faisaient un ridicule contraste avec la faiblesse des souverains et l'indépendance des vassaux : on était donc tenu de baiser le pied du prince qui octroyait un bénéfice (usage qui, après avoir disparu de toutes les cours laïques, s'est conservé dans celle de Rome). Lorsque les évêques avertirent Roll de se conformer à la coutume, il fit un bond en arrière, en s'écriant : « *Nese bi Gott* » (Non, de par Dieu!) ce qui fit beaucoup rire les Français et leur fit donner aux Normands le sobriquet de *Bigoths* (*Chronic. Sti-Martini Turonensis*). Comme on insista, Roll ordonna à l'un de ses gens de baiser pour lui le pied du roi : le soldat normand, sans se baisser, prit le pied de Karle, et, l'élevant à la hauteur de sa bouche, jeta

---

1. Willelm. Gemetic. l. II, c. 17.

le roi à la renverse. Un grand tumulte s'éleva ; mais les seigneurs français tenaient médiocrement à l'honneur de leur roi, et prirent le parti de rire au lieu de se fâcher : la cérémonie s'acheva ; Roll prêta serment de fidélité, et le roi, le duc Robert, les comtes et les grands, les évêques et les abbés jurèrent de « maintenir au seigneur Roll la vie et les membres, et la seigneurie de la terre susdite pour la transmettre à ses héritiers à toujours de génération en génération. » Les comtes bretons de Rennes et de Dol jurèrent fidélité à Roll comme à leur suzerain (fin 911)[1].

Roll repartit ensuite pour Rouen, accompagné du duc Robert de France, et, dans le courant de janvier 912, il reçut le baptême de la main de l'archevêque de Rouen : Robert de France lui servit de parrain et lui donna son nom ; depuis cette époque, les chroniqueurs n'appellent plus Roll que le « duc Robert. » Pendant les sept jours qu'il resta « dans les aubes », Roll honora dévotement de riches présents Dieu et la sainte Église : il octroya de grandes terres aux cathédrales de Rouen, de Bayeux, d'Évreux, à l'église du Mont-Saint-Michel, à Saint-Ouen de Rouen, à Saint-Pierre de Jumiéges, à Saint-Denis. « Le huitième jour, il distribua verbalement la terre acquise à ses comtes (à ses jarls), et à ses autres fidèles ; et les païens, voyant leur chef devenu chrétien, abandonnèrent les faux dieux et convolèrent unanimement au baptême ; puis *Robert*, duc des Normands, épousa en grand appareil, selon la loi chrétienne, la fille du roi des Français. » La princesse ainsi mariée au vieux chef de pirates était à peine nubile, car son père n'avait guère plus de trente-deux ans. « Le duc des Normands garantit sûreté à toutes gens qui voudraient s'établir sur sa terre : il la divisa au cordeau entre ses fidèles, la rétablit et la repeupla de ses soldats et des gens qui vinrent du dehors, assigna au peuple des droits et des lois perpétuelles, sanctionnées et décrétées par la volonté des chefs, et contraignit chacun de les observer pacifiquement ! il releva les églises ruinées, répara et augmenta les remparts et les fortifications des villes, subjugua les

---

1. Willelm. Gemetic. l. II, c. 17. — Dud. S. Quintin. *De Morib. Normann.* l. II. Ce qui regarde la concession de la Bretagne en arrière-fief et le serment des deux chefs bretons a été fort contesté. *v.* Depping. *Des expédit. marit. des Normands*, l. III, c. 3.

Bretons qui lui étaient rebelles, et sustenta toute sa seigneurie avec les denrées enlevées de la Bretagne... Il établit une loi suivant laquelle tout homme qui prêtait assistance à un voleur était pendu comme le voleur lui-même... Un jour qu'après la chasse il prenait son repas près d'une mare, dans une forêt voisine de Rouen, il suspendit ses bracelets d'or aux branches d'un chêne ; les bracelets demeurèrent là, trois années durant, sans que personne osât y toucher. Ce bois en a conservé le nom de *Rou-mare* (la mare de Roll.) Le duc Roll, réfrénant de la sorte le peuple par des terreurs salutaires, tant pour l'amour de la justice et des lois divines que pour le maintien de la concorde parmi ses sujets et de sa propre dignité, gouverna pacifiquement, bien des années, le duché qui lui avait été donné de Dieu[1]. » Sous cette administration sage et ferme, la nature déploya librement la fécondité réparatrice qui se manifeste toujours après les grandes calamités. Les marchands, les colons, les serfs accoururent de toutes les parties de la Gaule dans une région où chacun pouvait espérer protection pour son travail et pour son existence, et la Normandie, au bout de peu d'années, fut la province la plus riche et la plus populeuse de l'Occident. « Roll », dit la chronique de Fontenelle, « se concilia l'affection des gens de toute race et de tous métiers, et fit un seul peuple de tant de gens de nations diverses[2]. »

Ainsi se turent, après trois quarts de siècle, ces litanies lugubres qui suppliaient incessamment le ciel de délivrer la chrétienté de la fureur des Normands (*A furore Normannorum libera nos, Domine !*). Ainsi fut accomplie cette surprenante révolution, qui

---

1. Willelm. Gemetic. l. II, c. 18-20.
2. Les agriculteurs qui vinrent du dehors reçurent du duc et des propriétaires normands des terres à cultiver sous condition de cens et de corvées. — Le souvenir populaire de l'équité et de la sévérité du duc Roll a rattaché à son nom la fameuse clameur de *haro*. On lui a rapporté l'origine de ce cri, qui, jusqu'en 89, est resté en Normandie le signe de l'appel à la force publique contre les malfaiteurs, et de l'appel aux magistrats en cas de contestation. L'on a dit que *haro* n'était autre chose que *ha-Roll ! A moi, Roll !* Mais le *haro* paraît être quelque chose de beaucoup plus vague et plus général : on retrouve partout des exclamations analogues avec le même caractère, et le *haro* ne semble pas différer du *hourra* germanique. — Froissard nous apprend qu'on appelait quelquefois *haro* toutes sortes de cris qu'on faisait dans une émotion publique, et Guillaume Guyart raconte qu'à la bataille de Bouvines, les hérauts criaient *harou*. *Dict. de* MORÉRI, art. HARO.

fit surgir du sein de la plus profonde barbarie un ordre infiniment supérieur à celui du reste de la Gaule : le sang des Franks n'avait pas suffi pour régénérer la vieille Gaule romaine et pour vivifier la société du moyen âge; il lui fallait une seconde infusion du plus jeune et du plus vigoureux sang teutonique; les Teutons du Nord étaient donc venus après les Teutons de l'Ouest. Les destructeurs de la France romane se faisaient ses fils adoptifs : les implacables persécuteurs du christianisme, absorbés à leur tour par cette force divine qui avait déjà entraîné tant de nations, allaient être les plus intrépides champions de la foi; ils devaient être ce qu'avaient été les Franks. Cette transformation soudaine semble tenir du prodige. Ce mystère se dévoile pourtant au regard qui sonde un peu attentivement la vie morale des peuples scandinaves. Pendant le cours des récits qui précèdent, on n'a guère considéré les Normands qu'au point de vue de leurs ennemis et de leurs victimes; mais, si l'on change un moment d'horizon, si l'on suit les pirates sur leurs « dragons de mer » ou parmi les rocs glacés de leur patrie, si l'on écoute les chants de leurs skaldes, les hommes du Nord apparaissent sous un jour bien différent : ces bandits sans foi ni loi envers l'étranger se gardent entre eux une fidélité inviolable, un dévouement héroïque; la perpétuelle communauté du danger leur inspire des sentiments d'égalité et de fraternité qui révèlent le secret de leur force et de la faiblesse des nobles franks, si égoïstes et si anarchistes; les nécessités d'une guerre perpétuelle, où l'avantage du nombre appartient presque toujours à leurs adversaires, les ont habitués à l'ordre et à la discipline; et, lorsque la flotte errante devient une nation, les habitudes et les sentiments antérieurs suivent ces hommes dans le nouvel état de choses. Quant à la facilité avec laquelle ces farouches adorateurs d'Odin abandonnent leurs dieux, on l'a expliquée par leur longue fréquentation avec les populations chrétiennes, qui avait affaibli leur fanatisme [1]; cette explication est insuffisante : des causes plus intimes agirent sur

---

1. L'odinisme, resté très fort parmi la partie stable des nations scandinaves, était assez affaibli chez les bandes errantes, pour que beaucoup de ces aventuriers, tombés dans une sorte d'athéisme sauvage, n'eussent plus guère d'autre dieu que leur épée.

l'esprit des païens ; rien n'est plus opposé que l'Edda et l'Évangile, que la loi de sang et la loi de charité ; cependant il existe entre plusieurs dogmes capitaux des deux religions des analogies qui avaient certainement préparé les Scandinaves à quitter leur culte barbare pour la foi du Christ : par exemple, une ferme croyance dans l'immortalité de l'âme, le mépris de la volupté, l'indifférence pour la douleur, le dogme de la destruction et de la rénovation du monde. L'absence de l'esprit de charité creusait seule un abîme entre l'odinisme et la foi chrétienne ; encore la légende mystérieuse de Balder, le dieu de la miséricorde, qui était mort et devait un jour ressusciter, jetait-elle un pont sur cet abîme. Ce jour vint : l'Évangile conquit les Scandinaves, et à peine chrétiens, ils s'élancèrent, de toute leur énergie, à la tête de la chrétienté, de la jeune France et de la civilisation renaissante : ils prirent partout l'initiative ; ils renoncèrent à leur langue comme à leurs dieux pour s'emparer de la langue romane et en faire l'instrument d'une poésie nouvelle ; arts, lettres, monuments, ils avaient tout détruit, ils contribuèrent puissamment à tout recréer ; par delà la langue romane, ils ressaisirent et s'approprièrent les inspirations les plus profondes de l'esprit celtique, et furent sinon les créateurs, du moins les grands propagateurs de la société chevaleresque.

Pendant que la Normandie s'organisait sous la main vigoureuse de Roll, la France se débattait dans de nouvelles révolutions. Le roi Karle le Simple avait été largement dédommagé de la cession de la Normandie. Au moment même où se concluait le traité de Saint-Clair-sur-Epte, le 21 novembre 911, était mort le roi de Germanie Ludwig, fils d'Arnolfe, et le sceptre des régions teutoniques était sorti pour toujours de la maison de Karle le Grand ; les pays slaves, la Germanie et l'Italie se voyaient alors en proie aux terribles invasions des Maghïars ou Hongrois (Ouïgours), dernier ban des populations hunniques, qui venaient, des bords de l'Euxin, venger leurs frères les Awares, comme les Normands avaient vengé les Saxons : ce péril obligea les peuples d'outre-Rhin de se réunir sous un seul chef, Conrad, duc de Franconie ou de France orientale. Mais le parti roman ou *gaulois* (welche, wallon), reprenant la supériorité dans le Lotherrègne, empêcha les Lorrains de reconnaître le roi des Germains, et décerna la couronne au roi de la France romane ; non-seulement Conrad eut le dessous dans la lutte qu'il entreprit pour rattacher le Lotherrègne à la Germanie ; mais Karle, à la tête des Lorrains, passa le Rhin et s'avança jusqu'en Saxe afin de secourir Heinrik, duc de Saxe, qui s'était révolté contre Conrad. Le mérite de cette énergie inaccoutumée n'appartenait point au roi, mais à un favori qui régnait sous son nom : Haganes ou Haganon, simple noble (chevalier, *miles*), s'était emparé de l'esprit de Karle, le poussait à « mépriser les conseils de ses grands, et, siégeant à côté du roi, réglait les affaires du royaume ». Haganon travaillait avec zèle et courage à relever la royauté de son abaissement ; mais sa fortune lui tourna la tête : il manqua d'habileté et heurta tous les grands par son insolence, au lieu de chercher à les balancer les uns par les autres. Il était toujours « attaché au côté du roi », et le rendait inabordable pour tout le monde. « Vers la Pâque de 917 », raconte la Chronique Saxonne, « tous les grands de la Gaule et même des gens de moyen état s'étant assemblés à Aix-la-Chapelle auprès du roi Karle, les ducs Heinrik de Saxe et Robert de Gaule (de France) vinrent aussi, et, durant quatre jours consécutifs, ils attendirent à la porte de la chambre à coucher du roi, sans que Karle (qui était enfermé avec Haganon) sortît pour leur parler ou leur fît rendre aucune réponse. Heinrik s'en alla très-courroucé, disant que Haganon serait bientôt roi avec Karle, ou Karle, homme de petite condition avec Haganon. »

Le duc Heinrik (le Henri l'Oiseleur de nos historiens) s'éleva peu de mois après au trône de Germanie (décembre 918), et ne tarda pas à reprendre les projets de son devancier Conrad sur le Lotherrègne. Mais la querelle ne resta pas entre les deux rois Heinrik et Karle, et les événements se compliquèrent singulièrement : deux ambitieux qui voulaient régner, l'un en France, l'autre en Lotherrègne, associèrent leurs efforts ; c'étaient Robert de Paris et Ghiselbert de Mons, qui prenait le titre de duc de Lotherrègne. Robert, qui commandait, par lui-même ou par ses vassaux, aux comtés de Paris, d'Orléans, de Gâtinais, de Chartres, de Perche, du Mans, d'Angers, de Tours, de Blois, enfin à tout ce qui formait le vaste « duché de France », se croyait enfin assez fort pour saisir la couronne qu'avait portée son frère, et pour supplanter le faible roi qui n'avait plus guère en France de domaine direct que les comtés de Laon et de Soissons avec les seigneuries d'Église : le roi carolingien était de plus en plus étranger à la nouvelle France, et il semblait qu'un souffle dût suffire pour balayer ce fantôme du passé. Karle avait été longtemps protégé par son inertie ; mais, depuis que quelqu'un agissait pour lui, il redevenait le point de mire de toutes les haines. L'orage éclata en 920 : dans un plaid tenu au champ-de-mars de Soissons, les grands, d'une résolution unanime, jetèrent à terre des fétus de paille, « annonçant par là qu'ils rejetaient Karle et ne le voulaient plus pour seigneur, parce que c'était un roi de lâche cœur, et, se séparant de lui, ils le laissèrent tout seul au milieu du champ [1]. » Il y eut toutefois encore une transaction, par l'intermédiaire de l'archevêque de Reims. Mais les princes français ne tardèrent pas à relever l'étendard ; « le mont de Laon » tomba au pouvoir de Robert, « avec les trésors du favori Haganon », et Karle, pour qui Haganon avait levé une petite armée d'aventuriers lorrains, fut refoulé en Lotherrègne par les milices des duchés de France et de Bourgogne : le duc Radulfe ou Raoul (*Radulfus, Raoux, Roux, Raoul*), fils et successeur de Richard de Bourgogne, s'était uni d'intérêt à la maison de France, par son mariage avec une fille de Robert. Le duc de France alors osa ce qu'il n'avait point osé deux ans auparavant, et se fit proclamer roi par ses vassaux et par ceux de son gendre, dans l'église Saint-Remi de Reims, avec le concours des évêques. L'archevêque de Sens le sacra, l'archevêque de Reims étant au lit de mort (29 juin 922 [2]). Le comte de Vermandois, Héribert II, qui avait une très grande influence dans tout le nord de la France, abandonna le parti carolingien, malgré le sang royal qui coulait dans ses veines, et reconnut le roi Robert : une double alliance l'attachait à Robert, qui avait épousé la sœur de Héribert et lui avait donné sa fille.

La guerre cependant n'était pas finie : Karle conservait un fort parti dans le Lotherrègne, où l'on gardait une vieille affection aux

---

1. Adhemar. Cabannens. *Chronicon.*   2. *Chronic. Andegav.*

descendants des héros de l'Austrasie. Il tâcha de gagner l'appui du roi de Germanie ; mais Robert lui ôta cette ressource en allant conférer sur la Roër avec Heinrik : Robert promit au prince germain la cession du Lotherrègne ; Ghiselbert de Mons, ne pouvant se faire roi, se rallia au roi Heinrik, moyennant la confirmation de son titre de duc du Lotherrègne, et les Lorrains du parti de Karle se trouvèrent assaillis sur les deux flancs : Heinrik et Ghiselbert enlevèrent Metz à Karle, tandis que Robert s'apprêtait à accabler le roi détrôné dans les Ardennes et le Hasbain. Le favori qui gouvernait Karle ne perdit pas la tête. La fortune de Roll avait excité l'émulation d'autres guerriers normands : le roi de mer Raghenold s'était établi dans le comté de Nantes, du consentement de Robert, et avait reçu le baptême : Haganon sollicita son secours, l'engagea à prendre la France à revers, se jeta en avant avec tout ce qu'il put réunir de gens d'armes, passa la Meuse, gagna les bords de l'Aisne et descendit rapidement cette rivière jusqu'à Soissons, où Robert avait convoqué en toute hâte ses vassaux. Le dimanche 15 juin 923, vers midi, les Français, qui prenaient tranquillement leur repas dans la plaine de Saint-Médard et au bord de la rivière, furent brusquement assaillis par la cavalerie lorraine, arrivée sur eux à toute bride. Le roi Robert, au bruit de l'attaque, saisit sa bannière de sa propre main, rejeta sa longue barbe blanche hors de sa cotte d'armes pour se faire reconnaître des siens, s'élança au-devant de l'ennemi, et poussa droit au porte-étendard de Karle pour s'emparer de l'étendard de son rival. « Gare à toi! Fulbert! cria Karle au porte-enseigne à l'instant où Robert allait l'abattre à ses pieds. Fulbert se retourna, et, d'un coup de sabre, fendit le crâne au roi Robert et le renversa roide mort [1].

La mort de Robert ne donna pas la victoire à Karle : Hugues de France, fils de Robert, et Héribert de Vermandois, accourus à la tête de troupes fraîches, renouvelèrent le combat avec furie ; le champ leur demeura enfin, et Karle fut entraîné dans la fuite des Lorrains, après avoir toutefois prouvé à ses adversaires que, s'il était digne des épithètes de *simple* et de *sot*, il ne méritait pas

---

1. Adhemar. Cabannens. *Chronic.*

d'être appelé « roi de lâche cœur. » Des milliers de morts jonchaient la plaine de Saint-Médard, et la perte des vainqueurs surpassait celle des vaincus, qui se retirèrent sans être poursuivis. L'armée de Karle se dispersa néanmoins pour ne plus se rallier. Les Normands de la Loire, grossis par un grand nombre des guerriers du vieux Roll, qui ne voulut pas se mêler en personne des affaires de France, commirent d'inutiles ravages, et, arrêtés par les troupes françaises et bourguignonnes, ne purent rejoindre Karle. Les tentatives que fit le prince déchu pour regagner les grands furent vaines, et, après quelques débats entre les trois beaux-frères, Hugues, Raoul et Héribert, la couronne fut posée, « du consentement général », non pas sur le front du fils de Robert, mais sur celui du duc de Bourgogne, bien que la position excentrique de son duché ne semblât pas l'appeler à régner sur la France. Hugues-le-Blanc, qu'on surnomma plus tard Hugues-le-Grand à cause de sa puissance, ne parut pas désirer beaucoup la couronne de son père, et il se contenta de s'affermir dans le vaste duché de France. Raoul-le-Chauve (*Radulfus Glaber*), écrivain du siècle suivant, prétend que Hugues envoya demander à sa sœur Emma, duchesse de Bourgogne, « femme aussi remarquable par son grand sens que par sa beauté », lequel elle aimerait mieux voir élever au trône, de son frère ou de son mari ? « Elle répondit prudemment qu'elle aimerait mieux embrasser le genou de son mari que de son frère. » C'était la manière d'aborder les rois. « Hugues y consentit de bon gré », et Raoul fut sacré à Saint-Médard de Soissons le 13 juillet, par le même archevêque de Sens qui avait sacré Robert l'année précédente.

Le malheureux Karle, n'ayant plus d'autre espoir que d'obtenir à tout prix l'assistance du roi de Germanie, s'était rendu près de Heinrik, lui avait cédé le Lotherrègne, et « lui avait soumis sa personne et le royaume de France » (*Sigebert. Gemblac.*) Cette conduite l'eût perdu, s'il avait eu encore quelque chose à perdre. Cependant, sur ces entrefaites, un message du comte de Vermandois ranima le courage du roi détrôné : Héribert II fit prévenir Karle que, mécontent du couronnement de Raoul, il était prêt à retourner à son ancien prince. La valeur et les talents du puissant Héribert, dont les domaines s'étendaient depuis l'Amiénois jusqu'en Champagne, suffisaient pour relever le parti carolingien. Karle partit pour le Vermandois avec une suite peu nombreuse, et fut pompeusement accueilli dans le château du comte, qui dominait la ville de Saint-Quentin et les marais de la Somme. Glaber rapporte que le comte « reçut l'embrassade du roi en se courbant de tout son corps, » et qu' « il donna un rude soufflet sur le cou de son fils, » qui ne s'inclinait pas devant Karle. Mais, le lendemain, Héribert congédia les gens qui avaient accompagné le roi, « disant que lui et les siens suffiraient à le servir; » puis il fit conduire Karle sous bonne escorte à Château-Thierri, sur la Marne, et l'y retint prisonnier, « en lui fournissant les choses nécessaires à la vie » (*Chronic. Frodoard.*) A la nouvelle de cette trahison, la reine Odgiwe, femme de Karle le Simple, et sœur d'Athelstane, roi des Anglo-Saxons, s'enfuit en Angleterre avec un fils de trois ans, à qui le choix de son asile valut le surnom de Lodewig ou Louis-d'Outre-Mer. On ne sait ce que devint Haganon.

La captivité de Karle le Simple mit fin à la guerre civile dans la France romane, mais non dans le Lotherrègne où la plupart des seigneurs proclamèrent le roi Raoul, tandis que le duc Ghiselbert et l'archevêque de Trèves demeuraient attachés à Heinrik de Germanie. Les Normands étaient toujours en armes, et l'Aquitaine, qui n'avait pris aucune part à la lutte, refusait de reconnaître le nouveau roi. Raoul donna de l'argent aux Normands pour se débarrasser d'eux, marcha vers la Loire, et obtint l'hommage de Guilhem II, comte d'Auvergne et duc d'Aquitaine, en lui restituant le comté de Bourges qu'il lui avait enlevé naguère avec l'assistance de Robert de France. La royauté, même entre les mains d'un homme brave et intelligent, ne pouvait se maintenir qu'à force de concessions; Hugues-le-Grand l'avait bien compris et avait sagement préféré la couronne ducale à la couronne royale. Raoul retourna en France, après son entrevue avec le duc Guilhem, sans prévoir vraisemblablement le terrible orage qui allait fondre du haut des Alpes sur la Gaule méridionale. La Bourgogne royale, la Provence et l'Italie avaient eu leurs révolutions comme la France; Hugues, comte d'Arles et de Vienne, issu, par les femmes, de Lother II et de Waldrade, avait supplanté dans le royaume de Provence le jeune Karle ou Charles-Constantin, fils de Lodewig ou Louis-l'Aveugle. Pendant ce temps, le « roi du Jura, » Rodolfe II, renversait du trône d'Italie l'empereur Bérenger, qui périt bientôt après assassiné par un de ses vassaux; mais Bérenger, en tombant, avait porté un coup funeste à l'Italie. Il avait appelé à son aide les hordes féroces des Hongrois, qui arrivèrent trop tard pour le sauver, mais assez tôt pour causer des maux effroyables à la péninsule. Pavie, qui était alors la seconde ville d'Italie, fut ruinée et noyée au sang de tous ses habitants; la barrière des Alpes n'arrêta pas les Barbares, et, de la Lombardie, ils se précipitèrent sur la Gaule : repoussés de la Haute Provence par les forces réunies du roi Rodolfe et de Hugues de Vienne, ils descendirent vers les plages de la Méditerranée, marchèrent droit au Rhône, et fondirent sur la Gothie comme un torrent furieux. Nîmes eut le sort de Pavie, et, de Nîmes aux portes de Toulouse, les plaines septimaniques furent si horriblement dévastées, qu'elles étaient encore presque désertes plusieurs années après. Une maladie contagieuse, et l'épée de Rodolfe, de Hugues et surtout du comte de Toulouse, Raimond-Pons III, délivrèrent enfin des Hongrois la Gaule méridionale[1]. L'invasion des Hongrois est la dernière invasion barbare qu'ait eue à subir notre patrie (924)[2]. La destruction de la horde hongroise fut suivie d'une guerre entre les rois de Bourgogne et de Provence, un moment alliés contre l'ennemi commun. Le parti du malheureux Bérenger appela Hugues de Vienne en Italie, et la lutte se termina au bout de trois ans, par une transaction qui donna l'Italie à Hugues et la Provence

---

1. Frodoard. — Catel, *Hist. des comtes de Toulouse*, l. I, c. 14.
2. Le Midi ne fut plus assailli par de grandes armées d'infidèles; mais, durant près d'un demi-siècle encore, la côte de Provence et les défilés des Alpes furent infestés par la colonie de brigands musulmans qui s'étaient fait un repaire inaccessible dans les bois et les rochers de Freycinet ou la Garde-Frainet, non loin de Saint-Tropez et du golfe de Grimaud. Ces audacieux bandits s'emparèrent de tous les passages qui mènent de la Gaule en Italie, pénétrèrent de vallée en vallée jusque dans le Valais, l'Helvétie et la Lombardie, et s'établirent au couvent de Saint-Maurice, en 940. Les pèlerins de Rome, longtemps dépouillés ou massacrés par eux, finirent par leur payer un tribut régulier analogue à celui que les hadjis de la Mecque ont si longtemps payé aux Arabes du désert. Ils occupaient une multitude de tours et de forteresses, depuis les sources du Rhône jusqu'à l'embouchure du Var; ils étaient devenus une puissance politique, et se ménageaient entre le roi d'Italie et le roi d'Arles, qui craignaient également de les pousser à bout.

à Rodolfe. Hugues céda à son rival tout ce qu'il possédait en deçà des Alpes, et les royaumes de Transjurane et de Provence furent réunis en un seul État, connu dans l'histoire sous le titre de royaume d'Arles ou royaume de Bourgogne (930). Hugues avait tenté d'abord de conserver la couronne de Provence en soumettant cette contrée à la suzeraineté du roi des Français ; mais Raoul s'était trouvé hors d'état de lui fournir aucun secours.

Raoul, en 925, avait eu à défendre son propre patrimoine contre les Normands de la Loire, qui ne voulaient pas rester dans le comté de Nantes, dépeuplé par leurs fureurs, et se répandaient sans cesse dans l'intérieur de la France. Ayant fait la paix avec les ducs de France et d'Aquitaine, ils s'étaient jetés sur la Bourgogne ducale. Le roi Raoul réussit à les chasser. Les Normands se retirèrent dans les bois et regagnèrent la basse Loire, et la guerre prit un caractère beaucoup plus sérieux par la coalition des Normands de la Seine avec ceux de la Loire. Les compagnons de Roll, en devenant chrétiens et en se fixant sur la terre ferme, n'avaient pas perdu leur soif de guerre et de pillage. La Bretagne, qu'ils dévastaient périodiquement, n'était pas un champ assez vaste pour leurs exploits : le vieux Roll lui-même, qui n'avait reconnu la royauté ni de Robert ni de Raoul, se laissa entraîner par les instances de Raghenold, le chef de la Loire, et, levant peut-être l'étendard au nom du roi qui lui avait donné la Normandie, il rompit son pacte avec les Français, saccagea le Beauvaisis, l'Amiénois, l'Artois et brûla Amiens et Arras ; mais les Normands essuyèrent une résistance qui prouva quels étaient les progrès de l'esprit militaire depuis quarante ans. Les habitans de Noyon firent une vigoureuse sortie sur l'ennemi qui incendiait leurs faubourgs et le mirent en déroute. Les citoyens de Beauvais et de Paris se réunirent aux nobles des campagnes, vassaux de Hugues de France, et aux châtelains de ce duc, pour porter à leur tour le fer et le feu dans le pays de Rouen : ils envahirent d'un côté « la terre des Normands », tandis que Hilduin, comte de Ponthieu, avec les « Français maritimes », l'assaillait de l'autre. Le roi, le comte de Vermandois et le comte de Flandre Arnolfe ou Arnoul, arrivèrent bientôt en personne. Le château d'Eu fut emporté d'assaut et un millier de Normands y furent passés au fil de l'épée. Cependant une bande de Normands était restée dans l'Artois, et y continuait ses ravages. Le roi Raoul, au mois de janvier 926, se dirigea de ce côté, et resserra les ennemis dans un bois, où il s'apprêtait à les détruire : mais, une nuit, les Normands sortirent de leur repaire, fondirent sur le camp du roi et y mirent le feu ; le comte de Ponthieu fut tué, et le roi, assez grièvement blessé, fût tombé au pouvoir de l'ennemi sans l'assistance du comte de Vermandois. Raoul se fit reporter à Laon ; l'armée se dispersa, et les Normands poussèrent leurs courses jusqu'aux bords de l'Aisne, où ils purent se rencontrer avec les bandes des Hongrois, qui, perçant à travers toute la Germanie, avaient passé le Rhin, et se montrèrent, ce printemps-là, jusqu'en Champagne [1]. Le duc d'Aquitaine, cependant, avait rompu toutes relations avec Raoul, et, dans ses domaines et dans ceux de la plupart des seigneurs aquitains, on recommençait à placer le nom de Karle au bas des chartes et des diplômes : une charte de l'église de Brioude, de l'an 928, porte cette suscription : « Fait le xvi des kal. de mars, la troisième année après que le roi Karle eut été dépouillé de sa dignité (*dehonestatus*) par les infidèles Français. »

Raoul, ainsi environné d'ennemis, se décida à acheter la paix du duc des Normands au prix d'un tribut levé sur la France et sur la Bourgogne [2], et marcha contre les Aquitains avec Héribert. Guilhem d'Aquitaine se réfugia dans l'intérieur de l'Auvergne, et les terreurs de la France romane, menacée par les Hongrois, obligèrent Raoul à repasser la Loire sans résultat sérieux. Le duc Acfred, qui succéda sur ces entrefaites à son frère Guilhem, ne reconnut pas plus que lui Raoul. Le Lotherrègne, pendant ce temps, avait fait défection comme l'Aquitaine ; le duc Ghiselbert, type de cette mobile et incertaine population, qui oscillait sans cesse de la France à la Germanie, après avoir prêté serment à Raoul, venait de se retourner avec tout le Lotherrègne vers le roi Heinrik. Les embarras de Raoul furent portés au comble par la

---

1. Tous ces détails sont tirés de la *Chronique* de Frodoard, qui est presque uniquement notre guide depuis 919 jusqu'en 966.

2. *Histor. des Gaules*, t. IX, p. 561.

3. L'année suivante, Hugues de France et Héribert assiégèrent, cinq semaines durant, les Normands de la Loire, et les forcèrent à livrer des otages en garantie qu'ils ne quitteraient plus le pays Nantais.

rébellion de Héribert. Ce n'était pas pour servir les intérêts de Raoul que l'avide et astucieux comte de Vermandois s'était déloyalement saisi de la personne de Karle le Simple. Il exploitait sans pudeur son rôle de geôlier, et faisait de son captif un perpétuel épouvantail aux yeux du nouveau roi. Héribert avait extorqué à Raoul le château de Péronne, puis s'était emparé de l'archevêché de Reims, en plaçant sur le siége de cette ville un de ses fils, enfant de cinq ans, au mépris des canons de l'Église. Frodoard prétend qu'il avait fait empoisonner l'archevêque Séulfe, afin de rendre la place vacante. Il exigeait maintenant le comté de Laon, dont le titulaire venait de mourir. Raoul se lassa de tomber de concession en concession, et octroya Laon, suivant le droit féodal, au fils du comte défunt; Héribert alors tira Karle de sa prison, le mena à Saint-Quentin avec de grands honneurs, et, de là, le conduisit à Eu « pour conférer avec les Normands ». Le fils de Roll, Wilhelm ou Guillaume-Longue-Épée, « se recommanda (rendit hommage) au roi, et lia amitié avec Héribert. » Hugues de France lui-même, qui avait épousé une princesse anglaise, sœur de la femme de Karle le Simple, penchait vers le parti de Héribert. Cette levée de boucliers paraissait d'autant plus redoutable que la religion s'y associait; la papauté se ressouvenait encore de sa vieille alliance avec la race de Peppin; le pape Jean X avait sommé Héribert de rendre la liberté au roi Karle, et le comte de Vermandois, affectant de n'agir que d'après les ordres du saint-siége, avait convoqué à Trosli, en Soissonnais, un synode de six évêques de son parti pour délibérer sur le rétablissement de Karle. Tout cela s'en alla en fumée. La cession de Laon désarma Héribert, et, sur la nouvelle de la chute du pape Jean, renversé et assassiné par la faction du marquis de Toscane et de la fameuse Marozia, la Lucrèce Borgia du dixième siècle, Héribert rendit sa foi au roi Raoul, et renvoya le pauvre Karle dans son donjon. Le vieux Roll, indigné de tant de félonie, ne voulait pas rendre à Héribert son fils aîné, qu'il avait reçu en otage. Cependant Héribert et Raoul semblèrent avoir, l'un quelques remords, l'autre quelque pitié du sort de Karle le Simple. Il fut mieux traité désormais; on ne l'enferma plus dans une tour; on se contenta de le garder à vue; Raoul, voulant ôter tout prétexte aux partisans du roi détrôné, « fit publiquement la paix avec lui, lui restitua la maison royale d'Attigni, et lui fit des présents ». De l'air et une vie matérielle plus douce, c'était là en effet ce qu'il fallait à Karle; mais il n'en jouit pas longtemps; il mourut à Péronne au mois d'octobre 929.

Cette mort eut des résultats assez importants : Raoul, ne craignant plus le fantôme royal qui avait été un dangereux instrument entre les mains de Héribert, déploya enfin en liberté l'énergie et l'intelligence qui le rendaient digne du rang suprême. Les deux frères Guilhem et Acfred étaient descendus dans la tombe à peu de mois de distance : les comtes de Poitiers et de Toulouse se disputaient le duché d'Aquitaine, vacant par l'extinction de la maison d'Auvergne; les Normands du comté de Nantes, profitant des discordes de l'Aquitaine, renouvelaient leurs excursions dévastatrices au midi de la Loire : Raoul, en 930, passa la Loire, écrasa les Normands dans le Limousin, et « soumit les Aquitains », dit Frodoard. Raoul voulut ensuite franchir les limites du royaume de Karle le Chauve, et y réunir la Provence, pour laquelle Hugues de Vienne lui avait déjà naguère fait hommage : au commencement de 931, il se dirigea sur Vienne, où commandait alors Karle ou Charles-Constantin, fils du roi Louis-l'Aveugle; ce jeune prince, qui avait recouvré une portion de l'héritage paternel en prêtant serment de vassalité au roi Rodolfe II, « promit soumission » au roi Raoul. De Vienne, Raoul retourna en France, où la situation des affaires prenait une face très-favorable à ses vœux : Hugues et Héribert s'étaient brouillés à propos de la suzeraineté du comté de Ponthieu, et se faisaient une guerre très-vive, dans laquelle intervenaient les Lorrains, tantôt pour l'un, tantôt pour l'autre. Raoul avait eu trop à se plaindre de Héribert pour ne pas saisir l'occasion d'abattre la puissance de ce prince, qui s'était agrandi aux dépens de tous ses voisins; Arras et Douai, détachés par Héribert du comté de Flandre, lui furent enlevés; le roi prit Doullens, assiégea Reims, obligea les hommes de Héribert à lui ouvrir les portes, et fit élire archevêque un moine de Saint-Remi, nommé Artaud, à la place du petit Hugues, fils de Héribert : l'évêque de Châlons, partisan de Héribert, fut également déposé et remplacé par un clerc du parti royal. Laon, malgré sa forte position, succomba à son tour sous les armes de Raoul ; Amiens, puis Saint-Quentin, chef-lieu du Vermandois et principale résidence de Héribert, capitulèrent devant le duc de France ; Ham fut pris par le roi ; Péronne presque seule restait à Héribert, qui se vit réduit à aller au delà du Rhin implorer le secours du roi de Germanie. La fortune, au contraire, couronnait tous les désirs de Raoul : tout le Midi saluait sa royauté ; Raymond III, comte de Toulouse, vint lui rendre hommage, moyennant l'investiture du duché d'Aquitaine, du comté d'Auvergne et du marquisat de Gothie, et il reçut aussi le serment de Loup-Asinaire (Lope-Aznar), duc de Gascogne, vieux chef plus que centenaire, au rapport de Richer (932). « Wilhelm, prince des Normands, se recommanda pareillement au roi » : Roll avait terminé sa longue carrière, et Wilhelm ou Guillaume, qu'il avait eu de sa première femme, Popa, lui avait succédé, du consentement de tous les Normands[1].

[1]. Adhémar de Chabannais prétend qu'à l'instant de mourir, Roll, assiégé de grands doutes sur les choses de l'autre monde, et voulant se ménager une double chance, fit décapiter cent prisonniers chrétiens en l'honneur des dieux de la Walhalla, et distribuer aux églises cent livres d'or en l'honneur du Dieu des chrétiens. La mort de Roll fut le signal d'effroyables bouleversements en Bretagne ; ce malheureux pays, depuis qu'il avait perdu son vaillant prince Allan le Grand, n'avait cessé d'être rançonné et déchiré par ses avides voisins ; la péninsule bretonne était écrasée entre les Normands de la Loire et une colonie des compagnons de Roll, établie dans la Cornouaille, « et aucun roi, aucun duc, aucun défenseur ne surgissait contre eux », dit la chronique de Nantes. La mort de Roll rendit aux Bretons l'espoir de la vengeance et de la liberté. Le jour de la Saint-Michel, la population de la Cornouaille se leva en masse et massacra jusqu'au dernier de ses tyrans ; en même temps, les comtes de Rennes et de Dol prirent les armes et refusèrent l'hommage au nouveau duc de Normandie ; mais la fortune ne seconda pas le bon droit : le duc Guillaume Longue-Épée et le roi de mer Ingo, chef des Normands de la Loire, assaillirent les insurgés par mer et par terre, les vainquirent, les accablèrent, et répandirent une telle terreur dans toute la presqu'île, que la plupart des comtes et des *mac-tierns* (lieutenants des chefs, vicomtes ; en basse latinité, *mathiberni*) s'enfuirent en Cambrie, en France, en Bourgogne et en Aquitaine ; et « les pauvres Bretons cultivant la terre demeurèrent sans chef et sans défenseur sous la puissance des Normands ». Il n'y eut guère que le comte de Rennes qui obtint la conservation de son comté. La conquête de la Bretagne ne fut pourtant pas définitive : après six ans d'exil, un des chefs bretons, le jeune Allan-Barbe-Torte, comte de Vannes, fils d'un comte de Poher et d'une fille d'Allan le Grand, revint de la Grande-Bretagne avec quelques navires remplis d'émigrés, débarqua sur les côtes du Nord, tailla en pièces deux corps normands cantonnés à Dol et à Saint-Brieuc, souleva le peuple, extermina dans une sanglante bataille les Normands de la Loire, recouvra Vannes et Nantes, et termina cette terrible lutte par une paix honorable avec le duc de Normandie. Pour la seconde fois, Nantes se releva de

Héribert semblait perdu; mais cet homme sans scrupule et sans foi joignait à ses vices de rares qualités politiques et militaires : il avait su se ménager l'affection de ses vassaux, et, partout, dans ses domaines patrimoniaux ou usurpés, la population, sans distinction de classes, était pour lui contre ses adversaires; les villes s'efforçaient d'expulser les garnisons du roi et du duc de France pour rappeler les soldats de Héribert; les Noyonnais tuèrent, avec tous ses gens, un comte du roi qui s'était introduit par surprise dans leurs murs; Saint-Quentin se révolta pareillement. Des secours du dehors vinrent aussi à Héribert : son voyage d'outre-Rhin avait porté des fruits : le roi Heinrik, le duc Ghiselbert, le comte de Flandre, intervinrent en sa faveur; des négociations s'ouvrirent par l'entremise du roi de Germanie, et un traité de paix fut enfin conclu à Soissons en 935; l'archevêché de Reims ne fut pas rendu au fils de Héribert, et le comte dut se contenter de recouvrer les places du Vermandois et de garder la citadelle de Laon, en attendant des circonstances plus favorables; le Lotherrègne demeura au roi de Germanie. Raoul ne survécut que peu de mois au rétablissement de la paix, et mourut dans la force de l'âge, le 15 janvier 936; on l'ensevelit à Sainte-Colombe de Sens.

Raoul n'avait d'héritier qu'un frère, Hugues-le-Noir, comte de Bourgogne ou de Besançon, qui n'eut pas même assez d'influence pour recueillir sans contestation le duché de Bourgogne et qui ne pouvait, à plus forte raison, aspirer à la couronne de France. Hugues-le-Blanc n'avait qu'à étendre le bras pour la saisir; mais Hugues préférait de plus solides avantages; pour la seconde fois, il aima mieux faire un roi que de l'être lui-même, et vendre la couronne que de l'acheter. Ce froid et prudent calculateur passa sa vie à agrandir, à fortifier, à enraciner sa maison dans le sol, et réserva à ses enfants l'occupation définitive de la royauté, comme s'il eût été sûr qu'elle ne pouvait leur échapper. Le fils de Karle le Simple, Lodewig ou Louis, était en exil *outre-mer* depuis treize ans : Hugues-le-Blanc, d'accord avec le duc de Normandie,

---

sa ruine; Allan, pour aller remercier Dieu de sa victoire, dans la cathédrale de Nantes, avait été obligé de s'ouvrir un passage avec son épée à travers les ronces et les broussailles.

le comte de Vermandois, et les prélats de la France romane, envoya des députés à la cour du roi des Anglo-Saxons pour redemander le jeune prince, alors âgé de seize ans : Guillaume-Longue-Épée prit grande part à cette négociation : tout au contraire de son père, qui se tenait le plus possible à l'écart, Guillaume se mêlait activement à toutes les affaires de France; il avait épousé une fille du comte de Vermandois, et marié sa sœur au comte de Poitiers (Guilhem-Tête-d'Étoupes); il était déjà plus Français que Scandinave de mœurs et peut-être de langue, et sa dévotion était si fervente, qu'il fut sur le point de prendre l'habit monastique : ses inclinations par trop françaises avaient même excité récemment contre lui une violente révolte, et avaient failli lui coûter la couronne et la vie. Guillaume donc seconda Hugues de France, et garantit personnellement au roi anglais Athelstane la sûreté de son neveu et la sincérité des promesses des seigneurs français: les princes remirent des otages à la mère de Lodewig, et allèrent recevoir le jeune roi sur la plage de Boulogne; « ils se donnèrent à lui (*sese committunt*), et le conduisirent à Laon, où il fut oint et couronné par l'archevêque de Reims, Artaud, en présence de plus de vingt évêques. On connut bientôt les motifs de la conduite du duc de France : il se fit investir, par le jeune roi, du duché de Bourgogne, disputé entre Hugues-le-Noir et le comte de Dijon, et mena Lodewig assiéger avec lui Langres, qu'avait occupée Hugues-le-Noir : la ville se rendit, et Hugues-le-Blanc traita avec ses deux compétiteurs, Hugues-le-Noir de Besançon et Ghiselbert de Dijon; la province fut partagée, et tous trois gardèrent le titre de duc; mais Hugues-le-Blanc sut si bien prendre ses mesures, que le duché entier finit par rester à sa maison.

Le duc de France cependant s'était trompé en comptant faire du jeune roi un instrument docile : le fils de Karle le Simple ne tenait en rien de son père; la reine Odgiwe, sa mère, femme énergique et passionnée, l'avait élevé virilement, et Lodewig-d'*Outre-mer*, à peine sorti de l'enfance, était déjà capable de lutter d'audace et de ruse avec les vieux politiques qui l'entouraient. Hugues avait voulu l'habituer à vivre à Paris sous sa tutelle; mais, dès les premiers mois de 937, Lodewig quitta Paris, alla recevoir à Laon sa mère revenue d'Angleterre, et commença de voler de ses propres ailes. Hugues se prépara les moyens d'arrêter cet essor inattendu, en se rapprochant de Héribert et en épousant une sœur d'Othe ou Othon-le-Grand, fils et successeur du roi Heinrik ou Henri-l'Oiseleur sur le trône de Germanie.

Othon de Saxe, l'homme le plus éminent qui eût paru depuis Charlemagne, annonçait dès lors le règne brillant qui releva la gloire germanique ; il s'était emparé de la tutelle du petit Conrad, héritier de Rodolfe II, roi de Transjurane et de Provence, et dominait ainsi, directement ou indirectement, toute la Gaule orientale, des bouches de la Meuse et du Rhin à celles du Rhône et du Var. C'était un coup de maître de la part de Hugues que d'ôter un pareil appui à la royauté carolingienne. Les principaux auteurs de la restauration de Lodewig, y compris le duc de Normandie, se liguèrent donc contre le roi qu'ils avaient rétabli, dès qu'ils connurent son caractère et ses espérances ; et Lodewig n'eut d'alliés à leur opposer que le comte de Flandre, Arnolfe, rival de Héribert de Vermandois, le comte de Besançon, ennemi personnel de Hugues-le-Blanc, et l'archevêque de Reims, qui avait tout à perdre si Héribert ressaisissait sa puissance. Le pouvoir direct du roi ne s'étendait pas au delà des comtés de Laon, de Soissons et de Reims, encore parce qu'il avait profité des derniers avantages de Raoul sur Héribert.

Les hostilités éclatèrent en 938 ; l'intervention étrangère les compliqua et les aggrava : Athelstane, roi d'Angleterre, envoya au secours de Lodewig une flotte qui ravagea les côtes du Ponthieu, comté qui avait alors le château de Montreuil pour chef-lieu, et qui reconnaissait Héribert pour suzerain. Les Lorrains, ayant toujours à leur tête le volage et turbulent Ghiselbert, se détachèrent encore une fois de la Germanie et se donnèrent à Lodewig, qui reçut l'hommage du duc Ghiselbert, et des comtes de Verdun, de Cambrai et de Hollande ; mais, par compensation, les princes coalisés, Hugues, Héribert, Guillaume, renoncèrent à la suzeraineté du roi Lodewig et se déclarèrent vassaux du roi Othon ; Arnolfe de Flandre lui-même se détacha du parti carolingien et suivit l'exemple de ses voisins. Ghiselbert se noya dans le Rhin en combattant contre les troupes saxonnes et souabes du roi Othon, et presque tout le Lotherrègne retomba au pouvoir du roi des Germains (939). Les affaires de Lodewig allaient fort mal; les excommunications lancées par l'archevêque de Reims, Artaud, avaient peu inquiété les chefs rebelles. Le pauvre jeune roi n'était plus guère soutenu que par l'archevêque de Reims : ce puissant archevêque avait beaucoup perdu en richesses, mais beaucoup gagné en importance politique et militaire ; ses domaines étaient partagés entre une multitude de feudataires qui ne payaient pas de cens à l'archevêque, mais qui suivaient sa bannière au combat, et qui lui formaient une petite armée d'au moins quinze cents hommes d'armes[1]. Néanmoins, les belliqueux vassaux de l'archevêque défendirent mal sa cité : Hugues, Guillaume, Héribert, « s'étant joint quelques évêques de France et de Bourgogne » pour braver plus sûrement les anathèmes d'Artaud, vinrent assaillir Reims ; le sixième jour du siége, presque tous les gens d'armes d'Artaud l'abandonnèrent et ouvrirent les portes de la ville à Héribert : Artaud, effrayé, abdiqua l'épiscopat moyennant la concession de deux ou trois bonnes abbayes, et le comte de Vermandois fit réinstaller son fils Hugues sur le siége de Reims par les évêques de la province rémoise assemblés à Soissons. Depuis le triomphe de la grande vassalité, les évêques étaient presque complétement subalternisés et réduits à servir aveuglément les passions des grands ; le règne de l'épée était revenu comme aux jours de Karle-Martel, moins la gloire.

Après Reims, les seigneurs attaquèrent Laon. Lodewig avait enlevé la citadelle à Héribert, et bâti en outre, dans un coin de la ville, un donjon qui a subsisté jusqu'à nos jours sous le nom de *Tour de Louis-d'Outre-Mer*[2]. Le roi reçut d'outre-Loire des renforts qui l'aidèrent à sauver Laon : les Aquitains, fidèles à leur

---

1. Lodewig témoigna sa reconnaissance à l'archevêque en donnant à l'église de Reims, à perpétuité, le comté et la monnaie de Reims (Frodoard. *Chronic. an.* 940). Artaud et ses successeurs furent dorénavant évêques et comtes en même temps, et battirent monnaie. C'est l'exemple le plus notable de ce genre de concessions royales: plusieurs abbayes, Saint-Médard, Corbie, etc., possédaient déjà le droit de battre monnaie, qui fut concédé successivement à un grand nombre de prélats. Quant aux seigneurs laïques, ils s'emparèrent de ce droit comme des autres droits de la souveraineté. *v.* Duby, Lelewel et la *Revue de la Numismatique française*.

2. Détruit en 1831.

vieil esprit d'opposition contre les Franks, s'intéressaient au roi persécuté par les hommes du Nord, et Guilhem-Tête-d'Étoupes, comte de Poitiers, amena en personne des secours à Lodewig ; mais Lodewig, Guilhem et Hugues-le-Noir furent obligés d'abandonner le terrain à l'approche d'Othon, qui vint en France recevoir l'hommage des princes ligués, et qui refoula Lodewig jusqu'en Bourgogne (940). Hugues-le-Noir se soumit pour préserver son comté de Besançon, et Artaud lui-même, jusqu'alors si fidèle, fit sa paix avec Hugues-le-Blanc et Héribert, après que le roi eut été mis en déroute par ces deux chefs.

Le jeune roi luttait contre la fortune avec une fermeté et une persévérance indomptables : ne pouvant plus tenir la campagne en France, il laissa une nombreuse garnison à Laon, la seule cité qui lui restât, et s'en alla dans le Midi, à Vienne, puis à Poitiers, pour tâcher d'émouvoir les méridionaux par le spectacle de son malheur et de son courage. Les Aquitains, en effet, lui renouvelèrent leur assistance, et les Provençaux mêmes, qui n'étaient pas ses sujets, lui montrèrent beaucoup d'intérêt et de bon vouloir. La papauté, qui avait tenté quelques faibles efforts en faveur de Karle le Simple, intervint aussi pour Lodewig : le pape Étienne VIII signifia par un légat « aux princes du royaume et à tous les habitants de la France et de la Bourgogne, qu'ils cessassent de poursuivre leur roi par le glaive, à peine d'excommunication. »

La papauté n'avait pas moins perdu que l'épiscopat gallican au démembrement de l'Empire et à l'établissement du régime féodal : le temps de Nicolas Ier était bien loin ; les souverains pontifes étaient opprimés dans Rome même par les rois d'Italie, par les marquis de Toscane et par les seigneurs de la Campagne de Rome, qui s'arrachaient le titre de patrice et le pouvoir politique, et l'on avait vu des femmes orgueilleuses et impures disposer du siége de Saint-Pierre pour leurs amants ou pour leurs fils. Cependant la voix d'Étienne VIII fut entendue : les évêques de la province de Reims intercédèrent auprès de Héribert ; Guillaume de Normandie reçut Lodewig « royalement à Rouen » : les chefs bretons secoururent le roi, du consentement de Guillaume, et Othon-legrand, qui avait la modération que donne la force unie à l'intelligence, et qui sentait l'impossibilité d'annexer la France romane à la Germanie, procura lui-même le rétablissement de Lodewig au lieu de l'empêcher : Lodewig avait épousé Gerberge (Gherberghe), veuve du duc Ghiselbert et sœur d'Othon, sans doute pour se ménager des moyens de transaction de ce côté. Othon renonça aux serments que lui avaient prêtés les seigneurs français, et décida Hugues, le plus opiniâtre adversaire du roi, à lui rendre son hommage. La paix générale fut conclue en novembre 942 ; le Lotherrègne demeura au roi de Germanie, et le jeune roi de France se trouva, après quatre ans de combats et d'efforts inouïs, un peu moins avancé que lors de son avénement : il avait gagné la citadelle de Laon, et perdu le diocèse de Reims ; les bénéfices de la guerre restèrent à la maison de Vermandois, qui avait recouvré toute sa puissance.

La paix était à peine jurée, que deux importants événements, le meurtre du duc de Normandie et la mort du comte de Vermandois, firent éclater de nouveaux orages. Guillaume-Longue-Épée, ayant embrassé la défense de Herluin, comte de Ponthieu, contre le comte de Flandre, fut assassiné, le 17 décembre 942, par les gens de ce comte, qui l'avaient attiré dans une île de la Somme, près de Picquigni, sous prétexte d'une conférence [1]. Peu de temps après, Héribert de Vermandois mourut d'apoplexie, assiégé, dit-on, sur son lit d'agonie, par le remords de ses nombreuses trahisons. Lorsqu'on l'interrogeait sur le salut de son âme, ou sur les affaires de sa maison, il ne savait que répéter : « Nous étions douze qui avions juré de trahir Karle [2]. »

La maison de Vermandois perdit son ascendant avec son unité ; les vastes domaines de Héribert-le-Grand furent morcelés entre ses cinq fils, et désormais il n'y eut plus dans la Gaule septentrionale de puissance capable de balancer celle du duc de France. Le roi avait espéré que ce serait à lui, non point à Hugues, que

---

1. Willelm. Gemetic, l. III. c. III. — *Chronic. Sithiense*. — Richer attribue le meurtre de Guillaume à un complot tramé entre Othon, Hugues le Blanc et Arnolfe de Flandre. « Othon gardait, dit-il, rancune à Guillaume, parce que celui-ci, dans une entrevue, l'avait obligé de céder la première place au roi Lodewig. »
2. Radulf. Glabr. l. I, c. 3. — Richer.

profiterait la mort de Héribert : il essaya de restaurer Artaud sur le siége de Reims, et lâcha sur le Vermandois le comte de Cambrai, sujet du roi Othon, mais attaché aux intérêts de Lodewig ; Raoul de Cambrai fut vaincu et tué par les hommes d'armes du Vermandois[1], et l'archevêque Hugues, soutenu par ses frères et par le duc de France, se défendit si bien, que le roi dut se contenter d'obtenir la concession de quelques domaines rémois à Artaud et à ses partisans, puis recevoir l'hommage des fils de Héribert, par la médiation de Hugues de France. Eudes, l'aîné des fils de Héribert, garda le comté d'Amiens, avec Ham et Château-Thierri ; Adalbert ou Albert fut comte de Vermandois ; Héribert, fut comte de Meaux et abbé de Saint-Médard de Soissons ; Robert, le dernier, obtint plus tard le comté de Troies.

Le roi tâcha de se dédommager du côté de la Normandie ; mais, là encore, il rencontra Hugues de France sur son chemin. Guillaume-Longue-Épée, toujours assiégé par le désir de la vie monastique, avait récemment fait reconnaître pour son successeur un fils de dix ans, appelé Rikhard ou Richard, né d'une femme qu'il avait prise « à la manière danoise, » et non selon la loi chrétienne[2]. Les Normands se souciaient fort peu de la légitimité de la naissance, et ce fut, entre les idées de la société chrétienne et féodale, celle qu'ils adoptèrent le plus tardivement : ils avaient donc unanimement agréé pour duc le petit Richard, qui reçut même les serments d'Allan-Barbe-Torte, comte de Vannes et de Nantes, et de Bérenger, comte de Rennes, vassaux de son père. Le roi, au premier bruit de l'assassinat de Guillaume, accourut à Rouen, avec l'intention d'imiter en Normandie la conduite qu'avait tenue Othon dans le royaume d'Arles, c'est-à-dire de se saisir de la personne du jeune prince et de s'approprier, en gouvernant sous son nom, les forces de ses États. La population rouennaise ne se fit pas illusion sur les desseins du roi, malgré ses promesses de venger le duc Guillaume, et se souleva violem-

---

1. Il y a sur ce sujet un très beau roman de chevalerie : le *Roman de Raoul de Cambrai et Bernier de Saint-Quentin*.

2. Guillaume faisait élever cet enfant à Bayeux et non à Rouen, parce que la langue scandinave se perdait déjà à Rouen, tandis que Bayeux était habité par une population saxonne d'origine, qui parlait un dialecte très voisin de celui des Normands. — Willelm. Gemetic. l. I, c. 12.

ment au bruit que le petit duc était retenu captif; Lodewig n'échappa à la fureur des Normands qu'en prenant l'enfant dans ses bras, et en l'investissant, devant tous, du duché de son père. Bernard-le-Danois, iarl païen, récemment arrivé de Danemark, et deux autres chefs, que l'assemblée générale des Normands avait élus tuteurs du duc et régents du duché, se laissèrent cependant décevoir par les belles paroles de Lodewig ; ils lui accordèrent ce que lui refusait si énergiquement le bon sens populaire, et souffrirent qu'il emmenât le jeune Richard, sous prétexte de le faire «élever dans son palais comme il convenait à un prince.» Ce fut le signal du bouleversement de la Normandie : un parti païen subsistait encore chez les Normands; depuis trente ans, de nouveaux colons étaient arrivés incessamment de Danemark et de Scandinavie; accueillis volontiers par Roll et son fils, dont ils augmentaient la force militaire, ils avaient retardé l'assimilation de la Normandie à la chrétienté ; ils s'armèrent sous le commandement du roi de mer Setrik et de Turmod, chrétien « qui était retourné au paganisme et qui y voulait ramener le fils du duc Guillaume. Les Normands les plus attachés à leur nouvelle foi se rejetèrent du côté du roi et du duc de France, qui était tout disposé à prendre sa part des dépouilles de la Normandie; la ville d'Évreux ouvrit ses portes à Hugues, pour ne pas tomber au pouvoir des païens, et le roi défit et tua Turmod et Setrik, pendant que le comte de Ponthieu, qu'il avait préposé au gouvernement de Rouen, faisait rude guerre au perfide comte de Flandre, mettait à mort le chambellan de ce comte, qui avait assassiné le duc Guillaume, et faisait clouer les mains du meurtrier sur la porte de Rouen.

Tout eût vraisemblablement réussi au gré du roi, s'il se fût contenté d'employer à son profit l'épée des Normands durant la minorité de leur duc, et s'il eût poursuivi loyalement le châtiment du traître comte Arnolfe; mais l'aspect de ce beau pays de Normandie, « avec ses champs fertiles, ses eaux pures, ses vastes forêts, » lui avait suggéré d'autres pensées, et il n'aspirait plus qu'à réunir à sa couronne la riche province aliénée par son père. Il pardonna au comte Arnolfe, qui lui avait offert deux cents livres pesant d'or et avait mis toutes les ressources militaires de la

Flandre à sa disposition ; il réconcilia le comte de Flandre avec Herluin de Ponthieu, et projeta de contraindre les Normands à devenir ses sujets ou à quitter la Gaule. Déjà Lodewig ne dissimulait plus ses projets : un jour, à Laon, il traita publiquement le petit Richard de bâtard et de fils de courtisane ; on disait qu'Arnolfe de Flandre avait conseillé au roi de faire brûler les jarrets à cet enfant pour le rendre incapable de régner. Ce crime ne paraissait pas devoir être nécessaire : le petit duc avait été tellement sensible aux injures du roi, qu'il en était tombé malade ; il ne bougeait plus de son lit, et l'on croyait qu'il allait mourir de consomption : les gens chargés de sa garde ne jugeaient plus nécessaire de le surveiller. Un soir, tandis que le roi soupait, le Normand Osmond, gouverneur de Richard, prit tout à coup l'enfant, qui n'avait feint d'être malade que par ses conseils, l'enveloppa d'une botte de foin, le chargea sur ses épaules, l'emporta hors de la ville sans être reconnu, monta à cheval avec lui au bas de la montagne de Laon, et courut ventre à terre jusqu'à Couci, château appartenant à Bernard, comte de Senlis, ennemi du roi et allié à la maison de Vermandois. Bernard se rendit aussitôt à Paris, et détermina le duc Hugues, son suzerain, à jurer alliance au jeune Richard contre le roi : Hugues venait de se brouiller de nouveau avec Lodewig, à propos de la surprise d'Amiens, enlevé par le roi à Eudes de Vermandois. Lodewig sentit qu'il avait affaire à trop forte partie, et il offrit à Hugues le partage de la Normandie, pour le détacher des intérêts de Richard. Hugues accepta sans plus d'hésitation que s'il n'eût pas juré le contraire quinze jours auparavant, et les deux alliés, ou plutôt les deux complices, entrèrent en Normandie, l'un au nord, l'autre au midi de la Seine, afin de prendre possession de leur proie : le roi ne se réservait que Rouen, le pays de Caux et le Vexin normand ; tout le reste devait appartenir à Hugues [1].

S'il en faut croire le récit un peu romanesque de Guillaume de Jumiéges, l'adresse du chef normand Bernard le Danois fit échouer ce plan de conquête, et acheva l'œuvre si bien commencée par la fidélité non moins adroite d'Osmond. Bernard, qui

---

[1]. Willelm. Gemetic. l. IV. — Orderic. Vital. l. VI.

commandait à Rouen, n'étant pas préparé à la résistance, reçut le roi dans la ville avec de grandes démonstrations d'allégresse, lui persuada que tous les Normands seraient ravis d'avoir pour chef « un roi au lieu d'un duc », et que leur seul chagrin était de se voir partagés entre le roi et Hugues. Lodewig donna dans le piége, et manda au duc de France qu'il eût à lever le siége de Hiesmes, et à évacuer la Normandie : Hugues obéit, de peur d'être accablé par le roi et les Normands réunis ; mais, à peine de retour dans son duché, il leva l'étendard contre le roi avec les princes de Vermandois et Bernard de Senlis (fin 944).

Les choses cependant changeaient de face en Normandie : Bernard le Danois et ses amis avaient envoyé secrètement vers Haigrold ou Harold à la Dent-Noire, roi de Danemark, qui avait eu avec Roll et Guillaume Longue-Épée une étroite alliance : au commencement de 945, le roi des Danois vint débarquer à l'embouchure de la Dive, et les Normands coururent de toutes parts le joindre. Lodewig, qui était à Rouen, proposa une conférence au roi Harold sur les bords de la Dive, en présence des deux armées : le roi danois demanda compte à Lodewig du sang du duc Guillaume, demeuré sans vengeance, et l'entretien ne tarda pas à s'aigrir; tout à coup, un des Danois reconnut, à côté du roi de France, le comte Herluin de Ponthieu, qui avait été la cause du meurtre de Guillaume, et qui, après avoir cherché à le venger, s'était réconcilié avec son assassin Arnolfe : le Danois, furieux, se précipita sur Herluin et le renversa mort d'un coup de lance. Le frère du comte et tous les Français se jetèrent sur les Danois, et une mêlée générale s'ensuivit : les Normands chrétiens passèrent à l'ennemi; dix-huit des seigneurs qui accompagnaient le roi furent tués sur la place, ainsi que beaucoup de soldats; les autres, accablés par le nombre, s'enfuirent et se dispersèrent. Le roi échappa d'abord aux vainqueurs, grâce à la vitesse de son cheval : arrivé à peu de distance de Rouen, il fut rencontré et reconnu par un homme d'armes normand; ce soldat, séduit par ses prières et ses promesses, le cacha dans une île de la Seine, mais la retraite du roi fut presque aussitôt découverte, et les gens de Bernard le Danois vinrent prendre Lodewig et le conduisirent prisonnier à Rouen. Lodewig put entendre, du fond de la tour où on l'enferma, le bruit du retour triomphal du jeune Richard dans sa capitale [1].

La reine Gerberge, pour tirer son mari de l'abîme où il était tombé par sa faute, invoqua tour à tour son frère Othon, le roi Edmond d'Angleterre, cousin germain de Lodewig, et le duc Hugues le Blanc lui-même, qui n'avait pas sujet d'être bien disposé en faveur du roi. Hugues consentit néanmoins à s'interposer, et décida les Normands à relâcher le roi, moyennant qu'on leur livrât son second fils, enfant au berceau, et les évêques de Soissons et de Beauvais, en otages de la conduite future de Lodewig. Le roi ne recouvra pas néanmoins la liberté ; car les Normands le remirent à Hugues, qui le donna en garde à Tetbald ou Thibaud II, dit le *Tricheur*, comte de Chartres et de Blois, son vassal et son parent par alliance. Lodewig resta prisonnier près d'un an, jusqu'à ce qu'il eût consenti à céder à Hugues la ville de Laon, cette forte cité qui était comme la clef de la France et le point de mire de tous les ambitieux. Si le sixième siècle est pour nous l'ère du sang, le dixième siècle peut passer pour l'ère de la fraude et du mensonge ; jamais, à aucune autre époque de notre histoire, le sens moral n'a paru si complétement effacé de l'âme humaine que dans cette première période de la féodalité. Le nouveau régime n'était encore qu'un fait sans idéal politique ; et la religion, réduite, pour la plupart, à de basses superstitions, avait perdu presque toute influence sur les mœurs.

Lodewig rendit à Hugues parjure pour parjure : son fils, qui était en otage, mourut ; à peine dégagé par cette mort, il courut joindre Othon, qui, cédant aux prières de Gerberge, assemblait une grande armée à Cambrai ; les trois rois Othon de Germanie, Lodewig de France et Conrad d'Arles marchèrent ensemble vers Laon, « puis, considérant la force de la place, ils se détournèrent d'elle » et assaillirent Reims. Hugues de Vermandois « craignit d'avoir les yeux arrachés » s'il s'obstinait à se défendre, et évacua Reims le troisième jour du siége. Les rois firent rétablir l'ex-archevêque Artaud par les archevêques de Mayence et de Trèves, et envahirent ensuite la « terre de Hugues » : le duché de France et

---

[1]. Willelm. Gemetic. — Orderic. Vital. — Frodoard.

la Normandie furent inondés par des milliers de Germains, de Lorrains, de Flamands, de Bourguignons et de Provençaux ; le plat pays fut cruellement dévasté : mais ces flots tumultueux se brisèrent contre les murs des cités et des forteresses : Senlis et Paris résistèrent ; Rouen fit plus : les Rouennais coururent au-devant de l'ennemi, et taillèrent en pièces l'avant-garde des trois rois, conduite par un neveu d'Othon, qui fut tué sur le pont de Rouen. Guillaume de Jumiéges assure qu'Othon, alarmé de cet échec et de l'attitude des populations françaises et normandes, délibéra s'il n'offrirait pas aux Normands la tête du comte de Flandre en gage de réconciliation. Arnolfe eut vent de ce dessein, et décampa au plus vite pendant la nuit avec ses gens ; le reste de l'armée battit en retraite au point du jour, harcelé avec fureur par les Normands jusqu'aux bords de la Somme. Cette campagne est remarquable : elle fait bien voir les obstacles croissants que rencontraient en France les guerres de conquêtes, depuis que le pays s'était hérissé de places fortes ; les moyens de défense étaient supérieurs aux moyens d'attaque, et une garnison assez nombreuse pour repousser les assauts avait toutes chances de lasser les milices féodales, qu'on ne pouvait retenir sous les drapeaux au delà de quelques semaines. Hugues de France, les Normands et les princes de Vermandois ne furent pas plus heureux que les trois rois, lorsqu'ils prirent à leur tour l'offensive au printemps suivant (947) ; ils attaquèrent en vain les places de Flandre et ne purent recouvrer Reims.

Les prétentions opposées des deux archevêques de Reims, Hugues et Artaud, étaient devenues le point capital de la querelle : les armes spirituelles furent employées en faveur du roi et d'Artaud ; l'archevêque de Trèves évoqua l'affaire en vertu des relations de fraternité qui avaient toujours existé entre les deux métropoles belges, Reims et Trèves ; mais Hugues de Vermandois refusa de reconnaître la sentence de deux conciles où ne figurèrent que des prélats lorrains et germains : le pape Agapit intervint alors, et envoya son légat, Marin, présider un concile général de Gaule et de Germanie à Ingelheim, près Mayence, non-seulement pour juger le différend de Hugues et d'Artaud, mais pour prendre connaissance « des grandes dissensions qui se débattaient entre le roi Lodewig et le prince Hugues ». Le lieu choisi pour la réunion du concile annonçait assez que tout se ferait sous l'influence germanique : aussi personne ne s'y présenta de la part des princes français, et pas un évêque de France n'y siégea, sauf Artaud de Reims et Raoul de Laon. Les rois Othon et Lodewig entrèrent et s'assirent ensemble ; et, aussitôt après l'ouverture du concile et les prières d'usage, Lodewig se leva, exposa aux prélats assemblés la longue histoire de ses démêlés avec le duc de France ; il termina en déclarant que, si quelqu'un lui imputait d'avoir mérité tous les maux qu'on lui avait faits depuis son élection au trône, « il était prêt à s'en purger selon le jugement du concile et les prescriptions (*præceptionem*) du roi Othon, ou à s'en défendre par le combat singulier ». Cette situation inférieure où se plaçait le roi des *Welches* devant le roi des *Teutschs* n'était pas propre à lui rendre la popularité qu'avait perdue sa race dans la France romane. Quand Lodewig eut fini de parler, Artaud se leva à son tour, lut le récit de son débat avec Hugues de Vermandois, « et traduisit ce récit du latin en langue tudesque (*teotiscam*), à cause des rois ». Ce passage important de Frodoard semble attester que le roi de France parlait encore le tudesque au milieu d'une nation qui ne connaissait plus que la langue romane : sans doute Lodewig entendait le langage de ses sujets, mais il usait, pour ainsi dire, officiellement, de la langue de ses pères, qui n'était plus qu'une langue étrangère pour les Français, sans distinction de race (juin 948).

La décision du concile était tout arrêtée d'avance : le rétablissement d'Artaud fut approuvé, et Hugues de Vermandois fut excommunié comme usurpateur ; on garda un peu plus de ménagement envers le duc de France ; on lui signifia un délai après lequel il serait excommunié, s'il ne faisait satisfaction au concile et au roi. La sentence synodale n'eut pas le moindre résultat : Hugues se laissa frapper d'excommunication sans s'émouvoir aucunement, et continua la guerre dont le Laonnois et le Soissonnais étaient surtout le théâtre. Il disposait des forces de la Normandie et s'était attaché le jeune duc Richard en lui fiançant sa fille : le roi, de son côté, était appuyé par les Lorrains et par le comte de Flandre. Lodewig obtint quelques avantages : il reprit Laon par surprise, à l'exception de la tour que lui-même avait bâtie ; Amiens et Soissons se déclarèrent pour lui, à l'instigation de leurs évêques : mais ces succès n'entamaient pas la solide puissance de Hugues, et Hugues, de son côté, ne pouvait espérer d'abattre tout à fait le roi soutenu par la forte main d'Othon. La lassitude fit enfin déposer les armes aux deux partis, et, par l'intermédiaire d'Othon et des princes et prélats du Lotherrègne, Hugues se rendit près du roi, redevint son vassal, et lui remit la tour de Laon ; Artaud demeura en possession de l'archevêché de Reims (950). C'étaient là de faibles avantages pour tant de travaux et de combats. Hugues regagna plus que son parti n'avait perdu, en faisant octroyer par le roi le duché entier de Bourgogne à son fils Othon, après la mort de Hugues de Besançon, en qui s'éteignit la première maison de Bourgogne (951). Le mariage d'Othon de France avec l'héritière de Ghiselbert de Dijon, troisième prétendant au duché, annula toute rivalité (vers 956). Le roi Lodewig consuma le reste de sa vie dans d'obscures escarmouches contre les petits seigneurs de son étroit domaine et des alentours, qui se révoltaient et pillaient pour leur propre compte depuis qu'ils ne pouvaient plus arborer la bannière du roi ou de Hugues : on voyait souvent le roi de France assiéger inutilement la tour d'un simple châtelain. Le seul événement grave des dernières années de Lodewig fut une irruption des Hongrois, qui, appelés en Lotherrègne par un duc Conrad, révolté contre Othon-le-Grand, ravagèrent cruellement la France et la Bourgogne, et poussèrent jusqu'en Aquitaine ; mais les populations exterminèrent une grande partie de ces barbares. Cambrai surtout se signala par sa terrible résistance. Cette ville montra toujours un esprit héroïque dans tout le cours du moyen âge.

Le roi ne combattit pas les Hongrois : un jour qu'il allait de Laon à Reims, il aperçut un loup ; il lança son cheval à la poursuite de la bête féroce : le cheval s'abattit, et Lodewig fut tellement meurtri de sa chute, qu'il ne fit plus que languir : il termina bientôt sa vie « pleine d'angoisses et de tribulations », dit Orderic Vital (10 septembre 954), et fut enseveli à Saint-Remi hors Reims. Il n'était âgé que de trente-quatre ans. Par lui eût été relevée la maison de Charlemagne, si elle eût pu l'être.

Lodewig-d'Outre-Mer laissait deux fils, Lother, âgé de treize ans, et Karle ou Charles, âgé d'un an : pour la troisième fois, le duc Hugues disposa de la couronne au lieu de se l'attribuer, soit qu'il ne voulût pas entrer en lutte avec Othon-le-Grand, qui eût efficacement protégé sa sœur et ses neveux, soit plutôt qu'il préférât continuer l'édifice de grandeur qu'il élevait depuis trente ans, sans se donner les embarras de la royauté. Il avait gagné la Bourgogne, à l'avénement de Lodewig ; il eut l'investiture de l'Aquitaine pour prix du couronnement de Lother, qui fut sacré à Saint-Remi de Reims par l'archevêque Artaud, deux mois après la mort de son père. Le duc de France exigea bientôt le paiement de ses services, et, au printemps de 955, il emmena le jeune roi en Aquitaine, afin d'autoriser par la présence royale l'invasion de ce vaste duché. Raimond-Pons, comte de Toulouse et d'Auvergne, et marquis de Gothie, qui portait le titre de duc d'Aquitaine, était mort en 950, et, au mépris des droits de ses enfants, son duché, avec le comté d'Auvergne, avait été conféré par Lodewig-d'Outre-Mer à Guilhem-Tête-d'Étoupes, comte de Poitiers ; mais la maison de Toulouse résistait vivement. Hugues de France voulut mettre d'accord les deux partis en les dépouillant également : il conduisit le roi, non sur le territoire contesté, à savoir le Berri et l'Auvergne, mais en Poitou, et assiégea Poitiers ; la place se défendit opiniâtrément, et, après deux mois d'inutiles efforts, le manque de vivres contraignit l'agresseur à lever le siége ; le duché resta au comte de Poitiers. Hugues eût probablement renouvelé ses tentatives si la mort ne l'eût prévenu. Il fut enlevé le 16 juin 956 par une épidémie qui désolait la Germanie et la Gaule : on l'ensevelit à Saint-Denis, une des nombreuses abbayes qu'il possédait, auprès de son oncle le roi Eudes. Il avait recommandé en mourant à son gendre Richard de Normandie celui de ses fils qui devait lui succéder dans le duché de France ; ce fils était Hugues-Capet[1], alors âgé d'environ dix ans. Des deux

---

1. Le surnom de CAPET, que le chef de la troisième dynastie légua à toute sa race, vient, suivant Ducange (*Glossar. ad verbum* CAPETUS), de ce que Hugues se couvrait ordinairement la tête d'un *capuce*, ou de ce qu'étant enfant, il avait coutume, « par manière de jeu », de rabattre les capuces des gens qu'il rencontrait. Voilà une bien frivole origine pour un nom si fameux. Il se revêtait d'une

autres fils de Hugues-le-Grand, l'aîné, Othon, avait le duché de Bourgogne; le second, Eudes, autrement appelé Heinrik ou Henri, était engagé dans la cléricature.

La mort de Hugues-le-Grand fut suivie d'un assez long calme, calme tout relatif et qui n'était ni l'ordre ni la paix; car, lorsque les grands vassaux étaient en paix les uns avec les autres, les petites guerres renaissaient de toutes parts dans l'intérieur de chaque seigneurie; on se battait de canton à canton, de château à château; la guerre était, pour ainsi dire, l'état normal de la société. Mais les princes se tinrent quelques années en repos : trois enfants, dont l'aîné, Lother, avait à peine quinze ans, étaient à la tête du royaume et des duchés de France et de Bourgogne; ils étaient gouvernés par leurs mères, la reine Gerberge et la duchesse Hedwige, toutes deux sœurs d'Othon-le-Grand; et les deux princesses, à leur tour, n'agissaient que d'après les conseils d'Othon et de leur autre frère Bruno, archevêque de Cologne, qu'Othon avait créé duc de tout le Lotherrègne. Ce gouvernement tout germanique froissait les instincts nationaux des populations françaises; mais elles n'avaient pas de point d'appui suffisant pour le repousser : la puissance d'Othon était trop grande; maître de la Germanie et du Lotherrègne malgré les révoltes fréquentes des seigneurs lorrains, il avait arraché l'Italie aux princes qui se la disputaient, et s'était saisi de la couronne impériale, oubliée, depuis trois quarts de siècle, sur le front des petits rois de Lombardie : il avait relevé l'empire et la grandeur teutoniques, et ressuscité, dans une société nouvelle et avec des formes différentes, quelque chose de la gloire et de l'autorité de Karle-le-Grand. La prépondérance intellectuelle, comme matérielle, avait passé pour un moment dans la jeune Germanie chrétienne, animée de la séve d'une récente civilisation. Les Français ne virent pas néanmoins sans une irritation sourde l'archevêque-duc Bruno comprimer violemment dans le Lotherrègne le parti wal-

---

chape, a-t-on dit encore, comme abbé laïque de plusieurs monastères; et c'est pour cela qu'on l'appelait *Capet* ou *Chapet*. Tous les autres grands laïques avaient aussi des abbayes; ce n'était là rien de particulier. Ce surnom ne se rapportait-il pas plutôt au caractère de Hugues et ne désignait-il pas son naturel opiniâtre et persévérant? Hugues l'*entêté*, de *caput*, tête.

lon ou français, expulser du Hainaut Regnier-au-Long-Cou, comte de Mons, chef d'une famille qui avait toujours penché vers la France, réinstaller par force l'évêque de Cambrai, Bérenger, chassé, à cause de sa tyrannie, par les citoyens de cette courageuse ville [1] (957), puis entrer avec une armée dans l'intérieur de la France, pour enlever Troies et Dijon à Robert de Vermandois (959-960). Le jeune roi et les fils de Hugues-le-Grand commençaient à se brouiller, l'ambition leur venant avec l'âge : Lother avait usurpé le château de Dijon sur le jeune duc Othon, et Robert de Vermandois, le dernier des fils de Héribert-le-Grand, avait à son tour pris Dijon au roi. Lother et son oncle Bruno forcèrent Dijon à capituler, et assaillirent Troies ; mais les troupes saxonnes de Bruno, ayant fait des courses sur le territoire de Sens, furent si rudement battues par l'archevêque et par le comte de Sens, qu'il fallut lever le siége de Troies et laisser Robert en possession de ce comté. Bruno cependant réconcilia ses neveux, et Lother confirma à Hugues et à Othon l'héritage paternel, y compris le titre de duc d'Aquitaine, que portait Hugues.

Les Aquitains ne s'en souciaient guère, et Guilhem Fier-à-Bras succéda tranquillement à son père Guilhem-Tête-d'Étoupes en 963 ; il n'eut pas, à la vérité, avec le titre de duc, la possession de l'Auvergne, qui y avait été longtemps annexée ; l'Auvergne fut reconquise par Guilhem-Taillefer, comte de Toulouse, qui l'octroya en fief au vicomte de Clermont, lequel fonda ainsi la seconde maison des comtes d'Auvergne. Les seigneuries de second ordre prenaient un grand développement dans le Midi, et les maisons de Poitiers et de Toulouse avaient des vassaux presque capables de rivaliser avec elles. Le marquisat de Gothie ou de Septimanie, partagé entre les comtes de Toulouse et les comtes de Rouergue, branche cadette de la maison de Toulouse, était quasi réduit à un titre par la puissance des comtes ou vicomtes de Narbonne, de Carcassonne, de Nîmes, de Béziers, etc. ; en Aquitaine, les comtes d'Angoulême et

---

1. C'est le premier éveil de la démocratie municipale dans le nord de la Gaule : Cambrai eut ainsi l'honneur de devancer de plus d'un siècle le mouvement général de la bourgeoisie. — Après que les Cambraisiens eurent cédé aux grandes forces déployées contre eux, et que tout sembla pacifié, l'évêque introduisit dans la ville une horde de soldats mercenaires, qui égorgèrent ou mutilèrent une foule de citoyens.

de Périgord, le vicomte de Limoges, le comte de la Marche, n'étaient pas plus soumis au duc Guilhem; quant à la Gascogne, elle était entièrement indépendante sous ses ducs; la Marche d'Espagne appartenait aux comtes de Barcelonne, qui s'avouaient toujours vassaux des rois de France. Hugues-Capet renonça à ses prétentions sur l'Aquitaine, et épousa, en 970, Adelhéide de Poitiers, sœur de Guilhem-Fier-à-Bras.

La France romane, sur ces entrefaites, avait été un moment agitée par une guerre sérieuse. Le jeune roi Lother, « qui avait l'esprit ferme et le corps agile et robuste », et qui ressemblait en toute chose à son père, se sentant puissamment soutenu du côté de la Germanie, « conçut la pensée de rétablir son royaume tel qu'il était autrefois » : il tâcha de débaucher au duc de France ses principaux vassaux, les comtes de Chartres et d'Anjou [1], et reprit, d'accord avec son oncle Bruno, les desseins de son père contre la Normandie, à la suggestion de Thibaud de Chartres, qui était l'ennemi personnel du duc Richard. Le roi et l'archevêque Bruno essayèrent par deux fois d'attirer le duc Richard à une conférence pour s'emparer traîtreusement de sa personne; mais le fils de Guillaume-Longue-Épée se souvenait de son père, et se tint sur ses gardes : le roi alors en appela à la force ouverte, et envahit la Normandie avec les comtes Thibaud de Chartres, Gozfred ou Geoffroi d'Anjou et Baudouin de Flandre, fils du vieil Arnolfe. Évreux fut pris et donné en garde à Thibaud. Mais à peine l'armée royale se fut-elle retirée, que Richard ressaisit l'offensive, et défit le comte Thibaud dans une rencontre sanglante.

Thibaud courut demander vengeance au roi : la vieille haine contre les Normands n'était pas encore éteinte dans le cœur des vieux chrétiens de France; cette guerre était populaire; et le jeune Hugues-Capet, mal secondé de ses vassaux, ne pouvait secourir bien efficacement son beau-frère. Richard recourut

---

1. La maison d'Anjou, suivant la chronique intitulée *Gestes des comtes d'Anjou* (*Gesta consulum andegav.*), avait commencé, vers la fin de Karle le Chauve, par un pauvre aventurier breton nommé Tertulfe, que Karle institua forestier de la forêt du Nid-de-Merle; Ingelger, fils de Tertulfe, reçut la moitié du comté d'Angers en arrière-fief de Hugues l'Abbé, marquis d'Anjou et de Touraine. Les comtes héréditaires du Mans et ceux du Perche relevaient aussi du duché de France.

à un allié plus dangereux et plus redouté : il appela pour la seconde fois à son aide le roi Harold de Danemark, toujours prêt aux combats et aux lointaines aventures. Une grande flotte de Danois apparut bientôt dans la Seine, et remonta le fleuve jusqu'à Jeufosse ou la Fosse-Giwald : les païens débordèrent à flots furieux sur le pays Chartrain ; au bout de peu de jours, « on n'entendait plus un chien aboyer dans tout le comté de Thibaud ». Du comté de Chartres, les Danois se reportèrent au nord de la Seine, sur les terres du roi et de ses alliés, enlevant tout, « et revendant à vil prix aux Normands ce qu'ils prenaient aux Français ». Une clameur universelle de terreur et de désolation s'éleva vers le duc Richard, et les évêques de France le conjurèrent de délivrer le royaume d'un tel fléau : Richard ne demanda que la paix et la restitution d'Évreux, et congédia ses auxiliaires païens, qui montrèrent beaucoup de mécontentement qu'on les eût dérangés pour si peu : on ne les décida qu'à force de présents à tourner leur colère contre d'autres régions ; ils allèrent descendre en Espagne, « et y renversèrent dix-huit villes ». Un bon nombre d'entre eux néanmoins reçurent le baptême et s'établirent parmi les Normands[1] (962-965). Le roi Harold lui-même, suivant Adam de Brême, se fit chrétien, et fut renversé du trône par son propre fils, pour avoir abjuré Odin.

Lother, repoussé en Normandie, reporta ses ambitions du côté de la Flandre, bien que la maison de Flandre eût constamment soutenu son père et lui depuis vingt ans. A la mort (en 965) du vieux comte Arnolfe, qui ne laissait qu'un petit-fils en bas âge, le roi envahit Arras, Douai, les abbayes de Saint-Waast et de Saint-Amand, et tout le pays jusqu'à la Lys. Le comte Arnolfe II recouvra plus tard tout ce qui avait appartenu à son aïeul. Lother perdit sur ces entrefaites le guide de sa jeunesse, son oncle Bruno (octobre 965), qui avait été depuis neuf ans le véritable régent de la Gaule : c'est lui qui, le premier, divisa le Lotherrègne en deux vastes duchés, connus depuis sous les noms de haute Lorraine ou Mosellane, et de basse Lorraine, Brabant ou Pays-Bas : la haute Lorraine comprit la contrée qui a gardé le nom de Lorraine,

---

1. Willelm. Gemetic. l. IV.

l'Alsace, Trèves, et tout ce qui est entre la Moselle et le Rhin ; la basse Lorraine embrassa le diocèse de Cologne ou pays Ripuaire, le Liégeois, le Brabant, le Hainaut, la Gueldre, et les Bouches-du-Rhin, de la Meuse et de l'Escaut. Fréderik, fondateur de la maison de Bar, fut le premier duc de haute Lorraine, et Godefroi, comte des Ardennes, fut le premier duc de basse Lorraine.

La mort de Bruno n'eut pas de résultat immédiat : tant que vécut Othon le Grand, l'influence germanique domina la Gaule et protégea Lother. Les chroniques offrent de telles lacunes, à partir de l'époque où s'arrête le livre du chanoine rémois Frodoard, qu'on ignore s'il se passa quelques événements dignes d'intérêt dans la France romane, de 966 à 973 : on sait seulement que les chefs provençaux, durant cet intervalle, chassèrent et détruisirent glorieusement les bandes musulmanes qui avaient si longtemps rançonné leur pays, et que la politique des rois d'Italie avait protégées pour rendre l'accès des Alpes plus difficile aux hommes de France et de Germanie. Les Sarrasins n'avaient pu tenir longtemps le poste de Saint-Maurice, ce point central des Alpes qu'ils avaient envahi avec une si étonnante audace ; mais ils conservaient toujours de nombreux repaires dans les basses Alpes et surtout dans les rochers de Fraxinet, capitale de cette république de pirates : Guilhem, comte d'Arles ou de Provence, secondé, suivant les traditions locales, par un prélat guerrier, Isarn, évêque de Grenoble, détruisit successivement ces aires d'oiseaux de proie, et finit par écraser les « infidèles » dans un combat décisif, au moment où ils se repliaient de toutes parts sur Fraxinet : la colonie musulmane fut tout entière taillée en pièces ou engloutie dans les précipices de ces côtes abruptes (972)[1].

Othon le Grand mourut le 7 mai 973, après trente-sept ans de puissance et de gloire. Sa fin amena une prompte et importante péripétie dans les affaires de France : l'ascendant germanique disparut avec lui, et la réaction, dès longtemps préparée, éclata avec assez de violence pour entraîner la maison carolingienne elle-même dans une voie contraire à son intérêt dynastique. Regnier et Lambert, fils de Regnier-au-Long-Cou, comte de Mons, mort

---

1. Radulf. Glabr. l. I, c. 4. — S. *Maioli vita, inter acta ord. S. Benedicti, sæcul.* V, p. 800.

exilé par Bruno, rentrèrent en Hainaut avec des aventuriers français et se mirent en possession de leur héritage; le jeune Othon II, fils et successeur d'Othon le Grand, marcha contre les rebelles, prit leur forteresse de Bossut (*Buxudis*), et partagea le Hainaut entre Godefroi, comte des Ardennes, et le comte de Flandre Arnolfe II, qui se reconnut vassal du roi de Germanie pour ce nouveau domaine (974). Mais les fils de Régnier-au-Long-Cou poursuivirent bravement leur entreprise, et appelèrent les princes français à leur aide : non-seulement le duc de France et le comte de Vermandois, mais le roi Lother et son frère Karle, se déclarèrent pour la maison de Hainaut; Hugues-Capet et Karle fiancèrent à Regnier et à Lambert leurs filles, l'une encore enfant, l'autre encore au berceau, et Karle conduisit au secours des deux comtes une petite armée composée en majeure partie des vassaux du duc de France. Karle n'avait d'autre bien que son épée et son cheval; la pauvreté de la maison royale n'avait pas permis de lui assigner de domaines, et il espérait faire sa fortune aux dépens du Lotherrègne. Le prince Karle, Othon de Vermandois, fils du comte Albert, et les deux frères Regnier et Lambert assaillirent Mons, et livrèrent bataille, en vue de cette place, aux milices des comtes Arnolfe et Godefroi et de l'évêque de Cambrai. Le carnage fut grand, et la victoire indécise : Godefroi fut blessé à mort; mais Mons resta aux hommes de l'empereur (976).

La querelle se termina par une transaction inattendue : les événements d'outre-Rhin forçaient presque toujours les princes germains de négliger les provinces cis-rhénanes, que la nature n'a pas faites pour être l'appendice de la Germanie : Othon II craignit que les Français ne réussissent à lui enlever tout le Lotherrègne; l'opinion publique y poussait Lother avec force; Othon écarta le péril fort habilement en restituant les comtés de Mons et de Louvain aux deux frères Regnier et Lambert, et en offrant à Karle le duché de basse Lorraine, à condition qu'il lui rendît hommage et « qu'il s'opposât aux mouvements de son frère Lother » (977)[1]. Karle accepta ce duché, qui devait plus tard lui coûter un royaume, et s'installa dans Cambrai : l'avant-garde française fut ainsi retournée contre la France.

[1]. Balderic. Camarac.

L'irritation fut extrême parmi les populations françaises. Lother, peu sensible au souvenir des services d'Othon-le-Grand, et dominé peut-être à son insu par l'influence de l'astucieux Hugues-Capet, qui cherchait à le brouiller irrévocablement avec la couronne de Germanie, avait tourné toutes ses espérances vers le Lotherrègne; la défection de son frère le décida à prendre directement l'offensive contre Othon II. Au mois de juin 978, il entra brusquement en Lotherrègne avec un gros corps de cavalerie, et se dirigea sur Aix-la-Chapelle avec tant de vitesse, qu'il faillit surprendre et enlever Othon et sa femme dans la résidence impériale : Othon n'eut que le temps de quitter la table et de monter à cheval pour se sauver à Cologne avec toute sa maison, et « Lother prit possession du royaume en tournant l'aigle vers la Gaule ; car il y a dans le palais, du côté du Levant, un aigle (de bois ou de métal) que tous ceux qui possèdent ce lieu ont coutume de tourner vers leurs États. » (*Chronic. Saxonic.*). C'était plutôt une bravade qu'une prise de possession sérieuse ; car Lother, n'ayant pas réussi à faire l'empereur prisonnier, retourna en France sans essayer de se maintenir dans le Lotherrègne. Lother reçut, chemin faisant, un message d'Othon, qui lui annonçait que l'empereur, dédaignant de lui rendre surprise pour surprise, se mettrait en marche le 1er octobre « pour aller ruiner son royaume. » Othon tint parole : il publia le ban de guerre dans toute la Germanie, et, le 1er octobre, il entra en France à la tête de soixante mille combattants, « armée telle qu'aucun homme de ce temps n'en avait vu auparavant ou n'en a vu depuis de semblable[1]. » Il parcourut le Rémois, le Laonnois, le Soissonnais, ravageant et brûlant tout « sauf les églises, » et s'avança jusqu'à Paris sans rencontrer de résistance : Othon parut considérer Hugues, plutôt que Lother, comme son principal adversaire, et Paris, plus que Laon, fut le but de son expédition; tout le monde sentait instinctivement que là était le cœur de la nouvelle France. Othon manda à Hugues, enfermé dans les murs de Paris, qu'il allait lui faire chanter un *Alleluia* tel qu'il n'en avait jamais oui; et, montant sur Montmartre avec toute son armée, il fit entonner le cantique

---

1. Balderic. Camarac. — Radulf. Glabr.

Alleluia, te Martyrum, etc., par une multitude de clercs auxquels répondaient en chœur soixante mille guerriers. Le chroniqueur Baudri de Cambrai prétend que Hugues et tout le peuple de Paris, saisis de stupéfaction, en eurent « les oreilles assourdies (*attonitis auribus*). » Suivant la chronique de Sithieu, Othon s'avança au galop jusqu'aux fossés de Paris, et darda sa lance dans la porte de la ville (apparemment dans la porte du Grand-Pont), en disant : « Jusqu'ici, c'est assez » (*huc usque sufficit!*) Les Parisiens tentèrent une sortie avec leur vaillance accoutumée, et l'on escarmoucha vivement au milieu des flammes qui dévoraient le faubourg : un neveu de l'empereur, qui était venu défier les plus braves des assiégés en combat singulier, fut tué devant la porte de la ville par un guerrier français[1]. Othon ne tenta point l'assaut : il croyait son honneur satisfait ; il resta trois jours campé devant Paris, puis commanda la retraite.

Othon ne regagna pas tranquillement ses États : les princes français, qui avaient laissé s'amortir le premier feu des Germains, s'élancèrent à leur poursuite dès qu'ils les virent reprendre le chemin du Lotherrègne. Le roi Lother, le duc Hugues et son frère le duc Eudes-Henri, qui avait succédé au duc Othon en Bourgogne dès 965, réunirent leurs forces, et suivirent de près l'armée ennemie. L'empereur arriva sans encombre jusqu'à Soissons et à la rivière d'Aisne ; n'étant pas maître du pont de Soissons, il lui fallut traverser l'Aisne à gué. Mais ce passage ne se put achever en un jour : les bagages et l'arrière-garde, quand vint le soir, étaient encore sur l'autre rive. Durant la nuit, l'Aisne, sujette à des crues subites et violentes, grossit tellement, que le gué devint impraticable ; et, le lendemain matin, l'arrière-garde fut taillée en pièces, et les bagages et le butin enlevés par la cavalerie française aux yeux de l'armée impériale. Baudri de Cambrai raconte que l'empereur, exaspéré de ce spectacle, fit chercher partout une nacelle pour envoyer des députés à Lother sur l'autre bord de l'Aisne, et l'inviter à passer la rivière ou à la laisser repasser aux Germains, afin que l'on combattît, sans avantage de part ni d'autre, et « que celui que Dieu favoriserait eût la couronne de

---

[1]. Hugon. Floriac *Chronic.* — Richer. *Histor.*

laurier et l'Empire. » La bataille, cependant, n'eut pas lieu, et Othon poursuivit sa retraite, harcelé jusqu'aux bords de la Meuse par les troupes françaises.

On ne se remit point aux champs l'année suivante : des négociations furent entamées entre Lother et Othon; Lother, accompagné du jeune Lodewig ou Louis, son fils, qu'il avait associé à la couronne en 979, du consentement de Hugues et des principaux seigneurs, alla trouver l'empereur sur la rivière de Quier ou Chiers, à l'entrée des Ardennes, lui « porta de magnifiques présents, » se réconcilia complétement avec lui, et « abjura toutes prétentions sur le Lotherrègne, contre la volonté et à la grande tristesse de Hugues et de Henri son frère, et de l'armée des Français (980)[1]. »

L'histoire du moine rémois Richer, pleine de renseignements précieux sur cette époque, nous apprend les motifs de ce revirement de la politique royale; Lother avait ouvert les yeux sur sa situation réelle, et s'était senti le jouet d'un rival secret qui l'isolait de son unique appui. Hugues-Capet, dès qu'il était parvenu à l'âge d'homme, avait repris les plans de sa maison, et recommencé de marcher vers le but que son père avait volontairement différé d'atteindre; il y marchait, non pas directement et ostensiblement, mais par les mille détours d'une politique astucieuse, et cherchait à endormir ceux qu'il voulait perdre. N'ayant pu empêcher le rapprochement de Lother et d'Othon, il en amortit l'effet en nouant lui-même d'étroites relations à la cour de Germanie. Il envoya des députés vers Othon à Rome. Othon accueillit très bien ses avances et l'invita à venir en personne. Hugues alla passer les fêtes de Pâques avec l'empereur et le roi Conrad de Bourgogne. On se promit amitié de part et d'autre, et l'adroit Hugues sut attacher à ses intérêts l'impératrice Théophanie. Les femmes étaient très mêlées aux affaires de cette époque, et plusieurs d'entre elles y jouaient un rôle considérable par leur intelligence ou par leurs passions; ainsi l'impératrice Adélaïde ou Adelheide, veuve d'Othon le Grand ; l'impératrice Théophanie, femme d'Othon II ; la reine Hemme ou Emma, femme de Lother et fille de l'impéra-

---

1. Sigebert. *Chronic.* — Hugon. Floriac. *Chronic.*

trice Adélaïde, qui l'avait eue de son premier mari Lother, fils de Hugues, roi d'Italie ; la duchesse Béatrix, sœur de Hugues-Capet et femme de Frederik de Bar, duc de Mosellane.

Lother et Hemme ne restèrent pas inactifs de leur côté ; Lother écrivit à Conrad de Bourgogne, son allié, pour le prier de faire arrêter Hugues dans les défilés des Alpes, lors de son retour. Hemme pria de même, par lettre, sa mère Adélaïde de combattre auprès d'Othon les « artifices de Hugues, » et lui envoya le signalement du duc de France, afin que Conrad ne le manquât point au passage. « Il faut, écrivait-elle, ou qu'on le retienne prisonnier, *ou qu'il ne revienne point impuni.* » Elle semble insinuer, par ces dernières paroles, qu'on ferait bien de lui arracher les yeux, comme on l'avait fait à plus d'un prince captif. Quoi qu'il en fût, Hugues, déguisé en palefrenier et caché parmi ses serviteurs, échappa aux émissaires de Conrad et d'Adélaïde, et repassa heureusement les Alpes. Malgré son désir de vengeance, il ne déclara pas la guerre au roi : on se fit réciproquement tout le mal qu'on put, non par les armes, mais par la ruse et la fraude, et l'anarchie se déchaîna sur le pays, jusqu'à ce que les plus sages vassaux des deux princes, « prenant pitié des maux des faibles que personne ne défendait plus, » eussent obligé Lother et Hugues à se réconcilier.

Hugues s'était ménagé, dans l'amitié de Théophanie, une puissante diversion au-dehors : à l'intérieur, il tâchait principalement de s'appuyer sur le clergé, qui avait été assez mal avec son père. L'Église tentait en ce moment quelques efforts pour sortir du désordre où l'avait jetée l'invasion des monastères par les laïques : Hugues seconda cette réaction avec un zèle qui pouvait être à la fois habile et sincère ; il obligea Héribert de Vermandois, comte de Meaux et de Troies, à se démettre de l'abbaye de Saint-Médard de Soissons, afin d'y laisser élire un abbé régulier, et agit de même pour son propre compte dans ses grandes abbayes de Saint-Denis, de Saint-Germain-des-Prés, de Saint-Riquier, de Saint-Valeri-sur-Somme. A son retour de Rome, il fit la guerre à Arnolfe II, comte de Flandre, pour le forcer de restituer à ces deux derniers monastères les reliques de leurs patrons, qui avaient été transportées à Saint-Bertin de Saint-Omer pendant les invasions normandes. Les chroniques des deux abbayes, écrites un siècle plus tard, racontent que saint Valeri était apparu en songe à Hugues, et l'avait exhorté à rétablir la règle dans son couvent et dans celui de Saint-Riquier, et à redemander leurs ossements à Arnolfe, lui promettant que, « s'il obéissait, il serait roi, et les siens après lui, jusqu'à la septième génération. » Hugues ramena en personne les reliques reconquises; arrivé à une lieue du couvent de Saint-Riquier, il descendit de cheval, et, les pieds nus et la tête découverte, il porta sur ses épaules jusqu'à l'église la châsse qui contenait les restes du saint patron. Les clercs et les moines virent désormais, dans Hugues et dans les siens, l'espoir de l'Église contre la tyrannie féodale.

L'empereur Othon II mourut à Rome en décembre 983, à la suite d'un plaid général tenu à Vérone, qui est demeuré célèbre dans l'histoire par une grande mesure législative, l'abolition de « la preuve par le serment : » on y substitua dans tous les cas le combat judiciaire. C'était le triomphe complet de l'esprit féodal et l'effacement des derniers vestiges des mœurs de la tribu; mais, si barbare que fût le système « du jugement de Dieu par l'épée », il était moins funeste encore à la moralité et à la dignité humaines que le vieux système des cojureurs, qui, depuis plusieurs siècles, n'était qu'une source de parjures et de corruption. La preuve par serment ne fut point ainsi abolie législativement en France; mais elle y tomba en désuétude, et le duel envahit tout.

Othon II n'avait qu'un fils en bas âge, Othon III, qui se trouvait alors à Aix-la-Chapelle : l'avénement de Othon III fut très orageux et très disputé; son cousin, Heinrik, duc de Bavière, fils d'un frère d'Othon le Grand, favorisé par l'impopularité de la Grecque Théophanie chez les Germains, arracha le jeune prince à sa mère, sous prétexte de lui servir de tuteur, mais en réalité pour s'emparer de son trône, et rechercha l'alliance de Lother pour venir à bout de son dessein. Lother retomba dans ses anciens errements, et ne résista pas à la tentation d'envahir le Lotherrègne, que Heinrik lui abandonnait secrètement. Il poussa jusqu'au Rhin, afin d'aller conférer à Brisach en Alsace avec Heinrik, qui manqua au rendez-vous de peur d'exciter la colère des Germains. Au retour, Lother, harcelé par les populations lorraines, faillit périr en traversant les Vosges. Lother ne se découragea pas, et, secondé par les princes de Vermandois, il rentra derechef dans le Lotherrègne, prit Verdun, se rabattit sur la Basse Lorraine et menaça Cambrai, où commandait toujours son frère, le duc Karle, qui était resté son ennemi. Les événements qui suivirent sont extrêmement obscurs. Karle, homme violent et grossier, ne s'était signalé jusqu'alors que par le scandale de sa conduite : installé dans le palais des évêques de Cambrai, dont il avait usurpé les biens, il y passait les jours et les nuits dans de longues orgies, avec les soldats pillards qui faisaient son unique société ; il s'était fait l'instrument des adversaires de sa maison, en accréditant les bruits qui se répandaient sur les galanteries de sa belle-sœur, la reine Hemme, avec l'évêque de Laon, et qui jetaient la honte et le ridicule sur le roi Lother. Cependant il se rapprocha enfin de son frère, et eut avec lui, à Compiègne, une conférence à laquelle assistèrent quelques-uns des grands : « l'assemblée se dissipa sur la nouvelle que Hugues avait levé six cents hommes d'armes ». La conférence avait-elle pour but de réunir les deux frères pour la conquête du Lotherrègne, et Hugues s'y opposa-t-il dans l'intérêt de Théophanie et du petit Othon ? c'est ce qu'on ignore.

Les seigneurs germains tirèrent sur ces entrefaites le jeune Othon des mains du duc-Heinrik, qui se soumit et abandonna ses projets d'usurpation, pendant que Lother réclamait de nouveau le Lotherrègne. L'archevêque de Reims, Adalbéron, chef du parti des Othon en Gaule, vit sa dignité et sa vie même menacées par « les rois des Français » (Lother et le jeune Lodewig), irrités de son attachement à la maison de Saxe, et l'écolâtre Gerbert, le « plus grand clerc » et le plus habile homme de ce temps, qui rédigeait la correspondance diplomatique de l'archevêque Adalbéron, courut aussi de grands périls. Hugues Capet s'était raccommodé avec Lother, « et avait embrassé le roi et la reine (juillet 985). » Lother et les siens se crurent bien habiles d'avoir acquis ainsi à leurs desseins l'autorité du nom de Hugues ; mais celui-ci faisait assurer sous main Théophanie de son bon vouloir, se ménageait avec tout le monde, et se tenait prêt à profiter de tout. Quelques hommes clairvoyants comprenaient bien où allait la France, mais ces hommes-là n'étaient pas les amis d'une royauté qui se précipitait à sa perte. « Lother, écrivait Gerbert à ses amis de Germanie, Lother est roi de nom, Hugues l'est de fait ; si vous vous fussiez assurés de son amitié, vous n'eussiez plus, depuis longtemps, rien à craindre des rois des Français » (*Epist.* XLVIII).

L'histoire du mariage du jeune Lodewig, fils de Lother, atteste jusqu'où était descendue la maison de Charlemagne : Lother, qui se montrait parfois en Aquitaine pour conserver quelques liens avec ses vassaux d'outre-Loire, avait fait un voyage en Auvergne en 982, et avait marié son fils, alors âgé de quinze ans, à la veuve de Raimond, duc de Gothie. Ce mariage entre un adolescent et une femme plus que mûre fut malheureux. Après deux ans de mauvais ménage, les époux se séparèrent. Lodewig, raconte Richer, vécut en Aquitaine dans la débauche, et y tomba dans l'indigence. Son père se décida à l'aller chercher ; alors sa femme abandonnée se remaria à Guilhem, comte d'Arles. « Ainsi au divorce succéda un adultère public. » Richer nomme cette femme Adélaïde ; d'autres l'appellent Blanche (fin 985). Lother survécut peu à cette aventure ; il mourut à Reims, à l'âge de quarante-quatre ans, le 2 mars 986. Il laissait deux fils : Lodewig, qui lui succéda, et le bâtard Arnolfe ou Arnoul, qu'il avait voué à l'Église.

Des soupçons terribles pesèrent sur sa femme, la reine Hemme, qui avait peut-être à redouter la vengeance d'un mari outragé : Adhémar de Chabannais et d'autres chroniqueurs accusent formellement Hemme « d'avoir donné du poison à Lother ; » d'autres monuments sembleraient envelopper dans cette accusation l'amant de la reine, l'évêque de Laon, Adalbéron-Ascelin, jeune prélat rempli de talents et de vices, poëte, rhéteur, bel esprit, et surtout intrigant consommé. Richer, au contraire, décrit les symptômes de la maladie de Lother sans faire la moindre allusion à la possibilité d'un crime. Quoi qu'il en fût, les seigneurs français, et Hugues tout le premier, prêtèrent serment au jeune roi Lodewig « et à sa mère, » et couronnèrent Lodewig à Compiègne ; mais, presque aussitôt après, les soupçons dont on vient de parler se manifestèrent avec violence contre Hemme et Adalbéron. Le duc Karle, s'installant en maître à la cour de son neveu, chassa l'évêque de Laon, et ôta tout pouvoir à la reine-mère ; la petite cour carolingienne devint un foyer de troubles, de discordes et de violences : les princes de Vermandois soutenaient la reine Hemme; Hugues-Capet regardait, laissait le turbulent et inepte Karle travailler pour lui, et attisait le feu. Lodewig était entièrement sous l'influence de Hugues. La reine Hemme avait imploré l'assistance de sa mère, la vieille impératrice Adélaïde, la vénérable veuve d'Othon le Grand, « Mon espérance était dans mon fils, écrivait-elle à sa mère, et mon fils est devenu mon ennemi ; mes plus chers amis se sont retirés de moi... On a inventé des choses infâmes contre l'évêque de Laon ; on le persécute, on le dépouille de sa dignité, pour me couvrir d'une éternelle ignominie et avoir un prétexte de me renverser de mon rang. O ma mère ! venez à mon secours... » Béatrix, duchesse de Mosellane, propre sœur de Hugues-Capet, s'entremit pour la convocation d'un plaid entre Adélaïde, Hemme, le roi Lodewig, le duc Karle et le duc Heinrik de Bavière ; mais la veuve d'Othon II, Théophanie, fit manquer l'entrevue. La paix se conclut cependant entre le roi Lodewig et l'empereur Othon III ; Lodewig rendit Verdun. Mais, poussé ostensiblement par son oncle Karle, et sous main par Hugues-Capet, il recommença promptement à montrer des intentions hostiles : il semble que Karle se berçait toujours de l'espoir de se faire duc ou roi des deux Lorraines à l'aide des armes françaises. « Quant à Lodewig, écrivait Gerbert au commencement de 987, quant à Lodewig, qui se donne tant de mouvement contre ses amis et ne s'inquiète guère de ses plus dangereux ennemis, on connaîtra, *par une prompte issue*, ce qu'il est et ce qu'on doit penser du sort qui l'attend. » (*Epist.* xci.)

Gerbert faisait allusion, dans cette lettre, à une rupture violente de Lodewig avec l'archevêque Adalbéron de Reims, qu'il qualifiait de traître « dévoué à Othon et ennemi des Français ». Lodewig marcha en armes sur Reims : Adalbéron lui délivra des otages et promit de venir se justifier au plaid du roi. Hugues appaisait le roi en apparence et l'excitait probablement sous main.

La « prompte issue » qu'annonçait Gerbert ne se fit point attendre, en effet. Karle, on ne sait pourquoi, était retourné à Cambrai ; le jeune roi, qui paraissait disposé à se mettre à la tête d'une armée pour aller secourir son vassal Borel, comte de Barcelonne, vivement pressé par les musulmans, était revenu de Reims à Compiègne et à Senlis. A la suite d'une chute faite à la chasse, « il fut pris d'une violente douleur de foie et d'une fièvre ardente, jeta beaucoup de sang par le nez et par la gorge », et mourut bientôt, le 21 mai 987. Tel est le simple récit du contemporain Richer. S'il en fallait croire Adhémar de Chabannais et d'autres chroniqueurs plus récents, Lodewig serait mort « de la même mort que son père, d'une boisson empoisonnée que lui donna sa femme ». Cette tradition plus dramatique l'a emporté dans l'opinion du grand nombre. La multitude ne voulut point croire qu'une dynastie si fameuse eût pu finir par une fièvre chaude ou par un accident vulgaire. Le père et le fils étaient morts bien à point pour Hugues, et ce qu'on sait de la moralité de ce siècle permettrait de tout soupçonner ; mais le témoignage de Richer a d'autant plus de poids pour la justification de Hugues, que ce moine de Reims est partisan de l'ancienne dynastie, et non des *Capets*.

La précieuse histoire de Richer, découverte il y a quelques années, et publiée d'abord en Allemagne, puis en France, nous a révélé les circonstances, jusqu'alors ignorées, du grand événement qui suivit la mort de « Louis le Fainéant [1] ».

Au moment où mourut le jeune roi, un certain nombre de grands se trouvaient réunis autour de lui pour juger l'archevêque de Reims, Adalbéron, accusé de trahison. Après avoir enseveli Lodewig à Compiègne, auprès de son père, « ainsi qu'il l'avait demandé », ils conférèrent ensemble « touchant le bien du royaume ». Personne ne soutenant l'accusation contre Adalbéron, Hugues, au nom de tous, le déclara justifié, et lui donna la préséance dans l'assemblée. Adalbéron parla le premier sur la question « de chercher un roi (*quærendi regis*) ». Tous les grands n'étant pas présents, il proposa qu'on ajournât la décision, que chacun des assistants « prêtât serment entre les mains du *grand duc* (Hugues) de ne rien chercher ni machiner en particulier sur

---

[1]. *Ludovicus qui nihil fecit*, comme l'appellent les chroniqueurs. Cette qualification n'est pas motivée par son caractère, mais par la brièveté de son règne sans événements et sans souvenirs. — *V.* sur ce qui suit, Richer. *Hist.* l. IV, c. 5-12.

ce sujet jusqu'à la prochaine assemblée ». Tous acquiescèrent et retournèrent chez eux.

Dans l'intervalle, le duc Karle vint trouver Adalbéron à Reims, et le pria de l'aider à faire valoir son droit héréditaire. Adalbéron lui reprocha de n'être entouré que de parjures, de sacriléges, de gens sans aveu. « Comment vous imaginez-vous », lui dit-il, « arriver au trône par et avec de telles gens? — Je ne veux pas me séparer de ceux qui sont à moi », répondit Karle; « je veux au contraire acquérir d'autres amis encore ». Adalbéron le renvoya aux grands du royaume, « sans l'aveu desquels, lui, ne pouvait rien faire ».

Karle repartit pour Cambrai, d'où il envoya aux seigneurs français des messages que la plupart accueillirent sans doute fort mal; car ce prétendant n'osa se rendre à l'assemblée des grands (*primates*), qui se réunit à Senlis. D'après le témoignage de Richer, cette assemblée fut nombreuse et imposante : on y vit figurer « les Français, les Bretons, les Normands, les Aquitains, les Goths (de la Septimanie), les Espagnols (de la Marche d'Espagne), les Gascons ». Les provinces les plus lointaines du royaume furent représentées à Senlis, au moins par quelques-uns de leurs barons. Richer ne dit pas quels furent les absents; mais on est assuré que Séguin, archevêque de Sens, ne vint pas, ni les comtes Arnoul de Flandre, Albert de Vermandois, Héribert de Troies; peut-être Guilhem, comte de Poitiers et duc d'Aquitaine, et l'autre Guilhem, comte de Toulouse, ne parurent-ils pas non plus. Le parti de l'ancienne dynastie protesta, par son absence, contre un résultat prévu. L'archevêque de Reims ouvrit le débat par un très-remarquable discours : « Karle », dit-il, « a ses fauteurs, qui le prétendent digne du royaume par le droit que lui ont transmis ses parents; mais *le royaume ne s'acquiert point par droit héréditaire*[1], et l'on ne doit élever à la royauté que celui qu'il-

---

1. « Nous savons certainement, avait déjà dit un des prédécesseurs d'Adalbéron, le fameux Hinkmar, que la noblesse paternelle ne suffit point pour assurer les suffrages du peuple aux enfants des princes; car les vices abrogent les priviléges de la naissance, et l'on dégrade le délinquant non seulement de la noblesse de son père, mais de la liberté même. » Hincmar. *Oper.* t. I, p. 696. M. La Ferrière *Hist. du Droit français*, t. IV, p. 10) pense qu'Adalbéron ne nie pas le droit héréditaire en ligne directe, mais seulement le droit de l'hérédité collatérale. Ni les

lustre non-seulement la noblesse matérielle (*corporis nobilitas*), mais la sagesse de l'esprit, celui que soutiennent la foi et la grandeur d'âme; peut-on trouver ces qualités dans ce Karle, que la foi ne gouverne pas, qu'une honteuse torpeur énerve, qui a ravalé la dignité de sa personne au point (*qui tantâ capitis imminutione hebuit*) de servir sans honte un roi étranger[1] et d'épouser une femme inférieure à lui, prise parmi les simples *guerriers?* Comment le *grand duc* souffrirait-il qu'une femme prise parmi ses *chevaliers (de suis militibus* [2]) devînt reine et dominât sur lui? Si vous voulez le malheur de l'État, choisissez donc Karle! Si vous voulez son bien, couronnez l'excellent duc Hugues! Choisissez le duc, illustre par ses actions, par sa puissance, et vous trouverez en lui un protecteur non-seulement de la chose publique, mais de la chose de chacun ».

Tous applaudirent, « et, du consentement de tous, le duc fut élevé au royaume »; puis on se transporta de Senlis à Noyon, et, là, « le métropolitain et les autres évêques » sanctionnèrent par l'onction du sacre le choix de l'assemblée nationale et l'irrévocable déchéance de la race carolingienne. Le 1er juillet 987 (ou le 3?), l'archevêque de Reims posa sur le front de Hugues-Capet, dans la cathédrale de Noyon, cette couronne de France que deux des devanciers de Hugues avaient déjà portée et que ses descendants devaient se transmettre durant tant de siècles.

---

paroles d'Adalbéron, ni encore moins celles de Hinkmar, ne comportent de réserve; néanmoins, la distinction de M. La Ferrière n'est pas sans fondement, car Hugues Capet, plus tard, dans une harangue rapportée par Richer (l. IV, c. 28), dit que, si Lodewig, fils de Lother, eût laissé un fils, il eût été convenable (*dignum fore*) que ce fils lui succédât; mais que, la succession royale ayant été interrompue, lui, Hugues, a été choisi par les grands et par *les principaux de l'ordre militaire* (par les principaux chevaliers, vassaux des grands).

1. Ce passage atteste l'erreur de M. de Sismondi, qui prétend que ce grief contre Karle est une invention d'écrivains des temps postérieurs, et qu'au dixième siècle personne n'y songeait. *Hist. des Français*, t. III, p. 477.

2. A partir du dixième siècle, le mot *miles* ne désigne plus le guerrier en général, mais le guerrier complet, le cavalier noble, le *chevalier*.

FIN DU TOME DEUXIÈME.

ECLAIRCISSEMENTS.

I

CHARLEMAGNE DEVANT PAVIE.

Le moine de Saint-Gall, chaleureux interprète des souvenirs populaires sur le règne de Charlemagne, fait, de l'arrivée du roi des Franks devant Pavie, un récit vraiment épique, et qui a tout l'air d'être la traduction latine de quelque chant de victoire tudesque sur la conquête de la Lombardie.

« Un des premiers seigneurs du royaume des Franks, nommé Ogger (Otgher ou Auther), ayant encouru la colère du terrible Karle, s'était réfugié près du roi Désidérius. Quand on apprit la venue du redoutable Karle, Désidérius et Ogger montèrent sur une tour très élevée, d'où ils pouvaient le voir arriver de toutes parts (*en long et en large*). Ils aperçurent d'abord des équipages de guerre plus considérables que ceux de Darius ou de Jules César. Et Désidérius dit à Ogger : — Karle n'est-il point avec cette grande armée ? Et Ogger répondit : — Pas encore. Vint ensuite la foule des peuples rassemblés de tous les points du vaste empire des Franks : Désidérius, après les avoir vus, dit à Ogger : Certes, Karle s'avance triomphant au milieu de cette multitude. — Non, pas encore ! pas encore ! répondit Ogger. Alors Désidérius commença de s'émouvoir et de dire : — Que ferons-nous s'il vient accompagné d'un nombre de guerriers plus grand encore ? — Vous verrez comment il viendra, répliqua Ogger ; mais de nous je ne sais ce qui adviendra. Pendant qu'ils discouraient ainsi, parut la maison du roi (*schola*, le corps des gardes), qui ne connait point de repos. A cette vue, Désidérius, saisi de stupeur : — Pour le coup, s'écrie-t-il, c'est Karle ! Et Ogger de répéter : — Pas encore ! pas encore !

« A la suite marchaient les évêques, les abbés et les clercs de la chapelle royale avec leur cortége. Désidérius, désirant la mort et ne pouvant plus supporter la lumière du jour, balbutie en sanglotant : — Descendons et cachons-nous au fond de la terre, pour éviter la face d'un si terrible ennemi ! » Ogger, tout tremblant, qui savait quels étaient la splendeur et l'appareil de l'incomparable Karle, l'ayant appris par expérience dans des jours meilleurs, dit alors : — Quand vous verrez les moissons se hérisser d'effroi dans les champs, le Pô et le Tésin devenir noirs comme le fer, et inonder de leurs flots noircis les murs de la ville, alors vous pourrez croire à l'arrivée de Karle. » Il n'avait pas achevé de parler, qu'on commença de voir au couchant comme un nuage poussé par le vent de nord-ouest, lequel changea la clarté du jour en ombres lugubres; puis, Karle approchant peu à peu, l'éclat des armes fit luire pour les hommes enfermés dans la ville un jour plus sinistre qu'aucune nuit. Alors parut en personne Karle, cet homme de fer, la tête couverte d'un casque de fer, les bras enfermés dans des brassards de fer; sa poitrine et ses épaules de marbre étaient défendues par une cotte de fer; il élevait de la main gauche une lance de fer, et sa droite était toujours étendue sur l'acier de son invincible épée; le dessus de ses cuisses, que les autres guerriers ont coutume de porter dégarni d'armure, pour monter à cheval plus facilement, était entouré de lames de fer (ou de mailles); ses bottines, comme celles de tous ses soldats, étaient garnies de fer, et rien n'apparaissait sur son bouclier qui ne fût de fer. Son cheval même avait la couleur et la force du fer. Tous ceux qui le précédaient, tous ceux qui marchaient à ses côtés, tous ceux qui le suivaient et l'armée tout entière avait imité le maitre selon le pouvoir de chacun; le fer remplissait les champs et les plaines : les pointes du fer renvoyaient au soleil rayons pour rayons. Au froid métal hommage fut rendu par la terreur d'un peuple plus glacé que le fer même; les remparts tremblèrent d'effroi, l'audace des jeunes gens fut abattue, la sagesse des vieillards, anéantie, et tous les citoyens s'écrièrent avec des clameurs confuses : — Que de fer! hélas! que de fer! « Ogger vit tout cela d'un coup d'œil rapide, et dit à Désidérius : — Voici celui que vous avez tant cherché! » Et, en proférant ces paroles, il tomba presque sans vie!.... »

Le livre du moine de Saint-Gall, malgré les anecdotes suspectes, les exagérations populaires et les erreurs de diverse nature qui l'ont fait si durement traiter par les Bénédictins, est un des plus précieux monuments du moyen âge : il a ce qui manque à tant d'autres chroniques plus exactes et plus graves, il a la couleur et la vie, et, après l'excellente, mais trop courte *Vie de Charlemagne* par Eginhard, c'est assurément l'ouvrage qui jette le plus de lumière sur les idées et les mœurs de cette époque et sur l'impression qu'avait laissée le grand homme dans l'esprit des peuples. Seulement, il est la légende là où Eginhard est l'histoire.

II

LE CHANT D'ALTABIÇAR.

Un des chefs tués à Roncevaux, le comte Roland (*Rollandus, Hrodlandus, Hruodlandus*), que les chants populaires et les romans veulent avoir été neveu de Charlemagne, jouissait vraisemblablement, parmi ses contemporains, d'une grande renommée militaire, quoiqu'il ne se trouve authentiquement cité qu'une seule fois, et dans un seul monument historique (la *Vie de Charlemagne*, par Eginhard), à l'occasion de sa fin malheureuse. Toutes les traditions se groupèrent peu à peu autour de ce personnage, qui grandit de siècle en siècle dans la mémoire des peuples, absorba dans son auréole imaginaire les plus brillants rayons de la gloire des Peppin et des Karle, et devint une sorte d'Achille chrétien, le type de l'héroïsme au moyen âge. Une fente gigantesque ouverte par quelque tremblement de terre dans les rochers qui dominent la fatale vallée, a gardé le nom de *brèche de Roland* ; on montre encore le roc contre lequel il brisa son invincible épée, *Durandart*, pour qu'elle ne tombât pas aux mains des *mécréants* ; car ce ne sont plus les Wascons qui ont traîtreusement mis à mort le comte Roland et ses *pairs* : la tradition n'a pas trouvé que ce fussent là des rivaux dignes des *paladins* de Charlemagne ; les Wascons disparaissent dans nos romans pour faire place aux *Sarrasins* : c'est *le roi maure de Saragosse* qui accable les *douze pairs de France* sous une immense armée d'*infidèles*. Peut-être n'est-ce pas tout à fait une erreur, et les Arabes s'entendirent-ils avec les montagnards contre l'ennemi commun ; ce qui est certain, c'est que les Hispano-Romains de Castille et des Asturies n'eurent aucune part à la sanglante victoire des Basques ; toutes les fables inventées par les modernes Espagnols sur Bernard de Carpio, le prétendu vainqueur de Roland, n'ont d'autre fondement que leur vanité nationale. Les montagnards des Pyrénées ont conservé la mémoire de leur triomphe dans un chant qui est parvenu jusqu'à nous, et qu'on prétend du neuvième ou du dixième siècle, quoiqu'il soit impossible de rien établir de positif à cet égard.

LE CHANT D'ALTABIÇAR.

Un cri s'est élevé
Du milieu des montagnes des Escaldunac,
Et l'Etcheco-Jaona[1], debout devant sa porte,
A ouvert l'oreille, et a dit : « Qui va là ? Que me veut-on ? »
Et le chien qui dormait aux pieds de son maître
S'est levé et a rempli les environs d'Altabiçar de ses aboiements.

Au col d'Ibaneta un bruit retentit :
Il approche, en frôlant, à droite, à gauche, les rochers ;
C'est le murmure sourd d'une armée qui vient.
Les nôtres y ont répondu du sommet des montagnes ;
Ils ont soufflé dans leurs cornes de bœuf ;
Et l'Etcheco-Jaona aiguise ses flèches.

Ils viennent, ils viennent ! Quelle haie de lances !
Comme les bannières versicolores flottent au milieu !
Quels éclairs jaillissent des armes !
Combien sont-ils ? Enfant, compte-les bien !
Un, deux, trois, quatre, cinq, six, sept, huit, neuf, dix, onze, douze,
Treize, quatorze, quinze, seize, dix-sept, dix-huit, dix-neuf, vingt.

Vingt, et des milliers d'autres encore !
On perdrait son temps à les compter.
Unissons nos bras nerveux, déracinons ces rochers.

---

1. Maître de maison ; homme libre.

Lançons-les du haut des montagnes
Jusque sur leurs têtes!
Écrasons-les, tuons-les!

Et qu'avaient-ils à faire dans nos montagnes, ces hommes du Nord?
Pourquoi sont-ils venus troubler notre paix?
Quand Dieu fait des montagnes, c'est pour que les hommes ne les franchissent pas.
Mais les rochers en roulant tombent : ils écrasent les bataillons;
Le sang ruisselle, les chairs palpitent;
Oh! combien d'os broyés! quelle mer de sang!

Fuyez, fuyez, ceux à qui il reste de la force et un cheval.
Fuis, roi Carloman, avec tes plumes noires et ta cape rouge!
Ton neveu, ton plus brave, ton chéri, Roland, est étendu mort là-bas;
Son courage ne lui a servi à rien.
Et maintenant, Escaldunac, laissons les rochers;
Descendons vite en lançant nos flèches à ceux qui fuient.

Ils fuient! ils fuient! où est donc la haie de lances?
Où sont les bannières versicolores flottant au milieu?
Les éclairs ne jaillissent plus de leurs armes souillées de sang.
Combien sont-ils? enfant, compte-les bien!
Vingt, dix-neuf, dix-huit, dix-sept, seize, quinze, quatorze, treize,
Douze, onze, dix, neuf, huit, sept, six, cinq, quatre, trois, deux, un;

Un! il n'y en a même plus un!
C'est fini. Etcheco-Jaona, vous pouvez rentrer avec votre chien,
Embrasser votre femme et vos enfants,
Nettoyer vos flèches, les serrer avec votre corne de bœuf, et ensuite vous coucher et dormir dessus;
La nuit, les aigles viendront manger ces chairs écrasées,
Et tous ces os blanchiront pendant l'éternité.

(Publié dans le *Journal de l'Institut Historique*, t. I, p. 176-179, par M. E. de Montglave.)

III

PORTRAIT ET HABITUDES DE CHARLEMAGNE.

Voici, sur le portrait et les habitudes de Charlemagne, quelques détails tirés d'Eginhard : — « Il était robuste de corps, large de carrure, haut de taille, sans être d'une grandeur démesurée... Il avait le crâne arrondi, les yeux grands et vifs, le nez un peu long, la chevelure belle et la physionomie ouverte et animée; assis ou debout, son aspect était plein de noblesse et d'autorité : bien qu'il eût le cou gros et court et le ventre trop proéminent, les justes proportions du reste de ses membres empêchaient qu'on prit garde à ces défauts. Sa démarche était assurée, ses gestes, mâles et fiers, sa voix, claire, mais un peu grêle pour ce vaste corps; sa santé fut inaltérable, sauf dans les quatre dernières années de sa vie, où il fut souvent pris de la fièvre et finit par boiter d'un pied.... Il avait les médecins en aversion (quoiqu'il ait ordonné d'ajouter l'enseignement de la médecine à celui des *sept arts*), et ne suivait guère leur avis.... Il s'exerçait assidûment à l'équitation et à la chasse, ce qui était de race chez lui, car il n'est guère de nation sur la terre qui puisse égaler les Franks dans cet art. Il était tempérant dans le boire et le manger, mais surtout dans le boire, car il avait une horreur extrême de l'ivrognerie. Il *banquetait* (*convivabatur*) rarement, et seulement aux principales fêtes, et alors avec un grand nombre de convives... Il aimait surtout les viandes rôties... Pendant les repas, il écoutait quelque lecture ou quelque *divertissement* (*acroama*; cela peut s'entendre d'instruments de musique, de récits poétiques, ou des bons mots et des tours de jongleurs) : on lui lisait les histoires et les gestes des anciens, ou les livres de saint Augustin, qu'il aimait beaucoup, surtout ceux qui sont intitulés *de la Cité de Dieu*. L'été, après le repas du midi... ôtant ses habits et sa chaussure, il se reposait deux ou trois heures. La nuit, il dormait d'un sommeil très interrompu, et se levait deux ou trois fois. Tandis qu'on le chaussait et qu'on l'habillait, si le comte du palais l'avertissait de quelque différend qui ne se pouvait terminer sans son intervention, il faisait introduire les plaideurs, leur donnait audience et les jugeait comme s'il eût siégé sur un tribunal. En même temps il réglait tout ce qui se devait faire ce jour-là et donnait ses ordres à chacun de ses ministres .. Il avait une élocution abondante et facile, discourait avec une grande clarté sur toutes choses, et sa faconde était telle qu'il semblait un peu trop grand parleur (ou bien que sa faconde sentait un peu le pédagogue, *dicaculus* ou *didascalus*). — Il portait habituellement le costume de ses pères, c'est-à-dire des Franks : sur la peau une chemise et des caleçons de lin ; puis, par-dessus, une tunique bordée d'une frange de soie, des chausses serrées par des bandelettes écarlates qui s'entre-croisaient autour des cuisses et des jambes, et des brodequins dorés lacés avec de longues courroies; l'hiver il couvrait sa poitrine et ses épaules d'une veste de peau de loutre. Il se revêtait d'une saie *vénète*, et ne quittait jamais son glaive, dont la poignée et le baudrier étaient dorés ou argentés; il ne prenait une épée ornée de pierreries qu'aux jours de grandes fêtes ou de réception des ambassadeurs, et répugnait aux vêtements étrangers, même les plus splendides, si bien qu'il n'avait porté que deux fois la longue tunique et la chlamyde avec les brodequins de pourpre à la romaine, et cela pour complaire aux papes Adrien et Léon. Les jours de fête, il prenait une robe d'étoffe d'or et une chaussure enrichie de pierres précieuses : sa saie était attachée par une agrafe d'or, et il décorait son front d'un diadème d'or garni de pierreries. Les autres jours, son costume différait peu de celui du menu peuple. »

Le vêtement de dessus que portaient primitivement les Franks était un manteau blanc ou bleu-clair, carré, double, et taillé de telle sorte que, lorsqu'on le posait sur les épaules, il tombait jusqu'aux pieds par devant et par derrière, et, sur les côtés, atteignait à peine les genoux. Ces grands manteaux étaient fabriqués par les Frisons. Mais les Franks, « guerroyant parmi les Gaulois et les voyant resplendir sous leurs saies bariolées de couleurs brillantes, avaient adopté généralement cette mode, sans renoncer tout à fait à l'ancienne, et Karle ne les en empêchait point, parce que cet habit lui semblait plus commode pour la guerre... »— Voyez le moine de Saint-Gall, l. I, § 36.

FIN DES ÉCLAIRCISSEMENTS.

TABLE DES MATIÈRES

CONTENUES DANS LE TOME DEUXIÈME.

PREMIERE PARTIE. — Origines.

LIVRE IX. — Gaule franke.

Pages.

Rois mérovingiens. — Les fils de *Clovis*. — Partages de la Gaule sans cesse renouvelés. — Toute la Germanie vassale des Franks. — Conquête de la Burgondie par les Franks. — Acquisition de la Provence. — Guerres d'Italie. — Les fils de Chlother. — Hilperik et Frédegonde. — Sighebert et Brunehilde (*Brunehaut*). — Tentatives des rois pour restaurer la fiscalité romaine. — Meurtre de Sighebert. Commencements des *maires du palais*. (511—575.).   1

LIVRE X. — Gaule franke (*Suite*).

Lutte de Frédegonde et de Brunehilde. — Luttes entre la royauté et les leudes. — Établissement des Wascons en Gascogne. — Meurtre de Hilperik. — Frédegonde et le *bon roi* Gonthramn. — Guerres civiles entre les Franks. — Progrès des Bretons en Armorique. — Mort de Frédegonde. — Vieillesse de Brunehilde. — Saint Colomban et les moines celtiques. — Désastre et mort de Brunehilde. — Victoire de l'aristocratie barbare sur la royauté. — Chlother II. — Le roi Dagobert. (575—638.) 51

LIVRE XI. — Gaule franke (*Suite*).

Rois fainéants et maires du palais. — Réaction d'Ébroïn contre l'aristocratie. Il relève le peuple en Neustrie. Après Ébroïn, triomphe définitif de l'aristocratie austrasienne. Gouvernement de Peppin de Héristall. — Eude, roi d'Aquitaine. — Charles-Martel. Il subjugue la Neustrie et les Germains. — Invasion des *Sarrasins*. Bataille de Poitiers. Gloire de *Charles-Martel*. — Il règne sur la Gaule et la Germanie. — Peppin le Bref et saint Boniface. — Alliance des Carolingiens et des papes. Sacre de Peppin (638-752). 146

LIVRE XII. — Gaule franke (*Suite*).

Rois Carolingiens. — Peppin le Bref et Waïfer. L'Aquitaine reconquise par les Franks. — Conquête de la Septimanie. — La Gaule entière aux Franks. — Guerres de Lombardie. Peppin donne l'exarchat au pape. — Karle et Karloman succèdent à Peppin. — Karle règne seul (Charlemagne). —

Charlemagne reprend l'offensive contre les Saxons. Grande guerre de Saxe. — Conquête de la Lombardie. — Guerre d'Espagne. Échec de Roncevaux. — Organisation du gouvernement laïque et ecclésiastique de Charlemagne. Capitulaires. — Création des royaumes vassaux d'Italie et d'Aquitaine. — Alcuin. Restauration des lettres et des écoles. (752—781.). 230

LIVRE XIII. — GAULE FRANKE (Suite).

SUITE ET FIN DU RÈGNE DE CHARLEMAGNE. — Fin de la grande guerre de Saxe. Capitulation de Witikind. La Saxe, la Bavière et toute la Germanie réduites de nations vassales en provinces frankes. — Les Slaves Wendes, Serbes, etc. reconnaissent la suzeraineté franke. — Nouvelles révoltes saxonnes. — L'empire des Huns-Awares détruit par les Franks. — Rétablissement de l'empire d'Occident au profit des Franks. Charlemagne empereur. — La Saxe définitivement soumise. — Conquête de la Marche d'Espagne. — Conciles de l'empire frank et leurs grandes décisions. — Testament et mort de Charlemagne. (782—814.). 295

LIVRE XIV. — GAULE FRANKE (Suite).

LODEWIG LE PIEUX (*Louis le Débonnaire*). — Décadence de l'Empire frank. — Discordes entre l'empereur Lodewig, sa femme et ses fils. — Tendances générales au démembrement de l'Empire. — Déposition, rétablissement et mort de Lodewig le Pieux. — Guerre entre ses fils et ses petits-fils. Bataille de Fontenaille. — Traité de Verdun. — Partage de l'Empire. Fondation du royaume de France. (814—843.). 365

DEUXIÈME PARTIE. — FRANCE DU MOYEN AGE. - FÉODALITÉ.

LIVRE XV. — FRANCE FÉODALE.

FORMATION DE LA NATIONALITÉ FRANÇAISE. — Invasions normandes. Les Normands dans la Loire, dans la Garonne, dans la Seine, dans la Somme, dans l'Escaut, dans la Meuse. — Royaume de Bretagne. Victoires des Bretons sur la France occidentale. — Démembrement de la France orientale en royaumes de Lorraine et de Provence. — Commencement des grands fiefs. Comté de Toulouse. Duché de France. Comtés de Flandre et de Vermandois. — Robert le Fort. — Progrès de la papauté. — Karle le Chauve reconnaît l'hérédité des offices et des bénéfices. Triomphe définitif de la féodalité. — Mouvement des idées. Jean Scott Érigène. — Successeurs de Karle le Chauve. La Gaule déchirée par les Normands et par les guerres intestines. — Paris repousse l'invasion normande. Eude, comte de Paris, proclamé roi de la France occidentale. La nationalité française se forme autour de Paris. (843—888,). 423

LIVRE XVI. — FRANCE FÉODALE (Suite).

FORMATION DE LA NATIONALITÉ FRANÇAISE. — Règne d'Eudes. — Luttes contre les Normands et luttes civiles. — Restauration des Carolingiens. Karle le simple. — Rollon. Établissement définitif des Normands, qui se font chrétiens. Duché de Normandie. — Héribert de Vermandois. Les Carolingiens rejetés de nouveau. Karle le simple déposé. Élection des rois Robert de France et Raoul de Bourgogne. — Seconde restauration des Carolingiens. Louis d'Outremer. Hugues le Grand. Guerres civiles. Anarchie. — Relations de la France royale avec les empereurs germains. Les deux Lorraines disputées entre la France et la Germanie. — Derniers rois carolingiens. Chute définitive de la maison de Charlemagne. Élection de Hugues Capet (888-987). 488

ÉCLAIRCISSEMENTS. 549

FIN DE LA TABLE DES MATIÈRES DU TOME DEUXIÈME.

www.ingramcontent.com/pod-product-compliance
Lightning Source LLC
Chambersburg PA
CBHW070822230426
43667CB00011B/1672